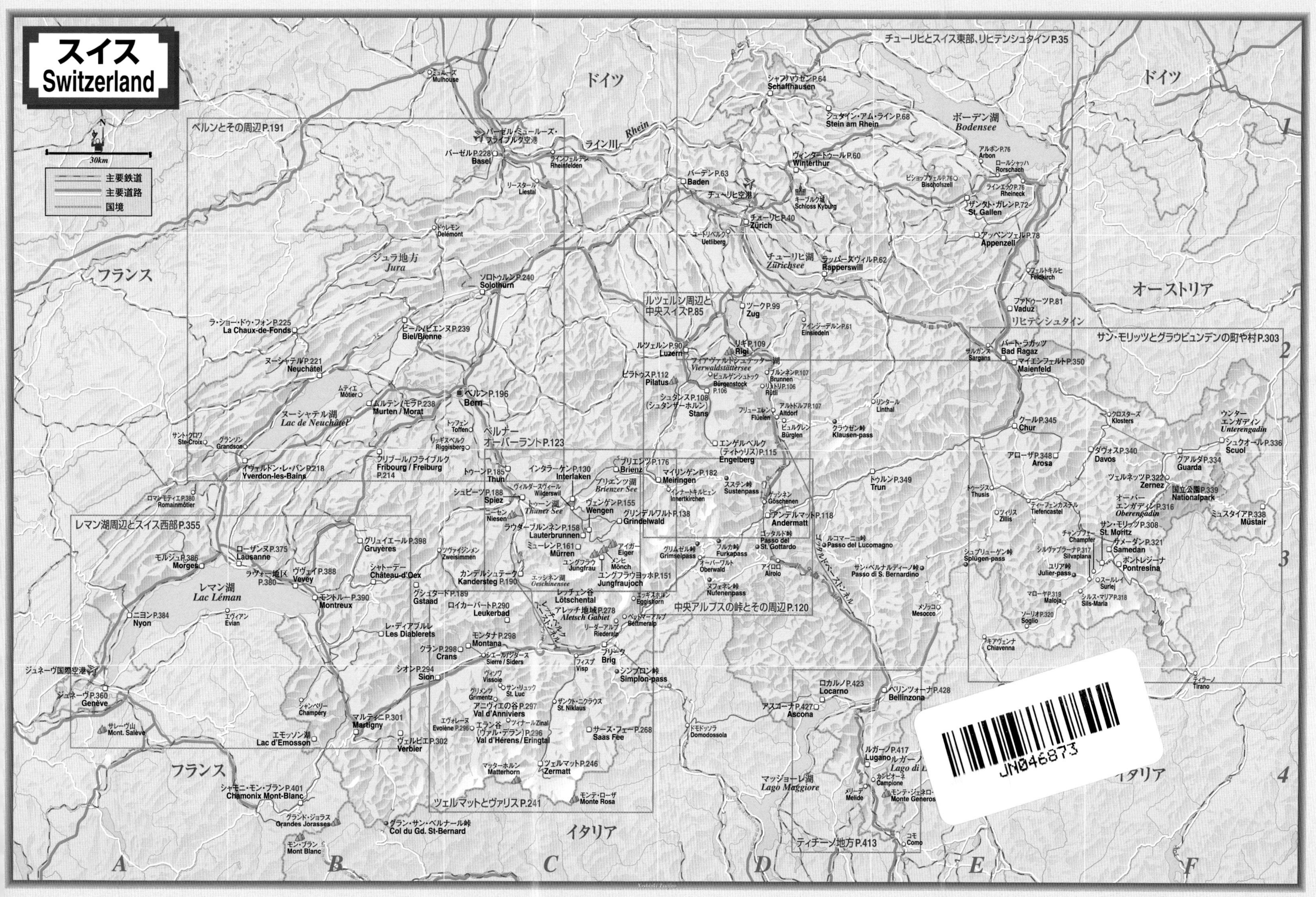

スイス
Switzerland
主要鉄道
主要道路
国境
30km
ドイツ
フランス
オーストリア
イタリア
リヒテンシュタイン
ベルンとその周辺 P.191
チューリヒとスイス東部、リヒテンシュタイン P.35
ルツェルン周辺と中央スイス P.85
サン・モリッツとグラウビュンデンの町や村 P.303
レマン湖周辺とスイス西部 P.355
中央アルプスの峠とその周辺 P.120
ツェルマットとヴァリス P.241
ティチーノ地方 P.413
ベルナーオーバーラント P.123
ジュラ地方
Jura
ライン川 Rhein
ボーデン湖
Bodensee
レマン湖
Lac Léman
ヌーシャテル湖
Lac de Neuchâtel
チューリヒ湖
Zürichsee
ベルン P.196
Bern
バーゼル P.228
Basel
チューリヒ P.40
Zürich
ルツェルン P.90
Luzern
ジュネーヴ P.360
Genève
ローザンヌ P.375
Lausanne
ツェルマット P.246
Zermatt
サン・モリッツ P.308
St. Moritz
インターラーケン P.130
Interlaken
ユングフラウヨッホ P.151
Jungfraujoch
マッジョーレ湖
Lago Maggiore
ルガーノ湖
Lago di Lugano

ベルナー・オーバーラント
BERNER OBERLAND

＊イラスト中の標高はもっとも高い場所のものです。本文中では展望台または駅の標高を表示していますのでデータが一致しない場合があります。

スイス
Switzerland

COVER STORY

コロナという名の黒い雲が世界の空を覆っていた間、アルプスの山々や町なかでは、雲間から差す一瞬の光を頼りに、観光立国の名を保つための努力が続けられていました。既存設備のメンテナンスはもちろん、この数年の間に新たな旅の楽しみを与えてくれる施設がいくつもオープンしています。グリンデルワルトとアイガーグレッチャーの間に建設されたロープウエイ「アイガー・エクスプレス」（→P.139）もそのひとつ。ゴンドラからは、新しいアルプスの風景を眺めることができます。

地球の歩き方 編集室

SWITZERLAND  CONTENTS

303 サン・モリッツとグラウビュンデンの町や村

355 レマン湖周辺とスイス西部

413 ティチーノ地方

431 スイスを旅する準備と技術

旅の準備

旅の技術

COLUMN

ハイキングコースガイドについて

▶アクセス
ハイキングのスタート地点への移動手段など

▶スタート地点標高
展望台やロープウエイ駅の標高

▶ゴール地点
ロープウエイ駅の標高や地図上に記された標高

▶最高到達地点
コース上で到達する最も高い標高

▶高低差
コース上の最高到達地点と最低地点の高低差

▶総延長
スタートからゴールまでのおよその距離

▶所要時間
歩く時間の目安

▶公式地図番号
スイス、フランスで発行されている公式地図の番号

▶難易度
各コースの体力や技術度の目安

コースガイドは、ハイキングガイドや現地の関係者が実際にコースを歩いた体験をもとに作成しています。ただ、自然を相手にするハイキングなので、実際に現地に行ってみると、必ずしも本文に記されたガイドと一致しないこともあり得ます。また天候の変化、交通機関のスケジュールの変更なども考えられますので、実際にコースを歩く場合は現地で最新の情報を入手してください。高低差については、アルプスのハイキングは、登山列車やロープウエイなどで展望台に上がり、そこから下ってくることが多いのですが、本書では上りのコースも取り上げています。所要時間はあくまでも目安の時間です。写真を撮ったり、多めに休憩したりすれば、当然所要時間は長くなります。余裕をもったスケジュールを立ててください。難易度はコースのレベルを把握するための情報です。以下のような基準でカテゴリーを分けています。

▶技術度1　整備されたコース
▶技術度2　コースの途中にガレ場など、整備されていない部分がある
▶技術度3　コース途中に雪渓やクサリ場など、危険な部分がある
▶体力度1　上り高低差0m、下り高低差200m、行動時間2時間
▶体力度2　上り高低差400m、下り高低差600m、行動時間4時間
▶体力度3　上り高低差600m、下り高低差800m、行動時間6時間
▶体力度4　上り高低差1000m、下り高低差1000m、行動時間8時間

上記の基準はカテゴリー分けするための便宜的なものです。自然相手のコースですから、絶対的な基準はありません。例えば整備されたコースでも、雨や雪が降ったり、霧が出ていたりすれば簡単ではありません。難しいクサリ場でも、経験豊かな人にガイドされていれば、安全に通過することが可能です。また体力は個人差が大きいので、同じ2時間のコースでも、人によって疲れ方は違うでしょう。本書のコースガイドは、コースの概略を把握するためのものです。詳細については必ず現地で確認するようにしましょう。

本書で用いられる記号・略号

紹介する町の基本的なデータです。標高は、都市の場合は中心となる駅、またはバス停の位置の標高です。山や峠は、登山鉄道の駅やバス停がある場合はその標高、ない場合は公式地図で採用している標高です。

メインストリート、バーンホフ通り

空港駅からチューリヒ以外の都市へ
ルツェルンとベルン、ジュネーヴへの直通列車がそれぞれ1時間に2本の割合で発車している。

空港内の両替所
夜遅い便で到着する場合、空港内の両替所が開いていないことがあるので、日本で多少のスイスフランを用意しておけば両替の不安がなく、また市内へ早く出ることができる。

チューリヒ空港
URL www.zurich-airport.com

チューリヒ空港

商工業・金融業のほか、文化、芸術の中心であるスイス最大の都市チューリヒ。空の玄関、チューリヒ空港があるため、多くの旅行者がこの町からスイス旅行の第一歩を踏み出す。市内で先史時代の住居跡が発見されるほど長い歴史がある町で、紀元前のローマ時代には、すでにリマト川を行き交う交易の税関が設けられていた。

チューリヒはその歴史の古さとは対照的に、外からの新しい空気を受け入れる柔軟性をもった町でもある。16世紀前半ツヴィングリによる宗教改革が始まったのも、前衛芸術ダダイズムを生んだのもこの町だ。レーニンやアインシュタインも住んだこの町には、新しい文化を受け入れる土壌が備わっているのかもしれない。

空港から市内へ スイスの空の玄関**チューリヒ空港**は、機能的にできており初めての人にもわかりやすい。

チューリヒ市内への移動に公共交通機関を利用する場合には鉄道が便利。列車のマークに従い、到着フロアから外へ出て、車道を渡って反対側のAirport Shopping（旧Airport Center）の建物に入り、さらに1階下りた所がCheck-in 3カウンターとSBB（スイス国鉄）の切符売り場がある。ここで切符を購入する。ユーレイルグローバルパスをここから使い始める人で利用開始手続きが必要な人は、ここでおこなおう。

タクシーを利用する人は、タクシーのマークに従って外に出ると乗り場がある。市内までCHF70程度。

空港駅は終着駅ではない。市内へ向かうのと逆方向に乗らないように行き先には注意しよう。必ずチューリヒ中央駅（Zürich HB）と書かれた列車に乗ること。チューリヒ中央駅へは所要約12分（CHF6.80）。ピーク時の運行は3～10分おきくらい。

40

- i　観光案内所
- 住　住所　CH-のあとの５ケタの数字は郵便番号を表す
- T ☎　電話番号
- TF　フリーダイヤル番号（日本）
- E-mail　eメールアドレス
- URL　ウェブサイトのURL（頭のhttp://は省略）
- 開　開館時間
- 営　営業時間
- 催　催行時間
- 休　閉館日、休業日
- 料　料金
- H　ホテル
- Y　ホステル
- R　レストラン
- S　ショップ

ショップ

レストラン

ホテル

★の数はスイスホテル協会に加盟しているホテルの評価

ハイキング地図

START スタート地点
GOAL ゴール地点
レストラン
ホテル
避難小屋など
トイレ

※地図について
本書に掲載している地図は、スイスの公式地図をもとに作成したものです。コースをおおまかに俯瞰するためのものとお考えください。

アクセス **その町への行き方**

Walking 歩き方
歩き方
徒歩で町を見て回るためのガイド

Scenic Overlook 展望台
展望台
町周辺の展望スポット

Attraction おもな見どころ
おもな見どころ
その町のおもな観光物件

Excursion 近郊の見どころ
近郊の見どころ
町から少し離れた場所に位置する観光物件

Activity アクティビティ
アクティビティ
その町で楽しむことができる代表的なアクティビティの情報

Ⓓドミトリー
Ⓢシングルルーム
Ⓦツイン、またはダブルルーム
Ⓣトリプルルーム
シャワー付き
バス付き
朝食付き
昼食付き
夕食付き
Room 部屋数
Wi-Fi Wi-Fi 環境
カード 使用できるクレジットカード
A American Express
D Diners
J JCB
M MasterCard
V VISA
休 営業休止期間

■データについて

本書のデータは、2022年9月～10月の現地取材と、地球の歩き方編集室の2023年2～4月の調査をもとにしています。“具体的ですぐ役立つ情報”を編集のモットーにしておりますが、記述が具体的になればなるほど、時間の経過とともに内容に多少のズレが出てきます。また、現地の規則や手続きなどが変更されたり、その解釈に見解の相違が生じたりすることもあります。このような理由に基づく場合、または弊社に重大な過失がない場合は、本書を利用して生じた損失や不都合などについて、弊社は責任を負いかねますのでご了承ください。また、本書をお使いいただく際は、掲載されている情報やアドバイスがご自身の状況や立場に適しているか、すべてご自身の責任でご判断のうえでご利用ください。なお、特に調査年度を明記していないものはすべて2023年のデータです。

■ホテル宿泊料金について

宿泊料金は原則として7月上旬の料金を基準にしています。ただし宿泊料金は日々異なりますのでご了承ください。表記の料金以外にも、シティタックスなどがかかる場合があります。Ⓦ（ツインまたはダブル）、Ⓣ（トリプル）と表示されたものは1部屋当たりの料金です。

■発行後の更新情報について

発行後に変更された内容は、「地球の歩き方ホームページ」の「ガイドブック更新情報掲示板」で、可能なかぎり最新のデータに更新しています（ホテル、レストランの料金等は除く）。ぜひ最新情報をご確認ください。

URL www.arukikata.co.jp/travel-support

■投稿記事について

すべての投稿記事には、✉のマークが表示されています。投稿記事のあとに、（千代田区　○○太郎　'20）とあるのは投稿者の居住地、氏名、旅行年度を表しています。ホテルなどの料金で、その後の追跡調査で新しいデータに変えてあるものは（千代田区　○○花子　'20）['23] というようにデータの調査年度を角カッコでくくって後ろに入れてあります。ただし古い投稿で、内容は現在も変わっていないものは投稿年をとっているものもあります。
皆さんの投稿を募集しています（→ P.493）。

ジェネラルインフォメーション

スイスの基本情報

▶スイスの言葉
→P.478

国　旗
赤の地に白十字。通称 Federal Cross と呼ばれる。13 世紀にハプスブルク家との独立戦争のときに使用した赤色の旗に、白十字を加えたもの。赤十字旗のもとにもなったデザイン。1815 年に国旗として正式に採用された。

正式国名
スイス連邦 Schweizerische Eidgenossenschaft（ドイツ語）、Confédération Suisse（フランス語）、Confederazione Svizzera（イタリア語）。便宜的に統一国名は Confoederatio Helvetica（ラテン語）が使われている。

国　歌
スイス聖歌 Schweizerpsalm（ドイツ語）、Cantique Suisse（フランス語）、Salmo Svizzero（イタリア語）

面　積
約 4 万 1285㎢（九州よりやや小さい）

人　口
約 874 万人（2021 年推計）

首　都
ベルン　Bern

元　首
大統領 アラン・ベルセ
Alain Berset

政　体
連邦共和制。連邦は 26 のカントン（州）によって構成されており、行政区分としては、さらに細かい 2780 のゲマインデ（仏：コミューン、基礎自治体）に分かれる。永世中立国。

宗　教
ローマン・カトリック（35.1%）、プロテスタント（23.1%）、そのほか（41.8%）

言　語
スイスの公用語はドイツ語、フランス語、イタリア語。これにロマンシュ語を加えた 4 つの言語から各州の公用語を指定している。17 州がドイツ語のみ、3 州がフランス語のみ、1 州がイタリア語のみを選び、3 つの州がドイツ語とフランス語の 2 言語を、1 州がドイツ語、イタリア語、ロマンシュ語の 3 言語を州の公用語としている。全土で英語はよく通じる。

通貨と為替レート

CHF

2016年から始まった新デザイン紙幣の発行が完了し、旧紙幣は使えなくなった。ただし旧デザインの紙幣は、ベルンとチューリヒにある国立銀行で両替することができる。

Swiss National Bank
ベルン
住Bundesplatz 1
チューリヒ
住Börsenstrasse 15
営月～金曜 8:00～15:30

単位はスイスフラン（CHF／SFr）。補助単位はサンチーム（Ct）またはラッペン（Rp）。CHF1＝Ct100＝約151.8円（2023年4月末現在）。紙幣:CHF10、CHF20、CHF50、CHF100、CHF200、CHF1000。硬貨:Ct5、Ct10、Ct20、CHF1/2、CHF1、CHF2、CHF5。なお、スイスはEU非加盟国だが、スイス国鉄、主要デパート、高級ホテルなどでは、多くの場合ユーロでの支払いが可能。

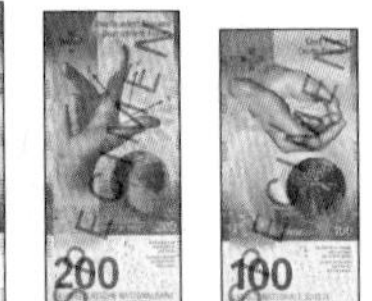

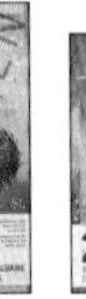

CHF1000　CHF200　CHF100　CHF50　CHF20　CHF10

CHF5　CHF2　CHF1　CHF1/2　Ct20　Ct10　Ct5

電話のかけ方

▶国際電話のかけ方
→P.474

▶通信環境（携帯電話）
→P.474

日本からスイスへかける場合

事業者識別番号		国際電話識別番号		スイスの国番号		市外局番（頭の0は取る）		相手先の電話番号
0033（NTTコミュニケーションズ） 0061（ソフトバンクテレコム） 携帯電話の場合は不要	＋	010	＋	41	＋	××	＋	1234567

携帯電話の場合は 010 のかわりに「0」を長押しして「+」を表示させると、国番号からかけられる。
NTT ドコモ（携帯電話）は事前に WORLD CALL の登録が必要。

出入国

ビザ
観光目的の場合、90日以内の滞在はビザ不要。

パスポート
スイスを含むシェンゲン協定加盟国を出国する日から3ヵ月以上の残存有効期間が必要。

日本からのフライト時間

13～14時間。現在日本とスイスを直行便で結んでいるのはスイス インターナショナル エアラインズのみ。

▶スイスへのアクセス→P.446

気候

起伏に富んだ地形なので、地域や標高により気候はかなり異なる。一般に北部の平地は比較的穏やかで、湖畔エリアも過ごしやすい。南部地域は地中海の影響でかなり温暖。

▶旅のシーズン→P.438

チューリヒと東京の気温と降水量

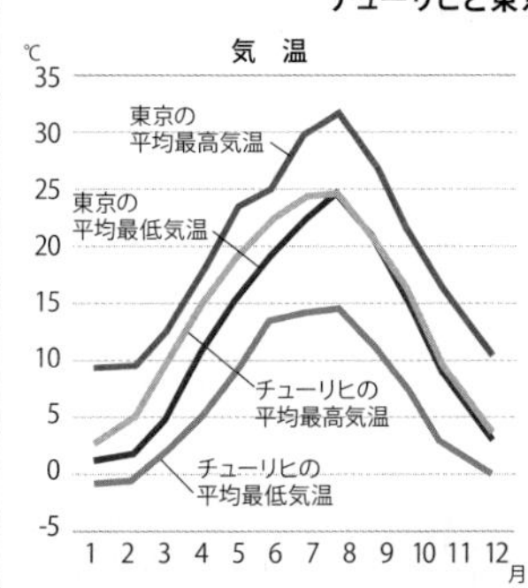

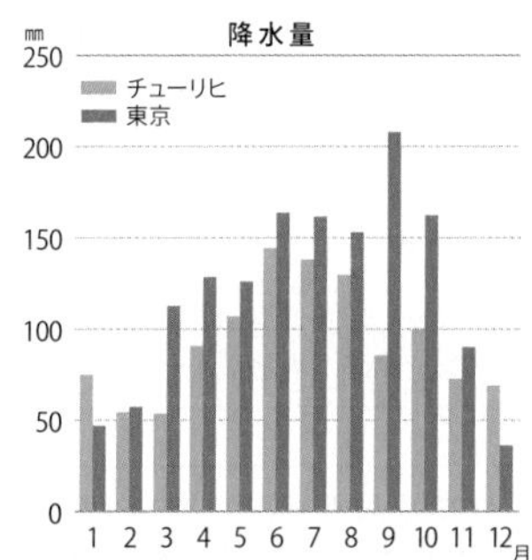

時差とサマータイム

日本との時差は8時間で、日本時間から8時間引けばよい。つまり日本の正午が、スイスではAM4:00となる。これがサマータイム実施中は7時間の時差になる。

サマータイム実施期間は3月の最終日曜AM2:00（＝AM3:00）～10月の最終日曜AM3:00（＝AM2:00）。

ビジネスアワー

場所・季節によって異なるが、以下は一般的な目安。

銀　行
月～金曜の8:30～16:30。土・日曜、祝日は休み。

商　店
月～金曜の8:30～18:30、土曜は9:00～17:00。日曜、祝日は休み。月曜の午前も休みのことがある。繁忙期のリゾート地では週末も営業。都市部では週に一度営業時間を延長する日がある。

オフィス
月～金曜の8:00～12:00、14:00～17:00。土・日曜、祝日は休み。

スイスから日本へかける場合

国際電話識別番号		日本の国番号		市外局番と携帯電話の番号（頭の0は取る）		相手先の電話番号
00	+	81	+	××	+	1234-5678

▶公衆電話は鉄道駅やバスターミナル周辺、大きなホテル内にある。
▶スイス国内通話：市内通話の場合でもエリアコード（市外局番）を初めにプッシュする必要があるので注意。

祝祭日（おもな祝祭日）

▶スイスの祭り
→ P.34

※は移動祝祭日
下記の法定祝祭日のほかに、カントン（州）が決めた独自の祝祭日がある。

月	2024	2025	祝祭日
1月	1/1		新年
3～4月	3/29（'24）	4/18（'25）※	聖金曜日
	3/31（'24）	4/20（'25）※	復活祭（イースター）
	4/1（'24）	4/21（'25）※	復活祭翌日の月曜日
5～6月	5/9（'24）	5/29（'25）※	キリスト昇天祭
	5/19（'24）	6/8（'25）※	聖霊降臨祭
	5/20（'24）	6/9（'25）※	聖霊降臨祭翌日の月曜日
	5/30（'24）	6/19（'25）※	聖体節
8月	8/1		建国記念日
12月	12/25		クリスマス
	12/26		聖シュテファンの日

電気＆ビデオ

電圧とプラグ

電圧は220～230Vで周波数50Hz、プラグは2本足のタイプが一般的。Cタイプのアダプターが使える。日本国内の電化製品はそのままでは使えないものが多く、変圧器が必要。

DVD方式

スイスのテレビ・ビデオ方式（PAL）は、日本（NTSC）と異なるので、一般的な日本国内用ビデオデッキでは再生できない。DVDソフトは地域コードRegion Codeが日本と同じ「2」と表示されていれば、DVD内蔵パソコンでは通常PAL出力対応なので再生できるが、日本の一般的なDVDプレーヤーでは再生できない（PAL対応機種なら可）。

ブルーレイ方式

ドイツを含むヨーロッパの地域コード（B）は日本の地域コード（A）と異なるため、日本の一般的なブルーレイプレーヤーでは再生できない。

両　替

現地の両替所は国際空港や主要駅の構内にあり、リゾート地では自動両替機もある。ただ国際クレジットカードはほとんどのショップ、レストランで使用できるので、安全を考えれば、旅行中の支払いはカードを中心にして、両替はなるべく少なくしたほうがいいだろう。

チップ

アメリカのようにチップを払うのが普通という国ではないが、ホテルやタクシーで荷物を運んでもらったりしたらCHF2～3のチップを渡すといい。レストランでも基本的に料金にサービス料は含まれているが、端数を切り上げる程度のチップを渡すことは多い。

左／チューリヒの人気カフェ　右／フレンドリーなレストランのスタッフ

飲料水

水道水は飲用できるが、水が変わると体調を崩すこともあるので、敏感な人はミネラルウオーターを利用するほうが安心。

ミネラルウオーターはキオスクやスーパーで売られている。500mℓはキオスクでCHF2～3、スーパーでCHF0.65～1。ガス入りとガスなしがあるが、ガス入りのほうが一般的。買うときには確認を。

なお、スイスは町なかで噴水（泉）をよく見かける。その多くは飲むことが可能なので、ペットボトルなどに汲んで飲んでみよう。ただし、ごみが浮いているような場所から汲むことや、「この水は飲めません」という表示がある所は避けること。

郵　便

▶郵便局の利用について→P.475

郵便局はDie PostまたはLa Posteと書かれており、営業時間は月～金曜の8:00～18:00（地域により異なる）で、土・日曜と祝日は休みだが、都市では土曜の午前も営業するところが増えている。大都市の中央郵便局は24時間営業。

日本への航空便は、はがき・封書ともB5サイズ、厚さ2cm以内、重さ20gまでCHF1.70。切手は郵便局のほか、キオスクでも買える。ポストは黄色。

税　金

1店舗でCHF300以上の買い物をした場合、商品価格に含まれているVAT（7.7%付加価値税）の一部が免税対象となる。ただし、買い物後90日以内の手続きが必要。ちなみに戻ってくるのは買い物で支払った税金。ホテル代や飲食代のぶんは還付されない。

安全とトラブル

▶旅のトラブルと安全対策→P.476

一般的にはとても治安のよい国だが、大都市では相応の注意を。ひと気のない路地裏などに不用意に立ち入らないこと。また人混みの中でのスリや置き引きにも注意したい。

警察署 117
救　急 144
消　防 118

在スイス日本国大使館（ベルン）
Japanische Botschaft
住 Engestrasse 53, 3012 Bern
☎ (031)3002222
開 月～金曜9:00～12:00、13:45～17:15　MAP P.206域外

在ジュネーヴ領事事務所
Consulat du Japon à Genève
住 Rue de Lausanne 82, 1202 Genève
☎ (022)7169900
開 月～金曜9:00～12:00、14:00～17:00　MAP P.364-B1

年齢制限

蒸留酒は18歳以上、醸造酒（ビール、ワインなど）は16歳以上（州により異なる）。たばこの年齢制限は特にない。

度量衡

日本と同じで、距離はメートル法。重さはグラム、液体はリットルを使用する。

その他

禁煙

スイスではレストランなども含む公共の屋内スペースでは喫煙が禁止となっている。

スイストラベルニュース2023

他国に比べ、コロナ禍の影響が少なかったスイスの旅行業界では、世界が停滞している間も交通機関への新機材導入や博物館のオープンなどが着実に進められてきた。ここでは 2020 年以降の新施設や新サービスを紹介する。

花畑の上をいくアイガー・エクスプレス。背後にそそり立つアイガー北壁を眺めながらの空中散歩が楽しめる ©Jungfraubahn

News 01

アイガー・エクスプレスの開業で Vバーンプロジェクトついに完成

日本人観光客にも人気の山岳リゾート、グリンデルワルトからアイガーグレッチャーとメンリッヒェンの 2 カ所を結んで V 型に延びるロープウエイ「V バーン」が完成した。グリンデルワルト駅の隣駅グリンデルワルト・ターミナルとアイガーグレッチャー駅を 15 分で結ぶロープウエイ「アイガー・エクスプレス」(→ P.139) が新設。以前からあったメンリッヒェンへのゴンドラも刷新されて、所要時間が 30 分から 20 分へ。展望台への所要時間が大きく短縮され、新しい眺望も楽しめるようになった。従来の登山鉄道も引き続き運行されているので、多彩なルートでユングフラウエリアを周遊旅行ができる。

眺めがよく安定性の高い新型機材を導入している

26 人が座って乗車できる。窓と椅子はヒーターで温められる

メンリヒッェン行きは 10 人乗りの黒いゴンドラに変わった

Vバーンプロジェクトで ふたつの駅が誕生

メンリッヒェンへのロープウエイのリニューアルと、アイガーグレッチャーへのロープウエイ新設にともない、グリンデルワルト・ターミナル駅とアイガーグレッチャー駅がオープンした。グリンデルワルト・ターミナル駅はグリンデルワルトから列車で3分、インターラーケン・オストから29分でアクセスできる。グリンデルワルト・グルント駅の近くで、1032台分の駐車場とショップ、スキーロッカーがある新しい駅として2019年12月にオープンした。駅の施設は充実しており、おみやげの購入もここ1ヵ所でまかなえるほど。アイガーグレッチャー駅はもともとユングフラウ鉄道の駅があったが、古い駅の上部にロープウエイとユングフラウヨッホに向かう列車が発着する駅が造られた。

グリンデルワルト・ターミナル駅は鉄道と2方向へのロープウエイが発着する

みやげ物店も入り買い物にも便利

アイガー・エクスプレスへの改札

アイガーグレッチャー駅はもともとの駅より一段高い場所に造られた

News 02

フィルストの新展望スポット フィルスト・ビュー

→P.142

グリンデルワルトから25分で上れるフィルスト展望台は、韓国ドラマ『愛の不時着』のロケ地としても使われた展望スポット。クリフウォークという断崖に沿って歩くアトラクションが人気だが、この上に360度の展望スポット「フィルスト・ビュー First View」がオープンする。フィルストにはほかにも体験できるアクティビティが多い。2023年7月完成の注目の新スポットだ。

崖の上に突き出すような展望ポイントになる予定

News 03

2023年6月現在新規ルートを工事中！ シルトホルン行きロープウエイ

→P.164

映画『女王陛下の007』の舞台として知られるシルトホルン展望台に上るロープウエイがリニューアルされる。これまでは麓のシュテッヘルベルクからギンメルワルトで乗り換えてミューレンに上り、さらにビルク、シルトホルンと上るルートだったが、シュッテヘルベルクからミューレンまで世界で最も急勾配のロープウエイで一気に上り、麓からシルトホルンまでの所要時間は32分から22分に短縮され、輸送力も約2倍となる。ロープウエイも安定性の高いものに変更されるので、揺れの少ない快適な乗車を楽しめるようになる。

URL schilthornbahn20xx.ch/en/Welcome

シルトホルンまで安定性の高いゴンドラが運行する予定

News 04

→ P.252

天気の悪い日でも目の前に絶景が!!
ズーム・ザ・マッターホルン

ゴルナーグラート展望台のホテルに併設する建物に、バーチャルビューを楽しむことができる展示施設ズーム・ザ・マッターホルン Zooom The Matterhorn が誕生した。悪天候の日でも天気のいい日に収録されたマッターホルンの映像を見ることができ、3 方向を囲むスクリーンに投影されるので、臨場感いっぱいの映像を楽しめる。パラグライダーの 360 度実写映像をヘッドマウントディスプレイで視聴できるアトラクションもあり、リアルな空中散歩を体験することができる。

歴史ある山岳ホテルと同じような外観の新施設

柱に据え付けられたモニターをのぞくと雨でも名峰の姿が見える

モニターにはこのような映像が映り、ズームインも可能

VR 映像と同じ浮遊状態で体験するので臨場感がすごい

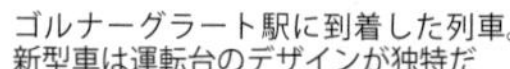

ゴルナーグラート駅に到着した列車。新型車は運転台のデザインが独特だ

窓が広く低床式なので、視界が広いし乗降が楽に行える

News 05

→ P.251

新型車両がデビュー
ゴルナーグラート鉄道

オープンエアの鉄道路線としてヨーロッパで最も高い場所を走るゴルナーグラート鉄道。マッターホルンと氷河を見ながら乗車できる体験は格別で、途中下車してハイキングを楽しむにもいい登山鉄道だ。2022 年 12 月から新型車両「ポラリス Polaris」が導入された。モダンな内装が取り入れられ、窓が一段と大型になった。低床式車両となったので乗降も楽。運転台部分が丸い、登山列車としては珍しいデザインの車両だ。

ブドウ畑の向こうにレマン湖が広がる美しい車窓風景が眺められる ©MOB-GoldenPass

News 06

→ P.395

モントルー～インタラーケン間を直行で結ぶ
ゴールデンパス・エクスプレスが運行開始

モントルーからインタラーケンを経てルツェルンにいたるスイスを横断する路線は、ゴールデンパス・ラインと呼ばれる景勝ルートとして人気だ。モントルーから途中のツヴァイジンメンまでは、パノラマ車とクラシック車両が運行しているが、線路幅の違うツヴァイジンメン～インタラーケン間をそのまま走行できるゴールデンパス・エクスプレスが誕生し、2022 年 12 月から運行をスタートした。新しい車両を導入しており、1 等車の上のプレステージ・クラスもできた。利便性と快適性を増した魅力的な観光列車がまた加わった。

これまではゴールドやホワイトの明るい車体カラーだったが、新型車両は高級感のある黒を採用 ©MOB-GoldenPass

News 07

世界遺産の名勝を下から眺める
ランドヴァッサー・エクスプレス

グレッシャー・エクスプレスとベルニナ・エクスプレスが通るアルブラ線は世界遺産に登録されており、沿線の見どころも多い。ハイライトのひとつに高さ 65m の石造りの高架橋ランドヴァッサー橋があるが、この橋の直下まで行き、通過する列車を手軽に見ることができるミニトレイン（バス）が 2021 年から運行している。橋の下までの所要時間は約 30 分で、徒歩で行くのと同じくらいだが、迂回して行くので景色のいいルートを乗車でき高低差のある坂道を楽に移動できる。現地では 30 分間の停車時間があり、カフェのドリンクや軽食も楽しめ、ちょっとしたピクニック気分が味わえる。

停車時間が 30 分あるので、橋を渡る列車も見ることができる

● **Landwasser Express**
運行日：'23 年は 5/13 ～ 10/29 の火～土曜（日・月曜は運休）。フィリズール発は 11:15 と 14:15。所要 1 時間 30 分。現地での停車時間は 30 分。
料 大人片道 CHF8、往復 CHF15。

News 08

古きよき時代の列車の旅を再現
レーティッシュ鉄道ヒストリック・トレイン

複数の客車が連結されているので 1 等切符があればすべての車両を選べる

ランドヴァッサー橋の最寄り駅フィリズールから、国際会議が開催されることでも有名なリゾートのダヴォスまで、クラシックな車両に乗って列車の旅ができる。機関車は 1929 年製造の電気機関車 GE6/6I414（通称クロコダイル）が使われ、客車も 100 年近く前のオリジナル車両と天蓋車が連結されている。通常は 25 分の所要時間のところ、ゆったりと 35 ～ 44 分の乗車体験ができる。追加料金や予約も不要だ。古い車両だがメンテナンスがよく、タイムスリップしてノスタルジックな旅を体験している気分になる。1 日に 2 往復しており、ランドヴァッサー・エクスプレスとの乗り継ぎもいい。

クロコダイルはグレッシャー・エクスプレス 75 周年にも登場した名機関車だ

● **Historic Train**
URL www.rhb.ch/en/erlebniswelt-bahn/dampf-nostalgiefahrten/historische-fahrten
運行日：'23 年は 5/13 ～ 10/29 の毎日。フィリズール発は 11:06 と 16:06。ダヴォス・プラッツ発は 10:18 と 15:18。

州立美術館の展示室
©MCBA, Etienne Malaper

News 09

→P.378

ローザンヌ駅の隣に誕生したアートセンター
プラットフォーム10

ローザンヌ駅隣接のエリアが再開発され、これまで市内3ヵ所の別々の場所にあった州立美術館 Musée Cantonal des Beaux-Arts(MCBA)、州立現代デザイン・応用美術館 Musée Cantonal de design et d'arts appliqués contemporains(mudac)、エリゼ写真美術館 Photo Elysée がこの地に集まり、新しいアートの拠点となった。広い敷地にはカフェやショップが入り、広場ではイベントも開催されている。ローザンヌ市民の新しい憩いの場は、観光客にも魅力的な場所となっている。

スタイリッシュな州立現代デザイン・応用美術館の建物　© Gammuto Sàrl

ローザンヌ中央駅すぐ隣に位置する複合施設

News 10

おみやげの定番、リンツチョコレートの博物館

→P.49

リンツ・ホーム・オブ・チョコレート

スイスチョコレートの代表的なブランドであるリンツ（リンツ＆シュプリュングリ）の本社がある、チューリヒ郊外のキルヒベクルクに誕生したチョコーレート博物館。工場に隣接した建物にカカオ豆やチョコレートの歴史についての展示があり、また工場での生産プロセスを見学できる。試食コーナーで味見ができるチョコレートの種類が豊富。もちろんショップも併設している。

高さ約9mのチョコレートファウンテンが訪れる人を迎える
©Lindt Chocolate Competence Foundation

博物館の1階にはカフェを併設
©Chocoladefabriken Lindt & Sprüngli AG

最初の展示はバーチャルのような空間でカカオについて学ぶ

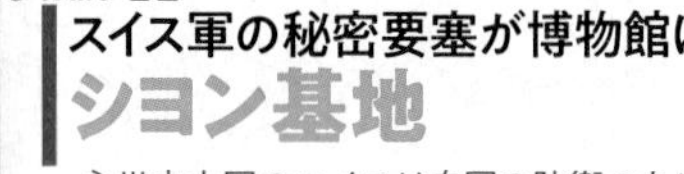

News 11

スイス軍の秘密要塞が博物館に
ション基地

永世中立国のスイスは自国の防衛のためにさまざまな策を練り、地中や山にシェルターや秘密基地、航空機の格納庫などを造ってきた。観光地モントルー近郊のション城のすぐ近くにも要塞があり、これまで防衛最高機密として守られてきたが、岩山に掘られた基地施設が博物館として公開されることになった。実際に兵士たちが使っていた部屋を見ることができ、マルチメディア展示やインタラクティブなゲームなどで、スイスの防衛の歴史に触れることができる。

以前はカモフラージュされていて基地の存在はまったくわからなかった

● Fort de Chillon
URL www.fortdechillon.ch
開 水～日曜 10:00 ～ 18:30
休 月・火曜　料 CHF25

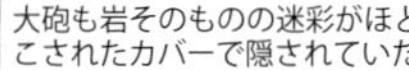

大砲も岩そのものの迷彩がほどこされたカバーで隠されていた

News 12

世界最大の時計ブランドの殿堂
シテ・デュ・タン

ジュネーヴにあったスウォッチ博物館が本社のあるビール／ビエンヌ（→ P.239）に移転してリニューアルオープン。それまであった「オメガ」の博物館と統合して、世界最大の時計ブランドの殿堂**シテ・デュ・タン Cité du Temps**（オメガ＆スウォッチ時計博物館）が誕生した。木の風合いを生かした日本人建築家板茂氏の手による美しい建物にも注目したい。

大胆なデザインの建物も大きな見どころ
©Switzerland Tourism / Andre Meier

● Cité du Temps SA
URL www.citedutemps.com　開 火～金曜 11:00 ～ 18:00、土・日曜 10:00 ～ 17:00　休 月曜、祝日　料 無料

News 13

バーゼルのモダン建築の新たなスポット
ノバルティス・パビリオン

現代建築の展示会場のような町バーゼルに新たな建物が加わった。世界的な製薬・バイオテクノロジー企業ノバルティスの本社は「ノバルティス・キャンパス」と呼ばれ、さまざまなモダン建築の建物が並んでいる。ここにビジターでも見学できるノバルティス・パビリオンがオープン。生命科学や医療、ヘルスケアなどの展示も見ることができる。

さまざまな現代建築の建物が並ぶノバルティス・キャンパス

夜になるとライトアップされて幻想的な雰囲気になる
©MBxd1

● Novartis Pavillon
URL www.campus.novartis.com/en/novartis-pavillon
開 火～日曜　10:00 ～ 18:00　休 月曜　料 CHF10

円安、withコロナ時代のスイス旅行をどう楽しむ？

コロナ禍による世界的な人流制限はスイスにも大きな影響を与えた。しかし、スイスではいち早く国内の旅行需要が回復し、以前から予定されていた博物館や美術館、新路線の開発プロジェクトも粛々と進行していた。国外からの旅行客が見込めない2020年から2021年にかけても、新規オープンした物件は多い。『地球の歩き方スイス編』の最後の取材は2019年の秋だったが、今回の改訂版発行のため、ちょうど3年後の2022年秋に現地を訪れ、各地を巡ってきた。スイスの現在の旅行状況と、楽しみ方を紹介しよう。

新型コロナウイルス（COVID-19）対応の状況

スイスでは2022年2月から行動制限が徐々に緩和され、同年4月1日からマスク着用の義務が撤廃、陽性者の隔離も不要となった。2023年4月現在感染患者はゼロではないが、引き続き制限事項はなく、マスクなしで自由に行動できる。

マスク着用義務撤廃とともに、マスクを外す人は多かったが、マスクをかけていることで白い目で見られたり、対応が異なったりするようなことはなかった。旅行者だけでなく、現地のスイス人も必要と思う人は着用していた。観光客に人気のパノラマ列車も、停車している間に客席のテーブルを消毒薬で清掃するなど、コロナ感染対策を継続していた。

2022年4月から規制が撤廃され、マスクなしの生活に戻っている

復活した旅行マーケット

取材時点では入国時の制限が残っていた日本や中国からの旅行客はほとんど見かけなかったが、その他のアジア諸国や中東からの旅行客、欧米人旅行客の姿をあちこちで見ることができた。コロナ前ほどの混雑ではないものの、旅行マーケットは復活しており、現地ではコロナ以前同様に快適に旅を楽しむことができるようになっている。新しい見どころもオープンし、新型車両が導入された路線も多く、スイス旅はいっそう快適になった。

新規オープンの見どころが人気を集めているが、既存の施設でもメンテナンスはきちんと行われており、博物館も展示内容をさらにグレードアップさせている。レマン湖地方の取材時は、定番のオリンピック博物館やシヨン城に入館した。オリンピック博物館では、2020年東京大会と2022年北京大会の展示に加え、2024年パリ大会のグッズも販売されており、アップデートされた展示を見ることができた。シヨン城も新たに模型展示などが加わり、その部屋が元々どんな装飾がなされていたか、どんな役割の部屋だったのかを直感的に知ることができるようになっていた。

鉄道各社も新型車両を導入しており、窓が大きい低床式の車両が増えている。荷物の運び入れは格段と楽になった。近郊路線の列車も新車両が導入され、長距離列車と変わらない快適な乗り心地を楽しむことができる。

人手不足を感じる場面も

スイスでも日本同様に旅行業やサービス業の現場から離職する人が少なからず存在した。そのため、特に鉄道駅では人手不足を感じるシーンもあった。以前は地下フロアに有人カウンターが並んでいたルツェルン駅では、2階スペースにカウンターが移動してしまい、サン・モリッツ駅では手荷物扱いカウンターにスタッフが常駐しておらず、入口脇の呼び鈴で知らせる必要があった。手荷物託送手続きのために訪れたときは、担当者がほかの窓口の接客に追われ、数分待たされることになった。

スイス国鉄（SBB）の駅では以前は切符購入窓口でルート作りの相談を行ったり、時刻表を出力してもらったりすることができたが、現在は相談窓口と売り場とを分けている駅が多い。総じて有人窓口は縮小しており、カウンターがあった場所には自動券売機が並んでいたりする。切符は自動券売機やスマートフォンから購入することも可能だが、有人窓口でしか対応できないような手配がある場合は、時間に余裕をもって駅を訪れることをおすすめする。混雑しているときはカウンターが行列になっている可能性もあるからだ。

ジュネーヴ駅は切符売り場のすぐ隣にインフォメーションがある

デジタル化がぐんと進んでいる

2019年時点でネット予約はすでに一般的だったものの、交通機関のチケットは紙やPDFで提示していた。しかし現在はアプリやサインインによるQRコード表示も増えており、検札官もスマートフォンを使い乗客の切符確認を行っている。

デジタル化は博物館でも進んでおり、以前は有料で貸し出していたミュージアムガイドを訪問者自身のタブレットやスマートフォンで代用できる施設もある。館内の無料Wi-Fiにつないで、施設内のみで閲覧可能なページにアクセスするという方法だったり、専用アプリをインストールして視聴したりする仕組みだ。

スイスはデジタル化が進んでいるとはいえ、まだ窓口で切符を購入することもできるし、QRコードが入っている予約確認票や切符を印刷しておけば、紙で切符の代用が可能だ。しかし、以前は多くの駅に置いてあった小冊子の時刻表はなくなり、スマートフォンを持っているほうが有利なサービスも増えている。スイス旅行を実行するならスマートフォン操作に慣れておいたほうがいい。

円安による物価高をどうしのぐ？

日本人旅行者にとって大きなネックとなるのは、極端な円安がもたらしている物価高だ。スイスフランの為替レートは、コロナ前の2019年末は1スイスフラン（以降CHF）＝112円前後だった。2022年の年初は125円前後まで円安（スイスフラン高）が進み、ロシアのウクライナ侵攻以降スイスフランはさらに急騰し、2022年10月に150円近くになった。10ヵ月で20％上昇した計算になる。1990年台はスイスフランのレートは1CHF＝80円台で、2000年には60円台まで下落したこともある。この時代の為替レートで比較すると、日本人にとってスイスの物価は倍以上になった計算だ。

円安傾向は1CHF＝150円近くのレートに届いた10月以降も続いている。2023年4月末現在は1CHF＝151.8円と、ついに150円を超えてしまった。

この円安に対応するには予算を増額するか、出費を抑えるしかない。だが久しぶりの旅が節約ばかりでは楽しみも半減してしまう。予算は思い切って自分の見込みの1.5倍を想定し、メリハリのあるお金の使い方をしたい。昼食なら3000円、夕食は6000円以上の予算をみておこう（→P.442 旅の予算とお金の準備）。

少しでも安く手配するなら、ホテル予約はできるだけ早いタイミングで行うのがよい。安い宿から埋まる傾向があり、1万円以下で個室を見つけるのはかなり難しい。最低でも1万3000円以上を覚悟したほうがよい。交通費も削りにくい費用だが、有効期間の長いスイストラベルパスの料金はコロナ前よりも割安になっているので、パスの利用を考えるのもいいだろう（→P.454 さまざまなパス、割引カード）。

充実した現地滞在のために

円安が続く現状では、予算を増やすことを考えたほうがいい。旅行コストを下げるには滞在日数を減らす選択肢もあるが、航空券代も高額な今、日程に余裕があるにも関わらず現地での滞在日数を減らすのはもったいない。必要なものには予算をかけ、あとは無料サービスを利用したり、同じものなら少しでも安く入手するようにしよう（→P.444 スイスをおトクに旅するには？）。

いずれはもう少し円高になり、現地コストが下がる日も来るだろうが、行きたいと思ったときに訪問することが大切だ。何がきっかけで訪問が難しくなるかはわからない。今のスイスは新しい見どころも揃い、コロナ以前同様に旅しやすい環境が整っている。この本を手にしているなら、ぜひ具体的に計画を立ててスイス旅を実行してほしい。

展望台10選

ゴルナーグラート（ツェルマット）

スイスアルプスの象徴であるマッターホルンと、その周囲を取り巻く4000 m峰の数々を、一望のもとに見渡せる展望台。登山列車でアプローチするときの車窓風景もすばらしい。（→ P.251）

マッターホルン・グレッシャー・パラダイス（ツェルマット）

富士山より高い標高 3883 mの、ヨーロッパで最も高い所にある展望台。氷河の中にそびえ立つピラミッドのようなマッターホルンの姿が印象的。高山病に気をつけたい。（→ P.254）

フィルスト（グリンデルワルト）

ヴェッターホルンを正面に望む景色もすばらしいが、この展望台は人気ハイキングコースのスタート地点としても知られる。グリンデルワルトの村から直接アクセスできる。（→ P.142）

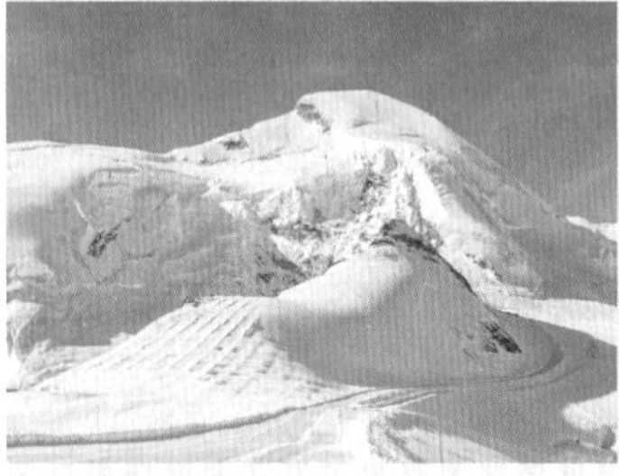

ミッテルアラリン（サース・フェー）

万年雪に囲まれた展望台からは、ミシャベル山群の4000 m峰と足元を流れるフェー氷河のダイナミックな景色が堪能できる。標高 3500 mのレストランは、世界最高所の回転レストラン。（→ P.270）

ユングフラウヨッホ（ユングフラウ地域）

「Top of Europe（ヨーロッパ最高所）」にある鉄道駅。展望台はここからエレベーターで上がった所にあるスフィンクス展望台にある。世界自然遺産のアレッチ氷河がここから流れ出していることがよくわかる。（→ P.151）

©Schilthornbahn AG

シルトホルン（ミューレン）
ベルナーオーバーラントの人気展望台のひとつで、アイガー、メンヒ、ユングフラウの3山を西側から眺める。高い山がすぐ近くにないので、360度のパノラマが楽しめる。（→ P.164）

スイスの旅にはさまざまな楽しみがあるが、高い所から眺める雄大な風景は、間違いなくスイスのハイライト。ヨーロッパ最初の登山鉄道、ヨーロッパ最高所の駅、そしてヨーロッパで最も高い展望台……。それぞれ特徴ある展望台からは、険しい岩壁や豪快な氷河だけでなく、美しい湖や山あいの小さな村などの穏やかな景色もある。たくさんの展望台に上って、いろいろなスイスの表情を見てみたい。

ディアヴォレッツァ（エンガディン）
全体的に穏やかなエンガディン周辺で、荒々しい山岳風景と出合えるのがここ。周辺で唯一の4000m峰ピッツ・ベルニナをはじめとする山々と、足元に広がる豪快な氷河が印象的。（→ P.311）

モースフルー（アレッチ地域）
アレッチ地域の展望台は、北にアレッチ氷河、南にヴァリスアルプスを望む所が多い。モースフルーもそのひとつで、優雅なカーブを描いて流れる氷河を正面から眺める。（→ P.279）

リギ（ルツェルン）
ヨーロッパ最初の登山鉄道が建設された歴史ある展望台。標高は2000m以下だが、北側は緑の平原と湖が広がり、南側はアルプスの山が連なる、独立峰ならではの景色が楽しめる。（→ P.109）

コルヴァッチ（エンガディン）
このエリアで最も高い展望台。中間駅のムルテールまでは緑豊かなエンガディンの谷と連なる美しい風景を眺め、中間駅で稜線を越えると風景は一変し、荒々しい岩峰と氷河の世界が広がる。（→ P.310）

ベルン

石造りのアーケードが特徴的な町は15世紀に造られた。今日まで大きく変わることなく残されている貴重な町は、世界文化遺産にも登録されている。1日かけてゆっくり散策したい。(→ P.196)

町歩き10選

スイスの旅では、アルプスを歩くだけでなく、町も歩てみたい。第2次世界大戦で中立を守り、他国の侵入許さなかったおかげで、スイスには中世から続く町並が保たれているところが多い。狭い石畳の路地を、窓を飾るゼラニウムと、装飾のために描かれた壁画を眺ながら歩くのは、ハイキングとは違う楽しみだ。

ローザンヌ

レマン湖沿いに広がるウーシー地区と丘の上に広がる旧市街があり、ケーブルカーで結ばれている。美しい教会ローザンヌ大聖堂周辺の、迷路のような路地をさまようのが楽しい。(→ P.375)

フリブール

独仏言語圏の境にあり、「フライブルク」とも呼ばれる。12世紀の町並みを保っているヨーロッパでも1、2を争う古い町。川の断崖を挟んで上と下に広がる町の造りもユニーク。(→ P.214)

アッペンツェル

スイス東部、ドイツ国境にも近い静かなエリアにある、おとぎ話に出てきそうなカラフルな家並みが特徴。民芸品などの店が並ぶメインストリートのハウプト通りは必見だ。(→ P.78)

ルツェルン

近未来的な駅と美術館から5分も離れていない、屋根のある木造の橋を渡ると、突然中世の世界に迷い込む。まさに歩いてタイムスリップをするような感覚が味わえる楽しい町。(→ P.90)

シュタイン・アム・ライン

スイス東部には建物に描かれた壁画が特徴の町がいくつかあるが、ナンバーワンはここ。市庁舎広場に面した建物に描かれた無数の壁画は圧巻。一つひとつじっくり見ていきたい。(→ P.68)

ソロトゥルン

スイス西部に連なるジュラ山脈の麓にある、城壁に囲まれた小さな町。古い町だが古めかしい感じはなく、時計塔とカラフルな家々に囲まれた旧市街は、スイス有数の「絵になる」町のひとつ。(→ P.240)

バーゼル

ドイツとフランスの2ヵ国に接する国境の町。町の真ん中をライン川が流れ、旧市街には趣のある石造りの建物が集まる一方、いたるところに特徴のある近代的な建築物が見られる。(→ P.228)

クール

この地に最初に人が定住したのが紀元前3000年といわれる、スイス最古の町。スイス最大の州グラウビュンデンの州都だが、石畳の路地が続く市街地はまさに古都の風情が漂う。(→ P.345)

チューリヒ

スイスの経済と文化の中心。町の中心部には中世のたたずまいが感じられる町並みが残り、ゆっくり歩いて巡るにはぴったり。スイスいちの都会らしく、ショッピングもグルメもいちばんの充実度。(→ P.40)

観光列車10選

©MOB-GoldenPass

景勝ルート **ゴールデンパス・エクスプレス**

モントルーからルツェルンにいたるスイス横断の景勝ルート。モントルー～インタラーケン・オスト間を直行で結ぶゴールデンパス・エクスプレスが運行を開始した。(→ P.395)

景勝ルート **ベルニナ・エクスプレス**

サン・モリッツからイタリアのティラーノまで、2時間ほどの乗車時間中、車窓から片時も目を離せないほど移り変わる風景はドラマチック。世界遺産に登録されているルートを走る。(→ P.324)

景勝ルート

ゴッタルド・パノラマ・エクスプレス

スイス建国のゆかりの地を訪ねる、フェリーと鉄道を組み合わせたユニークなシーニックルート。アルプスの北と南にある、ルツェルンとルガーノを、フリューエレンを経由して結ぶ。

景勝ルート **グレッシャー・エクスプレス**

スイスを代表するふたつの山岳リゾートを8時間で結ぶ、世界的に知られるシーニックルート。山岳風景のエッセンスが次々と車窓に現れる、充実の鉄道の旅が楽しめる。(→ P.284)

景勝ルート

フォアアルペン・エクスプレス

ルツェルンとボーデン湖畔の町ロマンスホルンを結ぶシーニックルート。ルツェルンを離れると沿線に山はなく、終始牧草地と湖の穏やかな風景が広がる。ほぼ毎時出発し、予約の必要もないので、気軽に楽しめる。

登山列車
ゴルナーグラート鉄道
ツェルマットからゴルナーグラート展望台まで、約1500mの標高差を38分で上る。森からアルプ、草のないガレ場へと沿線の風景が変わるたびに、アルプスの姿も変わっていく。(→ P.251)

鉄道、バス、フェリー、移動手段がそのまま楽しい観光になってしまうのもスイスならでは。特に鉄道は、移動のためでなく、単に車窓風景を楽しむためだけに乗っても価値のあるものがたくさんある。景勝ルートは比較的長距離を走る列車で、登山列車は文字どおり、山の頂に向かって上って行く列車。

登山列車
リギ鉄道
ヨーロッパ初の登山鉄道として1871年に開業した。湖畔の町フィッツナウからリギ山頂に向かうルートと、山麓の町アルト・ゴルダウから山頂に向かう、ふたつのルートがある。(→ P.109)

登山列車
ユングフラウ鉄道
2012年に開通100周年を迎えた人気の登山列車。路線の4分の3はトンネルの中という珍しい登山列車。終点のユングフラウヨッホはヨーロッパ最高所の鉄道駅。(→ P.151)

登山列車
フルカ山岳蒸気鉄道
フルカ峠を貫くトンネルができるまで、グレッシャー・エクスプレスが走っていたオリジナルのルート。長らく廃線となっていたが、有志の手でよみがえり、当時の機関車が運行している。

登山列車
ロートホルン鉄道
全線電化されていない唯一の登山鉄道で、また毎日SLが運行している唯一の登山鉄道でもある。蒸気機関車の煙の臭いと音がノスタルジックな風情を醸し出し、美しい風景に花を添える。(→ P.179)

ベルン旧市街 (1983 年)

15 世紀に造られた町並みが今も見られる、旧市街全体が世界遺産に登録されている。1 日かけて石畳の路地をさまよってみるのがベルンの楽しみ方のひとつ。変わった町歩きの方法としては、セグウェイで町を巡るツアーもある。(→ P.196)

ザンクト・ガレン大聖堂 (1983 年)

大聖堂の豪華絢爛たるバロック様式の装飾は、教会というより宮殿といったほうがいいほど。大聖堂の隣にある修道院図書館の内装も見事なので、忘れずに立ち寄りたい。(→ P.74)

世界遺産

現在スイスで登録されている世界遺産は 13 ヵ所。学術的な高い価値が認められて登録されたものもあり、多くはそのすばらしさを直接目にすることができる。(　　) は登録年。

ラ・ショー・ドゥ・フォンとル・ロックル、時計製造業の都市計画 (2009 年)

スイスを代表する時計産業の中心地であり、スイスの代表的建築家ル・コルビュジエの出身地。コルビュジエが設計した建物が点在しており、建築が好きな人は必ず寄りたい所にもなっている。(→ P.225)

ベリンツォーナ：3つの古城と街を囲む城壁 (2000 年)

ティチーノ州の州都である町の中心にある要塞、カステルグランデは 13 世紀に建てられたもの。今も残る城壁、そして高台に建つふたつの古城とともに、町を威圧するような存在感を放つ。(→ P.428)

スイスアルプス　ユングフラウ、アレッチ、ビーチホルン地域 (2001 年)

アルプスに残されたヨーロッパ最長のアレッチ氷河を中心に、周辺部に広がる貴重な自然環境が自然遺産に登録されている。世界遺産登録エリア内でも、雄大な氷河を眺めながらハイキングが楽しめる。2007 年にエリアが拡大された。(→ P.151、278)

ラヴォー地区のブドウ畑 (2007年)

レマン湖沿いのローザンヌとモントルーの間に広がるブドウ畑。このエリアでは1000年以上続く伝統的な方法でブドウを育て、ワインを造ってきた。ハイキングやサイクリングも楽しめる。(→ P.380)

サン・ジョルジオ山 (2003年)

ルガーノ湖の南にあるこの山で、今から2億4500万年～2億3000万年前の三畳紀の貴重な化石が1万点以上も発掘された。発掘現場は見られないが、近くの町メリーデの博物館で、その一部が観られる。(→ P.420)

聖ヨハネ修道院 (1983年)

8～9世紀に描かれたと思われる貴重なフレスコ画が残る修道院。現在もベネディクト派の修道院なので、修道女たちが生活している。スイスの東端に位置しておりポストバスでアクセスする。(→ P.338)

スイスの世界遺産一覧

※ 2007年に拡大

名　称	登録年	区　分
ザンクト・ガレン修道院	1983	文化遺産
聖ヨハネ修道院	1983	文化遺産
ベルン旧市街	1983	文化遺産
ベリンツォーナ：3つの古城と街を囲む城壁	2000	文化遺産
スイスアルプス　ユングフラウ、アレッチ、ビーチホルン地域	2001※	自然遺産
サン・ジョルジオ山	2003	自然遺産
ラヴォー地区のブドウ畑	2007	文化遺産
地殻変動地域サルドナ	2008	自然遺産
レーティッシュ鉄道アルブラ線・ベルニナ線と周辺の景観	2008	文化遺産
ラ・ショー・ドゥ・フォンとル・ロックル、時計製造業の都市計画	2009	文化遺産
アルプス山脈周辺の先史時代の杭上住居群	2011	文化遺産
ル・コルビュジエの建築作品	2016	文化遺産
カルパチア山脈とヨーロッパ地域の古代及び原生ブナ林	2021	自然遺産

スイス交通博物館（ルツェルン）

この種の博物館としては、スイスのみならず、ヨーロッパ最大級の規模。鉄道、自動車、船からロケットにいたるまで、観るだけでなく体感できる多数の展示が揃っている。（→ P.98）

国際時計博物館（ラ・ショー・ドゥ・フォン）

スイスを代表する産業である時計製造。その歴史と伝統、そして輝かしい技術発展の変遷を観ることができる。ありとあらゆる種類の膨大な時計コレクションもじっくり見学したい。（→ P.226）

美術館・博物館10選

興味深い博物館や美術館も多いスイス。パリやロンドンにあるような1日がかりでも全部観られないような巨大なものは少ないが、小さくても展示の充実したものが無数にある。スイストラベルパスで入場できる施設が多いのもうれしい。

スイス国立博物館（チューリヒ）

スイスの成り立ち、人々の暮らしなど、「スイス」についてのあらゆることを詳しく知りたい人は、迷わず訪れるべきところ。中央駅のすぐ裏にあるので、チューリヒに滞在していなくてもアクセスしやすい。（→ P.47）

オリンピック博物館（ローザンヌ）

国際オリンピック委員会（IOC）本部があるローザンヌでいちばんの見どころ。過去の大会のメダルや聖火のトーチ、有名選手のユニフォームなどの展示は圧巻だ。無料のオーディオガイドは日本語もある。また自分のスマートフォンを利用してガイドを聞くこともできる。（→ P.379）

バレンベルク野外博物館（ブリエンツ）

それほど広くないスイスだが、地域ごとに暮らしぶりや建築様式が異なる。ここは各地に残っていた100以上の伝統的な家屋を移築した屋外博物館で、人々の生活も再現されている。（→ P.178）

自然史博物館（ジュネーヴ）

自然科学系博物館としてはヨーロッパ最大級。数多くの動物のはく製などが特に見もの。（→ P.367）

ヴィトラ・デザイン博物館（バーゼル）

国境を越えてドイツにある。世界的な建築家が設計した建物、巨匠の家具などを見学。（→ P.235）

アリアナ美術館（ジュネーヴ）

貴重な陶磁器やガラス器、約2万点を所蔵。コレクションのみならず建物もすばらしい。（→ P.368）

パウル・クレー・センター（ベルン）

レンゾ・ピアノが設計した美術館。巨匠パウル・クレーの作品を約4000点所蔵する。（→ P.206）

チューリヒ美術館（チューリヒ）

ホドラー、ベックリンなど、スイス出身の画家の作品を多数展示。セガンティーニもある。（→ P.47）

4つの国語があるスイスでは、言語圏ごとに文化や料理が異なる。大きく分けて東のドイツ語圏、西のフランス語圏、南のイタリア語圏で、それぞれ隣国の影響を受けて発展した特色ゆたかな郷土料理がある。観光地では違う言語圏の料理も食べることができる。スイスを代表する食材、チーズを使った料理はぜひ一度食べてみたい。山地のレストランではたいていメニューに載っている。都会では専門店に行くことをおすすめする。

チーズフォンデュ Käse Fondue / Fondue de Fromage

チーズを鍋の中で溶かして、ひと口大のパンに絡めて食べる料理は、スイスだけでなく、フランスやドイツなどの周辺国でも伝統料理としているところもある。発祥地がどこなのかは定かではないが、スイスを代表する料理といえば一番に挙げられる。使用するチーズは、各地方、各家庭で種類も配合も異なり、鍋に溶かす際にキルシュや白ワインを入れるので、アルコールの匂いが強い。
スタンダードなチーズフォンデュのほかに、チーズの中にトマトを入れたトマトチーズフォンデュや、スライスしたマッシュルームやハーブをチーズに入れたりすることもある。食べ方も串に刺したパンでチーズを絡めるだけでなく、溶けたチーズをレードルですくって、皿に取り分けたパンの上からかけて食べるやり方もある。

ラクレット Raclette

フランス語の"racler 削る"に由来するヴァリス地方のチーズの名前。円形の大きなこのチーズを半分にカットし、半円の断面を熱で焙って溶けてきた部分を削ってお皿に載せ、アツアツのうちにパプリカや黒コショウを好みでかけて食べる。原産はヴァリス州だが、スイス各地で生産されている。全国に専門レストランがあり、祭りの屋台の定番で、家庭でも食べられる。レストランでは、ひと皿分で注文するが、前菜用の小皿に盛られたものもあり、なかには食べ放題を選べるところもある。

ケーゼシュニッテ
Käseschnitte / Croûte au fromage

パンにチーズと好みの具を載せて、シュナップスや白ワインをふってオーブンで焼くだけのシンプルな料理。スイスの代表的な家庭料理で、スイス人が選ぶ好きなスイス料理アンケートでは常に上位になる。山のレストランでも人気のメニューで、ハムやトマトなどが定番の具で、目玉焼きが載っていることが多い。レストランによっては具材の種類を選べるところも。

COLUMN スイスの国民食「レシュティ」

「レシュティRösti」は、スイスの代表的な家庭料理。細切りのジャガイモを丸い形にしてカリカリに焼いたものだ。料理の付け合わせにしたり、卵やチーズをのせアレンジしたりして食べる。山岳レストランではランチの定番メニュー。

ミートフォンデュ Meat Fondue

「フォンデュ」は鍋料理のこと。熱したスープに薄切りの肉を入れて、火が通ったら好みのソースや薬味をつけて食べるのが**スープフォンデュ Fondue chinoise**。しゃぶしゃぶに近いが、中華料理の「火鍋」のイメージから“chinoise（中国の）”という名前がついている。熱した油が入った鍋に、ひと口大の肉を入れて、揚げたてにソースをつけて食べる料理が**オイルフォンデュ Fondue bourguignonne**。火傷に注意。沸かしたワインの中に肉を入れる**ワインフォンデュ Fondue Bacchus**などもあり、ミートフォンデュにもバリエーションがある。

ゲシュネッツェルテス Geschnetzeltes

「細切れ」という意味で、ストロガノフ風のシチュー。クリーム仕立てのものをチューリヒ風 Zürcher Art と呼んでおり、スイス全土で食べられる。チューリヒの郷土料理であるチューリヒ・ゲシュネッツェルテス Zürcher Geschnetzeltes は、キノコ入りで仔牛肉を使ったもの。

ブラートヴルスト Bratwurst

基本はドイツ語圏の料理だが、スイス中どこでも（特に旅行者が多い場所で）食べられる。グリルしたソーセージをそのまま、あるいはタマネギのソースをかけて食べるシンプルなもので、フライドポテトやレシュティ、パスタなどがつけ合わせに出されることが多い。

カワスズキの料理 Eglifisch / Perche

海のないスイスだが、川と湖は豊富なので、そこで取れた淡水魚も郷土料理の食材になる。レマン湖地方ではムニエルにすることが多く、ボーデン湖地方では素揚げにする。味つけも塩とコショウだけのシンプルなものが多いので、重たい肉料理が続いたあとにはうれしい。ほかにもカワマス、イワナ、ユキマスなども料理によく使われる。

アルペンマカロニ Älplermagronen

レシュティとともに山のレストランのメニューに多い料理。マカロニとジャガイモにチーズソースをまぶし、カリカリのタマネギとベーコンがトッピングされている。細かく切った野菜やトマトを入れるアレンジもある。リンゴの甘いソースも添えられる。

干し肉の盛り合わせ Trockenfleisch / Viande séchée

おいしい干し肉はスイス各地で味わえるが、特に有名なのがヴァリス州産の干し牛肉、干しベーコン、乾燥ハムなどの盛り合わせにチーズを添えたヴァリサー・テラー WalliserTeller。前菜や酒の肴としてだけでなく、メインニューとしてパンと一緒に食べることも。グラウビュンデン州産の干し牛肉 Bündnerfleisch や、アッペンツェル産の干し肉 Mostböckl も有名。スーパーでパックで売られているので、パンとワインを一緒に買って、安く食事を済ませることもできる。

スイスのおみやげガイド

品質の高さで評判のスイス製品。チョコレートやチーズなどの食品から、木彫りの人形、時計などの精密機械まで、イメージだけでなく実際に満足度は高く、生産者はそのイメージを保つために厳しい品質管理をして製品を送り出している。自分用の旅の思い出に、日本で待つ人たちへの贈り物に、「スイス・メイド」を確認しておみやげを選んでみよう。

スイス・メイド

チョコレート

スイスみやげの代名詞。いろいろな種類があって迷ってしまう。選ぶのが難しい場合は基本のミルクチョコレートを。このミルクチョコレートはスイスの発明品だ。牛乳の温度の調整が難しく、ヨーロッパ各地で必死に研究されたがなかなか完成しなかったのだが、1875年にスイス人のダニエル・ピーターがその製法を発見したのだ。有名店の高級チョコからスーパーで買える板チョコまで、幅広いセレクションはどんな人へのおみやげにも喜ばれる。

ワイン

隣国のフランスやイタリアに比べると生産量は少ないが、品質は負けていないスイスワイン。輸入品としては手に入りにくいが、現地に行けばいろいろ選べる（詳しくは→ P.394）。

チーズ

こちらも種類が多く、選ぶ楽しみがある。大まかにいって、ドイツ語圏ではハードタイプ、フランス語圏ではソフトタイプ。スイスチーズの代表はぶつぶつと穴の開いたエメンタール。チーズを発酵させる過程で出てくる炭酸ガスの泡がそのまま固まったもの。穴のでき具合でチーズの発酵のよい悪いがわかる。そのほか、香りが強くコクがあるグリュイエール、そのまま料理の名前にもなっているラクレット、クセの強いティルジット、独特の風味のアッペンツェラーなどがある。

時　計

スイスの伝統産業である精密機械。ロレックスやオメガなど世界を代表する時計メーカーの多くがスイスにある。ちょっと奮発していい時計を買うのもいいが、なかなかそこまでは、という人は値段も手頃で、デザイン豊富なスウォッチがいい。各地に専門のショップがあり、空港や駅なかにも出店している。

オルゴール

これも昔からスイスの職人が得意とする精密機械分野の製品。大がかりな仕掛けのあるものから、シンプルな箱型のものまで種類も多い。澄んだ音色を聴くたびに、スイスの旅を思い出せるようなものを選びたい。

コスメ、石鹸

自然素材の原料を使った化粧品や石鹸などにも「スイス・メイド」の品は多い。ナチュラルコスメは自分用に、ハンドクリームやバスオイル、石鹸などはおみやげにグッド。

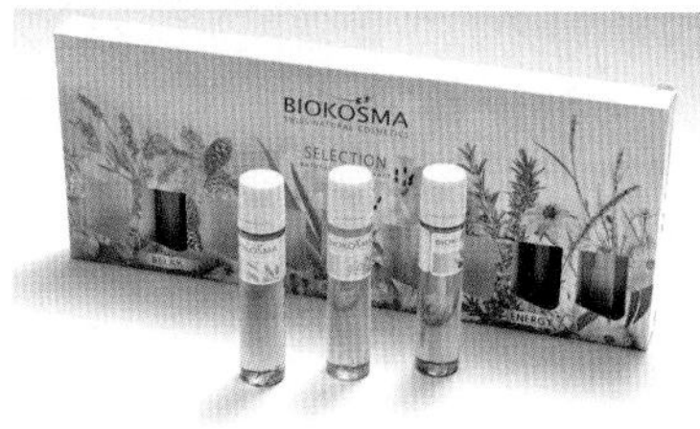

スイスデザイン

品質は間違いないが無骨でデザインはいまひとつ………、スイス製品をそう思っている人はひと昔前のイメージのまま。電気製品から文具、家庭雑貨、キッチン用品まで、スイスのデザイン性の高さは、今では世界有数だ。大きなものを買うのは難しいが、しゃれたキッチン用品などはおみやげにもいい。

アーミーナイフ

これも定番のおみやげのひとつ。ヴィクトリノックス Victorinox がスイス製では唯一のブランド。とにかく種類がたくさんあって、どれを選んでいいか迷ってしまう。機能の数と値段は比例するので、無駄のないものを選びたい。たくさんの機能があると便利そうだが、あまり大きくなると使いにくいので、ある程度用途を絞ったほうがいい。

木工製品

北海道で有名な木彫りのクマ。この原型はスイスの木彫りの人形だ。もともと冬の農閑期に現金収入を得るための内職仕事で作られていたものだが、現在は職人が専用の工房で制作している。芸術品といえるほどの精巧さで、値段はそれなりだが、思わず欲しくなってしまうものがたくさんある。細かな彫刻が施された鳩時計なども根強い人気。

スイスの祭り・イベント

毎年開催される祭りとイベント

春～夏

Charandamerz チャランダマルツ → P.335

3月1日

チャランダマルツとはロマンシュ語で3月の初めという意味。エンガディン地方各地で開催される雪追い祭り。グアルダの子供のカウベル行進が、絵本『アルプス小僧ウルス Ursi』の舞台裏話として有名。

Tulip Festival チューリップ祭り → P.386

3月末から5月初め

モルジュのレマン湖畔の公園で、4月中旬から咲き始めるチューリップ花壇を堪能できる。

Sechseläuten セクセロイテン

4月第3週の月曜

チューリヒのギルド階級の雪追い祭り。パレードや舞踏会が各地で行われる。ゼクセロイテン広場で雪だるま像を燃やすのが祭りのクライマックス。

Landsgemeinde ランツゲマインデ → P.79

4月最終日曜（アッペンツェル）、
5月第1日曜（グラールス）

アッペンツェルとグラールス州で行われている中世から続く青空議会。町の広場に有権者が集まり、挙手によって票決が行われる。

Chriesisturm-Leiterrennen はしご競争

6月中旬～下旬の月曜

サクランボの産地ツークで、正午に開始されるはしごレース。昔、共有地の桜の木に実ったサクランボの収穫権を得るために、収穫解禁を告げる鐘の音とともに市民が一斉に行動し、木にはしごをかけていたことにちなむ。

Montreux Jazz Festival → P.390

6月下旬～7月

1967年から続く世界的なジャズ・フェスティバル。グラミー賞を受賞している大御所から未来のスターまでが揃う。

Bundesfeiertag 建国記念日

8月1日

全国的な祝日。町は国旗や提灯で飾られ、昼からおおいに盛り上がる。夜は各地で花火が打ち上げられ、山合いに花火の音がこだまする。

Street Parade ストリートパレード → P.39

8月中旬

チューリヒの湖畔沿いの車道を山車が回るテクノ音楽ダンスのパレード。

秋～冬

Fête des Vendanges ワイン収穫祭

9月最終週の金～日曜

2023年に96回目を迎えるヌーシャテルのワイン収穫祭。定期的なワイン祭りとしてはスイス最大。ワインを楽しみながらパレードも見学できる。

Basler Herbstmesse バーズラー・ヘルプストメッセ

10月30日より前の土曜～2週間後の日曜日

バーゼルで500年前から毎年秋に開催され続けてきた、現存する最古の市。市内中の広場に遊戯場などが設置される。

Zibelemärit タマネギ販売市 → P.201

11月第4月曜

ベルンの旧市街で開かれるタマネギ販売市。タマネギを使った人形が目を引く。

Weihnachtsmarkt クリスマスマーケット

11月末～12月下旬

クリスマスマーケットは各地で開催され、特に有名なのはバーゼルやチューリヒ。チューリヒでは中央駅のほか、バーンホフ通り沿いが会場となる。

L'Escalade エスカラード

12月12日前後の週末

1602年のサボイ伯爵軍の侵攻に対しての勝利を祝う、ジュネーヴ最大のお祭り。市民が中世末期の衣装を着て歩き回る。

Silvesterchlausen ジルベスタークロイゼ → P.78

12月31日、1月1日。これらの日が日曜に当たる場合は前日の土曜に開催

独特の着ぐるみを着て村を歩き回るアッペンツェル地方Urnäschの不思議な年越し祭り。スイスで一番有名な祭りともいわれる。

Fasnacht　ファスナハト（カーニバル）

2～3月。町により開催日が異なる

スイスのカーニバル（謝肉祭）。早朝から深夜までパレードが行われる。午後には仮装したグループや楽団のパレードも加わり、山車も登場する。バーゼルやルツェルンが規模も大きく有名。

リマト川とチューリヒ旧市街

1 チューリヒとスイス東部、リヒテンシュタイン

Zürich & Ostschweiz, Liechtenstein

ザンクト・ガレンの大聖堂

introduction

チューリヒとスイス東部、リヒテンシュタイン イントロダクション

スイスの玄関であり、スイス最大の都市チューリヒ。町の歴史は古く、紀元前からローマ帝国の関所として栄えていた。中世期には北ヨーロッパとイタリアを結ぶ交通の要となり、商業の町として発展してきた。古い伝統と新しい文化をいち早く受け入れる自由な雰囲気が共存する都市だ。

東部の都市は、ドイツとの国境であるライン川やボーデン湖沿いに魅力的な町が多い。ライン川沿いのシュタイン・アム・ラインは16～17世紀にかけて描かれたフレスコ壁画の家々が有名。そこから20kmほど下流にはライン川唯一の滝「ラインの滝」があり、その4km上流に河川交通の拠点として栄えた町シャフハウゼンがある。ボーデン湖近くのザンクト・ガレンも7世紀からの歴史をもつ古都で、世界文化遺産に登録されている大聖堂など、見どころが多い。その南に広がるアッペンツェル地方は、なだらかな丘陵が広がる牧歌的な雰囲気。さらに南に行けば小さな独立国リヒテンシュタインがある。

ラインの滝

旅の交通

チューリヒは鉄道ネットワークの拠点のひとつ。ハブとして多くの列車がチューリヒに集まり、接続をとって出発する。各地に頻繁に列車が出ているので、どこに行くのも便利だ。東部の町はチューリヒを起点に日帰りでも十分に楽しめる所が多い。途中で乗り換えがあることが多いので、接続列車の時刻を事前に確認してから出発しよう。

チューリヒ中央駅構内

旅の宿

チューリヒはスイス最大の町だけあって、ホテルの種類も数も多い。ただ慢性的に混雑しているので、予約は早めに。この町は観光よりビジネス客が多いことから、週末より平日のほうがホテルは取りにくく、料金の高いホテルから埋まっていく傾向がある。予約なしで町に着いたら、18:00までに部屋を確保すること。それ以降は至難の業だ。東部の町はどこも中規模なので、ホテルの数は極端に少ないということはなく、祭りなどでもないかぎり突然混むこともない。

チューリヒの気候データ

	1月	2月	3月	4月	5月	6月	7月	8月	9月	10月	11月	12月
平均最低気温(℃)	-2.8	-1.9	0.6	3.7	7.7	10.8	12.8	12.4	10	6.2	1.4	-1.7
平均最高気温(℃)	2	4.2	8.3	12.6	17.3	20.5	23	22	18.8	13.3	6.9	2.9
平均降水量(㎜)	67	70	69	87	103	124	117	133	92	69	82	73
平均降水日	11	10	11	12	12	12	11	12	8	8	10	10

プランニングのポイント

ライン川の風景

チューリヒの美術館、博物館はたいへん充実している。市内や郊外のこれらの施設を回るだけでも十分1日はかかる。また、交通の要所であるチューリヒから周辺の町へはほとんどの場合日帰りが可能。ヴィンタートゥールなどの近郊の町だけではなく、世界遺産に登録された大聖堂と修道院のあるザンクト・ガレンやライン川沿いのシュタイン・アム・ラインやシャフハウゼン、リヒテンシュタインなど、ベースをチューリヒにおいて出かけるのが便利だ。チーズの産地として有名なアッペンツェル地方などで、スイスの牧歌的な雰囲気を味わうなら、田舎の宿屋に泊まって朝夕の町の様子を見るのも楽しい。

エリアハイライト

旧市街の教会や国立博物館など見応えのある観光スポットが集まるチューリヒ。ショッピングやグルメもスイス一の充実度。スイス東部の町は、すべてチューリヒから日帰り圏内。シャフハウゼンのラインの滝、シュタイン・アム・ラインの旧市街、ザンクト・ガレンの修道院などは、ぜひとも訪れたいところ。

シャフハウゼン

ライン川河畔の古い町で、旧市街は歩いて回るのにちょうどいい広さ。小高い丘の上に築かれた砦が一番の見どころ。郊外にはライン川で唯一といっていい大きな滝があり､ここも見逃せないポイントになっている。

シュタイン・アム・ライン

一番の見どころである旧市街は駅からやや離れているが徒歩圏内。この旧市街を見下ろす山の上の城を訪れるなら、ハイキングをするつもりで。ライン川を航行する船でアクセスも可能。

シャフハウゼン
シュタイン・アム・ライン
ザンクト・ガレン
チューリヒ
アッペンツェル
リヒテンシュタイン（ファドゥーツ）

チューリヒ

スイス最大の都市。経済・文化の中心であり、国際空港はスイスの玄関で、中央駅は鉄道のハブとなっていて、交通の拠点でもある。とはいえ人口は43万ほどで、トラムの路線網が全域をカバーしているので、とても観光しやすい。

ザンクト・ガレン

ハイライトは世界文化遺産の修道院と大聖堂。その周辺に広がるにぎやかな旧市街も散策が楽しい。古い商館の建物の装飾など、細かく見ていると実に興味深い。

リヒテンシュタイン（ファドゥーツ）

19世紀初めに主権を確立した独立国だが、スイスフランを使用し、ポストバスでアクセスができるので、観光は国内感覚。現在はシェンゲン協定加盟国なので、東側のオーストリアとの国境もノーチェックで通過できる。見どころは首都ファドゥーツに集まっており、徒歩で観光が可能。

アッペンツェル

かわいらしい建物が並ぶ町並みが知られるが、周辺にはのどかな牧草地が広がり、スイスらしい風景が見られる。エリア最高峰、標高2500mの山センティスのゲートウェイでもある。

おもなイベント

シルベスタークロイゼ（アッペンツェル）	12/31、1/13
ランツゲマインデ（アッペンツェル）	4月最終日曜日
ザンクト・ガレン芸術祭（ザンクト・ガレン）	6/29〜7/2（2023）
ストリート・パレード（チューリヒ）	8/12（2023）

人、人、人のストリート・パレード

料理と名産品

チューリヒの名物料理である**ツーリッヒャー・ゲシュネッツェルテス**は仔牛のストロガノフ、キノコ入りクリーム仕立て。このエリアのスイス料理の店なら必ずある定番メニューだ。スイスチーズの代表的な銘柄**アッペンツェラー**は、文字どおりアッペンツェル地方が産地。独特の強い香りがあるハードタイプのチーズ。ザンクト・ガレンでは、昔から品質の高い**刺繍やレース編み**などを生み出してきた。今でもていねいな仕事で作られた製品を買うことができる。

ツーリッヒャー・ゲシュネッツェルテス
アッペンツェラー・チーズ
ザンクト・ガレンのレース編み

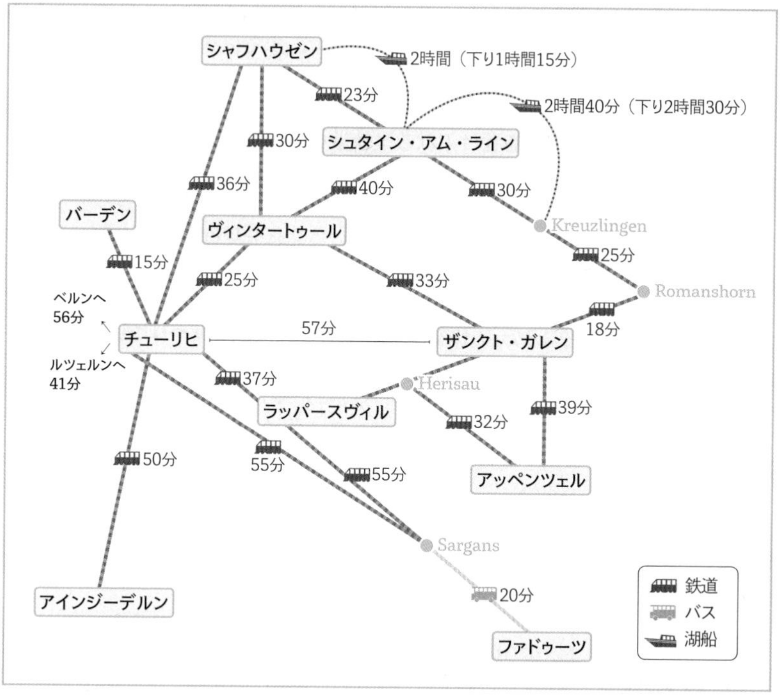

シャフハウゼン
2時間（下り1時間15分）
23分
2時間40分（下り2時間30分）
30分
シュタイン・アム・ライン
36分
40分
30分
バーデン
ヴィンタートゥール
Kreuzlingen
15分
25分
33分
25分
Romanshorn
ベルンへ 56分
チューリヒ
57分
ザンクト・ガレン
18分
ルツェルンへ 41分
37分
Herisau
ラッパースヴィル
39分
32分
50分
55分
55分
アッペンツェル
Sargans
アインジーデルン
20分
ファドゥーツ
鉄道
バス
湖船

チューリヒ
Zürich

州：チューリヒ
使用言語：ドイツ語
地図位置：P.37-A2
標高：408m
郵便番号：CH-8000
（地区によって下2ケタが変わる）
エリアコード：044
または043（市内通話の場合でも初めにエリアコードをプッシュする）

メインストリート、バーンホフ通り

商工業・金融業のほか、文化、芸術の中心であるスイス最大の都市チューリヒ。空の玄関、チューリヒ空港があるため、多くの旅行者がこの町からスイス旅行の第一歩を踏み出す。市内で先史時代の住居跡が発見されるほど長い歴史がある町で、紀元前のローマ時代には、すでにリマト川を行き交う交易の税関が設けられていた。

チューリヒはその歴史の古さとは対照的に、外からの新しい空気を受け入れる柔軟性をもった町でもある。16世紀前半ツヴィングリによる宗教改革が始まったのも、前衛芸術ダダイズムを生んだのもこの町だ。レーニンやアインシュタインも住んだこの町には、新しい文化を受け入れる土壌が備わっているのかもしれない。

空港駅からチューリヒ以外の都市へ
ルツェルンとベルン、ジュネーヴへの直通列車がそれぞれ1時間に2本の割合で発車している。

空港内の両替所
夜遅い便で到着する場合、空港内の両替所が開いていないことがあるので、日本で多少のスイスフランを用意しておけば両替の不安がなく、また市内へ早く出ることができる。

チューリヒ空港
URL www.zurich-airport.com

空港から市内へ スイスの空の玄関**チューリヒ空港**は、機能的にできており初めての人にもわかりやすい。

チューリヒ市内への移動に公共交通機関を利用する場合には鉄道が便利。列車のマークに従い、到着フロアから外へ出て、車道を渡って反対側のAirport Shopping（旧Airport Center）の建物に入り、さらに1階下りた所がCheck-in 3カウンターとSBB（スイス国鉄）の切符売り場がある。ここで切符を購入する。ユーレイルグローバルパスをここから使い始める人で利用開始手続きが必要な人は、ここでおこなおう。

タクシーを利用する人は、タクシーのマークに従って外に出ると乗り場がある。市内までCHF70程度。

空港駅は終着駅ではない。市内へ向かうのと逆方向に乗らないように行き先には注意しよう。必ずチューリヒ中央駅（Zürich HB）と書かれた列車に乗ること。チューリヒ中央駅へは所要約12分（CHF6.80）。ピーク時の運行は3～10分おきくらい。

チューリヒ空港

市内交通 ○市電（トラム）と市バス

見どころは徒歩でも十分回れるが、市内は市電と市バスの路線がくまなく走っており、非常に便利。ルートもわかりやすく、1日券やスイストラベルパスを持っていると気軽に乗り降りできる。

公共交通機関をうまく乗りこなそう

切符は市電・市バスともに停留所にある自動券売機で乗車前に買う。車内では一切販売していない。券売機の操作はタッチパネルで行う。市内中心部のみの移動（ゾーン110とその隣接するゾーン内）の場合、1時間有効のチケットがCHF4.40、24時間有効のチケットがCHF8.80（いずれも2等の場合の料金）。時間内であれば乗り降りは自由にできる。切符の購入はコインまたはクレジットカードで。紙幣は使えないので注意。

乗車のときにはドアの横のボタンを押して自動ドアを開ける。下車時もドア近くのボタンを押さないと開かないので注意。市電のルートマップおよびルート上の停留所名は、車内にも掲示してあるのでよく確認しておこう。ときどき私服の検札官が回ってきて切符のチェックを行う。有効な切符またはパスを所持していないと、いかなる理由があろうともその場で最低CHF100の罰金を取られる。

○船

チューリヒ湖の遊覧船がバーンホフ通りの突き当たり、ケー橋のそばの桟橋から出ている。遊覧コースは気軽な1時間半コース（2等CHF8.80、チューリヒ・カード有効）からじっくり回る4時間コースまで3種類ある（冬期は1時間半と4時間のコースのみ）。また、バーベキュー・クルーズなどの企画便もある。時間の都合や好みによって選んでみたい。

○チューリヒ中央駅

地上1階、地下3階建ての構造で、50以上ものレストランやカフェ、ショップがある一大商業施設でもある。観光案内所ⓘは地上階、広いコンコース内北ウイングにある。切符売り場も地上階にあり、乗車券だけならホームに近い窓口、座席や寝台、国際特急などの予約はその横の奥まった待合室付きの旅行センターのような所で行う。グレッシャー・エクスプレスやベルニナ・エクスプレスなどの予約も可能。駅構内のショッピングセンターは土・日曜も営業しているので、旅行日が休日にかかったときの買い物には便利だ。高級菓子店やみやげ物店もあり、買い忘れたおみやげもたいていのものは揃う。

中央駅コンコース

チューリヒ空港から出発する場合
チェックインカウンターは3ヵ所に分かれているので、どのカウンターでチェックインするのか確認しておきたい。SBB空港駅のホームからエスカレーターでひとつ上がると、SBBの切符売り場とCheck-in 3がある。エスカレーターでもうひとつ上がると、レストランやショップ、スーパーマーケットのミグロなどがあるショッピングエリア。このフロアからエスカレーターでもうひとつ上がり、連絡通路を渡るとCheck-in 2がある。Check-in 1へはここからさらに連絡通路を渡る。

市電と市バスの時刻を調べるなら
URL www.zvv.ch（チューリヒ交通連合ZVV）

タクシー
スイスのタクシーは安全で快適。空港や駅から乗っても観光客だからといってボラれたり、遠回りをされたりということはまずなく、近くでも親切に行ってくれる。ただし料金は高く、チューリヒでは初乗りでCHF8、その後1kmにつきCHF5。基本的に流しのタクシーはないので、駅や町なかのTAXIと書いた表示がある所で車を待つ。

遊覧船
URL www.zsg.ch

チューリヒ中央駅
地上階：観光案内所、プラットホーム、切符売り場、両替所、郵便局、警察署、遺失物取扱所、カフェ、キオスクなど
地下1階：待合室、有料トイレ、シャワー室(6:00～24:00、金・土曜～翌2:30)、コインロッカー、教会、カフェ、ATM
地下2階：チューリヒ市交通局(月～金曜7:00～21:00、土・日曜8:00～20:00)、ATM、商店、スーパーマーケット、レストラン街
地下3階：Sバーンの乗り場

中央駅の両替所
開 月～金曜 6:30～21:30
土曜 7:00～21:00
日曜 8:00～21:00

中央駅手荷物カウンター
Museumstrasse側にカウンターがある。
開 月～金曜 7:30～19:45
土・日曜 8:00～19:00

Walking 歩き方

チューリヒ湖にも噴水がある

ℹZürich Tourismus
住Im Hauptbahnhof
（中央駅構内）
☎(044)2154000
URL www.zuerich.com
開5～10月
月～土曜 8:00～20:30
日曜 8:30～18:30
11～4月
月～土曜 8:30～19:00
日曜 9:00～18:00

パラデ広場
この周辺は金融街チューリヒの中心。UBS銀行やクレディ・スイス銀行の本店が軒を連ねる。実は、バーンホフ通りの地下にはこれらの銀行の大金庫が設けられており、今あなたが歩いている足元には世界一の貯蔵量を誇る金塊があるのだ！

スイス最大の都市だけに、市街地は広範囲に広がっているが、旅行者が行くべき所は市の中心部とトラム（路面電車）を使って簡単に行くことができる場所だけなので、とても観光しやすい町だ。

中心部は中央駅周辺。歴史的な建物などの見どころはリマト川沿いにあり、のんびり歩くのが楽しい。見応えのある博物館や美術館は散在しているが、いずれも徒歩かトラムを使えばすぐにアクセスできる。

町で一番にぎやかなのは、中央駅とチューリヒ湖の間で、南北に1kmほどのエリア。メインストリートのバーンホフ通りBahnhofstrasseの沿道と、そこから少し入った路地に数多くのショップやレストランが軒を連ねている。ここは町の発祥地であり、今でも歴史的な建物がたくさん残っていて、チューリヒ観光の中心となっている。

チューリヒはヨーロッパの金融の中心のひとつでもある。バーンホフ通り沿いにあるパラデ広場Paradeplatzは、市電の乗り換えポイントでもあるが、銀行の本店が軒を連ねるビジネス街チューリヒの顔が見える所。世界的なブランドのブティックもこの周辺に多い。ここからチューリヒ湖畔はすぐ。駅からゆっくり歩いて湖まで30分ほどだ。

トラムの乗り換えポイントでもあるパラデ広場

●充実した博物館と美術館

チューリヒはスイス有数のミュージアムタウン。市内だけでも20以上の見応えのある博物

COLUMN チューリヒのお得な交通券

チューリヒ・カードZürich Card

公共交通機関と見どころがセットになったカード。チューリヒ地区（ゾーン110、111、121、140、150、154、155）の公共交通機関に乗り放題になり、空港とチューリヒ市内間の行き来にも有効（2等）。そのうえチューリヒの大部分の博物館に無料で入ることができ、特定のショップでは10%のディスカウントが受けられるなど、特典多数。料金は、24時間有効券がCHF27、72時間有効券がCHF53。

中央駅や空港のSBB切符売り場、空港のswitzerlandinfo+カウンター、各駅にあるVBZ（チューリヒ市交通局）、駅の観光案内所、大きなホテルで購入可能。使用開始の際は、プラットホームにあるオレンジ色の改札機に通してバリデート（有効化）するのを忘れないように注意しよう。

ZVV-9オクロック・デイ・パス ZVV-9 o'clock Day pass

平日なら朝の9:00から翌朝の5:00まで、土・日曜、祝日は1日乗り放題になるパスで、ヴィンタートゥールなど近郊の町まで足を延ばす場合におすすめ。ZVVの全ゾーンに有効。ラインの滝（→P.66）最寄りのSchloss Laufen am Rheinfallも範囲内。ただしあくまでも公共の交通機関だけに有効なので、美術館見学などは無料にならない。
料大人CHF26（2等） URL www.zvv.ch

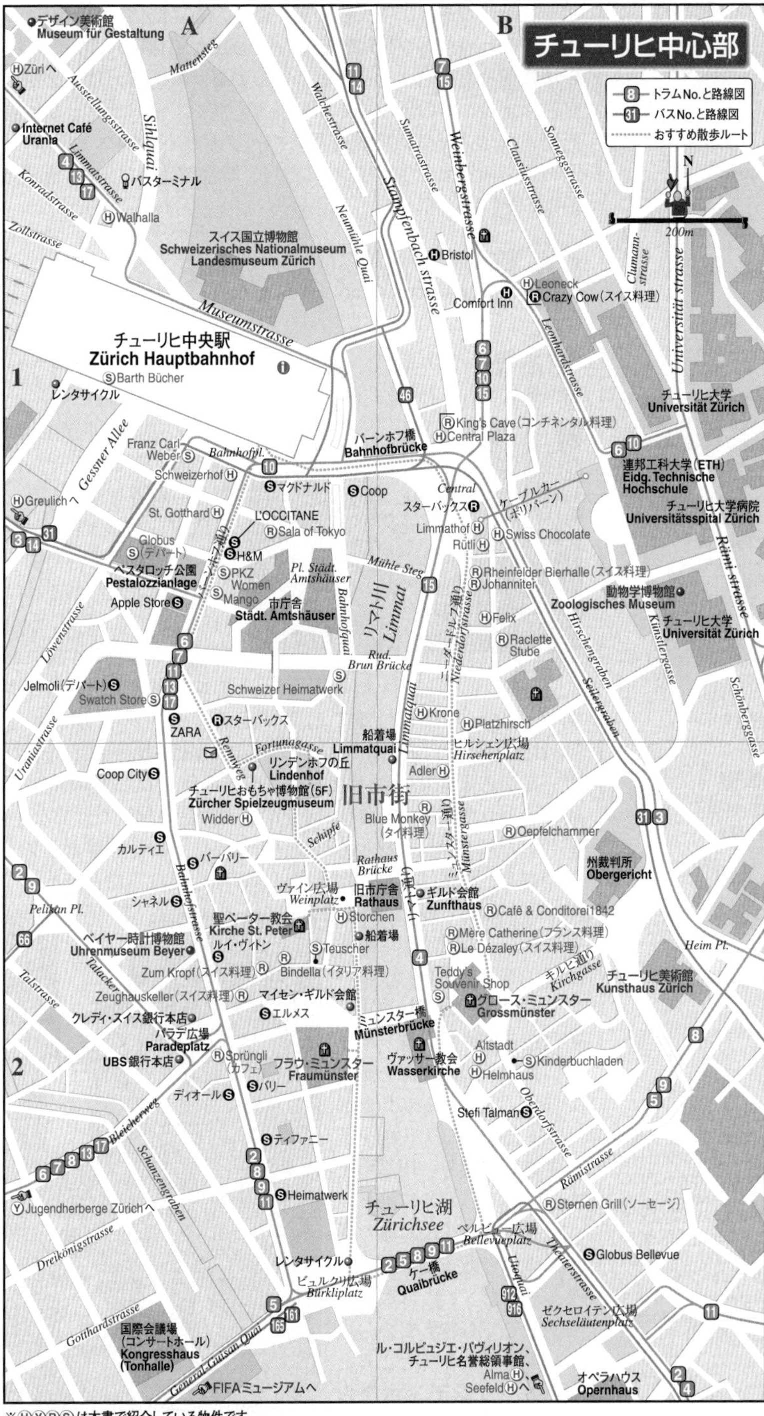

※ⒽⓎⓇⓈは本書で紹介している物件です。

チューリヒの博物館
チューリヒ・カード(→P.42)で割引になるところも多い。チケットを買う前に確認しよう。

●トラム博物館
町を縦横に走る市民の足トラム。19世紀からの路面電車の歴史をたどる。スイストラベルパス有効。
URL www.tram-museum.ch
MAP P.45

チューリヒ大学古代生物博物館
Paläontologisches Museum
ティチーノ地方の世界遺産、サン・ジョルジオ山(→P.420)の化石を収蔵。
住 Karl Schmid-Strasse 4 (チューリヒ大学内)
☎(044)6343838
URL www.uzh.ch
開 火〜日曜 10:00〜17:00
休 月曜、5/1、8/1
料 無料

おすすめ散歩ルート
中央駅
↓
バーンホフ通り
↓
リンデンホフの丘
↓
聖ペーター教会
↓
フラウ・ミュンスター
↓
パラデ広場
↓
チューリヒ湖
↓
グロース・ミュンスター
↓
ニーダードルフ通り
↓
中央駅

無料レンタサイクル
チューリヒでは、5〜10月(中央駅では通年、営業時間はレンタル場所により異なる)にAOZ Züri rolltが自転車を貸し出している。レンタル時にIDとデポジットCHF20が必要で、時間内であれば無料。市内数ヵ所にレンタルスポットがある。
URL www.zuerirollt.ch
中央駅南側(Europaplatz)
毎日 8:00〜21:30

館や美術館がある。中央駅のすぐ近くの国立博物館や旧市街の南にあるチューリヒ美術館をはじめ、FIFA（国際サッカー連盟）の博物館など、ちょっと変わったものも。スイスデザインから考古学まで、その展示物も多種多様。訪れる前にチューリヒ観光局またはスイス政府観光局のウェブサイトで調べてみよう。旧市街の散策とショッピングに2日、博物館巡りに1日、最低3泊はしたいところ。

Attraction おもな見どころ

町の魅力がぎっしり詰まった　MAP P.43-AB2

旧市街
Altstadt

旧市街に並ぶショップはセンスがいいところが多い

チューリヒの旧市街は、新と旧、静と雑、そして聖と俗が混在する、町を象徴するような場所。城壁によって囲まれたような明確な区域があるわけではないが、バーンホフ通りとリマト川に挟まれたエリアと、川の向こう側でリマト川と並行して南北に走るニーダードルフ通りNiederdorfstrasseとミュンスター通りMünstergasse周辺がだいたいの旧市街のエリア。起伏のある土地に石畳の路地が迷路のように広がっており、歴史のある教会や建物だけでなく、評判のレストランやおしゃれなブティック、若者が集まるクラブがあると思えば、職人が仕事にはげむ小さな工房もある。

チューリヒの見どころの多くも、この旧市街に集まっている。どこをどう歩いてもいいが、わかりやすいのは中央駅からスタートして、リマト川の左岸を湖まで歩き、湖が流れ出すポイントに架かるケー橋を通って右岸に渡り、川沿いまたはニーダードルフ通りにつながる川から1本奥の通りを歩いて駅まで戻ってくるルートだ。ここは散歩コースとしてもおすすめ。途中にあるおもな見どころとしては、**リンデンホフの丘Lindenhof**、**聖ペーター**

狭い道を多くの人が行き交うニーダードルフ通り

教会Kirche St. Peter、フラウ·ミュンスターFraumünster、グロース·ミュンスターGrossmünsterなど。

町を歩くときは最初に訪れたい MAP P.43-A2

リンデンホフの丘
Lindenhof

リマト川を見下ろすチューリヒ発祥の地。中央駅から歩いて15分ほど。菩提樹が茂り、心地よい風が吹くこの丘から、まず町の眺めを楽しもう。東側には足元にリマト川が流れ、その向こうには旧市街が広がる。ひときわ目立つのは天を突き刺すような細い尖塔が印象的なプレディガー教会Predigertkirche。97mの塔はチューリヒで一番高い教会だ。そして旧市街の背後の丘の上にはチューリヒ大学と連邦工科大学の大きな建物が見える。丘の反対側（西側）にはチューリヒの金融センターというべきさまざまな金融機関の大きな建物が見える。丘の上の広場は市民の憩いの場で、大きな駒のチェスに興じる人、犬を散歩させる人、熱心に本を読む学生など……、さまざまな人が集う。

韓国の人気ドラマ『愛の不時着』にも登場した場所だ

足元は泉になっている

丘の上の女性兵士像
丘の上に立つ女性兵士の像は1292年にハプスブルクの軍がチューリヒを攻めてきた際に、女性たちが自ら甲冑をまとって丘の上に立ち、敵の目をごまかして町を戦禍から救ったという史実に基づいて造られた。

旧市街へ下る坂道

シティツアー
バスによるツアーが、中央駅北のバスターミナルから4～10月の10:00、12:00、14:30、11～3月は13:00のみ出発している。所要時間は2時間30分、料金CHF34。ヘッドホンでの日本語ガイドあり。このほか、旧市街を巡るウオーキングツアーやグルメツアーなどもある。詳細は❶に問い合わせを。

商店の一般的な営業時間
営月～金曜 9:00～18:30（木曜～20:00）
土曜 9:00～17:00
中央駅や空港構内、町の中心地にある商店のいくつかは、20:00まで営業している。

銀行の営業時間
営月～金曜 8:30～16:30
バーンホフ通りの銀行はもっと長く営業しているところもある。

シャガールのステンドグラスが美しい

MAP P.43-A2

フラウ・ミュンスター
Fraumünster

このミュンスター（大教会）は、カール大帝の孫にあたるルートヴィヒ王の娘ヒルデガルトによって853年に建てられた修道院が前身。教会自体は12世紀から15世紀に建てられたゴシック様式の代表的建造物だ。内部にはシャガールが描いたステンドグラス（1970年作）があり、また、巨大なパイプオルガンが備えられていることでも有名だ。

ミュンスターの前に立つ馬に乗った男性の像は、長年チューリヒ市長を務めたハンス・ヴァルトマン（1435～89年）。

エメラルド色の尖塔が目印

フラウ・ミュンスター
住Münsterhof 2
☎(044)2506644
URL www.fraumuenster.ch
開3～10月　10:00～18:00
11～2月　10:00～17:00
日曜午前中の礼拝時間中は入れない。行事日程により時間帯の変更あり。

ハンス・ヴァルトマン像

ヨーロッパ最大の時計がある

MAP P.43-A2

聖ペーター教会
Kirche St. Peter

チューリヒで最も古い教会で、857年の文献にすでにその名前を確認することができる。建物は13世紀と1705年に大きく改築されている。この教会を有名にしたのは1534年に建てられた時計塔。時計の文字盤は直径8.7mもあり、時針3m、分針4mとヨーロッパ最大。この教会の塔は1911年まで火の見やぐらとして使用され、火事番が住んでいた。火事の発生方向を窓から旗によって示したといわれている。

なお、この教会は結婚式に使われることもあるが、ここで式を挙げられるのは、チューリヒでもかぎられた地元の名士だけ。

リマト川の対岸から見る聖ペーター教会

聖ペーター教会
住St. Peter-Hofstatt
☎(044)2506655
URL www.st-peter-zh.ch
開月～金曜　8:00～18:00
土曜　10:00～16:00
日曜　11:00～17:00
日曜の礼拝時を除く。

ここにも注目！
聖ペーター教会とヴァイン広場の間にあるThermengasseには、ローマ帝国時代の温泉跡がある。見落としてしまいそうな細く短い通路だが、地面には古代の柱跡が残されている。また、チューリヒには約1100の泉があり、すべて水を飲むことができるという。

教会の内部はとても質素

スイス最大のロマネスク様式教会

MAP P.43-B2

グロース・ミュンスター
Grossmünster

2本の塔をもつユニークな建築様式で11世紀から12世紀初頭にかけて建てられた。カール大帝が築いた教会堂の跡に建てられたともいわれ、地下にはオリジナルの彼の石像がある。川面に向かってこの教会の窓近くに座っている像もカール大帝だ。1519年にツヴィングリは第一説教師としてこの教会での任務につき、宗教改革を進めていった。ステンドグラスはアオグスト・ジャコメッティ作。

内部もぜひ見学したい

グロース・ミュンスター
住Grossmünsterplatz
☎(044)2506651
URL www.grossmuenster.ch
開3～10月　10:00～18:00
　11～2月　10:00～17:00
日曜は礼拝終了後に公開。
火曜の団体入場不可。

鐘楼
開3～10月
　月～土曜　10:00～17:30
　日曜　12:30～17:30
　11～2月
　月～土曜　10:00～16:30
　日曜　12:30～16:30
料CHF5
教会の都合や悪天候での閉楼あり。

昔のスイスの様子がよくわかる

MAP P.43-A1

スイス国立博物館
Schweizerisches Nationalmuseum Landesmuseum Zürich

スイス史にまつわる常設コレクションと企画展。内容は先史時代から現代までのスイスに関する文化のさまざまな分野に及ぶ。なかでも世界遺産の先史時代から古代までの考古学の展示室は必見。また中世以降の生活用具、衣服、家具などのコレクションも興味深い。チューリヒをはじめとするスイスの歴史と発展の過程がよくわかる。中央駅裏の城のような建物。

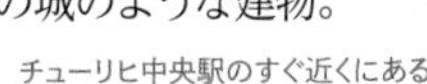

チューリヒ中央駅のすぐ近くにある

スイス国立博物館
住Museumstrasse 2
☎(044) 2186511
URL www.landesmuseum.ch
開火～日曜　10:00～17:00
　(木曜～19:00)
休月曜、5/1
料CHF10。スイストラベルパス有効。

入口にあるアンティーク馬車

近代絵画のコレクションが充実

MAP P.43-B2

チューリヒ美術館
Kunsthaus Zürich

1787年オープンの歴史ある美術館。スイス出身の画家、ホドラーやベックリンの作品が多く、なかでもアルベルト・ジャコメッティのコレクションの充実度は他に類を見ない。ほかレンブラントやマネ、モネ、セザンヌ、ゴッホ、ゴーギャン、ムンク、ピカソ、クレー、マティス、ミロやココシュカなど、偉大な画家や彫刻家の作品を展示している。セガンティーニの重要な作品もここに展示されており、美術品が好きなら必見の場所。

入口にあるオーギュスト・ロダンの『地獄の門』

チューリヒ美術館
住Heimplatz 1
☎(044)2538484
URL www.kunsthaus.ch
開火・金～日曜
　10:00～18:00
　水・木曜　10:00～20:00
休月曜、12/25
料CHF18
企画展は別料金(場合によっては常設展を含む料金設定)
中央駅前の広場からトラム3番Klusplatz行きに乗り、3つ目のKunsthaus下車。バスなら31番で。パラデ広場からは9番のトラムを利用。

ル・コルビュジエの作品が観られる　MAP P.45

ル・コルビュジエ・パヴィリオン
Pavillon Le Corbusier

世界的に有名な建築家、ル・コルビュジエの作品を展示。絵や設計図から椅子、キッチンまで、彼の手がけたさまざまな作品が並んでいる。カラフルな建物の設計もル・コルビュジエ自身によるもので、特に屋根に彼のアイデアが反映されている。建物のある場所はチューリヒ湖を望む住宅街。周りは芝生が敷き詰められた公園になっていて、そこでのんびりするのもいい。

デザインに興味のある人はぜひ

ル・コルビュジエ・パヴィリオン
住Höschgasse 8
☎(043)4464468
URL pavillon-le-corbusier.ch
開'23年は4/21～11/26
火～日曜　12:00～18:00
（木曜は～20:00）
休月曜
料CHF12、スイストラベルパス有効
中央駅からトラム4番で10分、Höschgasse下車。そこから坂を下り5分。

カラフルな外観が目を引く

3000㎡もの展示スペースを誇る　MAP P.45

FIFAミュージアム
FIFA Museum

2016年にオープンした国際サッカー連盟（FIFA）運営のミュージアム。もともとFIFAの本部がチューリヒにあったことからこの地に設立。地下を含む3フロア構造の館内には、歴代のW杯優勝国の選手が着用したシューズや公式ボールなどの展示のほか、えりすぐりの名場面を鑑賞するシアタールーム、体験型ゲームゾーンまで充実。

大会ごとの資料展示も充実している

FIFAミュージアム
住Seestrasse 27
☎(043)3882500
URL www.fifamuseum.com
開火～日曜10:00～18:00
休月曜（祝日の場合は一部を除き営業）、5/1、12/25
料CHF24、スイストラベルパス有効。
中央駅周辺からはトラム6・7番Bahnhof Enge、または13・17番Bahnhof Enge/Bederstrasseで下車すれば目の前に立地。

荷物を預けるロッカーそれぞれに人気選手の名前入り

チューリヒで最も高い場所　MAP P.45

ユートリベルク
Uetliberg

チューリヒの西側にある海抜871mの山。中央駅からSバーンに乗車。終点で下車して10分ほど山道を登ると、展望台とレストラン、ホテルがある。また、山頂には高さ132mのテレビ塔と、1990年に建て直された展望塔のふたつの塔が建っている。この展望台から望むチューリヒ市街と湖、アルプスの山々の眺めは抜群だ。特に満月の夜は月が湖に反射して幻想的な風景が見られる。

展望塔からは見晴らし良好

アクセス　中央駅からSバーン10番で約27分、終点Uetliberg下車。30分おき。

ひとりで歩くのはやめよう
チューリヒ郊外のハイキングコースは、週末は家族連れでにぎわうが、平日は誰も歩いておらずさびしい。女性ひとりで歩くのはやめたほうがいい。ユートリベルク山頂からも尾根づたいに南下するコースがあるが気をつけたい。

チョコレート大国スイスらしい見どころ MAP P.45域外

リンツ・ホーム・オブ・チョコレート Lindt Home of Chocolate

チョコレートの歴史から製造方法まで幅広くチョコレートについて学ぶことができる博物館。チョコレートのひとりあたり消費量が常に世界トップクラスのスイスらしい場所だ。展示室は複数のセクションに分かれている。まるでバーチャル空間にいるかのような、部屋全体をスクリーン化した展示室もあり、チョコレート作りを自身の体験のように理解することができる。オーディオガイドがあり、詳しい説明を聞くこともできる（日本語はなし）。試食も可能で、リンツ社チョコレートの味比べができる。博物館は工場の敷地に建っておりショップとカフェも併設。博物館から少し離れた工場敷地内には、アウトレットショップもあり同社製品を安く購入できる。買い物もお得に楽しむことができる場所だ。

巨大なチョコレートファウンテンがそびえる

リンツ・ホーム・オブ・チョコレート
住Schokoladenplatz 18802 Kilchberg
☎(052)7412137
URL www.lindt-home-of-chocolate.com
開4～10月　10:00～19:00
　11～3月　10:00～18:00
　（営業時間短縮の日もあり）
休1/1、12/24。'23年は11/7
料CHF15(事前予約が望ましい)
S8かS24の電車でKilchberg下車。徒歩約10分。またはリマト川河口近くのビュルクリ広場からバス165番でLindt & Sprüngli下車、徒歩すぐ。

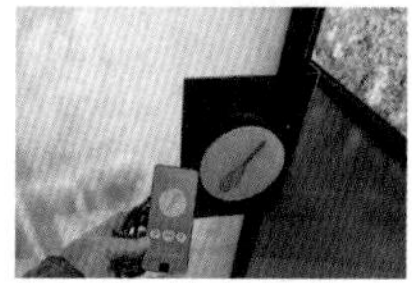
泡立て機のパネルに近づけて再生する

S ショッピング

チューリヒのショッピングゾーンは、何といっても駅前から湖岸まで延びるバーンホフ通り。Rennwegから始まる旧市街、特に聖ペーター教会からフラウ・ミュンスターにかけての雰囲気のある路地にも、しゃれたブティックやアンティークショップ、インテリアの店などがある。また、グロース・ミュンスターの裏側、Oberdorfstrasseの周辺には、若者向けの店や書店などが多い。

S シュヴァイツァー・ハイマートヴェルク Schweizer Heimatwerk

MAP P.43-A1

ルドルフ・ブルン橋のたもと、リマト川に面した、スイスみやげを買うベストスポット。ベルや刺繍のハンカチなどスイスみやげの定番から、国旗をセンスよくデザインしたマウスパッドやカップなどもある。リマト川近くの店以外にも、バーンホフ通り（営月～土曜10:00～19:00）にも店舗がある。

住Uraniastrasse 1
☎(044)2221955
URL www.heimatwerk.ch
営10:00～19:00
休日曜
カード A D J M V

S トイシャー Teuscher

MAP P.43-A2

かわいいウインドーディスプレイが目印のチョコレートショップ。シャンパンを練り込んで作ったシャンパン・トリュフが有名で、シャンパンの香りが上品な一品。シャンパン・トリュフ4粒 CHF14.80、225gの箱入りでCHF43。ここが本店で、バーンホフ通りにも店舗がある。

住Storchengasse 9
☎(044)2115153
URL www.teuscher.com
営10:00～18:30
　（土曜10:00～18:00、日曜12:00～18:00）
休無休
カード A D M V

日本からチューリヒへの電話のかけ方　[国際電話会社の番号*]+010+[国番号41]+[44(エリアコードの最初の0は不要)]+[電話番号]
*マイラインの国際通話区分に登録している場合は不要

テディーズ・スーベニールショップ Teddy's Souvenir Shop

MAP P.43-B2

カウベル、タペストリー、ビールジョッキ、アーミーナイフ、スイスにちなんだ柄入りのTシャツなどスイスのみやげ物が揃う店。種類豊富で見るだけでも楽しい。場所はリマト川沿い、ミュンスター橋を渡ってすぐ。

住Limmatquai 34
☎(044)2612289
URL www.teddyssouvenirshop.ch
営10:00～20:00、土曜～19:00、日曜～17:00
休無休　カード A D J M V

フランツ・カール・ウェーバー Franz Carl Weber

MAP P.43-A1

以前バーンホフ通りに100年以上の間店を構えていたおもちゃの老舗で、現在は駅前広場に面した大きな店に入っている。ぬいぐるみやアクセサリー、ゲーム、LEGO、プラモデルなど、子供が喜ぶありとあらゆる商品が揃う。品質が確かで地元の人からの信頼もあつい。

住Bahnhofplatz 9
☎(044)2257878
URL www.fcw.ch
営9:30～19:00（土曜9:00～）
休日曜　カード M V

スウォッチ・ストア Swatch Store

MAP P.43-A1

スイスみやげの定番、スウォッチの路面店。チューリヒ中央駅から徒歩約10分。カラフルなプラスチック製の腕時計で知られ、毎シーズン200～300種類がリリースされるので新型モデルが楽しみだ。さすが本場だけあって種類の多さに圧倒される。チューリヒ中央駅内ほか、市内に直営店が3つある。

住Bahnhofstrasse 69
☎(044)2212866
URL www.swatch.com
営10:00～20:00（土曜9:00～）
休日曜
カード A J M V

PKZウィメン PKZ Women

MAP P.43-A1

女性向けのハイセンスブランドのブティックが集まったファッションビル。幅広い年齢層に対応しているので、階によって雰囲気が違う。おしゃれに敏感な女性たちに人気。バーンホフ通りのこの店はスイス国内で最大のフラッグシップストア。

住Bahnhofstrasse 88
☎(044)2251111
URL www.pkz.ch
営10:00～19:00（木・金曜～20:00、土曜9:00～）
休日曜、祝日
カード A D M V

マンゴ Mango

MAP P.43-A1

スペイン発のファストファッションブティックで、世界80ヵ国以上でショップを展開している。モダンで都会派の女性の普段着がコンセプト。流行を取り入れたシンプルなデザインで値段もお手頃なので、スイスでも人気があり､店内は若い女性でいっぱい。

住Bahnhofstrasse 82/86
☎(044)2102777
URL shop.mango.com
営9:30～20:00（土曜～18:00）
休日曜
カード A J M V

グローブス Globus

MAP P.43-A1

スイス各地にある高級デパート。衣料品から家庭用品、食料品まで何でも揃う。地下の食品売り場には、おみやげにぴったりなお菓子もある。

住Schweizergasse 11　☎(044)5048801
URL www.globus.ch　営9:00～20:00
休日曜　カード A D J M

キンダーブッフラーデン Kinderbuchladen

MAP P.43-B2

絵本や幼児教育の教材が中心の子供向けの本屋。『星の王子さま』のグッズやDVDなどの商品も充実しているので、子供だけでなく大人でも十分に楽しめる。

住Oberdorfstrasse 32　☎(044)2653000
URL www.kinderbuchladen.ch　営9:00～18:30、（土曜～17:00）　休日曜　カード A M V

日本からチューリヒへの電話のかけ方

[国際電話会社の番号*]+010+[国番号41]+[44(エリアコードの最初の0は不要)]+[電話番号]
*マイラインの国際通話区分に登録している場合は不要

S バース・ブッヒャー Barth Bücher

MAP P.43-A1

中央駅の地下2階ショッピング街にある、地図や旅行ガイドブック中心の本屋。写真集や子供向けの本もあり、いろいろ見て回っているうちにあっという間に時間が過ぎてしまう。ほかにポストカードやモレスキンのノートなどもある。営業時間が長く、朝早くから開いているので便利。

住ShopVille Hauptbahnhof
☎(058)1007890
URL www.barthbuch.ch
営7:00〜21:00（土曜〜20:00、日曜8:00〜20:00）
休無休
カード AMV

S フライターグ Freitag

MAP P.45

1993年にFreitag兄弟が創業。廃棄するトラックの幌やシートベルトなどを再利用して作った丈夫でセンスのある手作りのメッセンジャーバッグから始まり、今やさまざまなバッグからファッションアイテムも揃えて世界に展開するスイスを代表するブランドとなった。SDGSを先取りしたブランドの旗艦店。

住Geroldstrass 17
☎(043)3669520
URL www.freitag.ch
営11:00〜19:00(土曜〜18:00)
休日曜
カード AMV

S ウォルター・メーベル&ホームアクセサリー Walter Möbel & Wohnaccessoires

MAP P.45

チューリヒのトレンディなエリアにある古い倉庫をそのまま使ったショップには、センスのいい家具や生活雑貨が並び、おしゃれなスイス人のライフスタイルがイメージできる。ファッションアイテムや小物も充実しているので、ちょっと変わったおみやげを探すにはグッド。

住Geroldstrass 15
☎(044)2018383
URL www.walterwalter.ch
営11:00〜18:30（土曜10:30〜17:30）
休日曜
カード AMV

S ヴィアダクト IM VIADUKT

MAP P.45

チューリヒ駅西地区の再開発により生まれた、南西から北東に延びる高架下のショッピングモール。食料品を扱うマーケット、レストラン、ショップも入る地元密着型の施設だ。最寄り駅はトラム4、6,13番のLöwenbräu停留所。チューリヒ中央駅から徒歩で20分弱。日曜はほとんどの店が休み。

住Limmatstrasse 231
URL www.im-viadukt.ch
営ショップにより異なる。食料品店は月〜金曜9:00〜20:00、その他の店は月〜金曜11:00〜19:00、土曜10:00〜18:00前後。レストランやカフェは午前中またはお昼前から22:00以降も営業。

S ベロナウタ Velonauta

MAP P.45

かつての工業地帯を再開発した複合施設 IM VIADUKTにある自転車専門店。高架下を生かした造りの店内には、スタッフが実際に試した自転車のパーツやグローブなどが揃う。自転車を買って帰るのはたいへんだが、センスのいいバッグや衣類、おしゃれな小物類はおみやげにいい。

住Viaduktstrasse 87
☎(044)5594303
URL velonauta.ch
営11:00〜19:00（土曜10:00〜16:00）
休日・月曜

S エアポート・ショッピング Airport Shopping

MAP P.45域外

チューリヒ空港内に隣接した全長240m、高さ40mの巨大ショッピングモール。各ターミナルと直結しており、中にはおよそ50のショップと20のレストランやバーが入っている。2020年9月には、ターミナルの道路を挟んで東側にショップやレストラン、ホテルの入る「The Circle」という複合施設が開業。

URL www.zurich-airport.com
営食料品店6:15〜23:00、それ以外の店は8:00〜21:00(店舗により異なる)、アライバル1・2とチェックイン1・2周辺6:00〜21:00
休無休

日本からチューリヒへの電話のかけ方
[国際電話会社の番号*]+010+[国番号41]+[44(エリアコードの最初の0は不要)]+[電話番号]
*マイラインの国際通話区分に登録している場合は不要

ⓘでホテルの予約を行っている。駅からリマト川を渡った旧市街のニーダードルフ通りはホテル街だが、夜遅くの女性のひとり歩きはおすすめできない。チューリヒ中心部のホテルは設備のわりに料金が高いところが多いので、節約したい人は空港の近くまたは近郊の町に泊まるのもいい。

シュトルヘン Storchen

MAP P.43-A2 ★★★★★

リマト川に面して建つ上品なピンクの外壁が印象的。旧市街の真ん中というロケーションのよさはもちろんのこと、旅行者のタイプに合ったさまざまな客室が用意されており、充実した施設と上質なサービスは5つ星にふさわしい。4～10月は川沿いのテラスでの食事や旧市街を眺める屋上のバーが楽しい。

住Weinplatz 2
☎(044)2272727
URL storchen.ch
料 S W CHF700～
朝食追加 CHF35
Room 64 Wi-Fi 無料
カード A D J M V

ヴィーダー Widder

MAP P.43-A2 ★★★★★

700年ほど前の連なる9つの建物をひとつのホテルに改装。伝統とモダンを見事に融和させている。ル・コルビュジエなどの家具、ウォーホルやジャコメッティの絵画がさりげなく飾られ、広々とした客室は部屋ごとにデザインが異なる。旧市街のショッピング街にあり、買いものにも便利。

住Rennweg 7
☎(044)2242526
URL www.widderhotel.com
料 (または)
S CHF790～
W CHF910～
Room 49室 Wi-Fi 無料
カード A D J M V

シュヴァイツァーホフ Schweizerhof Zürich

MAP P.43-A1 ★★★★

中央駅のバーンホフ通り側で、トラムの駅を挟んだ反対側。チューリヒ一便利なロケーション。町で一番にぎやかな場所にありながら、窓を閉めればピタッと音が聞こえなくなる。部屋の設備やアメニティは星をもうひとつ追加したいほど充実しており、それに加えてスタッフのパーソナルなサービスがすばらしい。ホテル到着時にはウエルカムドリンクやフルーツが用意され、夜にはスナックなどのサービスも。朝食もとても充実しており、種類が多いだけでなく、温かな卵料理の注文もできる。コンシェルジュのサービスもあり、オペラやコンサートのチケットのアレンジも可能。希望すれば日本語の新聞も用意してくれる。

住Bahnhofplatz 7
☎(044)2188888
URL www.hotelschweizerhof.com
料 (または) S CHF270～
W CHF404～
Room 99室
Wi-Fi 無料
カード A D J M V

セントラル・プラザ Central Plaza

MAP P.43-B1 ★★★★

中央駅から歩いて5分。エアコン付きの部屋は機能的で、セキュリティも万全。受付の対応がよく、日本人客も多い。地下のレストランも有名でいつも地元の人でにぎわっている。近くにCoopがあるのも便利。

住Central 1
☎(044)2565656
URL central.ch
料 (または) S CHF236～
W CHF266～
食事追加 CHF24
Room 103室 Wi-Fi 無料
カード A D J M V

日本からチューリヒへの電話のかけ方

[国際電話会社の番号*]+010+[国番号41]+[44(エリアコードの最初の0は不要)]+[電話番号]
*マイラインの国際通話区分に登録している場合は不要

H B2ブティックホテル+スパ B2 Boutique Hotel + Spa

MAP P.45 ★★★★

赤い塔が目印のビール醸造所を改装したホテル。地下のプールやビール瓶をシャンデリアに利用したライブラリーなど、館内のいたるところで醸造所の名残を楽しむことができる。屋上プールはチューリヒの町を一望でき、客室はスタイリッシュで明るい。

住Brandschenkestrasse 152
☎(044)5676767
URL www.b2hotel.ch
料 Ⓢ CHF360～ Ⓦ CHF410～
Room 60室 Wi-Fi 無料
カード A D M V

ヘルムハウス Helmhaus

MAP P.43-B2 ★★★★

旧市街に立地するブティックホテル。にぎやかな場所にあるが、防音設備が調っているため、館内は静かで快適。緑を基調にしたインテリアや、スイス人アーティストの絵がそこかしこに飾られた内装はモダンな印象。種類豊富な朝食ビュッフェ付き。

住Schifflände 30
☎(044)2669595
URL www.helmhaus.ch
料(または)
Ⓢ CHF335～
Ⓦ CHF400～
Room 24室 Wi-Fi 無料
カード A D J M V

ザンクト・ゴッタルド St. Gotthard

MAP P.43-A1 ★★★★

創業130年を超える、チューリヒでも古くからあるホテル。バーンホフ通りに面する5階建ての建物で、駅からは徒歩約3分。周囲は店も多く散策に便利で、ロケーションは最高だ。ロビーを入ると格調高いインテリアが迎えてくれる。各国からの団体客の利用も多い。

住Bahnhofstrasse 87
☎(044)2277700
URL www.hotelstgotthard.ch
料
Ⓢ CHF294～
Ⓦ CHF359～
Room 139室 Wi-Fi 無料
カード A D M V

H グロイリッヒ Greulich

MAP P.43-A1域外 ★★★★

静かな住宅街にあり、モダンでありながらクラシックな雰囲気の漂う、新感覚のデザインホテル。客室は白を基調とし、間接照明が使われスタイリッシュ。中央駅から31番バス（Hermetschloo行き）でBäckeranlage下車。長期滞在者用の部屋もある。

住Herman-Greulich-Strasse 56
☎(043)2434243
URL www.greulich.ch
料(または) Ⓢ CHF198～
Ⓦ CHF201～
Room 28室 Wi-Fi 無料
カード A D J M V

H ズーリ Züri

MAP P.43-A1域外 ★★★★

若者の間で話題のチューリヒ・ヴェストにある。チューリヒ中央駅からSバーン各線で2分、Hardbrücke下車。トラムなら4・13・17番で7分、Escher-Wyss-Platz下車。いずれも徒歩5分以内で到着。ビジネス客の利用も多く、3ベッドルームもある。

住Heinrichstrasse 254
☎(044)4481818
URL byfassbind.com/hotel/zuri
料(または) Ⓢ CHF263～
Ⓦ CHF280～
食事追加 CHF22
Room 167室 Wi-Fi 無料
カード A J M V

ゼーフェルト Seefeld

MAP P.43-B2域外 ★★★★

スイス最大級のホテルグループ、Sorell Hotels系列のホテル。中央駅から4番の市電でFeldeggstrasse下車。駅方面にしばらく歩くと右側にある。チューリヒ湖畔まで徒歩約5分、客室は広くて快適。温かい卵料理など朝食も充実。1階にデザイナーズバーがある。

住Seefeldstrasse 63
☎(044)3874141
URL www.sorellhotels.com/seefeld
料(または)
Ⓢ CHF294～ Ⓦ CHF329～
Room 64室 Wi-Fi 無料
カード A D J M V

日本からチューリヒへの電話のかけ方

［国際電話会社の番号*］+010+［国番号41］+［44（エリアコードの最初の0は不要）］+［電話番号］
*マイラインの国際通話区分に登録している場合は不要

アルトシュタット Altstadt

MAP P.43-B2 ★★★

グロース・ミュンスター近くにあるこぢんまりとしたホテル。各部屋にはアーティストH.C.Jenssenを中心とした詩とペイントの作品があり、上品でモダンな雰囲気。受付は1階にあるカフェバー。週末はお得な料金設定（CHF202～）となっている。

住Kirchgasse 4
☎(044)2505353
URL www.hotel-altstadt.ch
料（または）
SCHF265～
WCHF290～
Room 25室 Wi-Fi無料
カード ADJMV

フェリックス Felix

MAP P.43-B1 ★★★

ニーダードルフ通りからすぐの所にある中規模ホテル。シンプルで機能的、清潔感のある客室が自慢。料金にはCHF1.5の二酸化炭素削減のための寄付が含まれる。中央駅から徒歩10分。周囲にはバーやスーパー、レストラン街があり便利。

住Zähringerstrasse 25
☎(044)2567600
URL www.hotelfelix.ch
料SCHF225～
WCHF296～
Room 55室
Wi-Fi無料
カード ADMV

スイス・チョコレート Swiss Chocolate

MAP P.43-B1 ★★★

かつて劇場だった建物を利用したホテルで、その名の通りスイス・チョコレートがコンセプト。カカオの森から板チョコまで、鮮やかな色彩の内装が目を引く。3重の防音窓が備えられ、館内は静かで快適。空港からはトラム10番に乗車すれば乗り換えなしで行ける（Central下車）。

住Zähringerstrasse 46
☎(044)2672670
URL byfassbind.com/hotel/swisschocolatezurich
料（または）SCHF195～
WCHF238～ 食事追加CHF22 Room 56室
Wi-Fi無料 カード AJMV

アルマ Alma

MAP P.43-B2域外 ★★★

自然派のウェルネス・ホテル。ナチュラルな色でまとめられた部屋は、全室異なるデザイン。天然素材にこだわったアメニティも充実。スパは女性専用（別料金）で、数種類のサウナでリラックスできる。ヨガのレッスンも行っている（有料）。中央駅から4番の市電でFeldeggstrasse下車。

住Mainaustrasse 24
☎(044)3808010
URL almahotel.ch
料（または）
SCHF270～WCHF285～
食事追加CHF29
Room 28室 Wi-Fi無料
カード ADJMV

アルパイン・ルームズ・バイ・レオネック Alpine Rooms by Leoneck

MAP P.43-B1 ★★★

駅から徒歩10分の静かな場所にあるオンライン予約専用のセルフチェックイン・ホテル。スタッフと対面することなくスマートフォンを使ってチェックイン、チェックアウトを行い、クレジットカードで支払う。

住Leonhardstrasse 1
☎(044)4426800
URL www.leoneck.ch
料（または）
SCHF198～WCHF230～
食事追加CHF25
Room 13室 Wi-Fi無料
カード ADJMV

リュットリ Rütli

MAP P.43-B1 ★★★

駅から徒歩5分、トラムターミナルからも徒歩3分と好立地。周辺にはショップやスーパー、カフェ、ATMなど施設が揃っている。館内は上品なインテリアで統一されている。防音設備も万全で快適に過ごせる。種類豊富な朝食も魅力。館内にはスタイリッシュなバーを併設している。

住Zähringerstrasse 43
☎(044)2545800
URL www.sorellhotels.com/ruetli
料（または）
SCHF294～ WCHF324～
Room 58室 Wi-Fi無料
カード ADJMV

日本からチューリヒへの電話のかけ方
[国際電話会社の番号*]+010+[国番号41]+[44(エリアコードの最初の0は不要)]+[電話番号]
*マイラインの国際通話区分に登録している場合は不要

アレグラ・ロッジ Allegra Lodge

MAP P.45域外 ★★★

チューリヒ空港近くにあり、空港から車で7～8分。中央駅から電車で15分ほどのところにあるクローテンKloten駅下車すぐ。市内の中心にあるホテルに比べれば多少不便だが、部屋はゆったりとした広さで、木目調のロッジルームもある。

住Hamelirainstrasse 5
☎(044)8044444
URL www.allegra-lodge.ch
料 Ⓢ CHF136～ Ⓦ CHF166～
食事追加 CHF22
Room 164室
Wi-Fi 無料
カード A D M V

アドラー Adler

MAP P.43-B2 ★★★

清潔で評判のよいホテル。レセプション、広めの客室ともに木の風合いを生かしながらモダンな雰囲気になっている。4人まで泊まれるファミリールームもある。スタッフはフレンドリーで印象がいい。1階には地元でも有名なスイス料理のレストラン、スイス・クッチSwiss Chuchiがある。

住Rosengasse 10
☎(044)2669696
URL www.hotel-adler.ch
料 (または)
Ⓢ CHF195～ Ⓦ CHF345～
Room 52室
Wi-Fi 無料
カード A D J M V

プラッツヒルシュ Platzhirsch

MAP P.43-B1 ★★★

中央駅からリマト川を渡って旧市街の一番にぎやかなニーダードルフ通りを歩いて約10分。ヒルシェン広場に面した1879年建築のネオクラシックの外観が印象的なブティックホテル。外観とは対照的に、室内はモダンテイストのインテリア。窓を開けると旧市街の喧騒が聞こえてくる。

住Spitalgasse 3
☎(044)2507080
URL www.hotelplatzhirsch.ch/
料 Ⓢ CHF196～ Ⓦ CHF255～
朝食追加 CHF46
Room 24室
Wi-Fi 無料
カード A D J M V

ヴァルハラ Walhalla

MAP P.43-A1 ★★★

中央駅北口からすぐのところにあるホテルで、定期的にリノベーションしているためきれい。全室禁煙でレセプションは24時間オープン。スタッフの対応もよい。ロビーの一角に軽食やドリンクを売る売店がある。1階にはスターバックスが入っている。

住Limmatstrasse 5
☎(044)4465400
URL walhalla-hotel.ch
料 (または)
Ⓢ CHF190～ Ⓦ CHF259～
Room 48室
Wi-Fi 無料
カード A D J M V

リマトホフ Limmathof

MAP P.43-B1 ★★

中央駅を東に出て橋を渡ってすぐ。ポリバーンのケーブルカーの隣、ニーダードルフ通り入口に位置するロケーションのいいホテル。目の前には空港へ直行するトラム10番の停留所もある。便利な立地のわりに宿泊費が安く、必要最低限の設備も整っている。

住Limmatquai 142
☎(044)2676040
URL limmathof.com
料 (または)
Ⓢ CHF120～ Ⓦ CHF160～
食事追加 CHF12
Room 62室 Wi-Fi 無料
カード D J M V

ポップアップ・ホテル・クローネ Pop Up Hotel Krone

★

MAP P.43-B1

リマト通りとニーダードルフ通りの間にあり中央駅にも近い。リマト川と旧市街の眺めのいい部屋あり。

住Limmatquai 88 ☎(044)5004180
URL www.kronezurich.ch
料 Ⓢ CHF125～ Ⓦ CHF175～
Room 28室 Wi-Fi 無料 カード A M V

ユーゲントヘアベルゲ(YH) Jugendherberge Zürich

MAP P.43-A2域外

中央駅前から7番のトラムに乗り、11番目のMorgental下車。来た方向へ少し戻って真っすぐ5分。

住Mutschellenstrasse 114 ☎(043)3997800 URL www.youthhostel.ch/zuerich 料 Ⓓ CHF56～ Ⓢ CHF115～ Ⓦ CHF164～ 食事追加 CHF19.50(弁当はCHF10) 非会員は1泊CHF7プラス Room 280ベッド Wi-Fi 無料 カード A D J M V

日本からチューリヒへの電話のかけ方

[国際電話会社の番号*]+010+[国番号41]+[44(エリアコードの最初の0は不要)]+[電話番号]
*マイラインの国際通話区分に登録している場合は不要

チューリヒはこぢんまりとまとまった町なので、レストランを探すのは簡単。どちらかといえばリマト川の西岸にはやや高級な店が多い。東岸のニーダードルフ通りやミュンスター通り周辺に、手頃なレストランやブラッセリー、ビアホールなどが集中している。中央駅の地下にも、時間を気にせず気軽に入れる店が多い。

オッフェルチェマー Oepfelchammer

MAP P.43-B2

650年以上前に建てられた貴族の館を改装した、チューリヒで一番古いといわれるレストラン。2019年に新しいオーナーが引き継いでからもスイスやチューリヒの伝統的な料理を地元の素材を使いながら提供。ワインの種類も充実している。

住Rindermarkt 12
☎(044)2512336
URL www.oepfelchammer.ch
営11:45〜13:30、16:00〜24:00
休日・月曜
カード M V

カフェ&コンディトリー 1842 Café & Conditorei 1842

MAP P.43-B2

19世紀半ばから営業しているチューリヒを代表する老舗カフェ&スイーツショップ。4つのフロアに分かれた店内は、階ごとに異なるインテリアで、テラス席もあり。ケーキやマカロン、焼き菓子など品揃えは豊富だ。旧市街の街歩きの途中にひと息入れるには絶好のスポット。

住Napfgasse 4
☎(044)2515150
URL www.cafe1842.ch
営9:00〜17:00
（土・日曜〜19:00）
カード A M V

シュプリュングリ Sprüngli

MAP P.43-A2

「ルクセンブルグリ」というマカロンで有名な菓子店。その2階がレストランになっており、ケーキや朝食、昼食も食べられる。豪華な朝食や日曜のブランチ・ビュッフェ（CHF65）が人気。サンドイッチやサラダなどのメニューもある。チューリヒ中央駅、空港にも販売店がある。

住Bahnhofstrasse 21
☎(044)2244646
URL www.spruengli.ch
営レストラン 月〜金曜8:30〜18:30、土曜9:00〜18:30、日曜9:00〜17:00、ショップ 月〜金曜7:30〜18:30、土曜8:30〜18:00 休日曜(ショップのみ)、祝日 カード A D J M V

ツム・クロプフ Zum Kropf

MAP P.43-A2

量とソーセージの種類の多さで地元の人に人気の店。ステンドグラスや木の壁にかけられたイノシシの頭、狩猟の絵が、古きよき昔のムードを醸し出している。肉の煮込み、レバーのクヌーデル、デザートならパラチンケンやアップル・シュトルーデルがおすすめ。予約したほうが確実。

住In Gassen 16
☎(044)2211805
URL www.zumkropf.ch
営11:30〜14:00、18:00〜23:00
土曜11:30〜23:00
休日曜、祝日
カード A M V

シュテルネン・グリル Sternen Grill

MAP P.43-B2

チューリヒで人気のソーセージ店。スタンド形式で、焼きソーセージ1本（パン付き）のほか、ホットドッグやビーフバーガーなど。同じ建物の中には落ち着いて食事ができるレストランが、隣には同系列のレストランRosaly'sがある。空港のAirport Shoppingの外にも店舗がある。

住Theaterstrasse 22
☎(043)2682080
URL www.sternengrill.ch
営10:30〜23:00(2階レストラン 11:30〜22:00)
カード A M V

日本からチューリヒへの電話のかけ方

[国際電話会社の番号*]+010+[国番号41]+[44(エリアコードの最初の0は不要)]+[電話番号]
*マイラインの国際通話区分に登録している場合は不要

R ツォイクハウスケラー Zeughauskeller

MAP P.43-A2

500年の歴史ある建物を使用したビアレストラン。かつて兵器庫として使われていた店内は、ゆったりとしており雰囲気がいい。チューリヒ風ゲシュネッツェルテスCHF36.50などの名物料理がある。またソーセージやビールの種類も多く、ゆっくり食事できる。日本語メニューあり。

住Bahnhofstrasse 28A
☎(044)2201515
URL www.zeughauskeller.ch
営11:30〜23:00
休無休
カード ADJMV

R ヨハニター Johanniter

MAP P.43-B1

ニーダードルフ通りに店を構えて100年以上の老舗。年中無休でスイス料理を提供している。チューリヒの名物料理であるゲシュネッツェルテス（仔牛のワイン煮込み）CHF38はぜひ試したいメニュー。地元の人たちとワイワイやるのも楽しい。

住Niederdorfstrasse 70
☎(044)2536200
URL johanniter.com
営11:00〜23:30
休無休
カード ADJMV

R ラインフェルダー・ビエルハレ Rheinfelder Bierhalle

MAP P.43-B1

相性抜群の地ビールとスイス料理が楽しめるビアホール。ビール（2.5dℓ）CHF3.40〜、レシュティCHF17.50〜などドリンクとメイン料理でCHF30程度と手頃な値段が魅力。店の雰囲気もよく、観光客はもちろん地元の人にも人気があり、連日にぎわいを見せている。

住Niederdorfstrasse 76
☎(044)2515464
URL www.rheinfelderbierhalle.com
営9:00〜24:00
休無休
カード AMV

R ル・デザレー Le Dézaley

MAP P.43-B2

家庭的な雰囲気のスイス料理レストラン。チーズフォンデュCHF30、ミートフォンデュCHF44.50などがおすすめ。リマト通りをチューリヒ湖に向かって歩き、右側にヴァッサー教会が見えたら左側に矢印が出ている。グロース・ミュンスターの近く。予約がおすすめ（オンラインから予約できる）。

住Römergasse 7+9
☎(044)2516129
URL www.le-dezaley.ch
営11:30〜14:00、18:00〜24:00
休日曜
カード ADJMV

R ラクレット・ストゥーベ Raclette Stube

MAP P.43-B1

ラクレットや、ヴァシュランチーズとグリュイエールチーズを半々にしたチーズフォンデュCHF30.80（ひとり）を楽しめるスイス料理店。アルコール臭が苦手な人に、ワイン抜きのフォンデュもある。ラクレットの食べ放題はCHF39.80。グラスワインの種類が豊富で1dℓCHF5.30〜。

住Zähringerstrasse 16
☎(044)2514130
URL www.raclette-stube.ch
営月〜金曜、17:30〜22:00　土・日曜13:00〜22:00
休無休
カード MV

R キングス・ケイブ King's Cave

MAP P.43-B1

セントラル・プラザ・ホテルの地下にある高級グリル料理店。名前のとおり洞穴をイメージさせる地下に、品のいいキャンドルや暖炉、大きなワインセラーなどがあり雰囲気がいい。サーロインステーキ200gCHF46、ヒレステーキ200gCHF58など。予約が望ましい。

住Central 1
☎(044)2565555
URL central.ch
営17:30〜23:00
休日・月曜
カード ADJMV

日本からチューリヒへの電話のかけ方
[国際電話会社の番号*]+010+[国番号41]+[44（エリアコードの最初の0は不要）]+[電話番号]
*マイラインの国際通話区分に登録している場合は不要

R メレ・カトリーン Mère Catherine

MAP P.43-B2

地中海料理レストランで、店内には南フランスの明るい雰囲気が漂う。月～金曜の昼には日替わりメニューが3種類あり、肉または魚メインメニューがCHF26。ベジタリアンメニューはCHF23。テラス席あり。レストラン・ル・デザレー近くの小道を入った所にある。

住Nägelihof 3
☎(044)2505940
URL www.mere-catherine.ch
営11:30～15:00、17:30～23:00 土・日曜13:00～23:00
休無休
カード M V

R ビンデラ Bindella

MAP P.43-A2

チューリヒで最もおいしいイタリアンレストランのひとつ。メニューは毎週替わる。気取った感じはないが、出かけるときは少しおしゃれして行きたい。前菜CHF15～、メインディッシュはひと皿CHF46～63。市内外に系列店舗多数あり。人気店なので予約が確実。

住In Gassen 6
☎(044)2212546
URL www.bindella.ch
営11:30～23:30(日曜17:30～22:30)
休無休
カード A M V

R ブルー・モンキー Blue Monkey

MAP P.43-B2

仕立屋組合のギルド会館をモダンに改装したタイ料理店。上のフロアは高級感漂うレストランだが、下のフロアはもう少し気軽な雰囲気。平日にはランチビュッフェがあり、CHF18でタイカレーのほかサラダやスープが食べられる。ディナーは前菜CHF12～、メインはCHF40前後。

住Stüssihofstatt 3
☎(044)2617618
URL www.bluemonkey.ch
営18:00～23:00
休日・月曜
カード M

R 沙羅東京 Sala of Tokyo

MAP P.43-A1

すき焼き、しゃぶしゃぶ、天ぷらなどがあり、寿司や刺身のメニューも充実。日本人の料理人による本格派日本料理が味わえる。入口に置かれた石灯籠が目印。

住Schützengasse 5
☎(044)2715290
URL www.sala-of-tokyo.ch
営11:30～14:00、18:00～23:00
休日・月曜、土曜の昼、年末年始
カード A J M V

COLUMN チューリヒののみの市

火・金曜日にチューリヒにいるなら、市内で行われるのみの市に出かけてみよう。チューリヒで最も有名なのは、ヘルヴェティア広場Helvetiaplatzで通年行われるカンツライののみの市。衣類やキッチン雑貨、アンティーク、宝飾品、革のバッグなどの露店が青空の下に並ぶ。毎週火・金曜の6:00～11:00開催。チューリヒ中央駅から3番のトラムで約10分のBezirksgebäudeで下車し、徒歩約5分。

ビュルクリ広場ののみの市

掘り出し物の古着が見つかるかも

このほか、バーンホフ通りがチューリヒ湖に突き当たるビュルクリ広場でも、5～10月の土曜、7:00～17:00にのみの市が行われる。中央駅からは11番トラムで所要約10分。地元の人にまじって眺めて回るだけでも楽しい。

チューリヒ近郊の町
Umgebung von Zürich

のどかなチューリヒ湖畔の風景

スイス最大の都市チューリヒの周辺にも魅力的な町が点在している。鉄道を使えばアクセスも簡単。ここで紹介する町は、チューリヒから1時間以内で行くことができるうえ、それぞれまったく違う特徴がある。スイス有数の工業都市でありながら、スイス最高水準の美術の町、スイスでは数少ないカトリックの巡礼地、花にあふれる庭園のような湖畔の町、そしてスイスを代表する温泉保養地……。チューリヒの滞在がより楽しくなる町ばかりだ。

Walking 歩き方

紹介する町はすべてチューリヒ中央駅から市が運営する交通連合ZVVの近郊列車S-Bahnでアクセス可能。アインジーデルンのみ1回乗り換えが必要だが、それ以外の町は乗り換えなしで行くことができる。アインジーデルンを除き、スイス国鉄SBBを利用することもできる。所要時間は異なるが料金は同じ。いずれもスイストラベルパスは利用可能だ。

それぞれの町での移動は徒歩が基本。ヴィンタートゥールは大きな町だが、見どころである美術館や博物館は、多くが駅の近くに集まっている。ただ一番の見どころは駅から離れているので注意（駅前観光案内所で行き方は確認のこと）。アインジーデルン、ラッパースヴィル、バーデンは町自体が小さいので歩いて回れる。チューリヒから日帰りで十分楽しめるが、温泉につかってゆっくりするなら、バーデンは1泊の小旅行でもいいかもしれない。

ヴィンタートゥール駅

チューリヒ交通連合
ZVV(Zürcher Verkehrsverbund)はチューリヒを中心に周辺地域をカバーする交通ネットワーク。ひとつの会社ではなく、SBBやポストバスを含め、周辺の地域交通機関が一体となって運営している機関。エリア内で利用できるパスなどもある(→P.42)。

チューリヒ広域エリア
スイス最大の都市チューリヒの人口は43万人弱。周辺部を含めるとその3倍の140万人くらいが暮らしており、これはスイス全人口の6分の1近くに相当する。とはいえ列車に乗ってチューリヒ中央駅を出発すると、路線によっては10分もすれば市街地が終わり、周囲は森や畑の風景が広がる。

チューリヒ湖のフェリーも交通連合の一部

ヴィンタートゥール Winterthur

スイス有数の工業都市だが駅周辺の旧市街は中世のたたずまいが残る

チューリヒから北東に25kmの所にある工業と芸術の町。町の歴史は古く、陶製ストーブの製造から織維工業～機械工業へと変遷を繰り返しながらも、スイスの産業革命の牽引車としての役割を果たしてきた。産業革命期に古い建物が壊されたので、中世の趣はあまりないが、当時のレンガ造りのどっしりとした建物が、町のあちこちに見受けられる。

オスカー・ラインハルト・コレクション・アム・レーマホルツ

そしてこの町の誇るべき財産が、当時の豊かな資本家たちが中心となって集めた美術・芸術品の数々だ。それらを収蔵・展示する美術館はおもなものだけでも17あり、各館を巡るバスも運行されている。

なかでも世界的な美術品蒐集家**オスカー・ラインハルトOskar Reinhart**（1885～1965）のコレクションが展示されているヴィンタートゥール美術館は必見。ラインハルトの蒐集作品の展示の中心は、彼の邸宅（**オスカー・ラインハルト・コレクション・アム・レーマホルツOskar Reinhart Collection 'Am Römerholz'**）。駅からちょっと離れた所にあるので、アクセスはミュージアム・バスまたはタクシーを利用する。マネ、ルノワール、ゴッホなど、印象派画家の作品を中心に展示した**「バイム・シュタッドハウスBeim Stadthaus」**とホドラーやジャコメッティなどスイスやドイツなどの画家の作品を展示している**「ラインハルト・アム・シュタッドガルテンReinhart am Stadtgarten」**もある。そのほか、ヴィンタートゥール写真博物館などもおすすめ。回り方は観光案内所で相談してみよう。

ヴィンタートゥール美術館バイム・シュタッドハウス

ⓘWinterthur Tourismus
URL winterthur-tourismus.ch
ヴィンタートゥール駅構内にある。
☎(052)2080101
開9:30～17:30(土曜～16:00)
休日曜、祝日

アクセス チューリヒから列車またはSバーン8、11、12番ほかで20～32分。

MAP P.37-A1

旧市街の真ん中にある教会

オスカー・ラインハルト・コレクション・アム・レーマホルツ
住Haldenstrasse 95
☎(058)4667740
URL www.roemerholz.ch
開10:00～17:00(水曜～20:00)　休月曜　料CHF15
スイストラベルパス有効

ヴィンタートゥール美術館
☎(052)2675162
URL www.kmw.ch
料CHF19（全館共通）

バイム・シュタッドハウス
住Museumstrasse 52
開10:00～17:00（火曜～20:00）
休月曜
スイストラベルパス有効

ラインハルト・アム・シュタッドガルテン
住Stadthausstrasse 6
開10:00～17:00（木曜～20:00）
休月曜
スイストラベルパス有効

ヴィンタートゥール写真博物館
住Grüzenstrasse 44-45
☎(052)2341060
URL www.fotomuseum.ch
開11:00～18:00(水曜～20:00)　休月曜　料CHF12（水曜17:00以降無料）

アインジーデルン Einsiedeln

丘の上から見る修道院

スイスで最も有名なカトリックの巡礼地。スペインのサンティアゴ・デ・コンポステーラへ続く巡礼路「聖ヤコブの道」にある重要な場所でもある。10世紀にこの地に修道院が建てられたのが町の始まりで、その後、幾度かの火災に見舞われたが、18世紀前半には今日の壮麗な修道院と教会になった。

ベネディクト修道院Kloster Einsiedelnにあるバロック様式の教会は、彫刻やフレスコ画、ピンクや白の大理石による装飾がすばらしい。床の細かなモザイクにも注目。入口近くの黒い祭壇の中には、豪華な衣装をまとった「黒いマリア像」がある。15世紀に作られたこの像は、ろうそくやランプの煙で黒ずんでしまったのだという。衣装は28枚あり、年に10回交換される。

世界品質の馬を飼育する厩

時間があれば、ぜひ丘の上から教会を見下ろしてみよう。教会に向かって右側にある厩Marstallは1000年以上続くヨーロッパ最古の飼育場で、ここで育てられている馬は「聖母の馬Cavalli della Madonna」と呼ばれ、上品で性格がよく、かつ頑丈でよく走る馬としてその価値が世界に認められている。中庭を通り丘への遊歩道St. Benediktwegを登っていこう。道が3つに分かれたら、真ん中のVogelherdwegへ。丘の上から荘厳な修道院をはじめ、アインジーデルンの町が一望できる。

アインジーデルンは、中央スイス最大規模のクリスマスマーケットでも知られる町。駅と修道院を結ぶHauptstrasseには、美しいツリーと屋台が並ぶ。期間は9日間と短いが、シーズン中にチューリヒを訪れたらぜひ足を延ばしてみたい。

駅から石畳の坂を歩いていくと荘厳な修道院が現れる

アクセス チューリヒから列車またはSバーン25番でWädenswillまで行き、13番Einsiedeln行きに乗り換える。日中は1時間に2本運行。チューリヒから50分程度。

MAP P.37-A2

ℹEinsiedeln Tourismus
住 Hauptstrasse 85
☎(055)4184488
URL www.eyz.swiss
開 10:00～17:00(土曜～16:00、日曜、祝日～13:00)
駅から修道院に向かう商店街にある。

駅から修道院への途中にある観光案内所

ベネディクト修道院
☎(055)4186111
URL www.kloster-einsiedeln.ch
開 6:00～20:30(日曜7:00～)(夏期～21:00)
見学のためのガイドツアーあり。月～土曜(祝日は除く)14:00～(所要105分、ドイツ語のみ)。
料 無料　ツアー参加料CHF20(観光案内所で申し込み)

ラッパースヴィル Rapperswil

チューリヒ湖の南端に位置するバラの町

アクセス チューリヒからSバーン5、7、15番ほかで37〜41分。アインジーデルンからSバーン40番で約40分。

MAP P.37-A2

ⓘRapperswil Zürichsee Tourismus
住Fischmarktplatz 1
☎(055)2257700
URL www.rapperswil-zuerichsee.ch
開4〜10月 10:00〜18:00
11〜3月 13:00〜17:00

郷土歴史博物館
住Herrenberg 30/40
☎(055)2257916
URL www.stadtmuseum-rapperswil-jona.ch
開水〜金曜 14:00〜17:00
土・日曜 11:00〜17:00
休月・火曜
料CHF6
スイストラベルパス有効

町の正式名称
町は隣接するヨーナJonaとひとつの町を形成しており、正式名はラッパースヴィル-ヨーナRapperswil-Jonaとなる。

チューリヒ湖の南のほとりに位置し、ローマ時代から交通路が、中世の巡礼路と交わる要衝だった町。**ラッパースヴィル城Schloss Rapperswil**を中心に広がる旧市街は、1時間ほどで回れる。アインジーデルンとともにチューリヒからの小旅行におすすめ。

駅を出て左前方に見えるフィッシュマルクト広場に観光案内所ⓘがあり、無料で地図をもらえる。観光案内所から湖に沿って北上し、Endingerplatzで湖から1本北側のEndingerstr.を進むと、道の両側に**バラ園Rosengärten**が現れる。"バラの町"の異名をもつだけあって、町では約600種、2万株のバラを栽培しており、5月から9月にかけて次々と花を咲かせる。

道が大きく東にカーブする、チューリヒ湖に突き出た建物は**カプチン修道院Kapuzinerkloster**で、1606年創建のカトリック修道院。教会と洞窟の礼拝堂を見学できる。

湖に造られた天然のプール（遊泳場）を過ぎると、丘に上がる階段がある。12世紀に建設されたラッパースヴィル城は階段を上りきった左側にある。現在内部はポーランド博物館になっている。城の並びにあるのが**郷土歴史博物館Stadtmuseum Rapperswil-Jona**。800年にわたる町の歴史を展示しており、2012年にリニューアルされた建物の最上階から周囲を見渡せる。そのすぐ隣にあるのが**聖ヨハネ教会Stadtpfarrkirche St.Johann**。1253年に城主によって創建され、一度火災で焼失したが1885年に再建された。

聖ヨハネ教会の内部

丘の上をぐるりと1周したら、Hauptplatz側の階段を下りよう。市庁舎Rathausの周辺にはレストランやカフェが並びにぎやかだ。

また、駅の南側にはラッパースヴィルから対岸のフルデンを結び、アインジーデルンにいたる巡礼路の一部として使われていた長さ841mの**木道Holzbrüke Rapperswil-Hurden**がある。2001年に再建されたものだがスイス最長の木道として知られている。

花壇も美しい船着場周辺

スイス最長の木道

バーデン Baden

リマト川に架かるホルツ橋

“バーデン”とは、ドイツ語で入浴（温泉）を意味する言葉。その名のとおり、この町は2000年以上も前のローマ時代からすでに“Aquae Helveticae（スイスの水）”として知られた、歴史の古い温泉リゾートだ。しかし浮わついた感じはなく、町全体にしっとりと落ち着いた雰囲気がある。

駅をリマト川側に出ると目の前を横切るのがバーンホフ通り。左はカジノやかつての湯治場方向で、右は旧市街へいたる。観光局は駅を出てすぐ目の前右側だ。まずは駅を背に真っすぐ進んでリマト川の手前を右折して旧市街に向かおう。しゃれたブティックやイギリス風のパブ、レストランが並び、ここがただのチューリヒ近郊の町ではなく、リゾートであることを認識させられる。5分ほど歩くと**市の塔Stadtturm**をくぐり抜ける。この先が旧市街だ。のんびり散策してみよう。見どころのひとつである屋根付きの**ホルツ橋Holzbrücke**を渡る前に、上流にある新しい橋、**ホッホ橋Hochbrücke**から「スイスで最も美しい旧市街のひとつ」といわれる町並みを眺めておこう。褐色の屋根にいくつもの天窓をあけた切妻屋根の家並みが川沿いに続いている。

ホルツ橋を渡った所には、18世紀末まで代官が居住していたという**代官屋敷Landvogteischloss**がある。すぐ隣にある近代的な建物は**歴史博物館Historisches Museum**。再び対岸に戻り、今度はリマト川沿いのプロムナードを散歩気分で温泉地区へ向かおう。バーデンには計18の源泉があり、47℃、約100万ℓの硫黄塩化ナトリウム質の湯が毎日湧出しているという。温泉を利用したスパ施設を備えたホテルがいくつも営業している。

かつて宗教改革で厳格な改革派に改宗したチューリヒ市民にとって、バーデンは一番近いカトリックの地であり、気晴らしに遊びにいく所だった。なのでスイスで最初の鉄道が敷かれたのはチューリヒ～バーデン間だったこともうなずける。たくさんのイベントが開かれるバーデンに、今も多くのチューリヒ市民が訪れている。

アクセス チューリヒから急行で約15～20分、Sバーン12番で28分、6番で38分。
MAP P.37-A1

i Baden Tourismus
URL www.dein.baden.ch
バーデン駅前にある。
☎(056)2008787
開 月曜 12:00～17:30
火～金曜 10:00～12:30、13:30～17:30
土曜 9:00～14:00
休 日曜

散策が楽しい旧市街

ルノワールファンへ
ラングマット美術館 Museum Langmattは駅から旧市街とは反対方向へ徒歩10分ほどの所にあり、広い庭園の中の邸宅が美術館になっています。セザンヌやシスレーなどフランス印象派の絵画が展示されていますが、とりわけルノワールのコレクションは圧巻です。彼の35歳のときの作品から晩年のものまで全部で22点が一挙に鑑賞できます。フラッシュなしでの写真撮影が可能。スイストラベルパス利用可能。
住 Römerstrasse 30
☎(056)2008670
URL www.langmatt.ch
開 火～金曜 14:00～17:00
土・日曜 11:00～17:00
休 月曜 料 CHF12
（世田谷区　TAK3）['23]

歴史博物館
住 Landvogteischloss, Wettingerstrasse 2
☎(056)2227574
URL museum.baden.ch
開 火 ～ 土 曜 13:00～17:00（木曜 12:00～19:00、日曜 10:00～）
休 月曜
料 CHF8
スイストラベルパス有効

温泉地区
宿泊せずに温泉施設だけ利用できる「日帰り温泉」可能なホテルがあるので、観光案内所で確認してみよう。

シャフハウゼン
Schaffhausen

州：シャフハウゼン
使用言語：ドイツ語
地図位置：P.37-A1
標高：404m
郵便番号：CH-8200
エリアコード：052
（市内通話の場合でも初めにエリアコードをプッシュする）

幅約150mのラインの滝

ライン川沿いの魅力的な古都。この町とライン川とは遠い昔から密接に影響し合ってきた。ここから約4km下流で、川はその1300kmに及ぶ流れのなかでただ1ヵ所滝となって流れ落ち、船の航行を妨げている。川を下る船がやむを得ず荷物をいったん陸へ上げたのが、この町の始まり。商人たちがここに居を構え、倉庫を造り、町の発展に寄与した。近代になってもこの町の発展に深く関わったのは、やはり「ラインの滝」。1866年にその落差を利用した水力発電が始まり、その電力を利用する工場がこの町に建設されるにいたった。

ヨーロッパで最も豪快な滝や、本場ドイツのライン川下りに勝るとも劣らないクルージング、そして中世の面影が色濃く残る旧市街など、ゆっくりと楽しみたいところだ。

アクセス チューリヒからICまたはREで約40分。Sバーン9、12、24番なら約1時間。それぞれ1時間に1本。ヴィンタートゥールからはSバーンで約30分。ボーデン湖畔の町クロイツリンゲンKreuzlingenからSバーンで約1時間、船で約3時間45分、1日3～4便(冬期は運休)。詳しくは→P.68。

ℹSchaffhauserland Tourismus
住Vordergasse 73
☎(052)6324020
URL schaffhauserland.ch
開5月
月～金曜 10:00～17:00
土曜 10:00～14:00
6～9月
月～金曜 9:30～17:00
土・日曜 10:00～15:00
10～4月
月～金曜 10:00～17:00

ラインの滝にあるℹ(Info Shop)
開4・5・10月 9:30～17:00
6～9月 9:00～18:00
11～3月 10:00～16:00
休無休

Walking 歩き方

駅前のバーンホフ通りBahnhofstrasseはバス乗り場になっており、通りを渡ってどの道でも1本奥へ入ればもう旧市街のフォルシュタット通りVorstadtに出る。駅を背にして右側に歩いていくと、突き当たりが**フロンバーク広場Fronwagplatz**。ここは町で一番にぎやかな所で、市が立ったり大道芸人が集まったりして常に人出が絶えない。フロンバーク広場前から東に延びるフォルダー通りVordergasseは、この町で最も美しい通りのひとつ。出窓（エンカー）の彫刻や建物の彩色がその豪華さを競い合い、通りを行く人を魅了している。なかでも特徴があるのは**騎士の**

フロンバーク広場の噴水

家Haus zum Ritter。トピーアス・シュティマーの1570年の作品といわれ、装飾のテーマは神話とローマの歴史だ。観光案内所ⓘはこの騎士の家のすぐ手前に位置している。通りを進むと、左側に音響効果のすばらしいことで知られる**聖ヨハネ教会Kirche St. Johann**が現れる。ここでは2年おきにバッハ・フェスティバルが開催されている。さらに真っすぐ進んでバッハ通りBachstrasseの交差点を渡ると、ウンターシュタット通りUnterstadtにいたる。

騎士の家

おもな見どころ

11世紀のロマネスク様式を残す MAP P.65-B2

ミュンスター
Münster Schaffhausen

スイスを代表するロマネスク様式の建築。中庭に展示されている大きな鐘は、詩人シラーの作品『鐘のバラード』のモデルとなった。敷地内には**万聖教会博物館Museum zu Allerheiligen**があり、この地方の発掘調査で出土した先史時代のコレクションや印刷術が発明された時代の本が収蔵されている。

隣の中庭からミュンスターを見上げる

万聖教会博物館
住Klosterstr. 16
☎(052)6330777
URL www.allerheiligen.ch
開火～日曜　11:00～17:00（祝日は変動あり）
休月曜、1/1、聖金曜日、8/1、12/24・25・31
料CHF12。スイストラベルパス有効。第1土曜は無料。

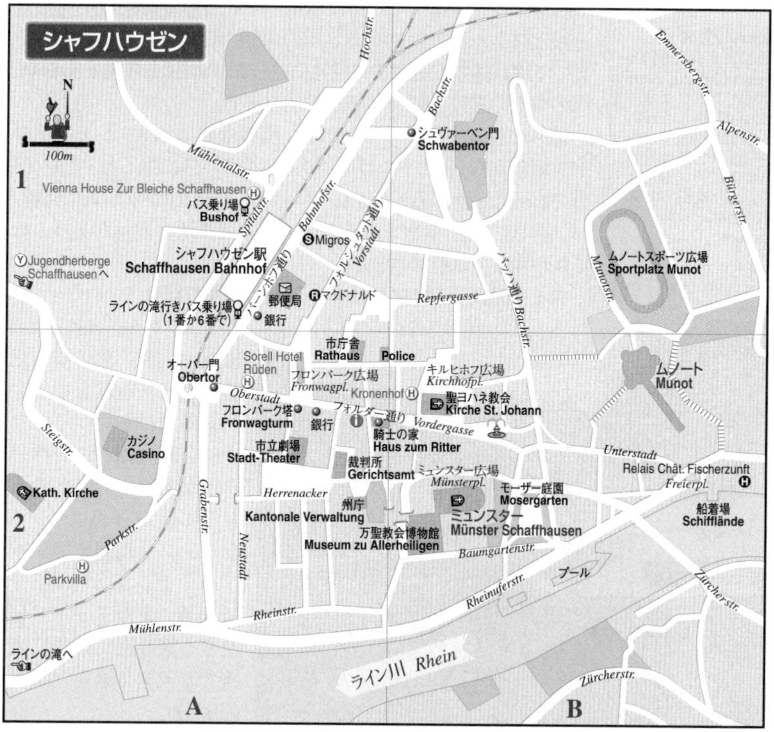

シャフハウゼン

100m

シュヴァーベン門 Schwabentor
Vienna House Zur Bleiche Schaffhausen
バス乗り場 Bushof
Migros
シャフハウゼン駅 Schaffhausen Bahnhof
Jugendherberge Schaffhausenへ
郵便局
マクドナルド
ライン の滝行きバス乗り場（1番か6番で）
銀行
ムノートスポーツ広場 Sportplatz Munot
市庁舎 Rathaus
Police
オーバー門 Obertor
Sorell Hotel Rüden
フロンバーク広場 Fronwagpl.
キルヒホフ広場 Kirchhofpl.
Kronenhof
ムノート Munot
聖ヨハネ教会 Kirche St. Johann
フロンバーク塔 Fronwagturm
銀行
騎士の家 Haus zum Ritter
カジノ Casino
市立劇場 Stadt-Theater
裁判所 Gerichtsamt
ミュンスター広場 Münsterpl.
Relais Chât. Fischerzunft
Kath. Kirche
州庁 Kantonale Verwaltung
モーザー庭園 Mosergarten
ミュンスター Münster Schaffhausen
船着場 Schifflände
万聖教会博物館 Museum zu Allerheiligen
Parkvilla
プール
ラインの滝へ
ライン川 Rhein
Hochstr. Bachstr. Emmersbergstr. Alpenstr. Mühlentalstr. Spitalstr. Bahnhofstr. バーンホフ通り フォルシュタット通り Vorstadt Bürgerstr. Munotstr. Repfergasse バッハ通り Bachstr. Oberstadt フォルダー通り Vordergasse Unterstadt Freierpl. Steigstr. Grabenstr. Herrenacker Neustadt Parkstr. Baumgartenstr. Rheinuferstr. Zürcherstr. Rheinstr. Mühlenstr.

ムノートからの眺め

ムノート
ウンターシュタット通り沿いにある小さな広場の奥に、ムノートに上る細い階段がある。
URL munot.ch
開5〜9月 8:00〜20:00
10〜4月 9:00〜17:00
料無料

ラインの滝データ
幅 ：150m
高さ: 約23m
水量: 平均毎秒600㎥
最大毎秒: 1250㎥
（1965年）
最少毎秒: 95㎥
（1921年）

滝の上の花火
毎年夏期には、滝の真上に花火が上がってすばらしい眺め。何千人もの観光客が見物に訪れる。花火は暗くなってからスタート。
毎年7月31日に開催。
開21:45〜
URL www.rheinfall.ch

ラインの滝の遊覧船
滝の中央にある岩まで行くFelsenfahrt(CHF20。30分ごと)、滝つぼまで近づくKleine Rundfahrt(CHF7。15分ごと)などがある。5・9月は10:00〜18:00、6〜8月は9:30〜18:30、4・10月は11:00〜17:00の運航。スイストラベルパス不可。
URL maendli.ch

町を見下ろす珍しい円形の城塞 MAP P.65-B2

ムノート Munot

町やその周辺の監視を目的に1564年から1585年にかけて造られた城塞で、アルブレヒト・デューラーの論文に基づき円形城の形態をとった唯一の建物。実際には、この城塞をめぐる大きな戦いはほとんどなく、唯一1799年にオーストリアとフランスとの戦場になったときにも、相手の砲火に耐えうるものではなかったため、標的にもならなかった。しかし文化遺産として守るため、1839年に保存協会が発足。市民の協力を得て現在にいたる。

内部はらせん状のスロープに、上部は円形広場になっている。銃眼からはシャフハウゼンの美しい町並みはもちろん、ライン川やブドウ畑の広がる周辺の田園風景が一望できる。

Excursion 近郊の見どころ

ヨーロッパーの水量を誇る MAP P.37-A1

ラインの滝 Rheinfall

ヨーロッパ随一の大きさといわれるこの滝は、落差こそ約23mしかないものの、激しく水しぶきを上げる様子は、その迫力でもヨーロッパ随一だ。特に水量の多い雪解け時期の5〜6月は一段とスケールアップする。川の両側の遊歩道からは、轟音を立てて流れ落ちる滝がすぐ足元に見られる。両岸を往復する船や、滝の中央の岩に上陸できる遊覧船もある。

滝への行き方はいくつかある。簡単なのはバス。シャフハウゼン駅前から1番のトロリーバスか6番のバスに乗ると、10〜15分でNeuhausen Zentrumノイハウゼン・ツェントルムに到着。バス停前の横断歩道を渡ると滝へ行く遊歩道の表示があり、そこから滝までは徒歩約5分。

スイス国鉄SBBでアクセスする場合、最寄り駅はノイハウゼン・ラインファルNeuhausen Rheinfall駅。滝の横、北側に立地する駅を背にホームの端につながるブリッジを渡れば、エレベーターがあり、川岸まで下りられる。ノイハウゼン・ラインファル駅までシャフハウゼン駅から約5分で到着。またチューリヒからも乗り換えせずに直接アクセスできる（所要約50分）。

穏やかなライン川がこの場所だけ様相が一変する

Sバーンで滝の反対側に行く方法もある。シャフハウゼン駅からS12、33番に乗り、ラインの滝上流の鉄橋を渡るとシュロス・ラウフェン・アム・ラインファルSchloss Laufen am Rheinfall駅に到着する。駅から坂を上ると2分で、レストランとホテルのある丘の上のラウフェン城に到着。そこから滝つぼに向かって下りていく遊歩道（CHF5）がある。

4月上旬～10月中旬、シャフハウゼンの船着場Schiffländeから滝行きのSL型特別バス「Rhyfall Express」（片道CHF6）が出る。5～9月は毎日運行。

ラウフェン城
URL www.schlosslaufen.ch

Rhyfall Express
URL www.rhyfall-express.ch

船から見るとより迫力が増す

ホテル

ソレル・ホテル・リューデン Sorell Hotel Rüden

MAP P.65-A2 ★★★

シャフハウゼン駅から徒歩5分。旧市街入口のオーバー門近くにある18世紀の建物を、柱や梁、壁を当時のまま残して改装したホテル。伝統とモダンが同居していて部屋ごとに内装が異なる。オーガニックやホームメイドの品が豊富に並ぶ朝食は満足度が高い。

住 Oberstadt 20
☎ (052)6323636
URL www.sorellhotels.com/rueden
料 S CHF148～
W CHF195～
Room 30室 Wi-Fi 無料
カード A D J M V

クローネンホフ Kronenhof

MAP P.65-B2 ★★★

聖ヨハネ教会の向かいにあるが、夜間教会の鐘は鳴らないので気になる人も安心して泊まれる。外観は旧市街らしい重厚な造りだが、内部はデザインホテルのように華やかな雰囲気。スパ施設が充実しており、サウナやリラックスルームがあるスパエリアは宿泊客は無料で利用できる。

住 Kirchhofplatz 7
☎ (052)6357575
URL www.kronenhof.ch
料 (または) S CHF140～
W CHF175～
Room 42室
Wi-Fi 無料
カード A D M V

パークヴィラ Parkvilla

MAP P.65-A2 ★★★

駅から徒歩10分。各部屋にアンティーク家具が置かれている。地元産も含めてワインの品揃えが豊富なレストランは、食事だけでも行く価値がある。 （京都市　井口健　'17）
古い城館を思わせる外観で内部もたいへんクラシカルな人気ホテル。 ['20]

住 Parkstrasse 18
☎ (052)6356060
URL www.parkvilla.ch
料 S CHF98～
W CHF189～
食事追加 CHF38
Room 25室
Wi-Fi 無料 カード A D J M V

ウィーン・ハウス・ツア・ブライヒェ・シャフハウゼン Vienna House Zur Bleiche Schaffhausen

MAP P.65-A1

シャフハウゼン駅前のモダンなホテル。ガラス張りの明るく開放的なレストランがある。

住 Bleicheplatz 1 ☎ (052)6310000
URL www.viennahouse.com
料 S CHF180～ W CHF215～
Room 130室 Wi-Fi 無料 カード A D M V

ユーゲントヘアベルゲ（YH） Jugendherberge Schaffhausen

MAP P.65-A1域外

ヘルマン・ヘッセが小説に書いた館。駅からSommerwies方面行き3番バスでWiesli下車。

住 Randenstrasse 65 ☎ (052)6258800 URL www.youthhostel.ch/schaffhausen 料 D CHF46～ S CHF70 食事追加 CHF19.50 非会員は1泊CHF7プラス Room 107ベッド Wi-Fi 公共エリアのみ、無料 カード A M V 休 10月下旬～3月上旬

日本からシャフハウゼンへの電話のかけ方

[国際電話会社の番号*]+010+[国番号41]+[52(エリアコードの最初の0は不要)]+[電話番号]
*マイラインの国際通話区分に登録している場合は不要

シュタイン・アム・ライン
Stein am Rhein

州：シャフハウゼン
使用言語：ドイツ語
地図位置：P.37-A1
標高：413m
郵便番号：CH-8260
エリアコード：052
（市内通話の場合でも初めにエリアコードをプッシュする）

市庁舎広場で見られる壁画

町の名は、直訳すれば「ライン川沿いの石」。町より少し上流のライン川にある大きな岩に由来しているが、その町並みは、「シュタイン」のもうひとつの意味「宝石」がまさにぴったりだ。中世の雰囲気を残す町としてはスイスのなかで第1位に挙げても決して異論は出ないだろう。町の起源はローマ時代にまで遡るが、中世以降はベネディクト派の修道院を中心に発展した。

ライン川で取れる川魚料理が有名で、川沿いには味自慢のレストランが並ぶ。

アクセス チューリヒからSバーンに乗りヴィンタートゥールで乗り換え。またはIC、REに乗りシャフハウゼンで乗り換え。それぞれ約1時間5分、1時間に1～2本。また春～秋期にはボーデン湖畔の町クロイツリンゲンやシャフハウゼンからのライン川の船も1日3～4便運航されている。スイストラベルパス有効。
ライン川下り：クロイツリンゲン→(約2時間半)→ シュタイン・アム・ライン →(約1時間15分)→ シャフハウゼン
ライン川上り:シャフハウゼン →(約2時間)→ シュタイン・アム・ライン →(約2時間40分)→ クロイツリンゲン
URL www.urh.ch

Walking 歩き方

世界遺産に登録されているベルンをはじめ、中世の雰囲気を残す町はスイス中にいくつもあるが、ここはひと味違う雰囲気が感じられる。とにかく壁画の美しさに圧倒される。特に**市庁舎広場Rathausplatz**とそこから延びるUnterstadt通りに立つと、本当に別の世界にタイムスリップしてきたような気分になる。レストランや商店の看板、ディスプレイのどれをとっても本当に絵になる町だ。ここでは新しい建物やCoop、ファストフード店までも町の雰囲気に調和するように造られている。

観光の中心になる旧市街は、駅からライン川を挟んで反対にある。駅から坂道を下って橋を渡れば、そこは中世の世界。

幅の広い道路のような市庁舎広場

ℹTourismus Stein am Rhein
住 Oberstadt 3
☎(052)6324032
URL www.tourismus.steinamrhein.ch
開 火～金曜 10:00～12:30、13:30～17:00
土曜(5～9月のみ) 10:30～14:00
祝日(5～9月のみ) 11:00～15:00

ホーエンクリンゲン城から眺める旧市街とライン川

ライン川に架かる橋から旧市街を望む

シュテーネムレー
現地でよく耳にするこの言葉、実は「シュタイン・アム・ライン」がなまったものだ。

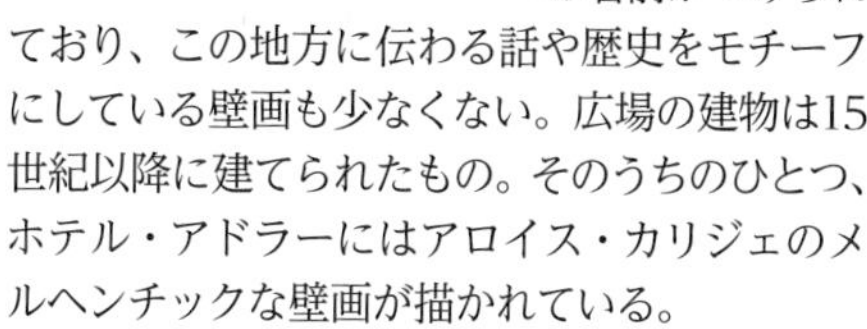
ウンター門

最初に右側に見える11世紀に建てられた**聖ゲオルグ修道院Kloster St. Georgen**。そしてその斜め前にある**市庁舎Rathaus**とその前に広がる市庁舎広場は、地元の人々や観光客が集う旧市街のハイライトだ。特に広場に面した建物の壁面いっぱいに施された装飾画は、いつまでも見飽きないほど見事なもの。それぞれ「王冠の家」「鹿の家」「赤牛の家」などの名前がつけられており、この地方に伝わる話や歴史をモチーフにしている壁画も少なくない。広場の建物は15世紀以降に建てられたもの。そのうちのひとつ、ホテル・アドラーにはアロイス・カリジェのメルヘンチックな壁画が描かれている。

レストランや店の並ぶにぎやかなUnterstadt通りを西に向かって歩くと数分で**ウンター門Untertor**がある。旧市街はここで終わりだ。

旧市街のライン川沿いにもホテルやレストランが数軒並び、テラス席は人々でにぎわっている。広い遊歩道になっているので、散歩を楽しむ人やベンチでのんびりしている人も多い。

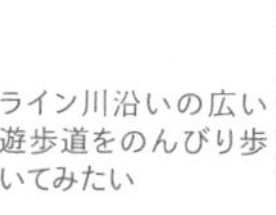

ライン川沿いの広い遊歩道をのんびり歩いてみたい

Attraction おもな見どころ

ベネディクト派の修道院跡 MAP P.69

聖ゲオルグ修道院
Kloster St. Georgen

11世紀に町の名前の由来にもなっているシュタインに建立され、後にここに移された。現在は**郷土博物館Klostermuseum**となっており、彫刻のある天井、木組み細工や寄せ木細工の家具で飾られた部屋などの見学ができる。

修道院内部の壁画も美しい

郷土博物館
(聖ゲオルグ修道院内)
住Fischmarkt 3
☎(052)7412142
URL www.klostersanktgeorgen.ch
開4~10月　11:00~17:00
休月曜(イースターの月曜、聖霊降臨祭翌日の月曜は開館)、11~3月
料CHF5。スイストラベルパス有効。
ガイドツアーあり(予約制)。

館内展示

19世紀の市民生活にタイムスリップ MAP P.69

リントヴルム博物館
Museum Lindwurm

その歴史は13世紀にまで遡るという建物の内部に、19世紀の中産階級の暮らしをそっくり再現した展示が興味深い。穀物倉庫や納屋からは、都市生活と農業が完全には分離していなかった当時の様子がわかる。

昔の生活を見学できる

リントヴルム博物館
住Unterstadt 18
☎(052)7412512
URL www.museum-lindwurm.ch
開3~10月　10:00~17:00
休月曜、11~2月
料CHF5。スイストラベルパス有効。

COLUMN

のんびりライン川クルーズ

全長約1230kmのライン川はスイスアルプスを源流として、北海に流れ込む大河だが、本流にある滝はシャフハウゼンのラインの滝のみ。この滝より下流はいくつもの支流を加えて大きな流れになっていくが、滝より上流は川幅もあまりなく流れも穏やか。春から秋にかけて、川を航行する定期船が就航する。

シュタイン・アム・ラインは、シャフハウゼンとボーデン湖のクロイツリンゲン間を運航する、このクルーズのルートの中間付近に位置している。鉄道よりは時間はかかるが、流域の景色を眺めながら、のんびり船で移動するのも悪くない。シュタイン・アム・ラインからは、上流(ボーデン湖方面)、下流(シャフハウゼン方面)どちらへも行くことができる。ここを運航する船はスイスの交通システムの一部なので、スイストラベルパスがあれば無料で利用できる。

運行:4~10月　**所要時間**:シャフハウゼンから
→シュタイン・アム・ラインまで約2時間
→クロイツリンゲンまで約4時間45分
URL www.urh.ch

流域には小さな村やブドウ畑が続く

町を見下ろす絶好の展望台 MAP P.69域外

ホーエンクリンゲン城 Burg Hohenklingen

町の北側の高台にあるこの城は、12世紀に起源をもち、町を守る見張り台として使われた。シュヴァーベン戦争（1499年）や三十年戦争(1618～1648年)などの戦乱で破壊されたが、1895～97年に修復が行われた。上るのはたいへんだが、町やライン川、ウンター湖を見下ろすのにぴったりの場所。レストランもある。

山頂の城まではちょっとした山登り

アクセス Unterstadt通りの中ほどからBrodlaubegassへ入り、オーバー門をくぐって、ブドウ畑の中の坂道を上る。上り40分、下り30分ほど。

ホーエンクリンゲン城
☎(052)7412137
URL www.burghohenklingen.com
開水～日曜　10:00～23:00
夏季(5/1～9/30)は火曜10:00～17:00も営業
休月・火曜
レストラン
開10:00～23:00(温かい食事は～13:30と18:00～)
休城の休館日と1月下旬～3月上旬

ホテル & レストラン

H ラインゲルベ Rheingerbe
MAP P.69 ★★★

駅から徒歩約10分。橋を渡ったライン川沿いに位置し、船着場もすぐ。こぢんまりとしたかわいらしいホテルは階ごとにインテリアが違いおしゃれ。各部屋からは悠々と流れるライン川の眺めを楽しめる。部屋は清潔で布団もふかふか。1階に併設されたレストランもおすすめ。川魚料理を味わえる。

住Schiffländi 5
☎(052)7412991
URL www.rheingerbe.ch
料Ⓢ CHF140～
Ⓦ CHF165～ Room 10室
Wi-Fi 無料 カード A M V
休1月中旬～2月中旬

H アドラー Adler
MAP P.69 ★★★

旧市街の市庁舎広場に面したカリジェの壁画が美しいホテル。建物は200年以上前のもので、カリジェの壁画は1956年に描かれたもの。広場側の部屋も楽しいが、ホーエンクリンゲン城が見える山側の部屋も静かでいい。1階レストランの魚料理はCHF30.50～。

住Adlergässli 4
☎(052)7426161
URL www.adlersteinamrhein.ch
料Ⓢ CHF140～
Ⓦ CHF155～ Room 12室
Wi-Fi 無料 カード J M V
休2月上旬の3週間

 ユーゲントヘアベルゲ(YH) Jugendherberge Stein am Rhein
MAP P.69域外

駅から橋を渡り川沿いを左へ20分。バスならStrandbad下車、徒歩5分。バレーボールやバスケットコート、テラス席やバーベキューコーナーなどがある。リクエストすればランチやディナー、ベジタリアン料理も可能。チェックインは17:00～21:00。

住Hemishoferstrasse 87
☎(052)7411255 URL www.youthhostel.ch/stein-am-rhein
料Ⓓ CHF45～ Ⓢ CHF72
Ⓦ CHF118 食事追加 CHF19.50
非会員1泊CHF7プラス Room 92ベッド
Wi-Fi 公共エリアのみ、無料
カード A M V 休10月下旬～3月中旬

R ラインフェルス Rheinfels
MAP P.69

中世にライン川の交易に使われた歴史ある建物。魚料理が有名で、ライン川を眺められるテラスがある。
住Rhigass 8 ☎(052)7412144
URL www.rheinfels.ch 営8:00～21:00
休水曜
カード J M V

 イルゲ Ilge
MAP P.69

伝統あるレストラン。市庁舎広場のすぐ近く。テラスあり。平日の日替わりランチメニューは安くておいしいと評判。
住Rathausplaz 14 ☎(052)7412272
URL ilgesteinamrhein.ch
営10:30～14:30、17:30～22:00
休月・火曜 カード M V

日本からシュタイン・アム・ラインへの電話のかけ方
[国際電話会社の番号*]+010+[国番号41]+[52(エリアコードの最初の0は不要)]+[電話番号]
*マイラインの国際通話区分に登録している場合は不要

ザンクト・ガレン
St. Gallen

州：ザンクト・ガレン
使用言語：ドイツ語
地図位置：P.37-B1
標高：669m
郵便番号：CH-9000
（地区により下1桁が変わる）
エリアコード：071
（市内通話の場合でも初めにエリアコードをプッシュする）

世界文化遺産に登録されている大聖堂の内部

アクセス チューリヒから1時間～1時間10分。クールから直通の列車で約1時間24分、1時間に1本。オーストリアのブレゲンツBregenzから列車で約47～48分。直通ECで28分。

町の名前は「サンガレン」と呼ばれることが多い。

おトクなパス
ボーデン湖カード・プラス
Bodensee Card PLUS
ドイツ、オーストリア、リヒテンシュタインを含む、ボーデン湖畔エリアで利用できる4日間、7日間のパス。湖船や博物館が無料か割引に。夏と冬で通用範囲が違う。
詳しくは URL www.bodensee.euで。

7世紀の初め、アイルランドの修道僧コロムバンは12人の仲間と伝道の旅を続けていたが、ついにボーデン湖畔のアルボンArbonで、同行者がガルスだけとなってしまった。ふたりはローマへの道を目指したが、結局コロムバンはボーデン湖畔のコンスタンツに、ガルスはアルボンから10㎞ほど南西に入った小高い山あいの地に僧院を建てた。612年にガルスが建てたこの小さな僧院が、今日のザンクト・ガレンの起源であり、町の名前は聖ガルスSt. Gallusからきたものだ。

その後、東部スイスの繊維工業の中心地として今日まで栄えてきたが、静かなたたずまいは昔のまま。気ままな散歩にぴったりの落ち着いた雰囲気をもつ町だ。

Walking 歩き方

駅前広場を出ると、駅舎や中央郵便局のやや古風な建物と、周りに建つ市庁舎やオフィス、ホテルの全面ガラス張りの近代的な建物が対照的だ。

駅前にあるオブジェ

駅を背に、何本かの細く込み入った小路をどれでもよいから左へ進めば、ひとりでに**旧市街Altstadt**へ出る。特徴ある出窓の家を見ながら今度は右側へ進めば、狭い道の間からバロック様式の**大聖堂Kathedrale**が目に飛び込んでくるだろう。観光案内所ⓘがあるのもこの近く。

旧市街は、大聖堂をほぼ南端にした、南北700m、東西400m

のダルマ形。城壁は残っていないが、大聖堂から円形に広がる家並みを見ると、城壁に囲まれていた昔の町の様子を想像することができる。入り組んだ細い道に、乗り出すように設けられた出窓は、それぞれに特徴があり見応え十分。また、ドイツでよく見かける木骨造りの家もところどころに建っている。

谷間にすっぽり収まっている旧市街を、上から見下ろすのもおもしろい。大聖堂の南から出ているケーブルカーMühleggbahnで高台に上ってみよう。大聖堂を中心に町が広がっていった様子が手に取るようにわかる。

旧市街の街角ではこのような紋章をよく見かける

下の地図のA2でピンクになっているエリアは地面が赤くなっている

ℹTourist Information St.Gallen-Bodensee Tourismus
住Bankgasse 9
☎(071)2273737
URL st.gallen-bodensee.ch
開4〜10月
月〜金曜 9:00〜18:00
土曜 9:00〜15:00
日曜、祝日 10:00〜15:00
（7・8月の土・日曜〜16:00）
11・12月
月〜金曜 9:00〜18:00
土・日曜、祝日 10:00〜15:00
1〜3月
月〜金曜 9:00〜18:00
土・日曜、祝日 10:00〜14:00
休12/25・26、1/1

シティ・ツアー
旧市街ツアーなどを催行。オーディオ機器貸し出しもある。詳細はℹで要確認。

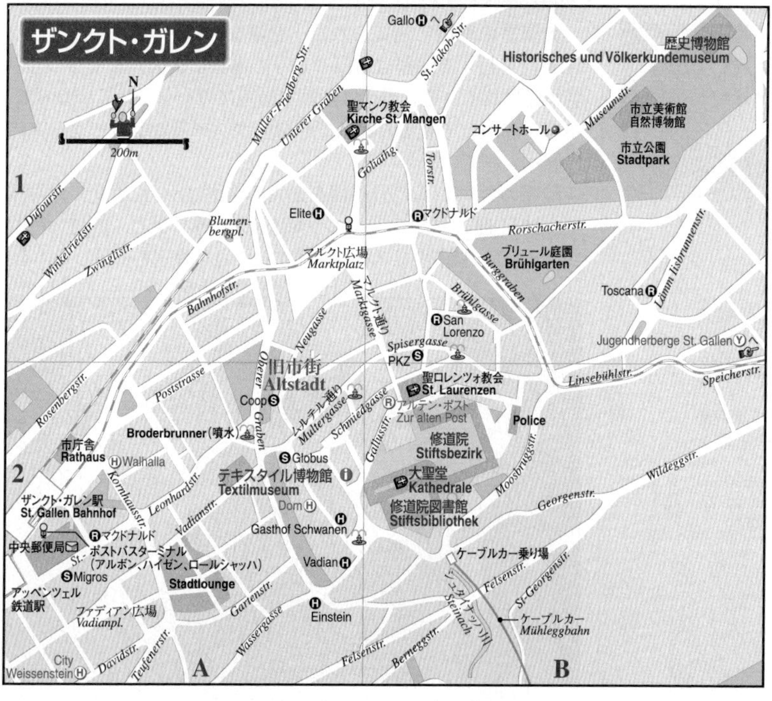

ザンクト・ガレン

N
200m
1
2
A
B
Gallo Ⓗへ
St.-Jakob-Str.
歴史博物館
Historisches und Völkerkundemuseum
Müller-Friedberg-Str.
Unterer Graben
聖マンク教会
Kirche St. Mangen
コンサートホール
Museumstr.
市立美術館
自然博物館
市立公園
Stadtpark
Goliathg.
Torstr.
Dufourstr.
Elite Ⓗ
Ⓡマクドナルド
Blumenbergpl.
Rorschacherstr.
Winkelriedstr.
Zwinglistr.
マルクト広場
Marktplatz
ブリュール庭園
Brühlgarten
Burggraben
Lämmlisbrunnenstr.
Toscana Ⓡ
Bahnhofstr.
マルクト通り
Marktgasse
Brühlgasse
Ⓡ San Lorenzo
Neugasse
Spisergasse
PKZ Ⓢ
Jugendherberge St. Gallen Ⓨへ
Oberer Graben
旧市街
Altstadt
聖ロレンツォ教会
St. Laurenzen
Linsebühlstr.
Speicherstr.
Rosenbergstr.
Poststrasse
Coop Ⓢ
ムルテル通り
Multergasse
Schmiedgasse
Ⓡアルテン・ポスト
Zur alten Post
Police
Broderbrunner（噴水）
Gallusstr.
修道院
Stiftsbezirk
Moosbruggstr.
市庁舎
Rathaus
Ⓗ Walhalla
Ⓢ Globus
Leonhardstr.
テキスタイル博物館
Textilmuseum
大聖堂
Kathedrale
Wildeggstr.
Kornhausstr.
ザンクト・ガレン駅
St. Gallen Bahnhof
Dom Ⓗ
修道院図書館
Stiftsbibliothek
Georgenstr.
Vadianstr.
Ⓡマクドナルド
Gasthof Schwanen Ⓗ
中央郵便局
ポストバスターミナル
（アルボン、ハイゼン、ロールシャッハ）
ケーブルカー乗り場
Ⓢ Migros
Vadian Ⓗ
Stadtlounge
シュタイナッハ川
Steinach
Felsenstr.
St.-Georgenstr.
アッペンツェル鉄道駅
ファディアン広場
Vadianpl.
Gartenstr.
Ⓗ Einstein
ケーブルカー
Mühleggbahn
Wassergasse
Teufenerstr.
Davidstr.
City Weissenstein Ⓗ
Felsenstr.
Bernеggstr.

Attraction おもな見どころ

明るく華やかなバロック様式の MAP P.73-B2

大聖堂
Kathedrale

存在感のある2本の塔が印象的な大聖堂は、スイスの代表的な後期バロック様式の教会で、現在の建物は1755～1767年にかけて建てられたベネディクト派のもの。

装飾の豊かなバロック様式でも、内陣の祭壇がこれだけ細かい細工の施された彫刻であふれているものは多くない。また、当時の繁栄ぶりがしのばれるような大聖堂内部の装飾画の豊かな色彩も見事。

大聖堂の東側、コの字形に隣接する建物はかつての修道院Stiftsbezirk。ともに1983年に世界遺産登録されている。

高さ68mの塔がふたつ並ぶ

大聖堂の前に立つ聖ガルス像

大聖堂
住Klosterhof 6A
☎(071)2240550
開毎日7:00～19:00
（月～水曜6:00～、冬期～18:30）
URLwww.dom.kathsg.ch
礼拝中や教会行事が行われる場合は見学できない。
料無料

全盛時代の修道院の威容を伝える MAP P.73-B2

修道院図書館
Stiftsbibliothek

大聖堂の南側に建てられた、見事なバロック様式の図書館。10万冊を超える蔵書は重厚な造りの本棚に、天井までびっしり詰め込まれている。現在は金網で厳重にガードされているので、本を手に取って見ることはできないが、一部がショーケース内に展示されている。

蔵書のなかには、2000冊を超える中世（8～12世紀）の写本や、1650冊のグーテンベルク時代の印刷本など、貴重な書物が含まれている。キリスト教に関する小さな書店も併設している。

天井の装飾は圧巻。ぜひ自分の目で見てみたい

世界文化遺産のマーク

修道院図書館
住Klosterhof 6D
☎(071)2273416
URLwww.stibi.ch

図書館、地下室、展示スペース
開毎日　10:00～17:00
休'23年10/30～11/13、12/24・25、'24年1/25
料CHF18

町の変遷を模型でたどる MAP P.73-B1

歴史博物館
Historisches und Völkerkundemuseum

市立劇場の先、緑が美しい市立公園にある。町の歴史に関連した数々のコレクションのなかでも、9世紀頃の修道院の模型、三十年戦争（1618～1648年）当時の町の模型は興味深い。

歴史博物館
住Museumstr. 50
☎(071)2420642
URL hvmsg.ch
開火～日曜　10:00～17:00（水曜～20:00）
休月曜、祝日(聖金曜日、8/1、12/24・25・31、1/1)
料CHF12。スイストラベルパス有効。

14世紀の刺繍や16世紀のレースが貴重な MAP P.73-A2

テキスタイル博物館
Textilmuseum

修道院は自給自足の生活で、亜麻布織りが行われていたが、後にその技術は俗世間にも広まり、この地方の発展の基となった繊維（レース、リネン）工業を興すことになった。

約3万点ものコレクションを誇る

多数の織機や豪華なゴブラン織などのほか、刺繍とレースのコレクションとしてはヨーロッパ随一といわれている**イクレ・ヤコビ・コレクションIkle und Jacoby Kollektion**に、かつての隆盛をうかがうことができる。

テキスタイル博物館
住Vadianstr. 2
☎(071)2280010
URL www.textilmuseum.ch
開毎日　10:00～17:00
休12/24・25
料CHF12。スイストラベルパス有効。

建物外壁にはレースのオブジェがひらり

COLUMN

旧市街の出窓

修道院の北側には、細い石畳の道の両側に建物が連なる旧市街が広がっている。店自体は普通のショップやレストラン、ギャラリーなどで、入り組んだ町並みは中世のままだ。

中世のヨーロッパで、最高の学問水準を誇っていたザンクト・ガレンだが、15世紀になると修道院が支配していた町が独立。学問で栄えた修道院とは別に、町は繊維産業の中心地として発展していく。17世紀以降はボーデン湖に近い交易ルート上にある地の利を生かした貿易業も盛んになり、やがてヨーロッパだけでなく世界を相手に商売をする人たちも現れるようになった。そしてその商売で成功した者たちは、旧市街にある自分たちの屋敷を盛んに装飾するようになった。今日、旧市街を歩いていて目にするアンバランスな出窓。これが当時ははやった装飾だったのだ。

旧市街を散策していると、出窓がどこにあるかはすぐにわかる。これらが建物の一部として造作されたのではなく、あとから付け加えられたからだ。デザインが他と異なっていたり、石造りの建物に木製の出窓が付いていたり……、とにかく違和感がすごい。ちなみに旧市街には大小合わせて111もの出窓があるという。多くは商人の屋敷で、自らの豊かさを誇示するために造ったもの。貿易商であることを示すために、自らが扱う商品を出窓の彫刻に彫らせることもあったし、単なる装飾として凝った装飾や彫刻を施しているものもある。この装飾や彫刻からどんな商売をしていたのか、推理してみるのもおもしろい。センスのいいもの、悪いもの、どれだけ見ても見飽きないほどだ。

上／見事な彫刻が施された出窓。天使が彫られたここは、いったいどんな商売をしていたのだろう
左／大口開けた男の横には果物。舌を出した彫刻が多いが、これは自分の豊かさをアピールしている

Excursion 近郊の見どころ

切手の絵柄にもなった旧市街 MAP P.37-B1

ビショップツェル Bischofszell

アクセス ザンクト・ガレンからSバーンのヴァインフェルデンWeinfelden行きで26分、ビショップツェル・シュタットBischofszell Stadt下車。1時間に1本。

ℹVerkehrsbüro Bischofszell
住Marktgasse 11
☎(071)4242424
URL www.bischofszell.ch

10世紀にボーデン湖岸のコンスタンツ（現在はドイツ）の司教（ビショップ）によって開かれ、13世紀には都市権を得た。城壁内の旧市街には、クリームピンクのファサードに鍛鉄細工の手すりも見事な市庁舎を中心として、ゴシック様式や、バロック様式の家が連なっているが、これらは1743年の大火後に復興されたもの。またトゥール川Thurの清流に架かる石橋Thurbrücke（1487年建造）を前景にした、旧市街の眺めがすばらしい。ぜひカメラに収めたい景色だ。

トゥール川に架かる石橋

木骨造りの家々が美しい MAP P.37-B1

アルボン Arbon

アクセス ザンクト・ガレン駅前からバスで約40〜50分。30分〜1時間ごと。列車で行くならSバーンでRomanshorn乗り換えで約40分。

ℹTourismus-Infostelle
住Schmiedgasse 5
☎(071)5310131
URL www.arbontourismus.ch
開月〜金曜 9:00〜11:30 14:00〜17:00

城（歴史博物館）Schloss/Historisches Museum
☎(071)4465716（ガイド付ツアー予約）
URL www.museum-arbon.ch
開6月中旬〜9月中旬 毎日 14:00〜17:00
9月下旬〜6月上旬 日曜 14:00〜17:00
休9月下旬〜6月上旬の月〜土曜
料CHF6。スイストラベルパス有効。

港としては大きく発展しなかったため、旧市街がよく保存されている。ボーデン湖を見下ろす城は**歴史博物館Historisches Museum**。城の隣には、ザンクト・ガレンゆかりの修道僧**ガルスの礼拝堂Galluskapelle**がある。旧市街は30分もあれば回れるほど小さく、細い路地に面した家々が美しいので脇道へ入ってみよう。特にノイガッセNeugasseの小さな広場をお見逃しなく。

ノイガッセの家

古くてチャーミングな田舎町 MAP P.37-B1

ラインエック Rheineck

アクセス ザンクト・ガレンからSバーンに乗って約24分。1時間に3本。
バスの便もあるが所要約1時間6分、1時間に1〜2本。
ヴァルツェンハウゼン登山鉄道はラインエック駅の端のホームから出発。所要約6分、30分〜1時間ごと。

ライン川の本流は、現在では河川改修によってオーストリア側を直進してボーデン湖に注いでいるが、本流の西側を流れる旧流は、蛇行しながらボーデン湖を目指し国境線を形成している。その川沿いにある町がラインエック。ライン（Rhein）の角（Eck）というユニークな名前をもっている。木骨造りの家が目立つ旧市街は、長さにしてわずか200mほど。小高い丘の旧城跡や新城跡は、いい散歩コースになっている。駅の背後はライン川旧流で、対岸のオーストリアへは橋で簡単に行ける。また登山鉄道でヴァルツェンハウゼンWalzenhausen（標高672m）の丘に登れば、ライン川が蛇行する様子やボーデン湖が見下ろせる。

ヴァルツェンハウゼンの丘より

ℹVerkehrsbüro Rheineck
住Hauptstr. 21
☎(071)8864010
URL www.rheineck.ch
開月～木曜 8:30～11:30 13:30～17:00（金曜～11:30）

ホテル & レストラン

ヴァルハラ Walhalla

MAP P.73-A2 ★★★★

観光やビジネスなどあらゆる用途で利用できるホテル。駅や市庁舎の向かいにありアクセスしやすい。モノトーンや寒色を基調にしたインテリアがハイセンス。各部屋にネスプレッソマシーンあり。ブラッスリーとバーを併設。

住Poststr. 27
☎(071)2282800
URL hotelwalhalla.ch
料（または）Ⓢ CHF250～ Ⓦ CHF285～
Room 100室
Wi-Fi 無料
カード AJMV

シティ・ヴァイセンシュタイン City Weissenstein

MAP P.73-A2 ★★★★

駅前の中央郵便局の右側の路地を入り、アッペンツェル鉄道駅の脇を通って3分。突き当たりを右折した右側。ブティックホテルを思わせる小粋さとビジネスホテルの便利さを兼ね備えている。客室は広く清潔感がある。また、種類豊富でお得感のある朝食が人気。キッチン付きの部屋もある。

住Davidstrasse 21
☎(071)2280628
URL sorellhotels.com/city-weissenstein
料（または）Ⓢ CHF222～ Ⓦ CHF252～
Room 33室 Wi-Fi 無料
カード ADJMV

ドーム Dom

★★★

MAP P.73-A2

駅から徒歩7～8分、大聖堂に近い場所にあるホテル。ナイーブアートがホテル内を飾る。アパートメントあり。
住Webergasse 22 ☎(071)2277171
URL www.hoteldom.ch
料（または）Ⓢ CHF155～ Ⓦ CHF195～
Room 31室 Wi-Fi 無料 カード AJMV 休年末年始

ユーゲントヘアベルゲ（YH） Jugendherberge St. Gallen

MAP P.73-B1域外

駅前からトラムTrogen行きに乗り、Birnbäumen下車。坂を5分ほど上った所。
住Jüchstrasse 25 ☎(071)2454777 URL www.youthhostel.ch/st-gallen 料Ⓓ CHF48 Ⓢ CHF80 Ⓦ CHF108 食事追加 CHF19.50 非会員は1泊CHF7追加 Room 87ベッド Wi-Fi 公共エリアのみ、無料 カード ADMV 休10月下旬～3月上旬

アルテン・ポスト Wirtschaft zur Alten Post

MAP P.73-B2

大聖堂すぐ近くにある人気レストラン。16世紀の木造の建物をそのまま利用している。1階がシャンパンとコーヒーのバーで2階、3階がレストラン・スペース。屋外の席もある。スイスの伝統料理を提供しており、ブラートヴルストも人気のメニュー。ワインリストも非常に充実している。

住Gallusstrasse 4
☎(071)2226601
URL www.apost.ch
営水～日曜 11:30～14:00、17:30～閉店まで（日曜のみ13:30～21:00）
休月・火曜、12/24～26、年始に3週間弱 カード AM

日本からザンクト・ガレンへの電話のかけ方
[国際電話会社の番号*]+010+[国番号41]+[71（エリアコードの最初の0は不要）]+[電話番号]
*マイラインの国際通話区分に登録している場合は不要

アッペンツェル
Appenzell

州：アッペンツェル・インナーローデン
使用言語：ドイツ語
地図位置：P.37-B2
標高：785m
郵便番号：CH-9050
エリアコード：071
（市内通話の場合でも初めにエリアコードをプッシュする）

カラフルな色の建物が並ぶハウプト通り

スイスの北東部に位置し、ドイツとの国境にも近いアッペンツェル地方は、4000m級のアルプスも氷河もなく、いわゆる“アルプスの観光開発”とは無縁の地域。それだけに現在でも古きよきスイスが残っている。

なかでも、印象的な切妻屋根にカラフルな壁画と小窓の家並みが美しい町アッペンツェルは、牧歌的な田園生活を送る、いかにも「スイスの村」といったイメージだ。特に日本人には何か懐かしささえ感じさせる。

1991年になってようやく女性の参政権が認められたという超保守的なこの地域は、牧畜と酪農が中心で、かたくななまでに自分たちのライフスタイルを守っている。

世界的に有名なチーズ「アッペンツェラー」のほか、アルプホルン、刺繍、カウベル、木工品など、おもに農閑期に行われる手工芸は現在でも盛んで、この地域の代表的産業のひとつとなっている。

アクセス 私鉄Appenzeller Bahnenでザンクト・ガレンから約40分、ゴッサウGossauから約40分。ザンクト・ガレンからは約30分ごと。シャフハウゼンからはヴィンタートゥール、ゴッサウを経由して2時間9～14分ほど。
URL appenzellerbahnen.ch

ℹ Appenzellerland Tourismus
住 Hauptgasse 4
☎ (071)7889641
URL www.appenzell.ch
開 5～10月
月～金曜 9:00～12:00
13:30～17:00
土曜 10:00～17:00
日曜、祝日 11:00～17:00
11～3月
月～金曜 9:00～12:00
14:00～17:00
土・日曜、祝日
14:00～17:00
4月
月～金曜 9:00～12:00
13:30～17:00
土曜 10:00～17:00
日曜、祝日 11:00～17:00

チーズ工場Appenzeller ではCHF12でチーズ作りの工程が見学できます。棚何段にも及ぶチーズが機械によって洗われていく様子は見事です。小さいレストランとチーズの売店が併設されていますので、休憩やおみやげ探しにも。外の大きなチーズのオブジェでの記念撮影はスイスらしくていいですよ。
URL www.schaukaeserei.ch
（熊谷市　DS　'14)['23]

Walking 歩き方

駅前の並木道ポスト通りPoststrasseを5分ほど歩いていくと、そこは小さな町の中心部。ポスト広場の突き当たりをポスト通りに沿って右へ回り込めば市庁舎に到着する。1階には観光案内所ℹも入っている。この前の通りが町のメインストリートで見どころでもある**ハウプト通りHauptgasse**。通りにはかわいい民芸品やアッペンツェラーチーズを売る店が並ぶ。この一軒一軒の家の壁には、

聖マウリティウス教会

マウリティウス教会裏から見るのどかな周辺の風景

カラフルな壁画と装飾が施されており実に見事。ⓘの入っている市庁舎の東側には**アッペンツェル博物館Museum Appenzell**、その右奥には**聖マウリティウス教会Kirche St. Mauritius**がある。

反対にハウプト通りを西に行けば、町の中心**ランツゲマインデ広場Landsgemeindeplatz**。年に一度4月の最終日曜に住民が集まって野外集会（ランツゲマインデ）を開くことで有名。集会は11:00頃から始まり、最初に民族衣装に身を包んだ代表者が出てきて開会を宣言。その後は具体的な討議に入る。もちろん儀式は観光用だが、話し合われる議題は本物。たいした問題がなければ2時間程度で終わるが、年によっては議論が白熱し、夕方までやったことがあるとか。この日のホテルの確保は非常に難しいので、早めに予約を。

近郊の見どころ

のどかで美しい町や村が点在する

MAP P.37-B2

アッペンツェル地方
Appenzellerland

ウルネッシュUrnäschは、軒先に花を飾った家が連なる静かな村。素朴なガストハウスに泊まって特産のチーズを味わったり、付近の野山を牧草や牛の匂いのなか散歩するのも楽しい。また、この村には**アッペンツェル習俗博物館Appenzeller Brauchtumsmuseum**があり、牧畜、酪農を中心とするこの地域の生活様式を伝える品や祭りの衣装が展示されている。

センティスの展望台

標高2502mの山**センティスSäntis**は、アッペンツェル地方の最高峰で、頂上までロープウエイで行くことができる。ユングフラウやアイガー、ピラトゥスなどのアルプスを望む絶好の展望台だ。ロープウエイの乗り場は、麓のシュヴェッガルプSchwägalpにある。ウルネッシュからシュヴェッガルプまではポストバスで27分。ほぼ1時間おき。

アッペンツェル博物館
住Hauptgasse 4
☎(071)7889631
URL museum.ai.ch
開4～10月
月～金曜 10:00～12:00 13:30～17:00
土・日曜 11:00～17:00
11～3月
火～日曜 14:00～17:00
休11～3月の月曜、12/25、1/1
料CHF7。スイストラベルパス有効。

アクセス ウルネッシュ
アッペンツェルからAppenzeller Bahnenで約14分。30分に1本。

ⓘVerkehrsverein Urnäsch
住Dorfplatz 6
☎(071)3642640
URL www.urnaesch.ch
www.appenzellerland.ch
開月～土曜 9:00～11:30 13:30～17:00
日曜 13:30～17:00
休11～3月の午後と日曜

アッペンツェル習俗博物館
住Dorfplatz 6
☎(071)3642322
URL www.museum-urnaesch.ch
開4月～11/1 9:00～11:30 13:30～17:00
（日曜は午後のみ）
11/2～3月 9:00～11:30 13:30～17:00
（月～金曜は午前のみ。土曜は午前・午後、日曜は午後のみ）
料CHF8。スイストラベルパス有効。

センティスへのロープウエイ
URL saentisbahn.ch
スイストラベルパスは50%割引。

エーベンアルプから延びるハイキングコース

ヴァッセラウエンWasserauenは、アッペンツェルからさらに奥へ入った鉄道の終点に当たる。ここからロープウエイでセンティスを望む展望台エーベンアルプEbenalp（1640m）へ行ってみよう。7:30～18:00頃（夏期は延長・冬期は短縮あり）の15分に1便出ていて、所要6分。山頂からはいくつものハイキングコースが延びている。

また、センティスを湖面に映す秘境**ゼーアルプ湖Seealpsee**（1142m）へは、ヴァッセラウエンから約3km、歩いて約1時間だ。エーベンアルプから湖畔へのハイキングコースもある。

アッペンツェルの北東にある小さな町**ガイスGais**から、オーストリアのフォアアールベルクVorarlbergの山並みを見ながら、急坂をラインの谷へ下りた所に**アルトシュテッテンAltstätten**の町がある。その昔、ボーデン湖からクール～イタリア方面、またアールベルク峠～チロル方面への通商でにぎわった所だ。旧市街のマルクト通りMarktgasseには、アーケードLaubenも残っている。**歴史博物館Museum Prestegg**がGerbergasseにある。

エーベンアルプに上るロープウエイ

エーベンアルプ
URL www.ebenalp.ch
料 往復CHF34(夏期料金)。スイストラベルパスは50%割引。

アルトシュテッテンへの行き方
アッペンツェルからは、ガイス乗り換えで約35分、旧市街の西外れにあるAltstätten Stadtに着く。アルトシュテッテンの国鉄駅まで1.5km離れているが、バスが列車の発着に合わせて出ている。所要時間6分。

ⓘTourismusbüro Altstätten
URL www.altstaetten.ch

✉ アッペンツェル鉄道駅のJakobsbadからGonten間は、ベアフットトレイルBarfusswegというじゃり道や川を裸足で歩けるハイキングコース。ほとんど高低差がなく平坦で、子供連れでも大丈夫だと思います。歩く際は靴を入れるためのビニール袋などをお忘れなく。
（八千代市　志保　'15）

ホテル

アドラー Adler

MAP P.79 ★★★

聖マウリティウス教会の斜め前にある、この地域独特のかわいらしい形をした屋根をもつホテル。一部の客室はバルコニーと冷蔵庫がある。ハウプト通りに面した敷地はレストランとなっており、テラス席が並ぶ。レストランではスイス伝統音楽の演奏が行われることもある。建物内はほぼ禁煙。

住 Weissbadstrasse 2
☎(071)7871389
URL www.adlerhotel.ch
料 (または)Ⓢ CHF120～ Ⓦ CHF210～
Room 21室
Wi-Fi 無料
カード A M V

ヘヒト Hecht

★★★

MAP P.79

木をふんだんに使った部屋は居心地がよいが、教会が目の前なので鐘の音が気になるかも。全室テレビ付き。

住 Hauptgasse 9　☎(071)7882222
URL hecht-appenzell.ch
料 (または)Ⓢ CHF140～ Ⓦ CHF240～
Room 38室　Wi-Fi 無料　カード A D M V

レーヴェン Löwen

★★★

MAP P.79

市庁舎の向かいにあり、町の中心部で何かと便利。全室にテレビ、ドライヤーあり。レストラン併設。

住 Hauptgasse 25　☎(071)7888787
URL loewen-appenzell.ch
料 (または)Ⓢ CHF130～ Ⓦ CHF220～
Room 28室　Wi-Fi 無料　カード A M V

日本からアッペンツェルへの電話のかけ方
[国際電話会社の番号*]+010+[国番号41]+[71(エリアコードの最初の0は不要)]+[電話番号]
*マイラインの国際通話区分に登録している場合は不要

リヒテンシュタイン（ファドゥーツ）
Fürstentum Liechtenstein（Vaduz）

国名：リヒテンシュタイン
使用言語：ドイツ語
地図位置：P.37-B2
標高：460m
郵便番号：FL-9490（ファドゥーツ）
国番号：423
エリアコード：なし（スイスからは頭に00-423をつける）
通貨：スイスフランが通用する。
ビザ：観光ならスイス同様不要。旅行情報は、日本のスイス政府観光局へ。
郵便：日本へのはがき1枚CHF2（航空便）

ファドーツの町

スイスとオーストリアに挟まれた、ヨーロッパ第4の小国。リヒテンシュタインと聞けば切手を思い出す人も少なくないだろう。確かにその美しいデザインと高度な印刷技術は世界の切手マニアの注目するところだが、現在のリヒテンシュタインは切手だけで国家の生計を立てているわけではない。牧草地帯とブドウ畑だけが目につく牧歌的な雰囲気をもつこの国家は、実は高度な工業製品、例えば義歯、コンクリートドリルなどの分野ではヨーロッパ中のシェアの大半を占めている。また金融分野においても、税金の安さと取引のしやすさからヨーロッパ諸国を中心にさまざまな国から資金が流入している。ただ、工場や大きな建物は周囲の風景に調和するように造られているため、ちょっと見ただけではなかなか存在がわからないのだ。

1719年にファドゥーツとシェレンベルクが侯国に加盟し、現在のリヒテンシュタインの原形を形成。途中、ライン同盟やドイツ連邦への加盟を余儀なくされたときもあったが、第1次世界大戦以降は非武装中立を守り抜いた。人口は約3万9000人。公用語はドイツ語だが方言が強い。国がひとつの司教区で、現在でも住民の約70%がカトリック教徒。国政は立憲君主制。議会は25人の議員によって構成されている。

ミュージアム&アドベンチャー・パス
リヒテンシュタインのバス（LIEmobil）、マルブンへのリフト、美術館の入館などに使えるパスで、1日パスCHF25、2日パスCHF29、3日パスCHF35。❶のウェブサイトから購入できる。

ファドゥーツはアートがあふれる町

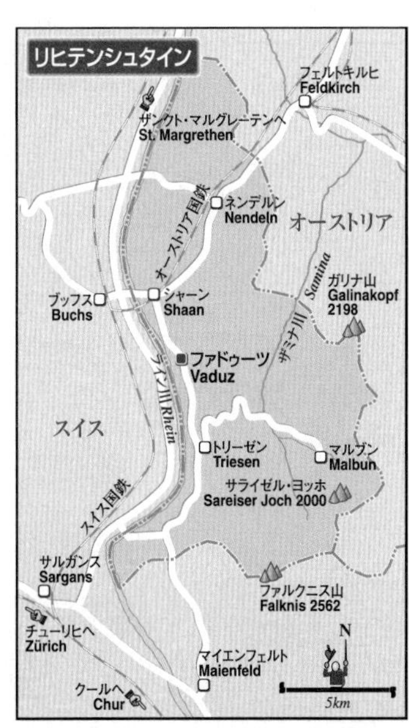

アクセス スイスから入る場合、入出国手続きや税関検査は一切ない。チューリヒからクール方面行きの急行で約1時間、サルガンスSargans下車。サルガンスからリヒテンシュタインバス11番か12E番に乗り換えて約30分。ブッフスBuchsやフェルトキルヒFeldkirchからもアクセスできる。

リヒテンシュタインバス
URL www.liemobil.li

ℹ Liechtenstein Center
住 Städtle 39
☎2396363
URL www.tourismus.li
開 5～10月　9:00～18:00
11～4月　9:00～17:00

現代美術館
住 Städtle 32
☎2350300
URL www.kunstmuseum.li
開 火～日曜　10:00～17:00
（木曜～20:00）
休 月曜（イースターの月曜、聖霊降臨祭の月曜は開館）、12/24・25、12/31、1/1
料 CHF15

Walking 歩き方

近郊からのバスは町の中心、ファドゥーツ・ポストVaduz Postに到着する。文字どおり郵便局前のバスターミナルで、2階に上がると、リヒテンシュタインの専用切手売り場もある。市街はこの郵便局を中心にして500m以内だから、徒歩でも十分回れる。

シュテットル通り

郵便局からシュテットル通りStädtleを挟んだ反対側に観光案内所ℹがあるので、まず入国記念のスタンプをパスポートに押してもらおう（CHF3）。町の地図や案内をもらったら、北側にある隣の建物内の**切手博物館Postmuseum**にも立ち寄るといいだろう。

ℹの斜め前には**現代美術館Kunstmuseum**があって、侯爵家のコレクションを中心とした19世紀から現代の美術品が展示されている。美術品を鑑賞したあとは、館内にあるカフェ（→P.84）でゆっくりくつろぐのもいい。

キューブ形の建築がシックな現代美術館

通りにはかわいいみやげ物屋やレストラン、カフェが数多くある。家族や友人に絵はがきを書いて、美しい切手を貼って出せば喜ばれること請け合いだ。

これだけ見学したら、あとは**ファドゥーツ城Schloss Vaduz**に上るだけ。シュテットル通りに面して建つレストランEngelの横の道を入り約20分上ると城の前に出る。現在でも侯爵が住む城内へは入れないので、城の前から見えるファドゥーツの町やライン川、そして川向こうのスイスの景色を楽しんで町に戻ろう。

時間があれば、山の上のスキー場**マルブンMalbun**へ行くのもいい。現在の天皇陛下が皇太子時代にスキーをされた所で、毎年のように英国王室の人々もスキーに訪れる。夏は高山植物の宝庫となり、ハイキングが楽しめる。ファドゥーツからバスで約30分。

路上には切手のペイントが

Attraction おもな見どころ

マニアでなくても観ておきたい

MAP P.82

切手博物館
Postmuseum

現在のリヒテンシュタインはスイス同様に精密機械や工業製品の生産などが主要な産業になっているが、かつては切手の販売が国の大きな収入源だった時代もある。ここはこの国の長い切手作りの歴史とかつての栄光の時代の一端を垣間見せてくれるユニークな博物館だ。

たくさんのパネルがこのような形で展示されている

リヒテンシュタインの切手が長く珍重されたのはその美しさ。郵便を手軽にやり取りするための切手とは一線を画した、芸術性の高さは展示を見れば理解できるだろう。たくさんの展示コーナーがあるが、無数のパネルが格納された場所は必見。1枚のパネルに切手の原画が収まっていて、目の前でじっくりと見ることができるのだ。記念切手の販売もしており、海外からのオーダーも可能。

シティトレインツアー
SL型のバスで35分かけて見どころを1周する。乗り場は市庁舎の裏にあるReisebus Terminal。
URL www.citytrain.li
催 個人客対象は4/15～9/30。13:00、16:30の1日2回催行。団体は時期問わず要予約。
料 CHF10.50

切手博物館
住 Städtle 37
☎ 2396846
URL www.landesmuseum.li
開 毎日 10:00～17:00
休 12/24・25、12/31、1/1
料 無料

販売されている切手も美しいものが多い

COLUMN リヒテンシュタインのあらまし

リヒテンシュタインの侯爵家は、元来はオーストリアのハプスブルク家の貴族、要するに家臣にすぎなかった。そこで、神聖ローマ帝国議会への列席権という当時のステータスを手に入れようとしたのだが、これにはしかるべき領地がないといけない。

当時どんな情報手段があったのかわからないが、たまたま1699年に現在のリヒテンシュタイン領の一部が売りに出されたのを知って購入。その後さらに買い増しをして、やっと1719年に神聖ローマ帝国より自治権を与えられ、ここにリヒテンシュタイン侯国Fürstentum Liechtensteinが誕生した。

そういう由来があって、代々の侯爵はリヒテンシュタイン侯国に住むことはなく、第1次世界大戦までは侯爵家はオーストリアに住んでいた。しかし第2次世界大戦時にオーストリアがナチスと手を結ぶと、当時の君主フランツ・ヨーゼフ2世はナチスを嫌い、リヒテンシュタイン侯爵としては初めて家族と一緒にリヒテンシュタイン侯国内に移住し、ファドゥーツ城に居を構えた。それ以来スイスとの関係を深め、現在は通貨も国防もスイスに任せている。

ファドゥーツ城

長年国民に親しまれたフランツ・ヨーゼフ2世が1989年に崩御すると、侯爵家から初めてリヒテンシュタイン侯国内で生まれ育った嫡男ハンス・アダム2世が侯爵位を継承した。現在も侯爵位は彼のままだが、君主としての実権は2004年以来アロイス侯世子が、代行人として摂政のような役目を務めている。この国の議会は一院制で、侯爵の君主としての実権力が強い。

独立国として、2002年に加盟したスイスより10年以上前の1990年に国連に加盟しており、EUには入っていないが、スイス同様にシェンゲン協定には加盟している。日本とは皇室の交流を含めて長年の友好国だが、正式な外交関係樹立は1996年6月。

ホテル & レストラン

ガストホフ・レーヴェン Gasthof Löwen

MAP P.82 ★★★★

❶から徒歩5分の場所にある、14世紀の古い建物を利用したホテル。ウッドフロアの各部屋には歴史を感じさせるアンティークの調度品が置かれ、落ち着いた雰囲気。レストランではリヒテンシュタイン料理などを、豊富に取り揃えられたワインとともに楽しむことができる。

住Herrengasse 35
☎2381144
URLwww.hotel-loewen.li
料(または)
ⓈCHF319～ ⓌCHF322～
Room8室
Wi-Fi無料
カードAMV

クルム Kulm

MAP P.82域外 ★★★

ファドゥーツからMalbun行きのバスに乗り、所要約10分。郵便局近くのバス停Triesenberg, Postで下車。静かで落ち着いた雰囲気のホテル。レストランでは地元料理を楽しむことができ、レストランのテラス席や客室からの見晴らしは最高でした。（所沢市　みぃ）['23]

住Schlossstrasse 3, Triesenberg
☎2377979
URLwww.hotelkulm.li
料(または)ⓈCHF119～ ⓌCHF167～　食事追加
CHF41　Room20室
Wi-Fi無料　カードAJMV

トゥルナ Turna

★★★

MAP P.82域外

ファドゥーツからバスで30分、終点Malbun下車。マルブンのスキーエリアに位置している。シンプルだが清潔。
住Im Malbun 55, Triesenberg　☎2655040
URLwww.turna.li　料ⓈCHF115～ ⓌCHF160～
Room16室　Wi-Fi無料　休4月中旬～5月中旬、11月～12月中旬　カードDJMV

ラントハウス・アム・ギーセン Landhaus am Giessen

★★

MAP P.82域外

バルコニーからの眺めがよいアットホームなホテル。バス停Vaduz Auから徒歩4分。
住Zollstrasse 16
☎2350035　URLgiessen.li
料ⓈCHF144～ ⓌCHF196～
Room22室　Wi-Fi無料　カードMV

カフェ・イム・クンストムゼーウム Café im Kunstmuseum

MAP P.82

大きな窓が印象的な現代美術館の併設カフェ。ゆったりと並べられたあたたかみあるオーク材のテーブルは、フランス人デザイナーのジャン・ミッシェル・フランクJean-Michel Frankによるもの。魚介を使ったにぎり寿司や手巻き寿司を食べられるカウンターがあり、夜はバーとしてオープンしている。

住Städtle 32
☎2326300
URLwww.kunstmuseum.li
営9:00～18:00
（水～金曜～23:00）
休無休
カードADMV

日本からファドゥーツへの電話のかけ方

[国際電話会社の番号*]+010+[国番号423]+[電話番号（エリアコードはない）]
*マイラインの国際通話区分に登録している場合は不要

読者投稿

ファドゥーツの散策コースを紹介します

おすすめの散策コースです。歩行者天国になっているStädtle通りの北の端まで来たら、Altenbach通りへと曲がり、そこからMitteldorf通りへとさらに進みます。このMitteldorf通りはファドゥーツのいわゆる旧市街だったそうで、石畳になっており、道沿いに建っている家もヨーロッパらしい感じがします。Mitteldorf通りの端まで来たら、Hintergass通りへと曲がり、農家のお屋敷Rotes Hausまで進みます。このRotes Hausは中に入ることはできませんが、なかなかきれいな建物です。次にHintergass通りを引き返し、Egertastrasseと交差する所まで来たら、右折してブドウ畑の中の道に進んでワイナリーHofkellereiに行きましょう。ここではワインの試飲もできます。リヒテンシュタインのワインを楽しんだら、またブドウ畑の間の道へと戻りましょう。ここからはファドゥーツ城がよく見えます。（東松山市　匿名希望）['23]

ピラトゥス山から見るフィアヴァルトシュテッター湖

2 ルツェルンと中央スイス

Luzern & Zentralschweiz

ルツェルン旧市街

introduction

I ルツェルンと中央スイス イントロダクション

中央スイスは、スイス発祥の地であり、スイス人の心の故郷だ。神聖ローマ帝国を治めていたドイツからローマへの最短ルートは、アルプスを縦断するゴッタルド峠だった。峠のすぐ北に位置し、関所や宿場町として栄えてスイス建国の礎となったのが中央スイスである。

この地方の中心には、フィアヴァルトシュテッター湖Vierwaldstätterseeという長い名前の湖がある。「4つの森の州の湖」という意味で、単にルツェルン湖と呼ばれることもある。いびつな形をした湖の西端にあるのが、かつてスイスの首都であったルツェルン。湖とともに発展してきた美しい古都で、湖畔にある中央駅を出るとそこにはたくさんの湖船が停泊している。

中央スイスの見どころの多くは、この湖の周囲に散らばっている。湖畔から山頂までなだらかな曲線を描いているのがリギ山。山には魔物がすむと恐れられていた時代から御来光スポットとして人気があったほど、優しい表情をしている。ヨーロッパ最古の登山鉄道には今でも蒸気機関車が走る。一方、湖を挟んで対岸にそびえるピラトゥスは対照的に険しい顔つきで、こちらは世界で最も急勾配の登山鉄道が人気だ。湖を南にたどると、三原州が誓約を交わした（→P.411）リュトリの草原があり、ウィリアム・テル伝説ゆかりの場所もあちこちに存在する。

こうした見どころをつないでいるのが湖船だ。鉄道網が整備された現在でも、湖船は観光客だけでなく地元の人々にとっても重要な足。水の上から眺めるルツェルンの町は格別だし、湖岸の風景を楽しみながら、世界でも特異な存在であるスイスという国の歴史に思いをはせるのもいい。

旅の交通

見どころの多くはフィアヴァルトシュテッター湖の周囲にある。中心となる町ルツェルンは、湖の西端。交通の要衝でもあるので、各方面への交通の便が非常によい。ここを拠点に鉄道とバスで自在に動くことができるが、忘れてはならないのが湖船だ。鉄道よりも時間はかかるが、ぜひスケジュールのなかに船の旅を加えたい。

旅の宿

観光の拠点は、やはりルツェルンが一般的。ホテルの数も種類も豊富なので、ビジネスホテルでも小さなペンションでも好みで選べる。ほとんどのホテルは1年中営業している。ゆっくりと滞在するなら、湖畔に点在するリゾートホテルや、リギやピラトゥスにある山岳ホテルに1泊は滞在したい。

プランニングのポイント

都市の散策から、3000m級のアルプスや湖の観光など、異なった観光要素に恵まれているのがこの地域の特徴。ほとんどの場所へはルツェルンを足場に日帰りで出かけられる。ただしルツェルンは、シーズンによってはかなり混雑するので、湖畔の小さ

ルツェルンの気候データ

	1月	2月	3月	4月	5月	6月	7月	8月	9月	10月	11月	12月
平均最高気温(℃)	2.6	4.7	9	13.3	17.9	21	23.5	22.6	19.4	13.7	7.3	3.5
平均最低気温(℃)	-3.1	-2	0.4	3.7	7.9	11.1	13.3	13	10.1	5.9	1.1	-1.9
平均降水量(㎜)	64	61	72	93	125	153	141	150	94	71	81	66
平均降水日	11	10	12	13	14	14	13	13	9	9	10	11

な町に滞在するのも一案。湖畔の町々にはルツェルンから湖船や列車を利用すれば簡単にアクセスできる。

左／リギ山頂で出会ったサイクリスト
右／ルツェルンは湖畔の町

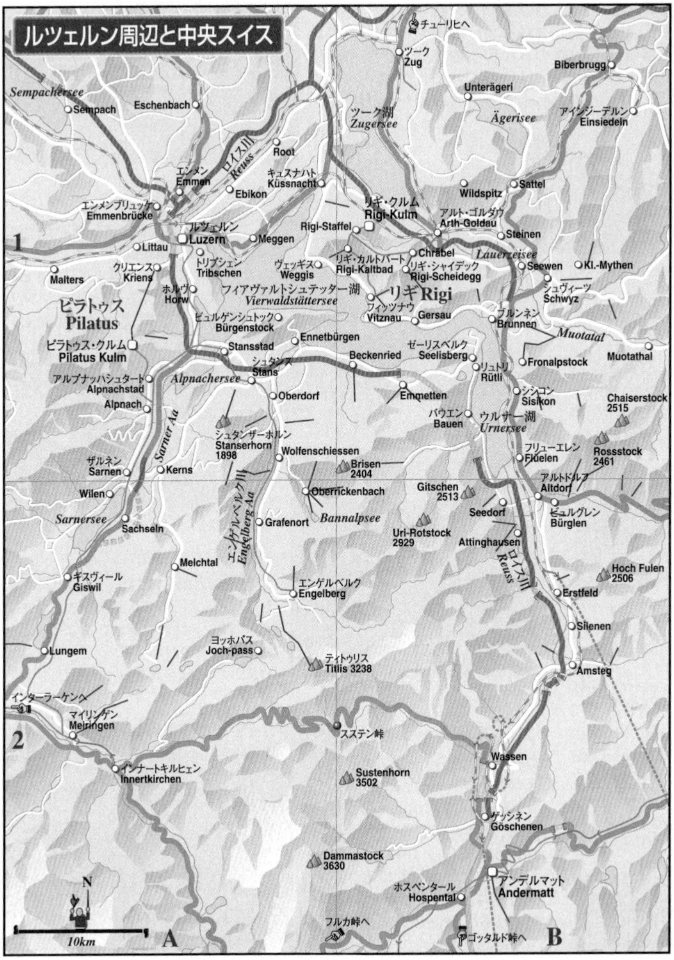

ルツェルン周辺と中央スイス

エリアハイライト

古都ルツェルンを中心にコンパクトにまとまったエリアで、鉄道や船、登山列車など交通手段もいろいろあるので移動自体も楽しめる。ルツェルンには博物館や美術館がたくさんあり、旧市街の散策も楽しい。周辺の山の展望台、湖畔の小さな町はそれぞれ個性的。効率よく巡りたい。

ルツェルン

新市街と旧市街を結ぶロイス川に架かる古い橋が町のシンボル。石畳の狭い路地に美しい壁画が描かれた中世の建物。町の観光のハイライトは、この迷路のような旧市街。町からちょっと離れた交通博物館の展示は、スイスのみならず、ヨーロッパ随一の充実度。

フィアヴァルトシュテッター湖周辺の山と町

湖畔の小さな村と湖を見下ろす3つの展望台がハイライト。スイス発祥の歴史をもつ湖岸の小さな村には船で、展望台へはそれぞれユニークな交通機関があり移動も楽しめる。

リギ

1871年にヨーロッパで最初の登山鉄道が開通した山。スイスの山岳観光の歴史はここから始まった。標高は1800mに満たないが、南側は湖、北側も丘陵地帯で眺望は360度。

フィアヴァルトシュテッター湖
ルツェルン
リギ
ピラトゥス
シュタンザーホルン
ティトゥリス
アンデルマット

ピラトゥス

ギザギザした山頂がとても不気味に見える。中世まで「亡霊がすむ山」と恐れられていた。ルツェルンからはバス、ロープウエイ、船、登山列車などを利用してアクセスする。

シュタンザーホルン

世界初の2階建てのロープウエイを導入したことで知られている展望台。ふもとのシュタンスは、牧草地が広がるのどかな村。のんびりハイキングをするにはピッタリ。ルツェルンからは鉄道で。

ティトゥリス

いまでは珍しくないが、回転するロープウエイを世界で初めて導入したのがここ。山頂は夏でも雪に覆われている。ふもとのエンゲルベルクはこのエリアーのスキーリゾート。

アンデルマット

ローマ時代からアルプス越えの最重要ルートだったゴッタルド峠。この町はその玄関。峠の下にトンネルが造られてからは静かな町となったが、人気の氷河急行の途中駅であり、峠を巡るバスルートの拠点でもある。

おもなイベント

ルツェルン・ファスナハト[カーニバル]（ルツェルン）	2/8〜2/13（2024）
建国記念日[花火イベント]（フリューエレン）	7/31（2023）
ルツェルン音楽祭（ルツェルン）	8/8〜9/10（2023）
クラウスヤーゲン（リギ）	12/5

ルツェルン音楽祭

料理と名産品

ルツェルンの名物料理である、**ルツェルナー・クーゲルパステーテ**はぜひ試したい。これは仔牛肉のクリームソース煮込みをパイで包んだもの。市内のスイス料理の店ならたいてい食べられる。湖で取れる魚料理もこのエリアの名物。さっぱりした料理が多いので、こってりしたスイス料理に疲れたときにおすすめ。ルツェルンには老舗のチョコレート屋が多い。高級な店から手軽に買える店まで、ショップの種類も幅広く揃っている。

市内のチョコレートショップ
湖の魚料理
ルツェルナー・クーゲルパステーテ

チューリヒへ50分
Arth-Goldau
15分
ブルンネン
10分
Flüelen
2分
アルトドルフ
40分
10分
30分
30分
リギ
1時間
リュトリ
チューリヒへ50分
ベルンへ1時間
30分
ルツェルン
Vitznau
1時間
ピラトゥス
20分
30分
30分
ビュルゲンシュトック
20分
Alpnachstad
インターラーケンへ1時間45分
Stans
15分
30分
シュタンザーホルン
Engelberg
25分
ティトゥリス
1時間
Göschenen
10分
アンデルマット
ブリークへ2時間

鉄道
登山鉄道
ロープウエイ
バス
湖船

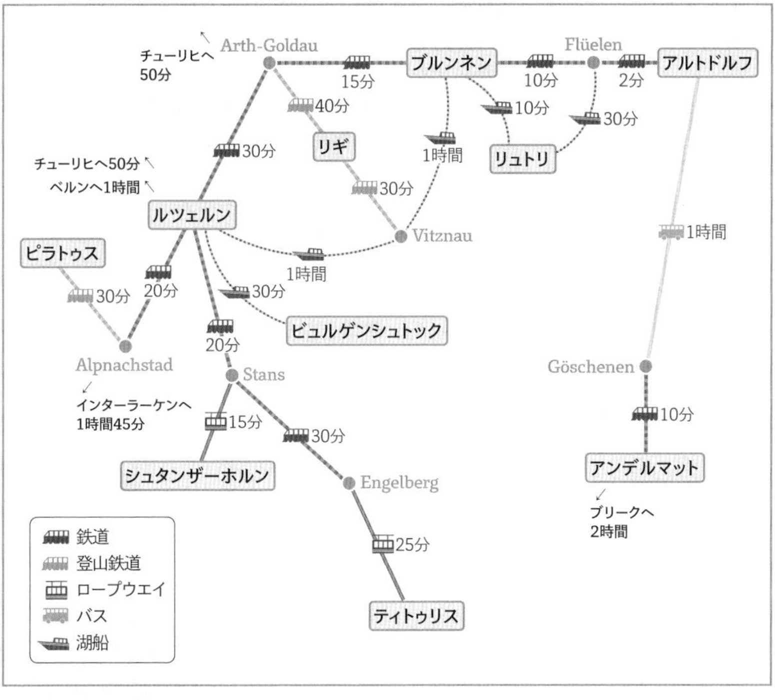

ルツェルン
Luzern

州：ルツェルン
使用言語：ドイツ語
地図位置：P.87-A1
標高：435m
郵便番号：CH-6000
（地区によって下2ケタが変わる）
エリアコード：041
（市内通話の場合でも初めにエリアコードをプッシュする）

町のシンボルであるカペル橋

この町を紹介する時の枕詞は「スイスの古都」。確かにその歴史は古く、1291年に結ばれたスイス建国の元となった「永久同盟」に、原初3州に次いで加盟（1332年）している。旧市街を歩けば、当時とさほど変わらない街並みが残り、そこかしこで何世紀もの歴史を感じる遺物と遭遇する。その一方で旧市街から川を1本挟んだ反対側には、未来都市と見紛うばかりのモダンな建築物が湖畔にどっしりと構えている。

歩くのにちょうどいい旧市街や充実した博物館や美術館があり、世界的な音楽祭も開かれる古都は、スイスを代表する観光都市のひとつだ。アルプス山脈の北側に位置し、標高はさほどないが、眺望抜群の独立峰に、リギ（→P.109）やピラトゥス（→P.112）といった展望台があり、風光明媚な湖畔の村を船で訪れることもできる。町歩きに1日、そして近郊の見どころで1～2日、最低2泊はしたいところ。

Walking 歩き方

狭い範囲に新旧が同居するアンバランスさが、現代のルツェルンの魅力であり、歩くのが楽しい理由でもある。見どころの多くは、中央駅周辺と旧市街に集まっており、町の規模のわりにとても観光しやすい。

中世の雰囲気が味わえる建物や広場がある旧市街は、駅を背にして川を渡ったらすぐ。迷路のような路地が広がっているが、ここでは地図もスマホも見ずにあてもなくさまよってみるの

旧市街には壁画が多い

アクセス チューリヒから直通列車で40～50分。ほぼ30分ごと。ベルンからは直通のIRで約1時間、REで約1時間30分。それぞれ1時間ごと。インターラーケン・オストからは直通のIRで約2時間弱。1時間ごと。

ⓘLuzern Tourismus
住Zentralstrasse 5
（マクドナルド向かい側）
☎(041)2271717
(041)2271727
（ホテル予約）
URL www.luzern.com
開5～10月
月～金曜 8:30～17:00
土曜 9:00～17:00
日曜 9:00～14:00
11～4月
月～金曜 8:30～17:00
土曜 9:00～16:00
日曜 9:00～13:00
※祝日の営業時間はURLを確認のこと。年末年始は営業時間が短縮される。

シティ・ウオーキング・ツアー
中央駅の観光案内所から、おもな見どころを歩いて回るガイド付きツアーが行われている（独・英）。
催5～10月 月・水・金・土曜
11～4月 水・土曜
出発10:15（金曜17:00）
所要1時間30分
料CHF25
このほかにもさまざまなツアーあり。詳細はⓘに問い合わせを。

市内バス
URL www.vbl.ch
ルツェルン市の内外を結んでトロリーバスが走っている。運賃はゾーンによって異なり、CHF3.70～。1日券もあり、1ゾーンCHF7.40～、全域CHF52（2等）。スイストラベルパス有効。

中央駅の前から旧市街に続くゼー橋

も楽しい。旧市街には、ロイス川に架かる**カペル橋Kappellbrücke**や市庁舎など、たくさんの見どころがあり、歩き始める前に（すんなり行けるかどうかは別にして）どこを訪れるかは決めておこう。

ルツェルンは長い歴史をもった教会が多い。16世紀の宗教改革では、スイス各地で改革の火の手が上がったが、ここルツェルンは反宗教改革の中心地で、今でもカトリックの教会が多い。ふたつの尖塔をもつ**ホーフ教会Hofkirche**やロイス川に面して建つ**イエズス教会Jesuitenkirche**、**フランシスコ教会Franziskanerkirche**などが代表的な教会で、これらもぜひ訪れてみたい。

ルツェルンは、充実した博物館や美術館がある町としても知られる。美術館としては駅のすぐ隣にあるルツェルン美術館やローゼンガルト美術館は特におすすめ。鉄道や飛行機に特別興味がない人でも、行けばきっと楽しめるスイス交通博物館は、

“シティ・トレイン”でお手軽市内観光

シティ・トレインとは、蒸気機関車のようなデザインの駆動車に、客車が接続された観光用電動バス。おもな見どころや町の様子を把握するのにピッタリ。町歩きの前に利用するといいでしょう。1周約45分。イヤフォンガイド付きで、日本語もあります。発着場所は、ブルバキ・パノラマ館のあるレーヴェン広場Löwenplatz。季節によって運行時間帯は変わりますが、1時間に1本の割合で出発。チケットは運転手に直接支払えばOKです。

（大阪市　松下裕恵）

'23年は4/7～10/31の毎日運行。1日3～9便。発車20分前までに集合のこと。

開イースター（聖金曜日、'23年は4/7）～
料CHF15
URL www.citytrain.ch ['23]

その規模も展示内容もヨーロッパ有数。そのほかクラシック音楽に興味のある人なら、リヒャルト・ワーグナー博物館がおすすめだ。主要な美術館、博物館に有効なルツェルン・ミュージアムパスもある。

バス停と美術館は駅の目の前

ルツェルン中央駅

ルツェルン中央駅は古都の玄関にふさわしい壮麗な建物。火災で焼失して1991年に再建された。駅の外のバスターミナルに残されている門は焼け残ったオリジナルの建物だという。ホームのある地上階は、カフェテリアなどがあり、地下に降りるとショッピングアーケードが広がる。

ルツェルンをベースに近郊へ

アルプス観光のさきがけとなったリギや世界一急勾配の登山鉄道で知られるピラトゥスなどの展望台を訪れたり、複雑な湖岸に点在する村を訪れるクルーズを楽しんだり、ルツェルンからは、日帰りで楽しめる見どころがたくさんある。P.104～116で紹介している展望台や小さな村をぜひ訪れてみたい。

湖船のクルーズも楽しい

Attraction おもな見どころ

城壁に守られた中世の世界を歩く MAP P.91

旧市街 Altstadt

カラフルな旧市街の壁画

ルツェルンの旧市街は、歩きやすい大きさ、人通りの絶えないにぎやかさ、そして家並みのおもしろさから、世界遺産になっているベルンと並び、スイス有数の見応えのある旧市街といっていいだろう。

ルツェルン中心部散歩プラン

ルツェルン中央駅
↓1分
ルツェルン美術館
↓15分
ホーフ教会
↓10分
ライオン記念碑
↓1分
氷河公園
↓10分
旧市街
↓5分（ロイス橋を渡って）
イエズス教会
↓3分
ローゼンガルト美術館
↓3分
ルツェルン中央駅

ルツェルン・ミュージアムパス

使える美術館、博物館は以下のもの。
ブルバキ・パノラマ館、氷河公園、歴史博物館、ルツェルン美術館、自然博物館、ローゼンガルト美術館、リヒャルト・ワーグナー博物館、スイス交通博物館（ハンス・エルニ・ミュージアムを含む）、ゲーム博物館ゲーモラマ
料CHF36（連続した2日間有効）

メッゲンホルン城に足を延ばす

ルツェルン滞在中、時間に余裕がある人におすすめなのが、メッゲンホルン城までのウオーキング。湖沿いの道を、旧市街から東に向かって進みます。交通博物館を越えてさらに30～40分、小高い丘に建つお城へ。その丘からはピラトゥスが望めるなど景色も抜群。山・湖・町のコントラストを楽しめます。
（東広島市　nobu-hiro）
メッゲンホルン城内は博物館になっており、4～10月の日曜、祝日12:00～17:00のみ入場可能。
料CHF5
URL www.meggenhorn.ch
['23]

ムーゼック城壁から見る旧市街

旧市街は迷路のように入り組んでいるが、どの方向にどう歩いていっても、10分とたたないうちに、湖かロイス川か城壁に出合うはず。人通りも多いので、安心して迷路に身を投じることができる。駅から橋を渡ってすぐにある旧市街の入口が、噴水のある**カペル広場Kapellplatz**で、そこから西へ延びる**カペル通りKapellgasse**がメインストリート。5分も歩くと**コルンマルクトKornmarkt**（穀物市場）へ出る。1370年に公共の市場が立った広場で、イタリアルネッサンス様式で建てられた穀物倉庫が、現在は**市庁舎Rathaus**として使われている。大きな時計塔のある建物だ。横の階段を下りると川沿いにアーケードがあり、火曜と土曜には花、野菜、チーズなどの市が立つ。

カペル通りを進むとすぐに、もうひとつの中世の噴水が残る**ヴァインマルクトWeinmarkt**（ワイン市場）へ出る。ここはルツェルン州が原初3州と誓約を交わしてスイスの仲間入りをした所でもある。

ロイス川沿いにカフェのテーブルが並ぶ

ルツェルンの市

野菜、果物、生花
Wochenmarkt
火・土曜　7:00〜12:00
カペル橋〜市庁舎のロイス川河畔

鮮魚
Fischmarkt
金曜　8:00〜12:00
市庁舎より下流の河畔

手工芸品
Handwerksmarkt
4〜12月の第1土曜
8:00〜17:00
'23年12月は以下の日程
2・9・16日　8:00〜17:00
8・10・17日　10:00〜18:00
ヴァインマルクト

のみの市
Flohmarkt
5〜10月の土曜 8:00〜14:00
ザ・ホテルの前のフェゲリゲルトリVögeligärtli公園

月例市
Monats-Warenmarkt
3〜12月の第1水曜
7:00〜18:30
Bahnhofstrasse、Jesuitenplatzなど

クリスマス市
Lozärner Wiehnachtsmärt
12月（'23年は12/1〜12/21）
手工芸品　11:00〜20:00
飲食物　11:00〜21:00
フランシスコ教会周辺。クリスマスツリーや飾り、食べ物や飲み物を販売

火災のあとが残るカペル橋

スイス・ミュージアム・パス
スイス国内にある約500の博物館に自由に入れるお得なパスポート。1年間有効なので、各地をゆっくり見て回る人に適している。ルツェルンでは、氷河公園、ブルバキ・パノラマ館、ルツェルン美術館、歴史博物館、リヒャルト・ワーグナー博物館、ローゼンガルト美術館、自然博物館などに使える。交通博物館は半額になる。購入は中央駅のカウンターや観光案内所、大きな博物館や美術館、郵便局で。
料1年CHF177
URL www.museumspass.ch

ロイス川の堰に接している

スイストラベルパスとスイス・ミュージアム・パス
2023年現在、スイストラベルパスには、上記のスイス・ミュージアム・パスの機能が含まれている。通用日連続タイプは、有効期間内ならいつでも利用できる。フレキシータイプのパスの場合は、利用日を記入しなければならないが、使い方によっては有効活用ができる。

おトクなビジター・カード(宿泊者カード)
ルツェルン地区の宿泊施設滞在者に配布されるカードで、交通機関の運賃が無料、博物館入場料が割引になる、市内のホットスポットでWi-Fiが無料になるなど特典多数。詳細は❶に問い合わせを。

ヨーロッパ最古の屋根付き木橋 MAP P.91-B2

カペル橋
Kapellbrücke

カペル橋は町のシンボル

ルツェルンのシンボルであるカペル橋は、実は湖から襲ってくる敵から町を守る城壁の一部である。旧市街は、湖、川、そしてムーゼック城壁に守られているが、その東の砦がカペル橋、西の砦がシュプロイヤー橋なのだ。

完成は1333年。旧市街側の橋のたもとに礼拝堂Kapelle（現在の聖ペーター教会）があったことから名づけられた。木造の橋としてはヨーロッパ最古で、1993年の火災で焼けてしまった箇所も見事に修復されている。

川の中で踏ん張っている八角形の塔は、湖からの敵の襲来を早く見つけるための見張り台だが、拷問部屋や貯水塔としても使われていた。橋の梁には聖人の生涯と町の歴史を描いた三角形の絵画が110枚掲げられており、1年中多くの観光客がひしめいている。夜、ライトアップされた頃に再び訪れてみるのがおすすめ。

ペストの惨状を伝えるもうひとつの木橋 MAP P.91-A2

シュプロイヤー橋
Spreuerbrücke

シュプロイヤー橋内部

1408年完成の木橋で、旧市街の西からの侵入を防ぐ防衛線でもあった。シュプロイヤーとはもみ殻のこと。橋の隣に水力によって小麦を脱穀して粉にする製粉所（水車小屋）がある。梁にかかっている67枚の絵画は1635年に描かれたもので、死神などおどろおどろしいモチーフが多い。ペスト（黒死病）の大流行を描いたもので、『死の舞踏』と呼ばれている。

中世の治水技術を今に伝える MAP P.91-A2

ロイス川の堰
Nadelwehr

シュプロイヤー橋の隣にある。川の流れの中に堰が造られており、板を上げ下げすることによって川の水位を調節していた。現在の堰は1860年に造り直したものだが、それまでは階段状になっていて製粉所の水車へ水を引いていたといわれている。

ロイス川の水位を調節

気品ある外観

フランシスコ・ザビエルが守護聖人 MAP P.91-A2

イエズス教会
Jesuitenkirche

1666年、スイスで初めて造られたバロック様式の建物といわれ、女性的で優美なその姿は、対岸に建つ市庁舎の建物と好対照をなしている。内部の華やかな天井画や宝物庫は一見の価値あり。

イエズス教会
URL www.jesuitenkirche-luzern.ch
開 6:30～18:30（月・木曜9:30～）

スイスで最も美しいゴシック建築 MAP P.91-A2

フランシスコ教会
Franziskanerkirche

イエズス教会の隣に建つ。13世紀後半に建立された教会で、スイスで最も美しいゴシック様式の建物といわれる。精巧な装飾を施した祭壇や、フレスコ画の壁画などが見どころ。

フランシスコ教会周辺

フランシスコ教会
住 Franziskanerplatz 1

ルツェルンの人々の心のよりどころ MAP P.91-B1

ホーフ教会
Hofkirche

8世紀に建立されたベネディクト会修道院。17世紀、火災で焼失したあとにルネッサンス様式で再建された。すっきりとした外観とは対照的に内部は装飾に満ちていて、特に1500年頃の作といわれるマリアの祭壇と、7374本のパイプをもつパイプオルガンがすばらしい。

正面入口に飾られた彫刻

ホーフ教会
URL www.hofkirche.ch

ホーフ教会のオルガン情報
URL www.hoforgel-luzern.ch

印象的なふたつの塔

旧市街の見張り役 MAP P.91-A1

ムーゼック城壁
Museggmauer

ルツェルンの町を敵から守るために1400年に完成した防護壁で、現存する城壁としてはスイス最長。9本の見張り塔があり、それぞれ微妙にデザインが異なっているのがおもしろい。一般に公開されているのは、ロイス川から2番目のメンリ塔Männliturm、4番目の見張り塔Wachtturm、中央にある時計塔Zytturm、その右隣のシルマー塔Schirmerturmの4つだ。

時計塔の鐘は1535年から町に時を告げていて、ルツェルンに数ある教会などの鐘は、すべてこの時計塔の鐘より1分遅れて鳴らされることになっている。

中世の雰囲気が感じられる

ムーゼック城壁
URL www.museggmauer.ch
開 4～10月　8:00～19:00
料 無料

シルマー塔内部

異国に没したスイス傭兵の慰霊碑

MAP P.91-B1

ライオン記念碑
Löwendenkmal

ライオン記念碑
住Denkmalstrasse 4
開24時間
料無料

記念碑は公園の中の池の上にある

旧市街の北東の外れにあり、カペル橋と並んでルツェルンで最も多くの観光客が集まる名所。大きな岩に身を横たえるライオンは、脇腹に槍が刺さり、息も絶え絶え。1792年のフランス革命の際、民衆からルイ16世とマリー・アントワネットを守ろうとして命を落とした786名の傭兵を悼んで造られたものだ。観光や精密機械などの産業がなかった当時、その優秀さが広く知られていたスイス兵は貴重な"輸出品"だったのだ。現在、ローマのヴァチカン宮殿の護衛をスイス兵が担当しているのは、当時の名残といわれる。ちなみに、彫られている岩は2000万年前の海岸の砂が堆積してできた砂岩で、ホーフ教会の建材として切り出された採石場の跡だそうだ。

氷河公園からも見られる

町の中で見られる氷河の痕跡

MAP P.93

氷河公園
Gletschergarten

氷河公園
住Denkmalstrasse 4
☎(041)4104340
URLwww.gletschergarten.ch
開4～10月　10:00～18:00
　11～3月　10:00～17:00
休年1回
料CHF22。宿泊者カードでCHF18。スイストラベルパス有効。

氷河の痕跡がよくわかる

ライオン記念碑の隣にある。1872年、牧草地だったこの場所に、地質学的にとても重要な氷河の痕跡が発見され、国の天然記念物に指定された。今から約2万年前、ルツェルンを覆っていた氷河の厚みは約1000mもあったと考えられ、テントで覆われた公園には、ここに氷河があった痕跡をたくさん観ることができる。ポットホールと呼ばれる穴は、氷河から溶け出した水と砂利が渦を巻いて流れ、直径8m、深さ10m近い穴を開けたもの。氷河に運ばれ、氷が溶けたあとに残された迷子石もたくさん観られる。はるかゴッタルド峠から運ばれてきたと考えられている迷子石は重量が5tもある。一方、それよりはるかに古い約2000万年前、まだアルプス造山運動がなかった頃には、ルツェルン一帯は亜熱帯の海岸だったという。その頃、ルツェルンにあったであろうヤシの葉や貝殻の化石も観ることができる。

公園の奥には博物館があり、ルツェルンの歴史と地質に関する展示がある。館内にある鏡の迷宮（ラビュリンス・ミラー）は、1896年にジュネーヴで開催されたスイス博覧会に出品されたものだそうだ。'21年に見学エリアが拡張された。

19世紀のパノラマ絵画

MAP P.91-B1

ブルバキ・パノラマ館
Bourbaki-Panorama

ブルバキ・パノラマ館
住Löwenplatz 11
☎(041)4123030
URLwww.bourbakipanorama.ch
開4～10月　10:00～18:00
　11～3月　10:00～17:00
料CHF15。スイストラベルパス有効。内部での写真撮影不可。

高さ10m、長さ（周囲）110mという360度のスクリーンに独仏戦争の様子が描かれている。1871年1月、ブルバキ将軍率いるフランス軍が、ドイツ軍に敗れて雪のスイス国境を越えて退却していたときの様子だ。絵画は1881年に描かれたが、手前に配された人形などは2000年に加えられたもの。

中央駅前の総合文化センター

MAP P.91-B2

ルツェルン美術館
Kunstmuseum Luzern

中央駅の目の前に建つカルチャー&コングレスセンター（KKL）にある。建物はフランス人建築デザイナー、ジャン・ヌーヴェルの作品で、中にはコンサートホールや大会議場も入っている。美術館はこの建物の最上階にあり、所蔵作品はルネッサンス期から現代にいたるまでの、おもにスイスの画家による絵画が中心。日本ではあまり知られていないスイスのアーティストの作品に触れるいい機会になる。常設展はなく、定期的に展示を替えることで、なるべく多くの作品が人の目に触れるようにしている。

スイスを代表する現代建築

ルツェルン美術館
住Europaplatz 1
☎(041)2267800
URL www.kunstmuseumluzern.ch
開11:00～18:00（水曜～19:00）フェスティバル開催時と12月の開館時間は変動あり。要確認。
休月曜(祝日を除く)
料CHF15。宿泊者カードでCHF12。スイストラベルパス有効。

有名画家の作品が集められた

MAP P.91-A2

ローゼンガルト美術館
Museum Sammlung Rosengart Luzern

ルツェルンの画商ローゼンガルトのコレクションを展示する美術館。セザンヌやルノワール、ミロ、モネ、マチス、シャガールなどの作品が一堂に会しており必見だ。地下1階にはパウル・クレーの作品が、2階には以前は旧市街のピカソ博物館にあったピカソ作品と、デヴィッド・ダグラス・ダンカンが撮影したピカソの写真などが展示されている。

ルツェルンで必見の美術館

ローゼンガルト美術館
住Pilatusstrasse 10
☎(041)2201660
URL www.rosengart.ch
開4～10月　10:00～18:00
　11～3月　11:00～17:00
休カーニバル開催期間
料CHF18。スイストラベルパス有効。

名曲が生まれた愛の巣

MAP P.93

リヒャルト・ワーグナー博物館
Richard Wagner Museum

バイエルン王ルートヴィヒ2世に愛されたことでも知られる、ドイツの大作曲家リヒャルト・ワーグナーが、1866年から6年間暮らした邸宅。ルツェルン郊外のトリプシェンTribschenと呼ばれる岬にある。

当時53歳だったワーグナーは、ここでリストの娘、コジマと暮らした。いわゆるダブル不倫だった。息子ジークフリートの誕生を祝い、コジマの誕生日にオーケストラを自宅に招いて初演したのが『ジークフリート牧歌』である。この家ではまた『ニュルンベルクのマイスタージンガー』も生まれている。館内にはオリジナルの楽譜や愛用のピアノなどが展示されている。

ワーグナーのファンはぜひ

リヒャルト・ワーグナー博物館
住Richard-Wagner-Weg 27
☎(041)3602370
URL www.richard-wagner-museum.ch
開4～11月　11:00～17:00
休月曜(イースターの月曜、聖霊降臨祭の月曜を除く)、12～3月
料CHF12。宿泊者カードでCHF10。スイストラベルパス有効。

アクセス 中央駅から6・7・8番のバスに乗ってWartegg下車。R. Wagner Wegを湖へ向かって歩いて10分。春～秋のシーズン中なら湖船で行くのがおすすめ。Meggenhorn行きの船に乗り、次のTribschenで下船すると目の前。船のスケジュールは下記で。
URL www.lakelucerne.ch

交通博物館としては世界有数の規模
MAP P.93

スイス交通博物館
Verkehrshaus der Schweiz

必ず訪れたい博物館

ルツェルン郊外の湖畔に広がる広大な土地に建つ、交通と通信手段の発展の様子を展示した博物館。コレクションは3000点を超え、この種の博物館としてはヨーロッパ最大といわれる。とにかく展示が豊富で、一つひとつ観て体験していたら丸1日かかる。子供たちに大人気だが、大人でも十分に楽しめる。

なかでも最も広い面積を占めているのが鉄道のコーナーだ。ずらりと並んだ本物の車両が壮観。蒸気機関車や登山鉄道の仕組みもわかりやすく展示されている。乗り物ではそのほかにケーブルカー、ロープウエイ、スキーリフト、クラシックカー、オートバイなど。中庭には初期のスイス航空の飛行機や子供向けの遊具もあり、航空管制ルームもおもしろい。

交通博物館にはまた、マルチメディアを駆使したさまざまなハイテクアトラクションが用意されている。湖上交通の歴史を紹介する**ノーチラマNautirama**、無重力を疑似体験する**スペース・トランスフォーマーSpace Transformer**、スカイダイビング気分を味わえるシミュレーターもある。**チョコレート・アドベンチャーChocolate Adventure**では、交通というテーマからスイスとチョコレートの深い関係を紹介。

もうひとつ見逃せないのが**ライブマップ・スウィツァランドLivemap Switzerland**。2万分の1のサイズでスイスを完全にカバーしたもので、航空写真が床一面に広がっている。7800枚の航空写真をもとに造られたもので一部を切り出したパネルでパズル遊びも楽しめる。

さらに、館内にはプラネタリウム、巨大スクリーンのフィルムシアター、ルツェルン生まれのアーティスト、ハンス・エルニの作品を集めたハンス・エルニ・ミュージアムHans Erni Museumなども併設されている。時間があれば、こちらもぜひゆっくり回ってみたい。

スイス交通博物館
住Lidostrasse 5
☎(041)3757575
URL www.verkehrshaus.ch
開夏期　10:00～18:00
　冬期　10:00～17:00
休無休
料博物館CHF35。プラネタリウムCHF18。チョコレート・アドベンチャーCHF18。フィルムシアターCHF18(日中のプログラム)、CHF19(夕方のプログラム2D)、CHF22(同3D)。これらの入場料がセットになったDay Pass CHF62もある。フィルムシアターの上映時間はプログラムにより異なる。スイストラベルパスで50%割引。

航空機の展示スペース

アクセス 中央駅からS3などの鉄道または6・8・24番のバスに乗ってVerkehrshaus下車。湖岸沿いに歩いていくなら約30分。春～秋のシーズン中(基本的に3月下旬～10月中旬)なら湖船で行くこともできる。駅前の船着場からフィッツナウVitznauやフリューエレンFlüelen、アルプナッハシュタートAlpnachstad行きなどでVerkehrshaus-Lido下船。寄港しない便もあるので注意。スケジュールは下記で。
URL www.lakelucerne.ch

迫力のシミュレーター
交通博物館にはジェット戦闘機のフライトシミュレーターがあります。時間は3～4分程度ですが、カプセル内の座席が360度回転し自分が操縦したとおりに動くのでとても迫力があります。隣にヘリコプターのシミュレーターもありますが、こちらは座席が固定されています。
（宝塚市　ひろゆき）['23]

化石から絶滅の危機に瀕する動物まで
MAP P.91-A2

自然博物館
Natur-Museum

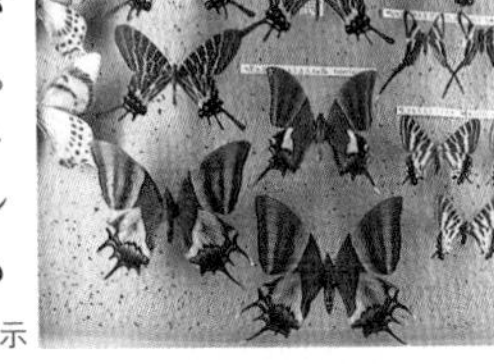
標本も数多く展示

動植物と地理について学ぶことができる博物館で、子供たちに大人気。特に中央スイスの動植物にスポットを当てた展示が充実している。アルプスを立体的に再現したジオラマもある。

自然博物館
住Kasernenplatz 6
☎(041) 2285411
URL www.naturmuseum.ch
開10:00～17:00
休月曜(祝日を除く)、1/1、カーニバル、12/24・25
料CHF10。宿泊者カードでCHF8。スイストラベルパス有効。

Excursion 近郊の見どころ

チューリヒへ戻る前にちょっと寄り道

MAP P.87-B1

ツーク
Zug

ツーク湖の北東にある魅力的な町。穏やかな気候、美しい景色、アルプス越えの交通の要衝ということもあり、中世以降レンツブルク家、キーブルク家、ハプスブルク家などの支配を次々に受けてきたが、1352年にスイス連邦に加盟した。

チューリヒから鉄道で30分弱ということもあり、最近ではすっかりベッドタウンとなった。市街地を少し離れた景色と日当たりのよい湖岸の斜面には、高級住宅街が広がる。

駅前広場に観光案内所ⓘがあり、アルペン通りAlpenstrasseを真っすぐ進んで10分ほどでツーク湖に突き当たると、リギ広場Rigiplatzへ出る。ここからの景色がすばらしい。ピラトゥスからユングフラウまで望むことができる。

近代的な建物のツーク駅

湖に向かって左へ進むと旧市街。湖岸のゼー通りSeestrasse沿いには魚料理を中心としたレストランが並ぶ。そのまま進むとやがて魚市場広場Fischmarktに出る。周囲の家々にはバルコニーが出ていて、彩色がされている。

左に曲がるとコリン広場Kolinplatz。1422年のミラノ軍との戦いの英雄、ヴォルフガング・コリンの像が立っている。この付近が旧市街の中心。周辺の小道は雰囲気があってどこを歩いても楽しい。時計塔Zytturmや後期ゴシック様式の聖オスヴァルト教会も見逃せない。

湖から見るツークの町

Zug Tourismus
URL www.zug-tourismus.ch
住 Bahnhofplatz
☎(041)5117500

アクセス チューリヒからIRなどで20〜30分、ルツェルンからは約20分。そのほかSバーンもあり(チューリヒから35〜45分、ルツェルンから30〜45分)、本数は多い。

COLUMN ルツェルンの音楽祭

多くの音楽家たちに愛されたルツェルンは、今も音楽が盛んな都市。毎年数多くのコンサートが開かれるが、なかでも豪華な演奏家メンバーが集う「ルツェルン音楽祭」は、国際的にも知名度が高い。イースターの時期にも開かれるが、ビッグイベントといえるのはやはり夏の音楽祭だ。

毎年8月中旬から9月中旬まで、駅隣のコングレスセンター（KKL、ルツェルン美術館と同じ建物）を中心に、各会場で開催される。2023年は夏の音楽祭が8/8〜9/10に、イースター祭が3/31〜4/2に開催される予定。

プログラムなどの問い合わせは下記のサイトで。
Lucerne Festival ☎(041)2264400
URL www.lucernefestival.ch

S ショッピング

ショップが集まっているのは旧市街と駅の周辺だけ。駅周辺の店はあまり特徴がないので、やはり楽しいのは旧市街を散策しながらのショッピング。地元の人たちが普段利用するスーパーやデパートもある。また大きな通りに面した店は旅行者向けのギフトショップが多い。センスのいい雑貨の店やおしゃれなギャラリーは旧市街の中の細い路地に点在している。

S コンフィズリー・バッハマン Confiserie Bachmann

MAP P.91-B1

トリュフ、プラリネなど、チョコレートを中心に各種スイーツを揃えた老舗。市内だけで10店舗を構える。旧市街のレーヴェン広場に近い店はアイスクリームショップを併設。市内の別店舗では、スイーツのほかにサンドイッチなど、パン類も置いているところもある。

住Alpenstrasse 9
☎ (041)2277070
URL www.confiserie.ch
営7:00 ～ 19:00
（土曜～ 17:00）
休日曜
カード M V

S チェンジメーカー Changemaker

MAP P.91-A2

バッグやスカーフなどのファッションアイテム、センスのいい文房具や雑貨、さらにオーガニックコスメなど豊富な品揃えで全国展開中のショップ。エコ、フェアトレード、リサイクルにも積極的に取り組んでいる。入口は小さいが中は奥行きがあり、3つのフロアに分かれている。

住Kramgasse 9
☎ (041)4406620
URL www.changemaker.ch
営10:00 ～ 19:00
（土曜9:00 ～ 17:00）
休日曜
カード M V

S クーン・リコン Kuhn Rikon

MAP P.91-A2

世界中に展開しているスイスメイドのキッチン用品。カラフルな商品は眺めているだけで楽しくなるものばかり。機能性と遊び心のあるデザインを兼ね備えた品はおみやげにぴったり。ここは数少ない直営店。デザイン性の高いグッズだけに、店頭のディスプレイもおしゃれ。

住Pfistergasse 15
☎ (041)2405330
URL ch.kuhnrikon.com
営9:00 ～ 18:30
（土曜～ 17:00）
休日曜
カード A M V

S アルテ・ズイッターシェ・アポテーケ Alte Suidtersche Apotheke

MAP P.91-A2

1833年創業のルツェルンで最も古い薬局。木造の棚や壁に細かい装飾が施された店内は、物語の世界のようで見るだけでも楽しめる。親身なアドバイスをしてくれるサービスも評判がよい。伝統的な製法で作られるバルサムクリーム（ミニCHF3.50～）は、レトロなパッケージがかわいい。

住Bahnhofstrasse 21
☎ (041)2100923
URL www.suidter.ch
営8:00 ～ 12:15、13:30 ～ 18:30（土曜8:00 ～ 16:00）
休日曜

COLUMN

マーケットに行ってみよう

ルツェルンでは、火曜と土曜にマーケットが立ち、多くの地元客や観光客でにぎわう。場所はロイス川の両岸沿いで、川を眺めながら散策するのも楽しい。野菜や果物、生花が中心だが、チーズやジャム、パンなども扱っている。データ→P.93

世界に名だたる観光都市だけあって、ルツェルンのホテルの数は多い。料金は全体的にやや高めだが、若者向けのドミトリーや安ペンションもある。オンシーズンは夏。特に8～9月の音楽祭の時期は予約をしておいたほうが安心。冬期はすいており、予約なしでも特に心配ない。観光案内所で紹介してもらうといい。

ザ・ホテル THE HOTEL

MAP P.91-B2 ★★★★★

ルツェルン美術館などを手がけたフランスの建築家ジャン・ヌーヴェルがデザインしたおしゃれなホテル。30室ある客室はそれぞれが異なったデザインになっている。シンプルな外見とは対照的なアバンギャルドな内装と各部屋の天井一面に張られたアート写真が目を引く。地中海風料理店を併設。

住Sempacherstrasse 14
☎ (041)2268686
URL www.the-hotel.ch
料 Ⓦ CHF420 ～
Room 30室
Wi-Fi 無料
カード A D M V

コンチネンタルパーク Continental Park

MAP P.91-B2 ★★★★

中央駅から1ブロック、徒歩5分ほどでたどり着くわかりやすい立地。新市街にある家族経営の清潔でモダンなホテル。全室無線LAN完備で、ビジネス客がよく利用している。エアコン完備。コネクティングルームもあり、家族連れにおすすめ。種類豊富な朝食が人気。

住Murbacherstrasse 4
☎ (041)2289050
URL www.continental.ch
料 (または) Ⓢ CHF265 ～ Ⓦ CHF370 ～
Room 92室
Wi-Fi 無料
カード A D J M V

デ・バランス Des Balances

MAP P.91-A2 ★★★★

中央駅から徒歩約10分。旧市街の真ん中に位置し、観光に便利。外壁いっぱいに美しいフレスコ画が描かれている。室内はモダンでシンプルな造り。約半数の部屋はロイス川に面していてカペル橋も見える。併設のレストランは、ロイス川を望むテラスからの眺めがすばらしく、料理の評判もよい。

住Weinmarkt
☎ (041)4182828
URL www.balances.ch
料 (または) Ⓢ CHF440 ～ Ⓦ CHF470 ～　食事追加 CHF35
Room 56室　Wi-Fi 無料
カード A D J M V

ヴィルデン・マン Wilden Mann

MAP P.91-A2 ★★★★

1860年から続く老舗ホテル。中央駅から徒歩8分ほど。英国調のホテル内には、肖像画や赤い絨毯、アンティークの家具があり上品。アメニティも充実しており、各階廊下にコーヒーメーカー完備。インターネットコーナーあり。レストランは町一番の長い歴史をもち、スイス料理やイタリアンを中心に味わえる。

住Bahnhofstrasse 30
☎ (041)2101666
URL www.wilden-mann.ch
料 (または) Ⓢ CHF195 ～ Ⓦ CHF340 ～
Room 48室
Wi-Fi 無料
カード A D M V

アメロン・ホテル・フローラ Ameron Hotel Flora

MAP P.91-B2 ★★★★

中央駅から徒歩5分。新市街側にあり、ショップやレストランが集まるエリアなので、何をするにも便利な立地。部屋は広くないが、清潔で機能的。ブティックホテルらしく、インテリアはとても洗練されている。1階の地中海料理レストランもおすすめ。ローゼンガルト美術館の目の前。

住Seidenhofstrasse 5
☎ (041) 2276666
URL ameronhotels.com
料 (または) Ⓢ CHF328～ Ⓦ CHF351～
Room 161室
Wi-Fi 無料
カード A M V

日本からルツェルンへの電話のかけ方

[国際電話会社の番号*]+010+[国番号41]+[41(エリアコードの最初の0は不要)]+[電話番号]
*マイラインの国際通話区分に登録している場合は不要

デザルプ Des Alpes

MAP P.91-B2 ★★★

中央駅から徒歩3分。ロイス川に面しており川側のバルコニー付きの部屋からはカペル橋はもちろん、湖やアルプスまで遠望できる。泊まるならぜひロイス川側の部屋にしたい。リニューアルオープンしたテラス付きのレストランも気持ちいい。

住Furrengasse 3
☎ (041)4172060
URL www.desalpes-luzern.ch
料
ⓈCHF192～ⓌCHF290～
Room 45室
Wi-Fi 無料
カード ADMV

アンバサダー Ambassador

MAP P.91-B1 ★★★

中央駅から徒歩10分。ライオン記念碑前のレーヴェン広場の近くにある機能的なホテル。旧市街の入口にある。レセプションはエレベーターで上がった5階にある。ランドリーサービスあり。周辺にはショッピングモールやレストランがあり便利。

住Zürichstrasse 3
☎ (041)4188100
URL www.ambassador.ch
料（または）
ⓈCHF195～ⓌCHF207～
Room 31室
Wi-Fi 無料
カード AJMV

ヴァルトシュテッターホフ Waldstätterhof

MAP P.91-B2 ★★★

中央駅の観光案内所を出て、Zentralstrasseを挟んで斜め前にある、駅に一番近いホテル。駅の店も利用できて何かと便利だ。交通量の多い通りに建っているので、騒音が気になる人は中庭側の部屋を予約しよう。部屋はやや狭いが、シンプルでモダンなインテリアは居心地がよく、とても機能的。

住Zentralstrasse 4
☎ (041)2271271
URL www.hotel-waldstaetterhof.ch
料（または）
ⓈCHF152～ⓌCHF218～
食事追加CHF16、CHF50
Room 96室 Wi-Fi 無料
カード AJMV

ピックウィック Pickwick

MAP P.91-B2 ★

中央駅から徒歩5分。カペル橋のすぐそばのロイス川沿いという1等地にある。客室はシンプルだが、全室から川や橋の景色が望めて気持ちいい。1階にはイングリッシュパブを併設。周辺にはカフェが多いので、カフェ巡りを楽しむのもいい。

住Rathausquai 6
☎ (041)4105927
URL www.hotelpickwick.ch
料ⓈCHF120～
ⓌCHF155～
食事追加CHF20
Room 17室
Wi-Fi 無料 カード ADMV

レスリ Rösli

★

MAP P.91-A2

中央駅から川の手前の通りを下流に向かって歩いていくと、シュプロイヤー橋手前の左側にある。

住Pfistergasse 12 ☎ (041)2492277
URL roesli.ch 料（または）ⓌCHF118～
Room 10室 Wi-Fi 無料 カード MV

ツーリスト Tourist

★

MAP P.91-A1/2

中央駅からバス9番でBrüggligasse下車。歩くと約12分。シュプロイヤー橋より50m下流の河岸にある。

住St. Karli-Quai 12 ☎ (041)4102474
URL www.thetouristhotel.ch
料ⓈCHF175～ⓌCHF261～
Room 35室 Wi-Fi 無料 カード AMV

バックパッカーズ・ルツェルン Backpackers Lucerne

MAP P.93

中央駅から湖沿いに南へ徒歩15分。キッチン、ランドリーあり。チェックインは17:00～21:00。

住Alpenquai 42 ☎ (041)5118241
URL www.backpackerslucerne.ch
料ⒹCHF49～ⓌCHF58～ Room 30室 Wi-Fi 無料
カード AMV 休12月中旬～2月

ユーゲントヘアベルゲ（YH） Jugendherberge Luzern

MAP P.93

中央駅から19番のバスでUrnerhof下車、徒歩6分。4人または6人ドミトリーが多いが、個室もある。

住Sedelstrasse 12 ☎ (041)4208800 URL www.youthhostel.ch/luzern 料ⒹCHF43～ⓌCHF116～ ⓈCHF113～ⓌCHF136～ 食事追加CHF19.50～ 非会員は1泊CHF7プラス Room 206ベッド Wi-Fi 無料 カード ADJMV

スイスの古都であり、屈指の観光地なのでスイス料理の老舗がたくさんある。ルツェルナー・クーゲルパステーテは、たいていどのレストランのメニューにもある名物料理。市街にはヨーデルやアルペンホルンなどのスイスの音楽を聞きながらスイス料理が食べられる「フォルクローレショー」が楽しめるレストランもある。代表はシュタットケラーStadtkeller。4月から10月までの開催。

R ブルガーシュトゥーベ Burgerstube

MAP P.91-A2

イエズス教会の近くにあるホテル、ヴィルデン・マンの1階（地上階）にあるレストラン。アンティークなインテリアでまとめられた店内にはシックで落ち着いた雰囲気が漂う。スイス伝統料理のレストランで、ルツェルン名物のルツェルナー・クーゲルパステーテ（仔牛肉のクリームソース煮）はCHF38。

住Bahnhofstrasse 30
☎(041)2101666
URL www.wilden-mann.ch
営11:30～14:00、18:00～22:00
休日曜
カード A D M V

R オールド・スイス・ハウス Old Swiss House

MAP P.91-B1

1859年に建てられた民家を利用したレストラン。ライオン記念碑の近くにある木組みの建物なのですぐにわかる。料理はスイス料理が中心で、湖で取れた淡水魚の料理などがおすすめ。マスのフィレの白ワインソースCHF44、ヴィーナーシュニッツェルCHF59。

住Löwenplatz 4
☎(041)4106171
URL www.oldswisshouse.ch
営11:30～14:30、18:00～23:30
休日・月曜
カード A D J M V

R 太白酒楼 Li Tai Pe

MAP P.91-A2

市庁舎の裏側にある本格的な中国料理店。かつてはスイス料理レストランで、リヒャルト・ワーグナーがよく訪れたという。北京料理が中心だが、広東料理もある。ランチはCHF22～、ディナーはメインがCHF24～120。点心はCHF8(2個)で、木曜日夜の飲茶の日にはCHF6になる。

住Furrengasse 14
☎(041)4101023
URL litaipe.ch
営11:30～14:30、17:30～22:00
休月・火曜
カード A M V

R コリア・タウン Korea Town

MAP P.91-B2

新市街にある韓国料理のレストラン。駅から西へ延びるPilatusstrasseを3ブロック歩き、Hirschmattstrasseで左折。石焼きビビンパCHF34、肉料理がCHF26～。スープやデザートが付くセットメニューはひとりCHF42～で、ふたりから注文可。

住Hirschmattstrasse 23
☎(041)2101177
URL www.koreatown.ch
営11:30～14:00、17:30～23:00
休日曜

R ラートハウス・ブラウエライ Rathaus Brauerei

MAP P.91-A2

市庁舎の1階にあるビアホールで、いつもにぎわっている。さまざまなビールを飲み比べてみたい。

住Unter der Egg 2　☎(041)4106111
URL www.rathausbrauerei.ch　営4～10月 9:00～24:00(火・土曜8:00～、日曜、祝日～23:00)　11～3月 10:00～24:00(火・土曜8:00～、日曜、祝日～23:00)　カード M V

R コープ・レストラン Coop Restaurant

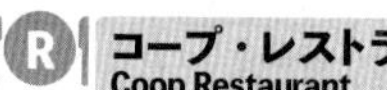

MAP P.91-A2

ヴァインマルクト近くのコープの4階にあるセルフ式レストラン。メインがCHF10～と手頃。

住Rössligasse 18-20　☎(041)4171134
URL www.coop-restaurant.ch　営9:00～19:00(木曜～20:00、土曜8:00～17:00)
休日曜、祝日

フィアヴァルトシュテッター湖周辺の山と町
Umgebung von Vierwaldstättersee

スイスの国名
今のスイス連邦の国名「Swiss」は、この3つの州のひとつであるシュヴィーツSchwyzが元になっている。

スイス建国の地を船で巡る

湖畔に美しい村が点在する

「4つの森の州の湖」という意味のフィアヴァルトシュテッター湖。4つの州とは湖を取り囲むシュヴィーツ、ウーリ、ウンターヴァルデン（現・ニトヴァルデン&オブヴァルデン）、ルツェルンを指す。1291年、ルツェルンを除いた3つの州がリュトリの丘で永久同盟を結び、スイス連邦が誕生した。このエリアは歴史上重要な土地であると同時に、観光立国スイスの原点でもある。ヨーロッパで観光がはやり始めた19世紀前半に湖に蒸気船の定期航路が作られ、1871年にはヨーロッパ最初の登山鉄道がリギ山に開通した。さらに1882年には湖の東側にアルプスを越えて走るゴッタルド鉄道が運行を開始。その頃から多くの旅行者がこの地を訪れていた。

COLUMN
スイスの道 Weg der Schweiz

1991年に建国700年を記念し整備された、スイス建国史をたどる全長35kmのハイキングコース。フィアヴァルトシュテッター湖の東に続くウルナー湖Urnerseeを1周している。湖畔の風景とハイキングを楽しみながらスイスの歴史に思いをはせるという趣向だ。

スタートはスイス発祥の地、リュトリRütli。1291年に原初3州が不可侵の誓約（→P.411）を交わした草原は、スイス人にとって聖地。ここからまず、「ウーリ州」を歩く。コース上には、連邦への加盟順に各州（カントン）の石碑が立てられていて、人口ひとり当たり5mmとして距離が割り当てられているそうだ。

コースには急坂あり、なだらかな草原あり、町の中を歩く部分もある。2、3時間歩くごとに鉄道、湖船、バスに乗り継ぐことができるようになっているので、一部分だけを歩くこともできる。ウィリアム・テルがリンゴに矢を放った場所にテルの銅像が立つアルトドルフAltdorfや、悪代官の手を逃れたテルが飛び移った所に礼拝堂TellskapelleがあるシシコンSisikonなどが人気。その中間にあるフリューエレンFlüelenの町は、鉄道、バス、湖船すべてに接続できて便利。ホテルやレストランも建ち並ぶ。

アルトドルフにある親子の像

詳しくはURL www.weg-der-schweiz.chで。

フィアヴァルトシュテッター湖周辺

Walking 歩き方

このエリアでの移動の主役は船。湖で蒸気船の定期運航が始まったのが1837年。現在の湖船ルートを運営しているSGVの前身の会社も1870年代にスタートしており、スイスで最も伝統ある船会社のひとつだ。ルツェルンを起点に、湖畔の小さな町や村を結ぶ船が通年運航している。一部鉄道でもアクセスできる（あるいは移動の一部に鉄道を使う）。

●湖船クルーズを楽しもう

移動手段としての船以外に、ルツェルン発着のクルーズもある。短いものは所要1時間、長いものは5時間半くらいで、朝食やランチの付いているもの、日没に合わせて出港するサンセットクルーズもある。スイストラベルパス所持者は割引料金で乗船できるものもある。

さまざまな大きさの船がある

SGVフィアヴァルトシュテッター湖汽船会社
Schifffahrtsgesellschaft des Vierwaldstättersees
住Werftestrasse 5
☎(041)3676767
URL www.lakelucerne.ch
船の乗り場はルツェルン駅を出たら、駅前のロータリーを挟んだ反対側。

ルツェルン駅のすぐ近くにある船着場

ビュルゲンシュトック Bürgenstock

湖を見下ろすスイス屈指の高級リゾート
© Bürgenstock Hotels AG

アクセス 船を使う場合、船着場があるKehrsiten-Bürgenstockまでルツェルンから約30分。船着場からリゾートまでは、急傾斜を上るフニクラ（ケーブルカー）を利用する。陸路でアクセスする場合、列車で最寄駅のシュタンスシュタートStansstadに行き、そこからポストバスでリゾートへ。
MAP P.87-A1

ビュルゲンシュトックリゾート
URL burgenstockresort.com

スイスには、町や村から離れた場所にホテル1軒、あるいは数軒のホテルがひとつのリゾートを形成しているところがいくつかある。ここはその代表。1873年に湖を見下ろす、鋭く切れ落ちた山の上にホテルがオープンして以来、長年高級リゾートとして知る人ぞ知る存在だった。映画スターなど世界のセレブが訪れたところで、1954年にオードリー・ヘップバーンがここにある教会で結婚式を挙げたことでも有名だ。

現在は開業当初のクラシックなたたずまいのホテルはない。今あるのは、長年のリノベーションを経て、2017年に新たなリゾートとして生まれ変わった施設だ。4つのホテル（そのうちふたつは5つ星）、長期滞在者用レジデンス、10のレストラン、そして巨大なスパ施設で構成されており、現代的なデザインながら、漂う高級感は長年の歴史をもつリゾートならではのもの。できれば滞在したいが、ビジターとして訪れることも可能。リゾートの周辺ではハイキングが楽しめる。湖の絶景は、5つ星ホテルの部屋から見るのと同じだ。

リュトリ Rütli

アクセス ルツェルンから船で約2時間10分。列車でシュタンスまで行き、そこでポストバスに乗り換えて最寄りの町Seelisbergまで行くことも可能。
MAP P.87-B1

スイス建国の歴史に登場する「リュトリの草原Rütliwiese」は、フェリーの船着場から坂を上がった小高い丘の上に広がっている。木立に囲まれたなんの変哲もない草原だが、1291年にこの場所で結ばれた同盟が後のスイス連邦へと発展していく。周辺にはレストランが1軒あるだけだが、スイス人にとっては大切なところなので訪れる人は多く、社会科見学と思われる子供たちが先生に引率されて勉強に来ている。

岸に見える岩にシラーを記念する碑文が書かれている

ルツェルン方面からリュトリに向かう船は、リュトリに着く少し前に湖に突き出した所を大きく回り込んで進路を南向きに変える。つながってはいるが、ここのあたりから湖はウルナー湖Urnersee（ウーリ州の湖）となる。ちょうど船の進路が南向きになる頃、進行方向右側の湖岸に注目しよう。湖から突き出るような岩が見える。よく見ると金色の文字が彫られているのがわかるだろう。これは『ウィリアム・テル』の作者として知られるフリードリヒ・シラーを称えた記念碑シラーシュタインSchillersteinだ。

シラーシュタインの碑文

DEM
SAENGER TELLS
F. SCHILLER
DIE
URKANTONE
1859

リュトリの船着場

ブルンネン Brunnen

湖から見るブルンネンの町。周囲には高い山は見られない

フィアヴァルトシュテッター湖の東端、湖の名がウルナー湖に変わる東側に位置するシュヴィーツ州の町。本格的にアルプス山脈が始まる手前（北側）にあり、町の周辺はさほど高い山もなく穏やかな風景が広がっている。かつてゴッタルド峠を越えて運ばれてきた物資は、ここで船に積み替えられて各地に運ばれた。重要な港として町は発展し、独立の戦いのなかでも重要な役割を果たした。その後時代は下って19世紀の観光の世紀になり、蒸気船の就航やゴッタルド鉄道の開通により、町は違う形で発展することになる。スイス各地に豪華なホテルが次々と建設された19世紀後半のベルエポックの時代には、ここも湖岸に豪華なホテルが建ち並び、湖の西端のルツェルンとともに、中央スイスの代表的な観光地となった。現在も湖畔にはホテルやレストランが並びとても華やかな雰囲気だ。隣町の州都シュヴィーツにはアーミーナイフでおなじみのブランド、ビクトリノックスの本社があり、ブルンネンにインフォ兼ショップがある。

州：シュヴィーツ
使用言語：ドイツ語
地図位置：P.87-B1
標高：438m
郵便番号：CH-6440
エリアコード：041
（市内通話の場合でも初めにエリアコードをプッシュする）

アクセス ルツェルンから船で約2時間。列車で約50分。

ℹErlebnisregion Mythen Tourist Info
住Bahnhofstrasse 15
☎(041)8250040
URL www.erlebnisregion-mythen.ch

Victorinox Brand Store
住Bahnhofstrasse 3
☎(041)8256020
営9:00～18:30（土曜～17:00、日曜10:00～17:00）
休11～4月の日曜

アルトドルフ Altdorf

中世よりゴッタルド峠を越える街道は、アルプスを南北に縦断する最短のルートだった。アルトドルフはその北側のゲートで、この町の南からアルプス山脈が本格的に始まる。そして現在、この町はアルプスを縦断する世界最長のゴッタルド・ベース・トンネルの北側の入口だ。ここは建国の英雄ウィリアム・テルが、息子の頭に乗せたリンゴを射抜いたというエピソードの舞台になったところ。町の中心にテルとその息子の銅像が立っており、訪れる人は、まずここで写真を撮るのがお決まり。100年以上ウィリアム・テルの劇を上演してきた劇場や、町の歴史を展示した博物館、さらにトンネルに縁のある町なので、トンネル工事の最中に見つかった貴重な鉱物などを展示した場所もあり、見どころはバラエティに富んでいる。テルの銅像に向かった右奥の通りSchützengasseを100mほどいった所に観光案内所ℹがあるので、アドバイスしてもらおう。もちろん湖を含め、周囲はアルプスの美しい自然が広がっているので、ハイキングを含めアクティビティも楽しい。

アルトドルフの中心部にあるウィリアム・テル親子の銅像

州：ウーリ
使用言語：ドイツ語
地図位置：P.87-B2
標高：447m
郵便番号：CH-6460
エリアコード：041
（市内通話の場合でも初めにエリアコードをプッシュする）

アクセス 船を使う場合、ルツェルンからフリューエレンFlüelenまで行き（所要約2時間40分）、列車に乗り換えて2分。

ℹUri Tourismus
住Schützengasse 11
☎(041)8748000
URL www.uri.swiss
開月～金曜8:00～12:00、13:00～17:30
土・日曜8:00～12:00
休11～4月の土・日曜

シュタンザーホルン
Stanserhorn

アクセス
ルツェルン
⬇ 🚌15分
シュタンス
⬇ 🚞10分
ケルティ
⬇ 🚡6分
シュタンザーホルン

MAP P.87-A1

◆登山鉄道&ケーブルカー&ロープウエイ

ルツェルン中央駅の12〜14番線ホームに発着する赤い登山鉄道またはS4に乗車し、シュタンスへ。1時間に2〜3本。ケーブルカーの運行は4月上旬〜11月中旬。'23年の運行は4/7〜11/26。上りは8:15〜16:30の30分ごと。下りは8:30〜17:15の30分ごと。ハイシーズンは運行数が増える（週末の夜は運行時間の延長もあり）。

料 片道CHF37、往復CHF74 スイストラベルパス有効

URL www.stanserhorn.ch

展望台からの帰りはぜひハイキングを楽しもう。シュタンスまで下るコース、途中駅までのコースなどいくつもあって、時間と体力に合わせて選ぶことができる。

ケーブルカー駅

ロープウエイの2階デッキから大パノラマを楽しもう

ルツェルンとティトゥリス（→P.115）の中間にある標高1850mの展望台。ルツェルン駅からエンゲルベルクEngelberg方面行きの赤い登山鉄道に乗り、シュタンスStans下車。駅を出て右へ5分ほど歩いた所から、1893年から使われているというノスタルジックなケーブルカーに乗車。途中駅ケルティKältiでロープウエイに乗り換える。ルツェルンを出てからわずか1時間弱で到着だ。

山頂へのロープウエイは2013年から運行を始めた、2階がオープンデッキになっている世界初の珍しいロープウエイだ。山頂からのパノラマがすばらしい。正面にはルツェルンの町並みとフィアヴァルトシュテッター湖、その右側にリギ、後ろを振り返るとティトゥリスがそびえる。また天気に恵まれれば、アイガー、メンヒ、ユングフラウをはじめ、はるかフランスやドイツまで見晴らせる。ひととおり眺望を楽しんだら、ロープウエイで下山してもいいが、シュタンザーホルンからシュタンスへ続くハイキングコースを歩いてみよう。途中にあるロープウエイ駅、ブルーマットBluemattとケルティKältiを経由するコースだ。シュタンザーホルンとブルーマット間はロープウエイの下に道が続いている。ここは傾斜もやや急なので、ゆっくり歩くこと。ブルーマットに到着したら、ケルティの方向を示す標識に従って進んでいくと、途中で道は林間コースに変わる。ケルティからシュタンスまでのコースは脇に牧草地が広がり、四季のさまざまな草花や放牧牛が見られるのどかで歩きやすいコースだ。

ケーブルカー沿線はのどかな風景

リギ
Rigi

登山鉄道の線路に沿ってハイキングコースがある。駅の標高は1797m

アクセス
❶
ルツェルン
⬇ 船 1時間
フィッツナウ
⬇ 鉄道 30分
リギ

❷
ルツェルン
⬇ 船 40分
ヴェッギス
⬇ ロープウエイ 10分
リギ・カルトバート
⬇ 鉄道 10分
リギ

❸
ルツェルン
⬇ 鉄道 30分
アルト・ゴルダウ
⬇ 鉄道 40分
リギ

MAP P.87-B1

4000m峰にロープウエイで一気に上れてしまうアルプスにあって、標高2000mに満たないリギ山は特筆すべきものではないかもしれない。しかしこの山は、観光地としてのアルプスのさきがけとなった重要な山なのだ。

1871年、リギにヨーロッパ初の登山鉄道が建設された。自分の足で、あるいは馬に揺られてしか山に登ることができなかった当時の人々にとって、座っているだけで山頂に行ける夢のような登山鉄道、そして麓からは想像できない山頂からのパノラマは、きっと別世界をのぞくような感覚だったのだろう。そのすばらしさはヨーロッパ中に広まり、以来リギ山はスイス有数の人気スポットになって現在にいたっている。

青い登山鉄道はアルト・ゴルダウ発

アクセス ルツェルンからリギへ行くには次の3つのルートがある。いずれのルートで訪れても料金は変わらないし、所要時間にも大きな差はない。行きと帰りでルートを変えて1周するのがおすすめ。

●❶湖船＋赤い登山鉄道

ルツェルンから湖船でフィッツナウVitznauに向かう（所要約1時間。1日7～14便）。フィッツナウ駅前に待機している赤い列車は、ヨーロッパ最古、世界でも2番目の歴史を誇る登山鉄道だ。これに乗って山頂Rigi Kulmへは30分ほど。ほぼ1時間ごとの運行。

赤い登山鉄道はフィッツナウからリギ・クルムへ向かう

●❷湖船＋ロープウエイ＋赤い登山鉄道

ルツェルンから❶と同じ船に乗り、フィッツナウよりひとつ手前のヴェッギスWeggisで降りる（所要約40分）。ここからロープウエイに乗ってリギ・カルトバートRigi Kaltbadへ(所要10分。30分ごと。'23年は3/6~4/21、11/20~12/1は運休)。そこでフィッツナウから来た登山列車に乗り換えて山頂へ(約10分)。

❍❸SBB+青い登山鉄道

最も早い方法。ルツェルンからルガーノ方面に向かう列車かS3に乗り、リギの北の麓にあるアルト・ゴルダウArth-Goldauへ(所要約30分)。この駅はチューリヒとミラノを結ぶアルプス縦断ルートに位置し、チューリヒからは約50分。

アルト・ゴルダウ駅からは、立体交差で接続している登山鉄道駅から青い車両に乗り込む。ツーク湖を右側に森とアルプを抜けて、山頂駅まで所要40分。

Walking 歩き方

湖上から見るヴェッギスの町

まずは登山列車の終点から小道を上って、1816年開業の歴史あるホテル、リギ・クルムへ。レストランに眺望抜群のテラスがあるので、ここでゆっくり食事でもしながら周囲のパノラマを楽しむのもいいが、山頂はホテルから数分で行けるので、せっかくなら360度のパノラマを楽しんでみたい。

周辺に高い山がないため、山頂からの景色は本当にすばらしい。南のフィアヴァルトシュテッター湖側は、なだらかな斜面の眼下に湖が広がり、目を上げると氷河と万年雪を頂いた山々が連なるアルプスを遠望できる。最高峰のフィンスターアールホルン(標高4274m)からユングフラウ、アイガーまでずらりと並んだベルナーアルプスが壮観。一方、北のツーク湖側は切り立った断崖で迫力満点だ。

ハイキングコースからフィッツナウの町を見下ろす

時間に余裕があれば、雄大な景色のなかでぜひハイキングを楽しんでみたい。山頂から湖畔のフィッツナウまでのコースは、距離は長い(約8.2km)がずっと下り道で、尾根道、牧草地、森と景色も変化に富んでいるので飽きることはない。また線路沿いを歩くのでわかりやすいし、疲れたら途中から列車に乗ってしまうこともできる(→P.111)。

料 金
❶❷❸フィッツナウ、ヴェッギス、アルト・ゴルダウとリギを結ぶ鉄道とロープウエイが利用できる1DayチケットCHF72('23年夏期)。スイストラベルパス有効、スイス半額カードで50%割引き。

リギ鉄道・観光局
URL www.rigi.ch

ハイキング中の地元ハイカー

湖船
URL www.lakelucerne.ch

リギのホテル
展望がすばらしい山頂ホテルのほか、登山鉄道の途中駅やフィッツナウにも宿がある。

H リギ・クルム Rigi Kulm
☎(041)8801888
URL www.rigikulm.ch
料 (または)
Ⓢ CHF163~
Ⓦ CHF238~
夕食追加は3泊以上。それ以下はレストランのアラカルトを提供
休 3月中旬~4月中旬
Room 33室 Wi-Fi 無料
カード A M V
スイスで初めての歴史ある山岳ホテル。山頂に所在。全室テレビあり。

宿泊すると山頂から美しい日の出を眺められる

HIKING INFORMATION

リギ・クルム → フィッツナウ

Rigi Kulm → Vitznau

アクセス→フィッツナウまたはアルト・ゴルダウから登山鉄道
スタート地点標高→ 1797m
ゴール地点標高→ 436m
最高到達地点→ 1797m
高低差→ 1361m
総延長→ 8.2km
所要時間→ 3：00
公式地図番号→ 1151
難易度→技術 1 ／体力 4

ルツェルンからリギ山へ登る鉄道にはふたつの路線があるが、このハイキングコースを歩く予定なら、往路は列車でアルト・ゴルダウへ行き、青い登山電車に乗り換えてリギ・クルムへ行くといいだろう。帰りはフィッツナウからルツェルンまで湖船に乗るといい。

湖を眺めながらのんびり下っていく

リギ山はヨーロッパで初めての山岳リゾート。眼下にはフィアヴァルトシュテッター湖を見下ろし、正面にはベルナーオーバーラントの山々をはじめとするスイスアルプスの大パノラマを見渡せるすばらしい展望台だ。まずは鉄道駅の頭上にそびえるリギ山頂まで登って19世紀の人々の様子に思いをはせ、200年の歴史を誇るヨーロッパ最古の山岳ホテルを訪れてみたい。

ハイキングコースは、距離は長いが見晴らしのよい尾根、林間コース、牧草地といろいろな景色のなかを歩くことができて楽しい。ほぼ線路沿いに歩くので、もしも途中で疲れたら最寄りの駅から登山鉄道に乗って下りることも可能だ。特に危険な箇所もなく初心者でも歩けるコースだが、砂利道で足をくじいたりしないよう、足元には十分に注意しよう。また、林間コースで天気が悪くなったりすると暗くて不安になるので、夕方から歩き出したりせず、なるべく早い時間に歩きたい。コース上には避難小屋がないので、雲行きがあやしくなったら最寄りの駅から列車に乗るといい。特に、雷が遠くで鳴り始めたら早めに避難すること。

さて、山頂からのパノラマを満喫したら、いよいよ線路に沿って見晴らしのよい尾根伝いを歩き始める。はるか正面にピラトゥス山の偉容を眺めながらの緩い下りだ。1kmほど下ると、次の駅リギ・シュタッフェルRigi Staffelで線路がフィッツナウ行きとアルト・ゴルダウ行きに分かれる。右側に延びるフィッツナウ方向への道をとり、線路沿いに多少急な坂道を下っていく。初夏にはアルペン・アネモネやエンツィアン、盛夏にはキンポウゲやアルペンローゼなどが見られるだろう。運がよければマーモットやシカにも出合えるかもしれない。やがて民家の間を抜け、林を抜け、牧草地に出て牛たちのカウベルが聞こえるようになると、中間点のリギ・カルトバートだ。ここにはレストランがあり、湖を見下ろしながら食事を取ることができる。時間がない人はここから登山鉄道かロープウエイで下ってもいい。

鉄道アクセスは2路線

リギ・カルトバートから先も登山鉄道の線路の近くを歩く。ほとんど1本道なので迷うことはないだろう。途中で分岐があるが、右下へは下らずに、左方向の道を選んで行こう。ロミティRomiti、フライベルゲンFreibergen、グルビスバルムGrubisbalmなどの鉄道駅を過ぎると、大きな川を越える。さらに線路沿いに点在する牛小屋や牧草地の中を過ぎていくと、やがてフィアヴァルトシュテッター湖が大きく迫ってくる。このあたりからハイキングコースは線路から離れ、しばらく進んでいくとフィッツナウの町に到着。港は、メインストリートを左折してしばらく歩いた所にある。ルツェルン行きの船は1時間間隔で出ている。あらかじめスケジュールを確認しておくといいだろう。

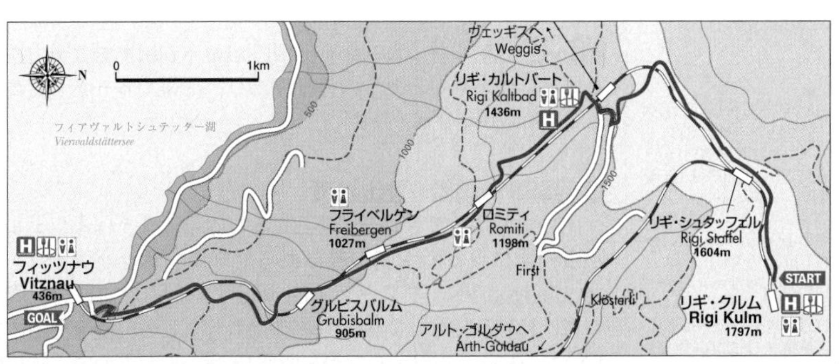

ピラトゥス
Pilatus

アクセス

❶
ルツェルン 1時間〜
↓ 1時間30分
または
20分
アルプナッハシュタート
↓ 30分
ピラトゥス

❷
ルツェルン
↓ 15分
クリエンス
↓ 40分
ピラトゥス

MAP P.87-A1

新型車両が導入された

ピラトゥス鉄道
☎(041)3291111
URL www.pilatus.ch

料　金
ルツェルン〜アルプナッハシュタート〜ピラトゥス〜クリエンス〜ルツェルンと往復するSilver Round TripはCHF89.40(夏期、2等)、往路のルツェルン〜アルプナッハシュタート間で湖船を使うGolden Round TripはCHF111.60(同)。クリエンスまたはアルプナッハシュタートとピラトゥスの往復は、それぞれCHF78。スイストラベルパス、スイス半額カードで50%割引。

展望ポイントへは数分で登れる

フィアヴァルトシュテッター湖とルツェルンの町を挟んで、リギの西に位置する展望台。この地に伝わる伝説によれば、キリストに処刑を宣告したローマ総督ポンティウス・ピラトの亡霊が各地をさまよった挙げ句にこの地にたどり着いた。そしてこの山に誰かが登ろうとすると嵐を起こしたという。実際に中世まではこの伝説のために、登山が禁止されていた。

山の名前はこの亡霊に由来するが、確かに岩肌がむき出しのごつごつした山容は、緑に覆われた周囲の山とは異質の不気味な雰囲気を感じるかもしれない。

さて、現在のピラトゥスはというと、亡霊の霊力は見る影もなく、毎日大勢の人々でにぎわっている。ここはリギ山と同様に周囲に高い山がない独立峰であるため、山頂から見るパノラマはまさに絶景。リギよりもベルナーアルプスに近いため、白銀の山々がよりくっきりと見えるし、すぐ足元に広がるルツェルンの夜景もすばらしい。

ピラトゥスはまた、山頂までのアクセスもおおいに楽しめる。眼下にフィアヴァルトシュテッター湖を眺めながらロープウエイを乗り継いでいくのもいいし、世界一急勾配の登山列車でスリルを味わうのもいい。

アクセス ルツェルンから山頂Pilatus Kulmまでは登山鉄道とロープウエイのふたつの方法があり、往復でルートを変えて1周するのがポピュラーだ。

❶SBB or湖船＋登山鉄道

山の南側からアプローチすることになる。まずはルツェルンから列車に乗って南側の麓にある町アルプナッハシュタートAlpnachstadへ。ギスヴィルGiswill行きのS5で約17分。直通列車は1時間に2本。時間に余裕があれば、この区間を湖船で行くのも楽しい。ルツェルンから所要1時間〜1時間30分。1日7便

(春～秋期のみ、季節・曜日により減便。'23年は10/22まで)。

アルプナッハシュタートからは、いよいよ世界一急勾配の登山鉄道に乗る。駅に停車している電車がすでに驚くほど斜めで車体の形は平行四辺形の姿。ホームも階段になっている。森を抜け、湖を見下ろし、ネズミ色の岩肌に張りついて勾配率480パーミルという急斜面を上っていく、スリリングな30分間だ。最も勾配のきつい箇所には黄色い標識が掲げられている。さらに驚くのはこの列車が19世紀の開通だということ。リギ山の2本の鉄道に次いでスイスで3番目に古い1889年だ。登山鉄道の運行は5月中旬～11月下旬（'23年は5/18～11/19）のみ。35分ごと。所要上り27分、下り33分。

❷市バス＋ロープウエイ

山の北側にあるクリエンスKriensから上るルート。ルツェルン中央駅から1番Kriens方向、Obernau Dorf行きの市バスに乗り約15分、Kriens, Zentrum Pilatus下車。標識に従って7分ほど坂道を上るとロープウエイ駅に出る。途中フレクミュンテックFräkmünteggで乗り換えて、山頂までは40分ほどの空中散歩。

上りの運行開始はクリエンス発が8:30から、途中駅のフレクミュンテックが9:00から。下りの最終はピラトゥス発16:30、フレクミュンテック発が16:45（'23年4/1～10/22は1時間延長）。10/23～11/10はメンテナンスのため運休。

Walking 歩き方

登山列車もロープウエイも、ふたつあるピークのひとつ、エーゼル峰（2119m）側に到着する。まずは標高2073mの駅の上にあるテラスからの眺めを楽しもう。フィアヴァルトシュテッター湖とルツェルン市街は北東側に、アルプスの山並みは南側に見える。テラスの上にある円筒形の建物はホテル・ベルビュー。さらにその上に見える岩山がエーゼル峰。10分くらいで登れるので、ぜひ山頂に立ってみよう。センティス（→P.79）などスイス北東部にそびえる山々も遠望できる。

もうひとつのピーク、トムリスホルン（2128m）へはテラスからホテル、ピラトゥス・クルムの横を通って行く。往復2.5km、1時間ほどだが、断崖の細い道のハイキングとなるので慎重に歩きたい。このほか、ピラトゥス・クルムの上にある岩山、オーバーハウプトの周囲を歩くコースもある。

またロープウエイでフレクミュンテックまで下り、ここからクリエンゼレックまで行くハイキングコースは無理なく歩けるのでおすすめ。フレクミュンテックにはスイス最長、1350mの長さを誇るトボガンtoboggan（ソリで下るすべり台）のコースやアスレチックがある。雪解け～10月下旬のみオープン（'23年は4/7～）。

クリエンス側に下りるロープウエイ

空中散歩を楽しもう

クリエンスの地上駅

ピラトゥスのホテル

Hピラトゥス・クルム Pilatus Kulm ★★★★

☎(041)3291212
URL www.pilatus.ch
料 ⓌCHF447～
Room 30室 Wi-Fi 無料
カード A M V

1890年に建設され、2010年にリニューアルした。クラシックな外観と雰囲気はそのままに、機能的でモダンなホテルに生まれ変わった。すべてベルナーアルプスに面しており、どの部屋からもすばらしい眺望が楽しめる。料金にはすべて朝食と夕食(4コースのディナー）が含まれる。

登山鉄道とロープウエイ駅の上にある円筒形の建物は、全20室あるホテル・ベルビューBellevueで、展望テラスでピラトゥス・クルムとつながっている。

ふたつのホテルや山頂駅などの一連の施設には、8つのレストランやバー、スタンドがあり、宿泊者以外も食事と絶景が楽しめる。

ピラトゥス・クルム

ピラトゥス・クルム→トムリスホルン
Pilatus Kulm→Tomlishorn

アクセス→アルプナッハシュタートから登山列車
スタート地点標高→ 2106m
ゴール地点標高→ 2128m
最高到達地点→ 2128m
高低差→ 22m
総延長→ 1.3km（片道）
所要時間→ 30 分（片道）
公式地図番号→ 1170
難易度→技術 1 ／体力 1

湖を見下ろす独立峰

アイベックス

ルツェルンの南にそびえるピラトゥスの山頂を、尾根筋に沿って歩く気軽なハイキング。山頂駅に着くと、100年以上の歴史を誇る山岳ホテル「ピラトゥス・クルム」（→P.113）がある。まずはその前を通って、岩肌に造られた細い道をトムリスホルンの山頂を目指して進んでいく。切り立った岩山に造られた細い道なので、高所恐怖症の人は、ちょっと腰が引けてしまうかもしれないが、道はしっかり整備されているし、柵が造られているので危険なことはない。ところどころに設けられたベンチに座ってゆっくり眺めていたい、すばらしい見晴らしだ。

5分も歩くと、叫ぶと声がよく反響するというエコーロッホ（木霊の穴）と呼ばれる場所にやってくる。道は相変わらず細いが、歩きやすい道が続いている。周囲を見渡すと、岩肌に取りついているロッククライマーの姿を見かけることがある。また運がよければアイベックスやシャモアの姿を見かけることも。

のんびり歩いても30分ほどでトムリスホルンの山頂へ上る階段に到着。山頂は20人も集まればいっぱいになってしまうほどの広さだが、その眺めは抜群だ。コースは岩山の南側の斜面に造られているので、頂上にたどり着くと北側の景色も眺めることができる。フィアヴァルトシュテッター湖の複雑な湖岸線、緑の平原の中に広がるルツェルンの市街地が眼下に広がり、天気がよければ遠くドイツの山並みまで見渡すことができる。

チャンスがあれば、ぜひ山頂の老舗ホテル「ピラテゥス・クルム」に宿をとってみたい。ベルエポックの時代を彷彿させるようなエレガントなホテルでの滞在が楽しめるだけでなく、1晩泊まるだけで、3つの絶景にお目にかかれるかもしれない（天気がよければだが）。まずはベルナーアルプスが山頂から赤く染まる夕日。そして日が落ちれば満天の星空とルツェルンの町の夜景。朝になったらフィアヴァルトシュテッター湖が闇の中から浮かび上がってくるような幻想的な風景を見ることができる。

遠くにベルナーアルプスの山が連なっている

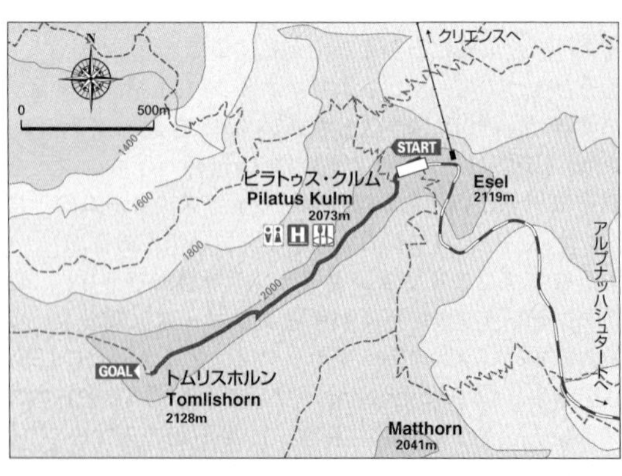

ティトゥリス
Titlis

迫力満点のつり橋。勇気をふりしぼって行けば絶景が待っている

アクセス
ルツェルン
↓ 45分
エンゲルベルク
↓ 10分
トゥリュプゼー
↓ 15分
ティトゥリス

MAP P.87-A2

湖畔で人々が日光浴をする真夏のルツェルンから45分で、スキーが楽しめる場所がある。谷の奥に開けたリゾート、エンゲルベルクだ。12世紀に修道院が建てられたのが町の始まりで、その静かなたたずまいは「天使の山」の名にふさわしい。

一方この町は、年間を通じてアクティビティが楽しめるベースタウンの顔ももつ。町を取り囲む山々の表情は険しく、ここが中央アルプスの一部だと実感できる。

なかでも、ひときわ高い所から町を見下ろしているのがティトゥリス山だ。標高3000mを超える展望台からのパノラマもすばらしいが、途中の景色もまた圧巻。世界初という回転ロープウエイに乗って、次々に現れる景色をじっくりと堪能しよう。

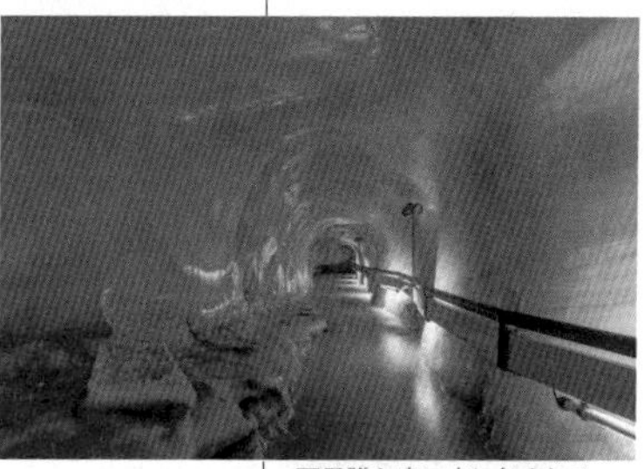
不思議な青い光に包まれる

アクセス ルツェルン中央駅の12～13番線ホームに発着する赤い登山列車で所要約45分。ほぼ1時間ごと。澄んだ清流を見下ろしながら急坂を上り始める。やがて氷河から流れてきた乳白色の川が見えてくると終着駅Engelbergのホームにすべり込む。

ティトゥリスへ向かう回転ロープウエイ

エンゲルベルク駅からティトゥリスへのロープウエイ乗り場へは徒歩10分ほどだが、30分～1時間30分ごとに無料のシャトルバスが走行。所要3分。

ロープウエイは10分でトゥリュプゼーTrübseeに到着。世界的にも珍しい回転ロープウエイに乗り換え、途

氷河のトンネル
かつてはスイスアルプスのいたるところで氷河に触れることができる場所があったが、氷河の後退や安全性が保てないなどの理由で、そんな場所が減っている。高い標高が幸いして、ティトゥリス山頂にある氷河では、いまでも氷の中に掘られたトンネルの中を歩くことができる。約150mの長さのトンネルの内部は年間を通じてマイナス1.5度。神秘的な青い色に包まれる不思議な空間をぜひ体験してみよう。入場無料。

ティトゥリス
☎(041)6395050
URL www.titlis.ch

エンゲルベルク
☎(041)6397777
URL www.engelberg.ch

中のStand駅まで10分、ここから山頂駅Titlisまで5分。運行はエンゲルベルク発8:30～16:00。下り最終はティトゥリス発17:00。往復CHF96。スイストラベルパスで50%割引き。トゥリュプゼー～ティトゥリス間は11月にメンテナンスのため休止期間あり。

Walking 歩き方

勇気を出して渡ってみよう

ティトゥリスの山頂駅（標高3030m）にはセルフサービスのカフェテリアやピッツェリア、氷河をくり抜いたアイスグロットなどがある。トンネルの奥には展望窓もあるが、レストランのテラスからの眺めが気持ちよい。美しい白い連山はベルナーアルプス。グリンデルワルトの村を見下ろしていたヴェッターホルンが手の届きそうな距離に見える。天気がよければ、雪を踏みしめながら40分ほど登って標高3238mのティトゥリス山頂に立つこともできる（天候の急変に要注意）。

5～10月ならグレッシャーパークで遊ぶのも楽しい。2012年に完成した、高さ3041mの所にある全長100mのヨーロッパ最高所のつり橋はスリル満点。足元が透けているので、高い所が苦手な人は途中で足がすくんで動けなくなってしまうかも。でもここからの眺めは間違いなくすばらしい。

足元は数百メートルの断崖

帰りには、トゥリュプゼーで途中下車して、近くにある湖を1周するハイキングがおすすめ。ティトゥリスの姿を映す湖の周囲にさまざまな高山植物が咲き乱れている。1周40分～1時間。

時間があれば、さらにGerschnialpまで2時間ほどかけて下ってもいい。ここでトロッティーバイク（スクーターバイク）という自転車を借りることができる。舗装路を15分ほどかけて下り、エンゲルベルク駅で返却。5～10月の毎日。ひとりCHF8。

トゥリュプゼーへのハイキング

なお、ロープウエイ駅からのシャトルバスはエンゲルベルクの町を1周している。Klosterで下車するとベネディクト派修道院の前に出る。隣接した教会はスイスのバロック建築の代表的な建物で、中にあるパイプオルガンはスイス最大だ。

ティトゥリスのホテル
スキーリゾートとしてにぎわうエンゲルベルクに20軒以上のホテルがある。

H ゾンヴェンドホフ エンゲルベルク Sonnwendhof Engelberg ★★★
住 Gerschniweg 1
☎(041)6374575
URL gastbetriebe.ch/sonnwendhof
料 S CHF185～ W CHF210～
Room 28室 Wi-Fi 無料
カード A D M V
エンゲルベルク駅から徒歩3分、ティトゥリスへのロープウエイ駅まで徒歩10分。全室バルコニー付き。ホテル内は清潔で居心地がいい。

Y ユーゲントヘアベルゲ（YH） Jugendherberge Engelberg
住 Dorfstrasse 80
☎(041)6371292
URL www.youthhostel.ch/engelberg
料 D CHF51～ W CHF19.50
食事追加 CHF16.50、弁当CHF10、非会員は1泊CHF7プラス
Room 112ベッド Wi-Fi 無料
カード M V
休 4月中旬～5月下旬、10月中旬～11月下旬
エンゲルベルクの駅からユースホステルの標識をたどって徒歩10分。受付時間は7:30～10:00と17:00～21:00。

トゥリュプゼー → メギスアルプ

Trübsee → Mägisalp

アクセス→エンゲルベルクからロープウエイ
スタート地点標高→ 1707m
ゴール地点標高→ 1708m
最高到達地点→ 2255 m
高低差→ 548 m
総延長→ 20.5km
所要時間→ 6：30
公式地図番号→ 1210
難易度→技術 2 ／体力 3

のどかなトゥリュプゼーの湖畔

ロープウエイから見るトゥリュプゼー

スタート地点はティトゥリス展望台へのロープウエイの乗り換え地点トゥリュプゼー。湖の南側から歩き始めるとすぐに最初の山越え。とはいえここはチェアリフトを使って400mほどの高低差を一気に上ってしまう。リフトを降りた所がヨッホパス。本格的なハイキングはここからスタートだ。

ふたつに分かれた右のほうの道へ。コース上2番目の湖エングストレンゼーを左下に見ながら、視界の開けた気持ちのいい道を進んでいく。多少アップダウンがあるが、ほとんどが下りの道。コース上、いくつもの分岐が現れるが、タンネンゼーTannensee方面への標識を確認しながら行けば迷うことはない。歩き始めて約2時間30分ほどでタンアルプに到着。タンアルプから3番目の湖タンネンゼーまではすぐだ。

タンネンゼーから2kmほどで4番目の湖、メルヒゼーに到着。湖に向かって左に歩いて2番目の山越えのチェアリフトでバルメレックホルンの山頂へ。ここからは尾根道と右に見えるロートホルン（2526m）の山腹をトラバースして行くハイキング。チェアリフトを降りたら右方向へ。ベルナーアルプスの最高峰フィンスターアールホルン（4274m）やグリンデルワルトの背後にそびえるヴェッターホルン（3692m）、シュレックホルン（4078m）などを正面に見ながらの爽快なハイキングコースだ。

プランプラッテンからはゴール地点のメギスアルプまで急な下りを歩く自信がない人は、ロープウエイを利用しよう。歩いて下る場合は、ロープウエイ乗り場のちょっと手前で右へ。急な下りが続く。慎重にペースを保って下っていこう。メギスアルプの標識に従って下っていけば、広々とした放牧地が広がるゴールに到着。レストランで一服するのもいいし、草地に寝転んで体を休めるのもいい。長いハイキングの余韻にゆったりと浸ろう。メギスアルプはハスリベルクのすぐ上にある村。ハスリベルクまでは歩いて下ってもいいし、ロープウエイを利用することもできる。

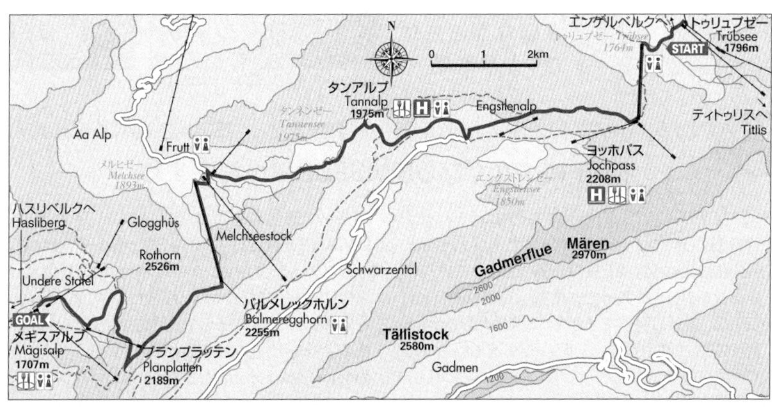

アンデルマット
Andermatt

州：ウーリ
使用言語：ドイツ語
地図位置：P.87-B2
標高：1436m
郵便番号：CH-6490
エリアコード：041
（市内通話の場合でも初めにエリアコードをプッシュする）

アルプス山中の交通の要衝

アクセス　ブリークから1時間に1本の直通列車で約2時間。チューリヒからゲッシネンGöschenenなどで乗り換えて約2時間。

ⓘAndermatt-Ursserntal Tourismus
住Gotthardstrasse 2
☎（041）8887100
URL www.andermatt.ch
開月～金曜　8:00～12:00
13:15～17:00
土・日曜、祝日
8:00～12:00
13:15～16:00

ドイツからチューリヒを通ってイタリアに続く南北の鉄道路線と、フランスからローヌの谷を経てオーストリアへ抜ける東西の路線が交差する地点にある町。グレッシャー・エクスプレスの路線のちょうど中間地点で、またティチーノ地方への玄関口ともいえる場所に位置している。周辺のフルカ、ゴッタルド、スステンなどの峠から来る道が交わる所でもあり、今も昔も交通の要所となっている。

自転車やオートバイで峠越えをする人、ハイキングを楽しむ人、グレッシャー・エクスプレスやポストバスを使って旅をする人など、さまざまな目的の人たちが立ち寄るので、小さいながらもにぎやかな町だ。

ゴッタルド峠街道の難所だった悪魔の橋

読者投稿

ネットにつなぐならSWISSCOMがおすすめ

SIMフリーのタブレット持参でスイスに行きました。SWISSCOMのショップでSIMカード「inOne mobile prepaid」をCHF19.90で購入。CHF20分のクレジットが入っています。1日の接続料はCHF2。通話も可能ですがネット接続だけなら1ヵ月10GBまで利用可能。テザリングも追加料金なしで利用可能。（大田区　すうりん）

多くの通信会社があるスイスで、最大手のSWISSCOMは山岳部でも一番つながりやすいといわれている。ハイキング中にネットにつなげたい人にはおすすめだ。ただし会社によっては、もっと安価なサービスもあるので、目的と用途によって複数の会社を比較して検討しよう。
URL www.swisscom.ch ['23]

Walking 歩き方

駅を出て左に少し行くと観光案内所ⓘがあるが、駅前にはほかに何もない。観光案内所から右に折れて少し歩いていくと、徐々に商店やカフェなどが現れ、にぎやかになってくる。この町を峠巡りの拠点にする旅人が多いため、町の規模のわりにホテルやレストランの数は多い。橋の手前にレストランやガストハウスが何軒か固まっている所があり、テラスに人が集まってちょっとした広場になっている。メインストリートは川を越えてからの細い通りで、駅からは少し距離があるので荷物を持って歩くのは大変。かわいらしいガストハウスやレストランが並ぶ石畳の道だ。

かつて宿場町として知られた町

アンデルマット駅

ホテル & レストラン

H リバーハウス・ブティック The River House Boutique Hotel ★★★

駅から徒歩10分。川の畔に建つ小さなブティックホテル。築280年の歴史ある建物の改装には古い木材や歴史的な石材を使用。おしゃれで居心地のよいホテルに生まれ変わっている。さらに、地下熱を利用した暖房のほか、タオルやバスアメニティもこだわりの品。TVの代わりに各部屋にiPadあり。

住Gotthardstrasse 58
☎(041)8870025
URL theriverhouse.ch
料(または)
ⓈCHF221～ⓌCHF247～
Room 8室
Wi-Fi 無料
カード MV

H ツム・シュヴァルツェン・ベーレン Zum schwarzen Bären

駅からⓘの反対方向へ歩き、約8分。町のメインストリートである石畳の道の端にあるB&B。併設のレストランはフランスの美食ガイドで受賞歴がある町の人気店。朝食はシェフが好みに応じて作ってくれ、量もたっぷり。部屋は清潔で明るい。ゲムシュトック展望台に登るゴンドラ乗り場に近い。

住Gotthardstrasse 137
☎(041)8870303
URL www.baeren-andermatt.ch
料(または)
ⓈCHF175～ⓌCHF195～
Room 6室 Wi-Fi 無料
カード AMV

R チェディ・レストラン The Chedi Restaurant

5つ星ホテル・チェディの中にある豪華なレストラン。スタイルが異なる4つのオープンキッチンがあり、スイス料理をはじめとするヨーロッパ料理と、アジアの料理が食べられる。ワインとチーズの種類も豊富で、高さ5mのガラス製チーズセラーがある。ドレスコードはスマートカジュアル。要予約。

住Gotthardstrasse 4
☎(041)8887488
URL www.thechediandermatt.com
営7:00～11:00、12:00～14:00、18:30～22:00
カード ADJMV

日本からアンデルマットへの電話のかけ方
[国際電話会社の番号*]+010+[国番号41]+[41(エリアコードの最初の0は不要)]+[電話番号]
*マイラインの国際通話区分に登録している場合は不要

峠を訪ねるバスの旅

全土に鉄道網が広がっているスイス。鉄道を利用して山を越え、谷を渡り、ほとんどの場所に行くことができる。しかし標高2000mを超える峠越えルートのいくつかは、現在でも鉄道では近づくことができない。そのような場所には鉄道に代わってバスが走っており、スイスの美しく整備された自然ではなく、アルプス本来の荒々しい風景に出合うことができる。ここでは路線バスやポストバスを使って、比較的訪れやすい中央スイスの4つの峠を紹介しよう。

峠道の交通情報 URL www.alpen-paesse.ch

フルカ峠
Furkapass

アンデルマット～オーバーワルト

この峠はヨーロッパの分水嶺として昔から有名で、峠の西側に降った雨や雪はローヌ渓谷を下り、レマン湖から地中海へ、東側に降った雨や雪はロイス川からフィアヴァルトシュテッター湖を経由して、ライン川に合流して北海に注ぐ。

今や世界的に有名になったグレッシャー（氷河）・エクスプレスの「氷河」という名前は、このフルカ峠を越えるときに眺められるローヌ氷河に由来している。現在は新フルカトンネルを使って約20分で通過するレアルプとオーバーワルトの間を、かつて列車はラックレールを使ってよじ上り、約2時間もかかって峠を越えていた。この途中の車窓からはローヌ氷河Rhonegletscherが手に届くように眺められたため、「グレッシャー・エクスプレス」の名前がつけられたのだ。現在では列車も通らなくなり、氷河そのものも地球温暖化でかなり後退してしまったので、列車が通っていた頃の絶景は写真や絵画でしか見ることはできない。

峠の上からヘアピンカーブが連続する谷を見下ろす

さてアンデルマットからバスに乗ると、まず荒涼としたウルスレンUrserenの谷を、突き当たりのレアルプRealpの村まで進む。ここまで並行して走っていた線路は、約16kmの新フルカトンネルを通って峠の反対側のオーバーワルトOberwaldへ向かう。バスはそのまま峠道へ。ここから本格的な峠の上りにさしかかる。峠越えの道はヘアピンカーブの連続。峠の東半分は道幅もそんなに広くなく、対向車が来たときはどちらかが道を譲ることになる。道を知り尽くしたバスの運転手はホーンを鳴らし、向かってくる乗用車に対しては窓から顔を出しながらどんどん峠道を上っていく。

ローヌ川の水源であるローヌ氷河

標高が上がると同時に視界は広がり、振り返るとレアルプの町はもちろん、アンデルマットの町、そしてはるか東のオーバーアルプ峠Oberalppassまで遠望することができる。やがて標高2429mのフルカ峠の頂上、分水嶺に到着する。

さて、バスは峠を通り過ぎてすぐにローヌ氷河近くの、ホテル・ベルベデーレBelvedereに停車する。かつて氷河観光の旅行者でにぎわったところだが、氷河の後退と比例するように訪問者が減少。ここ数年はずっと休業状態で、このまま閉業してしまう可能性が高い。バスは停車するので、ここで降りて氷河を訪れたり、周辺をハイキングしたりすることは可能だ。その場合接続のバスの時間をしっかり調べておこう。

グリムゼル峠
Grimselpass

マイリンゲン〜オーバーワルト

レーテリッヒスボーデン湖周辺でバスは一時停車

ベルナーオーバーラントとヴァリス地方を結ぶルートとして開発された。カーブは多いものの道幅は広く、きれいに整備されている。

マイリンゲンの町を出ると、緑と花の美しいインナートキルヒェンInnertkirchenの村へ。スステン峠方面(東)への道を左に見送ると、いよいよ峠ルートが始まる。ボーデンBoden、グッタンネンGuttannenなどの小さな村を通過。最後の村ハンデックHandeggを通り過ぎると、標高がさらに高くなり、しだいに周囲は荒涼とした風景に変わる。スイス軍の演習場や水力発電所などの殺伐とした景色が続く。車窓からは氷河が削り取っていったU字谷特有の地形、モレーンや羊群岩などの風景がよく見える。やがてひとつ目のダム湖レーテリッヒスボーデン湖Räterichsbodenseeに到着。湖を右側に見ながら通過すると、今度は2番目のもっと大きなグリムゼル湖Grimselseeが現れる。石造りのグリムゼルホスピスGrimsel Hospizという名前のホテルを対岸に眺めながら、ここを通り過ぎると間もなくトーテ湖(死の湖)Toteseeに到着する。ここが峠の頂上で分水嶺になっており、この付近でよく採れる水晶の博物館や即売場もある。ここまで上ると谷の反対側にヴァリスアルプスの風景が美しく広がる。峠を越えると、グレッチまで高低差およそ400mを一気に下る。目が回りそうなヘアピンカーブの連続が終わってほっとするあたりで、ローヌ川と合流するグレッチの河原に出る。この付近一帯の湿原は現在スイスの自然保護地域に指定されており、自然のままの姿が美しい。

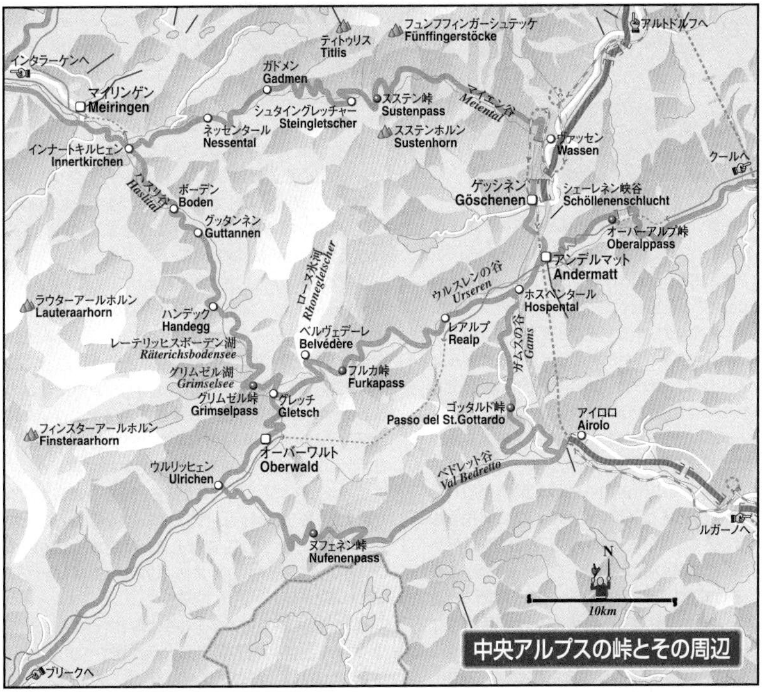

中央アルプスの峠とその周辺

インターラーケンへ
マイリンゲン Meiringen
インナートキルヒェン Innertkirchen
ネッセンタール Nessental
ガドメン Gadmen
ティトゥリス Titlis
シュタイングレッチャー Steingletscher
フュンフフィンガーシュテッケ Fünffingerstöcke
スステン峠 Sustenpass
スステンホルン Sustenhorn
マイエン谷 Meiental
アルトドルフへ
ヴァッセン Wassen
ハスリ谷 Haslital
ボーデン Boden
グッタンネン Guttannen
ゲッシネン Göschenen
シェーレネン峡谷 Schöllenenschlucht
クールへ
オーバーアルプ峠 Oberalppass
アンデルマット Andermatt
ローヌ氷河 Rhonegletscher
ウルスレンの谷 Urseren
ホスペンタール Hospental
ラウターアールホルン Lauteraarhorn
ハンデック Handegg
レアルプ Realp
レーテリッヒスボーデン湖 Räterichsbodensee
ベルヴェデーレ Belvédère
ガムスの谷 Gams
グリムゼル湖 Grimselsee
フルカ峠 Furkapass
グリムゼル峠 Grimselpass
グレッチ Gletsch
ゴッタルド峠 Passo del St.Gottardo
アイロロ Airolo
フィンスターアールホルン Finsteraarhorn
オーバーワルト Oberwald
ウルリッヒェン Ulrichen
ベドレット谷 Val Bedretto
ルガーノへ
ヌフェネン峠 Nufenenpass
N
10km
ブリークへ

峠を訪ねるバスの旅

スステン峠
Sustenpass

マイリンゲン〜ゲッシネン

2224m

　1946年9月7日開通の比較的新しい峠道。当時の土木技術の粋を結集して造られたというだけあってほかの峠道と比較するとカーブも少なく、橋やトンネルに技術の結晶が見られる。

　マイリンゲンを出発したバスはインナートキルヒェン、ネッセンタールNessental、ガドメンGadmenまでは気持ちのいいアルプの中を上っていく。ガドメンを過ぎるといよいよ本格的な峠道。つづら折りに変わった道はどんどん標高を上げていき、ティトゥリス山裏側の鋸歯のような岩尾根が大迫力で近づいてくる。景色も荒涼としたものに変わるとやがてシュタイングレッチャーSteingletscherに到着。バス停からは見えないがシュタイン氷河がこのすぐ上の湖シュタイン湖Steinseeに流れ込んでいる。停留所から湖まで片道徒歩約20分。自然そのままに氷河が湖に流れ込んでいる姿が残されている。

氷河が間近に迫る

　さて、ここから峠のトンネルまでの約4kmの間の景色は見逃せない。南側にはススステンホルンSustenhorn（3503m）の鋭い頂と、氷河と湖の絶景が進行方向右側に堪能できる。峠のトンネルを越えるとマイエン谷Meientalを走る比較的真っすぐな道が続く。ヴァッセンWassenでゴッタルド峠街道と合流し、ゲッシネンGöschenenに向かう。

ゴッタルド峠
Passo del Gottardo

アンデルマット〜アイロロ

2106m

峠を越えアルプスの南側のアイロロへ

悪魔の橋

　アルプスを南北に縦断する峠の多くはローマ時代から開削されたが、スイス南東部のサンベルナルディーノ峠Passo del S. Bernardioや西部のシンプロン峠Simplonpassでは石器時代の住居遺跡が発見されており、ローマ時代よりもかなり前からアルプスを越える南北の街道が存在していたと考えられている。そのなかでゴッタルド峠は比較的新しく、本格的なルートとして開削されたのは西暦1200年前後。イタリアのミラノから、ルツェルン、チューリヒを経由しドイツを結ぶ最短のルートとして歴史の舞台に登場した。

　当時アルプス越えの街道では各地に関所が設けられていた。通行する人は領地が代わるたびに関税を払わなければならず、また街道もわざと通過に時間がかかるように荒れ放題の状況が続いていた。遠回りすることなく、また峠を1回越えればアルプスを縦断できるゴッタルド峠ルートの登場は、当時の流通に革命的な影響を及ぼし、物資の輸送がこのルートに集中した。

　このようにゴッタルド峠街道そのものは、バスの出発地点であるアンデルマットよりもっと北側の標高の低い所から始まっており、この街道一番の難所であった「悪魔の橋」も峠よりはかなり低い所に位置している。アンデルマット駅からこの「悪魔の橋」までは徒歩約30分。ハイキング気分でぜひ歩いてみよう。散歩道はそのままロイス川の急流に沿って、下流の町ゲッシネンまで通じている。「悪魔の橋」からゲッシネンまででも約30分の距離なので、時間のある人にはおすすめ。当時の峠越えの苦労が少し味わえる。

　さてアンデルマットからの峠越えバスはホスペンタールHospentalから左側の山を上り始める。荒涼としたガムスの谷Gamsの途中にはコンクリート造りの殺風景な建物がときおり現れる。峠の直下を通過しているゴッタルド自動車トンネルの換気口だ。ほどなく小さな湖のほとりの峠に到着。ここでは博物館が見逃せない。峠の開削当時の絵や街道の発展の様子、郵便馬車が通うようになった時代の貴重な写真や資料が展示されており、スライドでも紹介されている。現在では車で楽々と越えてしまうこの峠も、つい50年くらい前までは大変な苦労があったことがしのばれる。現在でもこのルートは、ゴッタルド自動車トンネルが事故や工事などで閉鎖されると迂回ルートとして利用される。

　峠を過ぎて終点のイタリア風の町アイロロAiroloが近くなると、空中に飛び出したような橋でヘアピンカーブが設けられているのが後半の見どころだ。

アイガーの麓を走るグリンデルワルトとクライネ・シャイデックを結ぶ登山列車

3 ベルナーオーバーラント

Berner Oberland

ブリエンツ湖

introduction

ベルナーオーバーラント イントロダクション

緑の絨毯に響くカウベル、カタカタとラックを噛んで丘を上る登山電車、アルプスの銀峰からときおり崩れ落ちる氷河、谷を渡る風に乗って聞こえてくるアルプホルン。首都ベルンの南に広がる高地Oberland（オーバーラント）には、典型的なスイスの音がある。

展望台でアルプスの大パノラマに酔ったら、帰りは乗り物を降りて、自らの足で絵はがきの世界に飛び込んでみよう。

ただ、美しい景色を眺めるだけでなく、ハイキングをしながら周囲の足元もよく見てみたい。近づいて見れば、緑の絨毯が単なる草原ではないことに気づくはずだ。そこは、森の木を切り倒し、根っこを掘り起こし、氷河が置いていった石を退け、牛のために草を植えたアルプ（牧草地）なのだ。

山小屋にこもってバターやチーズを作る牧人は、厳しい自然と折り合いをつけながら生きてきたスイス人の姿そのもの。おもちゃのように見えた登山電車も、固い岩盤と氷を削ってトンネルを通し、空に届かんばかりの高みに駅を造った、人々の労苦の結晶。世界でも屈指の景勝地を自らの手で生み出したスイス人の努力に脱帽だ。

ミューレン

旅の交通

交通の拠点はインタラーケン。ヴェスト（西）駅とオスト（東）駅があり、ベルンなど主要な都市から直通の特急列車が30分おきに走り、両駅に停車する。ユングフラウ方面への登山鉄道はオスト駅から出発。特急でオスト駅に到着すると、同じ駅の別ホームから登山電車は出発する。おもな町や村、展望台は鉄道とロープウエイやケーブルカーでアクセス可能。多くが接続をとって運行しているので、乗り継ぐ際の待ち時間も短い。バスもエリア全域を細かくカバーしているので、移動には困らない。登山鉄道やバスは、たいてい30分ごとに運行している。そのほかトゥーン湖とブリエンツ湖には定期運航の湖船がある。

旅の宿

ホテルの種類、数とも一番多いのは、インタラーケン。5つ星からユースホステルまで何でも揃う。ただし、交通の要衝ということもあり、町の規模も大きいので、それに比例して世界中からの観光客も多い。静かにアルプスを楽しむにはやや不向きではある。本当にアルプスの山や風景を間近に感じたければ山へ上ろう。

人気があるのは、アイガーの麓の村グリンデルワルト。アイガー・エクスプレスの開通によりユングフラウ観光の拠点として最適

インタラーケンの気候データ

	1月	2月	3月	4月	5月	6月	7月	8月	9月	10月	11月	12月
平均最高気温(℃)	3.1	5.1	10.1	14.1	18.8	21.9	24.4	23.5	19.3	14.4	7.7	3.8
平均最低気温(℃)	-3.6	-3	0.3	3.4	7.9	11.1	13.2	12.8	9.5	5.6	0.6	-2.2
平均降水量(㎜)	73	70	80	87	121	138	139	144	96	78	84	86
平均降水日	9.6	8.7	11	10.6	12.7	13.4	12.4	12.6	9.5	9.3	9.7	9.6

な場所になっただけでなく、周辺にたくさんのハイキングコースがあるのが魅力。朝と夕、ドラマチックなアルプスの風景を眺めたいなら、山岳ホテルはどうだろう。ロープウエイや登山列車の終点や途中駅にある。部屋数は限られているが、静かにアルプスを感じるには絶好の宿。

プランニングのポイント

ポイントは、山岳リゾート滞在型にするか周遊型にするか。山岳地域にもかかわらず

登山電車は観光の強力な移動手段

交通アクセスがよいので、例えばグリンデルワルトやヴェンゲンに滞在し、そこを拠点にいろいろな場所を歩いてもさほど苦労はない。連泊すれば重たい荷物を持ち歩く回数も減る。周遊型なら1、2泊ごとに宿泊地を変える。荷造りが少し面倒だが、いろいろな町や村の朝、夕の表情が見られる楽しみがある。お金はかかるが大きな荷物は駅のロッカーに預けて、当面必要なものだけを持ち歩いて周遊すると便利。

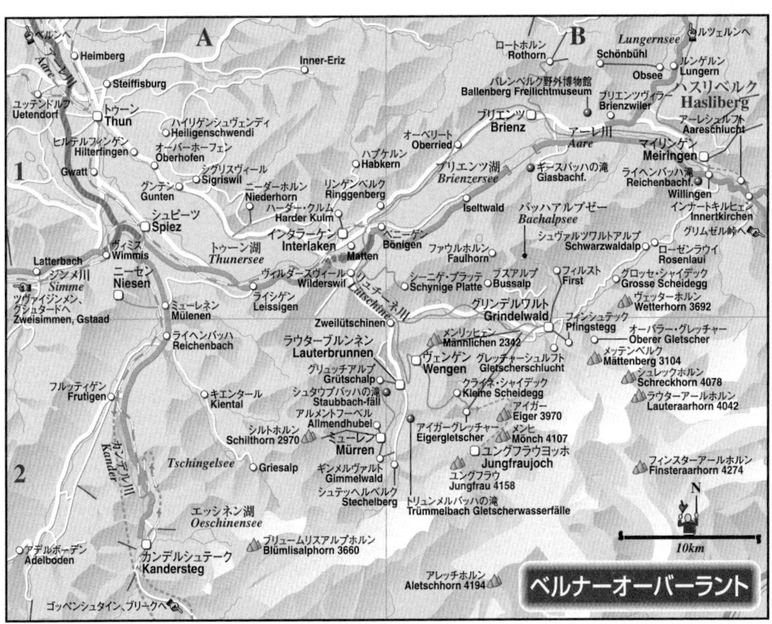

※折り込み地図の裏面にユングフラウ地方のパノラマ地図がありますので、ご参照ください。

エリアハイライト

4000m峰が集まるベルナーアルプスの北側にあり、スイス有数のダイナミックな山岳風景を眺めながら歩くハイキングと展望台巡りが旅のハイライト。点在する町や村もそれぞれ個性的。交通アクセスがいいエリアなので、滞在日数が少なくても、いろいろな町を訪れることができる。

インタラーケン

「湖の間」という名のとおり、トゥーン湖とブリエンツ湖の間の平野にあり、山がすぐ近くにないぶん、風景は穏やか。町を見下ろす展望台「ハーダー・クルム」がいち押しスポット。このエリアの観光拠点のため、ホテルやレストラン、ショップが多い。

グリンデルワルト

アイガーの麓、東西に細長く延びる谷底に広がる村。明るく広い谷なので、南側の岩峰の圧迫感はない。メインストリートに沿ってたくさんのホテルやレストランが並んでいるが、そこから少し離れれば、周辺はのどかなアルプが広がる。

ユングフラウヨッホ

「Top of Europe」とは、鉄道駅としてヨーロッパで最も高い所にあるから。エリアいちの見どころである展望台は、世界中から訪れる人が絶えない。途中駅で下車してハイキングも楽しんでみたい。

グシュタード

ベルナーオーバーラントの西に位置する高級リゾート。各国王室メンバーや映画スターたちの保養地としても知られ、プライベートジェットで近くにある小さな空港へ世界のセレブがお忍びでやってくることも。

カンデルシュテーク

ベルンとブリークを結ぶ、スイスを南北に走る幹線ルートの途中にある小さな山岳リゾート。美しい湖エッシネン湖へのハイキングがいちばんのハイライト。小さな子供でも歩ける簡単なルートだ。

インタラーケン
ブリエンツ
トゥーン
マイリンゲン
シュピーツ
グリンデルワルト
ラウターブルンネン
ミューレン
ユングフラウヨッホ
ヴェンゲン
グシュタード
カンデルシュテーク

ヴェンゲン

U字谷の上にある、ガソリン車が制限されたのどかな絶景リゾート。ユングフラウヨッホへの電車の乗り換えで立ち寄るだけではもったいない。アクセスも良いので休暇を楽しむ長期滞在者が多く落ち着いた雰囲気だ。

シュピーツ

トゥーン湖を望む小さな町。周辺の丘陵には小さなお城とブドウ畑が広がる。小さな町だが、鉄道の乗り換えポイントとしてお世話になることが多い。トゥーンと同じく湖船のルート上にあり、船の旅も楽しめる。

ブリエンツ

ほかの山岳リゾートの町や村とはちょっと異なる、木彫り工房が有名な湖畔の町。蒸気機関車が走る登山鉄道で上るロートホルン、古いスイスの暮らしを知るバレンベルク野外博物館が2大観光スポット。

ラウターブルンネン

300mを超える垂直の岩壁に挟まれたU字谷の底にある町。顔を上げると両側に崖がそびえる、その不思議な光景が印象的。落差が約300mになるシュタウフバッハの滝はぜひ下から見上げてみたい。

トゥーン

美しい湖畔の町。博物館があるトゥーン城と、その城下にある旧市街が見どころ。町自体は大きいが、旧市街はのんびりと歩いて散策するのにちょうどいい広さ。船でアクセスすることもできる。

マイリンゲン

ベルナーアルプスの峠巡り(→P.121)の出発地。シリーズの作者であるコナン・ドイルが名探偵シャーロック・ホームズの終焉の地として選んだ町で、ホームズゆかりのスポットがある。

ミューレン

ラウターブルンネンがある谷を挟んで、ヴェンゲンの反対側の谷の上にあり、同様にガソリン車が制限された素朴なリゾート。シルトホルン展望台への出発地でもあり、ユングフラウ3山を眺める絶景ハイキングコースも。

おもなイベント

春祭り[Bergfrühlingsfest]（メンリッヒェンほか）…………………… 6/25（2023）

ウィリアム・テル野外劇（インタラーケン）………………………… 6/8〜9/2（2023）

ユングフラウ・マラソン（インタラーケンほか）……………………9/8、9/9（2023）

FISスキー・ワールドカップ（ヴェンゲン）………………………… 1/12〜1/14（2024）

メンリッヒェンの祭りの様子

料理と名産品

この地方の郷土料理はあまりないが、山のレストランの定番メニューは**ケーゼシュニッテ**Käseschnitte。パンやジャガイモにたっぷりとチーズをかけてオーブンで焼き、仕上げに目玉焼きをのせたもの。ベーコンや玉ねぎがのっていたり、ソースがあったりと店によって少しずつ特徴がある。おみやげには**木彫りの像**はどうだろう。ブリエンツにある工房の作品はスイス全土で高い評価を受けている。細かな細工の鳩時計もこのエリアのもの。

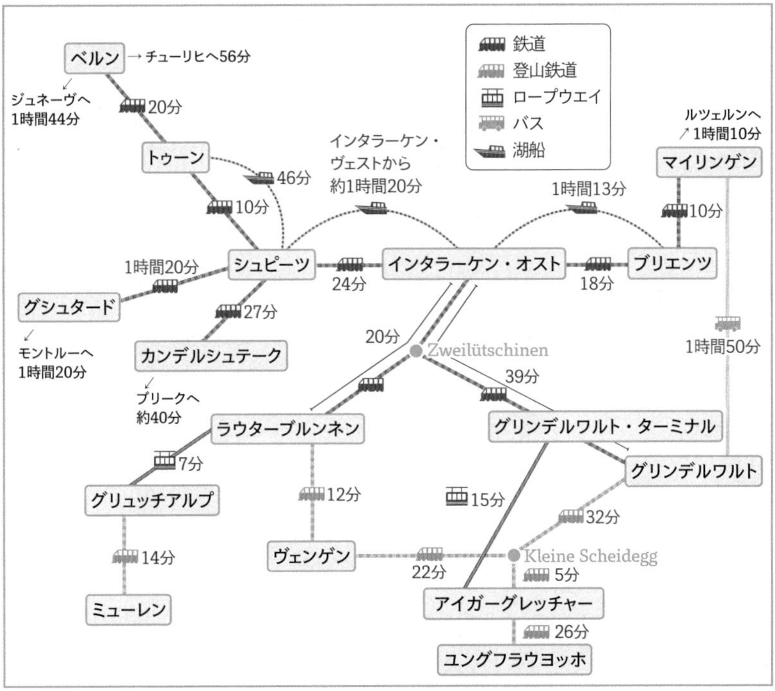

ケーゼシュニッテ

シルトホルン名物ハンバーガー

ブリエンツの木彫り像

鉄道
登山鉄道
ロープウエイ
バス
湖船

ベルン → チューリヒへ56分
ジュネーヴへ 1時間44分
ベルン–トゥーン 20分
トゥーン–シュピーツ 10分
トゥーン–シュピーツ（湖船）46分
インタラーケン・ヴェストから約1時間20分
1時間13分
シュピーツ–インタラーケン・オスト 24分
インタラーケン・オスト–ブリエンツ 18分
ブリエンツ–マイリンゲン 10分
ルツェルンへ 1時間10分
マイリンゲン–グリンデルワルト（バス）1時間50分
シュピーツ–グシュタード 1時間20分
モントルーへ 1時間20分
シュピーツ–カンデルシュテーク 27分
ブリークへ 約40分
インタラーケン・オスト–Zweilütschinen 20分
Zweilütschinen–グリンデルワルト・ターミナル 39分
ラウターブルンネン–グリュッチアルプ 7分
グリュッチアルプ–ミューレン 14分
ラウターブルンネン–ヴェンゲン 12分
ヴェンゲン–Kleine Scheidegg 22分
グリンデルワルト・ターミナル–アイガーグレッチャー 15分
グリンデルワルト–Kleine Scheidegg 32分
Kleine Scheidegg–アイガーグレッチャー 5分
アイガーグレッチャー–ユングフラウヨッホ 26分

ユングフラウ地方
Jungfrau Region

世界自然遺産にも登録されている、ユングフラウ、メンヒ、アイガーを本書ではユングフラウ3山と呼んでいるが、その3山を取り囲む、湖と谷に囲まれたエリアがユングフラウ地方だ。拠点となるインタラーケンを除けば、周囲をアルプに囲まれた静かな町や村ばかり。スイスを代表するリゾートだけあって、どこもホテルやレストランは充実している。のんびり滞在を楽しみ、3山の絶景を眺めながらハイキングをしてみたい。

Walking 歩き方

山岳地域を歩く際にいちばん問題になるのがアクセスだ。だがユングフラウ地方については、その心配は無用だ。鉄道（登山鉄道も）、バス、ロープウエイやケーブルカーなどが一体となった交通ネットワークが作られており、各交通機関の間で接続がとられているものも多い。運行時間も正確で、計画が立てやすい。エリア独自の交通パス、ユングフラウ鉄道トラベルパス（→P.152）もあり、ハイキングと上手に組み合わせれば、時間もお金も節約でき、効率よく歩くことができる。

このエリアで使える交通パス
ユングフラウ・トラベルパス →P.152
ユングフラウVIPパス →P.152
ベルナーオーバーラントパス →P.134

ユングフラウ Jungfrau 4158m
シルバーホルン Silberhorn 3695m
ブライトホルン Breithorn 3781m
チンゲルホルン Tschingelhorn 3562m
グスパルテンホルン Gspaltenhorn 3436m
シルトホルン Schilthorn 2970m
ビルク Birg
ヴェンゲルンアルプ Wengernalp
ギンメルヴァルト Gimmelwald
P.174
シュテッヘルベルク Stechelberg
アルメントフーベル Allmendhubel
トゥリュンメルバッハの滝 Trümmelbach-Fälle
ミューレン Murren
ヴェンゲン Wengen
ヴィンターエック Winteregg
ラウターブルンネン Lauterbrunnen
グリュッチアルプ Grutschalp
Morgenberghorn
Isenfluh
Saxeten
ツヴァイリュチーネン Zweilutschinen
Leissigen
シュピーツ Spiez
Darligen
Krattigen
ヴィルダースヴィール Wilderswil
ハイムヴェーフルー Heimwehfluh
Matten
トゥーン湖 Thunersee
インタラーケン Interlaken
インタラーケン・ヴェスト駅 Interlaken West
ウンタゼーン Unterseen
ハーダー・クルム Harder Kulm

ハイキングコース
P.000 コースガイド掲載ページ
鉄道、登山鉄道
ゴンドラ、ロープウエイ
ケーブルカー
チェアリフト
バス

インタラーケン
Interlaken

州：ベルン
使用言語：ドイツ語
地図位置：P.125-A1
標高：567m
郵便番号：CH-3800
エリアコード：033
（市内通話の場合でも初めにエリアコードをプッシュする）

トゥーン湖(左)とブリエンツ湖(右)に挟まれた町インタラーケン

トゥーン湖とブリエンツ湖に挟まれた“湖の間”という名前の山岳リゾートは、ユングフラウ地方へのゲートウェイ。夏はハイカーや避暑を求める人が、冬はスキーヤーやスノーボーダーが世界中からやってくる。リゾートとしての歴史は古く、町の中心にある5つ星ホテル、ビクトリア・ユングフラウは1865年の創業。現在ホテルの数はこの地方で最も多く、多種多様なレストランやショップがあり、通りはいつもにぎやかだ。

でも中心部の雑踏からちょっと離れれば、あるのは森と川と山々が織りなす静かな山あいの町。そこでは町なかではあまり感じられなかったアルプスが、圧倒的な存在感を放っている。

アクセス チューリヒからは、ベルン乗り換えで所要2時間13分、空港発の直通列車も所要2時間13分。ルツェルン経由の路線は、峠を越え湖畔を走る美しいルートだが、ルツェルンで乗り換えがあり、チューリヒから3時間17分かかる。

ジュネーヴからはベルンで乗り換えて2時間46分。ツェルマットからはフィスプとシュピーツで乗り換えて2時間13分。

インタラーケン・オスト駅の窓口

ℹInterlaken Tourismus
住Marktgasse 1
☎(033) 8265300
URL www.interlaken.ch
開5・6・9・10月
月～金曜 8:00～12:00
13:30～18:00
土曜 9:00～16:00
7・8月
月～金曜 8:00～18:00
土・日曜 10:00～16:00
11～4月
月～金曜 8:00～12:00
13:30～18:00
土曜 10:00～14:00
休9～6月の日曜
ユングフラウ地方全体の観光情報が豊富。

ユングフラウ鉄道のℹ
Rail Info Jungfraubahnen
住Höheweg 35
☎(033) 8287233
URL www.jungfrau.ch
開月～金曜 9:00～19:00
土・日曜、祝日
9:00～13:00
13:45～18:00
（時期により変動あり）

Walking 歩き方

インタラーケンには駅がふたつある。町の中心にある**ヴェスト（西）駅**と、登山鉄道の乗り換えに利用する**オスト（東）駅**だ。ふたつの駅は、町のメインストリートである**ヘーエヴェークHöheweg**で結ばれている。バスが行き来しているが、歩いても20分ほどの距離。町はこの通りを中心に広がっている。

ヴェスト駅を背に目の前の通りがBanhnhofstrasse。駅前ロータリーを東に行って、最初の交差点の手前左側に観光案内所がある。この交差点を越えると、通りの名前が変わりヘーエヴェークになる。そのまま進むと右側に大きな広場**ヘーエマッテHöhematte**が現れる。天気がよければ正面にユングフラウの頂が望める町の中心だ。広場の反対側にある豪華な建物は**ビクトリア・ユングフ**

ヴェスト駅前

※ⓈⒽⓎⓇは本書で紹介している物件です。

ラウ。庭園の花時計と噴水が美しい**コングレス・クアザール**もその並びにある。ヴェスト駅とオスト駅の中間点あたりから、観光地の華やかさは徐々になくなり、普通の住宅街。さらに数ブロック歩けばオスト駅に到着する。

町一番のホテル、ビクトリア・ユングフラウ

ヘーエマッテの真ん中を通って真っすぐ南に向かうと、周囲はショップやホテルもない住宅街。右側の細長い緑地の途中に“Matten”の標識があり、その先はマッテンMatten。そのまま100mほど進んだ三差路に、この地方で最も古いといわれる木造家屋がある。マッテンで観光客が足を運ぶ所は、この三差路を西に行った先にあるウィリアム・テル野外劇場(→P.133)

インタラーケンはひとつの町じゃない

「インタラーケン」として、私たちが認識しているところはひとつの町ではなく、インタラーケンに加えて、トゥーン湖の水運で栄えた古い町ウンタゼーンと牧畜を生業としてきた平坦な土地に広がる村マッテンの3つの自治体を一緒にしたエリアだ。旅行者がそれを意識する必要はもちろんないが、成り立ちが異なる町なのでそれぞれ特徴がある。ウンタゼーンは特に川沿いからアクセスする景色が美しく、スピルバーグ監督のTVシリーズ「Band of Brothers」のロケ地にもなった。

読者投稿

インタラーケンを空中散歩

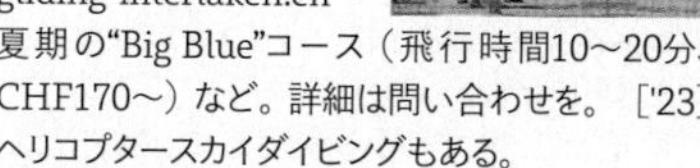

インタラーケンでは、パラグライダーがたくさん浮かんでいる光景を見ることができます。私は日本からツアーに申し込んでいきましたが、当日すいていれば現地で申し込むことができるみたいです。ユングフラウを遠くに眺めながらの空中散歩は最高！ インタラーケンが湖に挟まれた町であることを実感できます。　（高槻市　まろりちゃん）

Paragliding Interlaken
MAP P.131-B1 住 Höheweg 125 ☎ (033) 8238233 URL www.paragliding-interlaken.ch
夏期の“Big Blue”コース（飛行時間10〜20分、CHF170〜）など。詳細は問い合わせを。 ['23]
ヘリコプタースカイダイビングもある。

SKYDIVE INTERLAKEN
住 Mittelweg 11,3812 Wilderswill
☎ (033)2225848 URL www.skydiveinterlaken.com ツアー料金はCHF450〜。

コングレス・クアザール・インタラーケン
MAP P.131-A1
住Strandbadstrasse 44
☎ (033) 8276100
URL www.congress-interlaken.ch
カジノ・インターラーケン
☎ (033) 8276210
URL www.casino-interlaken.ch
営12:00～翌3:00
(金・土曜・祝日前は～翌3:00)
ゲームは20:00～
休無休
料入場料CHF5。18歳未満入場不可。身分証明書提示。

湖畔散策もおすすめ
ユングフラウ鉄道トラベルパスは、ブリエンツ湖、トゥーン湖の遊覧船に有効です（5～8日設定パスのみ）。またトゥーン湖畔のFaulensee～Spiez間の遊歩道は平坦で歩きやすく、景色もすばらしい。のんびり歩いて片道1時間程度。山の天気が悪いときにもおすすめです。
（西宮市　ゴロネーゼ　'17）['23]

船着場に停まる遊覧船

観光博物館
住Obere Gasse 28, Unterseen
☎ (033) 8266464
URL www.tourismuseum.ch
開5月～10月の水～日曜14:00～17:00、12月～4月の水・日曜14:00～17:00
休11月～3月
料CHF8。ビジターカードでCHF6。

くらいだろう。ヘーエマッテから1km弱、徒歩12～13分の距離だ。

カジノ・クアザール

ヴェスト駅を出て、今度はロータリーを西に向かう。踏切とアーレ川に架かるふたつの橋を渡ると、その先はウンタゼーンUnterseenの町。駅の近くは商店やホテルがあるが、離れるにつれ、こちらも静かな住宅街が広がっている。駅から300mほど行った所にあるハウプト通りHauptstrasseを右に曲がると、窓辺に花が飾られたかわいい住宅街。しばらく歩くと左側に小さい広場がある。右奥に見える時計塔のある教会は15世紀に建てられたウンタゼーン教会。広場に面してユングフラウ地方の**観光博物館**がある。このエリアでは、アーレ川沿いの遊歩道を歩いてみよう。美しい川の流れに癒やされる。

広場の泉とウンタゼーン教会

アーレ川に架かる木造の粉ひき橋

Attraction おもな見どころ

山岳リゾートの歴史を知る貴重な場所　MAP P.131-A1

観光博物館
Tourismuseum

アルプスで観光の歴史が始まった18世紀後半から現在にいたるユングフラウ地方での観光の歴史を展示したユニークな博物館。山岳観光発展の基礎となった交通機関の変遷は特に興味深い。

COLUMN

クルージングで贅沢なひとときを

トゥーン湖、ブリエンツ湖には遊覧船が運航していて、スイストラベルパスやユーレイルグローバルパスも使える。はるかにアルプスを望みながら、のんびり船旅もいいものだ。

例えばユングフラウからルツェルンに向かうなら、オスト駅から荷物だけラゲージ（→P.453）で送っておいて、駅の裏からブリエンツ湖の遊覧船に乗ってみてはどうだろう。雨の日の神秘的なクルージングも悪くない。URL www.bls.ch

オスト駅発ブリエンツ湖遊覧船
ブリエンツまで約1時間13分。1日4～5便、夏の週末増便あり。時期によって異なるので確認を。片道CHF32、往復CHF54(2等)。

ヴェスト駅発トゥーン湖遊覧船
シュピーツまで約1時間20分、トゥーンまで約2時間10分。比較的便数が多く、夏期は1～2時間ごと。料金はトゥーンまで片道CHF45、往復CHF77(2等)。

Scenic Overlook 展望台

ユングフラウ地方で最も手軽に行ける展望台

MAP P.125-A1

ハーダー・クルム Harder Kulm

1322m

ハーダー・クルムからインタラーケンの町とアルプスを望む

グリンデルワルト方面へ行く時間がないけれど、アイガーを見てみたいという人におすすめの展望台。なだらかな丘の頂からは、細長いふたつの湖と、間に広がるインタラーケンの市街地、周囲の深い森、そして町からは見えなかったアイガーも顔をのぞかせている。

ケーブルカーの乗り場はオスト駅から徒歩5分。頂上駅から少し登った場所が展望ポイント。レストランがあり夜遅くまで営業しているので、夕焼けを堪能したあとに本格的なディナーを楽しむこともできる。夏は生演奏も行われている。

アクセス インタラーケン（オスト）
↓ 🚡 10分
ハーダー・クルム

◆ケーブルカー

'23年の運行は、4/7～11/26（9:10～20:10の30分ごと。下り最終ハーダー・クルム発21:40）、毎日曜は8:10から運行。

URL www.jungfrau.ch

料 片道CHF17～、往復CHF34～。スイストラベルパスで50%割引き、ユングフラウ鉄道（JB）パス有効。

乗り場はオスト駅からヴェスト駅方向へ歩き、最初の角を右折して橋を渡った所。

物資も運ぶハーダー・クルムのケーブルカー

COLUMN 町を挙げての一大イベントが行われる ウィリアム・テル野外劇場

中央広場からCentralstrasseを南東へ約15分。森の中の広場に13世紀の町並みを再現した舞台が設けられている。ここで行われるウィリアム・テルの野外劇は、いまやインタラーケンの夏の風物詩。ウィリアム・テル（独語でヴィルヘルム・テル）は、スイス建国のきっかけをつくった伝説上の英雄。息子の頭上のリンゴを弓で射るシーンと、ロッシーニのオペラは特によく知られている。子供を含めて総勢130名以上出演という大がかりなステージは、スイスの人々の愛国心を感じるのに十分だ。観客席には屋根があるが、冷え込むので上着は必携。

予約はウェブサイトのオンラインチケットサービスで。

ウィリアム・テル野外劇場

MAP P.131-B2

住 Tellweg 5　☎（033）8223722

URL www.tellspiele.ch

開 ボックスオフィス 18:00～（昼公演の日は12:30～）
劇場事務所
上演期間中（6～9月中旬）
火～木曜　8:30～11:30
●2023年のスケジュール
6/8～9/2の上演。20:00～（昼公演は14:30～）。上演時間は2時間20分（休憩20分）で45分の短いバージョンもある。日程はウェブサイトで確認を。

料 CHF68

アクセス
インタラーケン（オスト）
↓ 🚃4分
ヴィルダースヴィール
↓ 🚃52分
シーニゲ・プラッテ

◆登山鉄道
'23年6/30〜10/22の運行はほぼ40分ごと。シーニゲ・プラッテ発の最終は17:53。
料ヴィルダースヴィールから往復CHF64。スイストラベルパスで50%割引き。
インタラーケン・オスト駅からグリンデルワルト行き列車で4分、ヴィルダースヴィール下車。隣のホームからSPBに乗り換えて52分。

バスについて
インタラーケン・ヴェスト駅からヴィルダースヴィールへポストバスが30分おきに出ている。所要約14分。オスト駅には寄らない。

夏でも装備を忘れずに
7月でも山頂には雪が残り、完全防備でも寒いことがある。山道で滑らないよう、靴もしっかりしたものを。軍手など手袋も役立つ。

高山植物園
開'23年7/1〜10/22
8:30〜18:00
☎（033）8287376
URL www.alpengarten.ch
料鉄道運賃に含まれる。

シーニゲ・プラッテへの登山列車。レトロな車両が力強く山を上る

3山の眺めと高山植物園の花を楽しむ

MAP P.125-B1

シーニゲ・プラッテ Schynige Platte

1967m

ユングフラウ3山方向を望む

ユングフラウ3山のみならず、ベルナーアルプス全体の豪快なパノラマをほしいままにできる展望台。インタラーケンから半日あれば往復可能。レストランもあるので、食事を取りながら絶景を眺めることもできる。

登山鉄道は、インタラーケンの隣町**ヴィルダースヴィールWilderswil**から出る。かわいい列車に乗り込み、湖を見下ろしながら急勾配をぐんぐん上っていけば、やがて森林限界を越え、白銀に輝くユングフラウ、メンヒ、そしてアイガーが次々に目に飛び込んでくる。シーニゲ・プラッテから眺める3山は、横に広がって見えるのが特徴。まるで手をつないだ3兄弟のようだ。さらに東西に延びる雄大な連なりに目を向ければ、3山がベルナーアルプスのごく一部に過ぎないことがわかる。駅に到着するとアルプホルンの音色が乗客を迎えてくれる。（5/30〜10/25、11〜14時のみ）シーニゲ・プラッテのもうひとつの魅力が**高山植物園Alpen-garten**。1929年開園で、8323㎡の広大な敷地に約690種のスイスアルプスの高山植物を集めている。本格的なハイキングをする前にここを訪れて、花の名前を覚えておくと楽しい。一周すると約2時間かかる。一方、駅から植物園とは反対側に出て3分ほど歩いた所に山岳ホテルがある。眺めのいいテラスでひと休みしたら、帰りは途中駅ブライトラウエネンBreitlauenenまで歩いてもいい（約1時間）。

高山植物園

COLUMN

ベルナーオーバーラントパス Berner Oberland Pass

ユングフラウ・トラベルパス（→P.152）の通用範囲より広いエリアをカバーする交通パス。ベルンやルツェルンのほか、西はグシュタードのひと駅先のザーネンSaanen、南はブリークを通り越しイタリアのドモドッソラDomodossolaまで利用することができる。通用期間は3、4、6、8、10日間。料金は1等（2等）それぞれCHF276（230）〜CHF504（420）。パス所持者は60ヵ所におよぶ見どころやレストラン、アトラクションなどの無料や割引特典が受けられる。
URL www.berneseoberlandpass.ch

ユングフラウ地方の観光の拠点となる町だけあって、5つ星の超高級ホテルからユースホステルまで数も種類も豊富。予算や旅のスタイルに合わせた選択が可能だ。真夏でも宿は見つかるが、人気のあるホテルほど早く埋まってしまうので予約は早いほうがいい。現地に着いてからホテルを手配するなら観光案内所で紹介してくれる。

インターラーケン Interlaken

MAP P.131-B1 ★★★★

15世紀開業、インターラーケンで最も古いホテル。オスト駅から徒歩5分、ケーブルカー駅にも近い。機能性を重視したシングルルームから、2段ベッドが備わった4人部屋など客室の種類が豊富。ワインが充実したスイス料理レストランをはじめ、静かな時間が過ごせるラウンジバーを併設。

住Höheweg 74
☎(033)8266868
URL hotelinterlaken.ch
料(または) S CHF270～ W CHF295～
Room 61室 Wi-Fi 無料
カード A D J M V

クレブス Krebs

MAP P.131-A1 ★★★★

閑静な地区に建つ、1875年に開業した老舗ホテル。全館改装済みのため古さは感じられない。客室はモダンなインテリアでまとめられ、全室バスタブ付き。併設のレストランで食べる朝食は、ビュッフェ形式で種類が豊富。立地もよく、ヴェスト駅から徒歩約5分。町の中心に近く、食事やショッピングに便利。

住Bahnhofstrasse 4
☎(033)8260330
URL www.krebshotel.ch
料 S CHF250 W CHF380
Room 44室 Wi-Fi 無料
カード A J M V

ダービー Derby

MAP P.131-A2 ★★★

家族経営の小さな規模のホテル。ヴェスト駅からのアクセスが便利。町の中心部から1本細い通りに入るため、周辺は静かで過ごしやすい。各部屋にテレビや冷蔵庫、コーヒーメーカーがある。手入れの行き届いた庭園があり、のんびりくつろげる。スタッフのフレンドリーな応対も魅力。

住Jungfraustrasse 70
☎(033)8221941
URL www.hotel-derby-interlaken.ch
料 S CHF192～ W CHF225～
Room 15室 Wi-Fi 無料
カード A D J M V

トスカーナ Toscana

MAP P.131-A1 ★★★

ヘーエマッテの隣の歩行者エリアに立地。ヴェスト駅から徒歩約5分。周辺はショップやレストランが多数あるインターラーケンの一番にぎやかなエリア。各客室に紅茶メーカーや薄型テレビなど完備。インド料理、アラブ料理のレストランも併設。レンタサイクル、パラグライダーの予約も可能。

住Jungfraustrasse 19
☎(033)8233033
URL www.hotel-toscana.ch
料(または) S W CHF232～
Room 23室
Wi-Fi 無料
カード M V

アルピナ Alpina

MAP P.131-B2 ★★

インターラーケンのマッテン地区に位置し、ヴェスト駅から徒歩10～15分。ホテルの庭園からは、ベルナーアルプスとユングフラウの雄大な景色が楽しめる。食事はガーデンレストラン、ベランダ、ダイニングルームで取ることができる。

住Hauptstrasse 44
☎(033)8228031
URL www.alpinahotel.ch
料 W CHF160～
Room 18室
Wi-Fi 無料
カード J M V

日本からインターラーケンへの電話のかけ方

[国際電話会社の番号*]+010+[国番号41]+[33(エリアコードの最初の0は不要)]+[電話番号]

*マイラインの国際通話区分に登録している場合は不要

ブルーメ Blume

MAP P.131-A1 ★★

ヘーエマッテの西にあり、ヴェスト駅から徒歩約5分、オスト駅からは徒歩約10分。ホテル前の通りにはレストランやみやげ物屋などがある。メインストリートから1本入った道なので比較的静か。併設レストランではメキシコ料理を提供。10～5月の金・土曜はライブを開催（レストランは1月に閉店期間あり）。

住Jungfraustrasse 30
☎(033)8227131
URL www.hotel-blume.ch
料
Ⓢ CHF95～Ⓦ CHF190～
Room 12室
Wi-Fi 無料
カード ADJMV

レスリ Rössli

MAP P.131-A1 ★★

家族経営でアットホームなホテル。ウンタゼーンの旧市街の中心にあり、近くに銀行やスーパー、みやげ物店、レストランなどがあり便利。客室はリーズナブルな共同バスタイプからバスタブやテラスが付いた部屋まであり、予算に合わせて選べる。スタッフは親切で、観光の相談にもていねいに応じてくれる。

住Hauptstrasse 10
☎(033)8227816
URL www.roessli-interlaken.ch
料 Ⓢ CHF118 Ⓦ CHF176
（または） Ⓢ CHF235～
Ⓦ CHF238～ 食事追加 CHF34
Room 28室 Wi-Fi 無料
カード MV 休12月～1月中旬

レッチベルク Lötschberg

MAP P.131-A2 ★★

100年の歴史をもつホテル。ヴェスト駅を出て右方向へ進み、Migrosの門を左折。室内は改装されていてきれい。どの部屋からもアルプスのパノラマが眺められる。宿泊者はランドリーを利用できる（有料）。

住General-Guisan-Strasse 31
☎(033)8222545
URL www.lotschberg.ch
料（または）
Ⓢ CHF170～Ⓦ CHF200～
Room 18室 Wi-Fi 無料
カード AMV
休4月上旬～中旬

ユーゲントヘアベルゲ（YH） Jugendherberge Interlaken

MAP P.131-B1

オスト駅からすぐ。一見デザインホテルのような清潔なユースホステル。レンタルバイクやランドリーもあり、快適に過ごせる。チェックインは15:00～23:00。朝食ビュッフェは料金に含まれており、昼食、夕食は各CHF19.50。ランチパックCHF10もリクエスト可。アラカルトメニューも豊富。

住Untere Bönigstrasse 3a
☎(033)8261090
URL www.youthhostel.ch/interlaken
料 Ⓓ CHF62～
Ⓢ CHF159 Ⓦ CHF194
非会員はCHF7プラス 食事追加 CHF19.50 Room 220ベッド
Wi-Fi 無料 カード ADJMV

アルプロッジ Alplodge

MAP P.131-A1

ヴェスト駅から徒歩5分。自炊キッチン、乾燥機付きの洗濯機（有料）、無料のインターネットルームを完備。

住Marktgasse 59 ☎(033)8224748
URL www.alplodge.com
料 Ⓓ CHF40 Ⓢ CHF130～Ⓦ CHF200～
Room 20室 Wi-Fi 公共エリアのみ、無料 カード MV

バックパッカーズ・ヴィラ・ゾンネンホフ Backpackers Villa Sonnenhof

MAP P.131-B1

ヘーエマッテの南側にあるきれいで快適なホステル。宿泊者はキッチンや公営プールを無料で利用できる。

住Alpenstrasse 16 ☎(033)8267171
URL www.villa.ch
料 Ⓓ CHF56～ Ⓢ CHF80～
Room 49室／190ベッド Wi-Fi 無料 カード MV

リバー・ロッジ River Lodge

MAP P.131-B1

オスト駅から橋を渡って右へ行った川沿いにある。共同キッチン、ランドリー（有料）、ロッカーを完備。

住Brienzstrasse 24 ☎(033)8224424
URL www.riverlodge.ch 料 Ⓓ CHF34～ Ⓢ CHF79～
食事追加 CHF10.90 Room 18室 Wi-Fi 無料
カード AMV 休10月上旬～3月下旬

バルマーズ・ホステル Balmers Hostel

MAP P.131-B2

キッチン、コインランドリー、インターネットなどの施設が整ったホステル。アクティビティの申し込みもできる。

住Hauptstrasse 23 ☎(033)8221961
URL www.balmers.com
料 Ⓓ CHF28～ Ⓢ CHF69～ Ⓦ CHF101～
Room 50室 Wi-Fi 無料 カード MV

日本からインターラーケンへの電話のかけ方 [国際電話会社の番号*]+010+[国番号41]+[33（エリアコードの最初の0は不要）]+[電話番号]
*マイラインの国際通話区分に登録している場合は不要

ユングフラウ地方への玄関口として知られるインターラーケンは、レストランのバリエーションも豊富。ヨーロッパやアジア料理店のほか、周囲の景色が楽しめる展望レストランや、スイスの伝統音楽を聴きながら食事が楽しめる店もあるのでぜひ訪れてみたい。ヴェスト駅とオスト駅を結ぶヘーエヴェーク沿いに店が集まっている。

トップ・オメット Top o'Met

MAP P.131-A1

ホテル・メトロポールの18階にあるパノラマレストラン。インターラーケンの町並みや、周囲の山々の眺めを楽しみながら、スイス料理やお茶が楽しめる。チーズフォンデュ（2名、CHF50～）、メインの目安はCHF35前後（すべて冬期メニュー）。

住Höheweg 37
☎(033)8286666
URL www.metropole-interlaken.ch
営8:00～23:00（10～5月は10:00～22:00）
休無休
カード A D J M V

デザルプ Des Alpes

MAP P.131-B1

ヘーエヴェークに面し、明るい雰囲気。テラス席もある。ディナーのおすすめは窯焼きピザ。ただし10～5月の月・火曜は食べられない。そのほか、チーズフォンデュやラクレット食べ放題、各種伝統料理などがあり、5～9月の金曜には野外ミュージックを楽しめる。

住Höheweg 115
☎(033)8288181
URL desalpesinterlaken.ch
営11:00～翌0:30
休無休
カード A M V

ヴェロ・カフェ Velo Café

MAP P.131-A1

ヴェロとは自転車のこと。名前のとおり店内にインテリアとして自転車が置かれていてとてもおしゃれ。店は大きくないが、ソファーが置かれていて居心地がいい。屋外のテラス席もある。メニューも豊富でどれもおいしく、スタッフもフレンドリーでとても感じがいい。

住Unionsgasse 10
☎(033)8203031
URL velo-cafe.ch
営9:00～18:00
休無休
カード M V

チッタ・ヴェッキア Città Vecchia

MAP P.131-A1

ウンタゼーン教会の斜め向かいにあるイタリア料理レストラン。前菜やスープ、サラダをはじめ、自家製の本格パスタやピザ、魚やグリル料理が楽しめる。20種類ものピザは、小さなサイズに変更可能（定価よりCHF3引き）。イタリアワインの種類も豊富。

住Untere Gasse 5
☎(033)8221754
URL citta-vecchia.digitalone.site
営10:30～14:00、18:00～23:00
休火・水曜
カード A D M V

タヴェルネ Taverne

MAP P.131-B1

ホテル・インターラーケン内の、モダンスイス料理が食べられるレストラン。メニューは、魚や肉料理、ベジタリアン、ビーガンなどさまざま用意されている。チーズフォンデュは3種類（CHF29～）、ディナーはシェフ自慢の創作料理も用意される（4コースメニューCHF75）。

住Höheweg 74
☎(033)8266868
URL restauranttaverne.ch
営18:00～21:45
休無休
カード A M V

日本からインターラーケンへの電話のかけ方
［国際電話会社の番号*］+010+［国番号41］+［33（エリアコードの最初の0は不要）］+［電話番号］
*マイラインの国際通話区分に登録している場合は不要

グリンデルワルト
Grindelwald

州：ベルン
使用言語：ドイツ語
地図位置：P.125-B2
標高：1034m
郵便番号：CH-3818
エリアコード：033
（市内通話の場合でも初めにエリアコードをプッシュする）

広い谷に家が点在するグリンデルワルトの村

山あいをぬって上る登山列車がもうすぐグリンデルワルトに着こうかという頃、急に視界が開けたと思うと、右側に巨人のごとき山塊がぬっと現れる。アイガーの登場だ。左の痩せた稜線が大正10年（1921年）に槇有恒（まきゆうこう）が初登頂したミッテレギ稜。中央から右側、冬でもねずみ色の肌をさらしているのが北壁である。アイガーだけではなく、村の奥には黒々とした岩壁をさらしているヴェッターホルンが迫力ある姿を見せている。

グリンデルワルト駅

アルピニストの夢が詰まったグリンデルワルトはハイカーたちのパラダイス。雨雲が切れたらロープウエイに飛び乗ろう。村の通りを飾る花も、山の斜面を埋め尽くす高山植物の群落にはかなわないし、アイガーも、山に上ればきりりと引き締まったイイ顔を見せてくれる。グリンデルワルトの醍醐味はハイキングにある。

心地よい疲労感とともに村へ戻ったら、眺めのよいレストランのテラス席で夕食。デザートを食べ終わる時分には山々が茜色に染まり出す。エピローグを飾るのはやはりアイガーだ。この頂が光を失い、すべてが闇に溶ける頃、日に焼けた顔の男たちが大きなザックを背負って山を下りてくるだろう。

駅を背にメインストリートを望む

グリンダバルト！
「グリンデルワルト」というのは英語読み。まして日本語のイントネーションでは通じにくい。観光客に慣れている地元ではたいてい大丈夫だが、もし通じなかったら最初の「グリ」を強調して、「グリンダバルト」と発音しよう。

アクセス インタラーケン・オスト駅から登山鉄道で34分。1890年に開業したこの路線（BOB）は、前半分の車両がラウターブルンネン行き、後ろ半分がグリンデルワルト行きとなっている。車内で前後の行き来はできないので車体の行き先表示で行き先を確認してから乗ろう。2つ目の駅ツヴァイリュチーネンZweilütschinenで分離される。

グリンデルワルトはユングフラウヨッホへの乗り換え駅でもある。クライネ・シャイデック行きの列車（WAB）は、到着ホームのすぐ隣から発車する。

車体の行き先表示を確認しよう

登山鉄道BOB
インタラーケン・オスト発は6:05～22:05で30分～1時間ごと。日曜、祝日に運休の便、期間限定で運行する便などがあるので確認を。スイストラベルパス有効。

Walking 歩き方

グリンデルワルトはアイガーの村だ。インタラーケンとは逆に、この村からユングフラウは望めない。

グリンデルワルト到着前にアイガーの雄姿を見られる

インタラーケンが軽井沢なら、こちらは上高地といいたいところだが（上高地のある長野県の松本市とは姉妹提携を結んでいる）、村の規模は上高地よりはるかに大きく、明るい。標高4000m近い山々に囲まれた村がなぜ明るいのかというと、リュチーネ川から70mほど上った南斜面に村が開けているためと、谷が東西に延びていて日照時間が長いため。もちろん陽光を反射する万年雪と氷河、そしてホテルの窓という窓に飾られた色鮮やかな花々のおかげでもある。

30分で端から端まで歩けるほどの小さな村を訪れる観光客は、年間100万人以上。レストランだけでも約50軒ある。古くか

ℹGrindelwald Tourismus
住Sportzentrum, Dorfstrasse 110
☎（033）8541212
URL www.grindelwald.swiss
開月～金曜　8:00～18:00
　土・日曜　9:00～18:00
観光パンフレット、地図などの資料が豊富。ホテル予約も可能。

パン・食料品の店
Bäckerei Wüthrich
郷土博物館の近くにあり、朝早くから営業している。
住Ischweg 1
☎（033）8548854
URL www.gletscherbeck.ch
営月～土曜　6:30～17:00
休日曜

COLUMN アイガー・エクスプレス Eiger Express

早いだけでなく眺望も楽しめる路線

アクセス時間が大幅に短縮

2020年12月5日に開通したロープウエイ。新しい駅グリンデルワルト・ターミナルとアイガーグレッチャーをわずか15分で結び、これまでのクライネ・シャイデック経由と比べ、グリンデルワルトからユングフラウヨッホまでの所要時間を47分も短縮した。2018年の夏にスタートした「Vバーンプロジェクト」で造られたルートで、グリンデルワルトからメンリッヒェンに上るロープウエイも新型になり所要時間が30分から19分に短縮された。

アイガー・エクスプレスには3本のケーブルが導入されて揺れが少なく、ゴンドラは足元までガラス張りで低い位置を移動するので、まるでドローンの映像を見ているかのような空中散歩が楽しめる。

ユングフラウエリアの観光にどう組み込む？

時間短縮を図りたいなら往復とも乗車することをおすすめする。ハイキングを楽しむなら往路に利用して、復路はアイガーグレッチャーからクライネ・シャイデックまでハイキングするのがいい。ゴンドラからの眺めを楽しむなら下り方向の眺めが圧倒的な迫力だ。どのくらいの所要時間で巡ることができるかはP.152のモデルプランを参考に。

写真撮影を楽しむなら

上りのゴンドラから周囲の風景を撮影したい場合、前半は進行方向左側のヴェッターホルンの方角、後半は進行方向右側のクライネ・シャイデックの景色のいい写真がとれる。写真撮影にこだわらないのであれば、左右どちらの席に座ってもいい。窓が大きいので、全方向の景色を楽しむことができる。

26人乗りで1時間に2200人を運べる

村内バス
Grindelwald Bus
ユングフラウ鉄道トラベルパス(JBパス)、スイストラベルパス、スイス半額カード有効。
☎ (033)8541616
URL www.grindelwaldbus.ch

グロッセ・シャイデックに停車中の村内バス

2014年に日本スイス国交樹立150周年を祝って姉妹都市の松本市から贈られた記念碑

ら多くの日本人登山家に愛されてきた村で、今でも日本人観光客が多い。

村のメインストリートである**ドルフ通りDorfstrasse**は、駅から谷の奥（東）まで1kmほど続く。駅を出てすぐ右側にある駐車場はバスターミナル。ホテルの無料直通予約電話もここにある。その並びにある大きな建物がスポーツセンターで、1階にグリンデルワルト村の観光案内所❶が入っている。

さらに東に進むと、両側にはアーミーナイフの店、登山&スキー用品店、時計店、みやげ店などがずらりと軒を並べる。

通りの先にそびえるのは、北側がざっくりと切れ落ちた姿が印象的なヴェッターホルンWetterhorn（3692m）。この山にかかった雲で天気を占うことから“お天気山”の名がついた。ア

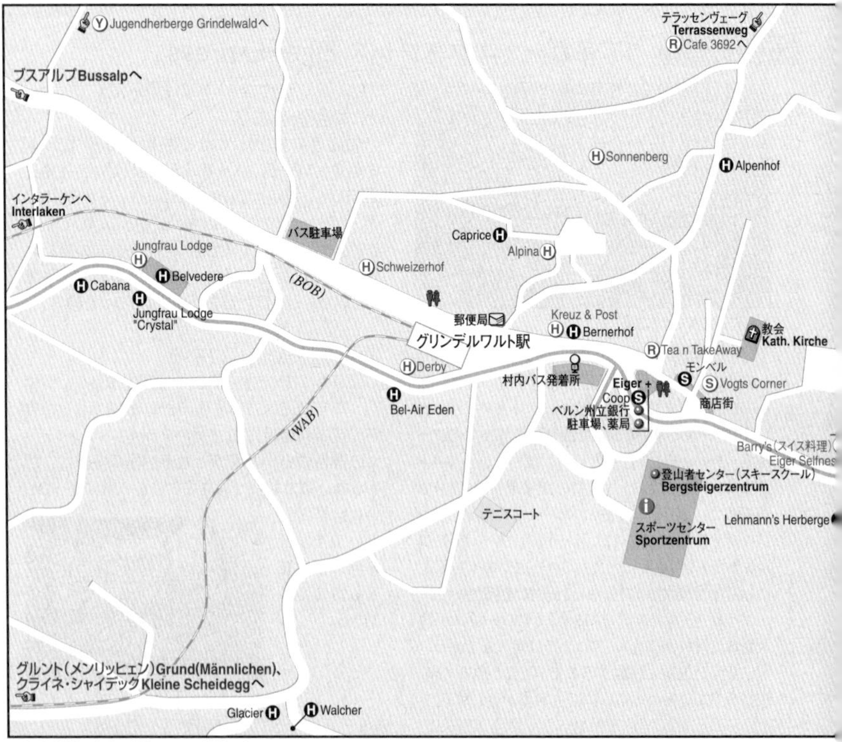

Ⓨ Jugendherberge Grindelwaldへ
テラッセンヴェーグ Terrassenweg
Ⓡ Cafe 3692へ
ブスアルプBussalpへ
Ⓗ Sonnenberg
Ⓗ Alpenhof
インタラーケンへ Interlaken
バス駐車場
Caprice Ⓗ
Alpina Ⓗ
Jungfrau Lodge Ⓗ
Ⓗ Belvedere
Ⓗ Cabana
Ⓗ Schweizerhof
(BOB)
Ⓗ Jungfrau Lodge "Crystal"
郵便局
Kreuz & Post Ⓗ Ⓗ Bernerhof
グリンデルワルト駅
Ⓡ Tea n TakeAway
教会 Kath. Kirche
Ⓗ Derby
村内バス発着所
モンベル
Eiger + Ⓢ
Coop Ⓢ
Ⓢ Vogts Corner
商店街
Ⓗ Bel-Air Eden
ベルン州立銀行
駐車場、薬局
(WAB)
Barry's(スイス料理)
Eiger Selfness
登山者センター(スキースクール) Bergsteigerzentrum
テニスコート
スポーツセンター Sportzentrum
Lehmann's Herberge
グルント(メンリッヒェン)Grund(Männlichen)、クライネ・シャイデックKleine Scheideggへ
Glacier Ⓗ
Ⓗ Walcher

※ⓈⒽⓎⓇは本書で紹介している物件です。

イガーとヴェッターホルンの間で白い稜線を見せる岩峰はフィーシャーヘルナーFiescherhörner。昼間は目立たないが、村に夕闇が迫る頃、紅に染まって存在を主張する。

10分も歩くと、左側にフィルスト行きロープウエイ乗り場があり、その先に絵はがきによく登場する教会がある。このあたりまでがグリンデルワルトの中心だ。

◎村内バスを活用しよう

黄色い車体に村花エンティアンを描いた村内バスは、グロッセ・シャイデックやブスアルプへ行く際や、駅から離れたホテルへの移動などに便利。グリンデルワルトは徒歩で巡ることもできるが、バスを使えばメインストリート沿いの目的地までほんの数分でアクセスできる。グリンデルワルトに滞在する場合、村内バスに乗車できるゲストカードをもらえるのでバスは無料で利用できる。時間が合うときは積極的に使おう。駅から東へ歩いてすぐ右側がバスターミナル。バスの番号と行き先を確認して乗車しよう。

駅からすぐ近くにあるバスターミナル。ここにすべてのバスが集まる

村のメインストリートから見るメッテンベルク

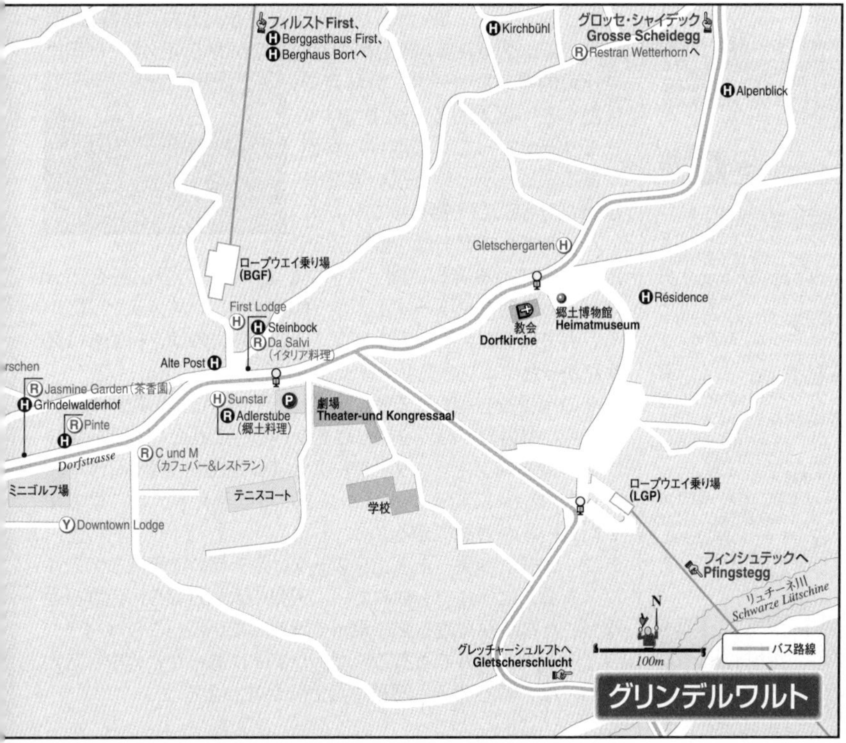

❶日本語観光案内所
住 駅前にあった事務所は閉鎖。現在は電話とメールで旅行予約(手配)を受け付けている。
☎ (033)8535120
URL www.jibswiss.com
休 土・日曜

フィルストFirst、
Ⓗ Berggasthaus First、
Ⓗ Berghaus Bortへ
Ⓗ Kirchbühl
グロッセ・シャイデック
Grosse Scheidegg
Ⓡ Restran Wetterhornへ
Ⓗ Alpenblick
Gletschergarten Ⓗ
ロープウエイ乗り場
(BGF)
First Lodge Ⓗ
Ⓗ Steinbock
Ⓡ Da Salvi
(イタリア料理)
Alte Post Ⓗ
教会
Dorfkirche
郷土博物館
Heimatmuseum
Ⓗ Résidence
rschen
Ⓡ Jasmine Garden(茶香園)
Ⓗ Grindelwalderhof
Ⓡ Pinte
Ⓗ
Ⓗ Sunstar
Ⓟ
Ⓡ Adlerstube
(郷土料理)
劇場
Theater-und Kongressaal
Dorfstrasse
Ⓡ C und M
(カフェバー&レストラン)
ミニゴルフ場
テニスコート
学校
Ⓨ Downtown Lodge
ロープウエイ乗り場
(LGP)
フィンシュテックへ
Pfingstegg
リュチーネ川
Schwarze Lütschine
N
100m
バス路線
グレッチャーシュルフトへ
Gletscherschlucht
グリンデルワルト

アクセス 駅からメインストリートを東へ徒歩10分。6人乗りのロープウエイに乗車。なお、フィルストからグリンデルワルトまで歩いて下ると2時間30分ほどかかる。

グリンデルワルト
⬇ 🚡 25分
フィルスト

◆ロープウエイ
通年運行しており、'23年6/23～9/23は8:00～17:30、フィルスト最終発が18:00。ほかの時期は終了時間が早まるので、スケジュールをよく確認しておきたい。
料片道CHF32～、往復CHF64～(時期により料金変更あり)。ユングフラウ鉄道トラベルパス有効。スイストラベルパスで25%割引き。

絶景好きなら
フィルスト・クリフウォーク First Cliff Walkはフィルスト西壁に延びる250mのつり橋。足場が鉄で格子状に組まれていて、風が吹くたびに揺れるためスリル満点。15分ほど歩くとアイガーにせり出すように設計された橋の先端に到着。遮るものなく周囲のアルプスを見渡せて爽快でした。
(丸岡市　ペータァ)['23]

韓流ドラマのロケ地
人気韓国ドラマ『愛の不時着』のロケ地としても使われ、頂上のロープウエイ駅から北東に延びるハイキングコースで撮影された。

ハイキング情報 P.172

フィルスト・フライヤー
フィルストとロープウエイのひとつ下の駅シュレックフェルト間にあるアトラクション。約800mの距離をブランコに乗る格好で駆け抜けるフィルスト・フライヤーFirst Flyerだ。草原の上を風を切って下りていくのはまさに爽快のひと言。フィルストのロープウエイ乗り場のそばにある乗り場で体をしっかりブランコに固定したら、あとは一気に飛び出すだけ。ハイキングコースを歩き終えて、グリンデルワルトに下る前にぜひ一度試してみては。体重規定あり、35～125kg。料金は1回CHF31。'23年夏期の運行は～11/5。11:00～16:00。

人気のアトラクション

Scenic Overlook 展望台

花畑に囲まれた人気の展望台　MAP P.125-B1

フィルスト First

2166m

グリンデルワルトから最も近く、絵画的なパノラマを楽しめる場所として人気が高い。2時間もあれば村から往復できるけれど、最低でも半日かけるつもりで。展望台から四方へ延びているハイキングコースがすてきなのだ。

目の前にヴェッターホルンが迫る

ロープウエイ乗り場は駅から東へ徒歩約10分。1991年まではヨーロッパ最長のペアリフトとして知られていたが、今では寒い思いをせずに展望台へ上ることができる。標高が上がるにつれてアルプスの山が次々に顔を現し、向かいの峡谷には、かつて村の目の前まで迫っていた氷河の全貌も見えてくる。

展望台に着いたら、天気が崩れないうちに歩き出そう。時間のない人でも、ぜひ**バッハアルプゼーBachalpsee**までは歩いてほしい。スニーカーがあれば初心者でも大丈夫。往復2時間のハイキングだ。歩き出してすぐに上りがあるが、あとは湖まで比較的平坦なコース。分岐点では左へ左へと進もう。途中にはマーモットがすんでいる開けた斜面がある。ピーッという鋭い警戒音が聞こえたら、目を凝らしてみよう。

バッハアルプゼーからの絶景

バッハアルプゼーは、標高2265mの山上にある美しい湖。ファウルホルンへの登山道を15分ほど上って湖を見下ろすと、さらにすばらしいパノラマが広がる。中央にそびえる端正なピラミッド形の岩峰は、村からは見えなかったシュレックホルンSchreckhorn（4078m）だ。

その尾根を右へたどると、奥まった所にひときわ鋭い峰が目を引く。遠いので高さを感じさせないが、これがベルナーアルプスの最高峰フィンスターアールホルンFinsteraarhorn（“黒ワシ”の意。4274m）。フィルストからは見えず、ここまで歩いた人のみが対面できる。

フィルストへ戻ったら、レストランのテラスに陣取ってアルプスを肴にビールでも飲みたい。天気のよい日なら、色鮮やかな“鳥”たちが谷を渡る風に乗って滑空している。ここはパラグライダーのメッカでもあるのだ。ツアーにあらかじめ申し込んでおけば、初心者でも簡単に鳥気分が味わえる。

フィンスターアールホルンが見える静かな展望台 MAP P.125-B1

ブスアルプ Bussalp
1798m

村の西側にあり、比較的観光客が少ない。フィルストやシーニゲ・プラッテからのハイキングコースの終着点でもある。5軒ほどの農家が集まって酪農を営んでいて、いつもたくさんの牛が草を食んでいる。グリンデルワルトの村と登山鉄道がおもちゃのように眺められるだけでなく、ユングフラウなど3山のパノラマも楽しみ。またフィンスターアールホルンを眺められる数少ない場所のひとつでもある。

西側からグリンデルワルトの谷を見渡すことになる

アクセス　グリンデルワルト ↓ バス30分 ブスアルプ

◆バス

'23年夏期の運行は5/18〜10/22の8:50〜17:25（1日6〜7本。6/3〜10/15に17:25の運行あり）。ブスアルプ発最終は18:00（1日6〜7本。6/3〜10/15に18:00の運行あり）。冬から春にかけては往路が5〜6本、復路が4〜5本。所要25〜30分。グリンデルワルトまで歩いて戻ると約1時間30分かかる。

URL www.grindelwaldbus.ch

料 片道CHF27、往復CHF54。ユングフラウ鉄道トラベルパス有効、スイストラベルパスで50%割引き。

ハイキング情報 P.172

グリンデルワルトバス

村を見晴らせる手軽な展望台 MAP P.125-B2

フィンシュテック Pfingstegg
1391m

アイガーとヴェッターホルンの間にある静かな展望台。アルプスはアイガーしか見えないけれど、グリンデルワルトの村が一望できる。西（アイガー方面）へ歩けば約45分でグレッチャーシュルフト。東（ヴェッターホルン方面）へ歩けば約1時間30分でオーバラー・グレッチャーへ出られる。このあたりにはアルプスカモシカ（ゲムゼGämse）が生息しているので、運がよければ出合えるかもしれない。

眼下にグリンデルワルトの村が広がる

アクセス　グリンデルワルト ↓ ロープウエイ5分 フィンシュテック

◆ロープウエイ

フィルストへのロープウエイ駅を過ぎてすぐ、教会の手前の道を右（南東）へ入って15分ほど歩くと、ロープウエイPfingsteggbahnの駅がある。夏期（'23年5/13〜10/15）の運行は8:30〜19:00で15分ごと。その前後約1ヵ月は9:00〜18:00で20分ごとの運行。天候状況によって運行スケジュール変更あり。

☎ (033)8532626

URL www.pfingstegg.ch

料 片道CHF18、往復CHF28。リージョナルパス・ベルナーオーバーラント有効。スイストラベルパスで50%割引き。

フィンシュテックからのトレッキング

フィンシュテックから下グリンデルワルト氷河谷に沿って、ベーレック小屋まで歩いた。樹林を抜けるとすぐ右側には深さ300mにもなる深い氷河谷が見下ろせる。アイガーの岩壁から流れ落ちる高度差のある滝も。途中には19世紀にどこまで氷河があったかを示す解説もあり興味深い。ベーレック小屋まで片道1時間半ほど。

（八王子市　小笠原雅弘）['23]

アクセス　グリンデルワルト
⬇ 🚌 34分
グロッセ・シャイデック

◆バス
駅前のバスターミナルから村内バスで34分。
'23年は5/18〜10/22に運行。8:04〜15:04（1日6〜9本）のほぼ1〜2時間ごと。グロッセ・シャイデック発最終は17:23（1日9本）。いずれも6/3〜10/15は増便あり。
URL www.grindelwaldbus.ch
料 片道CHF27、往復CHF54。ユングフラウ鉄道トラベルパス有効、スイストラベルパスで50%割引き。

ハイキング情報 P.172

鋭く険しいアイガーが見られる峠

MAP P.125-B1

グロッセ・シャイデック Grosse Scheidegg

1962m

「大きな峠」という名前のとおり、ヴェッターホルンの足元にあって、グリンデルワルトの村を東から見下ろしている峠。村から見るとドテッと座り込んでいたアイガーも、ここから見ると違う表情を見せる。多くの登山家の命を奪ってきた垂直にそそり立つ北壁の姿がよくわかり、その劇的な変化は一見の価値あり。特に早朝が美しいので、朝一番のバスに乗り込もう。バスは村を抜け、氷河を過ぎると、一般車進入禁止という狭い山道を愉快なクラクションを鳴らしながら上る。峠に到着してアイガーを拝んだら、頭上に仰ぎ見るヴェッターホルン北壁もお見逃しなく。高低差1740m。こちらも大迫力の岩壁だ。

山岳ホテルの1階にあるレストランで朝食を取ったら、フィルストまでのハイキングがおすすめ。花畑の中を歩いて約1時間30分。眺めがよく、高低差の少ないコースだ。なお、グリンデルワルトから来たバスは、峠を越えてさらにマイリンゲン方面まで走っている。列車でブリエンツ、インタラーケンを経由し、1日かけてぐるりと回ってくるというプランもいい。

ヴェッターホルンと山岳ホテル

グリンデルワルトの谷を見渡す雄大な風景

読者投稿

バスに乗ってグリンデルワルトからマイリンゲンへ

列車よりも時間はかかるが、車窓からはアイガーやヴェッターホルンなどアルプスの大パノラマ、ローゼンラウイ氷河、マイリンゲン近くではライヘンバッハ滝が楽しめる。

シュヴァルツワルトアルプで、グリンデルワルトの村内バスとポストバスを乗り換える必要があるので要注意。おすすめは朝一番のバス。

（杉並区　堀美紀）

'23年の運行は5/18〜10/22。所要時間は約1時間50分。グリンデルワルトからシュヴァルツワルトアルプへは6/3〜10/15は8:04〜16:04の間1日8便運行。それ以外は8:04〜15:04の1日4便。

グリンデルワルトの村内バスは黄色の車体

足を延ばす価値ありの大パノラマ

MAP P.125-B2

メンリッヒェン
Männlichen

2195m

ヴェンゲン側は崖

ユングフラウ地方に数ある展望台のうちで、ずば抜けてダイナミックな眺望を堪能できるポイント。南にはユングフラウなど3山の大伽藍。東はグリンデルワルトの村とヴェッターホルン。その優美な裾野から連なる尾根を北にたどればフィルスト、ファウルホルン、シーニゲ・プラッテと続き、西にはインタラーケンの町と湖、もちろんシルトホルン方面も望める。まさに360度の絶景。スキー場としても知られており、春と秋の一時期を除いて、通年訪れることができる。

ロープウエイ駅に到着したら、右側に見えているメンリッヒェン山頂（2343m）まで上がったり、展望台の前に広がる草原で、ユングフラウをひとり占めしてピクニックをするのもいい。レストランと山岳ホテルもある。

しばし至福の時を過ごしたら、クライネ・シャイデックへ向かおう。どんなに急ぐ旅でも、このハイキングだけは外せない。何しろ世界でも指折りの大パノラマと可憐な花畑を、スニーカーひとつで誰もがほしいままにできるのだから。

アクセス グリンデルワルト
⬇ 🚌 3分
グリンデルワルト・ターミナル
⬇ 🚡 19分
メンリッヒェン

◆ロープウエイ
グリンデルワルト・ターミナルと直結の山麓駅発。'23年の夏の運行は、ピークシーズンの7/2～8/14が8:15～17:00、5/26～7/1と9/19～10/23が8:30～16:30、8/15～9/18が8:30～17:00。
料 片道CHF32、往復CHF64
URL www.maennlichen.ch

ヴェンゲンへ下るには
メンリッヒェンから、グリンデルワルトとは反対側のヴェンゲンへ下るにはヴェンゲンからのロープウエイLWMを使おう。詳しくは→P.155。

アイガー、メンヒ、ユングフラウの3山が織りなす絶景

MAP P.125-B2

クライネ・シャイデック
Kleine Scheidegg

2061m

インタラーケンとユングフラウの間にはメンリッヒェンの山がある。この山を西に迂回した谷にあるのがラウターブルンネン、東に迂回すればグリンデルワルト。この2本の鉄道がさらに斜面を上り、峠の頂上で出合うのがクライネ・シャイデック（小さな峠の意）だ。

ユングフラウ三山を真正面に見られる駅

ユングフラウヨッホへの乗り換え駅として通過する人が多いが、実にもったいない！　ここは手が届きそうなほど間近に3山が迫り、山塊の大きさと岩肌の感触を確かめることができる、とびっきりの場所。ぜひ、この峠に滞在する時間を予

アクセス インタラーケン・オスト駅からは西回り（ラウターブルンネン乗り換え）で所要1時間3分、東回り（グリンデルワルト乗り換え）で所要1時間12分でクライネ・シャイデックへ到着する。グリンデルワルトからクライネ・シャイデックまでは32分。ラウターブルンネンからは38分。進行方向右側に座れば、シュタウプバッハの滝やユングフラウが眺められる。

登山鉄道BOB & WAB
インタラーケン・オスト駅から片道CHF43.80（2等）。7:05～17:35（オフシーズンは～17:05）で30分～1時間ごとに運行。
URL www.jungfrau.ch

WABとユングフラウ

ヴェンゲルンアルプ鉄道（WAB）
グリンデルワルト〜クライネ・シャイデック〜ラウターブルンネン間を走るヴェンゲルンアルプ鉄道WABは、1893年の開業。線路の幅が狭いため、客車もひと回り小さい。それぞれの谷から上ってきた電車はクライネ・シャイデックが終点で、すべての電車がもと来た方向へ戻っていく。最大250パーミルという急勾配を上り下りするため、上りは機関車が後ろから押し上げ、下りは前で踏ん張らなければならない。だから線路がつながっていても反対側の谷へ下りることはできない。スイストラベルパスは25%割引で利用できる。

定しておきたい。

ユングフラウ鉄道への乗り換え駅としてにぎわう駅の周辺には、レストランや売店が数軒あり、ここを起点にハイキングコースが四方に延びている。スイスでも指折りの絶景ランチ&絶景ハイキングをたっぷりと満喫しよう。

おみやげ屋さんの後ろにある望遠鏡（有料）をのぞいてみるといい。今まさにアイガー北壁にへばりついているケシ粒のようなクライマーが見えるかもしれない。クライネ・シャイデックは、クライマーが北壁をアタックしているとき、サポートメンバーが滞在する場所でもある。頂上直下、岩壁がV字形に切れ込んだあたりにクモが手足を広げたような氷雪の模様が見つかるだろうか？　これが難所として知られる“白い蜘蛛Die Weisse Spinne”。その巣にかかったら容易に抜け出せないとクライマーたちから恐れられており、1965年に日本人登山家が遭難した場所でもある。そして、峠の西側には氷河を抱いたユングフラウがそびえる。左側の肩にちょこんと乗っかった銀色のドームがある場所がユングフラウヨッホだ。

線路を渡った丘の道中には、小説家新田次郎の記念碑もある。富士山測候所に勤務した新田次郎は、その体験をもとにした『強力伝』で直木賞を受賞し、山岳小説の分野を開拓した。1961年から数回にわたってスイスを訪れ、『アルプスの谷　アルプスの村』『栄光の岩壁』『アイガー北壁 気象遭難』などを執筆。1980年に亡くなったあと、夫人によってクライネ・シャイデックのアイガーが見える場所に碑が設置された。

アイガーを見上げる

COLUMN

山岳ホテル

アルプス観光の原点を垣間見る

クライネ・シャイデック駅からアイガー方向を眺めると、目の前に茶色の外壁に白の窓枠、薄い緑の鎧戸が印象的なクラシックなたたずまいの**ホテル・ベルビュー・デザルプHotel Bellevue des Alpes**が見える。外観同様、内部もアルプス観光の黎明期である19世紀半ばのエレガントな雰囲気を保っていて、標高2600mの高地にあるとは信じられないほど。このホテルの前身となる山小屋Zur Gemseが建設されたのが1840年のこと。その後何度かの改築を経て現在にいたっている。

今でこそ、アルプスの観光はすべての人に開かれているが、かつては一部のお金持ちのための道楽だった。彼らは山の上という環境にあっても、下界同様の快適さを求めた。寝心地のよいベッドはもちろんのこと、フルコースディナーにはワインが当然のように供され、食後はお酒を飲みながらシガーの煙を揺らすバーが備えられた。

馬に乗って山を上り、旅の大きな荷物を持つのは当然お付きのもの……。苦労せずに山の上からの美しい景色を眺めたい。登山鉄道の建設は、まさにそういう人たちのためだった。そしてその究極が、観光のために岩盤にトンネルを掘って造った、このホテルのすぐ前を通るユングフラウ鉄道だった。

このホテルに泊まって、朝夕のユングフラウ3山の姿を眺めてみれば、当時の上流階級の人々の思いを感じることができるかもしれない。

URL www.scheidegg-hotels.ch
料金（または部屋）Ⓢ CHF310〜　Ⓦ CHF450〜（朝食、4コースディナーを含む）
Room 60室

豪華な5つ星や4つ星ホテルから花に囲まれたシャレー風のホテル、リーズナブルなユースホステルまで、総ベッド数は1万を超えるグリンデルワルトの宿。旅のスタイルに合わせてホテル選びも楽しみたい。ただし7月中旬〜8月上旬、年末年始、2月上旬〜3月中旬のシーズン中はとても混雑するので予約が望ましい。ホテル直通予約電話はバスターミナルにある。

シュヴァイツァーホフ Schweizerhof

MAP P.140 ★★★★★

駅から徒歩約3分。シャレースタイルの建物で、内装にも木がふんだんに使われている。全室バスタブ付き。サウナや屋内プール、レストランと暖炉付きのラウンジバーがあるなど設備が整っている。宿泊料金とコースディナーやフォンデュがセットになったお得なグルメスペシャルなども人気。

住Swiss Alp Resort 1
☎(033)8545858
URL www.hotel-schweizerhof.com
料 Ⓢ CHF558〜 Ⓦ CHF1039〜
Room 101室 Wi-Fi 無料
カード A D J M V

クロイツ・ウント・ポスト Kreuz & Post

MAP P.140 ★★★★

駅前にあるのでアクセスも抜群。客室は6タイプあり、すべての客室からは山々が見渡せる。特に南向きの部屋からは、雄大なアイガーのパノラマが窓いっぱい広がる。グループなら3ベッドルームのアパートメントタイプがおすすめ。施設面も充実しており、スパエリアには、サウナやジャクージを備えている。

住Dorfstrasse 85
☎(033)8547070
URL www.kreuz-post.ch
料(または) Ⓢ CHF360〜 Ⓦ CHF353〜
Room 42室 Wi-Fi 無料
カード A M V 休4月上旬〜5月下旬 ※冬期は最低2泊〜

アイガー・セルフネス Eiger Selfness

MAP P.140 ★★★★

村の中心に位置するホテル。ホテル内のジムは無料で利用可。各部屋にコーヒーメーカーあり。併設するレストランは地元の人にも人気。南側の部屋からはアイガーが望める。山小屋風のレストランでは、スイス料理と各国料理が楽しめ、バーでもアラカルト料理が用意されている。

住Dorfstrasse 133
☎(033)8543131
URL www.eiger-grindelwald.ch
料 Ⓢ CHF202〜 Ⓦ CHF403〜
Room 50室 Wi-Fi 無料
カード A J M V

サンスター Sunstar

MAP P.141 ★★★★

団体客の多い全211室の大規模ホテル。レストラン、室内プール、サウナなど設備が充実。暖炉のある広々としたロビーで音楽の演奏も楽しめる。個人の宿泊料金にはミニバーのドリンク代が含まれている。駅から送迎バスあり、徒歩で約10分。フィルスト行きロープウエイ乗り場の近く。

住Dorfstrasse 168
☎(033)8547777
URL grindelwald.sunstar.ch
料(または) Ⓢ CHF167〜 Ⓦ CHF640〜
Room 211室 Wi-Fi 無料
カード A J M V
休10月中旬〜12月中旬

アルピナ Alpina

MAP P.140 ★★★

駅裏の丘の上にあるシャレースタイルの3つ星ホテル。歩いても2分程度だが、送迎も可。木を多用したナチュラルな雰囲気の内装で、アイガーがよく見える気持ちのよい庭がある。全室の設備も充実しており、南向きの客室にはプライベートバルコニーが付いている。評判のよいレストランも併設。

住Kreuzweg 9
☎(033)8543344
URL www.alpina-grindelwald.ch
料(または) Ⓢ CHF172〜 Ⓦ CHF294〜
食事追加 CHF42
Room 32室 Wi-Fi 無料
カード A D J M V

日本からグリンデルワルトへの電話のかけ方
[国際電話会社の番号*]+010+[国番号41]+[33(エリアコードの最初の0は不要)]+[電話番号]
*マイラインの国際通話区分に登録している場合は不要

ダービー Derby

MAP P.140 ★★★

駅のプラットホームに面してホテルの入口がありアクセスは申し分ない。アイガー側の客室は、テラスが広く、正面にアイガーを見ながらのんびり過ごせる。人気のフォンデュ専用のレストランもある。シーズンによってお得なパッケージプランもあるので、ホームページを確認してみよう。

住 Dorfstrasse 75
☎ (033)8545461
URL derby-grindelwald.ch
料 (または) Ⓢ CHF152～Ⓦ CHF224～
Room 70室 Wi-Fi 無料
カード ADJMV
休 11月～12月中旬

グレッチャーガルテン Gletschergarten

MAP P.141 ★★★

家族経営のアットホームな3つ星ホテル。ひとり旅でもいろいろ気にかけてくれて居心地がいい。宿泊者専用のレストランでは、シェフ自慢のコース料理が楽しめ、静かでゆったりとしたディナータイムが過ごせる。サウナとスチームバス完備のホテル自慢のスパも完備。駅から送迎あり。

住 Obere Gletscherstrasse 1
☎ (033)8531721
URL www.hotel-gletschergarten.ch
料 (または) Ⓢ CHF135～ Ⓦ CHF264～ 食事追加 CHF48 Room 26室
Wi-Fi 無料 カード ADMV
休 4月～5月下旬、10月上旬～12月中旬

ユングフラウ・ロッジ Jungfrau Lodge

MAP P.140 ★★★

客室は清潔で、ほとんどの部屋がバルコニー付き。南側の部屋から眺めるアイガー北壁がすばらしい。スタッフも優しく、サービスもいい。アパートメントタイプの部屋（2寝室、電子レンジ、食器を完備）もあり、長期滞在したい人におすすめ（1泊CHF520、4人まで宿泊可能）。

住 Dorfstrasse 49
☎ (033)8544141
URL www.jungfraulodge.ch
料 Ⓢ CHF59～ Ⓦ CHF171～
Room 45室 Wi-Fi 無料
カード DJMV
休 10月下旬～12月中旬

フィルスト・ロッジ First Lodge

MAP P.141 ★★

フィルストに上るロープウエイ乗り場の目の前。展望台にある山岳ホテルBerggasthaus Firstの別館のようなB&B。庭はいつも美しい花であふれ、ていねいに手入れしていることがよくわかる。木の温もりを感じる部屋は居心地がよく、スイスに滞在していることをしみじみ感じさせてくれる。

住 Dorfstrasse 183
☎ (033) 8287788
URL www.berggasthausfirst.ch
料 Ⓢ CHF70～
Ⓦ CHF160～
Room 12室
Wi-Fi 無料
カード AMV

ゾンネンベルク Sonnenberg

MAP P.140 ★★

自然と調和したナチュラルホテル。家族経営なのでさまざまなことに目が届き、ゲストからの評判もいい。本館に15室とダイニングルーム、別館にはバスルーム（もしくはシャワー）付きの8室がある。高台に建っているのでバルコニーからの眺めは申し分ない。

住 Sonnenbergweg 6
☎ (033)8531015
URL www.sonnenberghotel.ch
料 (または) Ⓢ CHF85～ Ⓦ CHF160～ 食事追加 CHF38
Room 23室 Wi-Fi 公共エリアのみ、無料 カード AMV 休 4月中旬～5月中旬、10月下旬～12月中旬

ユーゲントヘアベルゲ（YH） Jugendherberge Grindelwald

MAP P.140域外

シャレースタイルのユース。駅から西へ徒歩15分。または村内バスでGaggi Säge下車2分。

住 Geissstutzstrasse 12 ☎ (033)8531009 URL www.youthhostel.ch
料 Ⓓ CHF48 Ⓢ CHF100 Ⓦ CHF146 食事追加 CHF19.50
非会員は1泊CHF7プラス Room 133ベッド Wi-Fi 無料
カード ADJMV 休 4月上旬～5月中旬、10月下旬～12月下旬

ダウンタウン・ロッジ Downtown Lodge

MAP P.141

町の中心部にある便利なホステル。ホテル・シュピンネとミニゴルフ場の間の路地を入った所にある。

住 Dorfstrasse 152 ☎ (033)8287730
URL www.downtownlodge.ch
料 Ⓓ CHF53～ Ⓢ CHF70～ Ⓦ CHF130～
Room 40室 Wi-Fi 無料 カード AJMV

日本からグリンデルワルトへの電話のかけ方

[国際電話会社の番号*]+010+[国番号41]+[33(エリアコードの最初の0は不要)]+[電話番号]
*マイラインの国際通話区分に登録している場合は不要

1年をとおして世界中から多くの観光客が訪れるグリンデルワルト。そのため地元郷土料理からイタリアン、中華料理までさまざまな種類の料理を楽しむことができる。駅前の通りにいくつもカフェやレストランが集中しているので好みの店も見つかるはず。店によってはアイガーを眺めながらゆっくり食事ができるのがグリンデルワルトならではだ。

バリーズ Barry's

MAP P.140

ホテル・アイガー2階にある山小屋風のスイス料理レストラン。店内には雪崩救助犬バリーのぬいぐるみが飾られている。あたたかみのある木材を使った店内はカジュアルな雰囲気で、気取らずゆっくりと食事が楽しめる。メニューは軽食からメイン料理まで幅広く、地元産の食材を使った料理も多い。

住Dorfstrasse 133
☎(033)8543131
URL www.barrysrestaurant.ch
営11:00 ～ 23:00
（金・土曜～翌1:00）
休4月上旬～ 5月中旬、10月下旬～ 12月上旬の水曜
カード A J M V

ピンテ Pinte

MAP P.141

シャレー風のかわいらしいホテル・ピンテの1階にあるスイス料理レストラン。ベルナーオーバーラント風とヴァリス風など数種類のチーズフォンデュがあり、おすすめはヴァリス風トマトフォンデュ。夏はアイガーを見ながらテラスで食事ができる。

住Dorfstrasse 157
☎(033)8531234
URL bellevue-pinte.ch
営16:00 ～ 23:00
休日・月曜
カード M V

茶香園 Jasmine Garden

MAP P.141

マレーシア出身の夫婦が経営する中華料理レストラン。グリンデルワルトでは珍しい本格的な中華料理を楽しめる。濃厚なスイス料理に飽きたら立ち寄ってみてはどうだろう。町のメインストリート沿いにあるが、地下1階なので少しわかりにくい。入口はHotel Grindelwalderhofの脇にある。

住Dorfstrasse 155
☎(033)8530733
URL www.china-restaurant-jasmine-garden.ch
営11:30 ～ 14:00、
18:00 ～ 23:00
休火・土曜のランチ、冬期は週1日休み カード M V

ツェー・ウント・エム C und M

MAP P.141

教会へ向かう道の右側（Pfingstegg駅へ下る道の入口）にあるカフェバー&レストラン。テラス席からアイガーが見られる。地元の食材を使った食事もおいしく、ミニサイズもある。12:00～14:00は日替わり定食を提供。新鮮なフルーツを使ったホームメイドスイーツ、焼きたてのパン、炭火コーヒーも人気。

住Almisgässli 1
☎(033)8530710
URL www.cundm-grindelwald.ch
営11:00～23:00
（土・日曜9:30 ～）
休月・火曜
カード M V

ダ・サルヴィ Da Salvi

MAP P.141

石窯で焼いたピザが食べられるイタリアンレストラン。アットホームな雰囲気でスタッフもフレンドリー。ピザはテイクアウトもできる。おすすめはピザだが、スイス料理もある。天気がいい日はテラス席も気持ちがいい。町のメインストリート沿い、ホテル・シュタインボック内にある。

住Dorfstrasse 189
☎(033)8538999
URL www.steinbock-grindelwald.ch
営8:00 ～ 23:00（温かい食事は12:00 ～）
休無休
カード A M V

日本からグリンデルワルトへの電話のかけ方
[国際電話会社の番号*]+010+[国番号41]+[33(エリアコードの最初の0は不要)]+[電話番号]
*マイラインの国際通話区分に登録している場合は不要

R カフェ 3692 Cafe3692

MAP P.140域外

北側から村を見下ろすように延びる道テラッセンヴェーグにあり、景色は抜群。店の名前の数字はヴェッターホルンの標高。新鮮なスイス食材を使った料理がおすすめで、家族連れもOK。小さな子供が遊べる場所もある。人気があるので出かける際は事前に予約を。

住Terrassenweg 61
☎ (033)8531654
URL cafe3692.ch
営9:00 ～ 23:00
（日曜～ 18:00）
休月～木曜
カード M V

R ヴェッターホルン Wetterhorn

MAP P.141域外

グロッセ・シャイデックへ向かう道が村の外れで（バスのすれ違いができない）細い道となる場所にあるホテル&レストラン。名前の通りヴェッターホルンを仰ぎ見る場所にあり、テラス席から絶景が楽しめる。喧騒から離れ、伝統的なスイス料理を楽しみたい。

住Obere Gletschers.159
☎ (033)8531218
URL www.wetterhorn-hotel.ch
営11:00 ～ 20:30
休無休
カード M V

R ティー・アンド・テイク・アウェイ Tea n Take Away

MAP P.140

駅を出てすぐ左。多国籍&カジュアルなレストラン。ピザやハンバーガー、サンドイッチのほか、タイやインド料理風のオリエンタルなメニューもあり、テイクアウトも可能。ボリュームもあり、値段もスイスにしてはかなりリーズナブル。

住Dorfstrasse 103
☎ (033)8535455
営12:00～14:30、17:00～21:00
（金～日曜12:00 ～ 21:00）
休水曜
カード M V

S フォクツ・コーナー Vogts Corner

MAP P.140

駅からメイン通り方向に歩いてすぐ。カジュアルでファッショナブルな時計が豊富。その他スイスフエルト製品などの定番スイスみやげの品揃えが充実しており、ビクトリノックスのキッチングッズやアーミーナイフなどが多数揃う。

住Dorfstrasse 111
☎ (033)8534014
URL www.grindelwald-shopping.com
営5 ～ 9月9:00 ～ 22:00（10 ～ 4月～ 19:00）
休無休
カード M V

COLUMN グリンデルワルトのおすすめマーケット

●Märt Frauen

グリンデルワルト周辺の農家のお母さんたちの味が楽しめるスタンドが駅を出てすぐ、バスターミナルの手前で販売されている。商品は手作りのケーキやパン、自家製のジャムやチーズ、ソーセージなど。オープンは第1・3土曜日の8:00～12:00。

●Grindelwald Village Market

毎年10月第1月曜日に開かれるストリートマーケット。グリンデルワルトのメインストリートにクラフト、アンティークから食べ物や洋服まで、びっしり露店が並ぶ。時間は6:00～17:00まで。

●Grindelwald Street Fest

こちらはマーケットではないが、例年7月上旬から8月中旬、毎週水曜日に行われるイベント。メインストリートは車両の進入が禁止されて歩行者天国となり、たくさんの屋台やストリートライブなどが行われる。

日本からグリンデルワルトへの電話のかけ方

［国際電話会社の番号*］+010+［国番号41］+［33（エリアコードの最初の0は不要）］+［電話番号］
*マイラインの国際通話区分に登録している場合は不要

展望台ガイド

ユングフラウヨッホ

（標高3454m）

Jungfraujoch

スイスの人々はすごいことを考える。日本ではまだ汽車の時代、京都に初めて電気鉄道が登場した1896年（明治29年）に、この小さな国では、アルプスの岩壁に穴を開けてヨーロッパの屋根の上まで列車を走らせる工事が始まった。最大勾配250パーミルのトンネルを掘り、線路の間に歯車を噛ませ、16年の歳月をかけて夢は現実となった。全長7.1kmのトンネルを抜けて3454mの高みに立った人々が見たものは、乙女ユングフラウJungfrauの透きとおる長い髪、ヨーロッパ最長のアレッチ氷河だ。

アクセス ACCESS

インタラーケンからグリンデルワルト、またはラウターブルンネンを経てユングフラウヨッホを目指す。最新ロープウエイ・アイガー・エクスプレスの登場で、グリンデルワルト経由で行くルートの所要時間は大きく短縮された。従来の登山列車もそのまま運行しており、ラウターブルンネン経由のルートはこれまでと変更はない。アイガー・エクスプレスを利用しても、登山鉄道でも料金は同じだ。クライネ・シャイデックからユングフラウヨッホへの電車は、オフシーズンにはアイガーグレッチャー駅で乗り換える必要があることも。

ユングフラウ鉄道は、全線の4分の3がトンネルの中。おかげで雨の日も雪の日も365日運行している。クライネ・シャイデックを出た列車は、右にユングフラウの氷河や崖の上に乗っかったミューレンの村、左にヴェッターホルンを見ながらアルプを上る。アイガーグレッチャー駅を出るとすぐにトンネルに入り、あとはアイガーとメンヒの胎内をひたすら上る。クライネ・シャイデックから鉄道駅としてヨーロッパ最高地点にあるユングフラウヨッホまでの所要時間は41分。人気の登山鉄道と展望台なので、訪問を決めたらすぐに予約を入れておこう。ユングフラウ鉄道もオンラインで個人予約ができる。予約だけでも、切符との同時購入でも可能（→P.152）。

ユングフラウヨッホ駅はトンネルの中

ユングフラウ鉄道

運　行　30分ごと

インタラーケン・オスト発
料　　金　往復CHF238.80
始　　発　6:35（ユングフラウヨッホ8:11着）
上り最終　17:05（ユングフラウヨッホ18:41着）

グリンデルワルト発
料　　金　往復CHF222
始　　発　6:48（ユングフラウヨッホ8:11着）
上り最終　17:18（ユングフラウヨッホ18:41着）

ラウターブルンネン発
料　　金　往復CHF227.60
始　　発　6:32（ユングフラウヨッホ8:11着）
上り最終　17:02（ユングフラウヨッホ18:41着）

ユングフラウヨッホからの終電
18:47（インタラーケン20:23着）

2023年のハイシーズン（6/1〜8/31）にアイガー・エクスプレスを利用した場合の時刻。
ハイシーズン以外は時期により変動あり。ウェブサイトにて要確認。URL www.jungfrau.ch

楽しみ方ガイド Pleasure Guide

ユングフラウヨッホ駅の構内には、郵便ポスト（記念スタンプが人気）、レストラン、みやげ店、時計店、チョコレートショップなどがある。

まずはエレベーターで標高3571mのスフィンクス展望台Sphinx Terraceへ。全面ガラス張りで冬でも快適な展望台に出る。

南側に下る巨大な流れはヨーロッパ最長のアレッチ氷河Aletschgletscher。全長約20km、氷の厚さはなんと900mもあり、1年に約180mのスピードで流れているという。氷河を目でたどると、途中でもうひとつの氷河と合流しているのがわかる。この合流点をコンコルディア・プラッツと呼び、岸に山小屋が建てられている。

プラトーから見るスフィンクス展望台とメンヒ

スフィンクス展望台の屋外デッキ

氷河に向かって右側。ひときわ大きい山塊がユングフラウ。北側には緑が鮮やかなクライネ・シャイデックと、遠くドイツの黒い森などが見えている。

展望を楽しんだらエレベーターで下り、トンネルを進んで雪原へ出てみよう。左側の目の前にそびえるピラミッドはメンヒ。雪原にはスノーアクティビティなどを体験できるスノーファンパークがあり、皆思いおもいに銀世界を楽しんでいる。

駅舎へ戻ったら、次に目指すは氷の宮殿Ice Palace。氷河の内部に氷像のギャラリーがあり、ライトアップされて青白く光っている。

通路の途中からもう1ヵ所、外への出口がある。天気がよければプラトーPlateauと呼ばれる展望台まで行って、雪の感触を確かめてみるといい。

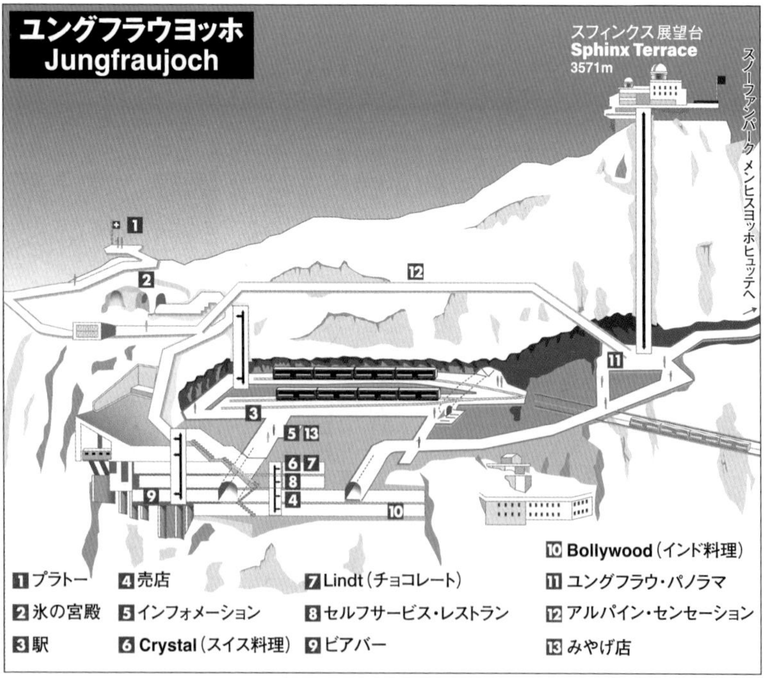

ユングフラウヨッホ Jungfraujoch

スフィンクス展望台
Sphinx Terrace
3571m

スノーファンパーク メンヒスヨッホヒュッテへ

1 プラトー
2 氷の宮殿
3 駅
4 売店
5 インフォメーション
6 Crystal（スイス料理）
7 Lindt（チョコレート）
8 セルフサービス・レストラン
9 ビアバー
10 Bollywood（インド料理）
11 ユングフラウ・パノラマ
12 アルパイン・センセーション
13 みやげ店

この雪が200年後にラウターブルンネンの滝になるかもしれないし、何十万年もかけて氷河となるかもしれない。

2012年、ユングフラウ鉄道100周年を記念して、スフィンクス展望台と氷の宮殿を結ぶルートに設置されたアトラクション、ユングフラウ・パノラマ、アルパイン・センセーションも人気。7ヵ所に設置されているこのギャラリーでは、ユングフラウの歴史やその魅力を、幻想的な音と光と映像で紹介している。

ユングフラウヨッホでの滞在時間は、展望台から景色を眺めるだけなら1時間30分、アトラクションや食事も楽しむなら、2〜4時間といったところ。

アルパイン・センセーション

スフィンクス展望台から見るヨーロッパ最大級の氷河であるアレッチ氷河。ユングフラウヨッホを含む周辺地域は世界遺産に登録されている

アトラクション Attraction

スノーファンパーク
Snow Fun Park

5月中旬よりユングフラウヨッホのアレッチ氷河側でのアトラクションが「スノーファンパーク」としてオープンしている。

アトラクションは、子供から大人まで楽しむことができる。ユングフラウのひときわ白い雪の上で、さまざまなアトラクションをぜひ楽しんでみたい。

5〜10月中旬の10:00〜16:00に催行（悪天時は中止になることもある）。

・チロリエンヌ（ジップライン）
大人CHF20、子供CHF15
・スノーチューブ（ソリ）
大人CHF15、子供CHF10
※子供料金は6〜15歳に適用される

アレッチ氷河ハイク
Aletsch Glacier Hike

危険なため個人では立ち入ることのできないアレッチ氷河を、ガイドの先導で歩く1泊2日のツアー。1日目はユングフラウヨッホから約4時間歩いてコンコルディア・プラッツへ。山小屋に泊まって、2日目は6時間かけてフィーシュFieschまで下り、電車で戻ってくる。要予約。'23年の催行は6/17〜9/24の火・木・土曜、9/30、10/1、10/7、10/8出発。

☎ (033)2240701(Outdoor Switzerland)
料CHF395(5〜8名催行、交通費含まず)
URL outdoor.ch

モデルプラン Model Plan

山の観光は早く出て早く帰るのがいい。というのも山の天気は午前中が安定していて、午後になると雲が出てくることが多いからだ。ここではユングフラウヨッホを訪れることを前提に、周辺エリアを鉄道で周遊するコースと途中でハイキングを楽しむ1日のコースを紹介している。

鉄道周遊コース（インタラーケン・オスト発着）

8:05発 インタラーケン・オスト
↓（山岳鉄道BOB）
8:25着 ラウターブルンネン
↓
8:30発
↓（登山鉄道WAB）
9:08着 クライネ・シャイデック
↓
9:30発
↓（登山鉄道JB）
10:11着 ユングフラウヨッホ
↓
11:47発
↓（登山鉄道JB）
12:11着 アイガーグレッチャー
＜昼食　アイガーグレッチャー＞
13:40発
↓（アイガー・エクスプレス）
14:00着 グリンデルワルト・ターミナル
↓
14:05発
↓（山岳鉄道BOB）
14:09着 グリンデルワルト

車窓風景がより楽しめるルート。ラウターブルンネンからヴェンゲンを経由しクライネ・シャイデックに上る時は進行方向右側の車窓に絶景が広がる。アイガーグレッチャーのレストランはメニューが豊富で、スイーツ類もおいしいと評判だ。グリンデルワルト到着後も時間があるので村の散策を楽しんだり、フィルストの展望台に上ったりすることもできる。グリンデルワルトからインタラーケンに戻る電車は30分に1本運行している。

ハイキングコース（グリンデルワルト発着）

8:18発 グリンデルワルト
↓（山岳鉄道BOB）
8:21着 グリンデルワルト・ターミナル
↓
8:26発
↓（メンリッヒェンバーン）
8:46着 メンリッヒェン
↓（ハイキング）
10:15着 クライネ・シャイデック
↓
10:30発
↓（登山鉄道JB）
11:11着 ユングフラウヨッホ
＜昼食　ユングフラウヨッホ＞
※ユングフラウヨッホの滞在を短くして、アイガーグレッチャーで昼食とるのもあり。
13:17発 ユングフラウヨッホ
↓（登山鉄道JB）
13:41着 アイガーグレッチャー
↓（ハイキング）
14:40着 クライネ・シャイデック
↓
15:01発
↓（登山鉄道WAB）
15:40着 グリンデルワルト

人気のハイキングコースをふたつ組み込んだプラン。いずれも初心者でも楽しめるコースだが、体力に自信がなければどちらかひとつでも。逆に体力に自信があるなら、アイガーグレッチャーからグリンデルワルトへ戻る途中の鉄道駅（アルピグレンなど）まで歩くこともできる。

COLUMN チケット手配と鉄道パス ※2023年の料金

ユングフラウ鉄道の切符購入

オンラインの購入も可能で、予定の出発時刻とユングフラウヨッホでの滞在予定時刻を入力するとタイムテーブルも示してくれる。天気がいいと乗客が増えるので、個人予約(CHF10)しておくことをおすすめする。座席番号まで指定されるものではなく、個人予約を行った乗客用のスペースが確保される仕組みだ。

ユングフラウ・トラベルパス

連続する3日間〜8日間に使える交通パス。ユングフラウ鉄道グループの交通網のほか、トゥーン湖やブリエンツ湖などの湖船にも利用できる。アイガーグレッチャー〜ユングフラウヨッホ間は追加料金CHF75（9/1〜CHF63）が必要だが、多くの展望台へ上ることができ、グリンデルワルト村内バスやポストバスにも使える。料金は3日間でCHF190。グリュッチアルプ経由でミューレンまで使えるがシルトホルンは通用範囲外。

ユングフラウVIPパス

日本人向けに発行される3日間のパス。バスや湖船には使えないが、ユングフラウヨッホまで1往復できる。日本の旅行会社で購入可能。

ヴェンゲン
Wengen

斜面に家が点在する

州：ベルン
使用言語：ドイツ語
地図位置：P.125-B2
標高：1274m
郵便番号：CH-3823
エリアコード：033
（市内通話の場合でも初めにエリアコードをプッシュする）

グリンデルワルトから見ると、ちょうどメンリッヒェンの向こう側、山の中腹に開けた日当たりのよいテラスの上に、とても静かなリゾートがある。グリンデルワルトより240mほど標高が高く、村には谷底へ通じる道路がない。通りを走る車の数は少なく、排気ガスの少ないきれいな空気と、あふれる日差しを求めて、ヨーロッパや世界中からやってきた人々がのんびりと静養する姿が見られる。村には4つ星ホテルからホステルまであり、長期滞在用のアパートメントも多い。スキーリゾートとしても名高く、毎年1月にはスイスで一番盛大なスキーのワールドカップも開催される。

Walking 歩き方

ラウターの谷とメンリッヒェンの山に挟まれた、狭いテラスに広がる人口1300人ほどの村。家は周辺に点在しており、駅周辺を少し外れるとすぐに牧草地が広がっているためか、もっと小さな村のような印象を受ける。

駅を出ると、左にレストランEigerが1階にあるアパート、右に小さな広場、正面にCoopがある。このCoopの前の道が、村のメインストリートで、ここを左折して沿道の200mほどのエリアがヴェンゲンの中心部だ。主要なホテル、レストラン、銀行、みやげ物屋、スポーツ用品店など、旅行者に必要なものは、ほぼこの通り沿いにある。左折するとすぐ右側にはテニスコート。その向こうにそそり立つ山は、メンリッヒェンからラウバ

ヴェンゲン駅

アクセス インタラーケン・オスト駅から、ベルナーオーバーラント鉄道（BOB）の前寄りの車両に乗って20分（ほぼ30分ごと）。ラウターブルンネンで、ホームの向かい側から出る列車に乗り換えて12分（ほぼ30分ごと）。スイストラベルパス有効。クライネ・シャイデックからは22分（ほぼ30分ごと）。車で来た場合は、ラウターブルンネン駅前の屋内駐車場を利用する。

ℹWengen Tourismus
住Wengiboden1349b
☎（033）8568585
URL wengen.swiss
開日～木曜 9:00～19:00（金・土曜は～21:00）
休なし

アクセス ヴェンゲン ↓ 🚡5分 メンリッヒェン

◆ロープウエイ
ロイヤルライドRoyal Rideと名付けられた屋上のバルコニーに乗ることもできる。定員10名で片道CHF5の追加料金が必要。風を受けて約1000mを一気に上る爽快感は格別。夏期のみの乗車。
☎（033）8552933
URL www.maennlichen.ch
'23年の夏期の運行は5/27～10/22。冬期は12月中旬～4月上旬。夏期は20分ごとに運行し、7/1～9/17の下り最終は17:30（季節により変動）。
料片道CHF26。ユングフラウトラベルパス有効、スイストラベルパスで半額。

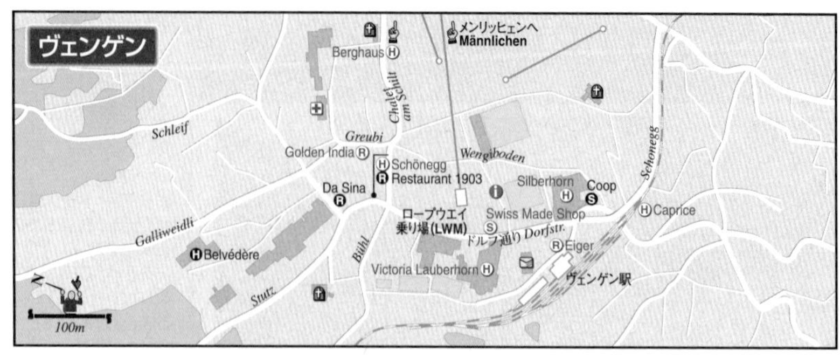

メンリッヒェンに上るロープウエイにはバルコニーが付いている

© Männlichen

ーホルンにかけて連なる峰だ。麓に広がる牧草地は、冬はスキー場になる。通りの左側は店が連なっていて、観光案内所ⓘは通りを50mほど進んだテニスコートの手前を右に入った所。すぐ前にメンリッヒェンへのロープウエイ乗り場がある。

ホテル＆レストラン

シルバーホルン Silberhorn

MAP P.156 ★★★★

ヴェンゲンの鉄道駅を降りたら、駅前の広場を横切ってすぐ。Coopの隣にあるオレンジ色の屋根のホテル。明るく広々とした客室からの景色がよい。夏にはユングフラウが眺められるサンテラスで食事やお茶が楽しめる。ホテルでは数種類のサウナをはじめ、充実したスパメニューを揃えている。

住Wengiboden 1347
☎(033)8565131
URL www.silberhorn.ch
料Ⓢ CHF280～　食事追加CHF50　Room 67室
Wi-Fi 無料　カード A J M V
休4月上旬～5月中旬、10月上旬～12月下旬

カプリス Caprice

MAP P.156 ★★★★

駅前にある高級感漂うブティックホテル。ピアノの生演奏が流れるラウンジや落ち着いたバーなど、大人のためのリゾート感が随所に感じられる。もちろん客室もシックなインテリアで統一されており、居心地も最高だ。朝食はユングフラウを仰ぎ見るテラス席でいただきたい。

住Schonegg 1333D
☎(033)8560606
URL www.mayacaprice.ch
料（または）Ⓢ CHF330～　Ⓦ CHF350～
Room 21室　Wi-Fi 無料
カード A M V

ビクトリア・ラウバーホルン Victoria Lauberhorn

MAP P.156 ★★★

駅を出てすぐ左側の大きなホテル。水温33度のザルツスパは個人宿泊者なら利用可能。フィットネス設備なども充実している。客室はバルコニー付きとなしがあるので、予約時に確認しよう。部屋によっては、壮大なユングフラウ、メンリッヒェン、絵のようなかわいらしい教会を望むことができる。

住Dorfstrasse 1
☎(033)8562929
URL www.arenasresorts.com/wengen
料Ⓢ CHF230～　Ⓦ CHF355～
Room 120室
Wi-Fi 無料　カード A M V

日本からヴェンゲンへの電話のかけ方

［国際電話会社の番号*］+010+［国番号41］+［33（エリアコードの最初の0は不要）］+［電話番号］
*マイラインの国際通話区分に登録している場合は不要

H シェーネック Schönegg

MAP P.156 ★★★

スタイリッシュでありながら、ナチュラルなウッディ感覚のインテリアが特徴。客室も同様でとてもおしゃれ。サウナやマッサージルームなどを併設しており施設も充実。なにより館内のレストランがすばらしく、ヴェンゲンいちとの評判も。食事だけとりにくる人が多数いる。

住Auf der Burg 1401c
☎(033)8553422
URL ww.hotel-schoenegg.ch
料(または)Ⓢ CHF172～Ⓦ CHF343～
Room 20室 Wi-Fi 無料
カード A D J M V

H ベルクハウス Berghaus

MAP P.156域外 ★★★

昔ながらの家族経営のアットホームなホテル。派手さはないが、清潔感のある客室やレストランはとても好感がもてる。リピーターが多いのも納得。場所はメンリッヒェンへ上るロープウエイ駅の近く。鉄道駅から少々離れているが、駅から荷物の無料送迎サービスあり。

住Am Wengi 1412A
☎(033)8552151
URL www.berghaus-wengen.ch
料(または)Ⓢ CHF119～Ⓦ CHF238～
Room 19室 Wi-Fi 無料
カード A D J M V

R アイガー Eiger

MAP P.156

駅のすぐ前にあるレストラン（ホテルに見えるが上階はアパート）。チーズフォンデュやラクレット、シュニッツェルなどの定番スイス料理から、パスタもある。夏はバーベキューのメニューも。カフェだけの利用もOK。列車の待ち時間にコーヒーとスイーツを食べるもよし。

住Bahnhof
☎(033)8557777
URL www.restaurant-eiger.ch
営8:00～22:00
休月曜
カード M V

R ゴールデン・インディア Golden India

MAP P.156

スイス料理に飽きて、スパイシーなものが食べたい人におすすめ。近年特に多いインドからの旅行者も多く訪れる本格的なインド料理のレストラン。建物はクラシックなスイススタイルだが、スタッフもインド人なので、店に一歩入るとそこはインド。グリンデルワルトに姉妹店がある。

住Wengiboden 1403
☎(033)8555855
URL goldenindia.ch
営12:00～15:00、17:00～21:30
カード M V

S スイス・メイド・ショップ Swiss Made Shop

MAP P.156

名前のとおり、スイスのかわいいおみやげが揃う店。オーナーが大の親日家で、地元のスタッフもとてもフレンドリー。スイスの定番みやげはなんでも揃う。オーナーのいち押しはHEIDIのチョコレート。場所はドルフ通り沿いで駅から約2分。

住Dorfstrasse
☎(033)8552627
URL www.swissmadeshop.ch
営8:30～22:00(冬期は～18:30)
カード M V

COLUMN スイスを効率よく楽しむために

せっかくのスイスの旅、効率よく旅をしたいもの。とはいえ土地勘もないところでは、なかなかプランも立てられない。そんなときは現地の旅行会社に依頼をするのも一考だ。ヴェンゲンにある日本人の旅行会社MTTS（マウンテントップ・ツーリストサービス URL swiss-mtts.com）ではハイキングのガイドをはじめ、おすすめのレストランの情報など、日本人が喜ぶ最新の現地情報を提供してくれる。

日本からヴェンゲンへの電話のかけ方
[国際電話会社の番号*]+010+[国番号41]+[33(エリアコードの最初の0は不要)]+[電話番号]
*マイラインの国際通話区分に登録している場合は不要

ラウターブルンネン
Lauterbrunnen

州：ベルン
使用言語：ドイツ語
地図位置：P.125-B2
標高：795m
郵便番号：CH-3822
エリアコード：033
（市内通話の場合でも初めにエリアコードをプッシュする）

ユングフラウの懐にあり、U字谷の断崖に挟まれた土地は独特の雰囲気。ユングフラウヨッホへの乗り換え駅として通過してしまう人が多いが、そんなラウターブルンネンの谷を訪れて感動に身を震わせたのは、文豪ゲーテばかりではないはずだ。氷河に削られてできたU字谷には、高さ約300mの断崖が両側に迫り、無数の滝が流れ落ちる。滝は小川となり、水と緑の匂いが谷をいっぱいに満たす。草丈のある花々が咲き乱れる桃源郷を歩きながら、想像してみよう。轟音を響かせて滝が落ちる絶壁の、あのてっぺんまでが氷に埋め尽くされていた頃を。

断崖に挟まれた谷に村が作られた

アクセス インタラーケン・オスト駅から登山鉄道（BOB）の前寄りの車両に乗って20分。ほぼ30分ごと。スイストラベルパス有効。

ⓘLauterbrunnen Tourismus
住Stutzli 460
☎（033）8568568
URL lauterbrunnen.swiss
開6～9月
月～日曜　8:30～12:00
14:00～18:30
10～5月
水～日曜　8:30～12:00
13:30～17:00
休10～5月の月・火曜

Walking 歩き方

駅を出ると正面右側にミューレン行きロープウエイの駅がある。駅前の道路がメインストリートで、村はここから左（南）側、谷の奥へと続いている。駅から5分ほど歩くと道がふた手に分かれる。左のバス道路へ曲がろう。すぐ右側に教会がある。振り向けばシュタウプバッハの滝が教会の塔のバックに見え、絶好の撮影ポイントになっている。川を渡った所には郷土博物館や画廊などがある。ここまで駅から約10分。村の中心部はもう終わり。あとは草原が広がるばかりだ。

駅前から見る風景

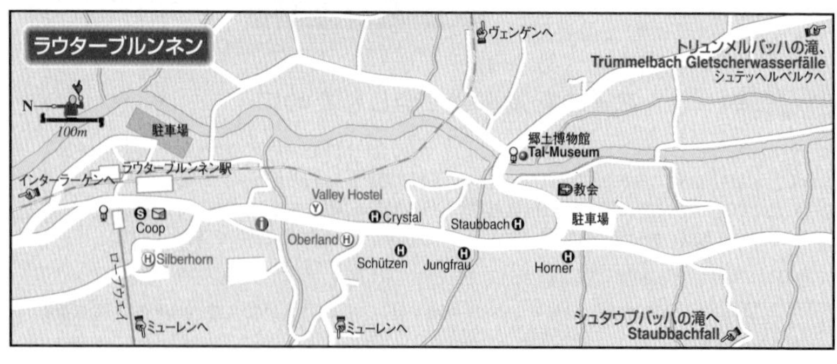

Attraction おもな見どころ

村のどこからでも見える　MAP P.125-AB2

シュタウプバッハの滝
Staubbachfall

ミューレン方面からの雪解け水が、村のすぐ背後で行き場を失って落下している。落差287m、ラウターブルンネンの数ある滝のなかでも特に勇壮で美しく、ヨーロッパ有数の規模を誇る。あまりにも崖が高いため、滝は落下する途中で岩壁に当たって砕け散ったり、風に舞い上げられたりして、滝つぼまで届く水は少ない。また、春から初夏にかけては比較的水量が多いが、冬は凍結してしまう。

滝の裏側に行くことができる

アクセス　村の中央の交差点を教会のほうへ曲がらずに、真っすぐに谷の奥に進む。しばらく歩くと右に小道があり、ここを入れば滝の真下に出られる。駅から約15分。見学無料。

ヨーロッパ有数の落差

岩壁に隠れた氷河融水の驚異　MAP P.125-B2

トリュンメルバッハの滝
Trümmelbach Gletscherwasserfälle

シュタウプバッハの滝の反対側には、その姿をほとんど岩壁の中に隠しているという、珍しい、そしてすさまじい滝がある。ラウターブルンネンからのバスを降りても、いったいどこに滝があるのか不思議に思うだろう。しかし足元を流れる小川と、その奥の岩壁をよく見ておこう。ここに大自然の驚異が隠れている。入場料を払ったら、まず岩壁の中のエレベーターで第6滝へ。あとは階段を使って見学する。

ユングフラウ3山の10の氷河から溶け出た水は、いったん地中の隙間に入り込み、山塊をうがちながら流れ下ってこの場所で一気に300m落下する。しかも、あまりにも局所的に猛烈に崖を浸食したため、姿を完全に外に現さず、見え隠れしながら10層の滝や激流となっているのだ。そのエネルギーがすごい。毎秒2万ℓという濁流が、爆発し、渦巻き、狂ったように落ちる。轟音も猛烈だ。泥水のように見えるのは、氷河に削られた岩石が大量に混ざっているから。雨のあとは特にすさまじいという。こんな所に遊歩道を造ってしまう根性も見上げたものだ。10ある滝のすべてが見られるようになっているので、下りは階段で下りよう。水しぶきがかかるので、ぬれるのがイヤな人はヤッケを用意するといい。

足元が滑りやすいので注意して歩こう

アクセス　ラウターブルンネン駅前（ミューレン行きロープウエイ駅の隣）からシュテッヘルベルクStechelberg行き ポストバスで7分、Trümmelbachfälle下車。運行はほぼ30分ごと。シルトホルンからの帰路に立ち寄る場合、1時間以上の見学時間を確保するなら遅くともシルトホルン発15:03（7・8月は16:03）のロープウエイに乗りたい。シュテッヘルベルクのロープウエイ駅から滝までは歩いても30分ほど。バスの場合は最寄りの停留所まで約5分。

トリュンメルバッハの滝
☎（033）8553232
URL www.truemmelbachfaelle.ch
開 4～11月上旬 9:00～17:00（7・8月は8:30～18:00）
料 CHF14

周囲は広大な緑地

アクセス ラウターブルンネン駅前からバスで谷の一番奥の集落まで約20分。ミューレンへのロープウエイ乗り場は駅から行くと5分ほど手前にある。バスは30分間隔で運行。

川沿いに集落ができている

谷の奥にある隣村 MAP P.125-B2

シュテッヘルベルク Stechelberg

ラウターブルンネンの谷の一番南にある別の集落。ミューレンへのロープウエイの麓駅があるのでアクセスのためにここを訪れる人は多いが、駅の少し南の谷の最深部は、森と滝と川と山（崖）が織りなす景色が美しい静かな村。人も少なく、のんびりハイキングを楽しむには絶好の場所だ。

世界自然遺産であるアレッチ氷河はここから直線距離で10kmほどしか離れていない。もちろん峻険な山を越えるので普通はアクセスできないが、世界遺産をテーマにしたハイキングコースも設定されている。

周辺を歩いてみよう

ホテル

シルバーホルン Silberhorn

MAP P.158 ★★★

メインストリートから1本入った静かな場所にあるが、駅に近く便利な立地。部屋からはU字谷の断崖が望める。併設されたレストランでは、日替わりの4コースハーフボードメニューをはじめ、新鮮な地元の伝統的なスイス料理、趣向を凝らしたアラカルト料理が楽しめる。

住Bir Zuben 465
☎(033)8562210
URL www.silberhorn.com
料(または)Ⓢ CHF184～ Ⓦ CHF199～ 食事追加 CHF35
Room 35室 Wi-Fi 無料
カード MV 休11～2月

オーバーラント Oberland

MAP P.158 ★★

駅から徒歩5分とアクセスは良好。シンプルで清潔感のある客室で快適な滞在ができる。バルコニーからはユングフラウが眺められる。バルコニー付きでない部屋もあるので、予約の際に確認を。併設のレストランは素朴な雰囲気で、昔ながらの味のフォンデュやレシュティが人気。

住Auf der Fuhren 452B
☎(033)8551241
URL www.hoteloberland.ch
料(または)Ⓢ CHF155～ Ⓦ CHF225～
Room 24室 Wi-Fi 無料
カード MV 休3月中旬～4月中旬、10月下旬～12月中旬

バレー・ホステル Valley Hostel

MAP P.158

清潔な部屋と充実した施設でとても人気のあるホステル。ドミトリーだけでなく、ツインやファミリールームもある。広い庭にはデッキチェアが置かれ、誰でも利用できる共用キッチンがある。鉄道駅から徒歩3分と、ロケーションも抜群。

住Greifenbach 455G
☎(033)8552008
URL www.valleyhostel.ch
料共同Ⓓ CHF30～ Ⓦ CHF108～ CHF8
Room 26(96ベッド)
Wi-Fi 無料 カード MV

日本からラウターブルンネンへの電話のかけ方
[国際電話会社の番号*]+010+[国番号41]+[33(エリアコードの最初の0は不要)]+[電話番号]
*マイラインの国際通話区分に登録している場合は不要

ミューレン
Mürren

村の全景。右に見える山はアイガー

州：ベルン
使用言語：ドイツ語
地図位置：P.125-A2
標高：1638m
郵便番号：CH-3825
エリアコード：033
（市内通話の場合でも初めにエリアコードをプッシュする）

ユングフラウ鉄道で進行方向右側に座ったら、窓の外の景色に注目。標高が上がり、草原と森の向こうにラウターブルンネンの谷が見えてきたら、切り立った断崖の上に建物が集まった一画があることに気づくだろう。かつては有名人が"隠れ避暑地"としてよく利用していたというミューレンだ。

ユングフラウ鉄道から見る風景は、まさに崖っぷちの村。村の外れはどうなっているのだろう、と気になってしまう。鉄道とロープウエイを乗り継いで実際に村を訪れてみると、一部の現代的な建物を除き、家々はどこか古びた味のあるシャレーばかり。谷を挟んで反対側にある高級感のあるヴェンゲンに比べて、ずっと素朴なたたずまいだ。一般車の通行を禁止しているので、村はとても静か。ユングフラウ地方で最も西に位置しているため、ほかの村や展望台から見るのとはまったく異なる3山の姿も魅力。ことに、村から見た夕映えのアルプスは天下一品！　シルトホルンからの帰路に立ち寄るのもいいが、できれば1泊して静かな村を実感してみたい。

Walking 歩き方

ミューレンの集落は崖に沿って1kmほど続いており、その北端に鉄道BLM（Bergbahn Lauterbrunnen-Mürren）のミューレン駅、南端にロープウエイLSMS（Luftseilbahn Stechelberg-Mürren-Schilthorn）のミューレン駅がある。この両駅の間はゆっくり歩いても15分くらい。とてもこぢんまりとした村だ。

BLMの鉄道駅に着くと、目の前に小さな広場がある。ここは村の中でも特にすばらしい展望ポイントで、ユングフラウ3山の姿が美しい。道は駅前からふた手に分かれているが、どちらを歩いてもロープウエイ駅の手前で一緒になる。

アクセス 行き方はふたとおりあるので、行きと帰りでルートを変えて一周するといい。ラウターブルンネンからの所要時間はグリュッチアルプ経由が23分、シュテッヘルベルク経由が32分。車で来た場合はラウターブルンネン駅前の屋内駐車場か、あるいはシュテッヘルベルク駐車場を利用する。

グリュッチアルプ経由（BLM利用）
山回りのルート。ラウターブルンネン駅前から崖の上までロープウエイで上がり、グリュッチアルプGrütschalpで電車に乗り換える。運行は30分ごと（夏期・冬期のシーズン中の日中は15分ごと）。ラウターブルンネン発最終は19:38（シーズン中は20:35）。料金は片道CHF 11.20。ユングフラウ鉄道トラベルパス（→P.152）およびスイストラベルパス有効。

シュテッヘルベルク経由（LSMS利用）
谷回りのルートは、ラウターブルンネン駅前（ミューレン行きロープウエイ駅の隣）からシュテッヘルベルクStechelberg行きポストバスで12分（途中にトリュンメルバッハの滝あり）。シルトホルンバーンSchilthornbahn駅からロープウエイに乗り、ミューレンまで10分。最終はラウターブルンネン発23:26（金・土曜は翌0:35）。スイストラベルパス有効

絶景を眺めながらのんびりしたい

観光案内所ⓘがあるのは山側の道路沿い。歩き出してすぐ、素朴な村に不似合いなほど近代的なスポーツセンターが見えてくる。観光案内所はこの建物の1階にある。そのまま5分ほど歩くと、アルメントフーベル展望台に上るフニクラ（ケーブルカー）の駅があり、さらに5分歩いてロープウエイの駅に到着する。

一方、谷側の道は比較的景色がよく、趣の感じられるシャレーやみやげ物屋、カフェテラスも多い。といっても決してにぎやかというほどではなく、夏のピークシーズンでものんびりとした雰囲気は変わらない。村には小路がいくつかあり、雑貨などのかわいらしい店もあるのでのぞいてみよう。

村を一歩離れれば、周辺は谷の上にある明るいアルプが広がっており、そのなかを歩くたくさんのハイキングコースがある。おすすめは後述するアルメントフーベルとグリュッチアルプGrütschalpへ向かうルート。

グリュッチアルプは、ラウターブルンネンからロープウエイでミューレンへ向かう際の乗り換え駅。ミューレンに向かう途中に下車して歩くことも可能だ。ミューレンからの所要時間は約2時間。「2時間は長い！」という人は鉄道でひと駅分下ってヴインターレックWinteregg駅から歩き始めてもいい。ここには雰囲気のいいレストランがあるので、ここで食事をしてから歩き出すこともできる。

線路沿いの小道は、ベルナーアルプスの大パノラマを存分に堪能できる。歩くに従ってユングフラウの頂上の形が変わっていくのがおもしろい。ルートの沿道は高山植物の宝庫。春の終わりから初夏のいいタイミングでここを訪れることができたら、一面の花畑の先にユングフラウ三山が並ぶ、夢のような絶景が眺められるかもしれない。

初夏の村の周辺は花畑が広がる

グリンデルワルトからタクシーで
グリンデルワルトに滞在したままシルトホルンを訪れるなら、片道だけでもタクシーを使うと時間を大幅に節約できる。シュテッヘルベルクのロープウエイ乗り場までタクシーで一気に行ってしまえば、グリンデルワルトのホテルを出てから1時間後にはシルトホルン山頂に立てる。タクシー代は片道3人までCHF100、4·5人CHF110、6·7人CHF120程度。皆でシェアすればそう高くないのでは?

タクシー会社
TAXI Grindelwald
☎ (079)2790791
URL www.taxigrindelwald.ch

ⓘMürren Tourismus
☎ (033)8568686
URL muerren.swiss
開 8:30～19:00
（時期により変動あり）

おすすめレストラン
Tham, Chinese Restaurant
MAP P.163
ミューレンの美しさに感激して住むことになった中華系シンガポール人のThamシェフの中華料理レストラン。カジュアルな雰囲気だが料理は本格的。
住 Haus Montana
☎ (033) 8560110
URL www.tham.ch/tham.html
ランチとディナーの営業だが、時間は季節により変わる。とりあえず行ってみるのがいいかも。
（大阪市　ハイジ　'19）['23]

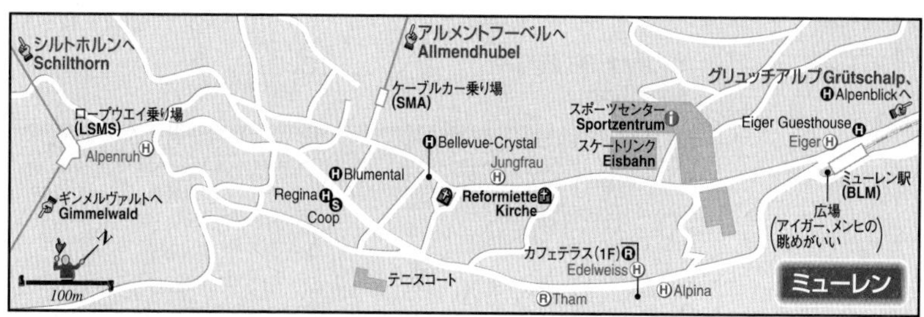

Scenic Overlook 展望台

三山のピークを一度に眺められる

MAP P.125-A2

アルメントフーベル
Allmendhubel

1907m

村の中心からフニクラで直接アクセス

ミューレンの村からすぐの、アルプが広がる天上の花畑。太陽の光を浴びてまどろむ牛たち、干し草小屋の匂い、風に揺れる高山植物。草原を包む柔らかな空気を引き締めるのは白いユングフラウだ。家族連れのハイカーと一緒にミューレンまで歩いて下ろう。コースは何本かあるが、いずれを通っても1時間もかからない。花の好きな人には、ズッペンアルプSuppenalpからブルーメンタールBlumental（花の谷の意）を通ってロープウエイ駅まで下る1時間半のコースがおすすめだ。

アクセス
ミューレン
↓ 4分
アルメントフーベル

◆ケーブルカー
ケーブルカーの乗り場は鉄道駅から徒歩8分。'23年の夏期の運行は6/10～10/15の9:00～17:00で20分ごと。冬期の運行は12月中旬～4月中旬の9:00～17:00で15分ごと。
料往復CHF14。スイストラベルパスで50%割引き。
休4月中旬～6月上旬、10月中旬～12月中旬

フラワー・パーク
子供たちが野外で楽しく遊べる公園。

村から300m上がっただけで別世界が広がる
© Schilthornbahn

360度大パノラマの展望台

MAP P.125-A2

シルトホルン
Schilthorn

2970m

遮るものが何もないすばらしい絶景が目の前に

ユングフラウヨッホに次いで人気の高い展望台。グリンデルワルトから遠いため割愛する人もいるようだが、夏のピーク時なら乗り継ぎも悪くないので、所要時間はユングフラウヨッホへ上がるのと変わらない。それにシルトホルンから見た3山の風景はユングフラウヨッホとはまったく違う。アイガーの牙をむいたような険しい表情も、ユングフラウの山塊の大きさも、シルトホルンならではの魅力。ラウターブルンネン谷の奥にそびえるブライトホルンBreithorn（3780m）や、さらに西に続くブリュムリスアルプ連峰Blüemlisalp（3657m）など、360度の大パノラマが広がっている。ただし、視界が悪い日は上る価値なし。鉄道駅などに設置されている山頂のライブ映像を確かめてからチケットを買おう。

ロープウエイは2区間に分かれていて、途中駅のビルクBirgにもレストランと展望台がある。

シルトホルンは、映画『女王陛下の007』（1969年）に登場して一躍有名になった。回転レストラン「ピッツ・グロリアPiz Gloria」では、1周45分でパノラマを楽しみながら食事できる。朝食ビュッフェのほか、パスタ、デザートなどもある。

帰路は、途中駅ビルクで降りてスリル満足のスカイラインウォークを楽しみたい。またミューレンまで歩いて下ることもできる。雪渓やガレ場があり初心者には難しいコースだが、前半はすばらしい眺望が開けたパノラマコース。

アクセス ミューレン ↓ 🚡17分 シルトホルン

◆ロープウエイ
ロープウエイの運行は30分ごと。ミューレン発の最終は16:40（'23年3/26～10/28。時期により変動あり）、シルトホルン発の最終は17:55（時期により変動あり）。シュテッヘルベルクから直接上る場合、ロープウエイは4区間に分かれており、全部で23～24分かかる。

休'23～24年 は11/13～12/8、4/22～26

料ミューレンから往復CHF 85.60。スイストラベルパス50%割引。シュテッヘルベルクから往復CHF108。

注意
シルトホルンへのロープウエイは、混雑時は上り下りともに行列ができることが多い。一度に乗りきれないと30分は待たされるので、余裕をもったスケジュールで行動しよう。

URL schilthorn.ch

絶景が楽しめるレストランもある

ロープウエイを新設中
2023年現在、輸送力とスピードアップのためにロープウエイの新設工事が行われている。完成すればシュテッヘルベルクからの所要時間が10分近く短縮される予定。

ハイキング情報 P.174

ビルクのスリル満点のアトラクション、スカイラインウオーク

村の規模が小さいこともあり、どのホテルも駅から徒歩で行けるところばかり。崖の上に立地していることもあり、部屋が谷側に面していなくても、ホテルのテラスや食堂からは必ずといっていいほどユングフラウ3山の絶景が楽しめる。村の規模に比例して小規模なホテルが多く、数軒を除いてあたたかみのある木造のシャレー形式の建物。

アイガー Eiger

MAP P.163 ★★★★

ミューレンで唯一の4つ星ホテル。館内が改装され木を多用したインテリアとなり、客室などあたたかみがありながらモダンな印象。山々を一望する広々としたレストランや絶景を眺めながら泳ぐことができるプールもある。

住Äegerten 1079C
☎(033)8565454
URL www.hoteleiger.com
料 S CHF250～ W CHF330～
Room 49室 Wi-Fi 無料
カード A J M V

アルペンルー Alpenruh

MAP P.163 ★★★

谷側の部屋からはアイガー、メンヒ、ユングフラウが並ぶ絶景が望める。朝食をシルトホルン展望台で取ることも可能（事前にロープウエイ往復券と朝食がセットになったパッケージの予約をする必要あり)。併設するレストランではスイス料理を楽しめる。

住Eggli 954B
☎(033)8568800
URL alpenruh-muerren.ch
料（または）S CHF184～ W CHF242～ 食事追加CHF38
Room 26室 Wi-Fi 無料
カード A D J M V

エーデルワイス Edelweiss

MAP P.163 ★★★

ミューレン駅とケーブルカー駅に近い便利な立地に建つ3つ星ホテル。客室によってはアイガー、メンヒ、ユングフラウが一望できる。レストランが併設され、ガーデンテラスレストランでは、アルプスの美しい山々の景色を楽しみながら食事が楽しめる。

住Rauft 1068A
☎(033)8565600
URL www.edelweiss-muerren.ch
料（または）S CHF185～ W CHF250～ 食事追加CHF50 Room 30室 Wi-Fi 無料
カード M V 休4月中旬～5月上旬、11月～12月中旬

ユングフラウ Jungfrau

MAP P.163 ★★★

駅の上の道から徒歩約5分。部屋は清潔で、アットホームな雰囲気のよいホテル。客室は、3名まで宿泊できるエコノミールームから最大8名まで宿泊可能なロッジまで6タイプ。南側の部屋からはユングフラウ3山がよく見える。宿泊者はスポーツセンターのプールが無料で利用できる。

住Im Gruebi
☎(033)8566464
URL hoteljungfrau.ch
料（または）S CHF110～ W CHF190～ 食事追加CHF38
Room 30室 Wi-Fi 無料
カード A J M V
休11月～12月中旬

アルピナ Alpina

MAP P.163 ★★

谷に面しており、ユングフラウ3山やラウターブルンネンの谷の眺めがすばらしい。客室のバルコニーやレストランのテラス席は崖から突き出ており、迫力がある。パノラマレストランでは、スイス料理と各国料理が楽しめ、落ち着いた雰囲気のダイニングテーブルでは、ハーフボードディナーを提供。

住Hauptstrasse
☎(033)8551361
URL www.alpinamuerren.ch
料（または）S CHF105～ W CHF170～ 食事追加CHF30 Room 26室
Wi-Fi 無料 カード A J M V
休10月中旬～1月下旬

日本からミューレンへの電話のかけ方

[国際電話会社の番号*]+010+[国番号41]+[33(エリアコードの最初の0は不要)]+[電話番号]
*マイラインの国際通話区分に登録している場合は不要

アイガー、メンヒ、ユングフラウの
大パノラマへ向かって歩く人気コース。
高低差も少なく、道も整備されているので
誰にでも楽しめる。

よく整備された道をユングフラウ3山に向かって歩く

メンリッヒェン→クライネ・シャイデック
Männlichen→Kleine Scheidegg

アクセス→グルントからロープウエイ
スタート地点標高→ 2223m
ゴール地点標高→ 2061m
最高到達地点→ 2223 m
高低差→ 162 m
総延長→ 4.4km
所要時間→ 1：30
公式地図番号→ 1229
難易度→技術 1 ／体力 1

早朝のメンリッヒェン山頂から雲海を眺める

数あるベルナーオーバーラントのハイキングコースのなかで、ユングフラウ3山を眺めるなら、ナンバー1といえる人気コース。終始緩やかな下りで、道も整備されているので小さな子供でも楽に歩ける、家族連れにもおすすめコース。スタート地点のメンリッヒェンはBOBのグリンデルワルトの一つ手前の新駅グリンデルワルト・ターミナル駅からヨーロッパ最長のロープウエイで約19分。山頂（2342m）はユングフラウの北に延びる尾根の端にあり、360度の眺望が楽しめるすばらしい展望台。歩き始める前にここに寄って大パノラマを堪能したい。北側は切り立った崖で、眼下にはインタラーケン方面に延びる谷が続いている。南側にはアイガー、メンヒ、ユングフラウの3山が並び、その東には比較的なだらかな広い谷。グリンデルワルトの町やヴェッターホルン、シュレックホルンの山々が見える。対照的に西側にはラウターブルンネンの深いU字谷。谷底に広がる町とそのすぐ西にあるシルトホルンなどの山々の姿がある。

まず手前にある三角の山チュッケンTschuggenに向かって歩き始めよう。尾根道をアイガーに向かって歩いていくだけなので迷う心配はない。道はベビーカーを押して歩いている人がいるほど整備されており、普通のスニーカーでも問題なく歩くことができる。周囲は広々としたアルプ。右にグリンデルワルトの谷を眺めながらのハイキングだ。コースの歩き始めはチュッケンが手前にあるので、眺望はいいが手前の山がちょっと気になる。3山の全貌が明らかになるのは、この山を巻いて山の南側に出た所、中間地点のホーネックHonegg。このあたりが最も絵になる景色が楽しめる。正面には迫力満点のアイガー北壁。その右側にメンヒ、そしてちょっと離れてユングフラウがそびえる。一番眺望のいい場所にはベンチがあ

新しくなったメンリッヒェンバーンのゴンドラ

手前のチュッケンをはじめ、三角の鋭鋒がずらりと並ぶ

るので、そこに座って心行くまでこのパノラマを楽しみたい。

ここからは何度かカーブを繰り返しゴール地点のクライネ・シャイデックへ。この区間もほとんどが緩やかな下り。左側には相変わらずグリンデルワルトの谷を見下ろしながら歩く。ゴール直前になって眼下にクライネ・シャイデックが現れる。眺望は抜群のコースだが、熟練者にはちょっと歩き応えがないかもしれない。クライネ・シャイデックから東（グリンデルワルト方面→P.168）へ、あるいは西（ヴェンゲン方面→P.170）に下っていくルートを組み合わせることを前提に歩いてもいいだろう。いずれも鉄道沿いに歩くルートなので、疲れたら途中で電車に乗ることができる。

コース上から見るヴェンゲンの眺望

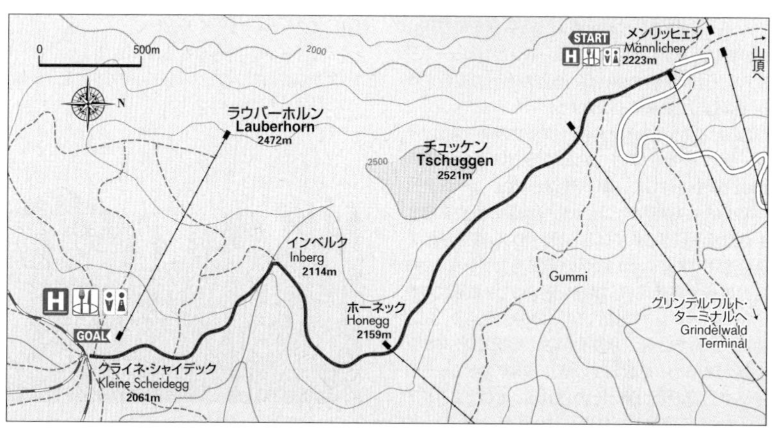

巨大な氷河が目の前に迫って来る風景が楽しめる

鉄道に沿って氷河、アルプ、森と沿道の景色が変わっていくコース。時間、体力と相談して前半、後半どちらかだけでも楽しめる。

アイガーグレッチャー→アルピグレン
Eigergletscher→Alpiglen

アクセス→クライネ・シャイデック駅からひと駅
スタート地点標高→ 2320m
ゴール地点標高→ 1615m
最高到達地点→ 2320 m（Eigergletscher）
高低差→ 705 m
総延長→ 6.7km
所要時間→ 2：30
公式地図番号→ 1229
難易度→技術 1 ／体力 3

条件がよければ「逆さアイガー」が見られるファルボーデンゼー

スタート地点のアイガーグレッチャー駅を降りると、目の前には氷河、遠くにはミューレンやブリュームリスアルプ連峰が眺められる。迫力の氷河の景色をゆっくり楽しんでから歩き始めよう。

ここからクライネ・シャイデックまでのコースはアイガーウオークと呼ばれ、ユングフラウ鉄道全線開通100周年を記念して、新しく整備された。コース上にはアイガーの展望ポイントや北壁登攀の歴史を紹介する施設が設けられている。駅を出たら線路左横の階段を下りて進もう。鉄道の線路あたりから3山の迫力の景色が見える。線路を超えると、眼下にクライネ・シャイデックの駅がアルプの中に見える。左に曲がり進んでいくと、槇有恒ゆかりの旧ミッテルレギ小屋がある。中を覗いてみると、往年のヒュッテの様子や当時の登山家がしのばれる。そのまま道を下り、途中から線路沿いを歩く。ファルボーデンゼーを経由してクライネ・シャイデックへ。

クライネ・シャイデックからは、四方にハイキングコースが広がっている。グリンデルワルト方面（北側）

コース上にあるミッテルレギ小屋

アルピグレンにはグリンデルワルトの谷を見下ろすカフェがある

に向かって線路沿いを歩き始めよう。ただ線路沿いを歩くのは最初だけで、すぐに線路から離れて左下方向に延びるコースをとる。右側を見上げると、そこにあるのはアイガー北壁。垂直にそそり立つ2000m近い岩壁の迫力は圧巻だ。

よく整備されたルートで、ハイキングを楽しむ人も多いので、迷うことはないだろう。やがて森林限界を越え、周囲にモミの木が多くなり始めた頃、牛小屋の集落メットラMettla（1808m）に到着する。牛小屋の周囲は広い放牧地。7・8月はたくさんの牛がのんびり牧草を食む景色が広がり、カウベルの音が歩く人の耳に心地よく響く。相変わらず右側には覆いかぶさるようなアイガーの北壁。のどかな放牧地の風景と黒々とした岩肌をさらすアイガーのコントラストがこのコースの魅力のひとつだ。

小川に沿ってしばらく歩き、避難小屋の横を通り過ぎて線路を横切るとゴール地点のアルピグレン駅に到着。先ほど眺めていた牛たちの牛乳で作ったチーズを使用したケーゼシュニッテがおいしいレストランがある。アイガーとヴェッターホルンを眺めながらひと息入れよう。時間的、体力的にまだ余裕がある人は、線路沿いの道をグルントまで下ることができる。グルントからグリンデルワルトへはさらに30分の道のり。

なおアイガー北壁直下にある「アイガートレイル」を歩いてアルピグレンに行くこともできる。スタート地点アイガーグレッチャー駅からしばらく同じだが、クライネ・シャイデックへのコースとは、線路を渡って反対の右側へ歩き始める。こちらのコースは斜面をトラバースしたり、途中ガレ場や雪渓があったりするので、ある程度の経験者向け。スニーカーなどではなく、しっかりしたハイキングシューズが必要だ。夏でもコンディションが悪いときは閉鎖されることもあるので、駅の表示をしっかりと確認したい。

線路に沿ってグリンデルワルトまで下ることもできる

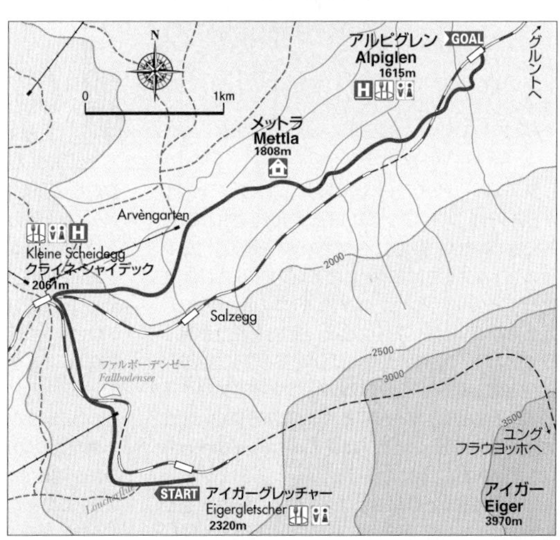

コース上で後ろを振り返るとこんな景色が

クライネ・シャイデック→ヴェンゲン
Kleine Scheidegg→Wengen

アクセス➡グリンデルワルト、ヴェンゲンから登山鉄道
スタート地点標高➡2061m
ゴール地点標高➡1274m
最高到達地点➡2061m
高低差➡787m
総延長➡7km
所要時間➡2：30
公式地図番号➡1228/1229
難易度➡技術1／体力3

コースはずっと鉄道の線路沿い

クライネ・シャイデック駅の裏側（ユングフラウ側）からスタート。ユングフラウの山裾に向かう道もあるが、そちらではなく、線路に沿ったコースを進む。ヴェンゲルンアルプまでは広々としたアルプを行く。仰ぎ見ればアイガー、メンヒ、ユングフラウの3山が並び、足元のアルプは6〜7月には高山植物が咲き乱れる花畑となる。天気がよければ、青空の下、白く輝く氷河と黒い岩肌、そして緑のアルプとそこに咲き乱れる色とりどりの花々が目の前に広がる夢のような光景が展開する。まさにアルプスハイキングのすばらしさを実感することになるだろう。

コースはずっと線路沿いを歩くので、列車が来たら手を振ってみよう。ヴェンゲルンアルプ駅に近づくと、ラウターの谷を挟んで反対側の崖の上にある町ミューレンと、その後方にあるシルトホルン（2970m）が正面に見えてくる。ヴェンゲルンアルプ駅には夏にカフェが開かれる。目の前に広がるユングフラウ3山の大パノラマを眺めながら、ひと休みするのもいいだろう。

ヴェンゲルンアルプからは線路の右側を歩く。右前方にそびえる山はラウバーホルン（2472m）とチュッケン（2521m）、さらにメンリッヒェン（2342m）だ。ラウバーホルンの山頂近くをスタートし、高低差1000m以上を滑り下りるダウンヒルのコースは、スキーのワールドカップでヨーロッパ最長の滑降コースとして知られている。

線路沿いの道は緩やかに下りながら、いくつかの小川を越えていく。しばらくすると周囲に木が現れ始める。このあたりからは山は見えず、木立の間を歩くコースとなる。アルメントAllmend駅の手前で線路

ヴェンゲンに向かってアルプのなかを下っていく

の下をくぐって線路の左側に出る。ヴェンゲンはすぐ近くに見えるが、ゴールの駅はここから約2km。村に近づくにつれ家が見えてくるが、どの家もきれいに花で飾られていて楽しい。民家の間の小道をゆっくり下っていくと、ヴェンゲンに到着する。

ヴェンゲルンアルプからは、ラウターブルンネンの谷沿いを歩くコースもある。上記のコースだとヴェンゲンまでは1時間から1時間半の所要時間だが、こちらはコースによって、さらに1〜2時間ほどよけいにかかる。最も時間がかかるのはヴェンゲルンアルプからBiglenalpを経由して、ラウターブルンネンの谷に沿ってヴェンゲンに向かうコース、プラス2時間。前半はユングフラウの頂を見上げながら牧草地を、その後は谷に沿って歩く。途中からは森の中を進むことになる。ヴェンゲルンアルプからMettlenalpを経由するコースだとプラス1時間。いずれも迫力あるU字谷と途中に点在する小さな村の風景が楽しめるルート。時間に余裕があればぜひ、こちらを下ってヴェンゲンに向かってみよう。人も少なく、静かにハイキングを楽しむには絶好のコースだ。

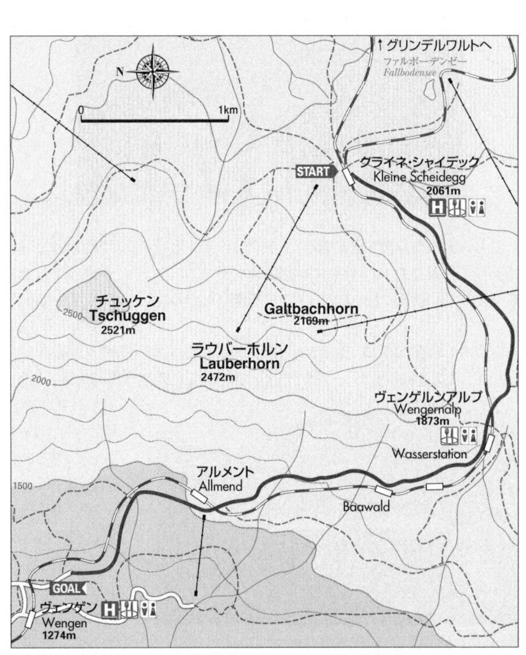

雪解けの頃はクロッカスの群生が見られる

フィルスト周辺。左の山がヴェッターホルン、右がフィンスターアールホルン

グロッセ・シャイデック→ブスアルプ

Grosse Scheidegg → Bussalp

アクセス→グリンデルワルトからバス
スタート地点標高→ 1962m
ゴール地点標高→ 1797m
最高到達地点→ 2681 m
高低差→ 884 m
総延長→ 15.5km
所要時間→ 7：00
公式地図番号→ 1229
難易度→技術 2 ／体力 3

前半は子供でも歩ける平坦な道が続く

グリンデルワルトの北側を歩くロングコース。全行程を歩く必要はなく、時間や体力に合わせてコースを変更して、自分に合ったハイキングを楽しんでみたい。

スタート地点のグロッセ・シャイデックまではバスを利用。ここからアイガー（3970m）の岩壁を左側に眺めながら、フィルスト（2166m）を目指す。緩やかな上りで、沿道にはのどかなアルプが広がる。この部分は省略して、グリンデルワルトから直接ロープウエイでフィルストにアクセスして、ここからスタートしてもいい。

できるだけ朝早いバスに乗ってスタート地点に向かいたい

フィルストからはほぼ平坦なコースを次の目的地、バッハアルプゼーに向かう。フィルストの先は少し上りになり、すぐに分岐が現れる。どちらの道を通ってもOK。右は緩やかな上りで、左は崖のすぐそばを通る道。周辺は花畑が広がり、ときどきアルペンマーモットが花々の間に顔をのぞかせることもある。正面に見える山はファウルホルン（2681m）、谷の向こうに広がる山々はヴェッターホルン（3692m）、シュレックホルン（4078m）、アイガーなどだ。

湖の北側に沿って歩いていくと、道は徐々に上りになる。避難小屋があるブルギヒッタの少し先に分

コースのハイライト、バッハアルプゼーからの絶景

フィルストのアトラクション、クリフウォークにも立ち寄りたい

ゴール地点のブスアルプ

岐がある。左に行く道はブスアルプへと下る道。ファウルホルンの山頂を目指さないなら、ここで道を左にとる。ここまで来たら山頂を目指したいという健脚派は、そのまま上り続けよう。バッハアルプゼーから分岐までは約1時間。山頂はさらに30分の上りとなる。

ファウルホルンの山頂からは、360度のパノラマを楽しもう。ベルナーアルプスの山々はもちろんのこと、北側に広がるブリエンツ湖の姿も。レストランもあるので、ゆっくりと景色を堪能したい。

ファウルホルンから、ブスアルプまでは約2時間の道のり。道は整備されているが、途中石が転がっている所もある。下りはけがをしやすいので、一歩一歩しっかりと歩いて下りたい。途中の小さな村落オーバーレーガーを過ぎればゴールはもう少し。ブスアルプからは目の前に絶景のアイガーが、また、ベルナーアルプスの最高峰、フィンスターアールホルン（4274m）が望める。ここからグリンデルワルトまではバスで戻ることができる。

なお、ファウルホルンに上らないなら、バッハアルプゼーの南側を通る道もある。そのままブスアルプに向かう道だ。ただしかなり急で細く、ざれ場もある。両道ともしっかりしたトレッキングシューズを履いておこう。

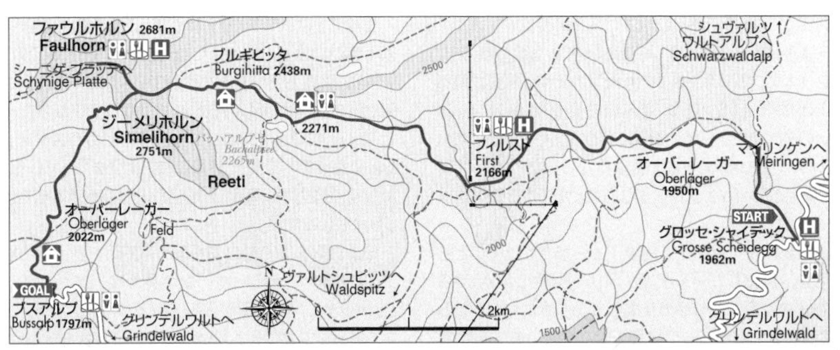

目の前にスイスの名峰が並ぶ

ビルク→アルメントフーベル
Birg → Allmendhubel

アクセス→ミューレンからシルトホルン行きロープウエイ
スタート地点標高→ 2677m
ゴール地点標高→ 1907m
最高到達地点→ 2677 m
高低差→ 770 m
総延長→ 6.2km
所要時間→ 4：00
公式地図番号→ 1248
難易度→技術 2 ／体力 4

ハイキングの前にシルトホルンからの絶景も楽しもう

西側からユングフラウ3山を見るのにベストな展望台シルトホルン。3000m近い標高があり、近くに高い山がないので眺望のよさはスイス有数だ。ラウターブルンネンのある深い谷を挟んで山を眺めるので、シーニゲプラッテやメンリッヒェンのように前面に遮る山がなく、バランスよく並ぶ山の姿が眺められる。3山の姿はここからが一番美しいという人も少なくない。このハイキングコースは展望台から見たのとほぼ同じ景色をハイキング中、楽しむことができる贅沢なコースだ。

シルトホルンの展望台直下から歩き始めることも可能。ただしゴールまでかなりの距離になり、さらに途中は急な下りやガレ場の多い歩きにくい道なので、体力とそういった場所を歩く技術のある経験者以外はやめておこう。登山鉄道沿いのコースのように、途中でギブアップして列車に乗るというようなことはできない。途中中間駅のビルクまではロープウエイを使って、ここから歩き始めるようにしよう。

ビルクでロープウエイを降りたら、歩き始める前に2014年にオープンした展望デッキSKYLINE WALKに立ち寄ってみよう。シルトホルンのように360度の眺望が楽しめるわけではないが、切り立った崖の上に造られたデッキは、足元がガラスやメッシュになっていて真下が見られるようになっている。かなりの迫力で、高所恐怖症の人は足がすくんでしまうかもしれない。

ビルク駅を出て左の道を下る。正面を見上げるとシルトホルンの回転レストランが見える。しばらく下るとシルトホルンの山頂から下りてくるコースと合流。ここで右へ。左にシュヴァルツグラートの稜線を見なが

3山を目指して下る贅沢なコース

ゴールのアルメントフーベルからミューレンまでは広々としたアルプが広がり、高山植物の花畑が広がることで知られている

高山植物が美しい

ら進んでいくと1時間ほどでレストランがあるシルトホルンヒュッテに到着。小休止にちょうどいい。

ここからゴールまでユングフラウ3山を正面に眺めながら歩くルート。しばらくは穏やかな下りが続いているので景色を楽しみながら歩ける。右に見えるトレルンホルンに近づいていくと、道は急坂になっていく。崖を見ながら、幅の狭い谷間の道を進んでいくあたりは、ガレ場になっている所もあるので慎重に歩きたい。無理をせずマイペースで休息を取りながら歩いていこう。ガレ場を過ぎればゴールのアルメントフーベルはすぐ。あたりは広々とした牧草地に変わり、たくさんの花が咲いている。ユングフラウ3山はさらに近くに見える。アルメントフーベル（1932m）は小高い丘のような所で、ここも展望台になっている。ゴールはアルメントフーベルのケーブルカー駅。手前の分岐で、右に道をとればミューレンまで歩いて下ることも可能。アルメントフーベルからミューレンに下るにはケーブルカーを使う。標高差があり人によっては思った以上に時間がかかってしまうこともあるので、ケーブルカーの運行時間など、事前によく調べておきたい。長い下り道なのでしっかりと足首をホールドするトレッキングシューズで歩きたい。

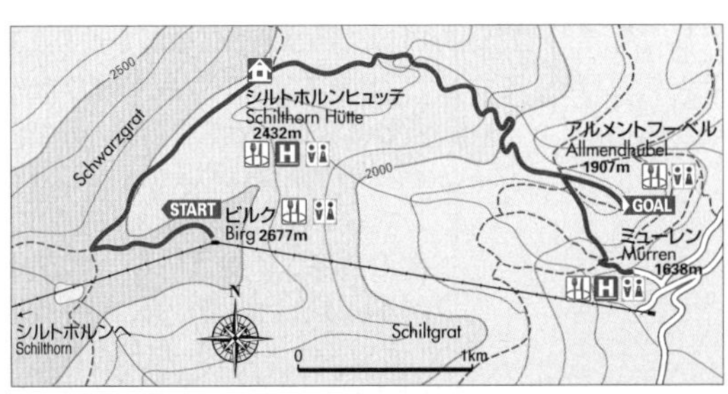

州：ベルン
使用言語：ドイツ語
地図位置：P.125-B1
標高：577m
郵便番号：CH-3855
エリアコード：033
（市内通話の場合でも初めにエリアコードをプッシュする）

ブリエンツ
Brienz

ロートホルン山頂近くから湖を見下ろす

インタラーケン・オスト駅からルツェルン方面に向かう電車は、駅を出てすぐにアーレ川を越える橋を渡る。その後はしばらくの間、進行方向右側には青緑色がかった不思議な色の湖が続く。ベルナーアルプスの氷河の融水が流れ込んでいるためだろうか、天気や時間帯によって湖水の色が違って見えるこの湖は、長さ15km、幅3kmのブリエンツ湖だ。

この湖のほとりにあるブリエンツには、スイスのさまざまな魅力が凝縮されている。この地方独特の趣のある家並み、神秘的な湖、深い森、愛らしい蒸気機関車、アルプスの大パノラマ、スイス各地の古い民家を集めた野外博物館もある。木彫りの町としても知られており、メインストリートには木工芸品店が多く、ウインドーショッピングが楽しい。

Walking 歩き方

町は湖に沿って細長く開けていて、鉄道駅はその東端。駅を出ると道路の向かい側にロートホルン行きのSLが停まっている。駅の裏側には湖が迫り、遊覧船の船着場になっている。

ZBのブリエンツ駅で降りたら通りを左へ歩こう。観光案内所❶は駅を出てすぐ右側の建物内にあり、その先左側に郵便局、その先の両側にホテル、レストラン、スーパーマーケット、そしてみやげ物屋が並ぶ。店先に並ぶのは精巧な細工を施した木工芸品。オルゴール、鳩時計、おもちゃなど値段の張る物が多いが、目の肥やしにひやかしてみよう。

ショーウインドーに飾られた見事な大作をのぞきながら1kmほど歩くと、狭い通りがS字にカーブしている所からブルンガ

❶Brienz Tourismus
㊟Hauptstr. 143
☎（033）9528080
URL www.interlaken.ch
開6月～9月
月～金曜 8:00～18:00
土曜 9:00～12:00
13:00～18:00
日曜 9:00～12:00
13:00～17:00
上記以外の時期は時間に変動あり。10月～5月は月～金曜12:00～14:00休み。11～3月は土・日曜休み。

ブリエンツ湖遊覧
URL www.bls.ch

アクセス 鉄道で
インタラーケン・オストInterlaken Ost駅（東駅）からルツェルン行きのPE（パノラマエクスプレス）で18分、普通列車なら21～23分。ほぼ30分ごとに、IRと普通列車が交互に出ている。

遊覧船で
時間はかかるが、片道は遊覧船でゆったりとクルージングを楽しむのもいい。インタラーケン・オスト駅のすぐ裏側から約1時間13分。汽船も就航している。ブリエンツの船着場は2ヵ所あり、ホテル街に近いドルフには停船しない便がほとんどなので気をつけたい。終点は鉄道駅の前。運航はおもに5～10月（11～3月は減便）インタラーケン発9:00～16:07、ブリエンツ発10:40～17:40。1日5便で、週末、夏期は増便される。料金：2等片道CHF32、往復CHF60。スイストラベルパス、ユーレイルグローバルパス有効。

ッセBrunngasseという通りが延びている。石畳の小路の両側に典型的な古い民家が並び、窓から花があふれて美しい。

小路の突き当たりのOberdorfstr.を左に折れ、静かな住宅街を2ブロック歩くと、右側に**バイオリン製作学校Geigenbauschule**がある。その向こう側、木彫細工を凝らしたすばらしい民家を通り過ぎると、尖塔の美しい教会に出る。隣にある**木彫学校Schnitzlerschule**は、ヨーロッパでここだけという木彫りの専門学校。何世紀にもわたって受け継がれてきた手彫りの技術を今に伝えている。

教会の階段を下りて湖畔に出よう。ここからは静寂に包まれたブリエンツ湖の眺めがすばらしく、対岸にあるギースバッハの滝もよく見える。帰りは湖沿いの遊歩道を歩いて戻ってもいい。

ロートホルン鉄道

とても静かな湖畔の町

ギースバッハの滝へ行ってみよう
私が行った日は雨の日のあとだったので、水の量も多く大迫力でした。そこから隣町のIseltwald(MAP P.125-B1) まで遊歩道があり、アップダウンなく歩けました。Iseltwaldから船かバスでインタラーケンへ行けます（スイストラベルパス有効)。
（府中市　ハナチャン）['23]

ギースバッハの滝 Giessbachfälle
ブリエンツから湖船でひとつ目、Giessbach Seeで下船。ブリエンツからハイキングコースで1時間10分～。

Attraction おもな見どころ

スイス木工ミュージアム
住Hauptstr. 111
☎ (033)9521317
URL www.museum-holzbildhauerei.ch
開'23年は5/6～10/30
水～日曜　13:30～17:00
(6～9月10:30～)
休月・火曜、冬期閉館
料CHF8（入館のみ）

スイス木工ミュージアム外観

ブリエンツならではの木工芸品鑑賞を

MAP P.177

スイス木工ミュージアム
Schweizer Holzbildhauerei Museum

木工芸の発展当初から現代にいたるまでの、スイス全域で収集した貴重な作品や関連資料を展示するミュージアム。1835年ブリエンツで創業したジョパン社の工場を改修して開かれた。芸術性にすぐれた彫刻作品やオルゴール、民具など世界的にも希少な木工芸品を数多く所蔵している。

精巧を極めた木彫り人形がずらり

バレンベルク野外博物館
住Museumsstr. 100
☎ (033)9521030
URL www.ballenberg.ch
開'23年4/6～10/29
10:00～17:00
（レストランは9:30～17:30）
料CHF32。スイストラベルパス有効。

アクセス インタラーケンからのIRに接続して、ブリエンツ駅前からポストバスが出ている。西口Ballenberg Westまで約15分、東口Ballenberg Ostまで約20分。ほぼ1時間に1本。スイストラベルパス有効。

雨の日でも楽しめる

MAP P.125-B1

バレンベルク野外博物館
Freilichtmuseum Ballenberg

スイス各地に残っていた15～19世紀の民家や農家など、100以上の家屋を移設した野外博物館。スイス版明治村（江戸村？）といったところだが、ほとんどが農家というのがいかにもこの国らしい。地形が違えば気候が違い、農業の形も変わる。それにともなって建築様式もさまざまに変化する。九州ほどの小さな国の中にこれほど多様な文化があることに、驚かされるに違いない。観光立国のもうひとつの顔をのぞきに行こう。

園内には約100軒もの建物を観賞できる

湖畔のなだらかな丘に造られた博物館はたいへん広く、見応えがある。見学には半日を予定しておこう。敷地は東西に細長く、入口は正面口（西口）と東口の2ヵ所。東口から歩き出し、西へ抜けて、最後に正面口前のギフトショップをのぞいて帰るのがおすすめ。どちらから入っても、ゲートで案内図を買うの

COLUMN　デモンストレーションをお見逃しなく！

バレンベルク野外博物館では約60種の伝統的な手工業のデモンストレーションが行われている。木彫りやボビンレースなどのほか、昔ながらのチーズ作りやミルク、パンなどを各家屋で作り販売している。ものによって1日1回だったり週1回だったりするが、館内は広いのでパンフレットやインフォメーションでスケジュールを確かめて、地図を片手に効率よく回ろう。

をお忘れなく。

博物館といっても決して堅苦しくなく、ちょっとしたテーマパークのようなもの。社会科見学の子供も大勢いるが、みんなピクニック気分で楽しんでいる。

園内は地方別に13の区画にまとめられていて、標識もよく整っている。石の瓦を載せたヴァリス地方Wallisの家。木組みの白壁とブドウ畑の調和が美しいミッテルラント東部Östliches Mittellandの家。家畜小屋と居室が一体になっていたり、地下に機織り部屋があったり、屋根裏が倉庫になっていたり、一軒一軒すべて異なる建築様式。屋根の形の違いだけでもおもしろい。どの家も扉が開け放たれ、自由に中へ入って作業場や台所、寝室などを見ることができる。

バレンベルク野外博物館の見どころは家屋だけではない。いくつかの家では、民族衣装に身を包んだ人々が伝統的な仕事ぶりを見せてくれる。博物館の係員はすべて農民、あるいは職人なのだ。畑では、ハーブ、たばこ、ブドウ、トウモロコシ、小麦などその地方で収穫されている作物を育て、それぞれの農家が乳牛、蜂、ウサギなど異なる家畜を飼っている。

また職人が見せてくれる伝統的な技術も興味深い。パン職人がパンを焼き、鍛冶屋が蹄鉄を打ち、羊毛から糸を紡ぎ、麦わらで籠を編んでみせてくれる。道具もすべて当時のものを使い、明かりはもちろんランプだ。木彫り、ボビンレース、刺繍、時計など、各分野の職人が作った工芸品やパンは購入することもできる。

区画と区画をつなぐ小道沿いにはカラマツの林が広がっている。若葉の頃、黄葉の頃にはさぞ美しいだろう。

チーズ製造の実演などが見られる

充実！野外博物館内ショップ
野外博物館内にはレストランが4軒あるが、天気がよければ、館内ショップの薪で焼き上げたパンとフレッシュチーズ、干し肉やソーセージなどを買い、外でランチを取るのがおすすめ。池のほとり、花畑の前などあちこちにベンチが置かれていて、食べる場所には困らない。また同ショップで販売しているハーブ製品は、おみやげに最適。
（杉並区　とみお）['23]

レストランでの食事はぜひテラスで

Scenic Overlook 展望台

蒸気機関車に乗って小旅行

MAP P.125-B1

ロートホルン Rothorn 2350m

展望台とは上からの眺望を楽しみに行く場所だが、ロートホルンの場合、楽しみは麓から始まる。

ブリエンツ・ロートホルン鉄道BRBは、世界の鉄道マニアの憧れの的。日本でもおなじみのアプト式登山鉄道で、最大勾配はユングフラウ鉄道と同じ250パーミル。そして機関車が、傾斜のぶんだけボイラーを傾けた蒸気機関車なのだ。SLとしては世界一急勾配で、スイスで唯一、電化されていない鉄道でもある。天井までガラス張りのかまぼこ型客車が赤くてまたかわいい。客車は1両か2両しか連結しないが、混雑時には何台も連なって運行

乗車時間となるとたちまち席が埋まるほどの人気

アクセス
ブリエンツ
↓ 1時間
ロートホルン・クルム

◆登山鉄道
ロートホルン鉄道
乗り場はブリエンツ駅の正面。ここからSLで約1時間。ブリエンツに着いたらすぐにチケットを買い、出発時刻まで町をひと回りしてくるといい。'23年の運行は中間駅までが5/6～。フル運行は6/3～10/22。
URL brienz-rothorn-bahn.ch

運行時間（'23年）
ブリエンツ発
7:36※1、8:36、9:40、10:45、11:45、12:58、13:58、14:58、16:36
ロートホルン・クルム発
9:06※1、9:38、11:15、12:20、13:28、14:28、15:28、16:28、17:40
※1 7〜9月の土・日曜のみ運行
料片道CHF62、往復CHF96。リージョナルパス・ベルナーはオーバーラント有効。スイストラベルパスは50%割引き。

線路脇に広がる牧草地帯

される。SLのほかにディーゼル機関車も数台あり、混雑時にはディーゼルも運行しているので、チケット購入時に確認しておきたい。

乗り込んだら、できれば進行方向左側に座ろう。SLは何といっても音がいい。プホーッと汽笛を鳴らして出発。シュポッシュポッと蒸気を上げながらゆっくりと上っていく。木の間越しにトルコブルーの湖とおもちゃのような町を見下ろし、断崖をかすめ、やがて森林限界を越えてアルプに出ると中間駅プランアルプPlanalpに停車。ここで機関車に給水する様子を見学できる。さらにヘアピンカーブとトンネルをいくつか過ぎ、ロートホルン・クルム（山頂駅）まで約1時間の旅だ。

山頂近くのハイキングコース

山頂駅のそばにはレストランとギフトショップ、ホテルがある。天気がよければロートホルン山頂（2350m）まで20分ほど歩いてみよう。正面にひときわ大きくそびえているのがアイガーで、ユングフラウは遠慮がちに見える。メンヒの姿はほとんどアイガーに隠れている。そのずっと左には、ベルナーアルプス最高峰のフィンスターアールホルン（4274m）も見えている。手前にはブリエンツ湖とインタラーケン、マイリンゲン、北東に目をやればリギ、ピラトゥスまで望める。

COLUMN

ロートホルンからのハイキング

絶景パノラマハイキングを楽しもう!

ブリエンツ湖越しにベルナーアルプスの大パノラマが眺められる場所として知られるブリエンツァー・ロートホルンをスタートして東に向かって歩き、ゴールはルンゲルン湖畔からリフトを乗り継いで上がるシェーンビュールSchönbüel。尾根道を歩き、終始360度のパノラマが楽しめる気持ちのいいコース。距離は5.7km、所要約2時間30分。

まず登山鉄道のロートホルン・クルム駅を出たらそのまま東に向かってブリエンツァー・ロートホルン山頂（2350m）を目指す上り坂。右側を見れば眼下にブリエンツ湖が輝き、そのまま目線を上げればベルナーアルプスの山並みが広がっている。ロートホルンを過ぎるとしばらくは下り。眼下の湖の美しさに見とれて道を外れたりしないように気をつけたい。道は全行程よく整備されているが、岩が露出している所があるので、シーズンの初めや雨が降ったあとは滑りやすいので注意しよう。

下りが終わりアイゼーへの分岐点があるWidderfeldを過ぎると今度は急な上り坂。ロープが渡してある場所もあるが、慎重に歩けば問題ない。その後高度感がある上りが続き、なかなかスリリングだが、危険な箇所はない。スタートから約3kmにあるArnihaaggen周辺はさまざまな高山植物が咲き乱れ、さらに進むとアルペンローゼの群生地がある。湖と山が織りなす遠くの景色と、足元に咲く花々の景色を一緒に楽しみたい。

ロートホルンからブリエンツ湖を見下ろす

ゴールのシェーンビュールの手前にあるピーク、ヘーヒ・グンメ（2204 m）へと、コースは再び上りになるが、登りたくない人は手前の分岐を右に行き、山腹をトラバースしてゴールに向かうこともできる。ゴール地点のシェーンビュールからの景色もすばらしい。このあたりからブリエンツ湖を眺めると、横長の湖が縦に見える。リフトで麓の町ルンゲルンに下りる前にゆっくりと景色を堪能しておきたい。ルンゲルンに着いたら、町なかを歩いて駅まで20 分ほどの道のりだ。

鉄道の通る湖畔の町では水際に線路が敷かれていることが多いが、ブリエンツの中心部では鉄道はトンネルを通過する。湖畔の建物でも列車の通過音に悩まされることなく、とても静かな環境だ。ホテルも何軒かあるので、レイクフロントのホテルはおすすめ。ロートホルン鉄道の終着駅の山岳ホテル、船で湖を渡った対岸にあるギースバッハのクラシックなホテルも、ブリエンツならではのステイが楽しめる。

山岳ホテル

ベルクハウス・ロートホルン・クルム Berghaus Rothorn Kulm

MAP P.177域外

ロートホルン山頂にあり、最終電車が出たあとは宿泊者だけが山頂を占領できる。天気がよければ、ユングフラウ3山の夕焼けや満天の星、日の出を楽しめる。部屋はスイスパインのインテリアできれい。客室内では禁煙。併設のレストランも評判がよく、アラカルトメニューとワインの種類が豊富。

☎(033)9511221
URL brienz-rothorn-bahn.ch
料 D CHF67～ S CHF102 W CHF82 食事追加 CHF33～
Room 21室 Dは73ベッド
カード A M V
休 10月中旬～6月上旬

ゼーホテル・ベーレン Seehotel Bären

MAP P.177 ★★★

ブリエンツ・ドルフの船着場近くに、湖に面して建つ明るい雰囲気のホテル。入口には大きなクマの彫刻が置かれている。1階のレストランには広々としたテラス席もあり、湖の美しい景色を眺めながら食事をすることができる。室内はシンプルだが機能的。アーユルヴェーダの施設がある。

住 Hauptstrasse 72
☎(033)9512412
URL www.seehotel-baeren-brienz.ch
料 S CHF89～ W CHF178～ (または) S CHF199～ W CHF202～ 食事追加 CHF35
Room 24室 Wi-Fi 無料
カード A M V

ブリエンツァーブルリ Brienzerburli

MAP P.177 ★★★

駅から町の中心部を抜けて約15分の湖畔に建つ。家族経営なのでアットホームで居心地がいい。夏には湖畔のテラスで朝食を取ることができ、ディナーは、ブリエンツ湖の魚料理を楽しむことも。鉄道駅へは無料の送迎あり（要予約）。季節ごとにお得なパッケージ料金が用意されている。

住 Hauptstrasse 11
☎(033)9511241
URL www.brienzerburli.ch
料 (または) S CHF130～ W CHF170～ 食事追加 CHF35
Room 37室
カード M V 休 4月

リンデンホフ Lindenhof

MAP P.177 ★★★

登山鉄道の線路を越えた高台にある緑に囲まれた美しいホテル。建物の前には広い庭があってくつろげる。室内プールやサウナ、ハーブスチームシャワーもある。見晴らしのよいレストランでは、郷土料理や各国料理が楽しめる。季節に合わせた特別料理も用意されている。

住 Lindenhofweg 15
☎(033)9522030
URL www.hotel-lindenhof.ch
料 (または) S CHF190～ W CHF215～ 食事追加 CHF40 Room 40室 Wi-Fi 無料 カード A M V
休 1月上旬～3月中旬

ユーゲントヘアベルゲ(YH) Jugendherberge Brienz

MAP P.177域外

ブリエンツ駅から東に向かって歩いて15分ほどの、湖に近い場所にある。キッチンの利用は無料。

住 Strandweg 10 ☎(033)9511152 URL www.youthhostel.ch
料 D CHF45～ S CHF78 非会員は1人1泊CHF7プラス 食事追加 CHF19.50、弁当CHF10 Room 76ベッド
Wi-Fi 公共エリアのみ、無料 カード A M V 休 10月下旬～4月上旬

ギースバッハのホテル

グランドホテル・ギースバッハ Grandhotel Giessbach

★★★★ MAP P.177域外

クラシックで優雅なホテルへは、ブリエンツから船でひとつ目のギースバッハで下船しケーブルカーで。

住 Giessbach ☎(033)9522525
URL www.giessbach.ch 料 S CHF175～ (または) W CHF215～ Room 70室
Wi-Fi 無料 カード A D M V 休 10月中旬～3月中旬

日本からブリエンツへの電話のかけ方

[国際電話会社の番号*]+010+[国番号41]+[33(エリアコードの最初の0は不要)]+[電話番号]
*マイラインの国際通話区分に登録している場合は不要

マイリンゲン
Meiringen

州：ベルン
使用言語：ドイツ語
地図位置：P.125-B1
標高：595m
郵便番号：CH-3860
エリアコード：033
（市内通話の場合でも初めにエリアコードをプッシュする）

一番の見どころアーレシュルフト

ブリエンツの東13kmにあり、小規模ながら明るくにぎやかな町。その理由は、西はインタラーケンとグリンデルワルト、北はルツェルン、東と南にはアンデルマットに通じる峠道があり、古くから交通の要衝として栄えてきたからだ。チューリヒからユングフラウへ行くとき、この町でいったん下車して、郊外にある滝や峡谷を見ながら、峠越えのバスでグリンデルワルト入りするのもおもしろい。

マイリンゲンはまたシャーロック・ホームズの町でもある。彼が最後に滞在した場所とされていて、ホームズ博物館や、生前通っていた（？）バー、終焉の地まで存在する。

アクセス インタラーケン・オスト駅（東駅）からルツェルンまたはマイリンゲン行きで約30分、ブリエンツから10分。ほぼ30分ごと。ルツェルンからは1時間10分、1時間おき。

マイリンゲン駅

Walking 歩き方

町に鉄道で到着したら、まず駅構内にある観光案内所❶で、地図とバス＆電車の時刻表をもらっておこう。駅を背に正面に進み、バーンホフ通りBahnhofstrasseを右折。次の角の広場には、鹿狩り帽をかぶり、パイプをくわえたホームズ像がある。奥にある教会の地下がシャーロック・ホームズ博物館。ここが町の中心で、最もにぎやかなあたり。大通りをさらに行くと、道が狭くなってカーブした所の左側にホテル・シャーロック・ホームズと、なぜかベーカー街まである。次の交差点でAlpbachstrasseを右に折れるとライヘンバッハ滝。シャーロック・ホームズが命を落としたとされる滝を見学したら、アーレ川沿いに歩いてアーレシュルフトへ。帰りはMIBのミニトレイン（→P.184欄外）で戻ってくるといい。

❶Meiringen Haslital Tourismus
住Bahnhofplatz 12
☎（033）9725050
URL haslital.swiss
開月～金曜 8:00～18:00
土曜 8:00～17:00
日曜 8:00～13:00
（時期により変動あり）

町を流れるアーレ川

おもな見どころ

ホームズファンは見逃せない

シャーロック・ホームズ博物館
Sherlock Holmes Museum

ホームズといえば小説やテレビシリーズでおなじみの名探偵。イギリス人の彼の博物館が、なぜスイスに？

実は、生みの親コナン・ドイルは『シャーロック・ホームズ最後の事件』の物語の舞台にマイリンゲンを選び、ホームズをこの町で死なせたのだ。その縁で1987年、ホームズはマイリンゲンの名誉市民となり、同時にロンドンのシャーロック・ホームズ協会の援助によって博物館が造られた。ロンドンのベーカー街211B番地にある書斎が再現されていて、ライヘンバッハ滝から発見された（?）ステッキ、シルクハット、今も世界中から届くファンレター、“ワトソン君”ゆかりの品なども展示。

シャーロック・ホームズ博物館
住Bahnhofstr. 26
☎（033）9725000
URL www.sherlockholmes.ch
開5～10月
（'23年は5/1～）
毎日 13:30～18:00
11～4月
土・日曜 13:30～17:00
休11～4月の月～金曜
料CHF5。スイストラベルパス有効。
駅から徒歩3分ほど。
35分ほどの内容のイヤフォンガイドあり（日本語対応）。

バラ窓が建物の目印

ホームズ終焉の地 MAP P.125-B1

ライヘンバッハ滝
Reichenbachfall

ローゼラウイ氷河と周辺の水を集め、断崖を落ちる落差100mの滝。この勇壮な景観に感動したコナン・ドイルは、ここをシャーロック・ホームズ終焉の地に選んだ。『最後の事件』の中でホームズは、宿敵モリアーティ教授ともみ合ってこの滝に落ち、命を落とした。滝に落ちたとされる場所には★印が！ケーブルカー乗り場にはホームズのレリーフもある。行き方は、シャーロック・ホームズ博物館からBahnhofstrasseを東へ進み、Alpbachstr.を右折。橋を渡ってしばらくすると標識が出ているので右へ入るとケーブルカー乗り場がある。駅やアーレシュルフトから徒歩約20分。アーレ川沿いの道を進みバス通りを渡るとすぐ。

滝の上からはマイリンゲン周辺を一望できる

ライヘンバッハ滝のケーブルカー
☎（033）9822626
URL www.grimselwelt.ch
営'23年は5/4～10/8の運行。9:00～17:30。悪天候の際は運休。15分ごと。
料片道CHF8、往復CHF12

おトクなコンビチケット
ライヘンバッハ滝のケーブルカー＋シャーロック・ホームズ博物館CHF13。ケーブルカー運行期間のみ有効。

ホームズになり記念撮影を

COLUMN 峠を越えてグリンデルワルトへ

マイリンゲン駅前またはライヘンバッハ滝の近くZwirgiのバス停からシュヴァルツワルトアルプSchwarzwaldalp行きのポストバスに乗り、終点でグリンデルワルト行きに乗り換えれば、グロッセ・シャイデックの峠を越えてグリンデルワルトへ出られる。所要約1時間40分。'23年の運行は5/18～10月。6月～10月中旬のハイシーズンは1日8便運行。詳細はウェブサイトで要確認。（グリンデルワルト→マイリンゲンのルートはP.144）
URL www.grindelwaldbus.ch

アーレシュルフト
☎ (033)9714048
URL www.aareschlucht.ch
開 西口：'23年は4/1～11/1
東口：'23年は5/18～11/1
8:30～17:30。6/17～9/17は～18:30。7・8月の金・土曜18:30～22:00はイブニングイルミネーションを開催、18:30以降の入場は西口限定。
料 CHF10、ライヘンバッハ滝のケーブルカー込みでCHF18
オープン期間は気象や増水等の状況により変動あり。

アーレシュルフト東口周辺

MIBミニトレイン
(Meiringen Innerkirchen Bahn)
URL www.grimselwelt.ch
マイリンゲン駅を1時間ごとに出発、帰り便も同様だが、オスト駅停車はオンシーズンのみ。ヴェスト駅、オスト駅はリクエストストップ駅なので、あらかじめ運転士に降車駅を伝えること。料金はアーレシュルフト入場料に含まれる。
スイストラベルパス有効。

MIBミニトレイン

スイスで最も豪快な峡谷

MAP P.125-B1

アーレシュルフト
Aareschlucht

シュルフト＝峡谷と名のつく観光地はあちこちにあるが、最も迫力があるのがここ。天気が悪いときなど、グリンデルワルトからでも訪れる価値のある場所だ。

アーレシュルフトの驚異は、峡谷の深さと狭さにある。川の両側に迫る断崖の深さは約180m。その幅は狭い所ではわずか1mしかなく、正午前後のごく短時間しか日光が届かない場所も多い。すべては、足元をごうごうと流れる水の仕業。長い年月をかけて、岩の割れ目を浸食して造り上げた自然の造形だ。全長約1400m。入口は東西2ヵ所にあるが、東側の半分は幅が広くて迫力に欠ける。

行き方は、マイリンゲン駅を出たら右へ歩き、陸橋を渡った所からミニトレインMIBに乗る。次のAareschlucht West駅（所要2分）で下車し、橋を渡って左折して10分ほど歩くと峡谷の西入口にいたる。MIBはここから峡谷沿いのトンネルに入り、トンネル内にあるAareschlucht Ost駅に向かうので、こちらで降りてもいい。目の前の橋を渡れば、東入口まで徒歩5分だ。峡谷は、東西どちらから入っても40分ほどで見学できるが、前述のように東（Ost駅側）半分は迫力に欠けるため、東から西へ歩いたほうが感動が大きいだろう。

歩道は狭くふたり並ぶのがせいぜい

ホテル

ビクトリア・マイリンゲン ★★★★
Victoria Meiringen

自然光が入る開放的な眺めや暖炉のあるビストロなどが印象的。フランスのレストランガイドで高評価を受けているフレンチレストランがある。レジャーと交通パスを組み合わせたパッケージプランが季節ごとにある。

住 Bahnhofplatz 9　☎ (033)9721040
URL www.victoria-meiringen.ch
料 S CHF150～ W CHF190～
Room 18室　Wi-Fi 無料　カード M V

ダコタ ★★★★
Dakota

駅を背に真っすぐ進み、メインストリートに出た所にある。客室はきれいで快適、バルコニー付きの部屋もある。2020年に全面改装され、黒を基調とした大人の雰囲気。

住 Arnthausgasse 2　☎ (033)7333003
URL hoteldakota.ch
料 S CHF232 W CHF293～
Room 48室　Wi-Fi 無料　カード A M V

日本からマイリンゲンへの電話のかけ方
[国際電話会社の番号*]+010+[国番号41]+[33(エリアコードの最初の0は不要)]+[電話番号]
*マイラインの国際通話区分に登録している場合は不要

トゥーン
Thun

州：ベルン
使用言語：ドイツ語
地図位置：P.125-A1
標高：559m
郵便番号：CH-3600
エリアコード：033
（市内通話の場合でも初めにエリアコードをプッシュする）

城と澄んだ川が物語に登場するような町をつくり上げた

石畳の細い坂道の向こうに、絵本から抜け出したような城がそびえる美しい城下町。トゥーン湖から流れ出すアーレ川の河口に位置し、ベルナーオーバーラントのゲートシティとしての役割も担っている。

人口は4万3000人強。スイスで11番目の都市であると同時に、白銀の山々を望む湖畔のリゾートでもある。ベルナーオーバーラントのなかでは気候も温暖だ。花のあふれる旧市街を散策し、ブラームスも愛したという河畔でハクチョウと戯れよう。アイガーを眺めながら、船でインタラーケンへ抜けるのもいい。

アクセス ベルンから特急で約18分。1時間に4本程度。ほかに各駅停車も走っている。インタラーケン・ヴェスト駅からは、直通もしくはシュピーツSpiez乗り換えで約30分。ほぼ30分ごと。すべての特急が停車する。またバス便もあり、所要約1時間。

ハクチョウがひしめく湖

Walking 歩き方

駅を出ると、まず目に飛び込んでくるのが右側にある船着場。この運河にトゥーン湖の遊覧船が発着している。

左側の大通りBahnhofstrasseへ歩き出そう。橋を渡るとすぐ左にベーリッツ通りBällizが延びている。アーレ川の中州に造られた新しい繁華街で、ブティックやレストラン、デパートが並ぶ。夏にはマーケットも開かれ、いつもにぎやかな場所だ。

ベーリッツ通りを1ブロック歩いて、次の角を右へ入ってみよう。川の上流に屋根のある古い橋が見える。トゥーン湖から流れ出たアーレ川の水位を調節している**水門Schleuse**だ。

オーベレ・ハウプト通り

橋を渡った所が旧市街。路地を抜けてメインストリートである**オーベレ・ハウプト通りObere Hauptgasse**へ出よう。この通りの建物は長屋のように隙間なく建てられて

遊覧船でトゥーンへ
インタラーケン・ヴェスト駅の裏から遊覧船が出ている。天気がよければユングフラウ3山の眺めがすばらしい。所要2時間10分。春と秋に運休あり。スイストラベルパス、ユーレイルグローバルパス有効。
URL www.bls.ch

i Thun-Thunersee Tourismus
住 Seestr. 2（駅構内）
☎（033）2259000
URL www.thunersee.ch
開 月～金曜 9:00～12:30
13:30～18:00
土曜 10:00～15:00
休 日曜

✉ シュピーツから船でトゥーンへ

シュピーツ（→P.188）はインタラーケンとトゥーンの間にあります。駅前は高台でトゥーン湖が美しかったです。湖まで歩いてそこからトゥーンへの遊覧船に乗りました。インタラーケンからトゥーンまでは船で行くとわりと距離があるし、シュピーツの町は訪れる価値の高い所だと思うので、シュピーツ～トゥーン間の船はおすすめだと思います（所要45分）。トゥーンの船着場に入る前にシャダウ城の前を通りますが、船からの眺めもすばらしく写真がきれいに撮れます。

（京都府　匿名希望）['23]

中世の趣を残した教区教会

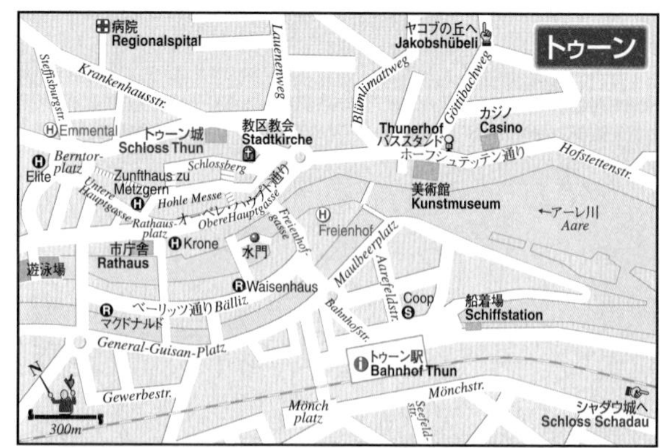

いて、しかも歩道が2階にあるという珍しい構造。建物のひさしが大きく張り出しているのも特徴的だ。通りには庶民的なレストランやギフトショップが多い。

ウインドーショッピングを楽しみながら西へ5分ほど歩くと、**市庁舎広場Rathausplatz**に出る。左側にあるひときわ大きな建物が16世紀初頭に建てられた市庁舎。その向かい側、Metzgernというホテル横の階段を上がれば、町のシンボル、**トゥーン城Schloss Thun**。

城内を見学したら、すぐ目の前に見えている**教区教会Stadtkirche**の八角形の時計塔を目指そう。ここから屋根のある階段を下りれば旧市街に戻れる。

おもな見どころ

丘の上に建つ　　MAP P.186

トゥーン城
Schloss Thun

領主ツェーリンゲン侯の手によって12世紀に建てられて以来、丘の上からトゥーンの町を見守ってきた。4本の円塔が珍しいが、この部分は13世紀に増築されたものだという。背後にシュトックホルンStockhorn（2120m）という変わった形の山が控え、独特の景観を誇っている。城内の**博物館**には、地元で作られた陶器であるトゥーン焼きや、古い民具、武器などが展示されている。また、4本の円塔は町と湖を見下ろす絶好の展望台。はるかアルプスも見えるので、ぜひ上ってみよう。

町を見下ろす城

博物館
Schlossmuseum
住Schlossberg 1
☎（033）2232001
URL www.schlossthun.ch
開　2・3月　13:00～16:00
4～10月　10:00～17:00
11～1月
日曜のみ（クリスマス～新年は毎日）13:00～16:00
料CHF10。スイストラベルパス有効。

広々とした展示スペース

広大な庭園をもつ

シャダウ城
Schloss Schadau

MAP P.186域外

駅から川の上流に遡って徒歩約15分の所にある、フランスの影響を感じさせる優雅な館。内部はホテル・レストランとなっており、結婚式場としても人気がある。また、フェスティバルやコンサートなども開かれる。湖に面した庭園からは、対岸にそびえるユングフラウ3山が美しい。

19世紀中頃に建てられた城

アクセス トゥーン駅前からバス1番Gwatt DeltaparkかSpiez行きでScherzligen/Schadau下車、所要約3分。

シャダウ城
☎ (033)2222500
URL www.schloss-schadau.ch

ホテル

フライエンホフ Freienhof ★★★★

MAP P.186

駅から徒歩約5分、アーレ川沿いの旧市街の散策に便利な場所にある。客室のインテリアはモダンで洗練されている。スイス料理が食べられるレストランやバーの評判がよい。

住 Freienhofgasse 3　☎ (033)2275050
URL www.freienhof.ch　料（または）Ⓢ CHF153～ Ⓦ CHF211.50～　食事追加 CHF40
Room 66室　Wi-Fi 無料　カード A D M V

エメンタール Emmental ★★★

MAP P.186

創業100年を誇るホテル。オーベレ・ハウプト通りを西方向に進み、大きなロータリーに出た向こう側。駅からは徒歩15分ほど。改装して中は近代的。若者に人気のレストラン&バーがある。

住 Bernstrasse 2　☎ (033)2220120
URL www.hotel-emmental.ch
料（または）Ⓢ CHF130～ Ⓦ CHF195～
Room 14室　Wi-Fi 無料　カード A M V

COLUMN ニーダーホルンの展望台もおすすめ

ニーダーホルンNiederhorn（→MAP P.125-A1）はトゥーン湖の北側で唯一の展望台。ハーダーはあまり広くないので混雑していると眺望を楽しむのもひと苦労だが、こちらの頂上は広々していて気持ちいい。南側には湖越しにユングフラウ3山やシルトホルンが望め、北側は切り立った絶壁が壮観だ。パラグライダーを楽しむ人も多い。

インタラーケン・ヴェスト駅からベアテンベルクBeatenberg行きのバス101番で約30分（スイストラベルパス有効）。観光案内所があるのは村の中心部だが、終点のロープウエイ乗り場からは離れている。終点からはニーダーホルンに上るロープウエイ（スイストラベルパス50%割引き）と船着場ベアテンブフトBeatenbuchtに下りていくケーブルカーが出ている。またインタラーケン・ヴェスト駅からはベアテンブフト行きのバス21番（Thun行き）も出ているので（所要20分）、こちらを利用し、ケーブルカーで上がってくることもできる。いずれにしても、到着したら帰りのバスの時刻表をチェックしておこう。

シュピーツ
Spiez

州：ベルン
使用言語：ドイツ語
地図位置：P.125-A1
標高：628m
郵便番号：CH-3700
エリアコード：033
（市内通話の場合でも初めにエリアコードをプッシュする）

インタラーケンからトゥーン湖の遊覧船で約1時間。船はシュピーツの小さな入江に入る。湖畔に建つ古城とヨットハーバー、あとはブドウ畑が広がるばかり。こんな静かな町にすべての特急が停車するのは、ここが鉄道の十字路になっているからだ。北はベルン、東はインタラーケン、南はブリークとイタリア、西はモントルーと4方向からの列車がやってきてこの町で交差する。乗り換えのついでにちょっと立ち寄って、ぐるりと町を一周してみよう。

アクセス インタラーケン・オストからICや普通列車で21～22分、ベルンからEC、IC、普通列車で約30分

ℹInfo-Center Spiez
☎(033) 6559000
URL www.spiez.com
開 月～金曜　8:00～12:00
13:30～17:30
5～9月の土曜と7･8月の日曜
9:00～12:00
（時期によって変動あり）

郷土博物館
Heimat- und Rebbaumuseum
住 Spiezbergstrasse 48
☎(033) 6547372
URL www.museum-spiez.ch
開 5～10月
土・日曜　14:00～17:00
料 CHF5

岬に建つ古城

Walking 歩き方

シュピーツの町はトゥーンとは逆に、駅が丘の上にあり、城は湖畔に建っている。駅を出ると、そこは町一番の展望台。斜面に広がる町と教会の尖塔、湖を見つめる城などがいっぺんに見渡せる。駅を出て左へ少し歩いたところにある観光案内所ℹで地図をもらっておこう。まずは駅舎から左に延びるBahnhofstr.を下る。2ブロックで交差するゼー通りSeestr.がメインストリートなので、右へ折れる。この通りの突き当たりが船着場だが、その手前、Schlossst.を左折し、しばらく行って左側の小道を入った所に**郷土博物館Heimat-und Rebbaumuseum**がある。18世紀の家屋を利用したもので、外観はごく普通のシャレーだ。中にはこの地方の生活用具など昔の暮らしぶりがわかる資料や、スイスワインに関する展示などがある。

通りまで戻ったら、そのまま湖へ下りて城Schlossへ行こう。小ぶりだが高い城壁に囲まれた頑丈そうな造り。内部は博物館になっていて、この地方を治めていた貴族の意外に質素な生活が再現されている。('23年4/30～10/31) 周囲に広がるブドウ畑が何とも平和だ。駅から湖畔まで約15分。

COLUMN 列車から見えるピラミッド

シュピーツからインタラーケンに向かう列車から、あるいはインタラーケンの町中から、均整の取れた円錐の山が見える。山の名前はニーセンNiesen。標高2362mの独立峰で、見事なまでにピラミッド型の山容がとても印象的だ。

シュピーツを訪れたなら、ぜひ山に登ってみよう。ケーブルカーで山頂駅まで行けるが、せっかくなら山頂ホテルの横を通ってピラミッドの山頂まで上ろう。ここからはユングフラウ3山をはじめとして、東はヴェッターホルンから西のブリュームリスアルプ連峰までが一望のもと。ほかの山から離れているぶん、全体を大きく見渡すことができて爽快だ。もちろん眼下には青い湖とインタラーケンの町も遠望できる。シュピーツからブリーク方面へREで向かって次駅Mülenen下車。ケーブルカーに乗り換える。('23年4/29～11/12上り8:00～17:00、毎時0分、30分発)

美しい円錐形の山が車窓に見える

グシュタード
Gstaad

州：ベルン
使用言語：ドイツ語
地図位置：折込地図B3
標高：1049m
郵便番号：CH-3780
エリアコード：033
（市内通話の場合でも初めにエリアコードをプッシュする）

シュピーツとモントルーのほぼ中間にある高原リゾート。ヨーロッパ各国の王室や映画スターが滞在する高級保養地として知られる。長期滞在客が多く、スポーツ施設が整っているので、贅沢な時間の過ごし方をまねしてみたい。

Walking 歩き方

村はとてものんびりした雰囲気

駅を出たら正面の歩道を進めばメインストリートに出る。ここは車を締め出したプロムナードになっていて、格式のある立派なシャレーが並ぶ。ブティックの商品も、道行く人もかなりお上品。ヨーロッパ有数の高級リゾートなので、ハイキングのウエアだとティールームにも入りにくいかも。

まずは右へ歩こう。線路を潜った先の右側に観光案内所ⓘがある。丘の上に建つ城のような建物は、超高級ホテルPalace。この町を代表するホテルで、見るだけでも目の保養になりそうな豪華さだ。ホテルはこのPalaceを筆頭にすべて3つ星以上。おしゃれな雰囲気を味わったら、あとはテニスで汗を流したり、気球に乗ったりして過ごしたい。

グシュタードは標高1000mにあり、冬の間はスキーヤーやスノーボーダーでにぎわっていたゲレンデが、初夏にはハイキングコースとなる。駅の裏側からケーブルカーに乗ってエックリEggliへ上がり、花咲く高原を歩こう。

町からやや離れているが、ベルン州とヴォー州の間にある人気の展望台**グレッシャー3000**もここからアクセスできる。駅前からポストバスで**コル・デュ・ピヨンCol du Pillon**まで行き、ここからリフトを乗り継いで向かう。

アクセス インタラーケン・ヴェストから鉄道。シュピーツ、ツヴァイジンメン乗り換えで1時間56分〜2時間4分

ⓘGstaad Saanenland Tourismus
住Promenade 41
☎(033) 7488181
URL www.gstaad.ch
開月〜金曜　8:30〜18:30
　土・日曜　8:30〜17:00
　(3〜6月は12:00〜13:30休み)
休3月中旬〜6月中旬、9月上旬〜12月中旬の日曜
　(時期により変動あり)

周囲には緑が広がっている

COLUMN 夏でも雪景色を満喫グレッシャー3000

マリオ・ボッタの展望台とPEAK WALK

ベルナーオーバーラントの西の端、ヴォー州との境にある3000m（実際は2965m）の展望台。ゴンドラを乗り継いだ先には真夏でも白銀の冬の景色が広がる。展望台からはベルナーアルプスはもちろん、ヴァリスやフランスのアルプスの山々の眺望も楽しめる。ここは夏スキーが楽しめることで知られているが、雪のないところにはハイキングコースも整備されているので、雪を眺めながらのハイキングも可能。展望台からちょっと離れたピークの間に架けられた長さ107m、幅80cmのPEAK WALKは、高所恐怖症の人にはすすめられないが、アルプスの絶景とスリルが同時に味わえるアトラクション。そのほか犬ゾリやアルパインコースターなどのアクティビティも体験できる。展望台の建物は世界的建築家マリオ・ボッタによるデザイン。建物は2022年に火災があり2023年5月現在閉鎖中だが、テラスでレストランが営業中。URL www.glacier3000.ch

カンデルシュテーク
Kandersteg

州：ベルン
使用言語：ドイツ語
地図位置：P.125-A2
標高：1174m
郵便番号：CH-3718
エリアコード：033
（市内通話の場合でも初めにエリアコードをプッシュする）

ベルナーアルプスの西端に位置する静かなリゾート。町を見下ろすようにブリュームリスアルプ連峰がそびえ、アルプスの宝石と称えられるエッシネン湖Oeschinenseeをその懐に隠している。ほかの湖にはない独特の魅力で、訪れた人を虜にしてしまう不思議な湖だ。

アクセス インタラーケン・ヴェストから鉄道。シュピーツ乗り換えで1時間10分

ℹKandersteg Tourist Center
住Dorfstrasse 26
☎(033)6758080
URL www.kandersteg.ch
開月〜金曜 8:00〜12:00
14:00〜17:30
土曜 8:30〜12:00
14:00〜17:00
休日曜（時期により変動あり）

Walking 歩き方

駅を出たら正面の車道を直進し、教会に突き当たったら左折。ここがギフトショップやホテルが並ぶメインストリートだが、そうは思えないほど静かなのは車の往来が少ないから。3分ほど歩くと右側に観光案内所ℹがある。エッシネン湖へ行くなら、そのすぐ先、小川を渡った所で右側に延びる歩道に入る。歩道の終点がハイキングコースへのゴンドラ乗り場だ。リフトを降りてから湖への道は高低差も少なく、道もよく整備されているので、手軽なハイキングにもってこいのコースだ。

駅を出て歩き出すと岩山が迫ってくる

神秘的なエッシネン湖

アルプスに湖は数あれど、神秘的という表現がこれほどぴったりとくる場所はほかにないだろう。周囲をぐるりと断崖に囲まれ、静まり返った湖面は時とともに手品のように色を変える。陽光を映したエメラルドも美しいが、雲が低く垂れこめた日のとろりとよどんだトルコブルーもいい。春から夏に訪れたなら、何本もの滝が湖に注ぎこみ、湖岸まで迫った岩壁に轟音が響いているだろう。対岸の壁があまりにも険しいので、残念ながら湖を1周するハイキングコースはないが、はるかな尾根に見えるシャレーまで歩いてみるのもいい。ロッジから左に延びた小道を歩けば、やがて湖を眼下に見下ろせる。目を上げれば今にも崩れ落ちそうな氷河が湖水の青を際立たせている。

ハイキングコース
リフト乗り場から湖まで往復で約3.2km。比較的やさしいコース。分岐点左側に別ルートもある。湖に面したレストランがあるので、絶景を眺めながらランチを取りたい。

歩きやすいハイキングコース

スイスで一番高い教会ベルナー・ミュンスターとアーレ川

4 ベルンとその周辺

Bern & Umgebung

フリブール

introduction

ベルンとその周辺 イントロダクション

古都としての長い歴史と豊かな財力に支えられた貴族政治が、ベルンをスイスでも特に美しい町並みや自然をもつ町に育ててきた。比較的モダンに変身したジュネーヴや、産業都市化したチューリヒなどと違って、この町にはどっしりしたスイスらしい趣が今も漂っている。特に世界遺産にも登録されている旧市街は、スイスらしさを感じるには最適の場所だ。もちろん町なかだけでなく、ベルンの近郊にはフリブールやムルテンなど、一度は訪れてみたい町や村が点在している。何よりこの地方では、人の住む町の間近に、たいてい川や湖と森とアルプスの魅力的な景観が控えているのがすばらしい。

ラインの滝を過ぎ、スイス主要都市の岸を洗ってきたロイスReussやアーレAareの流れも合わせて、風格ある大河となったラインが、流れを西から北へ変える所にバーゼルはある。スイス最大の河川港をもち、スイスの外航船団もここを根拠地にしている。日本でも名を知られた化学・薬品会社の本社や工場が連なり、その研究所内では石を投げればノーベル賞受賞者に当たる（?）といわれるくらい高度な工業都市であり、チューリヒ、ジュネーヴに次ぐスイス第3の都会だ。

スイスとフランスの国境を分ける広大なジュラ山脈が広がる一帯は、世界に知られたスイスの時計産業の中心地。美しいヌーシャテル湖とともに、スイスが誇る精密機械産業に関連した見どころも多い。

ライン川に面したバーゼル

旅の交通

このエリアは、鉄道路線が網の目のように張り巡らされており、どこに行くにも便利。この章で紹介している町のほとんどは、鉄道を使ってベルンから1時間以内で行くことができる。郊外の見どころへ行くバスも数多く運行されている。ドイツ、フランスと国境を接するバーゼルは、ドイツのフランクフルトまで約3時間。またバーゼルには国際空港があり、飛行機でアクセスすることもできる。

旅の宿

首都だけあって、ベルンではホテルの種類もバラエティに富んでいる。駅前から旧市街にかけて高級から中級まであり、トラムで15分以内の範囲であればさらに選択肢は広がる。それでも事前予約はしておいたほうがいい。バーゼルにはスイス最大の見本市会場があるため、時期を間違えると高級ホテルから安ホテルまで、まったく部屋が空いていないこともある。バーゼルを訪れる場合は、事前に見本市のスケジュールを調べておこう。

ベルンの気候データ

	1月	2月	3月	4月	5月	6月	7月	8月	9月	10月	11月	12月
平均最高気温(℃)	1.9	4.4	8.3	12.4	17	20.4	23.3	22.5	19.2	13.5	6.8	2.7
平均最低気温(℃)	-3.7	-2.4	-0.1	3	6.9	10.1	12.1	11.7	9	5.3	0.5	-2.6
平均降水量(mm)	66	58	70	84	108	121	104	113	84	73	81	67
平均降水日	10	10	11	12	14	12	10	11	8	8	10	10

プランニングのポイント

ベルン地域とバーゼル地域に大きく分けることができる。どちらかの町を起点にすれば、ほとんどの観光地へは日帰りで行くことができる。平野部に属するこれらの地域ではアルプス観光より、中世の雰囲気を残す町の散策や美術館、博物館巡りがおすすめ。内容も非常に充実している。また首都ベルンには百貨店やブティックなども集まっており、ショッピングも楽しめる。ムルテン／モラ、ヌーシャテル、フリブール／フライブルク、ラ・ショー・ドゥ・フォンなど、日本人にはあまり知られていないが特徴のある町も多い。鉄道で簡単にアクセスできるので出かけてみよう。ひと味違うスイスに出合える。

ベルン、バーゼルとジュラ地方

エリアハイライト

首都ベルンの旧市街は世界遺産に登録されているだけあって、町歩きが楽しい。バーゼルは伝統を感じさせる旧市街がある一方で、有名建築家たちの現代建築を見ることができる。坂の多いフリブール、湖畔の町ヌーシャテル、町歩き+温泉が楽しめるイヴェルドン・レ・バンなど、どこも個性的だ。

ベルン

ハイライトは世界遺産の旧市街の散策。時計塔、ミュンスター、アインシュタインの家など、見どころもたくさんある。旧市街の周辺の博物館、公園、郊外にあるパウル・クレー・センターや見晴らしのいい展望台、さらに郊外の村まで観光スポットは多彩。

フリブール／フライブルク

ドイツ語とフランス語両方で呼ばれる古い町。旧市街は丘の上に広がっているので坂が多いが、中世にタイムスリップした感覚で、迷路のようになった路地を歩き回るのは楽しい。

●バーゼル
ラ・ショー・ドゥ・フォン●
ヌーシャテル●
●ベルン
●フリブール／フライブルク
イヴェルドン・レ・バン●

イヴェルドン・レ・バン

“les-Bains（風呂）”という名前のとおり、ローマ時代から温泉保養地として知られていた。後の教育思想に大きな影響を及ぼした篤志家・教育者ペスタロッチが孤児院を開いた地。

ラ・ショー・ドゥ・フォン

世界的建築家ル・コルビュジェの出身地であり、スイスを代表する時計産業の中心地。まずは国際時計博物館を訪れたい。時計の展示の枠を超え、人類と時の関わりを考察する場所だ。

バーゼル

フランス、ドイツと国境を接する大都市で、スイス最古の大学がある学術都市でもある。趣のある旧市街がライン川のほとりに広がる一方、世界的な建築家の手による現代建築の建物が市内に点在しており、それらを巡るのも楽しい。美術館や博物館も見応えのあるものばかり。

ヌーシャテル

国内最大の湖の湖畔に広がる町。ユングフラウからモンブランまで見渡せる湖畔からの眺めは、スイス随一だ。クリーム色の外壁とオレンジ色のれんがの建物が並ぶ旧市街は絵画のよう。

おもなイベント

バーゼル・ファスナハト（バーゼル）……2/19～2/21（2024）
ヌーシャテル収穫祭（ヌーシャテル）……9/22～9/24（2023）
バーズラー・ヘルプストメッセ（バーゼル）……10/28～11/12（2023）
ツィーベレメリット［タマネギ市］（ベルン）……11月の第4月曜日

バーゼル・ファスナハト

料理と名産品

バーズラー・レッカリー

ベルナーレシュティ

エメンタールのチーズ

ベルンの郷土料理**ベルナープラッテ**は、牛肉やハム、ソーセージなどの煮込み。レシュティの上にベーコンエッグやチーズなどを乗せた**ベルナーレシュティ**もおいしい。穴の開いたチーズとして有名な**エメンタールチーズ**の産地はベルンの郊外。ちなみに日本でもよく知られているグリュエールチーズの産地はフリブール州。湖の反対側ヌーシャテル州は薬草リキュール、**アブサン**の発祥地だ。バーゼルの**バーズラー・レッカリー**も必ず試したい名物菓子。

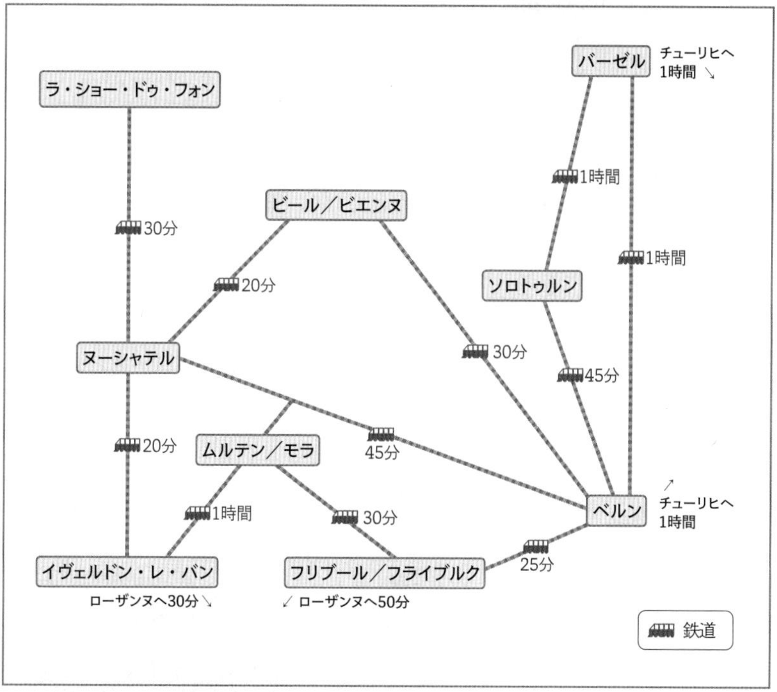

バーゼル
チューリヒへ1時間 ↘
ラ・ショー・ドゥ・フォン
1時間
30分
ビール／ビエンヌ
1時間
20分
ソロトゥルン
30分
45分
ヌーシャテル
45分
20分
ムルテン／モラ
↗ チューリヒへ1時間
ベルン
1時間
30分
25分
イヴェルドン・レ・バン
ローザンヌへ30分 ↘
フリブール／フライブルク
↙ ローザンヌへ50分
鉄道

ベルン
Bern

州：ベルン
使用言語：ドイツ語
地図位置：P.193-B2
標高：540m
郵便番号：CH-3000
（地区によって下2ケタが変わる）
エリアコード：031
（市内通話の場合でも初めにエリアコードをプッシュする）

旧市街の真ん中にある時計塔のからくり時計

アクセス チューリヒ空港からICで約1時間20分、チューリヒからICまたはIRで56分～1時間28分、ジュネーヴから約1時間45分。
インタラーケン・ヴェストからはICEまたはICで約50分。

おトクなベルン・チケット
ベルン市内の宿泊客に配布されるパス。市内の大半の観光スポットを含むゾーン100・101で、トラムやバスなどの公共交通機関が乗り放題になる。詳細は❶かURLwww.bern.comで。

ミュージアムカードはおすすめです
ベルンの28の美術館・博物館の企画展・常設展に通用するお得なカード。24時間券がCHF 28、48時間券がCHF 35。ベルン駅の観光案内所とオンラインショップ（www.bern.com）のみの販売なので注意。ベルン美術館とパウル・クレー・センターの2ヵ所だけでも元がとれる。
（神戸市　ももた）［'23］

スイス連邦の首府ベルンは、人口13万5000人の国内5番目の都市。何よりも頭に入れておきたいのは、ここにヨーロッパで最も古い町並みがあり、旧市街の全体が世界遺産の登録を受けていることだ。ヨーロッパには「中世の町並み」と呼ばれているところが多くあるが、そのほとんどが16世紀以降（近世）に、火災や戦災の後に建て直されたもの。しかしベルンのそれは、文字どおり中世末の15世紀に砂岩で造られたもの。現存する正真正銘の中世の町並みだ。

ベルンはスイス連邦の政治の中心でもある。旧市街を歩いている人は旅行者だけでなく、連邦政府の役人やビジネスマンも多い。連邦政府の大統領が、旧市街のスーパーで買い物をしている姿が目撃されることもあるという。ヒップホップのファッションに身を固めた若者がスーツ姿の役人と肩を並べて歩いているような光景が見られるのも町の魅力だ。

ベルンは交通の要衝でもある。周辺の地域へ足を延ばす拠点にしても便利だ。ベルナーオーバーラントの山だって遠くない。天気のいい日の夕方に、旧市街の北に架かるコルンハウス橋を渡ってみよう。ベルナー・ミュンスターの尖塔の向こうに、バラ色に染まるユングフラウが見えるだろう。

旧市街を囲むように流れるアーレ川

市内交通 おもな見どころは歩いて回れるが、駅から離れたホテルへ行くときやグルテン山など郊外へ行くときなどは、BERNMOBILのトラム(市電)とバスを利用するといい。スイストラベルパス有効。

市内は5路線のトラムが走る

バスターミナルは駅前にあり、乗車券の券売機は停留所に設置されている。1日券などの販売所(Info & Tickets)は駅前広場にある(観光案内所でも購入できる)。多くのトラム&バスはメインストリートを走っており、時計塔から各方面へと分かれていくので、ベーレン広場や時計塔の前から乗ってもいい。

ベルン中央駅 ベルン駅は長い歴史をもつ町にあって、対照的なモダンなガラス張りの建物だ。列車が発着するのは地階。ホームと駅舎が斜めに結ばれているため、方向感覚が狂いやすいので注意したい。またホームまでは意外と遠いので出発の際は時間に余裕をもって駅に向かいたい。構内の設備は充実している。観光案内所やATM、外貨両替所をはじめスーパーマーケットやブティックなどがあり、地下はレストラン街になっている。

ベルン駅

Walking 歩き方

駅の1階にある観光案内所❶で町の地図とトラムとバスの路線図をもらったら、さっそく歩き出そう。

歩き始める前に、覚えておきたいのがメインストリートの名前。旧市街を東西に横切る通りは、駅前から東に向かって**シュピタール通りSpitalgasse**、**マルクト通りMarktgasse**、**クラム通りKramgasse**、**ゲレヒティクカイト通りGerechtigkeitsgasse**と変わっていく。1本の通りだが、4つのエリアごとに名前が変わるのには、町の発展過程に深いかかわりがある。最も古い地域がアーレ川に近い東側で、町は西へと規模を拡大していった。通り名が変わるポイントにふたつの塔、**時計塔**(→P.202)と**牢獄塔**(→P.202)があるが、それらはそれぞれ町を囲む城壁の西門として建てられたものだ。

ベルンの観光案内所

駅前からこのメインストリートに沿って東に向かう。最初の門(牢獄塔→P.202)の前に広がる広場がベーレン広場Bärenplatz。広場の周辺では、毎日野菜や食

BERNMOBIL
Info & Tickets
MAP P.200-A2
住 Bubenbergplatz 5
☎ (031)3218844
URL www.bernmobil.ch
営 月～金曜 9:00～18:00
土曜 9:00～17:00
休 日曜
料 短距離CHF2.60、Zone1-2はCHF4.60、1日券はZone1-2がCHF9.20(2等)

遺失物案内
営 8:30～19:00

荷物預かり所
営 8:30～19:00

外貨両替所
営 月～金曜 7:00～19:30
土曜 8:00～19:00
日曜、祝日 9:00～19:00

ドラッグストア
(Bahnhof Apotheke)
営 6:30～22:00
休 無休

❶Bern Welcome
MAP P.200-A1
住 Bahnhofplatz 10a
☎ (031)3281212
URL www.bern.com
開 月～金曜 9:00～18:00
土・日曜、祝日
9:00～17:00

ベルン駅構内

緊急連絡先
警察　117、112
消防　118
救急　144

タクシー
Bären Taxi
☎ (031)3711111
URL www.baerentaxi.ch
Nova Taxi
☎ (031)3313313
URL www.novataxi.ch
EasyCab
☎ (031)3023540
URL www.easycab.ch
車椅子対応。

カジノは町の南にある

クラム通りのアーケード

べ物などさまざまな屋台が店を広げており、定期的にマーケットも開かれている。広場の南に見えるドームのある大きな建物は**連邦議事堂**(→P.202)だ。ひっきりなしに目の前をトラムが行き交うこの広場は、すべてのトラムが停車するポイントであることも覚えておこう。

牢獄塔を過ぎるとシュピタール通りはマルクト通りになる。東に少し向かった左側にスーパーのミグロがあり、2階には気軽に入れるセルフサービスのレストランやトイレ（有料CHF1）がある。マルクト通りは300mほどで終わり、次の門である時計塔が現れる。この門の前も広場になっており、南側は**シアター広場Theaterplatz**、北側は**コルンハウス広場Kornhausplatz**。コルンハウス広場に面して歴史あるレストラン、**コルンハウスケラー**（→P.212）やベルン劇場があり、その先にあるアーレ川に架かるコルンハウス橋を渡って10分ほど歩くと**グランカジノGrand Casino Bern**がある。一方シアター広場に面してCasino Bernという建物があるが、こちらはレストランと劇場。その先、アーレ川を渡る南側の橋はキルヒェンフェルト橋。こちらも橋を渡って広場から10分ほどで**ヘルヴェティア広場Helvetiaplatz**に到着。周辺には**ベルン歴**

COLUMN

ベルンの町の歴史

町の始まりは12世紀。現在ベルンの旧市街がある場所は、アーレ川が侵食して造った、三方を断崖に囲まれた半島のような土地で、当時はコナラの木に覆われていた。

自然の堀に囲まれたこの土地に町を造ったのは、ツェーリンゲン公ベルヒトルド5世。1191年のことだ。レマン湖周辺で力をもっていたサヴォイ家との闘いに備えた守備基地とする予定だったようだ。

やがて町に建てられた家は売られていったが、購入できるのは一部の金持ちだけ。ベルンは金持ちが住む町として始まった。当初は木造りだったが、1405年の大火事で町の大半が焼き尽くされた後に、砂岩で作り直された。長い町の歴史のなかで、他国の支配下に入ったのは、ナポレオン軍に征服された一時だけ。戦火の絶えることがなかった中世から近世のヨーロッパでも戦場となることはなく、2度の大戦中は、いずれもスイスが中立の立場であったことで爆撃されることもなかった。その結果、重厚な町並みが今日まで残されることになったのだ。

なお、町を歩くときはプロのガイドを手配して歩くと、町歩きがもっと楽しくなる。英語などのウォーキングツアー(→P.199欄外)もあるが、日本語ガイドなら、旅行会社で手配したり、ネットで探すことになる。目に見える部分だけでも魅力的だが、目に見えない部分の解説を聞いていると、世界遺産の町が何倍も楽しくなる。

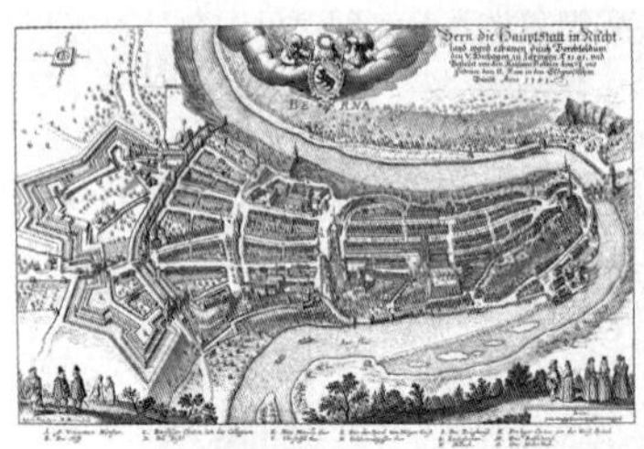
1638年当時の旧市街の地図。町の造りはほぼ今と同じ

史博物館（→P.205）や**自然史博物館**（→P.205）など、いくつもの博物館がある。

時計塔から東側がベルンで一番古いエリア。ここから通り名がクラム通りに変わる。旧市街にはいくつもの泉があるが、通り名が変わって最初に出合う**ツェーリンガーの泉**(→P.209)は見落とさないように。このエリアには**ベルナー・ミュンスター**(→P.203)や**アインシュタインの家**(→P.203)など、見どころも一番多い。

やがて通りはゲレヒティクカイト通りに名前を変え、アーレ川に向かって下り坂となる。そのままアーレ川を越えるニーデック橋を渡ると、右側にあるのが**クマ公園**(→P.204)。ここから旧市街に戻ってもいいし、ロータリーの反対側にある坂を上って**バラ公園**（→P.204）から、旧市街を眺めてみるのもいいだろう。

◎旧市街以外の見どころも

町の東にある**パウル・クレー・センター**（→P.206）や南の**グルテン山**（→P.206）は、ぜひ訪れたいスポット。駅前やベーレン広場からトラムを利用すればアクセスは簡単だ。ベルンは鉄道のハブ。チューリヒ、バーゼル、ローザンヌ、インターラーケンといった都市まで1時間ほどで行くことができる。ベルンに連泊して、これらの町を訪れる拠点とするのもいいだろう。

パウル・クレー・センター

ベーレン広場の果物売りの屋台

子喰い鬼の泉
コルンハウス広場にある。昔は近くに堀があったので、子供を怖がらせ遠ざけるためのモチーフだといわれる。恐怖心を与えて子供をしつける風習がスイスにあったことは、日本の「なまはげ」そっくりの奇祭がスイスにあることからもわかる。鬼の顔はユーモラスだが、子供のひきつった顔を夜、ライトアップされた頃に見るとちょっと怖い。

子喰い鬼の泉

Attraction おもな見どころ

本物の中世の町を歩く　MAP P.200

旧市街
Altstadt

1983年にユネスコ世界文化遺産に登録されたベルンの旧市街は、中央駅の東側、東西1km、南北300mほどの細長いエリア。1日かけてゆっくり歩きまわりたい。

旧市街を歩き出してまず感じるのは、その独特な町並みだ。一見道路に沿って建物がぎっしり並んでいるように見えるが、道路と同じ高さの1階部分は奥に引

旧市街のハイライトのひとつ、時計塔

旧市街ウオーキングツアー
開6～8月は毎日。4・5、9・10月は月・水・金～日曜。11～3月は水・金～日曜
月・金・土曜11:00 ～12:30、火～木・日曜13:00～14:30
料CHF25
旧市街を歩きながら、アーケードや噴水などについて興味深い話を聞くツアー。集合は駅構内の観光案内所。説明は英語、ドイツ語、フランス語で。グループは日本語も可能。
このほか、グループ対象の市内バスツアーや自転車ツアー、個人向けオーディオツアーなどがある。詳細はBern Welcomeのウェブサイトにて。

ベルンの市
●野菜・果物・花市
Gemüse-, Früchte-und Blumenmarkt
鮮やかな色、フレッシュな香り。最も生活を感じられる市。ブンデス広場Bundesplatz周辺では火・土曜の午前中、ベーレン広場Bärenplatzでは4～10・12月の月～土曜の夕方までとそれ以外の月の火・土曜に行われる。
●ハンドクラフト市
Handwerkermarkt
ありとあらゆる手作りの工芸品、民芸品が並んでいる。3～12月第1土曜、大聖堂広場Münsterplatzにて。
●あれこれ市 Warenmarkt
食べ物から衣料品、雑貨などを扱う。ヴァイセンハウス広場

っ込んでおり、歩行者が歩けるアーケードになっている。ラウベンLaubenと呼ばれているこのアーケードが、旧市街には6kmもあり、これはヨーロッパ最長。また道路脇に地下への扉があり、地下にあるショップなどの入口になっている。

後述する見どころ以外に、旧市街でぜひ見ておきたいのが泉。ベルンには100以上の泉があるといわれているが、旧市街にある11ヵ所の泉には、それぞれ特徴のある像が建てられていてとても興味深い。いずれも16世紀の宗教改革後に造られた像なので、中世の絵画でよく見られるような聖書の物語をモチーフにしたものではなく、実在の人物だったり、民話のキャラクターだったり、ユーモラスなものから恐ろしいものまでさまざま(→P.209コラム)。

これらの特徴のある泉の多くがメインストリートの中央にあるが、これは通りの中央に造られた上水道に沿って並んでいる。

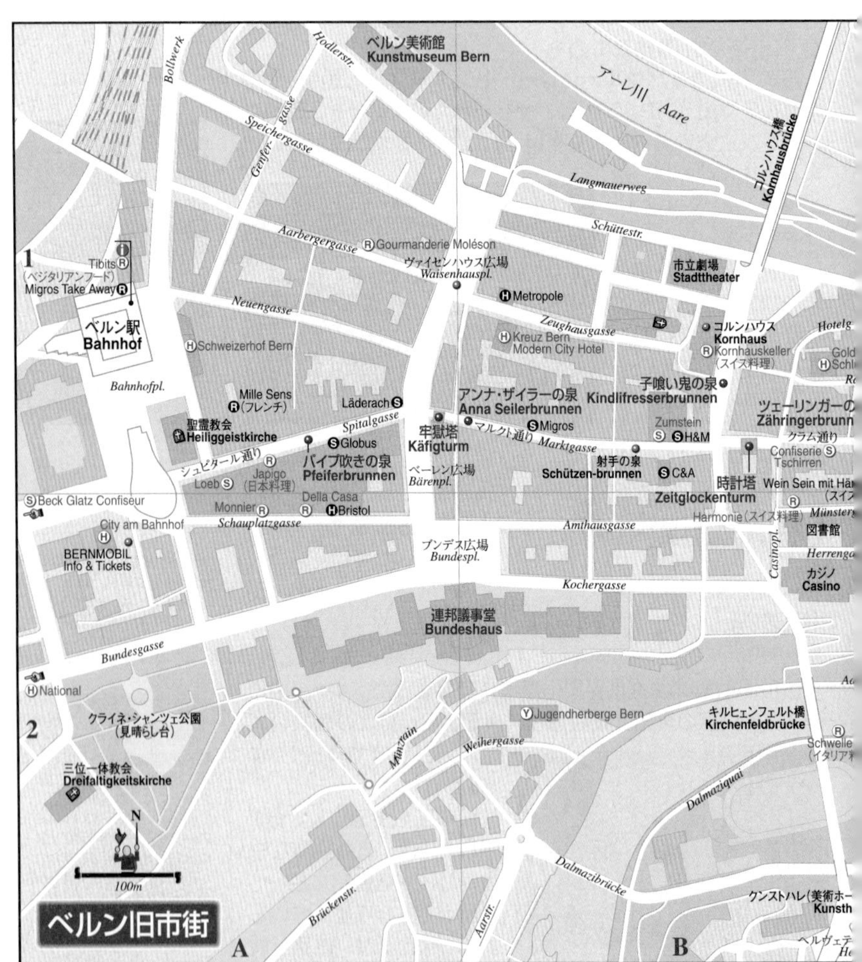

※Ⓢ Ⓗ Ⓨ Ⓡは本書で紹介している物件です。

クラム通り。道路中央にある泉の下に水路があるのがわかる

ベルンは当初から上水道だけでなく、下水道も完備していたという。町の基本的な構造を変えることもなく800年以上も街並みを保ってきたのは、しっかりとした都市計画の下で発展してきた賜物だ。

で定期的に開かれる。1～11月の毎週火曜と土曜。4～10月は木曜にも開かれる。

●のみの市 Flohmarkt
5～10月の第3土曜に大聖堂広場Münsterplatzで行われるフリーマーケット。

●タマネギ市 Zibelemärit
中世から続いているマーケットで、伝統的なお祭りとして親しまれている。近郊の農家から50tものタマネギが運び込まれ、また広場にはカラフルなストールが立つ。11月の第4月曜。旧市街の全域で。

●クリスマス市 Weihnachtsmarkt
何といっても雰囲気が最高。11月下旬からクリスマスまで毎日開催される。大聖堂広場とヴァイセンハウス広場にて。

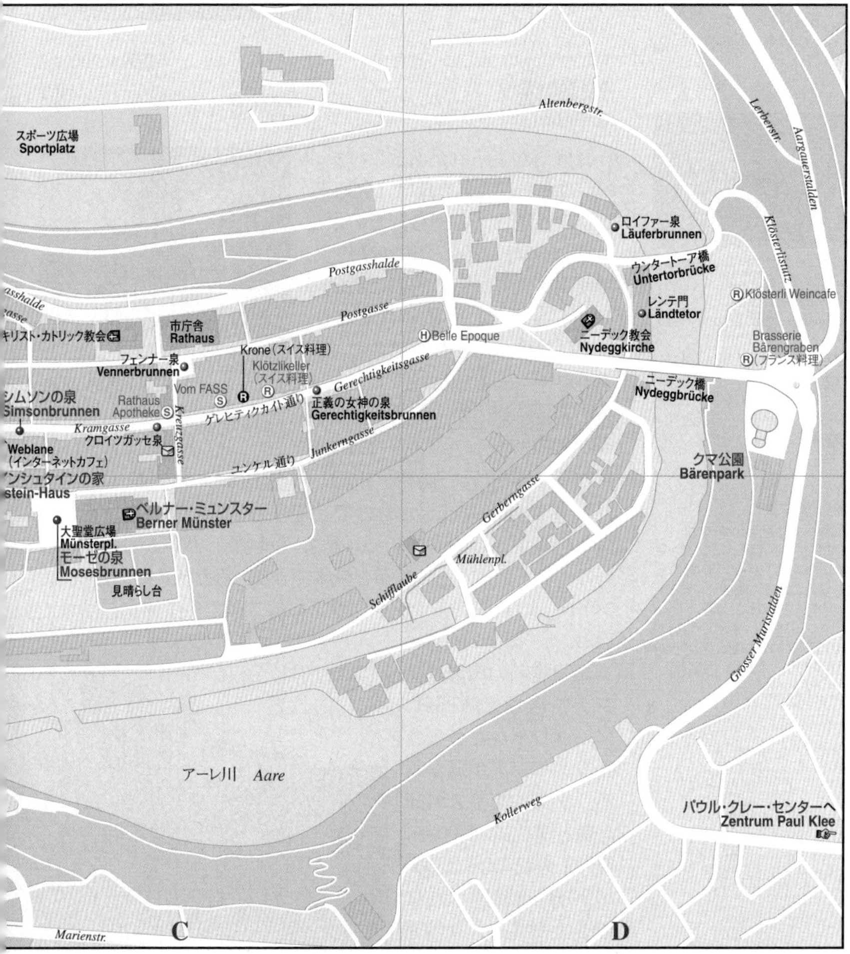

スポーツ広場
Sportplatz
Altenbergstr.
Lerberstr.
Aargauerstalden
ロイファー泉
Läuferbrunnen
Klösterlistutz
ウンタートーア橋
Untertorbrücke
Postgasshalde
Postgasse
レンテ門
Ländtetor
Klösterli Weincafe
市庁舎
Rathaus
キリスト・カトリック教会
Belle Epoque
ニーデック教会
Nydeggkirche
Brasserie Bärengraben (フランス料理)
フェンナー泉
Vennerbrunnen
Krone（スイス料理）
Klötzlikeller (スイス料理)
Gerechtigkeitsgasse
ニーデック橋
Nydeggbrücke
シムソンの泉
Simsonbrunnen
Vom FASS
Rathaus Apotheke
ゲレヒティクカイト通り
正義の女神の泉
Gerechtigkeitsbrunnen
Kramgasse
クロイツガッセ泉
Kreuzgasse
Junkerngasse
Weblane (インターネットカフェ)
ユンケル通り
クマ公園
Bärenpark
ベルナー・ミュンスター
Berner Münster
Gerberngasse
大聖堂広場
Münsterpl.
モーゼの泉
Mosesbrunnen
Mühlenpl.
見晴らし台
Schifflaube
Grosser Muristalden
アーレ川 Aare
Kollerweg
パウル・クレー・センターへ
Zentrum Paul Klee
Marienstr.
C
D

800年近く時を刻み続ける　MAP P.200-B1

時計塔
Zeitglockenturm

仕掛け時計に注目

　メインストリートのど真ん中で1218年から時を刻んできた時計塔で、ツィットグロックの愛称で市民に親しまれている。当時はここが町の西の端で、この塔が西門だったという。天文時計と仕掛け時計は1530年の作。毎時56分から動き出すので、ぜひ一度は見てみよう。11:56の回が最も長く楽しめる。内部の見学ツアーに参加すると、この時計の仕掛けを見ることができる。

時計塔
URL www.zeitglockenturm.ch

時計塔見学ツアー
開 6～8月は毎日。4～5、9～10月は月・水・金～日曜。11～3月は水・金～日曜
月・金・土曜14:15～15:20、火・水・木・日曜15:15～16:20
料 CHF20
チケットはⓘにて購入。P.199の旧市街ウオーキングツアーとのセットチケットはCHF38

✉ 時計塔の表と裏
駅から中心部へ向かうと時計塔に行き着くが、それは裏側に当たる。時計をくぐって反対側へ行くと仕掛けが見られる。表と裏は見比べると一目瞭然。
（札幌市　Naomi）['23]

中世の町の入口はここ　MAP P.200-A1

牢獄塔
Käfigturm

ベーレン広場から見る牢獄塔

　時計塔が造られたあと、ベルンの町はさらに拡張を続け、1256年、新たな西門として造られたのがこの塔。1641～1897年に牢獄として使用されていた。内部は政治イベント会場として使われており、自由に見学することができる。

かつての門にはトラムの線路が

牢獄塔
URL www.polit-forum-bern.ch
開 月曜　14:00～18:00
火～金曜　10:00～18:00
土曜　10:00～16:00
休 日曜、12月下旬～1月上旬
料 無料

緑色のドームは首都の象徴　MAP P.200-A/B2

連邦議事堂
Bundeshaus

　ベーレン広場の南側、川沿いに建つシンメトリーの建物。20世紀初頭に完成したもので、現在もここで国会の上院、下院と州議会が開かれている。議会（年4回）が開かれていなければ、ガイドツアーで内部を見学できる。窓ガラスには各州（カントン）の紋章、ステンドグラスにはスイスの産業が描かれている。

装飾がすばらしい重厚な建物

　議事堂前の広場はブンデス広場と呼ばれ、マーケットなどさまざまなイベントが開かれる。また、スイスの州の数と同じ26の噴水が、夏期の11:00～23:00の30分～1時間ごとに噴き上がり、人々の憩いの場になっている。

連邦議事堂
URL www.parlament.ch
建物の見学はガイドツアー制でID提示が必要。南側の見学者入口より入場する。ツアーはドイツ語、フランス語、イタリア語、英語のいずれかで行われ、所要約1時間。詳細はⓘもしくはウェブサイトで確認を。

塔の上からのパノラマが圧巻 MAP P.201-C2

ベルナー・ミュンスター
Berner Münster

天を突き刺すような尖塔が印象的

1421年に着工し、1893年にようやく完成したという後期ゴシック様式の堂々たる大教会。正面入口にある「最後の審判」のレリーフや、聖書の一場面を描写したステンドグラス、5400本のパイプをもつパイプオルガン（1729年作）などは必見。

スイス随一の高さ100.6mを誇る尖塔のてっぺんまで344段の階段が付けられているので、途中まででもいいから上ってみよう。半島のようになったベルンの町と郊外の豊かな森、晴れた日にはベルナーアルプスまで見晴らせる。

特殊相対性理論が生まれた奇跡の家 MAP P.201-C1

アインシュタインの家
Einstein-Haus

20世紀最大の偉人とたたえられる理論物理学者アルベルト・アインシュタインは、1879年にドイツで生まれた。彼がチューリヒの大学を卒業後、24歳のときにミレーバと結婚し、特許局に勤めながら居を構えたのが、ベルン中心部にあるこの家だ。彼はここに住んでいた3年間に数々の革命的な論文を発表した。なかでも1905年は光電効果の理論、ブラウン運動の理論、そして特殊相対性理論が発表されたため「奇跡の年」といわれている。コンピューターも、レーザーも、原子爆弾すらも、アインシュタインがいなければ生まれなかったという説があるほどだ。

そんな奇跡を生んだ、小さな家の小さな机を見にいこう。バイオリンを愛し、平和を求め、ベジタリアンであったという彼の人柄に触れることができる。入口が小さいのでわかりにくいが、時計塔から東へ約200m行った右側のアーケードに看板が出ている。

見学後は、ベルン歴史博物館内にあるアインシュタイン・ミュージアムにも足を延ばそう。

家具や洋服は当時のままに展示

入口の装飾にも注目

ベルナー・ミュンスター
住 Münsterplatz 1
☎ (031)3120462
URL www.bernermuenster.ch
開 夏期
月～土曜 10:00～17:00
日曜 11:30～17:00
冬期
月～金曜 12:00～16:00
土曜 10:00～17:00
日曜 11:30～16:00
塔
開 夏期
月～土曜 10:00～16:30※
日曜 11:30～16:30※
冬期
月～金曜 12:00～15:30※
土曜 10:00～16:30※
日曜 11:30～15:30※
※最後に塔に上れる時刻（閉館の30分前まで）
料 無料（塔はCHF5）

アインシュタインの家
住 Kramgasse 49
☎ (031)3120091
URL www.einstein-bern.ch
開 10:00～17:00（入場は16:45まで）
休 1月、イースター、聖霊降臨祭、8/1、クリスマス前～年末
料 CHF7

姿を消した町のシンボル

MAP P201-D1

クマ公園
Bärenpark

ベルン州の紋章の中央にクマが描かれているように、クマはベルンとかかわりの深い動物だ。ベルンの町を造ったツェーリンゲン公が、狩りをして最初につかまえた動物の名前を町につけようと提案。そしてクマBärが殺され、町はベルンと名づけられた。

園内にいるクマ

そんな町のシンボルであるクマが見られるのがクマ公園だ。ベルンのクマは15世紀から旧市街のベーレン広場で飼われていたが、1763年にアーレ川の川辺にあるコンクリートの狭い穴Bärengrabenに移された。しかしここはお世辞にもよい環境といえるものではなく、批判が相次いだ。

そこでベルン市は新公園の建設プロジェクトを計画、2009年10月にオープンし、クマはすぐ隣の現在の場所に移された。約6000m²の敷地は森に囲まれており、アーレ川に面したスロープになっている。見学者は川岸に沿って続く小道とテラスから､広々とした敷地でのんびりと暮らすクマを見ることができる。2015年10月にはアーレ川のほとりから、クマの水浴プールがある土手の上を結ぶケーブルカーが開通した。

クマ公園
住Grosser Muristalden 4
☎(031)3571525
URL www.tierpark-bern.ch
開24時間、係員在駐8:00～17:00
休無休（ただし冬期はクマは冬眠）
料無料（寄付歓迎）
バスで行くなら、駅前やメインストリートの各バスストップから12番Zentrum Paul Klee行きでBärenpark下車。

アーレ川のほとりにある

消え行く命
スイスは絶滅の危機に瀕している動植物が極端に多い国で、哺乳類の35%が危機に瀕し、18%が数が少ないという。さらに魚類は45%、鳥類44%、昆虫36%、爬虫類73%、両生類にいたっては何と80%が絶滅のふちにある。かつてヨーロッパ全土の生態系の頂点にいたクマも開発とともに奥へ追いやられ、30年以上前、ついにアルプスの山奥からも完全に姿を消してしまった。

旧市街全体を見晴らせる

MAP P.206

バラ公園
Rosengarten

ニーデック橋の奥に続く坂道を5分ほど上った所（標識がある)。18世紀に墓地だった高台を1913年に公園に改装したもので、223種類、約1800本のバラが見事。アイリス200種、ツツジやアザレアの仲間28種も揃っている。

ここは町いちばんの展望ポイントでもある。アーレ川が湾曲するその先端にあるため、川に取り囲まれた旧市街の様子がよくわかる。

ピクニックも楽しめる

バラ公園（レストラン）
住Alter Aargauerstalden 31b
☎(031)3313206
URL www.rosengarten.be
営9:00～23:30
料無料
バスで行くなら駅前、ベーレン広場などから10番Ostermundigen行きでRosengarten下車、または12番Zentrum Paul Klee行きでBärenpark下車。

スイス屈指のコレクションを誇る

MAP P.200-A1

ベルン美術館
Kunstmuseum Bern

駅から北へ徒歩5分ほど。スイス屈指の美術館で、絵画、彫刻約3000点、写真など5万余点を収蔵している。ホドラー、アンカーなどスイスの作家はもちろん、シュールレアリスムやキュービズムなどの作品も世界から集められており、カンディンスキー、ピカソ、マティス、ポロックなどの作品を観ることができる。

19～20世紀の名画が充実

ベルン美術館
住Hodlerstrasse 8-12
☎(031)3280944
URL www.kunstmuseumbern.ch
開火曜 10:00～21:00
水～日曜、祝日 10:00～17:00
休月曜
料常設展CHF10、特別展との共通券はCHF24。スイストラベルパス有効。

建物も一見の価値あり MAP P.206

ベルン歴史博物館
Bernisches Historisches Museum

ベルンの歴史はもちろん、スイス全土から世界史まで多岐にわたる資料を集めた博物館。ベルナー・ミュンスターの「最後の審判」の彫刻のオリジナルもここにある。石器時代の壺、中世の彫像やタペストリー、ハプスブルク家の宝物、アメリカのネイティブの工芸品、日本の仏像などアジア各国の仏教美術品、古代エジプトの品などを収蔵している。館内に併設されているアインシュタイン博物館にもぜひ立ち寄りたい。ベルン時代の暮らしにまつわる約550点もの展示品と約70の映像資料で不世出の天才物理学者の人生を振り返る。

約50万点の収蔵品を誇る

アインシュタインの展示は必見!

ベルン歴史博物館
住Helvetiaplatz 5
☎ (031)3507711
URL www.bhm.ch
開10:00～17:00
休月曜(祝日の場合はオープン)、タマネギ市開催日（'23年は11/27)、12/25
料常設展CHF16
アインシュタイン博物館+常設展CHF18
特別展+アインシュタイン博物館+常設展CHF20
スイストラベルパスはすべてに有効
市電で行くなら駅前から6番Worb Dorf行きか7番Ostring行き、8番Saali行きで、バスなら19番Elfenau行きでHelvetiaplatz下車。

銀のトロフィーのコレクションは必見 MAP P.206

スイス射撃博物館
Schweizer Schützenmuseum

壁画が目印

ベルン歴史博物館の裏側にある大きな壁画が描かれた建物。ライフルのコレクションを中心に、トロフィー、カップ、コイン、メダルなどが展示されている。ハンターの衣装の変遷もおもしろい。狩りとスイスの深いかかわりを知ることができる博物館だ。

スイス射撃博物館
住Bernastrasse 5
☎ (031)3510127
URL www.schuetzenmuseum.ch
開14:00～17:00
休月曜、1/1・2、イースター(金～月曜)、キリスト昇天祭、聖霊降臨祭（～月曜)、8/1、12/24～26・31
料無料

スイスで最も有名な犬がお出迎え MAP P.206

自然史博物館
Naturhistorisches Museum

スイス射撃博物館の南にある人気の博物館。雪のサンベルナール峠で多くの遭難者を救い、1814年に14歳で死んだ山岳救助犬バリーの剥製が来館者を出迎えてくれる。現在のセントバーナード犬に比べて手足が長くスリムな体型だ。館内にはほかにヨーロッパ最大のジオラマ、アルプスで採掘された鉱石、恐竜の化石などのコレクションも豊富で、訪れる価値大だ。

バリーの剥製

自然史博物館
住Bernastrasse 15
☎ (031)3507111
URL www.nmbe.ch
開月曜 14:00～17:00
火・木・金曜 9:00～17:00
水曜 9:00～18:00
土・日曜 10:00～17:00
休1/1、イースター（金～日曜)、キリスト昇天祭、聖霊降臨祭、8/1、タマネギ市の日（'23年は11/27)、12/24・25・31
料CHF12。スイストラベルパス有効。
トラム6・7・8番、バス19番でHelvetiaplatz下車。

ベルン生まれのクレーの作品を一堂に

MAP P.206

パウル・クレー・センター
Zentrum Paul Klee

パウル・クレー・センター
住Monument im Fruchtland 3
☎(031)3590101
URL www.zpk.org
開火～日曜　10:00～17:00
休月曜、12/25
料常設展CHF20。スイストラベルパス有効。
駅、ベーレン広場などから12番Zentrum Paul Klee行き、終点で下車。

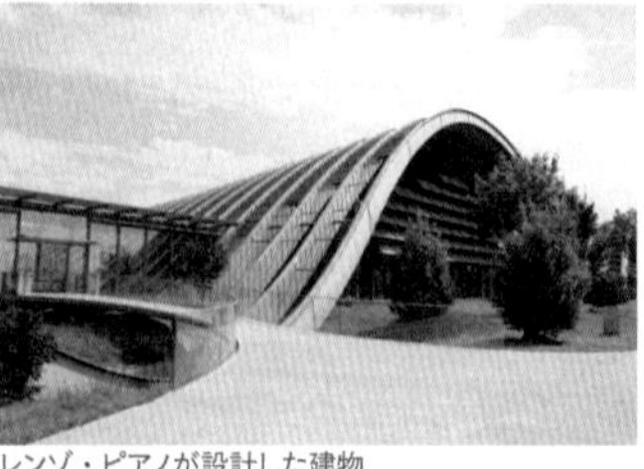

レンゾ・ピアノが設計した建物

ベルンの東に広がる丘陵地帯にある美術館。斬新な建物のデザインだけでも、わざわざバスに乗って出かける価値があるが、コレクションがまたすごい。世界でも屈指の抽象画家のひとりであるパウル・クレー（1879～1940年）が、生涯に残した1万点に及ぶ作品のうち、なんと4000点をコレクションしている。彼の作品が21世紀の建物とどのように調和するか、ぜひ見にいこう。

ベルン市民の憩いの場

MAP P.206域外

グルテン山
Gurten

ベルンの南にそびえる小高い山。旧市街から30分程度と近いため、休日には大勢の市民でにぎわう。

ケーブルカーを降りたらまず右へ。小高い場所に展望塔があり、ベルンの町が一望のもと。近くにはレストランがあり、2階がセルフサービス式となっている。眺めのよいテラスでランチやティータイムが楽しめる。ケーブルカーの駅から左へ行

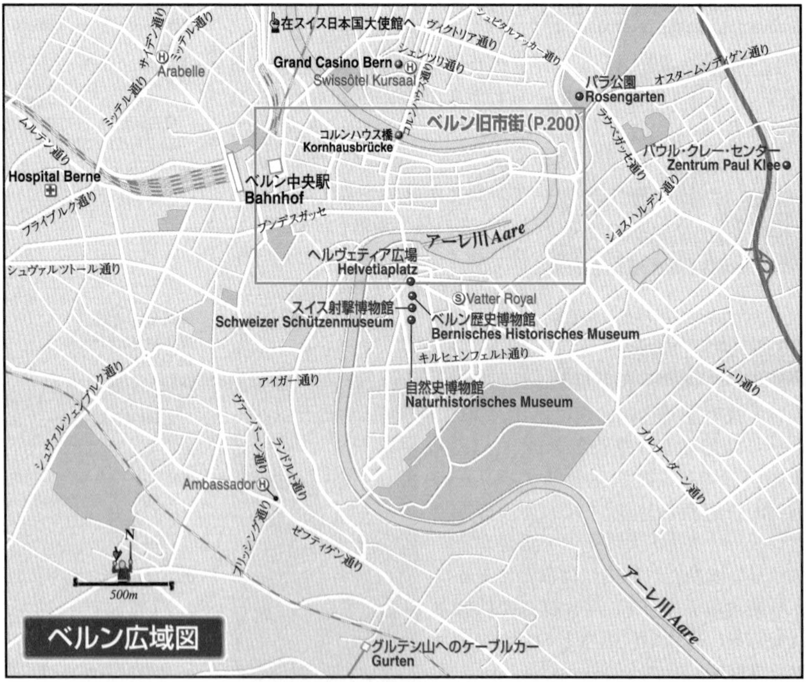

ベルン広域図
在スイス日本国大使館へ
ヴィクトリア通り
シュピタルアッカー通り
オスタームンディゲン通り
Grand Casino Bern
Swissôtel Kursaal
シェンツリ通り
Arabelle
ミッテル通り
サイデン通り
ムルテン通り
バラ公園
Rosengarten
ベルン旧市街(P.200)
コルンハウス橋
Kornhausbrücke
ラウベック通り
パウル・クレー・センター
Zentrum Paul Klee
Hospital Berne
ベルン中央駅
Bahnhof
フライブルク通り
ブンデスガッセ
ショスハルデン通り
アーレ川 Aare
ヘルヴェティア広場
Helvetiaplatz
シュヴァルツトール通り
Vatter Royal
スイス射撃博物館
Schweizer Schützenmuseum
ベルン歴史博物館
Bernisches Historisches Museum
キルヒェンフェルト通り
ムーリ通り
アイガー通り
自然史博物館
Naturhistorisches Museum
シュヴァルツェンブルク通り
ヴァーバーン通り
ランドルト通り
ブルナーダーン通り
Ambassador
ゼフティゲン通り
ブリュッシング通り
N
500m
アーレ川 Aare
グルテン山へのケーブルカー
Gurten

グルテン山のケーブルカー

き、ベルンの町を見下ろしながら5分も歩くと、のどかな丘を見渡す展望ポイントに到着。ベンチに腰かけて心ゆくまでベルナーアルプスの大パノラマを楽しむといい。

Excursion 近郊の見どころ

チーズのふるさとを訪ねて　MAP P.193-B2

エメンタール地方
Emmental Region

ベルンの北東に広がる丘陵地帯で、北海道によく似た、のどかな牧草地の風景がどこまでも続く。大きな穴の開いたエメンタールチーズの産地としても知られている。

本場のチーズをぜひ味わいたい

チーズの製造過程を見学したければ**アフォルテルンAffoltern**の村を訪れてみよう。バスを降りて3分ほど歩いた所に**エメンタールチーズの工場Emmentaler Schaukäserei**があり、観光客に開放されている。レストランではフォンデュを味わうこともできるし、もちろんチーズの購入もできる。中庭には、大きな屋根が特徴的なエメンタール独特の農家の建物も残されている。

帰りのバスを待つ間に、ぜひ周囲の牧草地帯を散策してみよう。車の往来もほとんどなく、聞こえてくるのは牛の声とカウベルだけ。ときおり風が牧草を揺らすと、青臭い匂いが鼻をくすぐる。

ベルンへ戻る途中、乗り換え駅の**ハスレ・リューグサウHasle-Rüegsau**で寄り道をして、ヨーロッパ最長といわれる屋根付きの**木造アーチ橋Holzbrücke über die Emme**を見にいってみてはどうだろう。駅を出たら正面にある橋のすぐ手前の小道を左へ10分ほど歩いた所。その歴史は450年。現在の橋は1839年に架け直されたものといわれるが、自動車も通れるしっかりとした橋だ。長さ70mのすばらしい木組みの技術を見てみよう。

グルテン鉄道
URL www.gurtenpark.ch/gurtenbahn
料 片道CHF6、往復CHF11。ベルンカードで無料。スイストラベルパス50%割引。
駅前や、ベーレン広場、時計塔近くなどから9番Wabern行きのトラムに乗りGurtenbahn下車。5分ほど歩くとグルテン鉄道の駅がある。またはベルン駅から列車S3もしくはS31でWabern bei Bern下車。ここから赤いケーブルカーで4分。日中は15分ごと。
運行時間は
月～土曜 上り 7:00～23:30
下り 7:00～23:45
日曜、祝日
上り 7:00～20:00
下り 7:00～20:15

帰りは40分ほどかけて歩いて下るのも楽しい

アクセス アフォルテルンへの行き方
ベルンからS4またはS44に乗り、ハスレ・リューグサウHasle-Rüegsau下車。各1時間に1本程度。S44はふたつの行き先があるので必ずSumiswald-Grünen行きの車両に乗ること。駅前に待機しているバス471番に乗り換えて約15分、Affoltern i. E., Dorfで降りる。ベルンから約1時間。チーズ工場はバスの進行方向とは逆に20mほど戻り、左折した所にある。

チーズ工場
住 Schaukäsereistrasse 6
☎ (034)4351611
URL www.emmentaler-schaukaeserei.ch
開 9:00～17:00
休 無休
料 無料

エメンタールチーズ
「チーズの王様」とも呼ばれる硬質チーズで、穴が開いていることで知られる。直径1m、重さ100kgのチーズを作るのに約1200ℓの牛乳が必要。6～8週間の熟成過程で発生する炭酸ガスで独特の穴ができる。チーズフォンデュによく使われる。

Emmental Tourismus
URL www.emmental.ch

ベルンの町の特徴は、何といってもアーケード。天候に左右されず買い物を楽しめるのがありがたい。メインストリートに沿って通りの両側を見て歩けば、探しているものがきっと見つかるはずだ。また、ベルンではあちこちの広場で市が立つ。新鮮な野菜や果物などのほか、工芸品や衣料品などの市もある（→P.200～201欄外）。掘り出し物を探しに出かけてみよう。

ローブ Loeb

MAP P.200-A1

ベルン駅を出てすぐ、シュピタール通り沿いに延びる大型デパート。とにかく広く、食材から衣料品、玩具などさまざまな物が揃う。特に夕方は食材を買い求める人たちで混み合う。4階にはセルフのレストランもあり便利。改装を終え、1階に誰でもひと休みできるラウンジができた。

住Spitalgasse 47-51
☎(031)3207111
URL www.loeb.ch
営9:00～19:00（木曜～21:00、金曜～20:00、土曜8:00～17:00）
休日曜
カード D M V

ツムシュタイン Zumstein

MAP P.200-B1

マルクト通りにある文具専門店。シールやポストカード、ペンケースなどの雑貨から、動物柄のマウスやマウスパッドなどのパソコングッズ、ビジネスバッグやバックパックまで、商品の種類は多彩。カレンダーはおみやげにおすすめ。

住Marktgasse 14
☎(031)3187770
URL www.zumstein.ch
営9:00～18:30（土曜～17:00）
休日曜
カード A J M V

ラートハウス・アポテーケ Rathaus Apotheke

MAP P.201-C1

スイス最古の薬局。木目調の店内に長い歴史を感じる。16世紀の開店当時から販売されている秘伝の薬のほか、一般的な化粧品も取り扱う。また、倉庫から薬を取り出すロボットを導入するなど、近代的なものも積極的に取り入れており、古さと新しさのコントラストがおもしろい。

住Kramgasse 2
☎(031)3111481
URL www.apotheke.ch/rathaus-bern
営9:00～19:00（月曜14:00～、土曜～17:00）
休日曜、祝日
カード A J M V

ベック・グラッツ・コンフィズール Beck Glatz Confiseur

MAP P.200-A2域外

伝統のクマのお菓子で有名な店。気をつけ!の姿勢のクマ形のマンデルベアリ（アーモンドのクマ）がなんともキュート。ひとつCHF2.20（店内で食べるときは2.30）。味のバリエーションが豊富で、季節限定のものや詰め合わせ4点CHF9.50などがある。ベルン駅内の観光案内所でも購入可能。

住Hirschengraben 6
☎(031)3002023
URL www.glatz-bern.ch
営6:30～18:00（土曜7:30～16:00）
休日曜

コンフィズリー・チーレン Confiserie Tschirren

MAP P.200-B1

高級チョコレート店。おすすめは生チョコのほか、ドライフルーツを生チョコで包んだアプリコットや、プラム、オレンジソースが入ったトリュフ・マンダリン。ベルンの紋章のクマをあしらったお菓子はおみやげにぴったり。中央駅にも店舗がある。

住Kramgasse 73
☎(031)3111717
URL www.swiss-chocolate.ch
営8:15～18:30（土曜8:00～17:00、日曜9:00～17:00）
休無休
カード A D J M V

S ファッター・ロイヤル Vatter Royal

MAP P.206

2011年にオープンした自然派のスーパーマーケット。落ち着いた雰囲気の小さな店内には、自然素材の化粧品や健康食品、有機野菜などが並んでいる。オーガニックワインを扱うワインショップや、サンドイッチやスイーツが食べられるカフェもある。

住Luisenstrasse 14
☎(031)3021000
URL vatter-royal.business.sitel
営8:00～18:30(土曜～14:30)
休日曜
カード A D M V

S フォムファス Vom FASS

MAP P.201-C1

オイルやビネガー、お酒の量り売りを行うほか、パスタやパスタソースなどの食品も販売する、ドイツ発祥の専門店。店内にはたくさんのガラスのボトルや壺が並び、どれも100mℓ単位で購入できる。200mℓ程度の小さいボトルに詰めれば、おみやげにもいい。

住Gerechtigkeitsgasse 70
☎(031)3112707
URL www. vomfass.ch/bern
営9:30～19:00(月曜11:00～、土曜9:00～17:00)
休日曜
カード M V

COLUMN

旧市街の泉巡り

スイスの古い町ではあちらこちらで泉を目にすることが多い。長い間戦争が絶えることがなかったヨーロッパでは、戦争時の籠城に備えて水を確保する必要があったからだ。ベルンの旧市街には100ヵ所以上もの泉、井戸があるといわれており、今は旧市街を散策する人の目を楽しませている。特に16世紀頃に造られた泉は興味深いキャラクターが柱の上に立ち、泉それ自体色鮮やかな装飾が施されている。またそれぞれにユニークなエピソードもあるので、ぜひ注意深く観察してもらいたい。以下は泉の上に立つユニークな像の一例。駅から近い順に紹介する。

❶パイプ吹きの泉 MAP P.200-A1

駅から旧市街に向かうと最初に出合う泉。つま先に穴の空いた靴を履いてバグパイプを演奏している男の像は、貧しい音楽家を称えている。駅を出てSpitalgasseを左折してすぐ。

❷アンナ・ザイラーの泉 MAP P.200-B1

いかにも慈悲深そうな女性の像は、私財をなげうって町に最初の病院を建てたアンナ・ザイラー。Marktgasseの牢獄塔を越えてすぐ。

❸子喰い鬼の泉 MAP P.200-B1

次々に子供を食べている恐ろしい像。昔は近くに堀があったので、子供を怖がらせて近づかないようにするために建てられた。元は山岳地方の民話に出てくる鬼。時計塔の手前左側、Kornhausplatzにある。

❹ツェーリンガーの泉 MAP P.200-B1

12世紀に町を作ったツェーリンゲン公の記念碑。甲冑をつけているので一見するとわからないが、兜の下に見えるのは人間ではなく実はクマ。Kramgasseの時計塔のすぐ近く。

❺シムソンの泉 MAP P.201-C1

今にもライオンのあごを引き裂きそうなのは、旧約聖書に登場する怪力の持ち主、シムソン。Kramgasseのアインシュタインの家の近く。

❻モーゼの泉 MAP P.201-C2

旧約聖書に出てくる「出エジプト記」で知られる預言者モーゼの像。手には十戒の石版を持っている。ミュンスターの前のMünsterplatzにある。

❶

❷

❸

❹

❺

❻

ベルン駅から徒歩10分圏内に、高級ホテルから低料金のホステルまでさまざまなタイプの宿泊施設が揃っている。旧市街にもたくさんのホテルがあり、中世の趣を残す世界遺産の町に宿泊するのはまたとない思い出になるはず。旧市街はレストランなども多く便利だが、駅から離れた場所であっても、トラムやバスを使って簡単に行ける所が多い。

シュヴァイツァーホフ・ベルン Schweizerhof Bern

MAP P.200-A1 ★★★★★

中央駅と通りを挟んで反対側という抜群のロケーション。150年の歴史にふさわしく外観は重厚な建物だが、内部はデザインホテルのようにスタイリッシュ。客室も華美な装飾を排したシンプルなデザインで使い勝手も申し分ない。ロビーと同じフロアにバーとホテルに隣接したブラッセリーがある。

住 Bahnhofplatz 11
☎ (031)3268080
URL schweizerhofbern.com
料 S CHF440～ W CHF500～
Room 99室 Wi-Fi 無料
カード ADJMV

スイスホテル・クルザール Swissôtel Kursaal

MAP P.206 ★★★★

アーレ川に架かるコルンハウス橋を渡ってすぐの高台にあり、旧市街とアルプスを一望できる。特に南側の上層階の部屋からはベルンの美しい街並みをきれいに見渡せるのでおすすめ。明るく開放的な雰囲気と機能的な設備の評判がよく、日本のツアーも利用する。3つのレストランを併設。ベルン駅からトラム9番に乗りKursaalで下車すぐ。宿泊客は併設しているカジノの入場料が無料。2020年に客室を全面的に改装し、モダンな雰囲気の客室になった。150㎡のトレーニングジムがあり、レンタサイクルも利用できる。大きな庭園が気持ちいい。

住 Kornhausstrasse 3
☎ (031)3395050
URL www.swissotel.com/hotels/bern
料 S CHF310～ W CHF310～
Room 171室
Wi-Fi 無料
カード ADMV

ベル・エポック Belle Epoque

MAP P.201-D1 ★★★★

ニーデック橋の手前にあるブティックホテル。館内にはアートがあふれていて、クリムトやロートレックの絵やアールヌーヴォー様式の家具が配され、落ち着いた雰囲気。客室が広めなのもうれしい。バス停は正面玄関のすぐ外にある。郷土料理のレストランを併設している。

住 Gerechtigkeitsgasse 18
☎ (031)3117171
URL www.belle-epoque.ch
料 （または）
S CHF235～ W CHF263～
Room 17室
Wi-Fi 無料
カード ADMV

アンバサダー Ambassador

MAP P.206 ★★★★

中央駅からタクシーで約10分、市街南西に立地しているが、トラム9番がホテルの裏に停まるので移動には困らない。ホテル内には町の中心部を望める「Le Pvillon」と日本の鉄板焼き料理「Taishi」の、ふたつのレストランを併設。室内プールやサウナなどを宿泊客は無料で利用できる。

住 Seftigenstrasse 99
☎ (031)3709999
URL fassbindhotels.ch/hotel/ambassador
料 S CHF296～ W CHF311～
食事追加 CHF19
Room 97室 Wi-Fi 無料
カード AJMV

日本からベルンへの電話のかけ方
[国際電話会社の番号*]+010+[国番号41]+[31(エリアコードの最初の0は不要)]+[電話番号]
*マイラインの国際通話区分に登録している場合は不要

H シティ・アム・バーンホフ City am Bahnhof

MAP P.200-A2 ★★★

ベルン駅のすぐ目の前にある便利な立地なので、荷物を置いてすぐに観光に出かけられる。中心部にあるが防音窓になっているので館内は静か。看板は「Hotel City」となっており、わかりにくいので注意。週末はお得な料金設定になる。駅前だけあって周囲はショップやレストランが数多くある。

住 Bubenbergplatz 7
☎ (031)3115377
URL www.fassbindhotels.ch/hotel/city-am-bahnhof-bern
料 (または) Ⓢ CHF266～ Ⓦ CHF281～
Room 58室 Wi-Fi 無料
カード A J M V

H ゴルデナー・シュリュッセル Goldener Schlüssel

MAP P.200-B1 ★★★

ラートハウス通りに面した旧市街最古の小さなホテル。500年前の古い建物だが、2008年に全面改装されておりきれい。内装はシンプルだが、おしゃれで機能的。通り側と中庭側の部屋がある。時計塔から徒歩3分ほど。レストランを併設。

住 Rathausgasse 72
☎ (031)3110216
URL www.goldener-schluessel-bern.ch
料 Ⓢ CHF150～ Ⓦ CHF195～
Room 34室 Wi-Fi 無料
カード A D M V

H クロイツ・ベルン・モダン・シティ Kreuz Bern Modern City Hotel

MAP P.200-B1 ★★★

中央駅から徒歩5分の旧市街にある中規模ホテル。牢獄塔があるマルクト通りの1ブロック北側、徒歩2分という抜群のロケーション。1895年オープンの歴史あるホテルだが、リノベーションを経て、今は名前のとおり明るくモダンな、使い勝手のいいホテルになっている。

住 Zeughausgasse 41
☎ (031)3299595
URL kreuzbern.ch
料 Ⓢ CHF251～ Ⓦ CHF283
Room 97室
Wi-Fi 無料
カード A J M V

H アラベル Arabelle

MAP P.206 ★★★

ベルン大学近くにあるホテル。駅から中央郵便局前のSchanzenstr.をLänggassstr.へ進み、Mittelstr.を右折した所にある。バスで行くなら駅から20番に乗り、Mittelstr.下車すぐ。部屋はシンプルで赤を基調にした明るい色合い。ウエルカムドリンク、スナック類の自販機あり。

住 Mittelstrasse 6
☎ (031)3010305
URL sorellhotels.com/arabelle
料 Ⓢ CHF164～ Ⓦ CHF210～
Room 41室 Wi-Fi 無料
カード A D J M V

H ナショナル National

MAP P.200-A2域外 ★★

ベルン駅から徒歩2分ほどの場所にある、手頃な料金で泊まれるホテル。100年前から稼働しているエレベーターは町の名物。4ベッドのファミリールーム（料CHF250～）もある。ホテルの正面にはトラムHirschengraben駅があり移動に便利。

住 Hirschengraben 24
☎ (031)5521515
URL www.nationalbern.ch
料 Ⓢ CHF146～ Ⓦ CHF165～
Room 45室
Wi-Fi 無料
カード A M V

Y ユーゲントヘアベルゲ(YH) Jugendherberge Bern

MAP P.200-B2

駅から連邦議事堂へ向かって歩く。ケーブルカー乗り場の近くから看板に沿って階段を下り、川の手前を左折した所。レセプションは7:00～10:00、15:00～23:00オープン。併設レストランで夕食サービスあり（毎日、別料金）。部屋は狭いがロッカー完備。

住 Weihergasse 4 ☎ (031)3261111
URL www.youthhostel.ch/bern
料 Ⓓ CHF54～ Ⓢ CHF149 Ⓦ CHF176～
非会員は1泊CHF7プラス
食事追加 各CHF19.50（弁当はCHF10）
Room 188ベッド Wi-Fi 無料
カード A D J M V 休 無休

日本からベルンへの電話のかけ方

[国際電話会社の番号*]+010+[国番号41]+[31(エリアコードの最初の0は不要)]+[電話番号]
*マイラインの国際通話区分に登録している場合は不要

ベルンでは名物のソーセージや肉料理の盛り合わせベルナープラッテBerner Platteや、短冊切りにしたポテトをベーコンなどと炒めて卵を加えたレシュティRöstiのつけ合わせをぜひ賞味したい。マスなどの魚料理もおすすめだ。伝統的なスイス料理を出す店から気軽に入れるセルフサービスの店、アジア料理レストランなど選択肢は豊富。

クレッツェリケラー Restaurant Klötzlikeller

MAP P.201-C1

現存するベルン最古のワインセラー・レストラン。伝統的なスイス料理を味わいたい人はもちろん、ワイン好きの人の満足度も高い。場所はゲレヒティクカイト通りの正義の女神の泉(Gerechtigkeitsbrunnen)の近く。ベルンらしい半地下にあるので入口がややわかりにくい。

住Gerechtigkeitsgasse 62
☎(031)3117456
URL www.kloetzlikeller.ch
営18:00～23:30(土曜11:00～)
休日・月曜
カード A M V

ハーモニー Harmonie

MAP P.200-B2

時計塔すぐの100年の歴史を誇るカフェレストラン。メインにサラダとデザートが付く「ハーモニーメニュー」はCHF54.50。同じ値段でメインをチーズフォンデュにしたメニューもある。日替わりのランチメニューは、サラダとメインディシュでCHF23.50。テラス席あり。夜は予約が望ましい。

住Hotelgasse 3
☎(031)3131141
URL www.harmonie.ch
営11:00～23:00
休土・日曜
カード A D J M V

コルンハウスケラー Kornhauskeller

MAP P.200-B1

名前のとおり昔の穀物倉庫（コルンハウス）を利用したレストラン。アーチ状の高い天井をもつクラシカルな建物とモダンな家具が、ゴージャスで落ち着いた空間をつくり出している。ベルナープラッテ（肉の盛り合わせ）CHF39などのベルン料理をぜひ味わいたい。スイスワインもグラスから飲める。

住Kornhausplatz 18
☎(031)3277272
URL kornhaus-bern.ch
営11:30～14:00、18:00～24:00
休日曜
カード A M V

モニエ Monnier

MAP P.200-A2

ムルテンにある老舗パティスリーのベルン店。駅に近く、朝早い時間から営業しているので、朝食を取るのもよし、町歩きに疲れたときにひと息入れるもよし。パンからスイーツまで豊富な品揃えで、人工の甘味料や着色料は一切使わない、すべて自然素材のものを提供している。

住Schauplatzgasse 26
☎(031)3117173
URL www.monnier.swiss/de
営7:00～18:30(木曜～19:30、土曜～16:30)
休日曜
カード A M V

デラ・カサ Della Casa

MAP P.200-A2

1892年創業。歴史のある建物で、店構えは少し重々しいのだが、実際はカジュアルな雰囲気の店で、上質のスイス料理を提供。シェフのおすすめは牛タンとソーセージの煮込みBollito Misto CHF39、ベルナープラッテWährschaftes Berner Teller CHF34など。ボトルワインはCHF40～138と種類豊富。

住Schauplatzgasse 16
☎(031)3112142
URL www.della-casa.ch
営10:00～23:30
休日曜
カード A D J M V

日本からベルンへの電話のかけ方　[国際電話会社の番号*]+010+[国番号41]+[31(エリアコードの最初の0は不要)]+[電話番号]
*マイラインの国際通話区分に登録している場合は不要

R ブラッセリー・ベーレングラーベン Brasserie Bärengraben

MAP P.201-D1

クマ公園の近く、ニーデック橋を渡り左側にある。観光客だけでなく、ビジネスマンや主婦など地元の人にもよく知られている店で、店内はにぎやか。料理は仔牛のゲシュネッツェル、シュニッツェルなど、伝統的でベーシックなものが多い。

住Grosser Muristalden 1
☎(031)3314218
URL www.brasseriebaerengraben.ch
営9:00～23:30(キッチン11:30～22:15)
休無休 カード A D M V

R グルマンデリエ・モレソン Gourmanderie Moléson

MAP P.200-A1

ヴァイセンハウス広場近くにあるアルザス料理の店。アンティーク家具を配した店内は、あたたかみがあり、家庭的で居心地がいい。スープまたはサラダ付きのランチセットメニューはCHF28.80～、ディナーの3皿コースはCHF68。グラスワインCHF7.20～も充実。

住Aarbergergasse 24
☎(031)3114463
URL www.moleson-bern.ch
営11:30～14:30、18:00～23:30
休日曜、土曜のランチ
カード M V

R クレステルリ・ヴァインカフェ Klösterli Weincafe

MAP P.201-D1

2014年「ベスト・オブ・スイスガストロ」のトレンド部門賞に選ばれた実力派レストラン。スイスワインを多数取り揃える。ワインはグラスCHF8.80～。ワインに合うハムやチーズのおつまみメニューのほか、食事メニューやデザートメニューも充実している。ランチ用のアラカルトメニューあり。

住Klösterlistutz 16
☎(031)3501000
URL www.kloesterlibern.ch
営月～金曜11:30～14:00、17:00～23:00 土曜11:30～23:00 日曜11:30～22:00(キッチン～21:30、日曜～20：00)
休無休 カード A M V

R ヤャピゴ Japigo

MAP P.200-A1

日本人が経営する日本料理レストラン。にぎり（セット）CHF26～や刺身盛り合わせCHF28～のほか、うどんや天ぷら、丼物、揚げ出し豆腐やたこ焼きなどがある。日本酒や梅酒、日本メーカーのビールなどもある。以前は別の場所で営業していたが、2018年2月にこちらに移転した。

住Spitalgasse 33
☎(031)3020100
URL www.japigo.ch
営11:30～14:00、18:00～21:30
休日・月曜
カード M V

R ティビッツ Tibits

MAP P.200-A1

ベルン駅入口の向かって右側にある、ビュッフェ形式のベジタリアンレストラン。店内にはスープやデザートなど毎日40種類のメニューが並び、料金は重さによって決まる。朝食ビュッフェ（開店～10:00頃）は100gにつきCHF3.90、ランチタイムとディナータイムは100gにつきCHF4.70。

住Bahnhofplatz 10
☎(031)3129111
URL www.tibits.ch
営6:30～22:30（土・日曜8:00～）
休無休
カード M V

R シュヴェレンメッテリ Schwellenmätteli

MAP P.200-B2

キルヒェンフェルト橋の下にある。2棟あり、川にせりだしたカフェレストラン・テラスCafé Restaurant Terrasseと、屋内のギュッゲリ・バイツGüggeli-Beizではメニューが異なる。しっかり食べたいなら後者へ。メニューは豊富で、オリエンタルのテイストが入った、フュージョンスイス料理といった感じ。

住Dalmaziquai 11
☎(031)3505001
URL www.schwellenmaetteli.ch
営ギュッゲリ・バイツ月～土曜11:30～14:00、18:00～23:30、土曜18:00～23:30、日曜11:30～23:30、テラスは月～土曜9:00～翌0:30(冬期～23:30)、日曜10:00～23:30
休無休 カード A M V

日本からベルンへの電話のかけ方

[国際電話会社の番号*]+010+[国番号41]+[31(エリアコードの最初の0は不要)]+[電話番号]
*マイラインの国際通話区分に登録している場合は不要

フリブール／フライブルク
Fribourg/Freiburg

州：フリブール
使用言語：フランス語
　　　　　ドイツ語
地図位置：P.193-B2
標高：629m
郵便番号：CH-1700
　　　　　（中心部）
エリアコード：026
（市内通話の場合でも初めにエリアコードをプッシュする）

ツェーリンゲン橋と聖ニコライ大聖堂

フリブール州の州都で、独仏言語の境目の町として知られる。町の名もフランス語ではフリブール、ドイツ語ではフライブルクとふたとおりある。

1157年からの古都で、その歴史の長さはヨーロッパでも1、2を争う。旧市街の古さはヨーロッパ随一。もともとカトリック教会の支配地域だったこともあり、その影響は町全体に色濃く残っている。16世紀に創設されたカトリック系のフリブール大学神学部は世界的にも有名だ。

アクセス　チューリヒとジュネーヴを結ぶICのルート上にある。チューリヒからICが1時間に2本（直通1本、ベルン乗り換え1本）あり、約1時間30分。ジュネーヴからのIC、IRは1時間に各1本（直通）、1時間20分前後。ベルンから1時間に3～5本、ICやIRで約20分、各停で約30分。

❶Fribourg Tourisme et Région
住Place Jean-Tinguely 1
☎（026）3501111
URLwww.fribourgtourisme.ch
開月～金曜　9:00～18:00
　土曜
　5～9月　9:00～16:00
　10～4月　9:00～13:00
　日曜
　5～9月　9:30～13:30
休10～4月の日曜

ミニトレインによるガイドツアーもある(英・仏・独・伊・西語)。詳細は❶へ。

Walking　歩き方

高低差があるので歩き回るのはたいへん

サリーヌ川の断崖の上と下に町が広がっているので、出発前に地理感覚をつかんでおかないと、坂を下ったり上ったりしなければならなくなる。観光案内所❶は駅を出て左に向かい、200mほど先の右側。Manorの向かいの建物にある。

駅前から左へ行って、サン・ピエール通りRue St. Pierreに入る。そこからデザルプ通りRue des Alpesへと進もう。やがて右側にサリーヌ川と町のすばらしい景色が見えてくる。崖っぷちに建つ大きく古い建物が**市庁舎Hôtel de Ville**。すぐ近くに見える巨大な塔はフリブールのランドマークともいうべき**聖ニコラ大聖堂Cathédrale St-Nicolas**。

聖ニコラ大聖堂の北西には、**美術・歴史博物館Musée d'Art et d'Histoire**が建っている。ここでは教会とともに発展し、宗

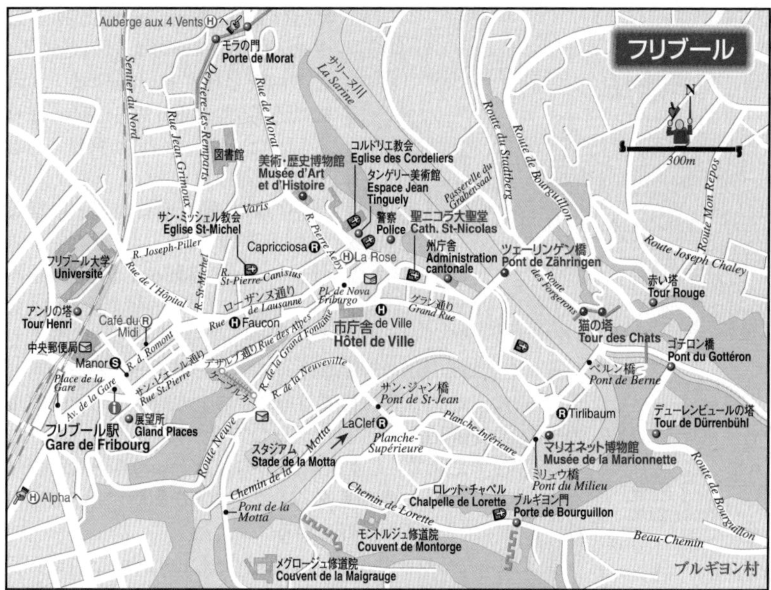

教的な絵画、彫刻も多く残されているフリブールの町の、16世紀から今にいたるまでの歴史と芸術がよくわかる。

博物館を出たら、**ツェーリンゲン橋 Pont de Zähringen**を渡り対岸へ向かおう。橋の名は、この町の建設に当たって功績のあったツェーリンゲン家のベルヒトルト4世からきている。サリーヌ川の浅瀬に砦を築いて船の往来を監視した人物だ。この橋からの眺望もすばらしく、崖っぷちの家がよく見渡せる。

美術・歴史博物館の展示

橋を渡った所で右に曲がり約100mくらい行った所で川に下りる坂道があるので見逃さないように。町の城壁づたいに下の町へ下りていく通路で、途中**猫の塔 Tour des Chats**を通る。下の町は車の往来も少なく、まるで中世の世界に迷い込んでしまったかのよう。風情のある屋根付きの**ベルン橋Pont de Berne**を渡り、続いて石橋の**ミリュウ橋 Pont du Milieu**を渡る。谷底から見ると、家々が空に向かって積み重なるように建っていて、迫力満点だ。

中世の風情が感じられるベルン橋

このミリュウ橋のたもとには**マリオネット博物館**

美術・歴史博物館
住Rue de Morat 12
☎ (026)3055140
URL www.fr.ch/mahf
開火〜日曜　11:00〜18:00（木曜〜20:00）祝日は変動あり。
休月曜、12/24・25、1/1
料CHF10。スイストラベルパス有効。

マリオネット博物館
住Derrière-les-Jardins 2
☎ (026)3228513
URL www.marionnette.ch
開水〜日曜　11:00〜17:00
休月・火曜、1/1、12/25・31
料CHF5、劇場での観劇（フランス語のみ。予約はⓘにて）CHF15。スイストラベルパス有効（入館料のみ）。
カフェも併設しており、こちらは10:00〜24:00（日曜は〜18:00）オープン。火曜休。

丘の上の町を見上げる

Musée de la Marionnetteがあるのでのぞいてみるのもいいだろう。このあたりはドイツ語地域。広場に噴水彫刻があったり、家の造りも何となくドイツっぽく感じるのは気のせいか。

上の町を見上げながら不思議な気分で歩いていくと、道はやがて**サン・ジャン橋Pont de St-Jean**を渡ってヌーヴヴィル通りRue de la Neuvevilleに入る。この付近にもしゃれた店やレストランが集まっているので入ってみるのもおもしろい。小さな広場に出るとそこから上の町行きの**ケーブルカーAgglo Funiculaire**が出ているのでぜひ利用してみよう。これは1899年に開業。しかも駆動動力は水というから驚く。ケーブルカーに沿って階段もあるのでそちらを利用することも可能。これでようやく上の町へ戻る。

上に戻ったらローザンヌ通りRue de Lausanneを散策してみよう。一部がアーケードになった商店街には、しゃれた店やブティックが集まって、また違った町の顔を見ることができる。

水力式ケーブルカー
☎ (026)3510200
URL www.tpf.ch/funiculaire
営9～5月　7:00～19:00
6～8月　7:00～20:00
日曜、祝日（通年）
9:30～19:00
6分間ごとに運行。所要2分
料CHF2.90

Attraction おもな見どころ

町のあちこちから見えるフリブールのシンボル　MAP P.215

聖ニコラ大聖堂
Cathédrale St-Nicolas

ゴシック様式の美しい建物で、建設が開始されたのは1283年、ほぼ現在の姿になったのは17世紀という。遠くからもそれとわかる印象的な姿はフリブールのシンボルとなっている。

外面の浮き彫りは14世紀の作品で、入口のものは「最後の審判」、南口には東方の三博士が描かれている。

内部には地元の楽器職人アロイス・モーゼルの手による有名なパイプオルガンや、ポーランド人のユーゼフ・メホフェル作のモダンなステンドグラスがある。側廊にある彩色の彫刻群も必見だ。

内部の見学で心が穏やかになったら、次は体を使って町いちばんの絶景を眺めにいこう。まず368段のらせん階段を登って高さ74mの塔の上へ。てっぺんに着

聖ニコラ大聖堂
住Rue des Chanoines 3
☎ (026)3471040
URL www.stnicolas.ch
開月～土曜　7:30～19:00
日曜、祝日　9:00～21:30
観光客入場可能時間は
月～金曜　9:30～18:00
土曜　9:00～16:00
日曜、祝日　13:00～17:00

塔
開3～11月
月～土曜　10:00～18:00
日曜、祝日　12:00～17:00
料CHF5

町のどこにいても見える大聖堂の塔

く頃にはかなり息が上がっているが、その疲れを吹き飛ばすような景色が広がっている。足下にはぎっしり建物が密集した旧市街。その先にはサリーヌ川に浸食された崖があり、緑の多い丘の上にアパートと思われるビルが並ぶ。周辺のなだらかな山と郊外の緑、すべてが一望のもと。

建物の密集度がすごい

鮮やかなステンドグラス

ホテル＆レストラン

ラ・ローズ La Rose

MAP P.215 ★★★★

旧市街の真ん中の、観光に便利な場所にあるホテル。建物は17世紀に建てられたもので雰囲気たっぷり。客室はモダンに改装されている。地下にナイトクラブを併設しているが、騒音はまったく気にならない。駅からは徒歩約11分、バスを利用するなら1・2・6番のバスでTilleul下車、すぐ。

住Rue de Morat 1
☎(026)3510101
URL www.hoteldelarose.ch
料（または）Ⓢ CHF140～Ⓦ CHF155～
食事追加 CHF16
Room 40室 Wi-Fi 無料
カード A D J M V

オーベルジュ・オ・キャトル・ヴォント Auberge aux 4 Vents

MAP P.215域外

17世紀の狩猟用のサマーハウスを改装した一軒家ホテル。客室はエーデルワイスの部屋、キューピットの部屋など、部屋によってテーマが設けられている。併設のレストランは火～日曜8:30～24:00（日曜短縮営業）にオープン。駅からは1番のバスで4つめのFribourg Poya下車、徒歩約10分。

住Grandfey 124
☎(026)3215600
URL auberge4vents.ch
料（または）
Ⓢ CHF120～Ⓦ CHF180～
Room 9室 Wi-Fi 無料
休12月下旬～2月中旬
カード M V

アルファ Alpha

MAP P.215域外

駅から町の中心部とは反対方向に7分ほどの静かな場所にある。部屋は広めで白を基調とし清潔感があり、シンプルでおしゃれな雰囲気。スタッフも親切で快適に滞在できる。併設のレストランAlphabetの評判もよく、Today's SpecialはCHF22～。

住Rue du Simplon 13
☎(026)3227272
URL www.alpha-hotel.ch
料 Ⓢ CHF105～
Ⓦ CHF115～
食事追加 CHF16
Room 29室
Wi-Fi 無料 カード A M V

カフェ・ドゥ・ミディ Café du Midi

MAP P.215

伝統的なスイス料理のレストラン。1877年に開店し、1992年に改装。地元で取れた食材や旬の素材を生かした料理が食べられる。名物はチーズフォンデュでCHF26～。7種類から選べ、サイズも大小ある。日替わりメニューはメインとスープ、デザートが付いてCHF23。

住Rue de Romont 25
☎(026)3223133
URL www.lemidi.ch
営8:00～23:30（金曜～24:00、土曜9:00～24:00、日曜10:00～）
休無休
カード A M V

日本からフリブールへの電話のかけ方
［国際電話会社の番号*］+010+［国番号41］+［26（エリアコードの最初の0は不要）］+［電話番号］
*マイラインの国際通話区分に登録している場合は不要

イヴェルドン・レ・バン
Yverdon-les-Bains

州：ヴォー
使用言語：フランス語
地図位置：P.193-A2
標高：435m
郵便番号：CH-1400
エリアコード：024
（市内通話の場合でも初めにエリアコードをプッシュする）

ペスタロッチ広場に面した教会

ヌーシャテル湖の南西端に位置するイヴェルドン・レ・バン（普通はイヴェルドンと略して呼ばれる）はヴォー州で2番目に大きい町で、人口約3万人。古代ローマの時代から温泉地として知られ、現在では多くの保養や療養目的の人が訪れるという温泉リゾートだ。

地下500mからくみ上げられる温泉にはカルシウムやマグネシウムが多く含まれており、リウマチや呼吸器系の疾患に効能があるといわれている。スイス有数の温泉地であるこの町には、教会や市庁舎、カジノだった劇場など、18～19世紀の建物が並ぶ旧市街も残っている。

アクセス ローザンヌからICで約20分、各停で約35分、ヌーシャテルからICで18分、ジュネーヴからICで約50分。

Office du Tourisme
住 Ave. de la Gare 2
☎ (024)4230313
URL www.yverdonlesbainsregion.ch
開 '23 4/11~6/30 9/1~10/31
月～金曜　9:00～17:00
土曜　9:00～13:00
'23 7/1~8/31
月～金曜　9:00～17:00
土曜　9:00～15:00
日曜　9:00～15:00
'23 11月~'24 4月
月～金曜　9:00～17:00

カラフルな外観が目印

Walking 歩き方

町の中心は、駅から歩いて5分ほどの**ペスタロッチ広場Place Pestalozzi**。**城Château**、**ペスタロッチ記念館Centre de Documentation et de Recherche Pestalozzi**、**市庁舎Hôtel de Ville**、教会などの歴史的な建物が集まっている。城内にある**イヴェルドン地方博物館Musée d'Yverdon et région**では、古代から近代までのイヴェルドンの歴史、文化などを知ることができて興味深い。

城は尖塔が目印

この城は18～19世紀に活躍した教育者ハインリッヒ・ペスタロッチの学園があった場所としても有名で、彼が住んでいた部屋が記念館として公開されている。さらに

ペスタロッチ記念館
住 Château d'Yverdon
☎ (024)4236260
URL www.centrepestalozzi.ch
開 リクエストに応じて公開

イヴェルドン地方博物館
住 Château d'Yverdon
☎ (024)4259310
URL musee-yverdon-region.ch
開 水～日曜　11:00～18:00
（10～5月13:00～）
休 月・火曜（祝日は開館）、1/1、12/25
料 CHF10
オーディオガイド（自身の端末にダウンロードして使用、仏、独、英語）無料。スイストラベルパス有効。

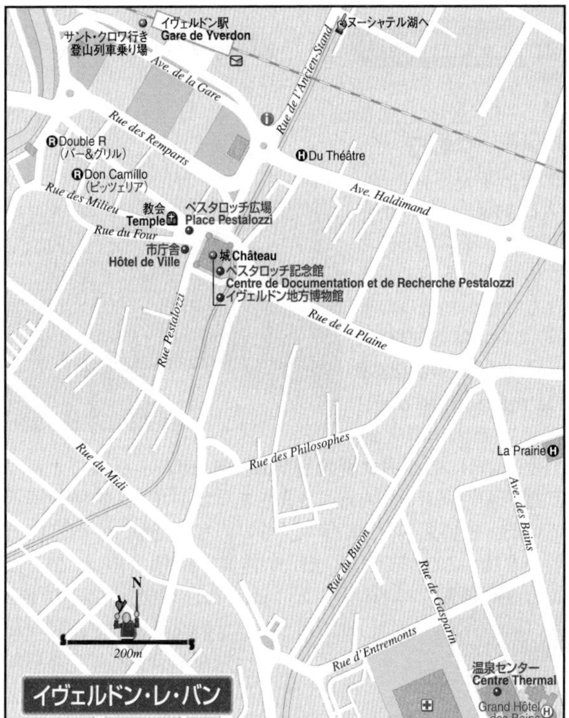

市庁舎では一部が展示ホールとなっており、ほぼ1ヵ月ごとに異なるテーマの美術展が行われている。

ペスタロッチ記念館のペスタロッチの部屋

広場から延びるRue de l'Ancien-Standを北に真っすぐ進んでいくと、やがてスイスで最もきれいな湖といわれるヌーシャテル湖に出る。なかでもスイス人がビーチと呼ぶこのイヴェルドンの湖畔は、白い砂浜とエメラルドグリーンの湖が広がる美しい所。日光浴や水遊びをする人たちでにぎわっている。

町いちばんの見どころである**温泉センターCentre Thermal**は、ペスタロッチ広場から15分ほど歩いた所にある。館内は健康ランドのようで、3つの温泉とプール、サウナ、日焼けサロンのほか、専門医や医療設備を備えたメディカルセンターもある。

温泉でのんびり疲れを癒やそう

ハインリッヒ・ペスタロッチ

スイスの教育実践・教育思想家。1746年にチューリヒに生まれ、各地で孤児などの救済と教育を行った。市当局の招きによって1804年にイヴェルドン・レ・バンを訪れ、城を提供されて教育施設を設立。近代教育の開拓者として多くの教育家に影響を与えた。

ヌーシャテル湖畔

温泉センター

MAP P.219
住 Ave. des Bains 22
☎ (024)4230232
URL www.bainsyverdon.ch
開 月～土曜　9:00～20:00
日曜、祝日　9:00～18:30
※入場は閉館30分前まで。温泉の種類によって営業時間が異なるので事前に確認を。
料 温泉プールCHF25（3時間)、ほかの種類の温泉に入るには別途料金が必要。

グランド・ホテル・デ・バン
Grand Hôtel des Bains
★★★★

MAP P.219
住 Ave. des Bains 22
☎ (024)4246464
URL www.bainsyverdon.ch
料 (または)
Ⓢ CHF15～
Ⓦ CHF20～
Room 116室
Wi-Fi 無料
カード A D J M V
温泉センターに直結した4つ星ホテル。宿泊者は温泉センターが無料で利用できる。レストランの評判もよい。

Excursion 近郊の見どころ

"オルゴールの里"として知られる
MAP P.193-A2

サント・クロワ
Sainte-Croix

人口約5000人の小さな町で、ウインタースポーツのリゾート地であるとともにオルゴールの里としても有名。**CIMA (Centre International de la mécanique d'art)** と、バスで10分ほどのL'Aubersonにある**ボウ博物館Musée Baud**のふたつのオルゴール博物館があり、どちらもさまざまなオルゴールを多数展示している。古いもので200年前くらいのものだが、すべて実際に音色を聴くことができる。細かい作業で精密に作られていて、音楽だけでなく人形が動くなどの仕掛けがあったり、それぞれのオルゴールにストーリー性があったりしておもしろい。オルゴールというと女性や子供のものと思いがちだが、男性や大人でも十分楽しめる。

ボウ博物館

人形のオルゴール

どちらも見学はガイドツアー制で、ボウ博物館は予約が必要。10人以上の団体には英・独・仏・伊語のガイドが付く。

アクセス イヴェルドン・レ・バンから登山列車で約35分。

ℹOffice du Tourisme
住Rue Neuve 10
☎ (024)4230323
URL www.yverdonlesbainsregion.ch
開月～金曜 9:00～16:00
土曜 9:00～13:00
休日曜
7・8月をのぞき季節により変動あり

CIMA
住Rue de l'Industrie 2
☎ (024)4544477
URL www.musees.ch
改装のため休業中。2024年初めに再開予定。

ボウ博物館
住Grand Rue 23, L'Auberson
☎ (024)4542484
URL www.museebaud.ch
開予約制（10人以上）
7～10月
火～日曜 14:00～
11～6月
水・土・日曜 14:00～
ツアーは所要1時間。

スイスで最も大きな城が建つ
MAP P.193-A2

グランソン
Grandson

1476年、グランソンの戦いでスイス軍がフランス軍を破った場所として有名な町。ヌーシャテル湖畔にあり、中世の町並みがそのまま残る。周囲には美しいブドウ畑が広がっている。この町のいちばんの見どころは、11～14世紀にグランソン侯の居城だった**グランソン城Château de Grandson**。湖畔にそびえるこの城はスイスで最も大きなもので、昔はモントルーのシヨン城のように水の中に建っていたという。2023年現在内部は修復中だが、ツアーでのみ城内の見学ができる。また、庭園と城壁は個人見学も可能だ。修復が終わるのは2026年の予定。

重厚なグランソン城

アクセス イヴェルドン・レ・バンからバスで約15分。鉄道ならS1、S2で5分。

ℹOffice du Tourisme
住Rue Haute 13
☎ (024)4456060
URL www.yverdonlesbainsregion.ch
開火～金曜 9:00～19:00
土曜 9:00～18:00
日曜 11:00～17:00
休月曜、9月～6月上旬の日曜

グランソン城
住1422 Grandson
☎ (024)4452926
URL www.chateau-grandson.ch
開4～10月 10:00～18:00
11～3月 10:00～17:00
料城館内部のツアーCHF15
庭園・城壁の個人見学CHF10

ヌーシャテル
Neuchâtel

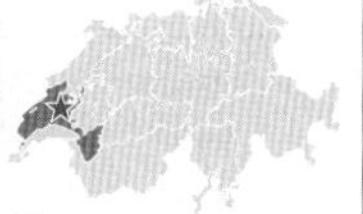

州：ヌーシャテル
使用言語：フランス語
地図位置：P.193-A2
標高：479m
郵便番号：CH-2000
（地区によって下2ケタが変わる）
エリアコード：032
（市内通話の場合でも初めにエリアコードをプッシュする）

デュ・ペイロの館

ヌーシャテル州の州都。アレクサンドル・デュマが「バターの塊をくり抜いた」と表現したように、黄土色の四角い建物と、赤茶色のツンととがった瓦屋根の旧市街の家々は、全体が柔らかな輝きをもっている。

スイスのフランス語はベルギーのフランス語とともに、パリあたりのフランス人にからかわれがちだが、この地のフランス語はスイスのなかで最も純粋なフランス語と評価されている。ジュネーヴやヴォー州が、フランスでも山国のサヴォイの領土だったのに対し、ここヌーシャテルはパリジャンの香りを漂わせるオルレアン公の荘園だったから、その違いが出るのサ、と土地の人は言う。

Walking 歩き方

ヌーシャテルの駅は湖を見下ろす高台にあり、湖岸に開けた町の中心へは坂を5分ほど下る。

駅前の通りを渡るとすぐ下に**デュ・ペイロの館Hôtel du Peyrou**が見える。18世紀に建築されたこの邸宅は、ジャン・ジャック・ルソーの友人デュ・ペイロの住まいだった。その美しい庭園を抜けて町なかへ下ることもできるが、旧市街へはバスの通る**駅前通りAv. de la Gare**を下ると早い。5分ほどで市庁舎前に出る。右側に建つ**市庁舎Hôtel de Ville**は、18世紀末の建築。内部に、当時のヌーシャテルの町の模型が展示されている。

旧市街のカフェ

アクセス ジュネーヴからIC（1時間に1本）で約1時間10分、ベルンから35～50分、ローザンヌからICで約40分、バーゼルからIC（Oltenもしくは Biel/Bienne乗り換え）で約1時間30分。

ℹTourisme Neuchâtelois
住 Hôtel des Postes
☎ (032)8896890
URL www.neuchateltourisme.ch
開 7～8月
月～金曜 9:00～18:30
土曜 9:00～16:00
日曜 10:00～14:00
9～6月
月～金曜 9:00～12:00
13:30～17:30
土曜 9:00～12:00
休 9～6月の日曜

ヌーシャテルの歴史
町がつくられたのは1011年。牢獄塔の歴史はそれ以前、900年代まで遡る。市場広場付近のパン屋は600年前からあるという。町の特徴でもあるバター色の建物は、18世紀に建てられたもの。

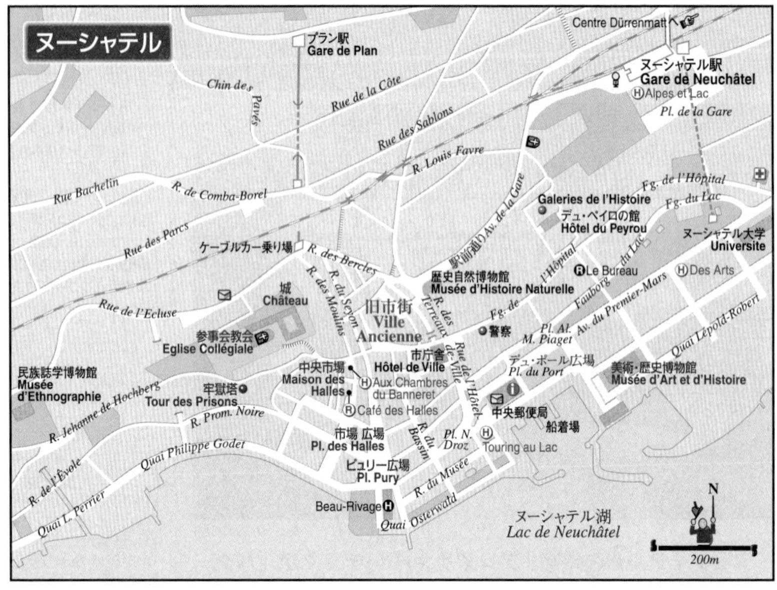

デュレンマット・センター
Centre Dürrenmatt
住Chemin du Pertuis-du-Sault 74
☎(058)4667060
URL www.cdn.ch
開水～日曜　11:00～17:00
休月・火曜、展示やイベントの準備期間
料CHF8。スイストラベルパス有効。
作家・画家のフリードリッヒ・デュレンマットの作品展示館。建物はマリオ・ボッタの設計。テラスからヌーシャテル湖を一望できる。
駅から106または109番のバスに乗車、Vallon de l'Ermitage下車。Chemin du Pertuis-du-Saultを上り、しばらく歩いた右側。

ビューポイントはここ！
参事会教会や城の周辺は高台になっている。手前に旧市街、その奥に広大なヌーシャテル湖を見渡せる。

晴天時は見晴らし抜群

湖に向かって市庁舎通りRue de l'Hôtel-de-Villeを行くと、船着場の手前の左側に中央郵便局がある。観光案内所❶はこの中に入っている。船着場のすぐ西の河岸には、ヌーシャテル湖の眺めがすばらしい公園がある。

さて、旧市街へは先ほどの市庁舎前の広場へ戻り、市庁舎の北側から西に入る。16世紀の泉を見ながら細い坂道を上っていこう。バターの塊のような町並みが続き、強い日差しでフニャフニャに溶けてしまいそうな家の窓辺には、ゼラニウムの赤と緑がアクセントをつけている。上り詰めた所が**参事会教会Eglise Collégiale**と**城Château**。城内に教会大学と刑務所があり、城の一部は州庁舎として使用されている。

城から下る途中には**牢獄塔Tour des Prisons**がある。坂道をさらに下って、旧市街で最もにぎやかな一角、**市場広場Pl. des Halles**へ出てみよう。小さな広場の大部分はカフェのテーブルで占められていて、老夫婦がのんびりコーヒーを飲んでいたりする。広場の北側、通りにせり出すように建つ趣のある建物（現在はレストラン）が、1570年頃建築の**中央市場Maison des Halles**。領主オルレアン公が所有したことを示す紋章が見られる。

市場広場からさらに湖に向かって進むと、バス停がある**ピュリー広場Pl. Pury**に出る。ヌーシャテルの町の建設に莫大な資産を投じた資産家の名前がつけられたこの広場は、町の交通の中心になっていて、町を走るすべてのバスやトラムがここを通過する。

参事会教会

Attraction おもな見どころ

町を見下ろす高台に建つ MAP P.222

参事会教会と城
Eglise Collégiale & Château

どちらも12世紀に創建された、歴史ある美しい建物。何度も修復や増築が行われ、ひとつの建物の中にロマネスク様式の部分とゴシック様式の部分がある。教会は12～13世紀のスイス建築のなかでは最高といわれ、色とりどりのタイルが見事。現在でも一部が州庁舎として使われており、実際に使用されている公共の施設としてはスイス最古のものといわれている。

充実した展示内容に目を見張る MAP P.222

美術･歴史博物館
Musée d'Art et d'Histoire

湖畔にある壮大な博物館。1階の歴史･工芸部門と2階の美術部門に分かれている。歴史･工芸部門では、昔のヌーシャテルの職人たちがいかに高度な機械を作っていたか確かめてほしい。なかでも18世紀のエンジニア、ジャッケ･ドローによって作られた自動人形「音楽家」「書記」「画家」の3体は、まるで生きているかのような自然な動きをすることで有名だ。

美術・歴史博物館

参事会教会内部

参事会教会と城
URL collegiale.ch

美術･歴史博物館
住 Esplanade Léopold-Robert 1
☎ (032)7177920
URL www.mahn.ch
開 火～日曜　11:00～18:00
自動人形のデモンストレーションは毎月第1日曜の14:00、15:00、16:00
※ほかにも不定期に公開あり。要確認。
休 月曜（祝日は開館）、1/1、ぶどう祭りの日曜、12/24・25・31
料 CHF12（木曜は無料）。スイストラベルパス有効。

COLUMN

レシュティの溝

ベルンとヌーシャテルを往復すると、同じ電車なのに車内アナウンスにちょっとした違いがある。ベルンからヌーシャテルに向かうときは、ドイツ語・フランス語の順なのに、ヌーシャテルからベルンに向かうときは、フランス語・ドイツ語の順になっている。

フリブール州を流れるサリーヌ（ザーネ）川が、だいたいの言語の境界で、列車がこの川の西にいるのか、東にいるのかでアナウンスの順がだいたい変わっているようだ。「だいたい」というのがポイントで、それほど厳密に決められたルールがあるわけではないようで、フランス語圏を走っているのに、いつまでもドイツ語のアナウンスが先であることも。もちろん誰もそんなことは気にしていないだろうが。

スイス国内で言語圏の違いは「**レシュティの溝** Röstigraben（独）／barrière de rösti（仏）」と呼ばれている。スイスを代表する料理として紹介されるレシュティだが、厳密に言えば「スイスのドイツ語圏を代表する料理」といわないといけない。実際、フランス語圏ではレシュティをあまり食べない。

はたして同じスイス人でありながら、言語の違いによる行動や考え方の地域差はどれぐらいあるのだろう。例えば2014年に実施されたEU加盟国などから流入する移民を制限するか否かを問う国民投票では、僅差で制限をする提案が可決された。しかしフランス語圏では大多数が反対で、人口の多いドイツ語圏で賛成が多かったために可決されることになったのだ。

2013年に行われた全国的な調査で「レシュティの溝はない」と答えた人の割合は、ドイツ語圏で25%、フランス語圏では14%。明らかに少数派のほうに不満がありそうだ。とはいえ、ヨーロッパではイギリスのスコットランドやスペインのカタルーニャのように独立の動きがあるところもあるし、ベルギーでは、フランス語圏とオランダ語圏の仲が悪いことは有名だ。多言語の国家でも激しい対立はなく、「レシュティの溝」くらいで済んでいられるのは、まだ幸せなのかもしれない。

ホテル＆レストラン

レマン湖と同様にヌーシャテル湖も日当たりのいい北側の湖岸に町が連なっており、同じく湖岸のリゾートになっている。ただレマン湖のような大型の5つ星高級ホテルはなく、小規模で落ち着いたホテルが多い。ヌーシャテルの隣町にはミシュラン星付きのレストランがあるが、ここも観光地ということもあり、レストランの種類、数とも多くクオリティも高い。評判のよい和食レストランも複数ある。

アルプス・エ・ラック Alpes et Lac

MAP P.222 ★★★

駅を出て目の前にあるホテル。旧市街までは徒歩5分ほど。高台に建つため部屋からはヌーシャテルの町並みと湖が一望できる。クラシックな外観だが、内部はシンプルに改装され、居心地がいい。レストランを併設。

住Place de la Gare 2
☎ (032)7231919
URL www.alpesetlac.ch
料（または）
ⓈCHF150～ⓌCHF163～
食事追加CHF18
Room 30室　Wi-Fi 無料
カード A M V

デザール Des Arts

MAP P.222 ★★★

カラフルなアートで装飾された館内が印象的な3つ星ホテル。客室の内装はあたたかみのある色でまとめられており、落ち着ける雰囲気。アパートメントタイプの部屋もある。眺めのいいヌーシャテル湖側の部屋がおすすめ。ヌーシャテル駅行きケーブルカー乗り場からすぐなので、荷物が多くても安心。

住Rue J.-L. Pourtalès 3
☎ (032)7276161
URL www.hoteldesarts.ch
料（または）
ⓈCHF89～ⓌCHF143～
食事追加CHF18
Room 58室　Wi-Fi 無料
カード A D J M V

トゥーリング・オゥ・ラック Touring au Lac

MAP P.222 ★★★

船着場近くにあるホテル。部屋はシンプルできれい。ヌーシャテル湖を一望できる部屋もある。また併設のレストランにはテラス席もあり、いつも大勢の人でにぎわっている。駅からは徒歩10分ほど。駅前からバスに乗るなら、107・109・109bのバスに乗り、次の停留所で降りるとホテル前に着く。

住Place Numa-Droz 1
☎ (032)7255501
URL touringaulac.ch
料（または）
ⓈCHF135～ⓌCHF160～
食事追加CHF18
Room 41室　Wi-Fi 無料
カード A M V

オ・シャンブル・デュ・バヌレ Aux chambres du Banneret

MAP P.222 ★★

16世紀の建物を利用したホテル。客室はウッディな雰囲気で、部屋ごとに異なる個性的なインテリアで楽しい。この料金で各室にミニキッチンや電子レンジ、コーヒーメーカーがあるので、リーズナブル。食事を簡単に済ませたい人にはおすすめだ。

住Rue Fleury 1
☎ (032)7214420
URL auxchambres.ch
料ⓈCHF129 ⓌCHF153
Room 6室
Wi-Fi 無料
カード M V

カフェ・デ・アーレ Café des Halles

MAP P.222

市場広場にあるカフェで、テラス席がある。おしゃれで入りやすい雰囲気で、午後には大勢の人でにぎわう。グリル料理のほかにパスタやリゾット、ピザなどもある。アイスクリームの種類が豊富。人が少ないときは早めにクローズすることもある。

住Rue du Trésor 4
☎ (032)7243141
URL maisondeshalles.ch
営9:00～23:30（土曜8:00～、日曜22:30～）
休月曜
カード A M V

日本からヌーシャテルへの電話のかけ方
［国際電話会社の番号*］+010+［国番号41］+［32（エリアコードの最初の0は不要）］+［電話番号］
*マイラインの国際通話区分に登録している場合は不要

ラ・ショー・ドゥ・フォン
La Chaux-de-Fonds

州：ヌーシャテル
使用言語：フランス語
地図位置：P.193-A2
標高：991m
郵便番号：CH-2300
エリアコード：032
（市内通話の場合でも初めにエリアコードをプッシュする）

必ず訪れたい時計博物館

スイスの時計産業の多くは、フランスとの国境を分けるジュラ山脈の麓に集中している。なかでも、この一帯の産業の中心地となっているのが、ヌーシャテル州第2の都市、ラ・ショー・ドゥ・フォンだ。

かつては小さな山村だったが、19世紀後半から時計産業とともに拡大・発展を遂げた。現在の人口は約3万7000人。町は碁盤の目状に造られており、EBELなどの高級時計の工場がいくつもある。また、この町は世界的な建築家ル・コルビュジエの出身地でもあり、彼の設計した建物が市内に点在している。

2009年、ラ・ショー・ドゥ・フォンの中心市街は、隣町のル・ロックルとともに「時計製造業の都市計画」の名で世界遺産リストに登録された。

アクセス ベルンから列車で1時間5分、ビール/ビエンヌ乗り換えでは1時間15分、ヌーシャテルから約30分。

ℹLa Chaux-de-Fonds Welcome Centre
住Espacité 1
☎（032）8896895
URL www.neuchateltourisme.ch
開7～8月
月～金曜 9:00～18:30
土曜 9:00～16:00
9～6月
月～金曜 9:00～12:00
13:30～17:30
土曜 9:00～12:00
休日曜、1/1・2、12/25・26

まずはこの建物を目指そう

Walking 歩き方

ラ・ショー・ドゥ・フォンの駅を背に歩き出そう。100mほど行くと目抜き通りのレオポルト・ロバート通りAve. Léopold-Robertに出るので、右折して10分ほど進む。すると左側にタワーのような建物が見えてくるが、これが観光案内所ℹも入っている15階建ての**トゥール・エスパシーテTour Espacité**だ。最上階に上って世界遺産の町並みを眺めよう。レストランがあるので食事もできる。

整然とした町並み

ビル1階の観光案内所で、町の地図やル・コルビュジエに関するパンフレットがもらえる。大通りを渡ってまずは時計製造業の都市計画に関する**ショールー**

ショールーム
住Rue Jaquet-Droz 23
開5～10月 10:00～12:00
13:00～16:30
11～4月 13:00～16:00
休無休
料無料

ショールームの建物

ム**Espace de l'Urbanisme Horloger**へ。ラ・ショー・ドゥ・フォンの町の成り立ちと時計との関わりについて、映像で紹介している。町の歴史のだいたいをつかんだところで、続いて**国際時計博物館**へ。この町を訪れたら見逃せない博物館だ。

レオポルト・ロバート通りに戻ってさらに北東に向かうと、旧市街の中心部にいたる。大噴水や市庁舎、大寺院などがあり、散策が楽しいエリアだ。

Attraction おもな見どころ

その数何と4000以上、世界最大の時計博物館 MAP P.226

国際時計博物館
Musée International d'Horlogerie

スイスが誇る時計産業の全貌を観ることができる博物館。そのコレクションは、太陽時計、砂時計から世界一精密な原子時計まで、またアンティークや希少価値の高いものからスウォッチまで、ありとあらゆる分野にわたっている。

多種多様な時計の展示

ジャッケ・ドローがフランス国王に贈った時計や占いをするマジシャン時計、マイセンの陶器で装飾された時計やダリがデザインした時計、世界最小の時計など、珍しいものも多いので、時間をかけてじっくり見学したい。

15世紀まで時計は気軽に持ち運べる代物ではなく、また時を司るのは権力者や一部の有力者にかぎられていた。やがて技術が向上するにつれ小型化され、装飾にも目が向けられるようになり、貴金属をあしらったものや機械仕掛けの人形が時を告げるものなどが登場するようになっていく。この博物館では、そんな時計の歴史もたどることができて興味深い。館内にある時計は、すべてが正確に動くように専門家によって管理されているというから驚きだ。

入館してチケットを買ったら、荷物は左奥にある

ショールームでの映像上映は約15分、英・独・仏語で行われる

ラ・ショー・ドゥ・フォンのホテル

Athmos ★★★★
MAP P.226
住 Ave. Léopold-Robert 45
☎ (032)9102222
URL www.athmoshotel.ch
料 (または)
S CHF117〜
W CHF165〜
朝 CHF18
Room 44室
Wi-Fi 無料
カード A M V
キッチン付きの部屋あり。駅から徒歩5分。

ここに紹介している3つの博物館を含む共通のチケットがCHF18で購入できる。詳しくは観光案内所で。

国際時計博物館（MIH）
住 Rue des Musées 29
☎ (032)9676861
URL www.chaux-de-fonds.ch/musees/mih
開 火〜日曜　10:00〜17:00
休 月曜、1/1、12/24・25・31
料 CHF15。スイストラベルパス有効。

このエリアを訪れるなら外せない見どころ

時計作りの工具の展示もある

ロッカー（無料）に預けて見学を始めよう。展示室に入る手前のホールは特別展用のスペース。奥に進むと広いフロアいっぱいにさまざまな展示が置かれている。展示スペースは2フロアあり、特に順路が示されているわけではないので、好きなところから見て回ろう。どちらかというと2階のフロアのほうが、テーマが明確になった展示スペース。膨大な数の時計があるので、集中力がある最初のうちに上のフロアを見ておいたほうがいいかもしれない。仕掛け時計や宝飾品としての時計など、1階の展示ももちろんすばらしい。展示スペースの奥には工房があり、本物の職人が時計の修理やメンテナンスをしている様子がガラス越しに見学できる。

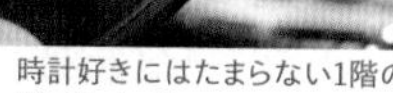

時計好きにはたまらない1階の展示スペース

歴史ある美術館でスイス作家の作品に触れる

 MAP P.226

ラ・ショー・ドゥ・フォン美術館
Musée des Beaux-arts La Chaux-de-Fonds

駅から歩いて5分の所にある

現在の美術館のもとになったのは1864年に設立されたヌーシャテル美術協会の支部。特にスイス人アーティストの作品の収集に力を入れていたが、1940年代からフランス人やイタリア人など、スイス以外のアーティストの作品のコレクションを始めた。現在は現代作家の収集にも力を入れている。収蔵作品はバラエティに富んでいて、絵画だけでなく、彫刻、写真、さらにビデオ作品もあり、特にスイスの現代美術に興味がある人にはおすすめだ。

ラ・ショー・ドゥ・フォン美術館
住Rue des Musées 33
☎(032)9676077
URL www.mbac.ch
開火～日曜　10:00～17:00
休月曜、1/1、12/24・25・31
料CHF10。スイストラベルパス有効。

世界遺産の町の成り立ちを知る

MAP P.226

ラ・ショー・ドゥ・フォン歴史博物館
Musée d'Histoire La Chaux-de-Fonds

町の歴史に興味がある人は足を運んでみたい博物館。特別展と常設展があり、常設展では写真、模型、映像などを用いて多角的に町の成り立ちを説明してくれる。特に18世紀末の大火によって町の中心部が壊滅した後、現在のような計画都市ができ上がるまでの過程が興味深い。ここで町の歴史を学んだあと、実際に世界文化遺産に登録されている町並みを見に行くと、さらに感動することだろう。

時計博物館の上にある

ラ・ショー・ドゥ・フォン歴史博物館
住Rue des Musées 31
☎(032)9676088
URL mhcdf.ch
開火～日曜　10:00～17:00
休月曜、1/1、12/24・25・31
料CHF10。スイストラベルパス有効。

バーゼル
Basel

州：バーゼル・シュタット
使用言語：ドイツ語
地図位置：P.193-B1
標高：278m
郵便番号：CH-4000
（地区によって下2ケタが変わる）
エリアコード：061
（市内通話の場合でも初めにエリアコードをプッシュする）

赤茶色の外壁が印象的な市庁舎

アクセス チューリヒから列車で55分～1時間15分。ベルンから55分～1時間15分。ジュネーヴからベルンもしくはビール／ビエンヌ乗り換えで約2時間40分。
国外からの場合、フランクフルトからICEで所要約2時間50分。パリ・リヨン駅から直通TGVで約3時間20～40分、パリ・東駅からはストラスブール乗り換えで3時間45分～4時間50分。

❶Basel Tourismus
住Steinenberg 14
☎（061）2686868
URL www.basel.com
開月～金曜　9:00～18:30
土曜　9:00～17:00
日曜、祝日　10:00～15:00

ドイツ、フランスと国境を接する人口約17万の都市、バーゼル。町の中心を雄大なライン川が流れ、その北側には「アート・バーゼル」で有名な国際見本市会場、南側にはヨーロッパでも保存状態がよいといわれる旧市街が広がる。

バーゼルは古来学問や文化が栄えた都市として有名だ。エラスムスやヘッセなどのゆかりの地でもあり、スイス最古の大学であるバーゼル大学（1460年設立）もある。スイスの一地方都市ではあるが、隣接するドイツやフランスの影響を強く受け、また芸術への関心が高く、伝統を重んじる一方で新しいものも取り入れる風土は、独特の文化を生み出してきた。町を歩けば、世界のプラダショップを手がけるジャック・ヘルツォーク＆ピエール・ド・ムーロンやマリオ・ボッタ、ディーナー＆ディーナーなど、世界でも指折りの建築家の作品を間近に見ることができる。まさに現代建築の宝庫という名にふさわしい都市となった。伝統と今が見事に調和する町バーゼルで、美術館や建築物を見学しながら感性を刺激する旅を楽しんでみてはどうだろう。

テディベアや人形が好きな人におすすめ

トイワールド（シュピールツォイク・ヴェルテン）ミュージアムは、地下1階、地上4階建ての人形の博物館。大きいケースにずらっと並ぶクマのぬいぐるみは圧巻。ひとつずつ見ていったら1日いても見終わらないほど。ほかにもミニチュアのドールハウスや日本のひな人形などがある。場所は歴史博物館のすぐ近く。

（墨田区　金窪則子）

Spielzeug Welten Museum　MAP P.229-A2
住Steinenvorstadt 1　☎（061）2259595
URL www.spielzeug-welten-museum-basel.ch（日本語あり）
開10:00～18:00（祝日には時間短縮もあり）
休1～11月の月曜、カーニバルの3日間、12/25
料CHF7。スイストラベルパス有効。
併設レストランのみの利用は入場無料。　['23]

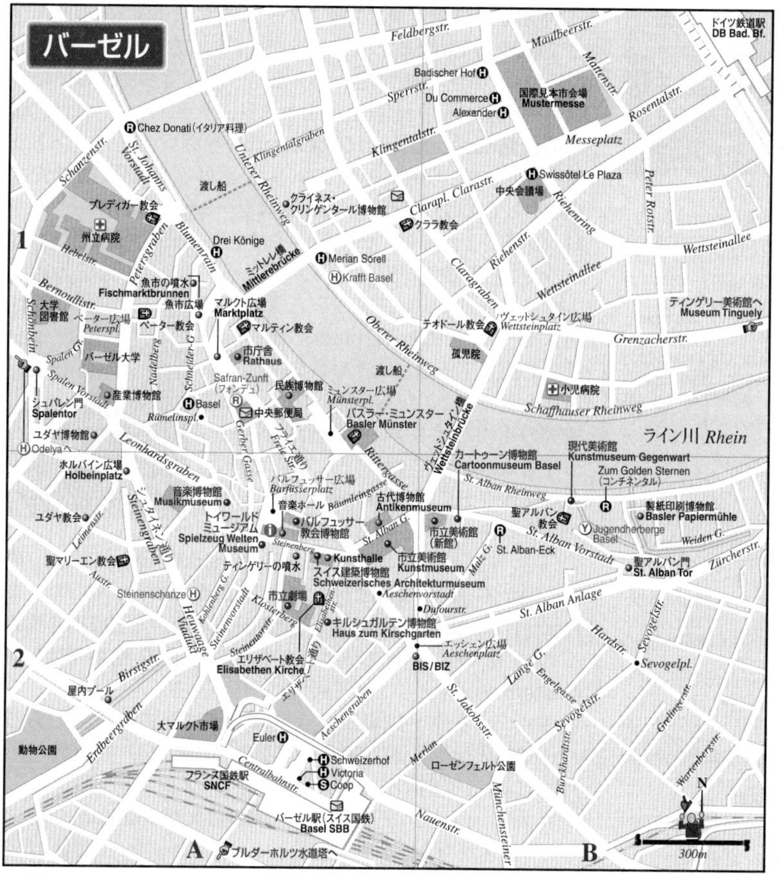

バーゼル

Feldbergstr.
Maulbeerstr.
ドイツ鉄道駅
DB Bad. Bf.
Badischer Hof
Mattenstr.
国際見本市会場
Mustermesse
Sperrstr.
Du Commerce
Alexander
Rosentalstr.
Chez Donati（イタリア料理）
Klingentalgraben
Klingentalstr.
Messeplatz
Schanzenstr.
St. Johanns Vorstadt
Unterer Rheinweg
Swissôtel Le Plaza
渡し船
クライネス・クリンゲンタール博物館
Clarapl. Clarastr.
中央会議場
Peter Rotstr.
プレディガー教会
クララ教会
Riehenring
州立病院
Drei Könige
Riehenstr.
Hebelstr.
Petersgraben
Blumenrain
ミットレレ橋 Mittlerebrücke
Merian Sorell
Wettsteinallee
Krafft Basel
Claragraben
魚市の噴水
Fischmarktbrunnen
Wettsteinallee
Bernoullistr.
魚市広場
マルクト広場
Marktplatz
ティンゲリー美術館へ
Museum Tinguely
大学図書館
ペーター広場
Peterspl.
ヴェットシュタイン広場
Wettsteinplatz
Schönbein
ペーター教会
マルティン教会
テオドール教会
Grenzacherstr.
Spalen Gr.
バーゼル大学
Nadelberg
Schneider-G.
市庁舎
Rathaus
Oberer Rheinweg
孤児院
Spalen Vorstadt
Safran-Zunft（フォンデュ）
渡し船
産業博物館
民族博物館
ミュンスター広場
Münsterpl.
小児病院
シュパレン門
Spalentor
Basel
中央郵便局
バスラー・ミュンスター
Basler Münster
ヴェットシュタイン橋 Wettsteinbrücke
Schaffhauser Rheinweg
Rümelinspl.
ユダヤ博物館
Gerbergasse
フライエ通り Freie Str.
ライン川 Rhein
Odelyaへ
Leonhardsgraben
Rittergasse
カートゥーン博物館
Cartoonmuseum Basel
現代美術館
Kunstmuseum Gegenwart
ホルバイン広場
Holbeinplatz
バルフュッサー広場
Barfüsserplatz
Zum Golden Sternen（コンチネンタル）
St. Alban Rheinweg
音楽博物館
Musikmuseum
音楽ホール
Bäumleingasse
古代博物館
Antikenmuseum
聖アルバン教会
製紙印刷博物館
Basler Papiermühle
シュタイネン通り Steinengraben
トイワールドミュージアム
Spielzeug Welten Museum
バルフュッサー教会博物館
St. Alban G.
市立美術館（新館）
Jugendherberge Basel
ユダヤ教会
Leimenstr.
Steinenberg
St. Alban Vorstadt
Weiden G.
Kunsthalle
市立美術館
Kunstmuseum
St. Alban-Eck
Malz G.
聖アルバン門
St. Alban Tor
Zürcherstr.
聖マリーエン教会
ティンゲリーの噴水
スイス建築博物館
Schweizerisches Architekturmuseum
Austr.
Aeschenvorstadt
Steinenschanze
Kohlenberg G.
Steinenvorstadt
市立劇場
Klosterberg
Elisabethenstr.
Dufourstr.
St. Alban Anlage
Heuwaage Viadukt
キルシュガルテン博物館
Haus zum Kirschgarten
Hardstr.
Sevogelstr.
Steinentorstr.
エリザベート教会
Elisabethen Kirche
エリザベート通り
エッシェン広場
Aeschenplatz
BIS/BIZ
Lange G.
Sevogelpl.
Birsigstr.
屋内プール
Engelgasse
St. Jakobsstr.
Aeschengraben
Sevogelstr.
Gellertstr.
大マルクト市場
Erdbeergraben
Euler
動物公園
Schweizerhof
Victoria
Coop
Merian
ローゼンフェルト公園
Burckhardtstr.
Wartenbergstr.
フランス国鉄駅
SNCF
Centralbahnstr.
Münchensteiner
N
バーゼル駅（スイス国鉄）
Basel SBB
Nauenstr.
300m
A
ブルダーホルツ水道塔へ
B
1
2

Walking 歩き方

町の中心でもあり、観光案内所ⓘがある旧市街のバルフュッサー広場Barfüsserplatzから町歩きを始めよう。ⓘは、この広場の音楽ホール内にある。

ⓘを背にして目の前のシュタインネンベルクSteinenbergを左に進んで間もなくすると、右側にバーゼル育ちの有名な造形美術家による**ティンゲリーの噴水**がある。少し進みフライエ通りFreiestrasseを渡ると**市立美術館Kunstmuseum**に出る。トラムの線路沿いに**古代博物館**との間を進み、セント・アルバン通りSt. Alban Vorstadtに入ると雰囲気が一転。狭い道路の両側に古い建物が美しく残り、こぢんまりとしたギャラリーやレストランなどがある。

旧市街の中心バルフュッサー広場

バーゼルの3つの駅

3国の境界にあるバーゼルには、スイス、フランス、ドイツの鉄道駅がある。バルフュッサー広場へは、スイス国鉄、フランス国鉄の駅から8・11番のトラム、ドイツ鉄道の駅からは、6番でBarfüsserplaz下車。

バーゼルの市内交通

バスと市電（トラム）の切符は乗車前に停留所の券売機で購入する。4つ目の停留所まではCHF2.30、1Zone内　はCHF3.80、2ZoneにまたがるCHF4.70。1日乗車券TageskarteはCHF9.90（Zone10、11、13、14、15）で、カスタマーセンター（住Barfüsserplatz 24）および主要停留所の券売機かキオスクKioskで購入可。スイストラベルパス有効。
URL www.bvb.ch

15世紀建立の聖アルバン門

おトクなバーゼルカード
バーゼル市内に宿泊する人全員に無料で発行されるカード。滞在期間中バーゼル市内(Zone10、11、13、14、15)のトラム、バスが無料になるほか、バーゼル市内ツアーや動物園入場、ライン川のボートクルーズ、市内・近郊の美術館・博物館入場料が半額となる。また、Wi-Fi使用が市内スポットで無料となるなどの特典がある。問い合わせは❶へ。

バーゼルの市
URL www.marketing.bs.ch
野菜・果物市
Marktplatzで
火〜木曜　7:00〜14:00
金・土曜　7:00〜18:00
(祝日、カーニバル期間中を除く)
フリーマーケット
Barfüsserplatzで1〜9月の第2・4水曜の8:00〜19:00と、Petersplatzで毎週土曜(祝日とバーズラー・ヘルブストメッセ期間中を除く)の7:30〜16:00。
クリスマス市
Barfüsserplatz,Münsterplatzなどで毎年11月下旬〜クリスマス直前。期間中は毎日開催される。

1400年の防御工事でできたバーゼルに残る3つの市門のひとつ**聖アルバン門**まで歩いたら、ライン川方面へ出てみよう。古くから印刷・出版が盛んだったバーゼルならではの製紙印刷博物館Basler Papiermühleがあり、ライン川沿いには、**現代美術館Kunstmuseum Gegenwart**や雰囲気のいいレストランもあるので、ひと休みしてもいい。しばらく川沿いをのんびり散歩して次に**バスラー・ミュンスターBasler Münster**へ向かおう。塔の上からは、ライン川とバーゼルの美しい町並みが見える。

魚市の噴水

バスラー・ミュンスターを右側にミュンスター広場Münsterplatzを進み、左折して坂を下ると、にぎやかなフライエ通りへ出る。ここから赤砂岩のゴシック様式の建物と壁のフレスコ画が目を引く**市庁舎Rathaus**へ向かおう。市庁舎前にある**マルクト広場Marktplatz**では、日曜を除き野菜や果物、花などの市が開かれている。近くには、**魚市の噴水Fischmarktbrunnen**が建つ魚市広場があり、かつてはライン川で取れた魚の市が立った。またミットレレ橋の中間地点や、橋を渡った所から旧市街を眺めるのも絶好のポイント。右岸には、**国際見本市会場Mustermesse**やドイツ鉄道駅Bad. Bf.がある。

さて、マルクト広場から今度はスイス最古の大学であるバーゼル大学へ。落ち着いた雰囲気のこのエリアには、3つ残っている市門のなかで最も大きいシュパレン門がある。Leonhardsgrabenを通り、**音楽博物館Musikmuseum**を見学したら、迷路のような小道を下ってバルフュッサー広場へ戻ってこよう。広場に面して歴史博物館がある。

COLUMN

市観光局主催のウオーキングツアー

ガイドとともに巡る旧市街のウオーキングツアーがある。ティンゲリー財団やミュンスターの丘、市庁舎など、町の見どころが集中するエリアを効率よく回れる。ツアーは夏期の毎日14:30、冬期の土曜11:30と14:30開催。バルフュッサー広場近くのティンゲリーの噴水前に集合、マルクト広場の南西部にあるSpalenbergで解散。所要2時間。料金CHF20。事前にバルフュッサー広場の❶でチケットを購入しよう。❶のウェブサイトでも予約可能。説明は独語・英語の2ヵ国語で行われる。他にも多数のツアーあり。詳細は❶またはウェブサイトで確認しよう。

ミュンスター入口上部のレリーフ

URL www.basel.com

ティンゲリーの噴水

Attraction おもな見どころ

モザイク模様の屋根が美しい　MAP P.229-A1

バスラー・ミュンスター
Basler Münster

赤い砂岩の、主としてゴシック様式の大教会は、12世紀に起源をもつ。14～15世紀に改築され、その後地震による破壊などを経て、19世紀に今日の姿となった。全体像はライン対岸から望むほうがいい。塔からは、ライン川とバーゼルの町並み、遠くフランスのヴォージュVosgesや、ドイツの黒い森地方の山並みまでも望める。ミュンスター内部の北側には、オランダの人文主義者エラスムスの墓碑銘がある。

シーズンになると教会前の広場にクリスマスマーケットが立つ

歴史を感じさせる内部

バスラー・ミュンスター
住Münsterplatz 9
☎ (061)2729157
URL www.baslermuenster.ch
開夏期
月～金曜　10:00～17:00
土曜　10:00～16:00
日曜、祝日　11:30～17:00
冬期
月～土曜　11:00～16:00
日曜、祝日　11:30～16:00
休1/1、聖金曜日、12/24。12/25は塔・売店休
料塔の入場CHF6（2名以上のグループのみ可、入場は閉館30分前まで）

マルクト広場で一番目立つ建物　MAP P.229-A1

市庁舎
Rathaus

強い赤色が印象的

市庁舎は、ミュンスターと同じく赤砂岩のゴシック様式。16世紀に建てられたが、現在の姿は19世紀末の改修によるものだ。壁面のフレスコ画が美しい。マーケットなどが開かれるマルクト広場前にあり、周辺はいつも多くの人でにぎわっている。

市庁舎
住Marktplatz 9
☎ (061)2678566
URL www.staatskanzlei.bs.ch/rathaus
開月～金曜　8:00～17:00
料無料
ガイドツアー
英語
土曜　16:30～
ドイツ語
土曜　15:30～
（所要約30分）
料CHF5

バーゼルを見下ろす　MAP P.229-A2域外

ブルダーホルツ水道塔
Bruderholz Wasserturm

町の南側、ブルダーホルツの高台にそびえる水道の給水塔は、1815年のウィーン会議によるヨーロッパ新体制と、スイスの永世中立を記念して建てられたもの。164段の階段を上がると、絶好の展望台だ。フランス国鉄駅の横（Markthalle）からは16番、旧市街からだと15・16番のトラムで行ける。

ブルダーホルツ水道塔
アクセス トラム15・16番で終点Bruderholz下車。旧市街からだと15～20分。トラムストップのすぐ近くのAuf dem Hummelを上ると、塔の頭が見えてくる。そのまま真っすぐ歩き、小道Hummelwegleinを進むと塔のある公園に出る。

バーゼルに来たら必見 MAP P.229-A2

市立美術館
Kunstmuseum

本館は2015年に改修

絵画や彫刻4000点、デッサンやポスターなど30万点を所蔵する、バーゼルを代表する美術館。法律家バジリウス・アマーバッハのコレクションを1671年に美術館として公開したもので、世界最古の市民による公立美術館としても知られる。

所蔵品はホルバインの『墓の中の死せるキリスト』に始まり、グリューネヴァルト、エル・グレコ、レンブラント、ホドラー、モネ、セザンヌ、ゴーギャン、ピカソ、シャガール、クレーなどそうそうたる顔ぶれ。じっくり見学すれば1日かかる。

市立美術館
住St. Alban-Graben 16
☎(061)2066262
URL kunstmuseumbasel.ch
開10:00～18:00（水曜～20:00）
休月曜、カーニバルの3日間
料CHF16、市立美術館新館と現代美術館の3館共通チケットCHF26（火～金曜の17:00～と毎月第1日曜は無料）。スイストラベルパス有効。

ソリテュード公園に建つ MAP P.229-B1域外

ティンゲリー美術館
Museum Tinguely

フリブール生まれでバーゼル育ちの世界的な彫刻家ジャン・ティンゲリーの作品を集めた美術館。館内には古いタイヤや歯車など、あらゆる廃材を利用し、直接動かしたり鳴らしたりできる大小さまざまな作品が展示されている。建築はマリオ・ボッタ。

広々とした館内

ティンゲリー美術館
住Paul Sacher-Anlage 1
☎(061)6819320
URL www.tinguely.ch
開火～日曜　11:00～18:00（木曜～21:00。祝日は時間短縮の場合あり）
休月曜、カーニバルの日、聖金曜日、12/25
料CHF18。スイストラベルパス有効。
スイス国鉄駅から2番のトラムでWettsteinplatz下車、31番か38番のバスに乗り換えTinguely Museum下車。

1960年代から現在までの現代美術を展示 MAP P.229-B2

現代美術館
Kunstmuseum Gegenwart

ヨーロッパでも良質のコレクションを誇る市立美術館の別館なので、見応えのある作品が多い。理解するのがなかなか難しい現代美術だが、無理せず、目の前の作品を自分流に解釈して楽しもう。ヴェットシュタイン橋手前から川沿いの道を約300m行った所にある。

湖沿いから一本奥に立地

現代美術館
住St. Alban-Rheinweg 60
☎(061)2066262
URL kunstmuseumbasel.ch
開11:00～18:00
休月曜、カーニバルの3日間
料CHF16、市立美術館と新館との3館共通チケットCHF26（常設展は火～金曜の17:00～と毎月第1日曜は無料）。スイストラベルパス有効。

おしゃれなイラストがたくさん MAP P.229-B2

カートゥーン博物館
Cartoonmuseum Basel

Cartoon（漫画）といっても、子供向けやオタク系ではない。イラスト風のおしゃれな作品が、15世紀に建てられた古い家を改装したモダンな博物館に展示されている。常設のものはなく、毎回ユニークなエキシビションを行っている。また博物館の内側には、バーゼルに拠点をおき、世界で活躍するヘルツォーク&ド・ムーロンのモダン建築もあり、こちらもぜひ注目したい。

カートゥーン博物館
住St. Alban-Vorstadt 28
☎(061)2263360
URL www.cartoonmuseum.ch
開火～日曜　11:00～17:00
休月曜（祝日は開館）、1/1、カーニバルの日、聖金曜日、12/24・25・31、展示品入れ替え日（'23年は6/20～30、10/31～11/10）
料CHF12。スイストラベルパス有効。

建築ファン必見！ MAP P.229-A2

スイス建築博物館
Schweizerisches Architekturmuseum

世界で活躍する有名建築家の建築物が多いバーゼル。建築博物館では、随時テーマ別のエキシビションを行っている。その内容は実に幅広く、世界各地の伝統や近・現代建築のみならず、都市景観についてのテーマも扱われている。また、ミュージアムショップには、建築関連の本も多く揃えてある。

見応えのある展示が多い

宗教美術の展示が多い MAP P.229-A2

バルフュッサー教会博物館
HMB Barfüsserkirche

貴重な展示が並ぶ

フランシスコ派の古い教会を利用しているため、一見すると博物館とはわからない。美しいステンドグラスも見学できる。バーゼルと近郊の発掘品、工芸品、宝物や宗教芸術も数多い。おもに中世とルネッサンス時代のもの。展示は1階が宗教的な遺物、地下が考古学的な発掘品に分かれている。

歴史博物館の分館のひとつ MAP P.229-A2

キルシュガルテン博物館
Haus zum Kirschgarten

18世紀の市民の家を改装して、中世から近代の市民生活にちなむ品々を展示。陶製ストーブやタペストリー、家具などが、それぞれの部屋に美しく配置されている。古いおもちゃのコレクションもある。

録音された音色を聴くこともできる MAP P.229-A2

音楽博物館
Musikmuseum

教会に隣接する、旧刑務所を改装した博物館。古楽器の展示を行っており、牢屋のスペースを利用して楽器ごとに展示室が設けられているユニークな造り。落書きの残る牢屋も1室残されておりのぞき窓から見学することができる。

スイス建築博物館
住Steinenberg 7
☎ (061)2611413
URL www.sam-basel.org
開火・水・金曜 11:00〜18:00
木曜 11:00〜20:30
土・日曜、祝日 11:00〜17:00
アート・バーゼル期間中は時間延長
休月曜、1/1、8/1、12/24・25・31
料CHF12

バーゼル歴史博物館
バルフュッサー教会博物館、キルシュガルテン博物館、音楽博物館の3つの博物館の総称。共通チケットCHF20もある。

バルフュッサー教会博物館
住Barfüsserplatz 7
☎ (061)2058600
URL www.hmb.ch
開火〜日曜 10:00〜17:00
休月曜、1/1、カーニバルの3日間、5/1、8/1、12/24・25（ほか、祝日は要確認）
料CHF15。スイストラベルパス有効。

キルシュガルテン博物館
住Elisabethenstr. 27
☎ (061)2058600
URL www.hmb.ch
開水〜日曜11:00〜17:00
休月・火曜、1/1、カーニバルの3日間、5/1、8/1、12/24・25（ほか、祝日は要確認）
料CHF10。スイストラベルパス有効。

音楽博物館
住Im Lohnhof 9
☎ (061) 2058600
URL www.hmb.ch
開水〜日曜11:00〜17:00
休月・火曜、1/1、カーニバルの3日間、5/1、8/1、12/24・25（ほか、祝日は要確認）
料CHF10。スイストラベルパス有効。

Excursion 近郊の見どころ

ライン川最古のローマ遺跡　MAP P.193-B1

アウグスタ・ラウリカ
Augusta Raurica

アクセス　バーゼル（Basel SBB）からLaufenburgかFrick方面行きの普通列車S1（1時間に2本）で12分、カイザーアウグストKaiseraugstで下車して徒歩約15分。

博物館
住Giebenacherstr.17, Augst
☎（061）5522222
URL www.augustaraurica.ch
開毎日　10:00～17:00
休1/1、12/24・25・31
料CHF8。スイストラベルパス有効。

博物館では遺跡のマップやパンフレットが手に入る

紀元前44年に建設されたローマ都市（Colonia Augusta Raurica）の遺跡で、スイス最大の規模を誇る。現在は住民1000人ほどのこの地域に、かつては1万5000～2万もの人が住んでいた。広いエリアに30以上の遺構が点在している。

カイザーアウグストの駅から標識に従って歩くこと約15分、1万人を収容できたという野外劇場Theaterに着く。近くにある博物館Römerhaus mit Museumには、出土品や旧都市の復元模型などが展示されている。ほかにもローマ風呂や市庁舎など見どころが多いので、半日ほど費やすつもりで行くとよい。博物館で遺跡のマップをもらって、古代の町に思いをはせながらのんびり歩いてみよう。

修復された野外劇場

おとぎの国のような旧市街が残る　MAP P.193-B1

ラインフェルデン
Rheinfelden

アクセス　バーゼル（Basel SBB）からBrugg方面行きの列車（Frick行き、Laufenburg行きなど）で約17分。

ℹTourismus Rheinfelden
住Marktgasse 16
☎（061）8355200
URL www.tourismus-rheinfelden.ch
開月曜　13:30～18:30
　火～金曜　8:00～12:00
　　13:30～17:00
　第1・3土曜　8:00～12:00
休第1・3以外の土曜、日曜

ビール工場見学
URL feldschloesschen.ch

ライン川に面する温泉療養地（Solbad）として知られ、カジノもあるこの町は、12世紀に、ベルンなどを開いたツェーリンゲン家によって創設された。駅から歩いて約5分、川沿いの旧市街には、出窓や壁絵、そして軒先の看板も美しい家が連なっている。近代的なバーゼルの近くにも、こんなかわいらしい町が残っている。ラインに架かる石橋を渡ればドイツだが、そちら側にも同じ名の町が広がっているのはおもしろい。

駅の山側にそびえるれんが造りの城のような建物は、ビール工場Brauerei Feldschlösschen。スイス全域で広く飲まれている銘柄なので、旅行中に味わうこともあるだろう。この建物はスイスの産業文化財にも指定されていて、見学も可能だ。

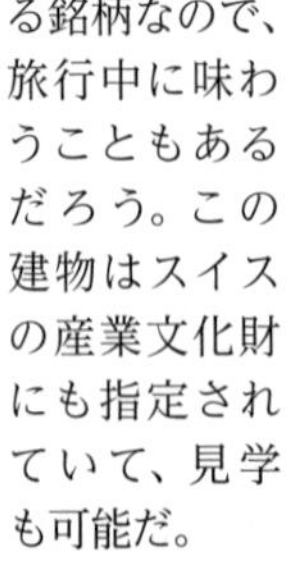

美しい町並み

建築好きなら必見

MAP P.193-B1

ヴィトラ・デザイン博物館
Vitra Design Museum

バーゼル市内からバスで約20分。ドイツとの国境を越えしばらく行った所に家具メーカー、ヴィトラ社のデザイン博物館がある。バス停を降りてまず目を引くのが、いくつもの巨大な現代建築の集合体。これらすべてが家具工場というのだから、驚きだ。入口左側にあるのが、家具デザインに関連した特別展が行われている博物館。フランク・O・ゲーリーの設計によるものだ。ユニークな展示もすばらしいが、ここの目玉は建築ガイドツアー。工場敷地内には、安藤忠雄が設計したカンファレンス・パビリオンや、ザハ・ハディドのファイヤー・ステーションなど数多くの有名建築家によって造られた建築物があり、これらを見学することができる。

2016年6月には、バーゼル生まれの建築家、ジャック・ヘルツォークとピエール・ド・ムーロンによる「ショウデポ」がオープン。約400点の家具を展示する常設展が行われている。

ユニークな建物

ヴィトラ社が誇るハイセンスな展示

ヴィトラ・デザイン博物館
住Charles-Eames-Str. 2, D-79576 Weil am Rhein, Germany
☎49-7621-7023200
URL www.design-museum.de
開毎日　10:00～18:00
料博物館€15、ショウデポ€12、建築ガイドツアー（2時間）€16
建築ガイドツアーは毎日12:00～（英語）、11:00～（ドイツ語）が行われている。1時間のエキシビションツアー（€10、土・日曜12:00～、ドイツ語）もあるが、安藤忠雄の建築を訪れるのは2時間のツアーのみ。

アクセス バーゼル旧市街からトラム6・8・14番に乗り、Claraplatz下車。教会横のバス停から55番HaltingenかKandern行きのバスで約20分、Vitra下車すぐ。国境を越えるので、パスポートとユーロへの両替を忘れずに。

読者投稿

たった半日！ 3ヵ国の回り方

バーセルは国境の町。半日でスイス・ドイツ・フランスを踏破できる。話には聞いていた3ヵ国の散歩を実現した。バーゼル駅からトラム8番でクラインヒュニガーアンラーゲKleinhüningeranlageへ、そこから700mほど歩くと国境となりドイツへ入国。検問所はあるけれどパスポートも必要なく、歩いて通過できる。400m歩くとラインパークRheinparkという公園で、公園の手前には大きなショッピングセンターRhein Centerがある。その間の通りを西に向かい国境の橋へ。大きな船が行き交い、橋は双方の国の人が往来。橋を渡る（右岸から左岸へ）とフランス。フランス側は静かな住宅地だ。ラインに沿って南（上流）に向かう。再び国境を通過してスイスへ。簡単に通れたが、検問所を撮影したら係員が「消すように」と出てきた。川に面した広大な敷地にノバルティスファーマの大きな工場があった。フランスへの橋を渡ってからここまでおよそ40分。ノバルティスキャンパスの停留所Hüningerstrasseからトラム11番でバーゼル中心街へ戻った。半日で3つの国を歩ける所はそんなにないのではと思います。ぜひ行ってみてください。

（上田市　中村教司）['23]

COLUMN バーゼルの現代建築巡り

ガラス張りの国際見本市会場

バーゼル市内には、有名建築家たちが手がけた建築物が数多くある。そのほとんどが旧市街からやや離れているので、トラムやバスなどを使いながら、効率的に回ろう。

まずは、旧市街または駅（スイス、フランス国鉄）から8番のトラムに乗り、Aeschenplatzへ。ティチーノを拠点に世界各地で活躍するマリオ・ボッタが設計した**国際決済銀行**（BIS／BIZ）が車内からも望める。もとは1995年にUBS銀行によって建てられたが、1998年に国際決済銀行へ移譲された。ボッタ独特の円柱形の建物やストライプのフォルム、色使いが美しい。

次にバーゼルで生まれ、この地を拠点に世界中で活躍するジャック・ヘルツォーク&ピエール・ド・ムーロンの建築を見に南東部にある**シャウラガー**へ行こう。11番のトラム（Aesch方面）でSchaulager下車(住Ruchfeldstrasse 19 ☎（061）3353232 URL www.schaulager.org)。美術館のようで美術館でない。シャウラガーは、「見て、考える」場所というコンセプトのもと、最新芸術のさまざまなエキシビションを行っている。一見、大きな四角い箱に見える建物だが、窓から入る光がとてもユニークな造りになっている（エキシビションのないときは非公開）。

シャウラガーで大きな刺激を受けたあとは、来た道を戻るようにトラムでDreispitzまで行き、36番のバスに乗り換えて、**ティンゲリー美術館**（Tinguely Museum下車。→P.232）を目指そう。特徴的な屋根をもつ同美術館もマリオ・ボッタが手がけたもの。展示室へ続くガラスの回廊が、特徴的で美しい。音と動き、色などを実際に体験し、芸術を楽しむことができる。

さて、次に31番か38番のバスでWettsteinplatzへ行き、2番または15番のトラムでMesseplatzへ向かってみよう。ここもヘルツォーク&ド・ムーロン設計の**国際見本市会場**。毎年6月に現代アート見本市「アート・バーゼル」が開かれる。高さ105mのメッセ・タワーは、31階建てで完成当時スイスで最も高い居住建築だった。最上階には、バーゼル市内を一望でき、赤いシンプルなインテリアですてきな空間をつくっているBar Rougeがある。夜には、地元のクリエイターたちが集まる。

バイエラー財団は展示品が映えるシンプルな設計

最後にMesseplatzから6番のトラムに乗って、Fondation Beyelerまで行ってみよう。ギャラリーのオーナーをしていたバイエラー夫妻の**バイエラー財団**がある。美術館でもあるこの建物は、関西国際空港の設計で有名なイタリア人建築家レンゾ・ピアノによるもの。自然光をうまく使った建築と、緑豊かな庭園がある風景でひと休みしたら、6番のトラムで旧市街まで戻る。

国際見本市会場（メッセ・バーゼル）

国際決済銀行（BIS／BIZ）

*国際決済銀行…Bank for International Settlements

ホテル＆レストラン

スイス第3の大都市であり、スイス随一の見本市会場があるので、ホテルの数も種類も充実。ただし大きな見本市などがあると、それを上回るような来訪者があり、すべてのホテルが満室ということも。くれぐれも訪問の時期のイベントスケジュールを確認しておこう。ホテル同様レストランの数も多い。旧市街の中やライン川の川沿いなどに雰囲気のいいレストランがある。事前にチェックして予約をしておきたい。

H オデリア Odelya

MAP P.229 A-1域外 ★★★

19世紀にアフリカなどを中心に活動したバーゼル宣教師使節団の本部だった歴史的建物をホテルに改装。部屋はモダンデザインが中心だが、ヘルマン・ヘッセが暮らしていた当時の雰囲気を残した部屋もある。広々とした中庭と充実した設備のセミナーハウスがある。

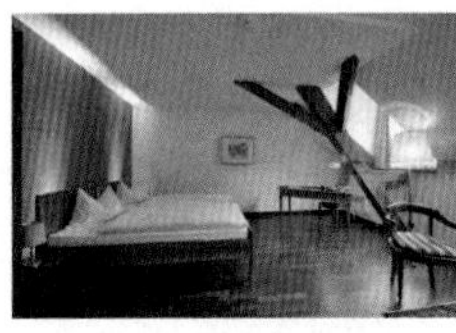

住Missionsstr. 21
☎(061)2602121
URL www.odelya.ch
料（または）
ⓈCHF163～ⓌCHF203～
Room 73室　Wi-Fi 無料
カード A D J M V

H クラフト・バーゼル Krafft Basel

MAP P.229-A1 ★★★★

ミットレレ橋を渡った所にある。川側の部屋は旧市街が見え雰囲気がよく、バルコニー付きの部屋もある。ヘルマン・ヘッセが滞在したこともあるという。2017年、ヒストリック・ホテルズ・オブ・ザ・イヤーを受賞。ワインが楽しめるバーを併設。自転車が無料で利用できる。

住Rheingasse 12
☎(061)6909130
URL www.krafftbasel.ch
料（または）
ⓈCHF130～
ⓌCHF170～
Room 39室　Wi-Fi 無料
カード A D J M V

H シュタイネンシャンツェ Steinenschanze

MAP P.229-A2 ★★★

スタイリッシュで清潔な客室にはネスプレッソマシンを設置。枕の大きさや硬さもリクエストできる。トラムでBarfüsserplazへ行き、歴史博物館と斜め反対側の停留所左後ろにある階段を上り、真っすぐ建物の間を歩くと、大きな道に出る。そこを左折してすぐ。徒歩約3分。

住Steinengraben 69
☎(061)2725353
URL www.steinenschanze.ch
料（または）
ⓈCHF136～
ⓌCHF161～
Room 53室　Wi-Fi 無料
カード A D J M V

Y ユーゲントヘアベルゲ（YH） Jugendherberge Basel

MAP P.229-B2

古い建物をスタイリッシュに改装した"デザイナーズ・ユースホステル"。ライン川近くにある。チェックイン15：00～23：30、チェックアウト7:00～10：00。シニア歓迎。キオスクがあり、おみやげにいい時計なども販売している。駅から徒歩約15分。またはトラム2番でKunstmuseum下車。

住Maja Sacher-Platz 10
☎(061)2720572
URL www.youthhostel.ch/basel
料 ⒹCHF55～ⓈCHF98 ⓈCHF136ⓌCHF166 非会員は1泊CHF7プラス 食事追加CHF19.50（弁当CHF10） Room 234ベッド
Wi-Fi 無料　カード A D J M V

R サフラン・ツンフト Safran-Zunft

MAP P.229-A1

ツンフトとはギルド（商人組合）という意味。元ギルドホールを使ったレストランで、古い建物が中世のムードを漂わせている。ランチなら日替わり定食メニューがお得。名物はフォンデュ・バッカス（フォンデュ・シノワーズ）。1人前CHF55で、2人前から注文できる。マルクト広場の近くにある。

住Gerbergasse 11
☎(061)2699494
URL www.safran-zunft.ch
営11:00～14:00、18:00～24:00
休日曜、祝日
カード A M V

日本からバーゼルへの電話のかけ方
［国際電話会社の番号*］+010+［国番号41］+［61（エリアコードの最初の0は不要）］+［電話番号］
*マイラインの国際通話区分に登録している場合は不要

ムルテン／モラ
Murten／Morat

州：フリブール
使用言語：ドイツ語
　　　　　フランス語
地図位置：P.193-A2
標高：448m
郵便番号：CH-3280
エリアコード：026
（市内通話の場合でも初めにエリアコードをプッシュする）

領主ツェーリンガーによって町が築かれたといえば、全体の造りがベルンに非常に似ているのがうなずけるだろう。ベルンの町をふた回りほど小さくした感じだ。ベルンと違うのは、フランス語も用いられる地域であること、城壁が当時のままの状態で残っていることだ。

アクセス ベルンから直通またはKerzers乗り換えで35〜40分。

❶Region Murtensee
住Hauptgasse 27
☎(026)6705112
URL www.regionmurtensee.ch

ヴュリー地区へのアクセス
ムルテンからの湖船は1日に6〜9便。そのまま運河を通ってヌーシャテルまで行くものもある。
ヴュリー地区の移動手段は自分の足だけとなるので、ムルテンの駅で自転車をレンタルして、自転車を湖船に載せて対岸に渡るのがおすすめ。ムティエの船着場のそばに、観光案内所がある。
URL fribourg.ch/en/regionmurtensee/tourist-offices/vully-tourisme/

中世の趣が残る町並み

Walking 歩き方

駅からバーンホフ通りBahnhofstr.を5分ほど歩くと**城Schloss**があり、ここが旧市街の入口。右側には中世から残る城壁が町を囲むように建っている。この城壁には上ることができ、上からは赤い屋根が並ぶ町の様子とムルテン湖が見渡せる。旧市街はこぢんまりしていて、メインストリートの**ハウプト通りHauptgasse**は200mほどと短いが、ベルンのように道の両側がアーケードになっていて、レストランや商店などが並んでいる。中ほどに観光案内所がある。

ムルテン湖を望む

店のディスプレイや看板などのセンスがよく、絵本から飛び出してきたようなかわいらしい町並み。ついつい足を止めて中をのぞいたり、カフェでひと休みしたくなる。メインストリートの終わりにあるのが**ベルン門Berntor**だ。門を出てすぐ左に延びている小道を行くと、やがてムルテン湖に出る。

ムルテン湖の対岸、ヌーシャテル湖との間に挟まれたヴュリーVully地区はブドウの産地として有名。ムルテンから湖船で40分ほどの**ムティエMôtier**は、観光客のほとんど来ない静かで小さな村で、のんびり過ごすには最適の場所。湖を見下ろし、遠くにアルプスの山々を望みながら、ブドウ畑の中でサイクリングやハイキングを楽しむことができる。

小さなベルンのようなハウプト通り

ビール／ビエンヌ
Biel／Bienne

なだらかなジュラのスロープが、湖まで続くその斜面の町。町の山手が旧市街だ。建物の壁の色どりの愛らしさといい、造りの楽しさといい、おとぎ話の世界にまぎれ込んだような気分になってくる。時がのんびり流れるようなこの町、実はスイスの時計産業の中心地のひとつ。

州：フリブール
使用言語：ドイツ語
　　　　　フランス語
地図位置：P.193-B2
標高：437m
郵便番号：CH-2500
エリアコード：032
（市内通話の場合でも初めにエリアコードをプッシュする）

Walking 歩き方

町の随所に噴水がある

駅前広場にある観光案内所で地図をもらったら、駅前から延びるBahnhofstr.を真っすぐ歩き出そう。両側に商店が建ち並ぶビールのメインストリートだ。バスターミナルのある中央広場Zentralplatzで北に曲がりNidaugasseに入り進んでいくと、自然と旧市街の入口に行き着く。駅からここまで約10分。

ブルク通りBurggasseの段状の破風の付いた家の正面を経て"裁きの泉"へ。ここからがリンクRingと呼ばれるこの町の中心部。この町がバーゼルの司教領だった11世紀からフランス革命までの長期にわたり、このリンクは裁判の場として使われていた。

このあたりのレストランの看板は、一つひとつに趣向を凝らした伝統的なもので、これだけを見て歩いても楽しい。小さな旧市街地区を1周したら、帰りはMühlebrückeを経て、川沿いのプロムナードを歩いていこう。時間があれば、鉄道のガードをくぐり抜けてビール湖の港まで行ってみるのもいいだろう。ビール湖にある細長い半島、**サン・ピエール島Ile St-Pierre**は、18世紀後半に、故郷を追われたジャン・ジャック・ルソーがしばらくの間滞在したところ。彼が静かな日々を送っていた家は、いまもレストランとして残っている。ここは野生動物の保護区となっていて、野鳥、シカ、野ウサギたちの楽園である(スイスには珍しく、蚊も多い)。ビールから船で行ける。

ビール湖とブドウ畑

アクセス チューリヒからICで約1時間15分。ベルンからIRで約30分。ヌーシャテルからICで約15分。

ⓘTourismus Biel Seeland
住Bahnhofplatz 12
☎(032)3298484
URL www.biel-seeland.ch

小さくなる湖
ビール湖はヨーロッパ大陸を覆っていた氷河が後退した後に造られた湖だが、その大きさは徐々に小さくなっている。18世紀、ルソーがここに滞在していたころは、今より2mも水位が高く、現在の細長い半島は陸地から離れた島だった。

子羊を守る天使の像

ソロトゥルン
Solothurn

州：ソロトゥルン
使用言語：ドイツ語
地図位置：P.193-B1
標高：432m
郵便番号：CH-4500
エリアコード：032
（市内通話の場合でも初めにエリアコードをプッシュする）

ジュラ山脈の麓にある17世紀の城壁に囲まれた静かな町。宗教戦争からフランス革命の時期を通じてカトリックであったため、1792年まではフランスの大使も駐在していた。フランス語名のソュールSoleureでも知られる。小さな旧市街とその周辺に見どころが固まっていて、街歩きが楽しい。

Walking 歩き方

アクセス ベルンからRE、S44で35～55分。

ℹRegion Solothurn Tourismus
住Hauptgasse 69
☎(032)6264646
URL www.solothurn-city.ch

観光案内所

聖ウルス聖堂

駅は町の南にある。駅を背に、左斜め前方に延びる道を進み、歩道橋の**クロイツアッカー橋Kreuzackerbrücke**を渡るとアーレ川の左岸の旧市街に出る。左側の**ラントハウスLandhaus**は水運が盛んだった当時は倉庫として用いられていた。旧市街は小さいが明るくてにぎやか。西の**ビール門Bieltor**から、東のバーゼル門Baseltorの間に見どころが集まっている。司教座の**聖ウルス聖堂St.Ursen-Kathedrale**、バロック風のフレスコの内陣で知られる**イエズス教会Jesuitenkirche**、**時計塔Zeitglockenturm**があるマルクト広場が旧市街の中心で、絵のような家並みが連なる。路上で楽器を演奏している人もいて、楽しい雰囲気。聖ウルス聖堂を北に入れば、**旧武器庫Altes Zeughaus**がある。槍、甲冑、大砲などの武器類や備兵に関する展示品は2000点を超える。

旧市街の時計塔

さらに北、城壁の外の芝生のなかの**市立美術館Kunstmuseum**はハンス・ホルバインの『ソロトゥルンのマドンナ』をはじめとするルネッサンス、ドイツ・オランダ系画家の作品や、ホドラーなど近・現代スイスの画家の作品を展示。観光案内所は旧市街、聖ウルス聖堂の向かいにある。

5湖巡りハイキングで訪れるツェルマットのグリュンゼー

5 ツェルマットとヴァリス

Zermatt & Wallis

サース・フェーを見下ろす

introduction

ツェルマットとヴァリス
イントロダクション

ある人は、「ヴァリスにはスイスらしいスイスが残っている」と言う。またある人は、「ヴァリスはスイスではない」と言う。

ヴァリス州にはアルプスの4000m峰の大半が集中している。ツェルマットに代表されるアルペンリゾートがよく知られているが、そのすぐ隣には、観光とは無縁の素朴な山村の暮らしがある。急斜面に開かれたわずかばかりの牧草地、丸いネズミ返しのある穀物倉庫、黒光りする木組みの家。ひっそりとたたずむ山里では、まるで時の流れが止まってしまったかのようだ。

アルプスの氷河から溶け出した水は、谷筋を削りながら駆け下り、やがてローヌという大きな流れに出合う。レマン湖を目指すローヌ川がシエール／ジダースSierre/Sidersの町を過ぎた頃、ヴァリス州はヴァレー州Canton Valaisとフランス語で呼ばれるようになる。ヴァリスの人口の3分の2はフランス語を話す人々だ。この流域は雨が少なく、年中陽光があふれる。丘の斜面にはブドウ畑がうねうねと続く。ローヌの谷に吹き込む乾いた風は、フランスの気候や文化まで運んできたようだ。

スイスらしくないという人もいるけれど、この多様性こそがまさにスイスなのだ。

ゴルナーグラートから見る名峰マッターホルン

旅の交通

ヴァリスへの旅は、ローヌ川に沿って走る国鉄SBBの駅が起点となる。この路線はジュネーヴとイタリアをつなぐ大動脈なので、運行本数も多くとても便利。アルプスの村へは、ブリークBrig、シエール／ジダースSierre/Siders、シオンSion、マルティニMartignyなどの町から、谷沿いに山岳鉄道やバスが走っている。こちらは1時間に1〜2便というスケジュールが中心だが、なかには2〜3時間に1便という頻度のバスもあるので出発時刻は事前に確認するようにしよう。

最も人気のある村ツェルマットへは、フィスプから登山鉄道で約1時間6分。

旅の宿

ブリーク、シオンなどローヌ川沿いの町は旅の拠点としては便利な位置にあるが、近代的な町なのでやや風情に欠ける。宿泊はやはりアルプスの麓がおすすめ。ツェルマット、サース・フェー、ヴェルビエ、クラン・モンタナ、いずれも宿泊施設の数は多いので、午後の早い時間に到着すれば部屋は見つかるだろう。もちろん、特に景色のよい部屋などを希望するなら予約が望ましい。スキーシーズンは混雑するので早めに予約を。

ツェルマットの気候データ

	1月	2月	3月	4月	5月	6月	7月	8月	9月	10月	11月	12月
平均最高気温(℃)	0.7	1.5	4.9	8.7	13.5	17	19.9	19.1	15.2	11.2	4.8	1.3
平均最低気温(℃)	-7.7	-7.6	-4.7	-1.4	2.9	5.7	7.8	7.7	4.6	1.1	-3.7	-6.6
平均降水量(㎜)	42	35	38	46	74	67	55	65	55	60	56	45
平均降水日	6.5	5.4	6	6	9.7	9.1	8.7	9.6	7.3	7	6.6	6.6

プランニングのポイント

山の観光はツェルマットとサース・フェーが中心。時間を取ってアルプスを代表するさまざまな展望台を訪れよう。マッターホルンや4000m級の山々、それを取り巻く氷河を眺めながらの絶景のハイキングコースも数多くある。

シオン郊外の古城

ロイカーバートの温泉、ローヌの谷にあるシオンの旧市街なども訪れてみたい。これらの観光ポイントは場所が離れているので、交通機関のスケジュールをよく確認してから出かけよう。

ツェルマットとヴァリス

カンデルシュテークへ
ゲンミ峠 Gemmipass
ロイカーバート Leukerbad
プラン・モルト Plaine Morte
Lac de Tseuzier
Bella Lui
Cab. d. Violettes
Cry d'Err
クラン Crans
モンタナ Montana
ロイク Leuk
ローヌ川 Le Rhône
ススデン Susten
Gampel
Raron
トゥルトマン Turtmann
シエール/ジダース Sierre/Siders
St-Leonard
シオン Sion
グランジュ Granges
ヴェ Vex
マルティニ、ヴェルビエへ Martigny, Verbier
アニヴィエの谷 Val d'Anniviers
ヴィソワ Vissoie
サン・リュック St.-Luc
Gruben
グリメンツ Grimentz
ウーセーニュのピラミッド Pyramide d'Euseigne
Mâche
ソルヴォワ Sorebois
ツィナール Zinal
Lac de Moiry
エラン谷(ヴァル・デラン) Val d'Hérens / Eringtal
エヴォレーヌ Evolène
ラ・セージュ La Sage
レ・オーデール Les Haudères
Lac des Dix
Ferpècle
ヴァイスホルン Weisshorn 4506
ツィナールロートホルン Zinalrothorn 4221
オーバー・ガーベルホルン Ob. Gabelhorn 4063
ダン・ブランシュ Dent Blanche 4357
アローラ Arolla
Mt. Blanc de Cheilon 3870
モーボアザン湖 Lac de Mauvoisin
マッターホルン Matterhorn 4478
ブルイユ・チェルヴィニア Breuil-Cervinia
テスタ・グリージャ Testa Grigia
マッターホルン・グレッシャー・パラダイス Matterhorn Glacier Paradise
シュヴァルツゼー Schwarzsee
Trockener Steg
ローテンボーデン Rotenboden
ゴルナー氷河 Gornergletscher
ゴルナーグラート Gornergrat
Riffelberg
リッフェルアルプ Riffelalp
フーリ Furi
フィンデルン Findeln
ツェルマット Zermatt
ロートホルン Rothorn
シュトックホルン Stockhorn
モンテ・ローザ Monte Rosa 4634
イタリア
スネガ Sunnegga
テーシュ Täsch
アルプフーベル Alphubel 4206
オーバーロートホルン Oberrothorn 3413
リンプフィッシュホルン Rimpfischhorn 4199
Strahlhorn 4190
Randa
ドーム Dom 4545
ミシャベル連峰 Mischabel
Herbriggen
マッターフィスパ川 Matter Vispa
ザンクト・ニクラウス St. Niklaus
氷河急行
グレッチェン Grächen
シュタルデン Stalden
フィスパ川 Vispa
フィスプ Visp
フィスパーテルミネン Visperterminen
サーサーフィスパ川 Saaser Vispa
Saas Balen
ハンニック Hannig
サース・グルント Saas Grund
サース・フェー Saas-Fee
プラッティエン Plattjen
レングフルー Längfluh
Felskin
ミッテルアラリン Mittelallalin
Mattmarksee
ホーサース Hohsaas
ヴァイスミース Weissmies 4017
フレッチュホルン Fletschhorn 3985
レッチェン谷 Lötschental
ゴッペンシュタイン Goppenstein
ビーチュホルン Bietschhorn 3933
アレッチ氷河 Gr. Aletschgletscher
エッギスホルン Eggishorn
Fieschertal
Fiescheralp
モースフルー Moosfluh
フィーシュ Fiesch
ホーフルー Hohfluh
アンデルマットへ
リーダーアルプ Riederalp
ベットマーアルプ Bettmeralp
ブラッテン Blatten
メレル Mörel
アレッチ地域 Aletsch Gebiet
Naters
ムント Mund
ブリーク Brig
ロスヴァルト Rosswald
シンプロントンネル
ドモドッソーラへ
シンプロン峠 Simplonpass
ドモドッソーラへ
Gondo
1
2
A
B
N
10km

エリアハイライト

ヴァリス（ヴァレー）州はスイス南西部の大きな州だが、その大半はアルプス山脈に占められている。ここではハイキングを中心に、山で楽しむアクティビティが観光の中心だ。ドラマチックな山を眺めるハイキングコースだけでなく、ひなびた山間の村を訪ねるコースも魅力的。

ツェルマット

スイスで一番有名な山の麓にある世界的な山岳リゾート。ガソリンエンジンの車を制限している静かな村を取り囲むように、無数のハイキングコースがあり、どのコースからもマッターホルンが眺められるようになっている。ホテル、レストラン、ショップの充実度はエリアー。

サース・フェー

ミシャベル山群を挟んで、ツェルマットの東にある谷奥の村。ツェルマットをふた回りくらい小さくした静かなところで、村の中心から氷河が眺められる。谷底にある村から四方にロープウエイがのびており、各ロープウエイの終点からハイキングをスタートする。

アレッチ地域

世界自然遺産のアレッチ氷河とローヌの谷に挟まれた山地。ヴァリス州の一番北になり、すぐ隣はベルン州のベルナーオーバーラント。小さな山岳リゾートが点在している。

ロイカーバート

ローヌの谷の北側にある温泉保養地。その歴史はローマ時代に遡る。村からロープウエイでゲンミ峠に上ると、ヴァリスアルプスの大パノラマの絶景が眺められる。

クラン・モンタナ

エリア随一の高級リゾート。クラン地区とモンタナ地区に分かれており、世界のセレブの別荘が点在している。通りもとびっきりおしゃれ。

アレッチ地域
ロイカーバート
シオン
クラン・モンタナ
マルティニ
サース・フェー
ツェルマット
ヴェルビエ

シオン

ヴァリス州の州都である古い町。12世紀と13世紀に建てられた古い城が町を見下ろしている。石畳の路地が印象的な市街地は散策が楽しい。周辺の村へ向かうバスの拠点でもある。

マルティニ

ローマ時代の円形競技場の遺跡がある。フランスのシャモニ・モンブランに向かう鉄道の出発地であり、イタリアとの国境にあるサン・ベルナール峠に向かう峠道の入口。

ヴェルビエ

ヨーロッパでは有名なスキーリゾート。周辺を含め約100基のリフトやゴンドラを備え、その規模はスイス有数。夏はハイキングやマウンテンバイクを楽しむ静かな村。

おもなイベント

- ゴルナーグラート・ツェルマット・マラソン（ツェルマット）……………… 7/1（2023）
- ヴェルビエ・フェスティバル［音楽祭］（ヴェルビエ）………… 7/14〜30（2023）
- ツェルマットの民俗祭り（ツェルマット）…………………………………… 8/12、13（2023）
- オメガ・ヨーロピアンマスターズ［ゴルフ］（クラン・モンタナ）…8/31〜9/3（2023）

ゴルナーグラート・ツェルマット・マラソン

料理と名産品

素朴な山の料理がヴァリスの郷土料理。代表的な食材はチーズで、チーズフォンデュ、ラクレット、ケーゼシュニッテ（白ワインに浸したパンにチーズを乗せオーブンで焼く）などが知られる。山のレストランの定番料理は大きなソーセージ、ヴラートブルスト。ジャガイモの細切りをこんがり焼いたレシュティが添えられることが多い。そのほかアルペンマカロニなども山ではよく食べられる料理。アップルソースが添えられている。

アルペンマカロニ
ラクレット
ヴラートブルスト

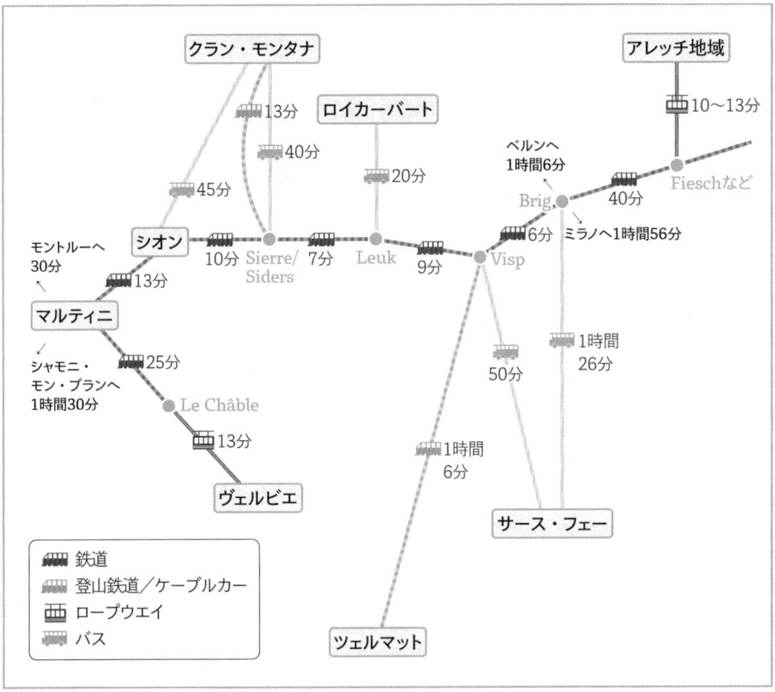

ツェルマット
Zermatt

州：ヴァリス/ヴァレー
使用言語：ドイツ語
地図位置：P.243-B2
標高：1604m
郵便番号：CH-3920
エリアコード：027
（市内通話の場合でも初めにエリアコードをプッシュする）

アクセス MGB鉄道Matterhorn Gotthard Bahnは、1891年に開通した登山鉄道。フィスプVispからツェルマットまで所要約1時間6〜10分。約1時間に2本運行。チューリヒやベルン、ジュネーヴ方面からもフィスプで乗り換え。スイストラベルパス、ユーレイルグローバルパス有効。チューリヒ空港から約3時間40分、ジュネーヴ国際空港から約3時間50分、そしてイタリアのミラノからも最短3時間30分で到着する。乗り換えなしでツェルマットまで入れるのがサン・モリッツから来るグレッシャー・エクスプレス（→P.284）だ。

MGB鉄道
URL www.matterhorngotthardbahn.ch

車で行く場合
ツェルマットはガソリン車のない村。車で行く場合は4.8km手前にあるテーシュTäschの駅前駐車場に車を停めて、電車に乗り換えなければならない。テーシュにある駐車場の料金（一般車）は1日CHF16。テーシュ〜ツェルマット間は直通電車「ツェルマット・シャトル」が5:55〜21:55のほぼ20分ごとに運行。所要約12分。片道CHF8.20。

ℹZermatt Tourismus
住 Bahnhofplatz 5
☎(027)9668100
URL www.zermatt.ch
開 8:00〜20:00

まずは観光案内所へ

村から見るマッターホルン

狭いマッター谷のどんづまりにある標高1604mの素朴な村が、なぜこれほど多くの人々に愛されているのだろう？　周囲には4000mを超える峰が29も集中しているが、谷が深過ぎて村からはほとんど見えないし、輝きながら蛇行する無数の氷河もまた、どれひとつ見えないのに。

答えは、たったひとつの山にある。村の奥に鎮座するマッターホルンMatterhorn（4478m）だ。

周囲の者を寄せつけず、ちょっとうつむきがちに村をのぞきこむ姿は、思春期の苦悩する少年のよう。ところが、5分も歩いて川の対岸へ渡ると、彼はいきなり巨人となって村に覆いかぶさる。さらに、ロープウエイや登山電車で角度を変えて見れば、ドレスをまとった貴婦人から、あぐらをかいた頑固親父まで、劇的な変身を見せてくれる。

18世紀の昔から、人々はマッターホルンに憧れてツェルマットへやってきた。今でもアルピニストの聖地であることに変わりはなく、スイスでは最高の名誉職といわれる多くの山岳ガイドがここを拠点にしている。

古い木造家屋が軒を連ねる町並みや、排気ガスに汚染されていない清澄な空気も魅力だけれど、やはり主役にお目にかかれなければ来た甲斐がない。山の天気は変わりやすいだけでなく、時期によっては厚い雲が1日中山の姿を隠してしまうこともある。そんな不運に遭わないためにも、ぜひ3泊以上滞在することをすすめる。

バーンホフ通り

Walking 歩き方

教会の前に位置するドルフ広場

まず、村を南北に貫く**マッター・フィスパ川Matter Vispa**と、川と並行に延びる**バーンホフ通りBahnhofstrasse**を覚えよう。北にあるMGB駅から南のロープウエイ駅あたりまでが村の中心。ゆっくり歩いて20分ほどの距離だ。

観光案内所❶はMGB駅を出てすぐ右側、駅前広場に面している。まずはここで最新の時刻表をもらおう。ホテルを予約していない場合は紹介してもらうといい。駅構内にもホテル予約電話がある。荷物が多いなら、駅前から村内バスかホテル送迎用電気自動車に乗り込む。タクシーも利用できる。

駅前広場からバーンホフ通りを挟んで、左奥にあるガラス張りの建物がゴルナーグラートへの登山鉄道GGBの駅。広場の正面、ギフトショップの奥にスーパーマーケット「Coop」があり、右側にはバーンホフ通りが谷の奥へ延びる。

「列車が駅に到着する寸前、ちらりと姿が見えたマッターホルンはいったいどこ？」

まあ、待って。にぎやかなバーンホフ通りを歩き出せば、ほどなく彼は右側前方にちらりと顔をのぞかせる。しかし、ここでがっかりしないように。実はこの通りから見たマッターホルンは、手前の山の稜線がじゃまをしているせいか、脇役の面持ち。大スターの晴れ姿はもう少しお預けだ。

バーンホフ通りには近代的な建物がほとんどなく、花を飾った古いシャレーが続く。ギフトショップ、ホテル、スポーツ用品店などが軒を並べ、年間を通じて多くの観光客でにぎわう。一般車は村内へ入ってこられないので、ほとんど歩行者天国だ。

ツェルマット駅前の広場

駅から300mほど歩き、郵便局を右側に見て、途中から道が細くなる手前の右側にアルパインセンタ

ツェルマットで空中散歩

ツェルマットでパラグライダー体験ができます。駅の近くに多くの会社がありますがオンライン予約が簡単です。私は前日電話で予約して、短い飛行時間(15-20分)のにしました(CHF170～)。マッターホルンを背景に飛んでいる特別の記念写真が手に入ります。パイロットは操縦技術も大切ですが、写真を撮るのが上手いベテランがおすすめです。

AIRIC Paragliding
URL Airic-Paragliding.ch
☎(079)6230037
（みどりCherry '22）

タクシー

電気自動車のタクシーが走っている。ひとりCHF12～。距離や人数、荷物の有無、時間帯(夜間料金は21:45～翌6:45の間適用される) によって料金が加算される。例えば4人で荷物を持ってツェルマット駅からヴィンケルマッテンまで行く場合、CHF34ほど (所要15分)。

村内バス

URL www.e-bus.ch

Bergbahnen
(グリーンライン)
MGB駅、スネガ行きケーブルカー乗り場、マッターホルン・グレッシャー・パラダイス&シュヴァルツゼー行きロープウエイ乗り場を結ぶ。
運行：7:06～18:16。ほぼ10分ごと。
料 CHF2.50

Winkelmatten
(レッドライン)
MGB駅、ヴィンケルマッテン、マッターホルン・グレッシャー・パラダイス&シュヴァルツゼー行きロープウエイ乗り場を結ぶ。
運行：7:19～19:25。10～36分ごと。
料 CHF3.20
2ラインともスイストラベルパス有効。

町を巡る村内バス（グリーンライン）

山での事故は
ザイルなどを使った本格的な登山でなければ、けがなどの山での事故は、通常の海外旅行傷害保険で治療費をカバーできる。万一ヘリコプターでの救助が必要になるようなケースでも「救援者費用」特約に加入していれば大丈夫だ。「救援者費用」特約に加入していなければ当然かかった費用は自己負担。ただツェルマットであれば、現地でレスキューカード（ひとりCHF35、1年間有効）を購入すれば、ヘリでの救助にかかっても費用負担は不要だ。詳しくはURLwww.air-zermatt.ch
なお山で事故にあった場合、緊急時の連絡は☎144（緊急連絡センター）へ。

ー（山岳ガイド協会）がある。バーンホフ通りをさらに進むと、通りの両側に旅行者向けのレストランがずらり並び、いつもにぎわいを見せている。

そのまま進むと由緒あるホテル、モンテ・ローザMonte Rosaはすぐそこにある。ホテルの壁にはマッターホルン初登頂を果たしたウィンパーのレリーフがはめ込まれている。

やがて教会と役場のある小さな**キルヒ広場Kirchplatz**に出る。ここまでゆっくり歩いて約10分。マーモットの泉と、アイベックスの像がある所で左へ曲がろう。教会の時計塔の先に望遠鏡が設置されている。実は、マッターホルン登攀の様子はここからでも観察できる。条件がよければ、山頂の右端に立つ十字架も見えるはずだ。

正面には墓地Friedhofが広がる。この村とアルプスを愛した人はもちろん、マッターホルンで命を落とした登山家の多くが眠っており、ピッケルやザイルを刻んだ墓碑が生前をしのばせる。

マッター・フィスパ川とマッターホルン

墓地の向こうはマッター・フィスパ川。氷河の水を集めた川に特有のミルク色は、日本では見られないものだ。ここでついに、「坐したる巨人」と新田次郎が評した姿とご対面。川に架かるこの橋はマッターホルンを狙う絶好のフォトスポット。

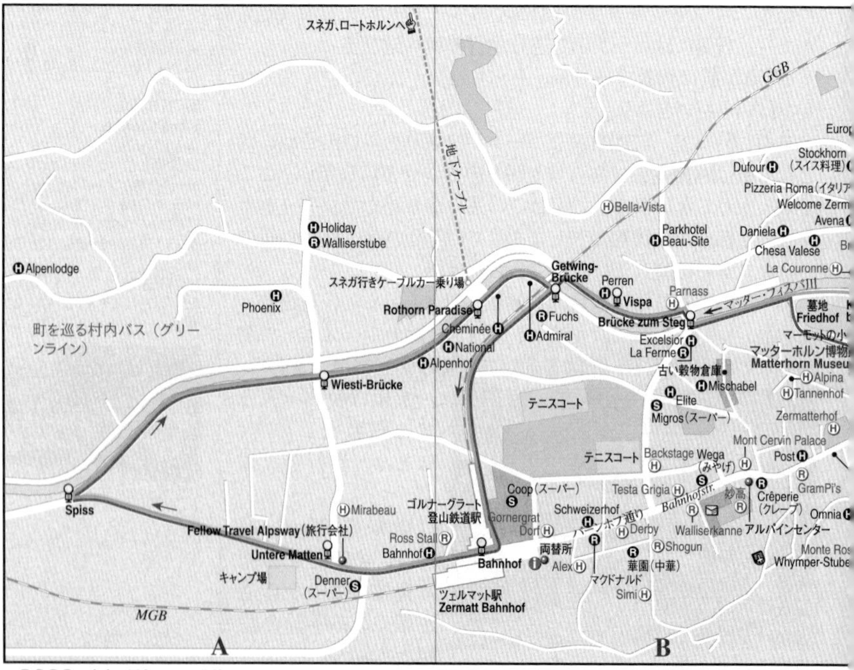

スネガ、ロートホルンへ
GGB
地下ケーブル
Europ
Stockhorn（スイス料理）
Dufour
Pizzeria Roma（イタリア
Welcome Zerm
Avena
Bella Vista
Parkhotel Beau-Site
Daniela
Chesa Valese
Holiday
Wallisserstube
Alpenlodge
スネガ行きケーブルカー乗り場
Getwing-Brücke
La Couronne
Perren
Vispa
Parnass
マッター・フィスパ川
Phoenix
Rothorn Paradise
Fuchs
Brücke zum Steg
墓地 Friedhof
町を巡る村内バス（グリーンライン）
Cheminée
Admiral
Excelsior
La Ferme
マーモットの小
National
Alpenhof
マッターホルン博物
Matterhorn Museu
古い穀物倉庫
Mischabel
Alpina
Wiesti-Brücke
Tannenhof
テニスコート
Elite
Migros（スーパー）
Zermatterhof
Mont Cervin Palace
テニスコート
Backstage
Wega（みやげ）
Post
Spiss
Mirabeau
ゴルナーグラート登山鉄道駅
Gornergrat
Coop（スーパー）
Testa Grigia
妙高
Crêperie（クレープ）
GramPi's
Omnia
Schweizerhof
バーンホフ通り
Bahnhofstr.
Fellow Travel Alpsway（旅行会社）
Ross Stall
Dorf
Derby
Walliserkanne
アルパインセンター
Untere Matten
Bahnhof
Bahnhof
両替所
Shogun
Monte Ros
Whymper-Stube
キャンプ場
Denner（スーパー）
Alex
マクドナルド
華園（中華）
Simi
MGB
ツェルマット駅 Zermatt Bahnhof
A
B

※ⓈⒽⓎⓇは本書で紹介している物件です。

Googleマップには「日本人橋」とポイントされていて、カメラを構える多くの観光客の姿を見ることができる。

ここから川沿いの道を上流へ歩けば、約10分でマッターホルン・グレッシャー・パラダイス&シュヴァルツゼー行きロープウエイ駅。散策するなら、橋のたもとにある階段で川岸の歩道に下り、下流へ歩いてみよう。

川沿いの道を下流へ歩けば約10分でスネガ行き地下ケーブルカー駅に出るが、次の橋を渡り、斜め左に延びる細い路地を上がってみよう。両側にネズミ返しのある古い穀物倉庫が並び、まるでこの通りだけ時間が止まってしまったかのよう。

坂を上りきった所はにぎやかなバーンホフ通り。アルパインセンターの前に出る。

マッターホルン博物館

○マッターホルン博物館

雨天時におすすめの見どころ。アルプス誕生の秘密から今日にいたるまで、マッターホルンの生い立ちにスポットを当てており、博物館というよりは体験型ミニパークといった造り。展示室は地下に設けられている。館内にはマッターホルンが初登頂された時代のツェルマットの村を再現してあり、ヴァリス地方独特の家屋14軒の中にさまざまな展示がある。初登頂の悲劇の展示も豊富で、初登頂後にガイドが滑落してしまったときの切れたザイルの実物が展示されている。

子供料金について
9歳未満はツェルマット地区のロープウエイ、リフト利用は無料となる（16歳以下は50%割引き）。ゴルナーグラート行き登山電車は50%割引き（夏期は6歳未満、冬期は9歳未満は無料）。ほかにも割引特典あり。

展望台へ上がるときの必需品
暖かい上着、滑らない靴、サングラス。夏でも雪が積もっていることがあるし、晴れていても風は冷たい。降り注ぐ紫外線は強烈だ。

マッターホルン博物館
MAP P.248-B
住 Kirchplatz
☎ (027)9674100
URL www. zermatt.ch/museum
開 7～9月
毎日　14:00～18:00
他の時期はだいたい15:00～18:00
休 秋（11月頃）
料 CHF12。スイストラベルパス有効。

いにしえの生活様式を詳細に再現

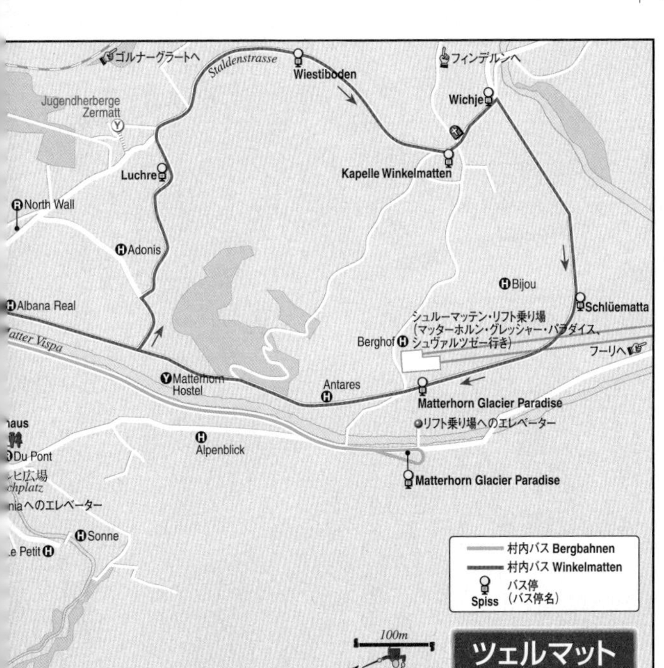

古い穀物倉庫がある通り

ピークパス
Peak Pass
ゴルナーグラート、マッターホルン・グレッシャー・パラダイス、シュヴァルツゼー、ロートホルンの交通機関に乗り放題のパス。ツェルマット～テーシュまたはランダRandaへのMGB鉄道にも使える。

料1日～1ヵ月券があり、料金は時期や期間により異なる。'23年は6～8月が最も高く、1日券CHF216、2日券CHF241、3日券CHF272。5日間のうち利用日の3日を選べるものはCHF284。

URL www.matterhornparadise.ch

Scenic Overlook 展望台

アルプス山脈で4000m峰の密集度が最も高いのが、ツェルマット周辺のヴァリスアルプスだ。ツェルマットからアクセスする展望台からは、雪と氷河に覆われた、これら峻険な峰々が一望のもとに見渡せる。主役は言わずもがなのマッターホルン。山までの距離が近く、展望台の場所によって見る角度が大きく変わるので、山の見え方が変わっていく。その違いを楽しんでみたい。ゴルナーグラートやロートホルン、グレッシャー・パラダイスなど、展望台の標高が3000mを越える所では高山病の心配もあるので、到着したらまず深呼吸をしてゆっくりと歩きだそう。

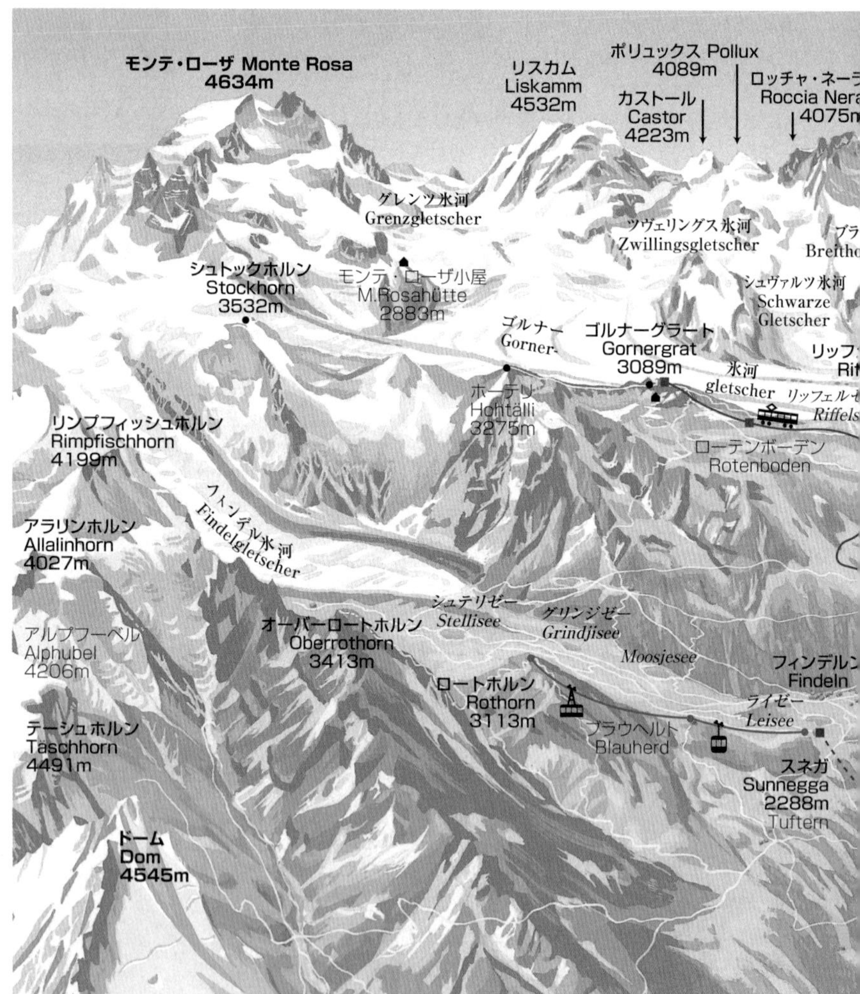

スイス随一の展望台といえばここ MAP P.250

ゴルナーグラート
Gornergrat 3089m(駅)

ツェルマットで、いやスイスでおすすめナンバーワンの展望台。長大な氷河ならほかでも見られるが、氷河と氷河のせめぎ合いや、ダンスを踊っているような優雅な曲線など、こんなにも表情豊かな造形美に酔える場所はめったにない。そのうえモンテ・ローザやドームなど、ほれぼれするような美人と真正面から対峙できる。たとえ気難しいマッターホルンが雲に隠れていても、周囲の視界が利くなら上る価値のある展望台だ。

さっそく、MGB駅の斜め前にあるGGB駅から登山電車に乗り込もう。ゴルナーグラート鉄道Gornergratbahn（GGB）は、アルプス登山ブーム全盛期の1898年（明治31年）に開通した

アクセス ツェルマット ↓ 登山鉄道 35分 ゴルナーグラート

◆登山鉄道
運行：'23年の6/10～10/15はツェルマット発7:00～18:24。運行間隔は時期によって異なるが、夏・冬ともトップシーズンはほぼ24分おき。運行時間の延長もある。
料 トップシーズンの6～8月は片道CHF63、往 復CHF126。スイストラベルパスで50%割引。
※時期により変動あり

ゴルナーグラート鉄道
URL www.gornergratbahn.ch

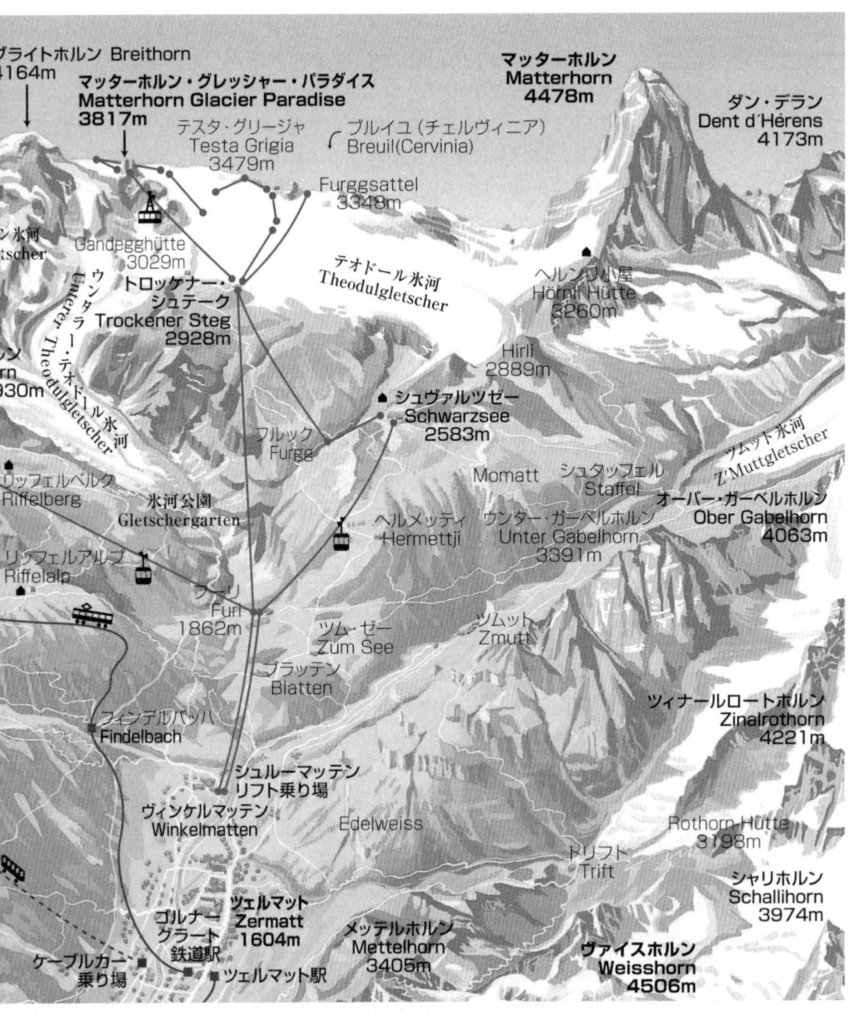

山頂にあるホテルとマッターホルン

アプト式登山鉄道。もしも「眺めのよい電車世界トップ10」を選ぶとしたら、きっとランクインするだろう。座席は、マッターホルンが見えれば進行方向右側、見えなければ左側がおすすめだ。

出発するとすぐマッターホルンがぐんぐん迫ってきて、同時にツェルマットの村が足元に吸い込まれていく。最初の停車駅はフィンデルバッハFindelbach。車窓の左側にフィンデルの滝が迫る。次のリッフェルアルプRiffelalpを過ぎるとカラマツの林も終わり、花の咲き乱れるアルプの中に飛び出す。谷の向こうに見えてきたのはミシャベル連峰の氷河だ。雪崩よけの長いトンネルを過ぎると、マッターホルンがハンサムに見える場所として知られるリッフェルベルクRiffelbergに到着。次のローテンボーデンRotenbodenは氷河を越えてモンテ・ローザへ行く登山道の出発点。このあたりからガレ場が多くなり、夏でも残雪が見えるようになると終点はもうすぐ。あっという間の33分間だ。

駅に着いたらまずは山頂の展望台を目指そう。クルムホテルに向かって坂道を歩くか、エレベーターでホテルの横まで上り、ホテルに向かって右の道を進む。ここは標高3000m以上。ゆっくりと坂を上っていこう。その先には360度の絶景が楽しめる展望台が待っている。

ゴルナーの谷を挟んで向こう側に見えるのは、アルプス山脈第2の高峰**モンテ・ローザMonte Rosa**。双耳峰になっていて、右側のピークが4634mの山頂だ。隣がリスカムLiskamm(4532m)、その右にちょこんと座ったかわいい双子はカストールCastor（左4223m）とポリュックスPollux（右4089m)。ふたご座の星と同じ名だ。その右側、今にもドサッと落ちそうな雪の帽子をかぶっているのがブライトホルンBreithorn（4164m）で、その先にはマッターホルン・グレッシャー・パラダイスのスキー場が広がっている。マッターホルンは北壁がほとんど隠れ、東壁を正面にしてのけぞった格好。

氷河はそれぞれの峰から押し出されているが、モンテ・ローザを源とするのが**ゴルナー氷河Gornergletscher**。足元には、氷河を横断してモンテ・ローザ小屋へ行く登山道が見える。

ハイキング情報 P.262

ゴルナーグラートの施設
山岳ホテル内にレストラン、ショップ、トイレあり。

曇っていても諦めるのはまだ早い
マッターホルンは独立峰なので雲が出やすい。村からマッターホルンが見えなくても、モンテ・ローザなどほかの山々は快晴だったり、村全体が雲海の下に隠れていることもある。

Zooom the Matterhorn
ズーム・ザ・マッターホルン
天気の悪い日でもゴルナーグラートからの眺望を楽しむことができるマルチメディア施設。パラグライダーのVR体験も可能。
営'23年は6/10から。9:45～16:00
休'23年は8/20。秋と春にも休業期間あり
料CHF12。ゴルナーグラートに発着する切符を持っていれば無料だが、パスの場合は入場料がかかることもある。

すぐ足下を流れるゴルナー氷河

美しいマッターホルンを見るなら MAP P.250

スネガ Sunnegga

2288m（駅）

ここから見る姿が一番美しいと言う人も多い

村から3分で行けるお手軽な展望台。2013年にリニューアルされた地下ケーブルカーに乗り込めば、高低差683mという急勾配のトンネルが一気に標高2288mへ運び上げてくれる。富士山でいえば2合目から5合目までを3分で直登することになる。

スネガはマッターホルンから少々距離があるが、左右に延びた稜線が実に優雅に見える。近くにはネズミ返しの小屋が残るフィンデルンFindelnの集落があるので、ぜひハイキングを楽しもう。急ぐ人も、足元に見えているライゼーLeiseeの湖畔まで下りて逆さマッターホルンを拝んでくるといい。

さらに先まで足を延ばしてみよう MAP P.250

ロートホルン Rothorn

3104m（駅）

見る角度はスネガと同じだが山はより雄大に

なぜか日本人観光客は少ないけれど、マッターホルンが最もとがって見える展望台。スネガの駅前からロープウエイに乗り、7分でブラウヘルトBlauherdへ。ここで大型のロープウエイに乗り換えれば5分で着くが、乗り換えがスムーズではないとスネガから30分以上かかることもある。

展望台からは、天を突き刺すやじりのようなマッターホルンと、北壁の右側に見えるツムット稜の荒々しさが印象的。振り向けば**フィンデル氷河Findelgletscher**の末端がそこまで迫っている。左に目を移せば、目の前にオーバーロートホルンOberrot-horn（3413m）が立ちはだかる。レストランの周囲にはユニークな形をしたモニュメントがたくさんあり、そこから見える名峰の名前の由来や初登頂者などが記されている。レストランでひと休みしたら、シュテリゼーStellisee、グリンジゼーGrindjiseeに向かって歩き出そう。歩き始めて30分ほどで、マッターホルンが姿を現す。逆さマッターホルンの穴場だ。

ちなみに、ツェルマットからロートホルンまでの交通機関はいずれもマウンテンバイクを積むことができる。ハイキングコースとは別にマウンテンバイク用のトレイルがつけられているので、村のスポーツ店で借りてトライしてみては？

アクセス ツェルマット ↓ 3分 スネガ

◆ケーブルカー
運行：'23年夏期は5/2～10/31の8:30～17:20（7/1～9/10は8:00～18:00）10～20分おき。
※時期により変動あり。
休 4月下旬～5月下旬、11月
料 片道CHF15.50～20、往復CHF22.50～28.50。スイストラベルパスで50%割引
URL www.matterhornparadise.ch

スネガの施設
レストラン、トイレあり。

ハイキング情報 P.266

キックバイク
スネガではキックバイクのレンタルが可能。返却はツェルマットのスネガ行きケーブルカー乗り場で。
料 CHF18

ヘルメットも一緒に貸し出してくれる

アクセス スネガ ↓ 10分 ロートホルン

◆ロープウエイ
運行：'23年夏期は7/1～9/10の8:20～16:40（9/11～10/8は8:50～16:00）。ブラウヘルトへは5/27～6/30の8:40～16:30も運行。
※時期により変動あり
休 ブラウヘルトは5月下旬までと10月中旬から。ロートホルンは6月末までと10月中旬から
料 ツェルマットからロートホルンまで片道CHF42～53、往復CHF64.50～81.50。ブラウヘルトまでは片道CHF28.50～36.50、往復CHF46～58.50。スイストラベルパスで50%割引

ロートホルンの施設
レストラン、トイレあり。

ブラウヘルト周辺ではヴァレー州原産の顔が黒い羊シュバルツナーゼに出合うことも

ヨーロッパ最高地点の展望台

MAP P.251

マッターホルン・グレッシャー・パラダイス 3817m（駅）
Matterhorn Glacier Paradise

アクセス
ツェルマット
↓ 7分
フーリ
↓ 10分
8分 シュヴァルツゼー
↓ 10分
トロッケナー・シュテーク
↓ 9分
マッターホルン・グレッシャー・パラダイス

◆ロープウエイ
'23年の運行予定
ツェルマット→フーリ
5/2〜6/30、10/9〜31は8:30〜16:50。7/1〜8/20は6:30〜17:50。8/21〜10/8は8:30〜17:20
フーリ→トロッケナー・シュテーク
5/2〜6/30は8:40〜16:15。7/1〜8/20は6:45〜17:00。8/21〜10/31は8:50〜16:30
トロッケナー・シュテーク→マッターホルン・グレッシャー・パラダイス
5/2〜6/30は9:00〜16:00。7/1〜8/20は7:00〜16:15。8/21〜10/31は9:00〜16:15
フーリ→シュヴァルツゼー
（→P.255欄外）
シュヴァルツゼー→トロッケナー・シュテーク
5/29〜6/15、8/21〜10/8は8:50〜16:15。7/1〜8/20は8:10〜16:30
料往復CHF95〜120。スイストラベルパスで50%割引

特別なゴンドラ
トロッケナー・シュテーク〜マッターホルン・グレッシャー・パラダイス間に特別仕様の「クリスタルライド」が加わった。乗車後に床のガラスが透け、眼下の氷河を真上からのアングルで見ることができる。片道CHF11、往復CHF16の追加が必要。乗車の際にはクリスタルライド用の乗車券をスキャンして待てばいい。係員がゴンドラを準備することを伝えてくれる。

向かって一番左の正三角形の山がマッターホルン

マッターホルンの東側、ブライトホルンのすぐ手前にあるとがった小峰で、見る角度によってマッターホルンに似た姿をしているので、クライン（小）・マッターホルンとも呼ばれる。ツェルマットの村からわずか40分ほどで頂上に立つことができる、ヨーロッパ最高地点にある展望台だ。氷河の上に広大なスキー場があり、真夏でも大勢のスキーヤーでにぎわう。

ロープウエイ乗り場は村の南端。バーンホフ通りからでも、川沿いにも歩いていけるし、バスも走っている。フーリからシュヴァルツゼー経由、または直行してトロッケナー・シュテーク（2939m）へ。スキーの拠点になる場所で、大きなレストランやスキーロッカーなど、スキーヤーのための施設が整っている。トロッケナー・シュテークからマッターホルン・グレッシャー・パラダイスへは新型のゴンドラで移動する。

ここから乗り込む最後のロープウエイは、スイスアルプスの醍醐味たっぷり。右に左に迫力の4000m峰が迫り、足元には広大なテオドール氷河が流れ、そしてその氷河の支流がロープウエイの真下を横切っている！　よくもまあ、こんな所にロープウエイを架けたものだ。駅に着いても、展望台まではまだ遠い。トンネルを歩き、エレベーターに乗り、最後に急な階段を上らなければならない。これがキツイ。富士山でいえば山頂の上の笠雲くらいの高さまで、村からわずか40分で来てしまったのだ。心臓が悲鳴を上げるのも無理はない。

急勾配を登る大迫力のロープウエイ

展望台の標高は3883m。エギ

ーユ・デュ・ミディより41m、ユングフラウヨッホのスフィンクス・テラスより311m高い。天候に恵まれれば、フランスからオーストリアまで遮るもののない大パノラマが広がる。案内板で山座同定（山の名前を確かめること）を楽しもう。ほかの展望台からは見えないアルプス最高峰のモン・ブラン(4808m)、そしてイタリアの村チェルヴィニアCerviniaもお見逃しなく。また、ツェルマットから北へ続くマッター谷のはるか奥にはユングフラウとメンヒが見えている（アイガーは見えない）。

「マッターホルンはどこ？」と思う人がいるかもしれない。実は目の前であぐらをかいている正三角形のピラミッドがマッターホルンだ。スキー場の手前（エレベーターで地下に下りる）に、氷河の中をくりぬいて造られた氷河の洞窟Glacier Palaceがある。チケット（CHF8）はレストランで購入できる。

駅まで下りたらトンネルを進んでスキー場へ出てみよう。目の前に見えている尾根は国境線でもある。冬ならイタリアとスイスを自由に行き来するスキーサーカスが楽しい。

ここからハイキングを始めよう MAP P.251

シュヴァルツゼー Schwarzsee 2583m（駅）

よく見ると魚が泳いでいるのが見える

マッターホルンに最も近づける場所なので、アルピニストやクライマーの拠点になっている。マッターホルン・グレッシャー・パラダイスの帰りに寄るといい。

マッターホルン・グレッシャー・パラダイスからトロッケナー・シュテークまで下りたら、フルック経由のゴンドラでシュヴァルツゼーへ。このルートが運休中の場合はフーリFuri経由で。

シュヴァルツゼー駅に着いたら、まずは名峰をじっくり観察しよう。これまでに500を超える命を奪ってきたにもかかわらず、山を愛する誰もが憧れる巨人だ。ヘルンリ稜を目で追うと、米粒のようなヘルンリ小屋が見えるはず。右側の昼なお暗い岩壁が、かの有名な北壁だ。

目を下に転じると、シュヴァルツゼー（黒い湖）の名のとおり黒っぽい湖がある。ほとりには礼拝堂があり、夏の間だけあたりは高山植物でいっぱいになる。惜しいことに、湖畔からは目の前にあるマッターホルンは見えない。ヘルンリ稜の陰に入ってしまうのだ。その代わりブライトホルンの真っ白い帽子が湖面に姿を落としている。

マッターホルン・アルパイン・クロッシング Matterhorn Alpine X
2023年7月に開通したスイスとイタリアを結ぶアルプス国境越ロープウエイ。マッターホルン・グレッシャー・パラダイス駅（標高3817m）とイタリア側のテスタ・グリジア駅（標高3479m）間を約4分で運行するゴンドラは、最も標高の高いアルプス国境越え体験になる。これによりマッターホルンの北側山麓のツェルマットと南側山麓のチェルヴィニア（イタリア）が1.5～2時間で結ばれる。

氷河の洞窟内は足元に注意

マッターホルン・グレッシャー・パラダイスのトイレ
料CHF2

アクセス
ツェルマット
↓ 5分
フーリ
↓ 5分
シュヴァルツゼー

◆ゴンドラ
運行：フーリ→シュヴァルツゼー'23年5/29～6/30、8/21～10/8は8:40～16:15。7/1～8/20は8:00～16:30
休5月（'23年は5/2～28）
料片道CHF31.50～39.50、往復CHF48～60.50。スイストラベルパスで50%割引

シュヴァルツゼーの施設
山岳ホテル、レストラン、トイレあり。

ヘルンリ小屋Hörnli Hütte（ベルクハウス・マッターホルンBerghaus Matterhorn）
シュヴァルツゼーから約2時間。7～8月の好天時なら、山歩きの経験があれば登ることができるが、途中、鎖場もあるので、しっかりとした登山靴は必要。ヒュッテでは宿泊客でなくても昼食を取ることができるが、天候の急変には気をつけて、最終ロープウエイの時刻も考えて出発すること。宿泊の場合はインナーシュラフ持参のこと。なおHörnliはホとフの間くらいの発音で「ホーンリ」だ。営業期間は7月～9月下旬（'23年は7/1～9/19）食事付きでひとりCHF150。
☎(027)9672264
(Matterhorn Group)
URL www.hoernlihuette.ch

Activity アクティビティ

夏スキーが楽しめる

夏スキー

クライン・マッターホルン（→P.254）から流れ落ちる氷河の上では、真夏でもスキーが楽しめる。マッターホルンを正面に見ながら3883mから滑り出し、高低差1000mを一気に下る。ボード用のハーフパイプも用意されている。ロープウエイのほかにリフト8本、全長21kmもある広大なゲレンデだが、夏も終わりになると2本程度しか運行されないこともある。

レンタルスキーについて
スキー場では借りられないので、スポーツ用品レンタルの店で調達を。

ツェルマット・アルパインセンター Zermatters
バーンホフ通りの中ほど、Hotel Mont Cervin Palaceの正面にある。予約は2週間前までだが、できるだけ早めが望ましい。
MAP P.248-B
住 Bahnhofstrasse 58
☎ (027)9662466
URL zermatters.ch/index.php/sommer
開 毎日8:00～19:00
※時期によって変動あり
料 マッターホルン登山CHF 1725(マンツーマンのガイド料、1～2回の事前登山を含む。現金を用意)。本人とガイドの2食付き宿泊料約CHF300やロープウエイ運賃は別途支払いが必要で合計CHF1900。詳細は問い合わせを

スキースクール
Schweizer Ski-und Snowboardschule(Zermatters)
☎ (079)2123229
URL www.zermatters.ch/winter

氷河にはガイドを連れて
現在、ローテンボーデン～モンテ・ローザの氷河は、地球温暖化の影響のためクレバスが大きくなっているのでたいへん危険。氷河トレッキングは必ずアルパインガイドをともなって行くこと。軽アイゼンなどの装備も必要。

登山

500人以上のクライマーの命をのみ込んできたマッターホルンも、今やルートが整備され、ガイドさえつければ一般登山者でも登れる山になっている。もちろんアイゼンを使ったこともないのでは話にならないが、過酷なトレーニングを重ねた特別な人々だけのものではないのも事実だ。必要なのは、ある程度の登攀経験（ロッククライミング経験など基準あり）と、体力と、万全の体調と、そしてガイドには絶対に従うという謙虚さだ。

もうひとつ、運を呼び込む力も重要。登頂の可否は気象条件に左右されることが大きい。経験の浅い素人を無事に登頂させ下山させなければならないのだから、ガイドたちは慎重になる。ルートの状態と気象条件が揃わなければ、盛夏でも何日間も登攀させてくれないこともある。日程に余裕をもち、日本から到着して1週間～10日は高所を歩き回って体を高度に慣らしておこう。

ヘルンリ稜の登攀は7月上旬～9月中旬（積雪による）に行われており、もちろんマンツーマンのガイドが必要。ヘルンリ小屋からの登攀時間は平均で往復8～9時間。ヘルメットやアイゼンなどは村のスポーツ店で借りておくこと。

ガイド付き登山はリッフェルホルン（所要4時間）やブライトホルン（所要5～6時間）への事前登山を含む料金設定になっている。近年、気候変動による温度上昇で落石事故が増えており、登山できないと判断される時期も生じている。登山をするなら余裕のある日程で、現地の状況を確かめながら予定を立てよう。

ただし、これらはすべて夏の話。ほかの季節のマッターホルンは中途半端な体力や技術で挑戦できるものではない。

氷河トレッキング

夏期に行われているハイキングツアー。フィンデル氷河の下に点在する湖を巡るコース（所要5～6時間、定員5～10名）、テオドール氷河を横断するコース（所要30分～1時間30分、定員2～8名）などがある。

VIP御用達の超高級ホテルからかわいらしいプチホテル、手頃な料金で泊まれるユースホステルまで130軒以上の宿がある。バーンホフ通りには格式あるホテルが多いが、マッターホルンの眺望がいまひとつ。おすすめは川の対岸。駅からは少々歩くことになるが、マッターホルンビューの部屋なら絶景が期待できる。

ツェルマッターホフ Zermatterhof

MAP P.248-B ★★★★★

クラシックな外観と落ち着いたロビーのツェルマットを代表する老舗ホテル。居心地のいい部屋と充実したスパ施設はもちろん、馬車による駅への送迎サービスは優雅な気分をいっそう盛り上げてくれる。バーンホフ通りの一番にぎやかな所の先にあって周辺にはレストランも多く、街歩きにも便利。

住 Bahnhofstrasse 55
☎ (027)9666600
URL zermatterhof.ch
料（または）ⓈCHF295～ⓌCHF445～
Room 77室 Wi-Fi 無料
カード ADJMV 休 4月中旬～6月中旬、9月中旬～12月上旬

モン・セルヴァン・パラス Mont Cervin Palace

MAP P.248-B ★★★★★

150年以上もの歴史をもつ。クラシックホテルでありながら、快適に滞在できるよう改装を重ね、今では、100㎡以上の広さを誇るスイートルームはもちろん、客室のほとんどにバルコニーやテラスがあり、雄大なマッターホルンの姿を見ることができる。

住 Bahnhofstrasse 31
☎ (027)9668888
URL www.montcervinpalace.ch
料（または）ⓈCHF304～ⓌCHF423～
Room 150室 Wi-Fi 無料
カード ADJMV 休 4月中旬～6月中旬、9月中旬～12月中旬

ミラボー Mirabeau

MAP P.248-A ★★★★

駅から約200mとアクセスしやすい立地。レストランのレベルが高いことでも知られるブティックホテル。客室からのマッターホルンの眺めが人気。駅までの送迎あり。2軒のレストランとピアノバーを併設。また、スパ施設には屋内プールとジャクージ、トリートメントルームなどを完備。

住 Untere Mattenstrasse 12-14
☎ (027)9662660
URL www.hotel-mirabeau.ch
料（または）ⓈCHF165～ⓌCHF240～
Room 61室 Wi-Fi 無料
カード DMV 休 4月下旬～6月中旬、10月上旬～11月中旬

モンテ・ローザ Monte Rosa

MAP P.248-B ★★★★

マッターホルンを初登頂したイギリスの登山家・ウィンパーの定宿として有名な老舗。古きよきアルプスの雰囲気が味わえる。スタッフも親切。ほとんどの客室からは、マッターホルンやツェルマット山脈が見える。レストランでは、地中海料理や日本料理、肉や魚のグリルまでレパートリーが広い。

住 Bahnhofstrasse 80
☎ (027)9660333
URL www.monterosazermatt.ch
料（または）ⓈCHF247～ⓌCHF323～ Room 41室
Wi-Fi 無料 カード ADJMV
休 4月上旬～6月中旬、9月中旬～12月中旬

バックステージ Backstage

MAP P.248-B ★★★★

駅から徒歩5分。町の一番にぎやかなエリアの一角にあるスタイリッシュなホテル。とにかくおしゃれで、センスがよく、サービスのスタッフもフレンドリー。デザイン優先でたまに使い勝手が（?）のところもご愛敬。充実したスパ施設やプールも完備。アパートタイプの部屋もある。

住 Hofmattstrasse 4
☎ (027)9666970
URL www.backstagehotel.ch/
料ⓈⓌCHF333～
Room 20室
Wi-Fi 無料
カード MV

日本からツェルマットへの電話のかけ方

［国際電話会社の番号*］+010+［国番号41］+［27（エリアコードの最初の0は不要）］+［電話番号］
*マイラインの国際通話区分に登録している場合は不要

アレックス Alex

MAP P.248-B ★★★★

1960年から経営。客室はクラシックなダブルルームと広めのスイートルームの2タイプ。ジェットバス、セーフティボックスなどを完備。内部は木彫りを多く配したロマンティックなインテリア。サウナや屋内プールが無料で利用可能。駅前の便利な立地。併設のワインバーでは世界中のワインが飲める。

住Bodmenstrasse 12
☎(027)9667070
URL www.hotelalexzermatt.com
料(または)Ⓢ CHF290～ⓌCHF305～ Room 85室
Wi-Fi 無料 カード AJMV
休4月下旬～6月上旬、10月上旬～11月中旬

ベラ・ヴィスタ Bella Vista

MAP P.248-B ★★★

川の対岸の高台にある家族経営のプチホテル。サウナ、スチームバス、マッターホルンが見えるリラックスルーム、子供用遊びスペースがあり、宿泊者は無料で利用できる。自家製パンやクッキー、ジャム、シロップなどホームメイドにこだわったオーナー自慢の料理が人気。

住Riedweg 15
☎(027)9662810
URL bellavista-zermatt.ch
料ⓈCHF245～ⓌCHF319～
Room 21室 Wi-Fi 無料
カード MV 休4月中旬～6月上旬、10月中旬～12月中旬

ゴルナーグラート・ドルフ Gornergrat Dorf

MAP P.248-B ★★★

ほぼ駅前にある便利なロケーション。併設のカフェは電車の待ち時間にも使える。中規模ホテルだが、部屋の種類は豊富で、シングルからファミリールームまであり、どの部屋もシンプルだが使い勝手がいい。7/1～9/15は、18:00～20:00にフロントの奥に日本人インフォデスクが置かれる。

住Bahnhofstr.1
☎(027)9663920
URL www.gornergrat.com/en/home/
料ⓈCHF90～ⓌCHF202～ Room 60室 Wi-Fi 無料
カード MV 休4～6月初旬、10月中旬～11月

シミ Simi

MAP P.248-B ★★★★

バーンホフ通りを南へ歩き、Raiffeisenbankの角を右折。徒歩3分。送迎あり。4つ星としては低料金で、学生や団体客に人気。シンプルにまとめられたシングルルームからリビングルームと2ベッドルームのアパートメントタイプまで客室は7タイプ。すべてにミニバーが付いている。

住Brantschenhaus 20
☎(027)9664500
URL www.hotelsimi.ch
料ⓈCHF159～ⓌCHF266～
Room 41室 Wi-Fi 無料
カード AMV
休10月上旬～11月

ブリストル Bristol

MAP P.248-B ★★★

ツェルマット駅から徒歩約10分。ピックアップサービスの利用もできる（要予約）。川を渡ってすぐの所にあるアットホームなホテル。ほとんどの部屋からマッターホルンを眺められる。ウエルネスエリアには、伝統的なフィンランド式サウナや赤外線キャビンなどがあり、設備も最新式。

住Schluhmattstrasse 3
☎(027)9663366
URL www.hotel-bristol.ch
料(または)ⓈCHF176～ⓌCHF241～ 食事追加CHF45 Room 44室
Wi-Fi 無料
カード AJMV

ダービー Derby

MAP P.248-B ★★★

1945年から経営。駅前通りのど真ん中にあって便利なロケーション。改装された客室は、ウッド調の家具が配されスタイリッシュ。全室バルコニー付きで一部の部屋からはマッターホルンが見える。レストランは地元客の間でも人気で、ヴァリス地方産のワインが充実。

住Bahnhofstrasse 22
☎(027)9663999
URL www.derbyzermatt.ch
料(または)ⓈCHF150～ⓌCHF260～ 食事追加CHF35
Room 22室 Wi-Fi 無料
カード AMV

日本からツェルマットへの電話のかけ方

[国際電話会社の番号*]+010+[国番号41]+[27(エリアコードの最初の0は不要)]+[電話番号]
*マイラインの国際通話区分に登録している場合は不要

ラ・クロンヌ La Couronne

MAP P.248-B ★★★

墓地前の橋の対岸にある。多くの客室からマッターホルンが美しく眺められる。広めの部屋や眺めのいい朝食のテラスも人気のポイント。山に囲まれたオープンエアのラウンジ、モダンなサウナルームなど施設面が充実。駅からホテルまでの無料のシャトルサービスがある（要予約）。

住Kirchstrasse 17
☎(027)9662300
URL www.hotel-couronne.ch
料(または) ⓈCHF180～ⓌCHF280～
Room 43室 Wi-Fi 無料
カード ADJMV
休4月下旬～5月下旬

パルナス Parnass

MAP P.248-B ★★★

リーズナブルな値段で、優雅なおもてなしに満足しました。何より、部屋のベランダからマッターホルンのモルゲンロートが見られて感動しました。
（生駒市　天田良隆　'17）

街の中心部まで徒歩約10分。有料のシャトルサービスあり。ペット同伴可。 ['20]

住Vispastrasse 4
☎(027)9671179
URL parnass-zermatt.ch
料(または) ⓈCHF166～ⓌCHF228～ 食事追加 CHF30～40 Room 32室
Wi-Fi 無料 カード AMV 休4月下旬～6月上旬、10月中旬～12月中旬

テスタ・グリジア Testa Grigia

MAP P.248-B ★★★

駅から徒歩5分。シンプルだが落ち着ける部屋で、向きによってはマッターホルンが見える。チェックアウト後も荷物を預かってくれる。スタッフはみんなフレンドリーでカジュアルな雰囲気なので、一人旅からカップル、ファミリーまでどんな客層のニーズにもスムーズに対応してくれる。

住Bahnhofstrasse 21
☎(027)9667900
URL testa-grigia.com
料(または) ⓈCHF153～ⓌCHF180～
Room 37室
Wi-Fi 無料
カード ADJMV

アルピナ Alpina

MAP P.248-B ★★

1903年完成の建物を改装したもので、シャレー風でかわいい造り。全館禁煙。鉄道駅から500mと立地がよく、近くにはレストランやカフェ、スーパーもある。レンタサイクル、各種ツアーやチケットの手配も可。朝食は種類が豊富でゲストに好評。鉄道駅までの送迎サービスあり。

住Englischer Viertel 5
☎(027)9671050
URL www.alpina-zermatt.ch
料 ⓈCHF95 (または) ⓌCHF153～
Room 23室 Wi-Fi 無料
カード MV 休4月下旬～6月下旬、10月下旬～12月中旬

タンネンホフ Tannenhof

MAP P.248-B ★

鉄道駅から徒歩約10分。町の中心にありながらも周囲は静か。家族経営のアットホームな宿で、スタッフはとても親切だ。客室はシンプルだが清潔で居心地がいい。全室ラジオと電話付き。テレビはないが、共有のラウンジでテレビと無料のインターネットアクセスを完備。

住Englischer Viertel 3
☎(027)9662690
URL tannenhofzermatt.ch
料 ⓈCHF78～ⓌCHF157～
Room 23室
Wi-Fi 無料
カード AJMV

ユーゲントヘアベルゲ（YH） Jugendherberge Zermatt

MAP P.249-C

駅から徒歩15分。Winkel-matten行きのバスでLuchre下車1分。本館の部屋からはマッターホルンを眺められる。チェックインは16:00～22:00。3つのバリアフリーの客室を完備。時期によって、2週間以上の長期滞在時のスペシャル価格や、ティーンエイジャー向けのスキーパッケージプランなどを用意。

住Staldenweg 5
☎(027)9672320
URL www.youthhostel.ch
料 ⒹCHF54～ ⓈCHF128～ⓌCHF166～ 食事追加 CHF19.50、弁当CHF10 非会員は1日CHF7プラス
Room 174ベッド Wi-Fi 無料
カード AJMV

日本からツェルマットへの電話のかけ方　[国際電話会社の番号*]+010+[国番号41]+[27(エリアコードの最初の0は不要)]+[電話番号]
*マイラインの国際通話区分に登録している場合は不要

山岳ホテル

3100クルムホテル・ゴルナーグラート 3100 Kulmhotel Gornergrat

標高3100m。ゴルナーグラート駅近くに建つ世界屈指の絶景ホテルで、全室がマッターホルンまたはモンテ・ローザに向いている。ゴルナーグラート鉄道に乗りこめば、ツェルマットからゴルナーグラートまでは35分。駅前にエレベーターが設置されているので、荷物を持ってホテルまで坂を上る必要もない。アーベン材（スイス松）を使用した伝統的な部屋にはダブルベッド2台、シャワー&トイレ、ヘアドライヤー、机、ラジオと電話、無料のコーヒー&ティーセットが全室に備わっている。ジュニアスイート（2室）はバスタブ付き。客室料金は、ビュッフェ式の朝食とレストランでの4コースディナー付き。客室からの絶景、整った設備を考えるとかなりお得なホテル。

住Gornergrat 3100m
☎(027)9666400
URL gornergrat-kulm.ch
料 SWCHF565～
Room 22室
Wi-Fi 無料
カード ADJMV
休4月中旬～下旬、10月下旬～12月上旬(スキーシーズン以外)

山岳ホテル

リッフェルアルプ・リゾート2222m Riffelalp Resort 2222m ★★★★★

ゴルナーグラートへの途中にあるリッフェルアルプ駅から、赤いトロッコ列車で5分。18世紀に、夏を過ごす避暑地として人里離れた高地に建てられた由緒正しい名門ホテル。山荘風の客室は木のぬくもりがほっとさせてくれる。シャレータイプとスイートはバルコニー付きで山々の絶景が目の高さに広がっている。ランチは2軒、ディナーは3軒のレストランから選べ、ピアノの生演奏が聴けるバーもある。また、ウエルネスセンターには、マッターホルンの壮大な景色を望む屋外プールをはじめ、12もの施設が揃っている。ボウリングやビリヤードなどのエンターテインメント施設も充実。夏期にはハイキング、冬期にはスキーのプログラムも用意している。

☎(027)9660555
URL www.riffelalp.com
料(または) SCHF384～WCHF488～
Room 70室
Wi-Fi 無料
カード ADJMV
休4月中旬～6月下旬、9月下旬～12月中旬

山岳ホテル

リッフェルハウス1853 Riffelhaus 1853 ★★★★

標高2585m。ゴルナーグラート鉄道の途中駅にあるホテルで、外観は歴史あるホテルらしくクラシックなたたずまいだが部屋はモダンで快適。スイートは全室マッターホルン・ビュー。改装されたウエルネス施設には、マッターホルン・ビューのジャクージがありゲストに人気。

☎(027)9666500
URL riffelberg.ch
料(または) SCHF485～WCHF585～
Room 25室 Wi-Fi 無料
カード ADJMV
休4月中旬～6月中旬、9月中旬～12月中旬

山岳ホテル

シュヴァルツゼー Schwarzsee

マッターホルンの足元にある。部屋数が少ないため予約が取りにくいが、静かに山を眺めるには絶好のホテル。併設のレストランでは、新鮮な食材を使ったビュッフェ式の朝食のほか、アラカルトのインターナショナル料理を提供している。客室料金はドミトリーを含めてすべて2食付き。

☎(027)9672263
URL schwarzsee-zermatt.ch
料 DCHF135 SCHF165 DCHF265 SCHF185 DCHF285
Room 16室 Wi-Fi 無料
カード MV
休4月下旬～6月中旬

日本からツェルマットへの電話のかけ方

[国際電話会社の番号*]+010+[国番号41]+[27(エリアコードの最初の0は不要)]+[電話番号]
*マイラインの国際通話区分に登録している場合は不要

さすがはスイス有数の山岳リゾート。ツェルマットには70以上のレストランがあり、その選択肢もさまざまだ。イタリア料理やフランス料理はもちろんのこと、中華料理や日本料理などを出す店もある。また、スイスを代表する料理であるチーズフォンデュやラクレットはヴァリス地方の料理。ツェルマットで本場の味を試してみるのもいい。

R ロゼ・ストール Ross Stall

MAP P.248-B

駅近くにある、ロッジ風のスイス料理レストラン。木目調の店内はあたたかい雰囲気で、ところどころに飾られたインテリアにもこだわりが感じられる。ラクレットCHF9、チーズフォンデュCHF29～、各種グリル料理CHF42～など。スイスワインも豊富に揃う。日本語メニューあり。予約が望ましい。

住Bahnhofplatz 50
☎ (027)9673040
URL ross-stall.ch
営16:00 ～ 24:00
休日曜、10月下旬～ 12月上旬
カード J M V

R ヴァリサーカンネ Walliserkanne

MAP P.248-B

ホテルWalliserhofに併設の、トマト入りのチーズフォンデュCHF31で有名なレストラン。ワインの品揃えが豊富で、スイス料理のほか、パスタやピザなどのイタリアンもある。本格窯で焼きあげるピザは16種類とメニューが豊富。天気のよい日にはテラス席で食事を楽しめる。日本語メニューあり。

住Bahnhofstrasse 32
☎ (027)9664610
URL www.walliserkanne.ch
営12:00 ～ 22:00、オフシーズンは12:00 ～ 14:00、18:00 ～ 22:00
カード A J M V

R 妙高 Myoko

MAP P.248-B

鉄板焼きで知られる日本料理レストランで、内部はシックな和風のインテリア。日本人の板前さんがおり、確かな日本の味が楽しめる。神戸牛のサーロインステーキCHF190、にぎり寿司2貫CHF9～、おまかせ寿司CH32、天丼CHF39など。予約が望ましい。寿司のテイクアウトOK。

住Tempel 2
☎ (027)9668739
URL myokozermatt.ch
営夏期11:30～14:00、17:30～22:00、冬期18:00～23:00
休4月上旬～ 6月中旬
カード A J M V

R グランピス GramPi's

MAP P.248-B

バーンホフ通りにある、ピザで有名なイタリアンレストラン。1階はバーで、2～3階がレストランになっている。ピザはCHF20～。パスタCHF21～の評判もいいが、2人前はかなりの量があるので注意。そのほか、前菜、スープ、サラダ、魚や肉料理、ベジタリアンメニューが揃う。

住Bahnhofstrasse 70
☎ (027)9677775
URL grampis.ch
営18:00 ～翌2:00（温かい料理は～翌1:00）
カード M V

R 将軍 Shogun

MAP P.248-B

石焼の和牛のステーキからラーメンや餃子まで揃う、メニュー豊富な和食レストラン。日本人の板前さんが作る料理なので、安心して日本の味が食べられる。事前に予約すれば弁当の注文も可能。ハイキングの途中に、マッターホルンを眺めながら本格的な和食弁当を食べることができる。

住Brantschenhaus 3
☎(027)9662844
URL shogun-japan-restaurant-zermatt.ch
営17:30 ～ 22:30
休日曜、10月中旬～ 12月下旬
カード A J M V

日本からツェルマットへの電話のかけ方
[国際電話会社の番号*]+010+[国番号41]+[27(エリアコードの最初の0は不要)]+[電話番号]
*マイラインの国際通話区分に登録している場合は不要

逆さマッターホルンで有名なリッフェルゼーを訪れるコース

スイスを代表するハイキングコース。マッターホルンを眺めながらのロングコースだが、1区間だけを歩いてもきっと満足できる。

ゴルナーグラート→ツェルマット
Gornergrat→Zermatt

スタート地点のゴルナーグラートからの風景

アクセス→ゴルナーグラート鉄道で終点まで
スタート地点標高→3089m
ゴール地点標高→1604m
最高到達地点→3089 m
高低差→1485 m
総延長→11.5km
所要時間→4：00
公式地図番号→1348
難易度→技術 2 ／体力 4

マッターホルンやブライトホルン、モンテ・ローザなど、ヴァリスアルプスの数々の名峰を一望できる展望台、ゴルナーグラートからスタートするハイキングコース。ツェルマット駅前から出発する登山鉄道一本でアクセスできる。距離は長いがコースは整備されており、ずっと下りなので、時間が許せば全行程を歩きたいところ。もちろん登山鉄道の駅の1区間だけ歩いても、アルプスハイキングの楽しさが実感できるコースだ。

マッターホルンとその手前に見えるリッフェルホルンの岩山を正面に見ながらスタート。すぐに分岐があるが、線路をくぐらずに左へ。少し進むとまた分岐があり、左は丘を越えていくコースで、右は丘を回り込むコース。どちらもローテンボーデンの駅に行くことができる。左へ行くと丘を越えたあと、再び線路際まで行くまでの間多少傾斜がきつくなるが難しい所はない。ただコース上に岩が露出している所が多く、雨のあとなどは滑りやすいので気をつけよう。

駅の近くになると、リッフェルホルンとリッフェルゼーが見えてくる。この区間だけ歩くなら、リッフェルゼーに映る有名な「逆さマッターホルン」を見てから、駅に向かうようにしよう。

標識をチェックしながら歩こう

ハイキングのごほうびはリッフェルアルプでの1杯

眼下に見えるリッフェルアルプのホテル

ローテンボーデン（2815m）から次の駅、リッフェルベルク駅（2582m）を目指す区間は、このハイキングのハイライトと呼べる所。時間がなくて1区間だけ歩きたいという人は、ここを歩くといい。

ローテンボーデンの駅を背に、目の前にあるリッフェルホルンの岩山を目指してスタート。左側から回り込んでコースを進んでいくと、すぐにリッフェルゼーが見えてくる。コース上からも湖面に映るマッターホルンの姿が見えるが、できれば湖畔まで近づいたほうが、よりはっきりした「逆さマッターホルン」が眺められるはずだ。

リッフェルゼーは両岸にコースが延びているが、どちらを歩いてもOK。しばらく歩くとふたつ目のウンターリッフェルゼーがあり、こちらの湖面にもマッターホルンが映っている。

登山鉄道の線路のすぐ近くを歩くところもある

湖をあとにしてすぐに分岐がある。右は上りだが、ここはマッターホルンに向かって真っすぐ下っていこう。歩き始めから1kmを超えたあたりでまた分岐が現れる。今度は右のほうに道をとる。そのままコースは右に大きくカーブし、マッターホルンは左のほうに移動する。するとダン・ブランシュ（4357m）、オーバー・ガーベルホルン（4063m）、ツィナール・ロートホルン（4221m）、ヴァイスホルン（4506m）といった秀峰が次々と姿を現してくる。

駅に近づくにつれ、いくつかのハイキングコースに分かれるが、眼下に見えているリッフェルベルクの駅を目指せばいい。

リッフェルベルク駅（2582m）から、隣に建つホテル・リッフェルベルク方向に歩き始める。ホテルのテラス脇からコースが延びており、最初の分岐で右へ。しばらくはジグザグの下りが続く。片側は崖だが柵はない。傾斜がかなりあって、ところどころに岩肌が露出している坂道なので、滑らないように慎重に歩こう。ただ、コーナーを曲がるたびに表情を変えるマッターホルンが眺められるので、たまに立ち止まって美しい三角の山の姿を確認しておこう。

マッターの谷とツェルマットの町、そして目指すリッフェルアルプが見えてくると急な下りももう少し。20

分ほど歩くと平坦な道となる。このあたりがBodmenで、周りは放牧地。初夏の頃は一面の花畑となり、花々の上にマッターホルンの姿が見える、なんとも贅沢な景色が楽しめる。

Bodmenから下ると森林限界を越え、木立の中のコースとなる。リッフェルアルプの教会を過ぎると駅まではすぐ。ここから列車でツェルマットへ下りてもいいが、最後まで歩いて下りたいなら、駅に行く手前で標識に従って左へ。ここからはツェルマットの町まで林間コースとなる。暑いシーズンなら、それまで炎天下のなかを歩いてきただけに、木々が造る木陰と風が最高に心地いい。コースは冬のスキーコースに沿ったり、交差したりしながら下っていく。町に下る途中には山小屋レストランが何軒もあり、特に花に飾られたレストランRittyはおすすめ。テラスから見上げるマッターホルンの姿が美しい。Rittyの正面から西に向かっていくと、マッターホルン・グレッシャー・パラダイスやシュヴァルツゼーへ行くロープウエイの駅フーリに行くことができる。ツェルマットに下りるなら、レストラン裏側から。途中で舗装道路と交差するが、そのまま進んでいくと、ツェルマットの一番北側にあるヴィンケルマッテン地区に入る。ここからはツェルマットのホテルに向かう人、駅に向かう人、それぞれ最短のルートを歩いていこう。

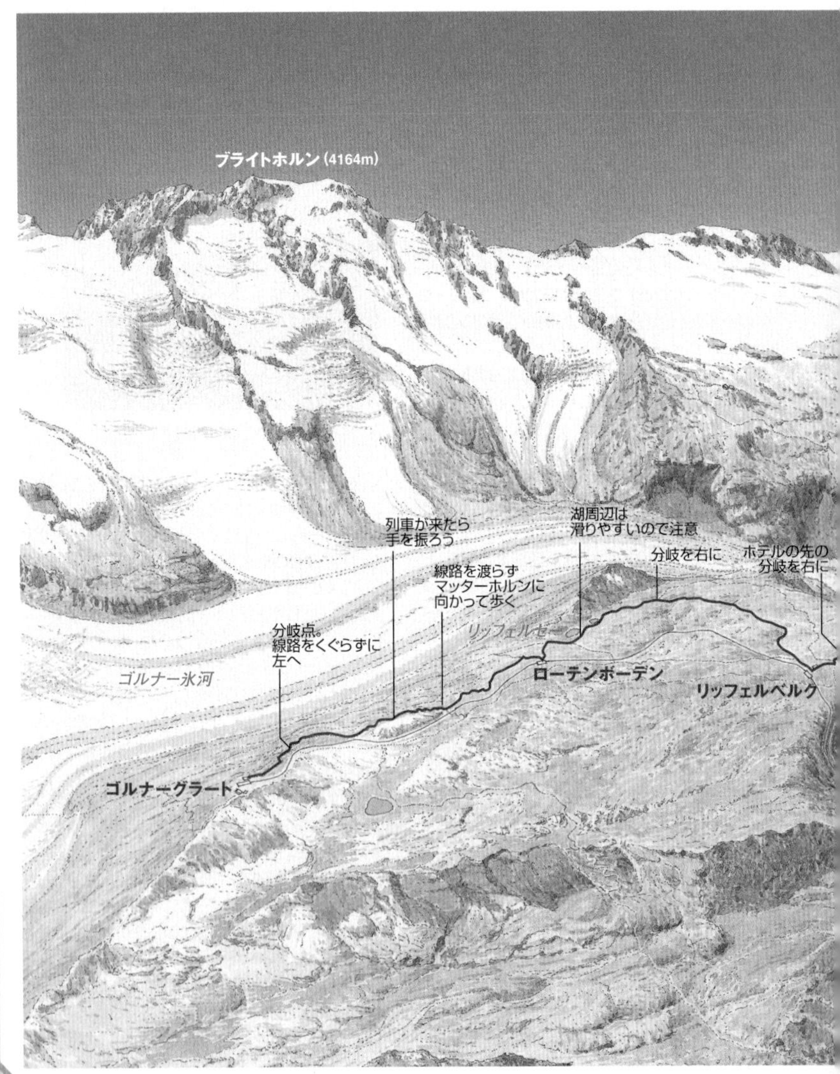

リッフェルアルプへの途中。
小川とマッターホルン

山の上の5つ星リゾート、リッフェルアルプ

マッターホルン(4478m)
ダン・デラン(4171m)
ダン・ブランシュ(4357m)
りやすいジグザグ道
このあたり、見事な花畑
この辺が森林限界
レストランのテラスから見る
マッターホルンが見事
道は舗装道路に
リッフェルアルプ
教会がある
リッフェルアルプへは右
ツェルマットへは左
ツェルマット

景色がよくて歩きやすい、ツェルマットハイキングの入門コース

スネガ ➡ ツェルマット
Sunnegga ➡ Zermatt

スネガへの地下ケーブルカー

アクセス➡ツェルマットからケーブルカー
スタート地点標高➡ 2288m
ゴール地点標高➡ 1604m
最高到達地点➡ 2288 m
高低差➡ 684 m
総延長➡ 4.7km
所要時間➡ 2 時間
公式地図番号➡ 1348
難易度➡技術 1 ／体力 3

地下ケーブルカーに乗ってツェルマットからたった3分の所にある、町に一番近い展望台がスネガ。「ここから見るマッターホルンの姿が一番美しい」という人がいるほど。北東稜を正面に左右に裾が広がる山の姿が眺められる。

まずは展望台のすぐ下に見えるライゼーに向かって歩き始める。湖の周辺は花々が豊かな放牧地。夏の暑い日には水遊びに興じる家族連れの姿をよく目にする。マッターホルンと水着の組み合わせにちょっと違和感をもつかもしれないが、スイスの子供たちは少々冷たい水でも、かまわず飛び込んでいる。

湖の横を通り過ぎ、マッターホルンを正面に見ながら歩いていくと、古い木造の放牧小屋が何軒か集まったエッゲンEggenというエリアに入る。スタートからライゼーで寄り道しなければ20分ほどの所。ロートホルンからのハイキングコースが合流するのもこのあたり。そこからさらに5分ほど下ると小さな集落、フィンデルンに到着する。

高床式の穀物倉庫の足の部分に、ネズミが上がってこられないような工夫がされている「ネズミ返しの小屋」で有名な村だ。この「ネズミ返しの小屋」はツェルマットの村の中にも、気をつけて見ていれば何軒もあるのだが、ここが有名なのは、しばしばここの小屋とその向こうに美しく均整のとれたマッターホルンの姿が1枚の写真になっていることが多いからだ。

ライゼーの湖畔はピクニックに最高の場所

ねずみ返しの小屋が見られる

フィンデルンの周辺は放牧地で、たくさんの花が咲いている。またマーモットの生息地にもなっている。村にあるしゃれたレストランで食事をしながら、お茶を飲みながら周囲の景色を楽しんでみたい。

フィンデルン氷河を水源とする流れが造ったフィンデルンの沢を左に見ながら下っていくと、森林限界を越えてやがて森の中の道となる。つづら折りの少し急な坂を下りていく途中、木々の切れ間からマッターホルンが顔をのぞかせている。いつの間にかフィンデルンの沢が深い谷になっており、しばらく行くとこの谷を渡るゴルナーグラート鉄道の鉄橋が見えてくる。フィンデルンの「ネズミ返しの小屋」と同じくらい有名な、鉄橋を渡る列車とマッターホルンが1枚の写真に納まっている風景は、ここで撮られたものだ。事前に登山鉄道の時刻表を調べておけば、いい写真が撮れるかもしれない。

急な下りが終わり樹林帯を抜けると、先ほど鉄橋が見えた登山鉄道の線路を越え、ツェルマットの村の端ヴィンケルマッテン地区に入る。道なりに歩いて、途中マッターホルン・グレッシャー・パラダイスやシュヴァルツゼーへ向かうロープウエイの出発駅のそばを通り過ぎる。ヴィンケルマッテン地区に入ってから村の中心まではゆっくり歩いても20分ほどだ。村内バスを使うこともできる。

鉄橋が見えるポイントまで来ればゴールはもうすぐ

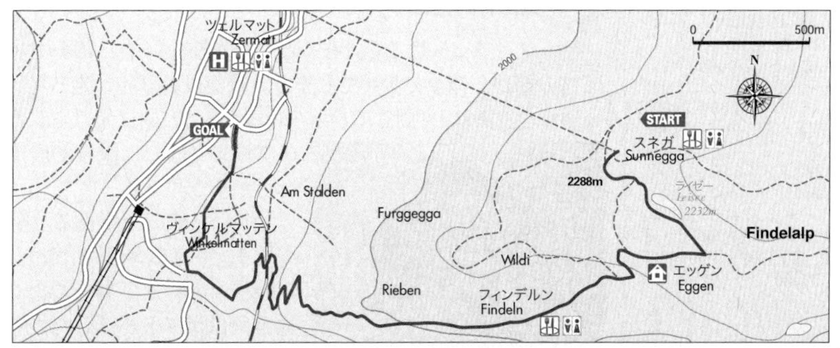

サース・フェー
Saas-Fee

州：ヴァリス/ヴァレー
使用言語：ドイツ語
地図位置：P.243-B2
標高：1803m
郵便番号：CH-3906
エリアコード：027
（市内通話の場合でも初めにエリアコードをプッシュする）

アクセス ブリークBrigからサース・フェー行きポストバスで所要約1時間26分。フィスプからポストバスで約50分。バスはほぼ30分ごと。ブリーク、フィスプともバス乗り場は駅前。ベルン方面から行く場合は、IC特急を利用してフィスプまで行き、バスに乗り継ぐ。チューリヒ空港から約3時間20分。ベルンからなら約2時間。

ツェルマットから行くには
MGB鉄道のシュタルデン・サースStalden Saasがマッター谷とサース谷の分岐点。ツェルマットからは、いったんここまで戻ってブリーク方面から来たポストバスに乗り換える。バス乗り場は駅舎の横だ。所要約1時間51～57分。

バスの予約
サース・フェーのバスターミナルでは予約を受け付けている。混み合いそうな時期や時間帯に利用する場合、また飛行機に乗るなど動かせない予定がある場合は、前日までに予約をしておくと安心だ。

村内を走る電気自動車

ℹ観光案内所
Verkehrsbüro
☎(027)9581858
URL www.saas-fee.ch
開 月～土曜　8:30～12:00
　　　　　　14:00～18:00
'23年1/28～4/8、7/8～8/19
土曜　8:30～18:00
日曜　9:00～12:00
　　　14:00～18:00
休 4月下旬～5月中旬の土・日曜、10月中旬～12月中旬の土・日曜

シュピールボーデンから村を眺める

氷河が見える村なんてスイスでは珍しくない。しかし、周囲をぐるりと氷河に取り囲まれ、今にも押しつぶされそうな村はほかにないだろう。その源であるミシャベル連峰がまたすばらしい。村は13の4000m峰に囲まれていて、わざわざ展望台へ上がらなくてもホテルでモルゲンロート（朝焼け）に陶酔できる。村の標高はおよそ1800m。山の向こうにあるツェルマットと何かと比較されるが、こちらのほうがずっと自然を身近に感じることができるだろう。

氷河から溶け出したフェー・フィスパ川Fee Vispaは河岸をえぐり、村の中心で峡谷を造っている。野生動物が多いのも特徴で、マーモット、アルプスカモシカ、早朝や夕暮れ時にはアイベックスも村の目の前までやってくる。春から夏にかけてはサース谷特有の高山植物が、秋にはカラマツの黄葉がハイカーの目を楽しませてくれる。一般車を締め出した静かな村のたたずまいもいい。

Walking 歩き方

サース・フェーはこぢんまりとした素朴な村で、15分も歩けば村の端から端まで歩けてしまう。電気自動車しか走っていない通りをぐるりと1周してきたら、村から5方向に架けられたロープウエイなどに乗って展望台へ上がろう。

観光案内所

村のヘソは2ヵ所ある。郵便局と教会前広場Dorfplatzだ。この氷河の村と下界をつなぐ交通手段はポストバス。だから郵便局のガレージがバスターミナ

ルになっている。郵便局前広場の正面には観光案内所ⓘがある。ここで情報を仕入れたら、歩き出す前にまず、隣の小山に置かれたベンチに腰かけてみよう。真正面に迫っているのが**フェー氷河Feegletscher**。その末端は本当に村の目の前まで来ている。まれに轟音を響かせて大崩落を起こし、観光客を驚かせることもあるという。

ひと息ついたら案内所前の細い坂を下ろう。スーパーを左側に見て突き当たった所がメインストリート。メインストリートと呼ぶにはあまりにも狭いけれど、なかなか風情のある石畳の小道だ。左へ3分ほど歩くと教会前広場へ出る。スキー&登山学校は広場手前の左角。右側の建物が村役場で、サース谷にスキーと観光客を呼び込んだ功労者イムセン牧師の像が立っている。教会の裏側で鋭く天を指しているピークは、左がテーシュホルンTäschhorn（標高4491m）、右がミシャベル連峰の主峰ドームDom（4545m）だ。通りをさらに進むと、次の角、右側に**サース博物館Saaser Museum**が、さらにしばらく歩くと左側に**パン屋博物館Bäcker Museum**（Hotel Imseng内）がある。

道はやがて**フェー・フィスパ川Fee Vispa**に出る。通りをそのまま進めばレングフルーとプラッティエン行きのロープウエイ駅に出るが、グレッチャー橋Gletscherbrückeを渡ったらすぐに左折してみよう。ミッテルアラリンへ上がるロープウエイ駅の前を通って林沿いの道を歩くと、パノラマ橋Panoramabrückeに出る。その名のとおり、村と氷河とミシャベル連峰を見晴らす最高のビューポイント。足元に目をやれば、谷底の激しい流れに沿ってはしごが見える。

橋を渡って坂を上がった突き当たりに、木造の古めかしい小屋が建ち並んでいる。これは17～18世紀に建てられたシュタデルStadelと呼ばれる干し草小屋で、サース谷の各地から、ここへ移築したもの。ここを左折すれば3分で教会前広場、右折すれば目の前が郵便局だ。

中心部に建つ教会

サースタールカード SaastalCard
サース・フェーでは、村のホテルの宿泊客がさまざまな特典を受けられるパスポートを発行。Kurtaxe観光税（夏期はひとり1泊CHF7）を支払うことで入手できる。夏期、冬期とも有効で、地域内の10のロープウエイ（メトロ・アルピンを除く）と循環バスが無料になる。そのほかさまざまな特典があるので、ホテルに着いたら発行してもらうのを忘れずに。

ホテルの送迎タクシー
村内の交通機関は電気自動車によるタクシーだが、おもなホテルではバスターミナルまで無料で送迎してくれる。観光局外側にあるホテル直通電話で迎えに来てもらおう。

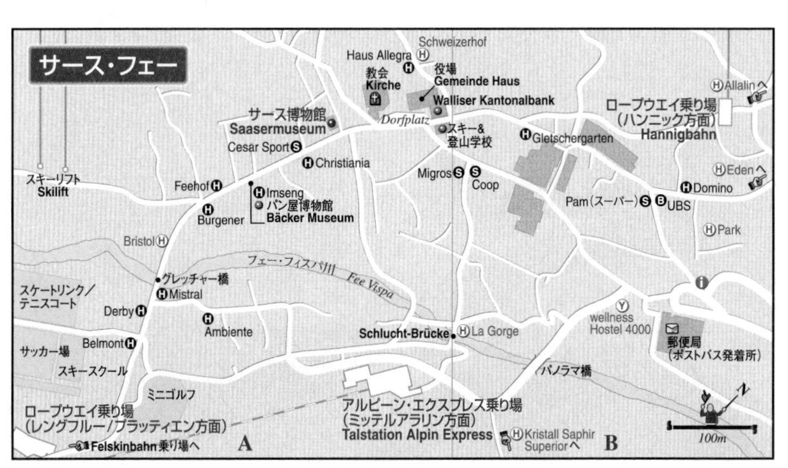

Scenic Overlook 展望台

サース・フェーで最も高い展望台

MAP P.270

ミッテルアラリン Mittelallalin

3456m

サース谷で最も高い位置にある展望台。村の背後に迫るフェー氷河の、さらに上にある。ロープウエイ（アルピーン・エクスプレス）乗り場は郵便局からパノラマ橋を渡って5分ほど歩いた所。途中モレニアMoreniaで乗り換え、約10分でフェルスキンFelskinnへ。その先はメトロ・アルピンMetro Alpinというモダンな地下ケーブルカーが、わずか4分で氷河の上の雪原へ運び上げてくれる。

到着したら、まずは展望台へ出よう。真夏でも雪に覆われているので滑らないように。頭上に輝く白銀の山はアラリンホ

アクセス
サース・フェー
↓ ロープウエイ 10分
フェルスキン
↓ ケーブルカー 4分
ミッテルアラリン

◆ロープウエイ ケーブルカー
運行：20分ごと
サース・フェー発
冬期8:30～16:00頃
夏期（'23年は7/15～10/1）
7:30～16:00頃
※時期により変動あり。
春期と秋期に運休あり。
フェルスキン（途中駅）発
7:45～15:30
（時期により変動あり）
料片道CHF56、往復CHF75。
スイストラベルパスで50%割引

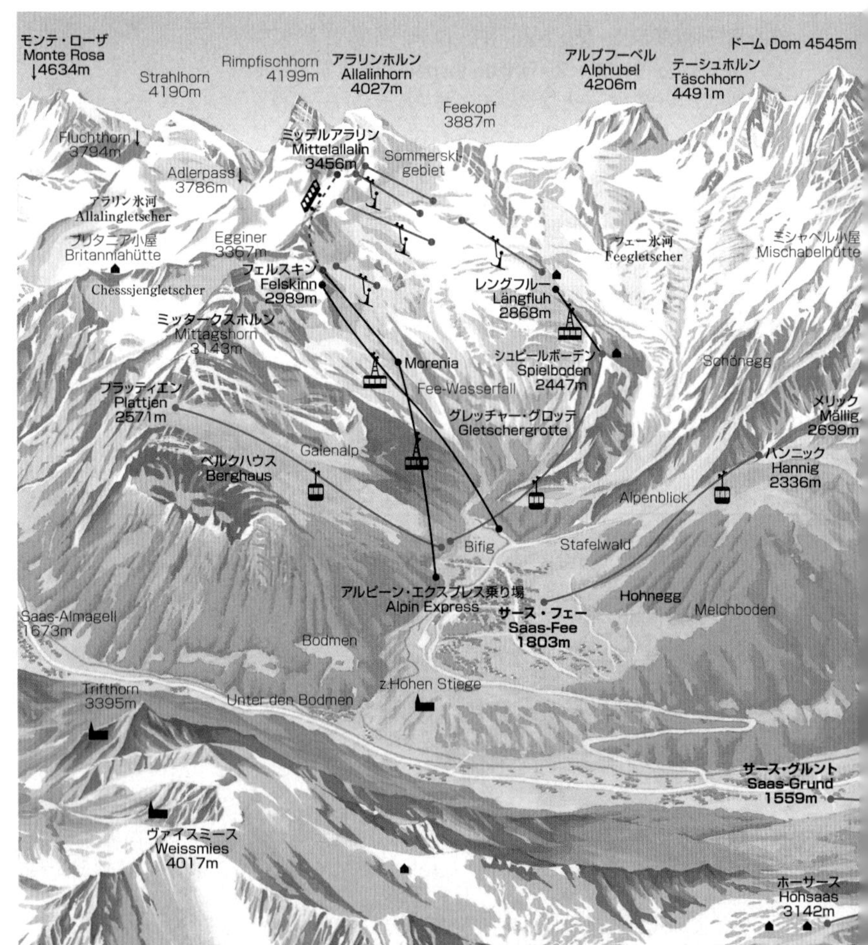

真夏でもスキーができるミッテルアラリン

ルンAllalinhorn（4027m）。天気のよい午前中なら、左の稜線から大勢のパーティが登っていくのが見えるだろう。ガイドをともなって約2時間で山頂に立てるそうだ。その右のなだらかな山がアルプフーベルAlphubel（4206m）。次のとがったピークがテーシュホルンTäschhorn（4491m）、そしてドームDom（4545m）。ドームは山全体がスイスにある山としては最高峰だ。

展望台の足元から村へ落ちる巨大な流れがフェー氷河。アルプフーベルから落ちる流れも合わせてこう呼ばれる。氷河上部は夏スキーのパラダイス。スノーボードコースも充実している。

目を北に転じると、サース谷の右奥に三巨頭がそびえる。手前からヴァイスミースWeissmies（4017m）、ラッギンホルンLagginhorn（4010m）、フレッチュホルンFletschhorn（3985m）だ。視界の利く日には、サース谷のはるか向こうにユングフラウも見える。手前の小さなピークには山岳ガイドの碑が立てられている。積雪がなければここまで歩いてみるのもいい。

駅に戻ったらセルフサービスのレストランで休憩してもいいし、最上階には回転レストランもある。シルトホルンを抜いて世界で最も高所にある回転レストランで、1時間で1周する。

回転レストランでのんびり眺望を楽しもう

アイスグロッテ・アラリン
Eisgrotte Allalin

開ケーブルカーの運行日9:30～（最終入場15:00）
料CHF20
休4月中旬～6月中旬

ミッテルアラリンには世界一がもうひとつある。回転レストランの地下に奥行き70m超、容積5500m³の氷の洞窟があるのだ。世界最大の氷穴としてギネスブックに登録されており、見応えたっぷり。氷の彫刻があるだけでなく、アイスクライミングや遭難者救助の様子などもわかるようになっている。

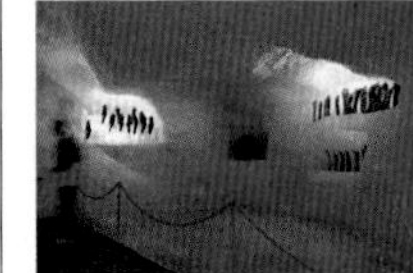
不思議なオブジェが配されたアイスグロッテ・アラリン

氷河歩きツアー

サース・フェーガイズSaas-Fee Guidesの「Glacier Experience」に参加しました。借りるものはハーネスだけで、（軽登山靴がない人はそれも）アイゼンは不要。当日はフェルスキンまでのチケットを購入し、地下ケーブルカーの途中駅で下車。ここからおよそ1時間半の氷河歩き。少しドキドキするようなクレバスをジャンプさせてくれたり、氷河上を流れる川を見せに連れていってくれたり、かなりサービスしてくれていると感じる内容でした。

（茅ヶ崎市　上田恵）

URL www.saasfeeguides.com
4人以上のグループツアーで催行。ひとりCHF210。防風・防寒の服装と手袋、帽子、サングラス等の装備は必要。詳細は問い合わせを。　['23]

ミッテルアラリンへの別ルート

11月中旬～7月中旬は、サース・フェーの村の最も奥からFelskinnbahnというロープウエイで上がることもできる。乗り場は村の中心からグレッチャー橋を渡って最初の角を右折した所。
所要：約10分
運行：7:00～16:15（時期により延長・短縮あり）

ミッテルアラリンの施設

回転レストラン「Allalin」、セルフサービスレストラン、スポーツショップ、売店、トイレ。

アクセス　サース・フェー
↓ 20分
レングフルー

◆ロープウエイ
運行：サース・フェー発ロープウエイ
夏期（'23は6/3〜9/24）
9:00〜16:15頃
※時期により変動あり。
春期と秋期に運休あり。
料片道CHF38、往復CHF58
スイストラベルパスで50%割引

昼休みに注意！
日本では考えられないことだが、サース・フェーのロープウエイには昼休み（12:15〜13:30頃）がある。これにかかってしまうと1時間以上待たされる。

レングフルーの施設
山岳ホテル、レストラン、トイレ。

クロイツボーデン＆ホーサースへの行き方
サース・フェーからブリーク方面行きポストバス（1時間に1〜2本）に乗って約10分。サース・グルント・ポストで降りて少し先に進むか、サース・グルント・ベルクバーネンで降りて戻っても行ける。運がよければ、ロープウエイ乗り場の目の前に停まってくれることも。帰りは、ロープウエイ乗り場を出てメインストリートを左に進み、10分ほどの所にある郵便局前から乗る。教会が目印。

サース・グルント
↓ 10分
クロイツボーデン

◆ロープウエイ
運行：夏期（'23年は5/27〜10/22）8:15〜12:00、13:15〜16:30。（6/24〜8/27は7:30〜16:45）。
冬期9:00〜16:00※時期により変更あり
4月中旬〜5月下旬、10月中旬〜12月中旬は運休。
料片道CHF30、往復CHF39
スイストラベルパスで50%割引

アクセス　クロイツボーデン
↓ 10分
ホーサース

◆ロープウエイ
運行：夏期（'23年は5/27〜9/24）8:15〜12:00、13:15〜16:15（6/24〜8/27は7:45〜16:15）
冬期9:15〜15:45。※時期により変更あり。
4月上旬〜5月下旬と9月下旬〜12月中旬は運休。
料片道CHF30、往復CHF39。
サース・グルントからは片道CHF37、往復CHF48
スイストラベルパスで50%割引。

帰路はハイキングを楽しもう

MAP P.270

レングフルー Längfluh

2868m

三方を氷河に囲まれた展望台。ミッテルアラリンに比べるとずっと低い場所にあるが、氷河をさまざまな角度からじっくりと観察できるのが魅力。何しろ、アラリンホルンやアルプフーベルの雪を集めた大河のようなフェー氷河が、ここレングフルーにぶつかってふた手に分かれるのだから、川の中州に展望台があるようなもの。あちこちが黒っぽく見えるのは削り取った砂礫を巻き込んでいるから。ときには大きな岩を運んでいることもある。そう、今立っている場所もじわじわと削られている。正面に立ちはだかるドームも、この大河が彫り上げた作品なのだ。

レングフルー行きロープウエイ乗り場は、サース・フェーの村の中心からメインストリートをひたすら歩いて10分ほど。途中、シュピールボーデンSpielbodenで乗り換える。帰りはこの駅で途中下車して、高山植物の多いハイキングコースを歩いて下ろう。

レングフルーからサース・フェーへのハイキングコース

サース・フェーの全体像がよくわかる

MAP P.271

クロイツボーデン Kreuzboden

2399m

サース・フェーの隣町、サース・グルントから上がる展望台。

クロイツボーデンはミシャベル連峰から離れた展望台だが、そのぶん、サース・フェーの周囲を取り巻く山と氷河の全体像をひとめで見渡せる。近くにある湖ベルクゼーBergseeから見たドームは、下界から切り離された崇高な面持ち。あたりは高山植物の宝庫でもあり、季節ごとにさまざまな花が咲き乱れる。絶景ポイントをおさえたウェルネスコースもあり、こちらは1周35分ほどと気軽に歩ける。

ベルクゼー

居並ぶ4000m峰の姿は壮観

MAP P.270

ホーサース Hohsaas

3142m

クロイツボーデンからさらに約800mを上がった所にある展望台。4000m峰を18座も見渡すことができ、サース・フェーからはミシャベル連峰の陰に隠れて見えなかったモンテ・ローザ（4634m）も頭をのぞかせてくれる。

ホーサース展望台のレストラン

すぐ横を流れるトリフト氷河の上にそびえるのはヴァイスミースWeissmies（4017m）。心得のある人なら、ここからガイドと一緒にトリフト氷河Triftgletscherを横切って4時間ほどで山頂に立てるという。

村の周囲の氷河がよくわかる

MAP P.270

プラッティエン Plattjen
2571m

サース谷を見下ろす

サース・フェーの東側、ミッタークスホルンMittagshorn（3143m）の肩にある展望台。レングフルー行きロープウエイと同じ駅の左側から6人乗りロープウエイに乗り込もう。高度が上がるにつれてドームの全容が見えてきて圧巻だ。村に迫っている氷河がフェー氷河以外にもたくさんあることがわかるだろう。ロープウエイを降りたら、5分ほど歩いて尾根へ出よう。ヨーロッパ最大のマットマーク・ダムMattmarkと、ダム湖のシュタウゼーStauseeを望むことができる。

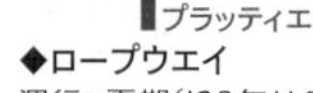

アクセス サース・フェー
↓ 10分
プラッティエン

◆ロープウエイ
運行：夏期（'23年は6/10～10/22）
冬期は12月中旬～4月中旬の8:30～16:15
※時期により変動あり。
休4月中旬～7月上旬と10月下旬～12月中旬は運休。
料片道CHF26、往復CHF40
スイストラベルパスで50%割引

プラッティエンの施設
レストラン、トイレ。徒歩20分の所に山岳ホテル。

村の中心部から最も近い展望台

MAP P.270

ハンニック Hannig
2336m

滞在中ずっと天気が悪かったけれど、出発直前になって晴れた、などというときにも1時間あれば往復可能。村の西側にあるので、天気がよければ夕方からでもおすすめ。

ロープウエイの乗り場は、メインストリートを郵便局のほうへ歩き、郵便局方面へ曲がる角を過ぎてすぐ次を左折。Hotel Dominoの前を通って坂を上がった所。

レストランに食事に行くだけでも

アクセス サース・フェー
↓ 10分
ハンニック

◆ロープウエイ
運行：夏期（'23年は工事により運休）9:00～16:30
冬期9:15～16:15
※時期により変動あり。
休4月中旬～6月中旬と10月中旬～12月中旬は運休。
料片道CHF26、往復CHF40
スイストラベルパスで50%割引

ハイキング情報 P.276

マーモットに出合うことも

Activity アクティビティ

夏スキー

ミッテルアラリンでの夏スキーは7月に始まる。コースは全長20kmにも及び、雪の状態によっては10月中旬まで滑れるというからスゴイ！

特にスノーボードのコースが充実しており、150mのハーフパイプ3本のほかに、クオーターパイプ、グランドスラロームのコースなども設置されている。

夏スキー
ミッテルアラリン行き夏のリフト運行は7月上旬から。
スキーリフト料金はCHF85（1日）、サースタールカードがあればCHF75。

そのほかのアクティビティ
マウンテンバイク
サース・フェー周辺には80kmにも及ぶMTBコースがあり、標識もよく整っている。レンタルは村のスポーツ店で扱っている。あらかじめ観光局でバイクマップをもらっておこう。また、ガイド付きのバイクツアーも催行されている。

サース・フェーはスキーリゾートだ。夏の観光客は冬のスキー客の半数にも満たないので、夏にホテルが見つからないということはほとんどないだろう。予約をしてある場合は、バスで来たなら郵便局、車なら駐車場から、ホテルに電話をすれば迎えに来てくれる。気をつけたいのが春と秋。休業するホテルやシャレーが多い。

シュヴァイツァーホフ Schweizerhof

MAP P.269-A ★★★★

村の中心部にある役場の脇の坂を上がった所にある。屋外のパノラマサウナや氷河の景色を望むリラクセーションルームなど、充実のスパ施設を併設している。宿泊者はマッサージや各種エステを有料で受けることができる。スタッフのサービスにも定評がある。

住Haltenstrasse 10
☎(027)9587575
URL www.schweizerhof-saasfee.ch
料(または)ⓈCHF130 ⓌCHF220～
Room45室 Wi-Fi無料
カードAMV
休4月下旬～6月中旬

アラリン Allalin

MAP P.269-B域外 ★★★★

メインストリートから直結でバスターミナルからも徒歩5分（送迎あり）。南向きの部屋から眺めるサース山脈の景色が雄大。広々とした客室も清潔で、家族経営の目が行き届く接客が評判。ビュッフェ式の朝食メニューは種類も豊富で、人気のディナーは5コースの日替わりメニューで価格もリーズナブル。

住Lomattenstrasse 7
☎(027)9581000
URLallalin.ch
料ⓈⓌCHF213～
Room30室 Wi-Fi無料
カードMV
休4月中旬～6月初旬、10月中旬～11月初旬

クリスタル・サファイヤ・スーペリア Kristall Saphir Superior

MAP P.269域外 ★★★

サース・フェーの西、サース・アルマゲルにある個人経営のアットホームなホテル。スタッフも親切でサービスの良さも評判。朝食は地元食材を使ったビュッフェ形式、ディナーは4コースの創作料理から選べる。24時間営業のフィットネスセンターや、サウナなど設備も整っている。山岳ツアーやダウンヒルスキーなどのアクティビティも人気。

住Talstrasse43 3905 Saas-Almagell
☎(027)9581700
URLkristall.ch
料ⓈCHF144～ⓌCHF265～
Room55室 Wi-Fi無料
カードAJMV

ブリストル Bristol

MAP P.269-A ★★★

グレッチャー橋の近くにあり、レングフルーやプラッティエン方面へのロープウエイ乗り場にも近い。遮るもののない氷河の景色も自慢。シングルルームから4名まで宿泊可能なパノラマスイートまで、客室は4タイプ。ホテルのそばにはキッチン付きのアパートメントタイプもある。

☎(027)9581212
URLwww.hotel-bristol-saas-fee.ch
料ⓈCHF85～ⓌCHF160～
Room21室 Wi-Fi無料
カードMV
休4月中旬～6月上旬、11月

エデン Eden

MAP P.269-B域外 ★★★

ポストバス発着所から徒歩10分ほどの所にある。エレガントでアットホームな雰囲気。全室マウンテンビューで、広いバルコニーが自慢。ポストバスターミナルからの送迎あり。スイス料理が食べられるレストラン、スパとフィットネスセンターを完備、各種チケットやツアーの手配も可。

住Postfach 93
☎(027)9581818
URLwww.eden-arcade.ch
料(または)ⓈCHF100～ⓌCHF180～ 食事追加CHF30～ Room20室
Wi-Fi無料 カードJMV
休4月中旬~6月中旬、10月中旬~12月中旬

日本からサース・フェーへの電話のかけ方

[国際電話会社の番号*]+010+[国番号41]+[27(エリアコードの最初の0は不要)]+[電話番号]
*マイラインの国際通話区分に登録している場合は不要

H パーク Park

MAP P.269-B ★★★

観光案内所の近くにあるこぢんまりとしたホテル。南向きの部屋にはすべてバルコニーが付いていて、氷河や山々が広がる雄大な景色を楽しめる。送迎あり。朝食はビュッフェ形式、夕食は4コースディナー。希望に合わせてベジタリアン、グルテンフリーなど事前にリクエスト可。

住 Bielmattweg 1
☎ (027)9581990
URL www.parkhotel-saas-fee.ch
料 (または) Ⓢ CHF 103～ Ⓦ CHF206～
Room 17室　Wi-Fi 無料
カード MV　休 4月中旬～6月中旬、11月中旬～12月中旬

ラ・ゴルジュ La Gorge

MAP P.269-B ★★★

感じのよい登山家のオーナー夫妻が経営するアットホームな宿。レストランを併設している。全室にキッチンが備わっている。併設のレストランではヴァリス伝統料理を楽しめる。アラカルト料理は前菜CHF8～、メインCHF20～が目安。ワインの種類も豊富。ベビーシッターの手配を依頼できる。

住 Blomattenweg 2
☎ (027)9581680
URL www.saas-fee.ch/en/hotel/hotel-apart-la-gorge/
料 (または) Ⓢ CHF89～ Ⓦ CHF178～
Room 12室　Wi-Fi 無料
カード MV　休 4月中旬～6月中旬

ウェルネス・ホステル4000 Wellness Hostel 4000

MAP P.269-B ★★★

デザインホテルのようなスタイリッシュなユースホステル。本格的なフィットネスジムやプールを備えた、スイスのみならず、世界初のユースホステル。設備だけでなくサービスも充実。ゲストは屋内プールを無料で利用できる。ジムは追加料金。ランチ、ディナーは各CHF19.50。

住 Panoramastrasse 1
☎ (027)9585050
URL www.youthhostel.ch
料 Ⓓ CHF52～
Ⓢ CHF96～
Ⓦ CHF134～　非会員は1日CHF7プラス　Room 168ベッド
Wi-Fi 無料　カード MV

COLUMN スイスでも消えゆく氷河

2019年9月22日、スイス東部の山で消えた氷河を悼む葬儀が行われ、250名近くの人々が喪服を着て登山を行った。もはや氷河としての特徴を備えていないとされたのはピツォル氷河。以前からモニタリングされていた氷河だが、2006年以降だけでも8～9割が失われる縮小が続き、ついに氷河とは呼べない状態になってしまった。

スイス各地の氷河の融解は、標高3000m近い場所でもはっきりとわかるほどで、もっと標高の低いエリアにあった氷河は、今や簡単にはアクセスできない場所まで後退している。グリンデルワルトの人気観光ポイントだったオーバーラー氷河は、1990年代は氷河洞窟に入ることができたが、現在は標高にして300m以上も後退してしまい、触れるどころか間近に見ることもできなくなった。写真はマッターホルンの里、ツェルマットの人気展望台ゴルナーグラートから見た氷河の景色。上が2002年9月、下がちょうど20年後の2022年9月に撮影したカットだ。

初めて訪れた観光客なら氷河の雄大さに感嘆するだろうが、'02年と'22年の写真を比較してみると山肌を流れ落ちるふたつの氷河、シュヴァルツェ氷河とモンテローザ氷河がずいぶん後退していることがわかるだろう。

2022年から2023年にかけての冬期シーズンはヨーロッパ全体が高温となり、スキー場が開けないほどの雪不足にも陥った。遠くない将来、氷河観光は登山家しか楽しめないごく限定された場所での体験になってしまうかもしれない。スイスはまだ氷河観光が手軽に楽しめる状態にある。登山列車やロープウエイを乗り継いで氷河を一望できるポイントまで簡単にアクセスできるし、氷河上のハイキングを楽しむことも可能だ。

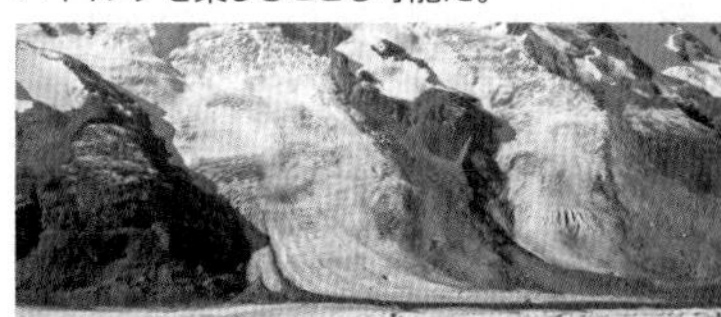

2002年9月5日9:53に撮影

2022年9月22日9:55に撮影

サース・フェーが氷河に囲まれた村であることがよくわかる

ハンニック➡サース・フェー

Hannig➡Saas-Fee

村の中心からハンニックのレストランはすぐ

アクセス➡サース・フェーからロープウエイ
スタート地点標高➡ 2336m
ゴール地点標高➡ 1803m
最高到達地点➡ 2336 m
高低差➡ 533 m
総延長➡ 6km
所要時間➡ 2：30
公式地図番号➡ 1328 ／ 1329
難易度➡技術 2 ／体力 2

サース・フェー周辺では、最も気軽に楽しめるコース。スタート地点までのアクセスが容易で、道がよく整備されているのがその理由だ。ただし500mほどの標高差をずっと下ることになり、途中にはかなり急な下りもあるので、登山用のしっかりしたシューズを履いて歩きたい。トレッキングポールを使って、下りの衝撃を和らげるような歩き方をすれば、足や膝への負担が軽くなる。

スタート地点のハンニックはサース・フェーの町なかにある乗り場からロープウエイに乗って10分で到着。まずは広々としたテラスから景色を楽しもう。ここのレストランで朝食や昼食を取ってから歩き始めるのもいい。

テラスの横の道を5分ほど歩くと分岐点がある。ここは右へ。左の道はサース・フェーへ下りていく道。こちらもハイキングが楽しめるが、森の中を歩く距離が長いので、沿道の景色はいまひとつ。

コースの前半は、ずっと左にサース・フェーの谷を見下ろしながらのハイキングが続く。右の山を見上げるとオーバルム氷河が見える。1km過ぎで氷河の

コースから見上げるとそこにも氷河

春から初夏にかけてアルペンローゼがよく見られる

サース・フェーの村を見下ろしながら歩いていく

融水を集めたトゥレンバッハ川を越える。夏の暑い日は融水量が特に多いので、流れはかなりの迫力。しっかりした橋が架けられているが、渡るときは足元に注意したい。しばらくはそのまま山腹のなだらかな道を歩く。道はよく整備されており、フラットで歩きやすい。背後にはミシャベル山群、足元のサース・フェーの町の向こうにヴァイスミース（標高4017m）がそびえる。

　スタートから2km過ぎから、トゥリフトの急なジグザグ道が始まる。ゆっくり下れば危険なことはないが、雨のあとなど路面がぬれているときは、特に注意して慎重に歩きたい。ここではときどき立ち止まって耳を澄ませてみよう。周辺はマーモットやアイベックスの生息地。彼らの姿はしばしば目にする。このあたりでは動物だけでなく、足元の植物にも注意してみよう。アルペンローゼやエンツィアンはもちろん、今では貴重な野生のエーデルワイスが見られるかもしれない。無事にトゥリフトの急坂をクリアすれば、あとはゴールまではなだらかな下り。道はアルプから樹林帯へ入っていく。小さな湖グレッチャーゼーに向かうあたりから正面を見上げるとフェー氷河の迫力ある姿が目に飛び込んでくる。この湖はフェー氷河の融水を集めたもので、湖水に手を入れるとしびれるような冷たさだ。湖のほとりでしばし休息を取ったら、ゴールまでは30分ほど。のんびりと牧草地の中の道をサース・フェーに戻ろう。

アルプスの人気者マーモット

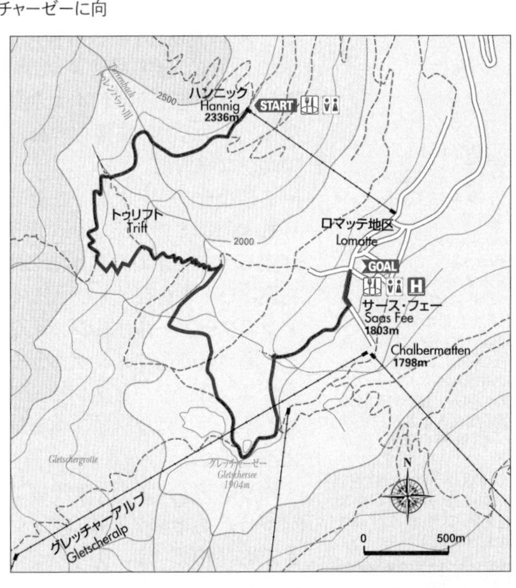

アレッチ地域
Aletsch Gebiet

州：ヴァリス/ヴァレー
使用言語：ドイツ語
地図位置：P.243-B1
エリアコード：027
（市内通話の場合でも初めにエリアコードをプッシュする）

世界自然遺産アレッチ氷河

ユングフラウを源とするアレッチ氷河は長さ約20km、幅1.8km、面積78.5k㎡でヨーロッパ最大＆最長。有名なユングフラウヨッホの展望台からはその源流を見下ろせるが、"岸"から流れを見ることができるのがアレッチ地方だ。2001年に世界遺産に登録された、白い大河を見にいこう。

アクセス フィーシュFieschへは、フィスプから列車で47分、ほぼ1時間に1本。またはブリークからマッターホルン・ゴッタルド鉄道（MGB）で東へ約40分、1時間ごと。ロープウエイ乗り場は駅直結。ベッテン、メレルの駅からもロープウエイ乗り場へはすぐ。

Walking 歩き方

展望台はいくつもあるが、氷河全体を見渡せる**エッギスホルンEggishorn**（2927m）へ行ってみよう。ローヌ谷にあるフィーシュFieschから、背後に迫る断崖の上までゴンドラで一気に上がる。乗り換え駅の**フィーシャーアルプFiescheralp**はアレッチ台地と呼ばれる大きなテラスにある。谷に通じる道はなく、テラス上の集落をつないで小さな電気自動車が走るだけの静かな場所だ。

ここからロープウエイで上った所がエッギスホルン。終点からも氷河はよく見えるが、山頂まで約30分歩けば完璧。氷河が西へカーブする角にあるので、雄大な全体像がよくわかる。右側にひときわ高くそびえるのはベルナーアルプスの最高峰**フィンスターアールホルン**（4273m）。氷河の最上流をよく見ると、黒い岩の上にユングフラウヨッホの建物が見える。その左右にユングフラウとメンヒ。アイガーもちらりと頭をのぞかせている。西にはヴァイスホルン、ドーム、マッターホルンも見えるはずだ。

帰りはフィーシャーアルプで降り、ヴァリスアルプスを眺めながらハイキングするといい。ベットマーアルプBettmeralpまで約1時間30分、リーダーアルプRiederalpまで約2時間半。いずれもよく整備された歩きやすいコースだ。途中、リーダー

❶Infocenter Fiesch
住Fieschertalstrasse 1
☎(027)9285858
URL www.aletscharena.ch
開月～金曜 8:30～12:00
13:30～17:30
土曜（ハイシーズンのみ）
8:30～12:30
13:00～16:00
休日曜、祝日、ハイシーズン以外の土曜

アクセス フィーシュ ↓ 🚡25分 エッギスホルン

◆ゴンドラ
URL www.aletscharena.ch/cableways/
エッギスホルンまでの運行は12月上旬～4月下旬、6月中旬～10月下旬のみ。'23年の夏の運行は6/10～10/22。所要20～30分。ほぼ30分ごと。ほかの季節はフィーシャーアルプまでの運行（運行時間は時期により異なる）。フィーシュ発8:55～16:55頃（延長、運休あり）。
料エッギスホルン往復CHF 49、フィーシャーアルプ往復CHF32。スイストラベルパスで50%割引

ハイキング情報 P.282

斜面に家が点在するリーダーアルプの秋

アルプ・ミッテのロープウエイ駅から**モースフルーMoosfluh**の展望台に上がってもいい。ここからは、エッギスホルンとはまた違う迫力の氷河を眺めることができる。リーダーアルプまで足を延ばしたなら、ぜひヴィラ・カッセル（→P.281）を訪れたい。20世紀初めに建てられたイギリス人資産家の邸宅で、今ではアレッチ自然保護センターになっている。カフェを併設しているので、ここでひと休みするのもいいだろう。いずれの集落からもローヌの谷の鉄道駅へロープウエイが通じているので、体力や時間と相談してハイキングを楽しむことができる。

アクセス リーダーアルプ ↓ 🚡10分 モースフルー

◆ロープウエイ
URL www.aletscharena.ch/cableways/
'23年の夏期運行はモースフルー行きが6/10〜10/22の8:30〜16:30頃、ホーフルー行きが4/16〜5/29の9:30〜15:00と7/8〜8/15の9:00〜12:00、13:30〜16:00
料メレル〜ホーフルー／モースフルー往復CHF49、リーダーアルプ〜ホーフルー／モースフルー往復CHF32。スイストラベルパスで50%割引

アレッチ・エクスプローラー
アレッチ地域の交通機関が乗り放題になるパス。麓の鉄道駅から利用ができる。1日単位で最大21日間まで。1日パスCHF55、2日パスCHF75、3日パスCHF95。

ベットマーホルンへのゴンドラリフト

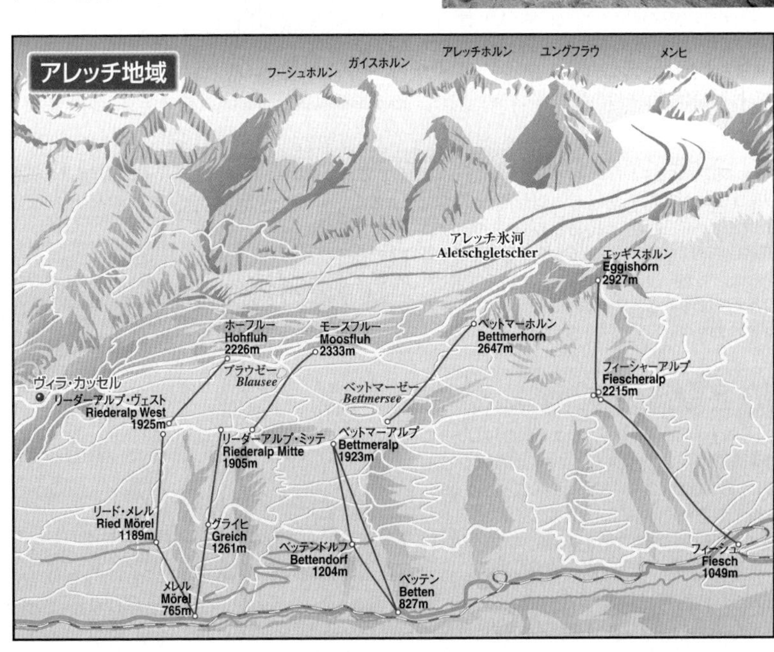

アレッチ氷河とローヌの谷に挟まれた山岳地に点在していて、いずれもガソリン車を制限している静かなリゾート。ローヌの谷からのアクセスはロープウエイだけで、各村を結ぶ公共交通機関もないので、ここではひとつのホテルに連泊して、エリア内は徒歩で移動しよう。夏と冬がハイシーズンで、冬は（ホテルによるが）1週間単位でしか泊まれないところも少なくない。夏はそれほど厳しい制限をつけてくることはない。

アルプフリーデン Alpfrieden ★★★

ベットマーアルプのケーブルカー駅すぐの3つ星ホテル。バルコニーやレストランからは、雄大なマッターホルンやヴァイスホルンの壮大な景色が見渡せる。手入れがされた大きな庭園があり、散策もおすすめ。レストランでは評判の郷土料理を、厳選されたワインとともに楽しむことができる。

住Bettmeralp
☎(027)9272232
URL alpfrieden.ch
料 Ⓢ CHF110～ Ⓦ CHF190～
Room 24室　Wi-Fi 無料
カード AJMV　休4月中旬～5月、10月中旬～12月中旬

ヴァリサー・スパイヒャー Walliser Spycher ★★★

50年以上の歴史あるホテル。リーダーアルプ駅から300mほど坂を下った所にある。バルコニー付きの部屋もあり、テラスから望むヴァリスアルプスの景観が見事。ミニバー付き。併設するレストランはスイス料理やヴァリス地方の料理、ワインなどが楽しめる。宿泊客はサウナを無料で利用可。

住 Aletschpromenade 106
☎(027)9272223
URL www.walliser-spycher.ch
料（または）Ⓢ CHF140～Ⓦ CHF240～
Room 18室　Wi-Fi 無料
カード JMV　休4月上旬～6月上旬、10月中旬～12月中旬

ベットマーホフ Bettmerhof ★★★

ベットマーアルプにある木造のホテル。部屋も木を生かしたあたたかい雰囲気で、ミシャベル山群が眺められる。部屋の向きによって料金設定は異なる。家族向けのアパートメントもある。2軒のレストランを併設し、伝統的なスイス料理とイタリア料理が楽しめる。屋外デッキでの食事も気持ちがいい。

☎(027)9286210
URL www.bettmerhof.ch
料（または）Ⓢ CHF105～Ⓦ CHF122～　食事追加 CHF45
Room 22室　Wi-Fi 無料
カード AJMV　休4月中旬～6月中旬、10月中旬～12月中旬

エッギスホルン Eggishorn

ロープウエイのフィーシャーアルプ駅下車すぐの、海抜2222mに位置する山岳ホテル。スキー場に直結している。南西のフィーシュ側の部屋やテラスからは、マッターホルンをはじめとする山々の壮大な眺めが楽しめる。ホテル内にはヴァリス地方の家庭料理を中心とするレストランを併設。

住Fiescheralp 3
☎(027)9711444
URL hotel-eggishorn.ch
料（または）Ⓢ CHF110～Ⓦ CHF180～
Room 24室　Wi-Fi 無料
カード MV　休4月中旬～6月中旬、10月中旬～12月中旬

キューボーデン Kühboden

フィーシャーアルプのロープウエイ駅の隣にあって便利なホテル。ヴァリスの山々の眺めがたいへんよい。部屋は清潔で、窓が大きく気持ちがよい。300人が座れるレストランを併設しており、山々の眺めを楽しみながら食事ができる。ラウンジでは、スナックやワイン、カクテルなどが楽しめる。

住Fiescheralp 1
☎(027)9701220
URL kuehboden-fiescheralp.ch
料 Ⓢ CHF80～Ⓦ CHF120～
Room 12室
Wi-Fi 公共エリアのみ、無料
カード AMV　休4月下旬～6月上旬、10月下旬～12月上旬

日本からアレッチ地域への電話のかけ方
[国際電話会社の番号*]+010+[国番号41]+[27(エリアコードの最初の0は不要)]+[電話番号]
*マイラインの国際通話区分に登録している場合は不要

COLUMN アレッチ自然保護センター「ヴィラ・カッセル」

右に氷河を眺めながらリーダーアルプを目指し、周りに木々が多くなってくると、前方にひときわ目立つ館が見えてくる。あたりに建物がほとんどないだけに、誰もが気づくはずだ。リーダーフルカに建つ、この重厚な外観が印象的な洋館は「ヴィラ・カッセル」と呼ばれ、20世紀初めにイギリスの銀行家が建てた別荘だ。迫力のアレッチ氷河、そしてベルナーアルプスの山々など、誰もがうらやむような景色をここから一望できる。

100年以上前に建てられた屋敷

イギリスの資産家が魅せられた安らぎの場所

この贅沢な別荘のかつての持ち主は、サー・アーネスト・カッセルSir Ernest J. Cassel（1852～1921年）だ。無一文から立身出世し、イギリス国王や後の首相のチャーチルとも親交をもったという、当時のイギリスでは誰もが知る資産家であった。

カッセルはまた美術品の収集にも熱心であり、多くの美しい邸宅を所有していたが、なかでもヴィラ・カッセルはお気に入りだったようだ。建設当時、この館へ通じるまともな道路がなかった。そこで地元の人々は、せっかく立派な館を造ったのだからと、道を造ることを申し出た。ところがそれに対しカッセルは、「もし道ができたら、私は二度と訪れることはないだろう」と答えたそうだ。世紀末、激動のヨーロッパの金融ビジネスに身を投じてきた彼にとって、ここは唯一ゆっくりと休める場所にしておきたかったのだろう。彼がそこまでこの館を愛した理由は、ハイカーたちが一度訪れ、この雰囲気に浸ってみれば、きっとわかることだろう。

ヴィラ・カッセルの今

カッセルの死後、しばらくホテルとして営業していたが、1976年から現在のアレッチ自然保護センターとして再利用されることになった。古きよき建設当時の内装はそのままに、アレッチ地方の自然保護に関する展示が常時行われ、氷河の模型や動植物の標本、映像などを観ることができる。優雅なティーサロンや、気持ちのよいテラスでひと息つくのもいい。

カッセルが生前、静かに楽しんでいた美しい風景と空気は今も変わっていない。あなたもぜひ、この趣深いアルプスの恵みを味わってみてはどうだろうか。

ヴィラ・カッセルVilla Cassel（アレッチ自然保護センターPro Natura Center Aletsch）

アレッチ氷河の末端（2022年9月撮影）

☎（027)9286220
MAP P.279
URL www.pronatura-aletsch.ch
開 6月中旬～10月中旬（'23年は6/17～10/22）の毎日10:30～17:30（スタッフは13:00～16:30在席）
料 CHF14
ゲストハウスも併設、オンライン予約可能。

エッギスホルンから見るアレッチ氷河。ここからはユングフラウも見える

ヨーロッパ最長の氷河の雄大な眺めを楽しんでからハイキングをスタート。前半はハードだが、後半はのんびり歩けるロングコース。

エッギスホルン➡ベットマーアルプ

Eggishorn ➡ Bettmeralp

山頂近くの山小屋風レストラン

アクセス➡フィーシュからロープウエイ
スタート地点標高➡ 2927m
ゴール地点標高➡ 1957m
最高到達地点➡ 2927 m
高低差➡ 970 m
総延長➡ 6.8km
所要時間➡ 3：30
公式地図番号➡ 1269
難易度➡技術 2 ／体力 3

ブリークから列車で約40分、ローヌの谷底にある小さな駅、フィーシュからロープウエイを乗り継いでたどり着くエッギスホルンがスタート地点。ロープウエイ駅からもアレッチ氷河が見えているが、もっとよく見るために、まずは目の前にあるエッギスホルンの山頂を目指す。頂上までは約100mの上り。それほど距離はないが、足場が悪い所があるので慎重に。30分ほどで頂上に到着。足元にあるのはまさに氷の河。氷河がどのように流れているかがよくわかるモレーンの筋がくっきり見えている。ここは北に目をやればベルナーアルプスの山々が、南に目をやればヴァリスアルプスの山々が眺められる絶景ポイント。天気のいい日なら、南西方向を注意して見てみよう。おなじみの三角形の山が小さく見えるかもしれない。そう、マッターホルンだ。

頂上で360度のパノラマを楽しんだら、再びロープウエイの山頂駅に戻り、今度はフィーシャーアルプを目指して山を下っていこう。歩き始めはかなり急な下り。ストックを上手に使って、足の衝撃を和らげるように歩いていきたい。自信のない人は無理をせず、ロープウエイで下っていこう。歩き始めは荒涼とした山岳地といった感じだが、山を下るにつれ風景は変化し、山頂から1時間半ほど歩くとあたりはきれいな牧草地。ホテルが数軒だけの小さなリゾート、フィーシャーアルプに到着だ。

フィーシャーアルプからゴールのベットマーアルプまでは整備された歩きやすい道で、高低差もあまりない楽々コース。ベットマーアルプに向かって左側（南）には、4000m峰が連なるミシャベル山群が美しい。途中のフッリ・ヒュッテには小さなレストランがある。右前方に湖（ベットマーゼー）が見えてきたらゴールはもうすぐだ。

コースの後半は穏やかな風景の湖のそばを歩く

ベットマーアルプは、ガソリン自動車の通行が禁止されている静かなリゾート。フィーシュと同じローヌの谷の駅ベッテンに、ロープウエイ1本で下りることができる。ベットマーアルプの村外れからロープウエイに乗ればベットマーグラートの展望台へは10分ほど。氷河にせり出した展望台からは、緩やかにカーブする氷河の流れを正面から見ることになる。エッギスホルンとは高さも角度も異なるので、また違った表情のアレッチ氷河を目前に望むことができる。

時間があれば全コースを歩いてもいいし、途中ロープウエイを使ったり、後半部分だけ歩いたりもできるので、移動の途中にハイキングを組み込むにはいいコースだ。

エッギスホルン山頂への道

ゴールのベットマーアルプの小さな教会

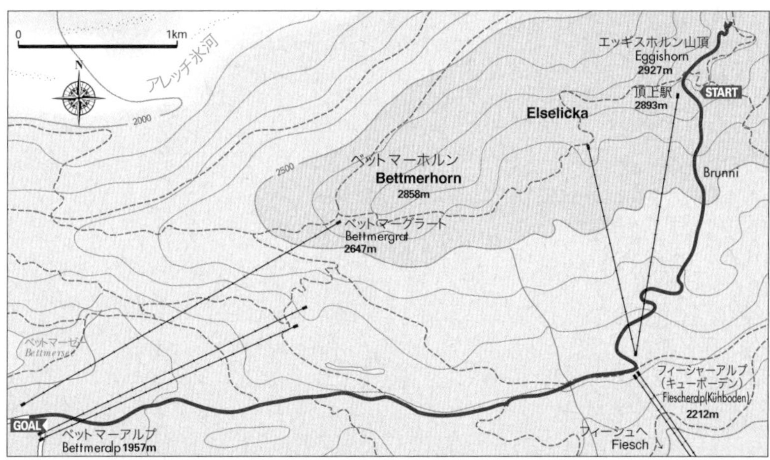

GLACIER EXPRESS

氷河急行 グレッシャー・エクスプレス

サン・モリッツとツェルマットを結ぶ全長約290km、所要約8時間の列車の旅。沿線には足がすくむような深い谷があり、広々とした草原があり、急峻な峠があり、291の橋と91ものトンネルがあり、そして常に雄大なアルプスの姿が車窓に広がる。座席に座っているだけでスイスの美しさを体感できるのがグレッシャー・エクスプレス（以下G.E.）だ。

8時間の間、パノラマ列車の大きな窓越しに、変わり続ける景色を眺めるもよし、途中下車して沿線の観光スポットや素朴なスイスの村に降り立つのもいい。もちろん一部の区間だけでも、その魅力を感じることができるだろう。スイスを訪れたら、一度は乗ってみたいスイスを代表する観光列車。東から西に向かって沿線の風景を紹介していこう。

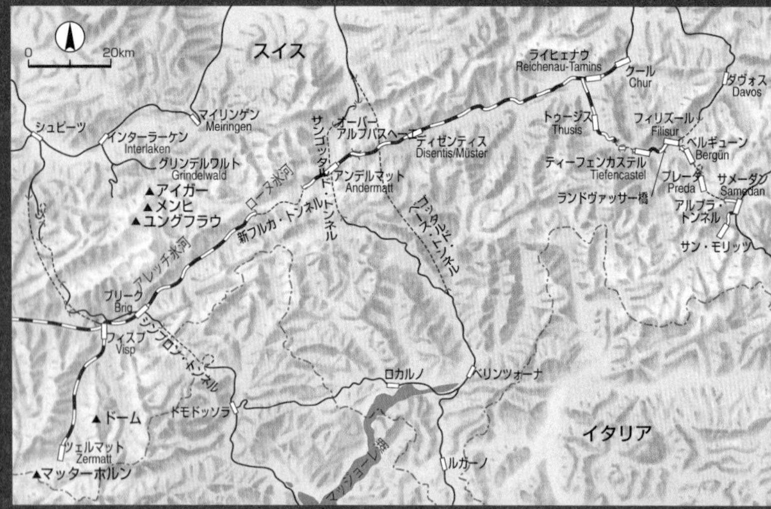

ルート案内

全長約290kmの路線は、ふたつの鉄道会社を乗り継いでいく。スタート地点のサン・モリッツから、最高標高地点であるオーバーアルプパスヘーエ（峠）に向かう山岳列車区間の手前にあるディゼンティスまでは、レーティッシュ鉄道（RhB）、ディゼンティスから終点マッターホルンの麓ツェルマットまでが、マッターホルン・ゴッタルド鉄道（MGB）だ。途中機関車が変わるなど、列車の編成が変わることがあるが、客車は基本的に始発から終点まで変わらない。

通常5月半ばから10月末までがシーズンで、この間は1日3往復運行される（それ以外のシーズンは1日1〜2往復。10月中旬〜12月中旬はメンテナンスのため運休）。いずれも1等車、2等車とも、すべてパノラマ車両で編成された列車。食堂車は連結されていないが、各座席に温かい料理を運んでくれるケータリングのサービスが行われる。さらに、2019年からは、902、903、923の列車に、より豪華なエクセレンスクラスが増設された。

URL www.glacierexpress.ch

サン・モリッツからクール
ST. MORITZ ⇨ CHUR

サン・モリッツを出発した列車はまずクールを目指す。約10分で**サメーダンSamedan**に到着。この地方独特のスグラフィット壁画の家が建ち並ぶ静かな町だ。エンガディンの谷をイン川に沿って走ったあと、列車は長さ5865mのアルブラAlbulaトンネルを越える。

標高1815m地点にあるこのトンネルは、アルプスを越えるトンネルとしては一番の高所にある。トンネルの上のアルブラ峠（標高2312m）は分水嶺としても知られており、峠より南側に降った雨はイン川からドナウ川へ流れ、黒海へ。北側に降った雨はアルブラ川からライン川へ、そして北海に注ぐ。トンネルの出口**プレーダPreda**駅を過ぎると今までの明るいイン川の景色は一変し、列車は深い谷に吸い込まれていく。

このあたりから見応えのある景色が連続する。まず最初の見どころだ。列車は右に左に急カーブを描き、川に沿って急勾配を下っていく。次の**ベルギューンBergün**駅までの12.6kmの間に416mも下る。名物の3連続ループ線もこの間にあり、トンネルの中で何度もループを描きながら進んでいく。車窓にトンネル、橋、深い谷、雪崩止めが続く。

ベルギューンに向かうG.E.

ベルギューンを過ぎ、深い谷を下ったらダヴォス方面への分岐点、**フィリズールFilisur**駅に到着。ダヴォス行きの小さな電車が停まっている。さてここから次の絶景ポイント、ランドヴァッサー橋が近づいてくる。ここでは進行方向の左側の席を確保したい。

駅を出発するとすぐにトンネルに突入。このトンネルが長さ216mのランドヴァッサートンネル。短いトンネルなので通過はあっという間。明るくなると同時にいきなり空中に投げ出されたような感覚になる。美しくカーブを描いた石橋**ランドヴァッサー橋**だ。川床からの高さ65m。ローマの水道橋に似た美しい橋だ。後ろを振り向いてその美しさを確認しよう。スイスの代表的な景色としてよく紹介されている。

やがて進行方向左側にバロック教会が見えたら**ティーフェンカステルTiefencastel**駅。ユリア川とアルブラ川の合流地点で交通の要所として栄えた所。この駅を過ぎたら今度は進行方向右側に注目。アルブラ川に沿って右側

前半のハイライト、ランドヴァッサー橋を渡る

を走っていた列車が左側に橋を渡る。この高さ89mの石橋からシュン渓谷が始まる。この付近の崖はほぼ垂直で、約100m下を流れる川をなかなか見ることはできない。列車は断崖絶壁の中腹を小さなトンネルと鉄橋にへばりつくように走る。やがてこの地方の中心地**トゥージスThusis**駅へ到着。

ボナドーツ平原を過ぎて前方に大きな川が見えてくればライン川との合流地点**ライヒェナウReichenau-Tamins**へ到着。ここからクールまではあと10分ほどだ。

クールからアンデルマット
CHUR ⇨ ANDERMATT

窓の外に峡谷が続く

クールを発車してライヒェナウを過ぎると、イランツIlanzまではライン川の大地溝帯、別名ライン川のグランドキャニオンに沿って走る。もともとは氷河時代後期に氷河が後退するときにアルプスが大規模な地滑りを起こして巨大なダムを造り、それを今度はライン川が削って現在のような複雑な地形を形成した。自動車道路はずっと山の上を迂回しており、この景色は鉄道路線からしか見られない。イランツからはライン川を右に左に見ながら遡っていく。普通列車しか停まらないが、**トゥルンTrun**（→P.349）はスイスの絵本画家、カリジェ生誕の村。絵本の原画を保存した美術館があり、商店や学校、教会に、彼が描いた壁画が見られる。

進行方向右側に大きな修道院が見えてくれば**ディゼンティスDisentis**の町だ。修道院はもともと765年に建立された。現在の建物は1695年のもの。

G.E.はこの駅で機関車付け替えのためしばらく停車。ここからは車両編成は短くなり山岳鉄道の雰囲気を帯びてくる。

ディゼンティスを出発すると列車は急勾配にさしかかる。ここからは進行方向左側がおすすめ。列車はラックレールを使いグングンと高度を上げていく。今まで線路とほとんど並行して流れていた川がどんどん下になり視界が開けてくる。進行方向左側の谷の向かい側のアルプスには、メデル氷河の姿が少し望める。クアネラの貯水ダムの堤防が山の上に見えてくるとやがて森林限界を越え、景色は荒涼としたものに変わってくる。そしてG.E.全線で最も標高の高い**オーバーアルプパスヘーエ（峠）**（2033m）を通過。進行方向左側には峠の湖が広がる。約800mの雪崩止めのトンネルを過ぎると列車は下り坂にさしかかる。前方にフルカ峠が遠望できると、列車は右に左にカーブしながらアンデルマットの村に向かって急勾配を下っていく。

アルプスの十字路、アンデルマット

アンデルマットは古くから南北のアルプス越えと、現在のG.E.と同じルートをたどる東西の交通路の交差点で、宿場町として栄えていた。スイスの地図をよく見てみよう。ヨーロッパの南北を結ぶアルプス越えの2大ルートのうち、アンデルマットより西のシンプロンルートではレッチベルクとシンプロンのふたつの峠を越えなければならないが、このアンデルマットを通るサンゴッタルドルートでは、サンゴッタルド峠を1回越えるだけで南北を結ぶことができる。

現在でもその街道はハイキングルートの一部として残されており、アンデルマットから北へ徒歩約30分、伝説の残る**悪魔の橋**は有名だ。南のサンゴッタルド峠へはポストバスで約20分。峠をそのまま越えれば、陽光豊かなアルプスの南側、アイロロまで行ける。また西方向へ行けばポストバスでフルカ峠、グリムゼル峠を越えてマイリンゲンからインターラーケン方面に抜けるルートがある。

アンデルマットが眼下に見える

アンデルマットからブリーク
ANDERMATT ⇨ BRIG

列車はアンデルマットを過ぎると荒涼とした谷を走り、やがて谷の終点レアルプRealpに到着。列車はここから約15分間、全長1万5407mの新フルカ・トンネルを抜けて反対側の**オーバーワルトOberwald**へ向かう。実はこのトンネルの上のフルカ峠が元来G.E.随一の絶景ポイントであり、G.E.の名前の由来にもなったローヌ氷河が線路に迫る区間だった。しかし交通の難所であり、また豪雪地帯であるため冬季の交通が遮断されることから、通年にわたって東西のルートを確保するために1982年にトンネルが開通。便利になったのと同時にローヌ氷河に迫る旧線の絶景ルートは廃止された。

トンネルを抜けると州が変わってヴァリス州に入る。しばらくは明るく広い谷を走り続け、**ミュンスターMünstar**、**ブリッツィンゲンBlitzingen**などの村々を通過。やがて**フィーシュFiesch**駅に到着する。列車から直接望むことはできないが、進行方向右側の山の向こう側にはヨーロッパ最長氷河、ユングフラウに源を発する**アレッチ氷河**が流れている。その景色を眺めるためには普通列車で出直し、ロープウエイで山頂まで上る必要がある。最初の展望ポイントがフィーシュから上る**エッギスホルン**の展望台。ちょうど氷河が西向きに方向を変えていく所にあり、眺めは最もすばらしい。次のポイントは**ベッテンBetten**駅から上る**ベットマーアルプ**の展望台。そして最後のポイントは**メレルMöel**駅からの**リーダーアルプ**の展望台。フィーシュ以外はG.E.は停まらない小さな駅だが、時間があれば一見の価値はある。やがて谷が再び大きく開け、大きな町が見えてくれば**ブリーク**に到着する。

交通の要所、ブリーク

ブリークも歴史のある町。アルプス越えの2大ルートのひとつ、シンプロン街道の町として発展してきた。現在でもシンプロン峠(自動車道)、シンプロン・トンネル(鉄道)はそれぞれ南北ヨーロッパを結ぶ、人と貨物輸送の主要ルートのひとつだ。

町が本格的に発展し始めたのは、地元の名士シュトックアルパー(1609〜1691年)によって。シンプロン峠の権利を握っていた彼は通行税によって莫大な利益を上げ、町の発展に大きく寄与することになった。1905年、当時世界最長のアルプスを抜ける鉄道トンネル、シンプロン・トンネルが開通したことによって町はさらに発展し現在にいたる。

ブリークからツェルマット
BRIG ⇨ ZERMATT

フィスプを過ぎ深い峡谷に入る

ブリークからツェルマットまでは、いよいよG.E.の最後のルート。ブリークを出ると**フィスプ Visp**までローヌ川沿いをしばらく走る。フィスプを過ぎるとG.E.は方向を左に変えてツェルマットへいたるフィスパ川を上っていく。

この付近は、ヨーロッパで一番標高の高い地域で造られる白ワインの産地として有名。やがて**シュタルデン・サースStalden-Saas**駅に到着。ここでツェルマット方面からのマッターフィスパ川とサース・フェー方面からのサーサーフィスパ川が合流する。今度は進行方向左側に注目。列車は再び目もくらむような断崖絶壁にへばりつくように進んでいく。

タマネギ頭の教会が左側に見えてくれば**ザンクト・ニクラウスSt. Niklaus**だ。かつてアルプスの初登頂を競った時代に、優秀な山岳ガイドを数多く輩出したことで有名。間もなくすると、右側にヘルブリンゲンの山崩れを起こした地域が迫る。1991年、山が突然大崩壊し、岩石と土砂が川、鉄道、道路を埋め尽くした。川はすぐに池を形成し始め、ツェルマットまでが水没の危機にあるとの報道がいっとき世間を騒がせたが、スイス軍が出動。総力をあげて道路、川、鉄道を整備した所だ。現在は山崩れの場所を迂回するルートがとられている。

やがて**ランダRanda**駅に到着。前方には標高4506mのヴァイスホルンが見える。左側に**テーシュTäsch**の大駐車場が見えてくる。ツェルマットはガソリン自動車を排除した町。車で来た観光客はここで鉄道に乗り換えてツェルマットに入る。ここまで来ればG.E.の旅もいよいよ最後。ツェルマット駅到着直前、ヘリコプター乗り場付近から少しだけマッターホルンの姿が見えると、列車は近代的な**ツェルマット**駅に到着する。

ランダ到着直前に見られる崩落跡

乗車運賃

乗車区間		片道	
		1等	2等
サン・モリッツ	ツェルマット	CHF268	CHF152
	ブリーク	CHF201	CHF114
	アンデルマット	CHF147.8	CHF84
クール	ツェルマット	CHF210	CHF119
	ブリーク	CHF143	CHF81
アンデルマット	ツェルマット	CHF129	CHF73

予約手数料（2023年夏期・長距離）CHF49。エクセレンスクラスCHF470（5コースランチ付き）。ランチ希望の場合はCHF34〜52（メニューにより異なる）追加。

スイストラベルパスやユーレイルグローバルパスなどの鉄道パスは、左記の乗車運賃がパスに含まれる。ただし、グレッシャー・エクスプレスの予約手数料（上記および→P.289）が別途必要となる。

グレッシャー・エクスプレスは、10月16日〜12月中旬（2023年）の期間は運休する。

グレッシャー・エクスプレスの夏期スケジュール

（2023年5月13日〜10月15日）

900	902	904	906				901	903	905	907
7:52	8:52	9:52		発	ツェルマット	着		17:10	18:10	20:10
9:10	10:10	11:18	14:18	発	ブリーク	発	13:50	15:50	16:50	18:50
10:46	11:46	12:46	15:46	着	アンデルマット	発	12:08	14:08	15:08	17:08
10:54	11:54	12:54	15:54	発		着	11:52	13:52	14:52	16:52
11:54	12:56	13:56	16:54	着	ディゼンティス	発	10:37	12:37	13:37	15:37
12:19	13:11	14:11	17:11	発		着	10:28	12:18	13:28	15:28
13:25	14:34	15:25	18:58	発	クール	発	9:26	11:05	12:14	14:26
	↓	↓	19:27	発	トゥージス→クール	発	8:33	10:55	↑	
	15:27	16:27	19:44	発	ティーフェンカステル	発	8:15	10:07	11:00	
	15:42	16:42	20:00	発	フィリズール	発	8:01	9:49	10:43	
	16:28	17:30	20:45	発	サメーダン	発	7:15	9:01	9:58	
	16:37	17:37	21:00	着	サン・モリッツ	発	7:02	8:51	9:48	

※冬期は運行本数が減る

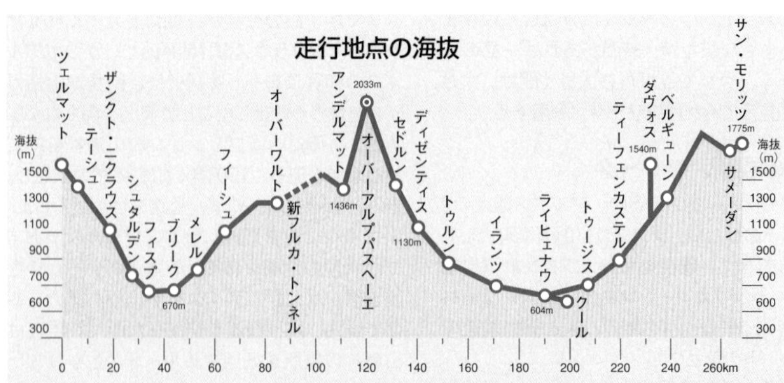

グレッシャー・エクスプレスを楽しむためのヒント

予約・座席指定について

●全席予約制（※1）。空席さえあれば、現地でもほとんどの駅で予約が可能。ただし6月初旬から8月下旬までの夏のシーズン期間中はかなり混雑する。乗車を予定しているなら、ネットや日本の旅行会社で事前予約しておこう。ネットでは乗車日の90日前から予約可。

1+2の座席配列の1等車車両

●現地で予約する場合、乗車日と乗車区間、列車の等級（1等、2等）、希望列車の発車時刻を書いて係員に渡す。予約手数料は夏期CHF49、冬期はCHF39（長距離区間）。

●エクセレンスクラスの予約も上記と同じ。区間予約も可能だが、食事などのサービスが中途半端になるので、全線乗車がおすすめ。区間乗車でも料金は全線乗車と同じ。

エクセレンスクラスの車両

（※1）全区間を直通運行するグレッシャー・エクスプレスは、全席予約制だが、同じ区間を運行する普通列車は、座席予約不要。普通列車の運行区間は、ツェルマット～フィスプ、フィスプ～アンデルマット、アンデルマット～ディゼンティス、ディゼンティス～ライヒェナウ、ライヒェナウ～サン・モリッツの5区間に分けられて運行している。運行本数は1時間に1～2便。

車内での食事について

●サン・モリッツからツェルマットまで乗ると8時間の長旅。食料を準備して乗車してもいいが、できるなら美しい車窓風景を楽しみながら、列車内で温かいスイスの料理を楽しみたいもの。

温かい料理を目の前で盛りつけてくれる

列車には食堂車が連結されないが、各座席まで温かい食事を運んでくれるケータリングのサービスが行われる。メニューは日替わりプレート（CHF34）から2～4品のコース料理（CHF40～52）まで4種類。3コースミール（CHF47）はサラダ、肉料理（野菜付き）、副菜、デザートまたはチーズ。飲み物は別注文。ケータリングを利用しなくても、飲み物や軽食は注文を取りに来てくれる車内販売で購入できる。

車内エンターテインメント

●以前からサービスが行われているイヤホンガイドによる沿線案内に加え、スマホやタブレット端末でさまざまな情報を得ることができるコンテンツが導入されている。リアルタイムで現在地を示す地図情報や、沿線の見どころや歴史の紹介、車内サービス紹介（食事、おみやげ）までメニューは盛りだくさん。日本語で情報を見ることができる。

車内販売

●食事やドリンクはお昼のサービスが始まる前に注文を取りに来るので、そのときに注文するといい。ランチ時は多忙をきわめる。またG.E.のバッジやガイドブック、名物の傾いたワイングラスなどを販売している。もし売り切れの場合にはサン・モリッツやツェルマット駅の売店などでも購入できる。

ロイカーバート
Leukerbad

州：ヴァリス/ヴァレー
使用言語：ドイツ語
地図位置：P.243-A1
標高：1402m
郵便番号：CH-3954
エリアコード：027
（市内通話の場合でも初めにエリアコードをプッシュする）

アクセス ブリークから急行で西へ約20分のロイクLeuk下車。ここからLLBバスで北へ約30分。ほぼ1時間ごと。スイストラベルパス有効。

LLB Reisen
URL www.llbreisen.ch

ⓘLeukerbad Tourismus
☎(027)4727171
URL www.leukerbad.ch
営8:30～18:00
※時期により変動あり
休4月下旬～6月下旬・11月上旬～12月上旬の日曜

観光案内所

✉ツェルマットから日帰りで
ツェルマット滞在中、天気の悪い日にロイカーバートに行きました。庶民的で大きいということでロイカーバート・テルメを選び、山々を眺めながらたっぷりと温泉を楽しむことができました。バスタオル、ビーチサンダルなど持参すると便利だと思いました。
（八王子市　F子　'17）
列車はツェルマットをほぼ毎時37分に出ている。フィスプでジュネーヴ空港行きに乗り換えて、ロイク下車。そこからバス。所要2時間30分。
['23]

ゲンミ峠を見上げる

高さ約900mの絶壁にぐるりと囲まれた、スポーツとテルメの村。テルメとは温泉のことだ。ローマ時代に発見された源泉があり、1日に390万ℓ、平均温度51度の湯が今も湧き出している。人口約1400人の小さなこの村に20以上ものテルメがあり、アルプス最大の温泉地として知られる。古代ローマ風の大浴場など、いずれも最新鋭の設備を導入したモダンな温泉ばかりで、日本の湯治場の雰囲気とはまるで違う。日本でも人気のクアパークやスパリゾートの原型と思えばいい。

1400m近い標高を利用した高地トレーニングやけがの治療に来たスポーツ選手、シェイプアップとエステで美しくなりたい女性などがたくさん訪れる。旅行者も利用できるスポーツ施設やフィットネスセンターがたくさんあるので、2、3日滞在して優雅な休日を楽しもう。

Walking　歩き方

岩壁に囲まれた村で、バスターミナルを出て最初に見る村の風景はかなりの迫力。ただ南側に大きく開けていて緩い傾斜があるため、集落の隅々までとても明るい。村には特に見るべきものがあるわけではない。スポーツで汗を流し、温泉につかってリラックス。天気がよければロープウエイで山へ上がってハイキングでもしてくるといい。

近代的な町なのに一角には昔ながらの家も残っている

村のあちこちにあるテルメは高級ホテルに併設されたものが多いが、旅行者でも気軽に利用できる公共テルメも3ヵ所ある。日本の温泉は、含まれるミネラ

ロイク駅周辺

ルの効能による湯治が中心。だからじっとつかって温まる。一方、ヨーロッパ流の湯治はジェットバス、打たせ湯、渦流浴、サウナ、ハーブ湯、冷湯、歩行浴など、水圧と温度を利用した療法が中心。これらを病気やけがなど目的に応じて使い分ける。ロイカーバートの湯は硫酸塩泉で、リウマチや皮膚病に効果があるそうだが、あまり臭いはしない。もちろん、疲労回復や美容のための入浴もOK。大きなテルメには、たいていフィットネスルームやエステ、美容院、レストランなどもある。

Attraction おもな見どころ

ローマ調のゴージャスなテルメ MAP P.291-2

ヴァリサー・アルペンテルメ
Walliser Alpentherme

メディカルセンター、ギャラリー、テルメの3つの建物に分かれている。テルメは屋内風呂と露天風呂があり、横には25mスイミングプールもある。ここでは、ぜひローマンアイリッシュ風呂（CHF70、露天風呂への3時間の入場料を含む）を試してみよう（16歳以上）。温泉といっても日本のそれとはだいぶ趣が違うが、スイス式温泉の健康法を歴史あるこのテルメで体験してみたい。まずはジェットバスなど数種類のテルメやサウナに入り、体を温める、冷やすを交互に繰り返して新陳代謝を高めてから、体をマッサージ。最後にタオルで体を包んで蒸すという約2時間のフルコースだ。

露天風呂というより屋外プール

ヴァリサー・アルペンテルメ
住 Dorfplatz
☎ (027)4721010
URL www.alpentherme.ch
開 9:00〜20:00（風呂により異なる）
料 露天風呂（サーマルプール）3時間CHF33

入浴はほどほどに
温泉は入り方によっては湯あたり、のぼせなど逆効果になる。特に血圧と心臓に不安がある人は要注意。標高が高いため、もともと心肺機能に負担がかかっているからだ。

ロイカーバート・テルメ
住Rathausstrasse 32
URLwww.leukerbad-therme.ch
☎(027)4722020
開8:00～20:00（サウナ、スチームバスは10:00～19:30）
料3時間CHF28、1日券CHF35、サウナCHF18

裸では入れない！
テルメはたいてい混浴だが、裸で入るわけではない。水着やバスタオルはCHF5～12程度で借りられる（デポジットが必要）。スイミングキャップが必要なテルメもある。もちろん更衣室やロッカーも用意されている。

サマーカード
Summer Card
ロイカーバート・テルメとヴァリサー・アルペンテルメの温泉施設、ゲンミ峠へのロープウエイが利用できるパス。1日券でCHF53なので、両方を利用する予定ならかなりお得。さらにロイカーバートに宿泊するなら3日券（CHF106）、5日券（CHF159）もある。詳しくは観光案内所で。

ロイカーバート最大規模の公共テルメ MAP P.291-2

ロイカーバート・テルメ
Leukerbad Therme

さまざまな種類の風呂が楽しめる

3つある公共のテルメのうち最大の施設。日本人の感覚でいえば温泉プールで、屋内屋外に6つのプールがある。源泉の熱をそのまま使うサウナや足腰を治療したり、リハビリしたりするためのプールなど、湯治用の施設もあるが、基本は温泉プールに浸かってリラックスをするのが目的。北側に連なるダイナミックな岩山の風景を眺めながら、ゆったりとお湯に浸かろう。ウオータースライダーのある子供用プール、温泉ではないが、25m屋内プールと25m屋外もあり、家族で楽しむのもいい。そのほかマッサージやフェイシャルエステなどのスパ設備も備え、水中エアロビクスや子供向けのプログラムも行われている。

ロイカーバートを丸ごと楽しむための、温泉施設とゲンミ峠へのロープウエイがコンビになったチケットもある。観光局で聞いてみよう。

COLUMN
ゲンミ峠～カンデルシュテークへのハイキング

アルプスを縦断する歴史ある街道の峠道を歩くコース。美しい湖のほとりや広々としたアルプの中を歩く気持ちのいいハイキングが楽しめる。

まずはゲンミ峠のロープウエイに乗って一気に標高差約900mを上る。視界のいい日なら、南のかなたにマッターホルンやヴァイスホルンなど、ヴァリスアルプスの名峰が並んでいるのが望める。

峠のレストランの裏側から下に見える湖ダウベンゼーに向かって歩き始める。コースは全体的にゆるやかな下り。道もしっかり整備されているので、スニーカーでも歩ける。湖に向かって右側の湖沿いの道を歩こう。しばらくは両側に岩山が続く盆地のようなところを歩き、湖が終わると今度はアルプの中の道。ただグリンデルワルトあたりで見られるような一面のアルプではなく、岩と緑の風景だ。ちょうど中間あたりにあるのがシュヴァーレンバッハSchwarenbachで、レストランを備えた山のホテルがある。ここから少し先にベルン州とヴァリス州の州境があり、ここから約2kmの所にカンデルシュテークへ下りるゴンドラの乗り場スンビュールSunnbüelがある。カンデルシュテークの駅までは、ゴンドラを降りてバスに乗り継ぐ必要があるが、歩いても30分ほどの距離だ。ゲンミ峠からスンビュールまで距離は約9kmで、普通に歩けば2時間から2時間半。標高差はさほどないので逆回りのルートにして、ロイカーバート到着後に温泉に入るのもいいかもしれない。

山上の湖ダウベンゼー

ハイキングも楽しい

MAP P.243-A1

ゲンミ峠 Gemmipass 2322m

村の西側にそびえる絶壁をよく見ると、ジグザグにつけられた峠道がある。ここは、古くはベルナー・オーバーラントとヴァリスをつなぐ街道のひとつだった所。峠の上には高山植物に囲まれたダウベンゼーDaubenseeという大きな湖がある。山を覆っていた雲が切れたら、ぜひロープウエイに乗ってここまで上がってみよう。ローヌ谷の奥に続く山並みのさらに向こうに、ヴァリスアルプスの白い峰々が連なっている。ここには展望レストランがある。テラス席に座り雄大な景色を眺めながらビールのグラスでも傾ければきっと幸せな気分にひたれるはず。

峠から村を見る

ゲンミ峠へのロープウエイ
所要：6分
運行：9:00〜17:00の30分ごと（夏期延長あり）。混雑時は10分ごと、悪天候時は減便。春期と秋期は運休あり。
URL www.gemmi.ch
料 片道CHF26、往復CHF36。スイストラベルパスで50%割引。
ダウベンゼー湖へのルートは片道CHF6、往復CHF9。

ホテル

テルメ51° Therme 51°

MAP P.291-1 ★★★

公共温泉施設付属の宿。観光案内所のすぐ隣にありどこに行くにも便利。宿泊客が無料で利用できる施設はサウナやスチームバスなどがあり、屋外の木製バスタブは日本の露天風呂の風情がある。他の大型の温泉施設に比べると、こぢんまりしていて落ち着ける。食事を含めその他の施設も充実。

住 Kurparkstrasse 24
☎ (027)4722100
URL therme51.ch
料 Ⓢ CHF175〜 Ⓦ CHF260〜
Room 38室
Wi-Fi 無料
カード M V

アルファ Alfa

MAP P.291-2 ★★★

比較的新しく、非常に満足できたホテルのひとつ。朝食、夕食ともにグッド。
（杉並区　大村稔　'17）
全室テレビ、ミニバー、バルコニー付き。気持ちのよいテラスもある。サウナやスチームバス、ジム施設があるので疲れを癒やすことができる。　['20]

住 Goppenstrasse 26
☎ (027)4727474
URL www.hotelalfa.ch
料 （または）Ⓢ CHF146〜 Ⓦ CHF202〜
Room 15室 Wi-Fi 無料
カード A M V
休 11月上旬〜12月中旬

ド・ラ・クロワ・フェデラル De la Croix-Fédérale

MAP P.291-1 ★★★

1階がヴァリサーカンネWalliserkanneというレストランで、おいしいピザやラクレットなどが食べられます。きれいなホテルで、ドライヤーに洗濯物干しまで完備。（宇都宮市　越智容子　'17）
併設されたレストランがおいしいとゲスト以外も利用する人が多い。グリル料理もおすすめ。　['20]

住 Kirchstrasse 43
☎ (027)4727979
URL www.croix-federale.ch
料 Ⓢ CHF103〜 Ⓦ CHF159〜
Room 12室
Wi-Fi 無料
カード A D J M V

日本からロイカーバートへの電話のかけ方
[国際電話会社の番号*]+010+[国番号41]+[27(エリアコードの最初の0は不要)]+[電話番号]
*マイラインの国際通話区分に登録している場合は不要

シオン
Sion

州：ヴァリス/ヴァレー
使用言語：フランス語
地図位置：P.243-A1
標高：491m
郵便番号：CH-1950
エリアコード：027
（市内通話の場合でも初めにエリアコードをプッシュする）

アクセス ブリークから列車で30～40分、モントルーから35～50分、ローザンヌから55分～1時間10分、ジュネーヴから1時間45分～2時間、ベルンからフィスプ乗り換えで1時間30分。

ℹOffice du Tourisme de Sion
住Espace des Remparts 19 1950
☎(027)3277727
URLsiontourism.ch
開月～金曜　8:30～17:30
土曜　9:00～12:30
（6月中旬～9月中旬）
土曜　9:00～16:00
日曜（7～8月のみ）
9:00～12:30
休9～6月の日曜

シオンを象徴するふたつの建物。ヴァレール教会（右）とトゥルビヨンの城（左）

シオンはヴァリス州（＝ヴァレー州）の州都だけあって活気のある明るい町。人口は約3万5000人と大きい町だが、昔ながらのたたずまいを残す旧市街があり、のんびり歩いて回るのにちょうどよい広さだ。夕方になるとレストランの外にテーブルと椅子が並び、小路は人でいっぱいになる。歴史的な建物や博物館がある文化的な町であるとともに、ウインタースポーツの基地としても有名だ。

この町のランドマークともいえるのが、ヴァレールValèreとトゥルビヨンTourbillonのふたつの丘の上に建つ古い教会と城。ブリーク方面から列車に乗った人は、シオン駅への到着直前に、右の車窓を眺めていると見えてくる。

Walking 歩き方

駅前周辺は新市街なので、見どころが多い旧市街へ向かおう。シオン駅前から正面に延びる広い通りがラ・ガール通りAvenue de la Gare。ここを真っすぐ10分ほど歩いてローザンヌ通りRue de Lausanneを地下道で渡ると、赤茶色の敷石を敷き詰めたモダンなプランタ広場Place de la Plantaに出る。このあたりから丘の上の教会が見える方角が町の中心部。観光案内所ℹはこの広場から徒歩2分にあり、おもな見どころもほとんどこの周辺に固まっている。ローザンヌ通りを、教会方面に突き当たりまで行って左に曲がって少し進むと、通りの右側に**市庁舎Hôtel de Ville**がある。1657～1665年にルネッサンス様式で建てられた白色の建物で、上部には天文時計が取りつけられていたが、現在は取り外されている。

市庁舎周辺

市庁舎の横の路地を上っていくと左側に、ヴァリス地方ゆかりの画家やヴァリスの人々や風景を描いた作品を集めた**州立美**

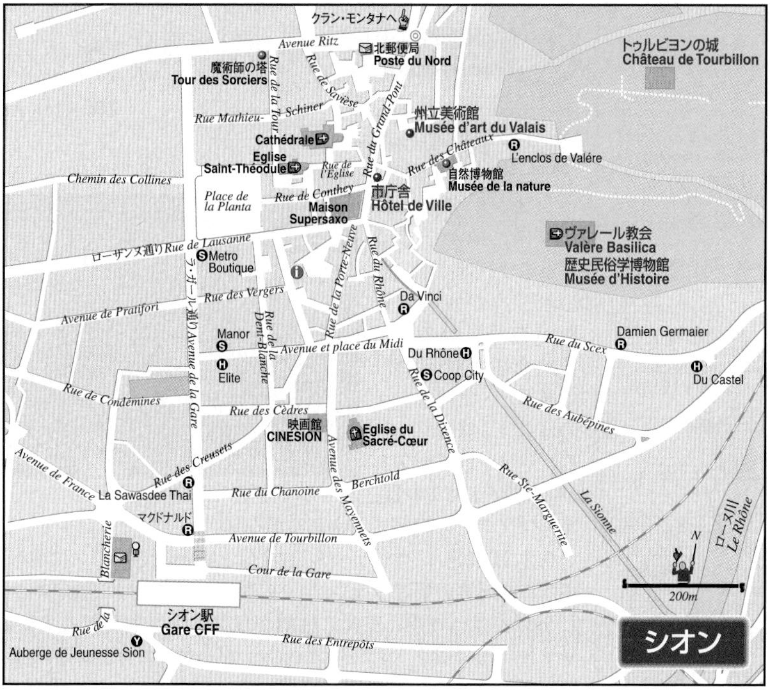

シオン

クラン・モンタナへ
Avenue Ritz
北郵便局 Poste du Nord
魔術師の塔 Tour des Sorciers
Rue de la Tour
Rue de Savièse
Rue Mathieu-Schiner
Rue du Grand-Pont
州立美術館 Musée d'art du Valais
トゥルビヨンの城 Château de Tourbillon
Cathédrale
Eglise Saint-Théodule
Rue de l'Eglise
Rue des Châteaux
L'enclos de Valère
自然博物館 Musée de la nature
Chemin des Collines
Place de la Planta
Rue de Conthey
Maison Supersaxo
市庁舎 Hôtel de Ville
ローザンヌ通り Rue de Lausanne
Metro Boutique
ヴァレール教会 Valère Basilica
歴史民俗学博物館 Musée d'Histoire
ラ・ガール通り Avenue de la Gare
Rue des Vergers
Avenue de Pratifori
Rue de la Dent-Blanche
Rue de la Porte-Neuve
Rue du Rhône
Da Vinci
Manor
Elite
Avenue et place du Midi
Du Rhône
Coop City
Damien Germaier
Rue du Scex
Du Castel
Rue de Condémines
Rue des Cèdres
映画館 CINESION
Eglise du Sacré-Cœur
Rue de la Dixence
Rue des Aubépines
Avenue de France
Rue des Creusets
La Sawasdee Thai
Rue du Chanoine
Berchtold
Avenue des Mayennets
Rue Ste-Marguerite
La Sionne
ローヌ川 Le Rhône
マクドナルド
Avenue de Tourbillon
Blancherie
Cour de la Gare
200m
シオン駅 Gare CFF
Rue de la
Auberge de Jeunesse Sion
Rue des Entrepôts

術館Musée d'art du Valaisがある。もとは司教館の一部だっただけあって、石造りの城のような建物だ。中世の美しい建物を眺めながら散歩しよう。

坂道Rue des Châteauxをさらに行くと、上り詰めた所に駐車場があり、左右に道が分かれる。右へ行くと、町からずっと見えていたヴァレールの丘の教会へ、左に行くともうひとつの丘の上に見える**トゥルビヨンの城Château de Tourbillon**にいたる。どちらの丘もきつい坂道を上ることになるので、時間をたっぷり取って、のんびり行こう。

15分ほど上れば教会に着く

教会と呼ぶにはその城壁はあまりにも武骨で、むしろ城塞に近い**ヴァレール教会Valère Basilica**は、**ヴァレール城Château-église fortifiée de Valère**とも呼ばれている。12～13世紀に建造され、フランス革命までは司教の居城であった。ロマネスクやゴシックの様式が混在している。内部にある世界最古の演奏可能なパイプオルガンは必見。教会には**歴史民俗学博物館Musée d'Histoire**（＝ヴァレール博物館Musée de Valère）も併設されていて、家具や武器、衣類などが展示されている。

ヴァレールの丘の隣のトゥルビヨンの丘には1788年の火災で廃墟となった城が建ち、ヴァレールの丘と合わせてシオンの町のシンボルとなっている。

ヴァレール教会
MAP P.295
開6～9月
毎日　10:00～18:00
10～5月
火～日曜　10:00～17:00
ガイドツアーは6～9月の毎日（日曜午前を除く）10:30、12:00、14:00、15:30、10～5月の日曜14:00、16:00。所要45分。
休10～5月の月曜
料無料、ただしガイドツアーはCHF4。

歴史民俗学博物館
MAP P.295
住Château de Valère
☎(027)6064715
URL www.musees-valais.ch
開6～9月
毎日　11:00～18:00
10～5月
火～日曜　11:00～17:00
（12/24・31は～16:00）
休10～5月の月曜、1/1、12/25
料CHF8。スイストラベルパス有効。

中世の物語の壁画

Excursion 近郊の見どころ

素朴な風景が魅力的

MAP P.243-A2

エラン谷（ヴァル・デラン）
Val d'Hérens/Eringtal

シオンから南へアルプスに向かって延びるエラン谷には、古い家並みが残る集落が点在している。木曽路を思わせる山村の風景と、素朴な人々の暮らしは旅情たっぷり。半日かけてポストバスに揺られてみれば、アルプスの村の素顔に出合えるだろう。

エラン谷の最深部アローラの風景

シオン駅からレ・オーデールLes Haudères行きのバスに乗る。車内に観光客の姿は少なく、地元の農民の日に焼けた顔が並ぶ。15分ほど走った頃、左側に地面からツララが生えたようなウーセーニュのピラミッドPyramides d'Euseigneが見えてくる。岩は道路をまたいで尾根状に連なり、頭上に丸い岩を載せているものも。なぜ、ここだけ唐突に浸食されたのか不思議だ。穴をあけて道路を通すのはどうかと思うが、地元ではたいした名所でもないようで、バスはあっという間に走り抜けてしまう。

シオンから約40分でエヴォレーヌEvolèneに到着。伝統的な木造家屋で知られる村で、小さな宿場町といった風情。30分もあれば1周できる。家々の黒ずんだ壁がいかにも古めかしく、4階建ての民家も多い。たいていの家は屋根をスレート（石板）で葺き、基礎部分も石材などで補強してあって、自然の厳しさを想像させる。谷の奥から守り神のように見つめているのはダン・ブランシュDent Blanche（標高4357m）。ツェルマットではマッターホルンの脇役だったが、エラン谷では堂々の主役だ。

時間があれば、バスの終点レ・オーデールからさらにバスを乗り継ぎ、ラ・セージュLa Sageまで行ってみるといい。多くの芸術家が滞在したという小さな小さな集落で、隠れ里らしい雰囲気がある。エヴォレーヌを見下ろす高台にあり、振り向けばダン・ブランシュが手の届きそうな近さだ。

エヴォレーヌでは8月15日に祭りが行われる

アクセス シオン発のバスが6:30～19:00頃ほぼ2時間に1本運行。
終点のLes Haudères PosteでLa Sage行きと連絡している。

ℹEvolène-Région Tourisme
住Place du Clos Lombard 6
☎(027)2834000
URL www.evolene-region.ch
営8:30～12:00、13:30～17:30
※時期により変動あり。

Arolla Information Bureau
☎(027)2833030
営9:00～11:00、16:00～17:30（日曜は9:45～12:00、オフシーズンは月～金曜9:00～10:00のみ）

エラン谷の宿泊施設
エヴォレーヌに3軒、バスの終点であるレ・オーデールに5軒のホテルがあり、いずれも夏期は1泊CHF45～100程度。冬期はスキー客で混雑するので要予約。これらのほか、アパートメントタイプやB&Bなどの宿もある。

エラン谷おすすめハイキングコース
エラン谷のアローラ起点の氷河の末端への展望ハイキングコースは、8月中旬でもお花畑が広がる穴場です。シオンからアローラまではバス2本を乗り継いで行きます（所要1時間15分ほど）。Gracier de Piece（往復4時間程度）へのコースは途中いくつもの分岐がありますが、歩いていくうちに最後は同じ場所に到着するのでどこを歩いても同じようでした。8月の中旬でしたが、放牧地ではなかったためかトレイルにはお花畑が広がっていました。標高が変わるにつれ花の種類も変わり、花を楽しみながら歩けます。目的地Gracier de Pieceの先には氷河の先端があり氷河に触れることもできます。氷河を越えた先に小屋があるそうなので、ピッケル、アイゼン、ザイルをつけて氷河歩きをするパーティがいました。
（大田区　すうりん）［'23］

COLUMN

アニヴィエの谷 Val d'Anniviers

MAP P.243-A1

スイスには、山や谷により物流が妨げられ、文化の発展が阻害されてきた歴史がある。交通網が発達し、通信環境が整っている現在では、地形が大きな障害になることはない。それでも、山を越えると言葉が異なっていたり、谷を隔てただけで生活習慣が違っていたりすることは珍しくない。

大きなリゾートからひとつ山を越えるだけで、伝統的な暮らしが続く素朴な村があったり、大都市からそれほど遠くない場所に、観光客がほとんど訪れない場所があったりする。スイス滞在に余裕があれば、有名なリゾートだけでなく、日本人にはほとんど知られていないような小さな村を訪れて、違ったスイスの一面を見てみたい。

ツェルマットの西隣、シオンの隣町シエールSierreから南に入り込んだ所にあるアニヴィエの谷は、そんな素朴なスイスの村に触れるには、絶好の場所だ。

谷あいにたたずむ村ヴィソワ

バス通りに沿って点在する村々には、3、4階建ての古い木造家屋が建ち並ぶ。夏は花で飾られ、冬はこんもりと雪をかぶった様子が美しく、州政府の「景観保護政策」により、その伝統的なたたずまいが保護されている。ツェルマットから日帰りでも十分訪れることができるので、ヴァリス滞在中の1日を充てて訪れてみたい。

アクセスは、シエールの駅前から1日10便以上(日によって増便あり)出ているポストバスで、谷の中ほどにあるヴィソワVissoieへ。所要約30分。谷の奥へ行くバスはほぼ同じ時間にヴィソワに集まり、客がみんな乗り換えるのを確認したらいっせいに出発する。最奥の村ツィナールZinalまでさらに約30分。

サン・リュックとグリメンツ、ツィナールにそれぞれ5〜10軒ほどの宿泊施設がある。余裕があれば気に入った村に1泊して夜を過ごしてみたい。

Grimentz Tourist Office
住Rue du Village 6 ☎027-476-1700
URL www.valdanniviers.ch
観光案内所はSt.-Lucなどにもある。

Tourist Information Office of Sierre, Salgesch & Vicinities
住Avenue Général Guisan 6　3960 Sierre
☎(027)4558535 URL www.sierretourisme.ch
開月〜金曜8:30〜18:00、土曜9:00〜17:00、日曜・休日9:00〜13:00
休10〜6月は日曜

サン・リュック　St.-Luc

ヴィソワから東斜面をバスで10分ほど上った所にある村。ケーブルカーでティニューサTignousaへ上がると、人気のハイキングコースの惑星の道Le chemin des Planètesがある。太陽系の惑星のモニュメントを実際の10億分の1の距離に配置した歩きやすいコースで、4時間ほどで往復できる。

グリメンツ　Grimentz

人口400人ほどの小さな村だが、夏は村中の建物に花が飾られ、その美しさから「花の村」とも呼ばれる。日に焼けて黒ずんだ木造の家々と真っ赤な花のコントラストは見事。レストランではヴァリス州名物のラクレットとシエール産の上質のワインが味わえる。

ツィナール　Zinal

ヴィソワから先でふた股に分かれた谷を標識に従ってさらに20kmほど奥へ進んだツィナールの谷にある。夏の間だけ運行されるロープウエイに乗ってソルヴォワSoreboisの展望台へ上がると、ヴァイスホルンWeisshorn、ツィナールロートホルンZinalrothornなどの4000m峰を間近に望むことができる。ここから延びるハイキングコースもいくつかあり、すばらしい景色を堪能できる。ここまで来る観光客はまだ少ないため、手つかずの自然が残っているのが魅力だ。

「花の村」と呼ばれるグリメンツ

州：ヴァリス/ヴァレー
使用言語：フランス語
地図位置：P.243-A1
標高：1500m
郵便番号：CH-3963
エリアコード：027
（市内通話の場合でも初めにエリアコードをプッシュする）

クラン・モンタナ
Crans-Montana

スイスを代表する高級保養地

アクセス シオンからポストバスでクランの郵便局まで所要約45分。40分～1時間20分ごと。
シエールからSMCバスでクランまで約40分、モンタナまで約35分。モンタナへはシエールからケーブルカーFuniculaireで所要12～20分。モンタナ駅～クラン中心部はバスの便もあり、所要7～10分ほど。

クランとモンタナというふたつの町からなる近代的なスポーツリゾート。シオンから急行で東へ10分のシエール／ジダースSierre/Sidersを見下ろす丘にあり、広大なローヌ川流域と、東西に連なるヴァリスアルプス全体を、町のどこからでも眺めることができる。実に開放的で気持ちのよいロケーションだ。ここはあまり忙しい観光には向かない場所。数日間滞在して展望台を訪れてハイキングをしたり、ゴルフ、テニス、乗馬などで優雅に過ごすのがいい。

Walking 歩き方

モンタナのカジノ

シオンから来た場合、郵便局でポストバスを降りてから進行方向へ歩くと大きな交差点へ出る。ここが西側にあるクランCransの町の中心。左折し道なりに行くと東側の町、モンタナMontanaにいたる。交差点のすぐ裏側にはクリデールCryd'Err行きのロープウエイ乗り場がある。クランの観光案内所ⓘは郵便局の脇からグラン・プラス通りRue du Grand-Placeを進んだ先にある。

グルノン湖の向こうにそびえるアルプスを眺めながら、15分ほどでモンタナの中心地に到着。カジノがあるなど華やかな雰囲気だ。さらに700mほど東に行くとシエール行きのケーブルカー乗り場がある。プラン・モルト行きロープウエイ乗り場はこのさらに東にあるので、市バスを利用したほうがよい。

ⓘCrans-Montana Tourisme
クランの案内所
住Rue du Prado 29
☎(027)4850404
開毎日　8:30～18:00

モンタナの案内所
住Route des Arolles 4
☎(027)4850404
URL www.crans-montana.ch
開毎日　8:30～18:00

Golf Club
Crans-sur-Sierre
URL golfcrans.ch

Scenic Overlook 展望台

ヴァリスアルプスの壮大なパノラマが楽しめる　MAP P.243-A1

プラン・モルト
Plaine Morte　2882m

プラン・モルトからアルプスのパノラマを眺める

クラン・モンタナの周辺では最も高い展望台。眼下に広大なプラン・モルト氷河が広がり、反対側にはモン・ブランからマッターホルン、ミシャベル連峰までの豪快なパノラマを望むことができる。展望台の建物はヴァリス州にあるが、すぐ裏の稜線から向こうはベルン州。内部にはしゃれたバーやレストランがあり、景色を眺めながら食事を取ることができる。

展望台の帰りは中間駅のヴィオレットViolettes（2209m）で降りて、ロープウエイでクランまで下りることができるクリデールCryd'Erまでハイキングしてみよう。約2.3km、所要1時間弱のやさしいコース。最初に少し登りがあるが、あとはほとんどフラット。ヴァリスアルプスをはじめとする、大パノラマを眺めながら歩く（→P.300）。

アクセス　モンタナ
↓ 21分
プラン・モルト

◆ロープウエイ
夏の運行は6月下旬～9月上旬
運行時間は9:00～16:00で30分ごと。
URL www.mycma.ch
ロープウエイ乗り場は、モンタナからAminonaまたはBarzettes行きバスに乗りバルツェッツBarzettes下車。1日券はクラン～クリデール間でも使用できる。

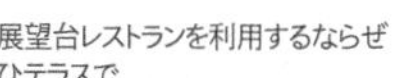
展望台レストランを利用するならぜひテラスで

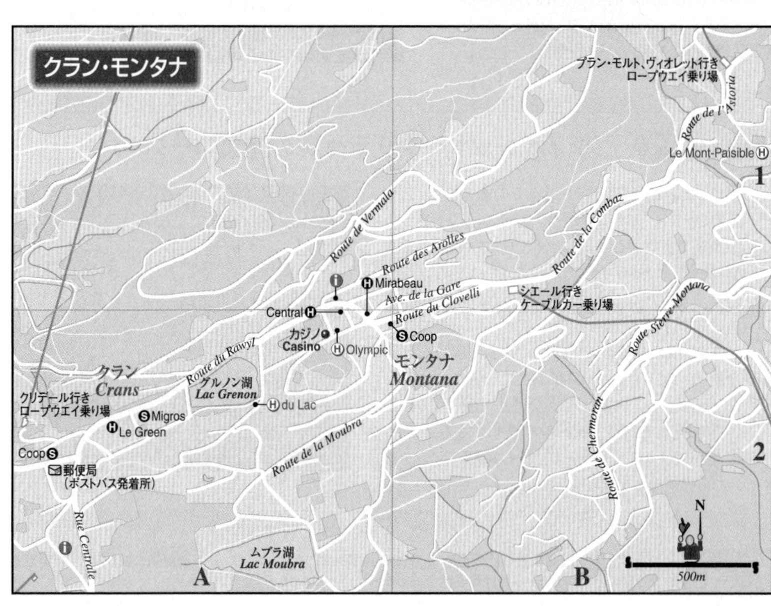

スイスを代表する高級山岳リゾート。周辺のハイキングコースはたいへん充実しているが、ここに保養にくる多くのヨーロッパの人にとっては、夏はゴルフ、冬はスキーのリゾートとして認知されているようだ。またここはスイスを代表するウエルネスリゾートでもある。「健康」や「美」をうたう施設が多数あり、質の高いトリートメントが受けられる。4つ星以上の高級ホテルの多くは充実したスパ施設を併設している。

デュ・ラック Du Lac

MAP P.299-A2 ★★★

クランとモンタナの間にあるグルノン湖畔にあるホテル。併設のレストランからは美しい湖が、南側の客室からはヴァレーアルプスの美しい山並みが眺められる。夏の間はホテルのペダルボートで湖上散策ができる。併設のサウナも利用可能。ビュッフェ式の朝食のメニューが豊富。

住3963 Crans-Montana 1
☎(027)4813414
URL www.hoteldulac-crans-montana.ch
料SCHF85〜、WCHF160〜
Room 30室 Wi-Fi 無料
カード A M V

ル・モン・ページブル Le Mont-Paisible

MAP P.299-B1 ★★★

モンタナの東、バルツァースにあり、プラン・モルトへのロープウエイ乗り場に近い。バス停Violettesから坂を下り左折して5分ほどの所にある。建物はきれいで、全室にバスタブとミニバーがある。南側の部屋にはすべてバルコニーがあり、氷河の遠景がすばらしい。フレンチレストランを併設。

住Chemin du Mone-Paisible 12
☎(027)4802161
URL www.montpaisible.ch
料SWCHF175 〜
食事追加CHF56
CHF76
Room 40室 Wi-Fi 無料
カード A D M V

オリンピック Olympic

MAP P.299-A2 ★★★

モンタナの中心地にある家族経営のホテル。シエール〜モンタナを結ぶケーブルカー駅から徒歩約15分。南側の部屋はバルコニー付き。客室はシングルルームから6人が宿泊できるアパートメントタイプまで5タイプ。ラクレットやフォンデュ、グリルなどが楽しめるレストランとバーを併設。

住Rue Louis Antille 9
☎(027)4812985
URL www.hotelolympic.ch
料(または)SWCHF162 〜
Room 21室 Wi-Fi 無料
カード A M V
休4月中〜下旬

COLUMN ヴィオレット〜クリデールの絶景コース

ヴィオレットからクリデールまでの道のりは、スイスのヴァリス・アルプスからフランスのモン・ブラン山群までが見渡せる。また高山植物も観察できる気持ちのよいハイキングコースになっている。高低差はほとんどなく1時間弱で歩けるので、時間があれば気軽に挑戦してみよう。ヴィオレットのロープウエイ駅の北側をスタートし、初めに現れる岩場を登りきってすぐにコースがふたつに分かれたら左側（正面）へ。あとは平坦な道が1kmほど続き、正面に見えてくるクリデールの建物を目指せば道に迷うこともない。スタートとゴール地点のレストランからの眺めもすばらしい。

天候の変化に気をつけよう

日本からクラン・モンタナへの電話のかけ方
[国際電話会社の番号*]+010+[国番号41]+[27(エリアコードの最初の0は不要)]+[電話番号]
*マイラインの国際通話区分に登録している場合は不要

マルティニ
Martigny

州：ヴァリス/ヴァレー
使用言語：フランス語
地図位置：P.357-B2
標高：467m
郵便番号：CH-1920
エリアコード：027
（市内通話の場合でも初めにエリアコードをプッシュする）

古くからの交通の要衝

アルプスから流れ出た6本の川が合流する地点に発展した商業都市。周辺には美しいブドウ畑が広がり、ワインの産地となっている。

マルティニはアルプス越えのグラン・サン・ベルナール峠が近いため、交通の要衝としてケルト・ローマ時代から栄えてきた。ナポレオンもカエサルもこの町を通って遠征したといわれ、トンネルが開通した今もその役割は変わらない。

町なかには円形競技場などの重要な遺跡が残り、また有名な美術館もある。シャモニやヴェルビエへ行く鉄道の発着駅なので、途中下車するなどして観光を楽しみたい。

Walking 歩き方

鉄道駅から南西へ向かって真っすぐ延びるガール通りAve. de la Gareを進もう。600mほど先の左側に観光案内所ⓘがあり、近くにはパロワシアール教会が建っている。**ピエール・ジアナダ財団美術館Fondation P. Gianadda**は教会からさらに15分ほど歩いた所。1976年、ここで遺跡が発掘されたことをきっかけに造られたもので、広大な敷地に考古学博物館、アンティークカー博物館、彫刻庭園などがある。近くにはローマ時代の**円形競技場**も復元されていて、イタリアとの交易でにぎわった往時をしのぶことができる。町の北には**バティア城 Château de la Bâtiaz**が、塔のような印象的な姿を見せている。

バリーランド・セントバーナード犬博物館

アクセス シオンからIRで13分、普通列車で23分。モントルーからIRで約30分。

ⓘOffice du Tourisme de Martigny
住Av. de la Gare 6
☎(027)7204949
URL www.martigny.com
開6～9月
月～金曜 9:00～18:30
土曜 9:00～17:00
日曜・祝日 9:00～14:00
10～5月
月～金曜 9:00～18:00
土曜 10:00～14:00
休10～5月の日曜・祝日

ピエール・ジアナダ財団美術館
URL www.gianadda.ch
スイストラベルパス有効

バティア城
URL www.batiaz.ch

バリーランド・セントバーナード犬博物館
グラン・サン・ベルナール峠原産であるセントバーナード犬の保護育成施設を兼ねた博物館。峠の歴史についての展示もある。
URL www.barryland.ch

ヴェルビエ
Verbier

州：ヴァリス/ヴァレー
使用言語：フランス語
地図位置：P.357-B2
標高：1500m
郵便番号：CH-1936
エリアコード：027
（市内通話の場合でも初めにエリアコードをプッシュする）

アクセス マルティニからル・シャーブルまで普通列車で27分。ル・シャーブルからヴェルビエまでロープウエイで12分。夏期運行は7月〜9月中旬。ル・シャーブル〜ヴェルビエ間はバスの便もあり、所要約30分。

ヴェルビエへのロープウエイ
所要：12分
運行：2021年12月から地域の交通システムに組み込まれたため、通年5:15〜23:50で運行している。
料片道CHF6、往復CHF12

ℹOffice De Tourisme De Verbier
住Route de Verbier Station 61
☎(027)7753888
URLwww.verbier.ch
開8:00〜18:30

アクセス ヴェルビエ ↓ 🚡30分※ モンフォール
◆ロープウエイ
※昼休みを挟む場合は約1時間15分。
夏期運行は7〜8月。毎日8:30〜16:00。シーズン前後の運行についてはウェブサイトを確認。
URLwww.verbier.ch

夏はとても静かなヴェルビエの中心

マルティニからセントバーナード犬が描かれた鉄道で27分。終点ル・シャーブルLe Châbleの駅前からロープウエイに乗ると、しだいにイタリアとの国境の山々やシャモニ周辺の針峰群が姿を現す。おしゃれなスポーツリゾート、ヴェルビエに到着だ。冬にはスイスでも最大規模のスキー場としてにぎわい、晴天率が高いので、年間を通じてイベントが多いことでも知られている。

ここでは何をおいてもモンフォールMt. Fortを訪れたい。ゴンドラの乗り継ぎがよいため、短時間で標高3329mの山頂へ到着できる。モン・ブランとマッターホルンの中間にあって周辺にこれ以上高い山がないという絶好のロケーション。ミシャベル連峰まで続く大パノラマを堪能しよう。夏のシーズンは7月上旬〜8月下旬と短いので注意。

Walking 歩き方

ポストバスが着く郵便局から、少し坂を上った所にあるロータリーまでが町の中心部。観光案内所ℹの横から延びる坂道をさらに上っていくと、モンフォール行きのロープウエイ乗り場にたどり着く。

ここからLes Ruinettes（2192m）、La Chaux（2266m）、Col des Gentianes（2980m）でロープウエイを乗り継いで上を目指す。Col des Gentianesに着くと、目の前に大きな氷河が広がり、次のロープウエイはこの上を通っていく。わくわくするような光景だ。

頂上は遮るもののない山上の世界で、モン・ブランなど4000m級の山々が見渡せる。テラスの隣には岩山があり、登ることが可能。夏でもそれほど混み合わない穴場的な展望台だ。

コルヴァッチからシルス湖を見下ろす

6 サン・モリッツとグラウビュンデンの町や村

St. Moritz & Graubünden

地域伝統のスグラフィット（装飾画）は必見

introduction

サン・モリッツとグラウビュンデンの町や村 イントロダクション

そそり立つマッターホルンやアイガー北壁がアルプスのイメージなら、エンガディンを訪れた旅人は、穏やかなアルプスの山々の姿に驚くことだろう。

ドナウ川の支流、イン川の上流部はエンガディン（イン川の庭）と呼ばれ、スイス有数の高級リゾートであるサン・モリッツやダヴォスを除けば、どこも素朴で小さな町や村ばかり。特別な見どころがないところも少なくない。だが、この素朴な村とそこに住むあたたかい人々、そして昔から変わらない石畳の路地と美しい装飾を施した白壁の家々は、初めて訪れてもなぜか懐かしい気持ちを起こさせてくれる。

エンガディンがあるスイス最大の州グラウビュンデンには、個性的な町や村が多い。高い山と深い谷によってほかとの交流が少なかったためだが、ドイツ語圏にあって、唯一ロマンシュ語が使われ続けているのも同じ理由だろう。ここを訪れる旅人は、鉄道の駅ごとに新しい発見をすることだろう。

州都であるクールは古い歴史をもつ町。エンガディンから山をいくつか隔てた北側にあり、ここはドイツ語圏だ。日本でもおなじみの『ハイジ』の舞台となったマイエンフェルト、5つ星の温泉リゾート、バート・ラガッツ、スイス東部最大のリゾート、ダヴォスもエンガディンの北側にある。

一方エンガディンの南側には、この周辺で唯一の4000m峰ピッツ・ベルニナがあるが、この山の南側はイタリア語圏。またエンガディンからスイス唯一の国立公園を通り、峠を越えたイタリア国境の近くには、世界遺産のミュスタイアの僧院（聖ヨハネ修道院）がある。

旅の交通

このエリアの交通の起点となる州都クールまでは、チューリヒから特急列車で約1時間15分だが、ここから先、ダヴォスやサン・モリッツまでは山や谷に隔てられ、地図で見る以上に時間がかかるので注意が必要だ。鉄道の路線が発達していないエンガディンでは、バスがおもな交通手段。エリアの交通が無料になるパス（→P.309）があるので、上手に利用したい。また、レンタカーで谷間の小さな村を巡るのも楽しい。

旅の宿

サン・モリッツやダヴォスといったスキーリゾートは冬がハイシーズン。夏の間は比較的すいており、料金も冬よりも安いのでおすすめだ。逆に冬は1週間単位で予約を受け付けるところが多いので、1、2泊では部屋は取りにくい。エンガディンなどの小さな村では宿泊施設は少ないが、飛び込みで気軽に泊まれる。

プランニングのポイント

サン・モリッツを中心にオーバーエンガディン地方に名峰や展望台が点在する。それぞれが離れているので展望台を巡るには交

サン・モリッツの気候データ

	1月	2月	3月	4月	5月	6月	7月	8月	9月	10月	11月	12月
平均最高気温(℃)	-2.2	-0.2	2.7	6.4	11.7	15.5	18.4	17.7	15.1	10.8	3.5	-1.5
平均最低気温(℃)	-18	-17.2	-11.9	-5.5	-1.1	1.5	3	2.8	-0.1	-4.2	-10.6	-16.1
平均降水量(mm)	30	25	31	44	81	87	89	99	72	59	54	31
平均降水日	6.1	5.3	6.2	7.4	10.3	10.7	10.4	11.5	7.3	6.9	7.1	6.3

通機関のスケジュールを確認して出かけよう。イタリアへいたるベルニナ線の沿線にも見どころは多い。

シーズン中は大混雑するベルニナ・エクスプレスを避けて、乗車時間の同じ普通列車を利用するのもポイント。また、このエリアは展望台への登山電車やロープウエイの運転開始日が6月下旬や7月からと、ほかの地域より遅いことが多いので、計画を立てるときは注意が必要だ。

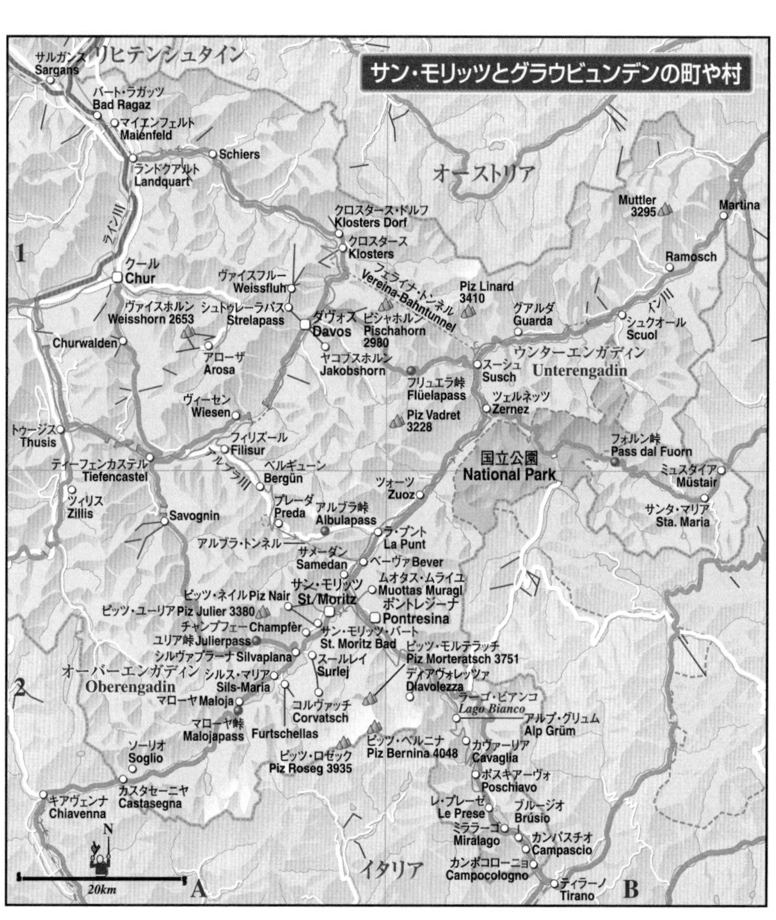

エリアハイライト

サン・モリッツやポントレジーナなどスイス有数の高級リゾートと、それとは対照的な、昔から変わらない素朴なスイスの山村が同居するエリア。観光スポットとなる展望台や村が広範囲に点在しており、移動にもそれなりに時間がかかる。忙しく動き回らず、ゆったり滞在したい。

サン・モリッツ

過去2度の冬季五輪開催地。最もにぎやかなのは冬。夏は静かで落ち着いたリゾートだ。見どころは、町から直接アクセスできる展望台が1ヵ所、小さいが見応えのある美術館が1ヵ所。鉄道やバスの起点となる町なので、ここを拠点にエリアを観光するには便利。

オーバーエンガディン

サン・モリッツを真ん中に、南西から北東に延びる幅広い谷に素朴な雰囲気の村が点在している。サン・モリッツから南へはバスで、北へは鉄道を利用する。ここでの楽しみは、それらの村を訪ねること。エリアにいくつかある展望台からスタートするハイキング、また自転車をレンタルして、村を巡るサイクリングも楽しい。

グアルダ

小高い丘の上に広がる小さな村。伝統的なエンガディンの建物が並ぶ村の通りは、絵本に出てきそうな雰囲気。のんびり散策するにはぴったりの村。

シュクオール

昔からの温泉保養地。モダンな温泉センターと、旧市街の一画にあるスグラフィットで装飾された家並みが対照的。レーティッシュ鉄道（RhB）のエンガディン線の終点。

ダヴォス

世界の政財界のVIPが一堂に会する「ダヴォス会議」の開催地として知られているが、スキーリゾートとしても有名。町の南北にあるふたつの展望台がいちばんの見どころ。

ミュスタイア

スイスの東端で、国境を越えたらイタリアだ。見どころは、世界遺産に登録されているスイス最古の建物のひとつである修道院。周辺の素朴な山村の風景にも癒やされる。

トゥルン

人気の氷河急行の沿線にあるが、普通列車しか停まらない小さな村。スイスを代表する画家アロイス・カリジェの生誕地。

マイエンフェルト

世代を超えて愛されている『アルプスの少女ハイジ』の物語の舞台になった村。ハイジゆかりのスポットがいくつかあるので、それを訪ねて歩くハイキングがここのハイライト。

クール

紀元前のローマ人の記録にその名が出てくる、スイス最古の町。中世の雰囲気が感じられる旧市街が見どころ。そこにある教会や美術館は時間をかけて見学したい。

おもなイベント

スノーポロ・ワールドカップ（サン・モリッツ）	毎年1月
ホワイトターフ［雪上競馬大会］（サン・モリッツ）	2/4、11、18(2024)
チャランダマルツ（グラウビュンデン各地）	毎年3月1日
エンガディン・フェスティバル（サン・モリッツ）	7/29～8/11（2023）

凍ったサン・モリッツ湖の上で行われる雪上ポロ

料理と名産品

エリアの風土同様、素朴な郷土料理がいくつかある。**ビュンドナー・フライシュ**は牛肉の塊を自然に乾燥させたもので、薄く削ったものが出される。赤ワインのつまみにピッタリ。**ビュンドナー・ゲルシュテンズッペ**は、さまざまな野菜と麦、ベーコンを煮込んだスープ。サン・モリッツにある老舗菓子店「ハンゼルマン」のものが有名な郷土菓子が、**エンガディナー・ヌストルテ**。クルミをキャラメルで煮て、固めの生地で焼いたもの。日もちするのでおみやげにもいい。

エンガディナー・ヌストルテ

ビュンドナー・フライシュ

ビュンドナー・ゲルシュテンズッペ

チューリヒへ 1時間5分
マイエンフェルト
Klosters
1時間40分
Landquart
ダヴォス
43分
シュクオール
13分
グアルダ
19分
クール
25分
ツェルネッツ
トゥルン、アンデルマットへ
51分
Reichenau
Filisur
44分
45分
1時間5分
2時間2分
サメーダン
ミュスタイア
7分
サン・モリッツ
ポントレジーナ
10分
シルヴァプラーナ
1時間56分
10分
シルス・マリア
2時間15分
12分
マローヤ
49分
ソーリオ
ティラーノ
鉄道
バス

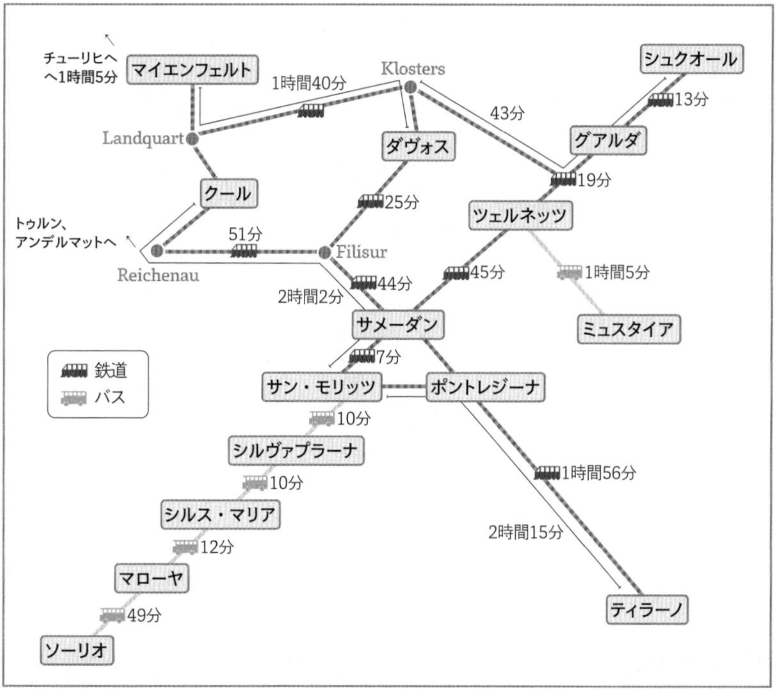

サン・モリッツ
St. Moritz

州：グラウビュンデン
使用言語：ドイツ語
地図位置：P.305-A2
標高：1775m
郵便番号：CH-7500
エリアコード：081
（市内通話の場合でも初めにエリアコードをプッシュする）

秋のサン・モリッツ湖

サン・モリッツと聞いて、連想するものは何だろう？　王族も泊まる5つ星ホテル、一流ブランドのショッピング、世界最古のスキーリゾート、それとも第2回（1928年）と第5回（1948年）の冬季五輪だろうか。

そんな華やかさを期待してこの町を訪れたなら、ちょっと拍子抜けしてしまうかもしれない。坂が多く路地が入り組んだ町のたたずまいは、ほかの町と大差はないし、町の人々はとても素朴で陽気。ホテルマンたちの、気品あるなかにもあたたかな笑顔はイタリア直輸入だろうか？　とりすましているのは“超高級リゾート”を意識してやってきた避暑客だけだ。

周囲を取り巻く自然も、ゴージャスという形容詞は似合わない。小ぶりで優しい表情をしたベルニナアルプスと、カラマツの森に縁取られた大小25の湖や渓谷が織りなすハーモニー。荒々しいアルプスとは明らかに異なるその顔は、すべてを柔らかく包み込んで旅人を癒やしてくれる。

アクセス チューリヒからIRで3時間2分～3時間22分（クールまたはLandquart乗り換え）。30分～1時間ごと。クールからの後半2時間は、峡谷を抜ける橋やスパイラルトンネルの連続で、ダイナミックな風景が楽しめる。

ⓘSt. Moritz Tourist Information
住Via Maistra 12（ドルフ）
☎（081）8373333
URL www.stmoritz.com
開月～土曜　9:00～18:30
休日曜、祝日
駅のⓘは月～土曜9:30～18:30（オフシーズンは10:00～）、日曜10:00～13:00、14:30～18:30

Walking 歩き方

サン・モリッツに着いてまずやるべきことは、深呼吸。古くから“シャンパン気候”として有名なサン・モリッツの空気を味わおう。まさか炭酸泉が湧出しているせいでもないだろうが、本当に泡の中で光の粒が弾けるような爽快感がある。もしも天気が悪かったら、それは珍しい体験かもしれない。何しろ晴天日が年間平均322日もある町なのだ。

サン・モリッツ駅から見上げると、高台に大きな建物が建ち並んでいる。これが町の中心で、ドルフDorf（村の意）と呼ばれている。

駅は、長さ1.8kmほどのサン・モリッツ湖のそばにあり、ド

エンガディン・バス Engadin Bus
URL engadinbus.ch
サン・モリッツとその近郊を結んで走っている。No.1はサン・モリッツ駅からドルフ、バートを結ぶルート。運行ダイヤは季節によって異なるので事前に確認を。

町内や近郊への移動に重宝

ルフの中心まではずっと上り坂なので、荷物があるときはエンガディン・バスNo.1を利用するといい。坂を上がり、一流ブランド店を見ながら進むと、**ポスタ・ヴェリア広場Pl. da la Posta Veglia**というロータリーに出る。ここを右折して**マイストラ通りVia Maistra**へ。しばらく行くと右に市庁舎があり、1階に観光案内所が入っている。ここで町の地図やバスの時刻表などを入手したら、斜め前の広場を横切るようにして進むと**学校広場Pl. da Scoula／Schulhauspl.**へ出る。奥の古い建物が旧学校（現在は図書館＆公文書館）で、この裏側にピッツ・ネイルの展望台へ上がるケーブルカー駅がある。

サン・モリッツの町の中心は、実はもうひとつある。湖の西側に広がる**バートBad**（温泉の意）だ。3500年の歴史をもつ炭酸泉が湧き出しており、**オヴァヴェルヴァOvaverva**というクアハウスがある。サン・モリッツはもともと湯治場だったのだ。一帯は平坦で広々としており、イン川に沿ってスポーツセンター、テニススタジアム、インラインスケート場、ドッグレース＆ポロ競技場、スキージャンプ台が並んでいる。ドルフからは坂を下って徒歩20分くらいで、その中間に**セガンティーニ美術館**と**エンガディン博物館**がある。帰りはバスを使ってもいいし、湖畔の散歩道をのんびり歩いて鉄道駅まで戻るのも楽しい。

各方面へのバス停留所がある学校広場

ÖV（エーファオ）インクルーシブ ÖV-Inklusive
シーズン中（5～10月）村内の規定の宿（その数100以上）に2泊以上宿泊すると、チェックイン時に、オーバー・エンガディン地域の公共交通を無料で利用できるパスを貸与される（到着日、出発日を含める）。通用範囲は広く、鉄道ではベルニナ線の絶景駅アルプ・グリュムまで行くことができ、ディアヴォレッツァ展望台にも上ることができる。ÖVとはドイツ語の公共交通（Öffentlicher Verkehr）の頭文字。
URL www.engadin.ch

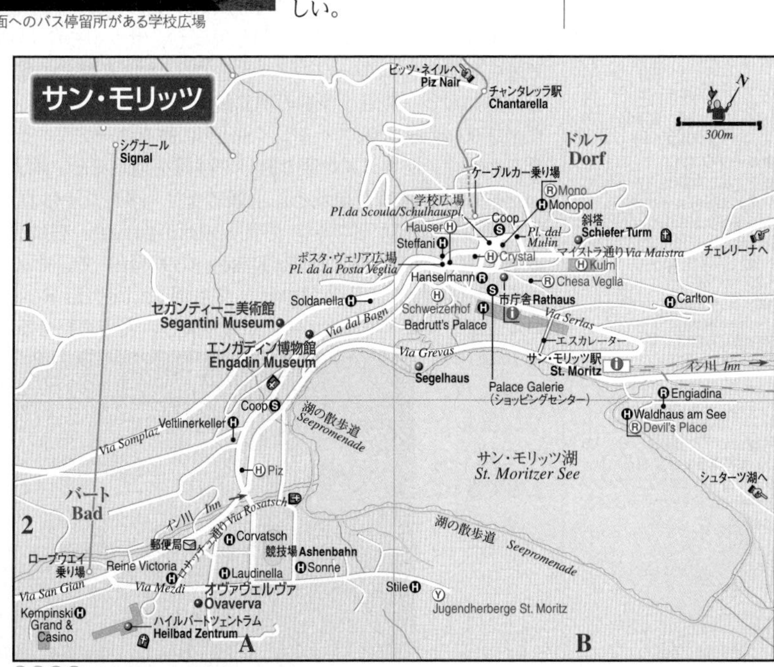

Ⓢ Ⓗ Ⓨ Ⓡは本書で紹介している物件です。

Scenic Overlook 展望台

アイベックスの像が立つ

MAP P.305-A2

ピッツ・ネイル Piz Nair 3022m

アクセス サン・モリッツ
↓ 3分
チャンタレッラ
↓ 12分
コルヴィリア
↓ 16分
ピッツ・ネイル

ケーブルカー乗り場は学校広場から図書館の左の路地を上がった所。

◆ケーブルカー&ロープウエイ
運行：'23年夏期(6/14～10/22)
ケーブルカー（20分ごと）
サン・モリッツ発8:20～17:00
中間駅Chantarella発8:30～16:50
ロープウエイ（20分ごと）
コルヴィリア発8:45～16:25（上り）
ピッツ・ネイルまでの冬期運行は11月下旬～3月中旬。
URL www.mountains.ch
料 往復CHF69.20

サン・モリッツの中心部からわずか30分ほどで行ける展望台。何しろケーブルカー乗り場が学校広場の裏にあるのだ。ここからコルヴィリアCorviglia（2486m）まで上がり、ロープウエイに乗り換えると、ブロンズ製のアイベックス（ヤギの一種）が見下ろす展望台に着く。谷を隔ててアルプスを眺めることになるので、ちょっと迫力には欠けるが、その代わりオーバーエンガディンの谷と湖が一望の下。北側にはグラウビュンデンの山々も眺められる。あたりは冬にはエンガディン地方最大級のスキー場となる。

チャンタレッラ駅から見る湖と町並み

スキー場としても人気が高い

MAP P.305-A2

コルヴァッチ Corvatsch 3303m

アクセス サン・モリッツ
↓ (No1)22分
スールレイ
↓ 7分
ムルテール
↓ 6分
コルヴァッチ

◆ロープウエイ
運行：'23年夏期(6/17～10/20)
8:25より20分おきに運行。下りの最終はコルヴァッチ発16:56（7/8～8/13は17:16）。冬期（11月中旬～4月中旬）8:20～16:40。
URL www.corvatsch-diavolezza.ch
料 往復CHF64。スイストラベルパスで50%割引。

レストランもおすすめ
展望台の下にはレストランがある。大パノラマが広がるサンテラスで食べるイタリアンディッシュやホームメイドケーキは最高においしい。

ベルニナアルプス唯一の4000m峰、ピッツ・ベルニナPiz Bernina（4048m）を間近に望む展望台。サン・モリッツ周辺で最も高所にあり、ロープウエイからの谷と湖水の眺めも魅力だ。

バスはサン・モリッツ湖の奥に続くチャンプフェー湖、シルヴァプラーナを通り、スールレイSurlejにあるロープウエイ駅へ。ここからロープウエイを乗り継いで稜線を越えると、氷河を抱いたベルニナ連峰が現れる。主峰ピッツ・ベルニナは真正面。左に延びる稜線がビアンコグラートBiancograt。右に見える鋭鋒はピッツ・ロゼックPiz Roseg（3935m）で、その右側から流れ落ちているのがロゼック氷河Vadret da Rosegだ。コルヴァッチはベルニナの山々が最も険しい表情を見せる場所。雲がなければ遠くヴァリスアルプスを望むこともできる。

展望台から見下ろすシルヴァプラーナ湖

昼でも夜でも楽しめる展望台 MAP P.305-A2

ムオタス・ムライユ Muottas Muragl 2454m

サン・モリッツの東にある展望台。画家セガンティーニが愛した風景として知られ、サン・モリッツの町の全景と、そこから3方向に延びる谷、もちろん

エンガディンの絶景とケーブルカー

ベルニナアルプスも眺められる。サン・モリッツとポントレジーナの中間にあるプント・ムライユPunt Muraglから、真っ赤なケーブルカーに乗って一気に展望台へ。

シルヴァプラーナからマローヤ峠へと連なる4つの湖、谷の奥行きを強調するピッツ・ユリアPiz Julier（3380m）の稜線、ベルニナアルプスとサン・モリッツを隔てるピッツ・ロサッチPiz Rosatsch（3121m）も印象的。ここからアルプ・ラングアルトへのハイキングコースは人気が高いが、レストランから見る日没も捨てがたい。湖水が輝き、ベルニナの氷河がバラ色に染まる頃、町の灯が瞬き出す。ホテル、レストランもある。

アクセス サン・モリッツ ↓ バス(No1)4分 プント・ムライユ(Punt Muragl Talstation) ↓ ケーブルカー 10分 ムオタス・ムライユ

◆ケーブルカー
運行：'23年夏期(6/10〜10/22) 7:45〜23:00、30分ごと。12月中旬〜3月下旬も運行。
URL www.mountains.ch
料 CHF41

林の中の急斜面を上る

雄大な氷河が目の前に広がる MAP P.305-B2

ディアヴォレッツァ Diavolezza 2978m

巨大な氷河が目の前に

ベルニナアルプスを挟んでコルヴァッチの反対側にある展望台。サン・モリッツからイタリア方面へ40分ほど行った所（Bernina Diavolezza）からロープウエイで上がる。

ディアヴォレッツァの特徴は、山々が行儀よく並んだワイドなパノラマを楽しめることだ。目の前にそびえるのはピッツ・パリュPiz Palü（3899m）。両側にコブのような支峰をもつのが特徴。山頂の向こう側はイタリアだ。その右がベラヴィスタBellavista（3921m）で、その右が主峰ピッツ・ベルニナ。コルヴァッチから見た姿とだいぶ違うが、真っ白い稜線ビアンコグラートが落ちているのですぐにわかる。さらに右にはピッツ・モルテラッチPiz Morteratsch（3751m）が続く。

足元の大河はペルス氷河Vadret Pers。この流れはすぐにモルテラッチ氷河Vadret Morteratschに合流し、冬は10kmに及ぶ長大なダウンヒルコースになる。

アクセス サン・モリッツ ↓ 列車(RhB) 34分 ベルニナ・ディアヴォレッツァ ↓ ロープウエイ 12分 ディアヴォレッツァ

◆列車&ロープウエイ
運行：20〜30分ごと。'23年夏期(5/8〜10/20) 8:20〜17:00（延長あり）、冬期（10月中旬〜5月上旬）は終了時間が40分ほど早まる。春、秋は運休することがあるので事前に要確認。
URL www.corvatsch-diavolezza.ch
料 CHF39

ディアヴォレッツァの山岳ホテル
Berghaus Diavolezza
☎ (081)8393900
URL www.diavolezza.ch
料 Ⓓ CHF187〜
Ⓢ CHF260〜
Ⓦ CHF310〜
ロープウエイ、朝食、夕食込み。

Attraction おもな見どころ

エンガディンをこよなく愛した画家の美術館 MAP P.309-A1

セガンティーニ美術館
Segantini Museum

シャフベルクの山小屋を遠望できる

エンガディンを愛した風景画家、ジョヴァンニ・セガンティーニ Giovanni Segantini (1858～99年）の美術館。印象派のタッチに似た23点の絵画は「アルプスを描かせたら右に出る者なし」と高く評価されている。没後100年を記念して改装されたこの美術館は、石積みの建物自体も一見の価値があるし、湖を見下ろすロケーションもいい。

運命3部作として有名な3枚の大作『生 Das Leben』『自然 Die Natur』『死 Der Tod』は2階にある。セガンティーニ自身がデザインしたドーム型ギャラリーは自然光が入るが、絵の中の光と空気にも注目しよう。それぞれに描き込まれた気温、湿度、そして大気の透明度は、印象派の絵画に見るフランスのそれとは明らかに異なる。『生』と『自然』が夕刻なのに対し、『死』は早朝の光のなかに描かれているのが興味深い。

美術館を出たら、湖の左側奥にそびえるなだらかな山を見てみよう。セガンティーニが『自然』を描きながら息を引き取ったシャフベルクの山小屋（現セガンティーニ小屋）が小さく見えている。美術館は、この小屋に向かって建てられたのだ。

この土地について知るには欠かせない MAP P.309-A1

エンガディン博物館
Museum Engiadinais

グラウビュンデン州とエンガディン地方の民具を集めた博物館。個人のコレクションを広く公開するため、典型的なエンガディン・スタイルの石造り家屋として20世紀初頭に建てられた。

馬も入れる大きな玄関を入ると、1階には馬小屋、作業場、倉庫、食堂などがある。18世紀の消防馬車はもちろん手動式。台所ではストーブの煙を逃がし、火事を防ぐ工夫に注目したい。上階の各部屋は16～18世紀に建てられた民家を移築したもの。家具、食器、農機具、武器、古いロマンシュ語で書かれた手紙、楽器、衣装などが展示されている。

高級リゾートのスパに行ってみよう MAP P.309-A2

オヴァヴェルヴァ
Ovaverva

歴史ある鉱泉浴を楽しむには最適なスポット。本格的なスパ施設が気軽に利用できる。サウナやマッサージの施設も備えている。地域のスポーツセンターを兼ねているので、各種プールのほか、ジムやショップ、レストランもある。

セガンティーニ美術館
住Via Somplaz 30
☎(081)8334454
URL www.segantini-museum.ch
開5/20～10/20、12/10～4/20
火～日曜　11:00～17:00
休月曜、上記開館期間中の祝日
料CHF15

セガンティーニの小道
ポスタ・ヴェリア広場からVia Somplazを5分ほど歩くとホテル・ソルダネラがある。このホテルの正面から斜面につけられた小道をたどり、森に分け入ろう。途中6ヵ所にパネルが設けられ、セガンティーニの絵画についての説明がある。セガンティーニ美術館までゆっくり歩いて約10分。小道はさらに西のスヴレッタSuvretta地区まで続いている。

エンガディン博物館
住Via dal Bagn 39
☎(081)8334333
URL www.museum-engiadinais.ch
開5/20～10/20
水～月曜　10:00～18:00
12月上旬～4月中旬
木～日曜　11:00～17:00
休火曜
料CHF15。スイストラベルパス有効。

アクセス 学校広場からNo.1・6で約3分、Via Aruons下車。

裕福な家庭の居住文化を再現

オヴァヴェルヴァ
住Via Mezdi 17
☎(081) 8366100
URL www.ovaverva.ch
開10:00～21:00(ハイシーズンの火曜は～22:00)
休'23年は4/29～5/14、11/11～11/26
料プールCHF15、スパ3時間CHF30、フィットネスCHF25。スパとプールのコンビ切符はCHF37.50から。

Activity アクティビティ

マウンテンバイク（MTB）

なだらかな丘が多いサン・モリッツ周辺は、マウンテンバイクにぴったり。7月中旬になると、町のスポーツショップはMTBをレンタルして野山を走り回る人でにぎわう。さまざまなコースがあるので、観光案内所でマップをもらっておこう。普通のサイクリングを楽しむなら、自転車はサン・モリッツ駅で借りることができる。湖畔を1周するのがおすすめだ。

冬のアクティビティ

サン・モリッツはウインタースポーツのメッカ。町の周辺には、オーバーエンガディン全体で350kmに及ぶスキー場が広がる。クロスカントリースキーのコースも230kmある。

冬になると全面凍結するサン・モリッツ湖上でも、さまざまなイベントが行われる。スケート、カーリング、アイスホッケー、100年近い歴史をもつ氷上競馬、60頭の馬が出場する氷上ポロ、馬ソリでの湖上遊覧も楽しい。ムオタス・ムライユからプント・ムライユまで4.2kmを下るシュリッテンSchlitten/Toboggan（ソリ）もおすすめ。

広大なゲレンデを豪快に滑り下りる

名作2作をモチーフにしたハイキングコース

ピッツ・ネイルからの帰りにケーブルカーの途中駅チャンタレッラで降りると「ハイジ花の道」(2.1㎞)がある。“Blumenweg”とある木の看板がコース入口。約200種類の花が咲く道には、テレビドラマの撮影で使われたハイジの山小屋が残っていた。その先に広がる森には、画家アロイス・カリジェ「ウルスリのすずの道」(2.3㎞)が続く。代表作『ウルスリのすず』のオブジェや物語の説明板があり楽しい。案内板に従えば、1時間ほどでサン・モリッツに着く。

（杉並区　モジョ）['23]

ハイジの小屋は中に入ることもできる

COLUMN 峠を越えて湖畔をドライブ、パーム・エクスプレスPalm Express

サン・モリッツとルガーノを結ぶポストバスが「パーム・エクスプレス」。マローヤ峠を越えブレガリア谷を通ってイタリアに入り、コモ湖を左側に見ながら再びスイスに入る4時間の旅だ。サン・モリッツを出て国境を越えるあたりまでは、進行方向左側に山塊を眺めながら、石造りの家々が点在する風情のある村々に停車していく。

国境を越えたバスはイタリア内に入って間もなく、キアヴェンナで休憩のために停車する。バスを降りると、サン・モリッツに比べ暖かくなったことに気づくことだろう。キアヴェンナを出たバスは30分ほどでコモ湖に到着。再び国境を越え、スイスに入ると終点のルガーノまではもうすぐだ。湖畔の道路から市内に入ったバスは、ほどなくしてルガーノ鉄道駅に到着する。

パーム・エクスプレス情報

サン・モリッツ発ルガーノ行きと、ルガーノ発サン・モリッツ行きがある。

催サン・モリッツ発は6/9～10/22以外は金～日曜のみ運行。サン・モリッツ10:25発→ルガーノ14:16着。
ルガーノ発もサン・モリッツ発同様、6/9～10/22以外は金～日曜のみ運行。ルガーノ15:31発→サン・モリッツ18:56着。要予約。
料片道CHF87。スイストラベルパス有効だが、予約料金が別途必要。

<問い合わせ・予約>
PostBus Switzerland Ltd. Graubünden Region
☎ (0848)071081（サン・モリッツ）
URL www.postbus.ch

車窓越しに望むコモ湖

スイス有数の山岳リゾートだが、個人所有の別荘や長期滞在者用のアパートが多く、旅行者用の部屋はそれほど多くない。とはいえ、高級ホテルからユースまで宿泊施設の幅は広い。丘の上のドルフ地区のほうが、湖近くのバート地区より一般的に料金は高めだ。展望台に併設されているホテルもあり、部屋数はかぎられるが、手配ができれば思い出深い滞在ができるだろう。

クルム Kulm

MAP P.309-B1 ★★★★★

外観やロビーはゴージャスというより、シックで落ち着いており、リノベーションされた客室も高級感だけでなく、あたたかな木のぬくもりが感じられる。湖を見下ろす最高のロケーションに、4つのレストランやバー、充実のスパ施設のほか、ゴルフコースやテニスコートを備えている。

住Via Veglia 18
☎(081)8368000
URL www.kulm.com
料 Ⓢ CHF343～ Ⓦ CHF651～
Room 173室
Wi-Fi 無料 カード A D J M V
休 4月上旬～6月中旬、9月上旬～11月

クリスタル Crystal

MAP P.309-B1 ★★★★

ドルフ地区中心部の学校広場に面して建つスモール・ラグジュアリー・ホテルズ・オブ・ザ・ワールド加盟のホテル。室内は伝統的な白壁と木組みのインテリア。収納スペースが広く、水回りの設備もよく整っている。多くの部屋にバスタブがあり、スーペリア以上の部屋にはセパレートのシャワーもある。バスローブとスリッパも備えられ、使いやすく居心地のよい部屋だ。スタッフのサービスもすばらしく滞在が心地よいファーストクラスのホテル。館内施設も充実しており、フィットネス施設やメニュー豊富なスパもある。レストランも評判がよく、喫煙可能なピアノバーもある。宿泊費にはミニバー利用とフィットネス施設の利用、駅への送迎も含まれている。春と秋に休業あり。

住Via Traunter Plazzas 1
☎(081)8362626
URL www.crystalhotel.ch
料 (または) Ⓢ CHF205～ Ⓦ CHF295～
Room 74室
Wi-Fi 無料
カード A D J M V

シュヴァイツァーホフ Schweizerhof

MAP P.309-B1 ★★★★

100年以上の歴史をもつホテル。町の中心部に立地。南東側の客室からは湖やアルプスのすばらしい眺めを望める。ケーブルカー駅へも徒歩6分と近くスキー客にも人気。朝食には目の前でシェフが焼いてくれる料理や焼きたてパン、チーズなどが揃う。館内にはサウナもある。

住Via dal Bagn 54
☎(081)8370707
URL www.schweizerhofstmoritz.ch
料 Ⓢ CHF180～ Ⓦ CHF350～
Room 82室 Wi-Fi 無料
カード A D J M V

ハウザー Hauser

MAP P.309-B1 ★★★

1892年創業、4代目のオーナーが営む老舗ホテル。ロータリーに面して建つ。鉄道駅とホテル間の無料送迎サービスあり。駅までは徒歩でも行けるが、坂や石畳の道が続くため、荷物が多いときに利用すると便利。レストランやバーのほか、自家製パンやデザートが揃うコンフィズリーも併設。

住Via Traunter Plazzas 7
☎(081)8375050
URL www.hotelhauser.ch
料 (または) Ⓢ CHF155～ Ⓦ CHF191～
Room 51室 Wi-Fi 無料
カード A M V 休 11月

ピッツ Piz

MAP P.309-A2 ★★★

BAD地区にあるスタイリッシュできれいなホテル。部屋も広く、ファミリールームやアパートメントもある。湖畔の近くにあり散歩も楽しい。駅からはバスになるが、バス停やスーパーマーケットにも近い。ホテル内のイタリアンレストランはおいしくて値段もリーズナブル。特にピッツァが人気。

住 Via dal Bagn 6, 7500
☎ (081)8321111
URL www.piz-stmoritz.ch
料 (または) Ⓢ CHF125～ Ⓦ CHF175～
Room 20室 Wi-Fi 無料
カード A M V

ロマンティックホテル・ムオタス・ムライユ Romantik Hotel Muottas Muragl

★★★

100年以上前に建てられた山小屋を長い時間をかけて改装。シンプルモダンな客室は、都会のブティックホテルのような洗練されたデザインで、使い勝手もいい。併設のレストランは、景色のよさはもちろんのこと、料理の質やワインの品揃え、サービスのよさなど、すべてにおいてエリアトップクラスのクオリティ。

住 Punt Muragl 3
☎ (081)8428232
URL www.muottasmuragl.ch
料 Ⓢ CHF180 Ⓦ CHF240～
Room 16室 Wi-Fi 無料
カード A D J M V
休 4月上旬～6月上旬、10月下旬～12月下旬

ユーゲントヘアベルゲ(YH) Jugendherberge St. Moritz

MAP P.309-B2

サン・モリッツ・バートにある。館内は清潔で共有スペースが充実。ビリヤードや卓球が楽しめる。ダブルルームが30室もあるので、ドミトリーが苦手な人でも泊まりやすい。また、リクエストに応じてお弁当も作ってくれる（CHF10）。駅から9番のバスで"St. Moritz Bad, Youth Hostel"下車すぐ。

住 Via Surpunt 60
☎ (081)8366111
URL www.youthhostel.ch
料 Ⓓ CHF54、Ⓢ CHF107 Ⓦ 142、食事追加CHF19.50
Room 306ベッド Wi-Fi 無料
カード A D J M V

チェサ・ヴェリア Chesa Veglia

MAP P.309-B1

高級レストランのようなエレガントな内装に一瞬たじろいでしまうが、値段はリーズナブルで料理もおいしい。1階はスイス料理で、2階がピッツェリア。窯焼きのピザは絶品だ。てきぱきとしたサービスもすばらしい。夏にはサン・モリッツ湖を見渡すテラス席が設けられる。要予約。

住 Via Veglia 2, 7500
☎ (081)8371000
URL badruttspalace.com/restaurants/sun-terrace-chesa-veglia/
営 12:00～15:00、18:30～23:00
休 月・火曜（2階は火曜）
カード M V

モノ Mono

MAP P.309-B1

白を基調としたインテリアが美しい、モノポールホテルのメインダイニング。山岳リゾートにはピッツェリアのような気軽なイタリアンが多いが、ここは本格的なイタリアンのコース料理が楽しめる。地中海産シーフードのグリルなどがおすすめ。何を食べてもおいしく、豊かな気分になれる。

住 Via Maistra 17, 7500
☎ (081)8370400
URL www.monopol.ch
営 12:00～14:00、18:00～21:00（ホテルの季節営業時間に準ずる）
カード A D J M V

デビルス・プレイス Devil's Place

MAP P.309-B2

湖畔に建つホテルWaldhaus am Seeに併設されているバー。約2500種類ものウイスキーが取り揃えられており、「世界一のウイスキーコレクション」として、ギネスブックに2回登録されたこともある。レストランの入口にあり、カウンターにずらりと並ぶウイスキーの瓶は圧巻。

住 Via Dimlej 6（H Waldhaus am See内）
☎ (081)8366000
URL www.waldhaus-am-see.ch
営 16:00～翌0:30
カード A D M V

日本からサン・モリッツへの電話のかけ方
[国際電話会社の番号*]+010+[国番号41]+[81(エリアコードの最初の0は不要)]+[電話番号]
*マイラインの国際通話区分に登録している場合は不要

オーバーエンガディン
Oberengadin

州：グラウビュンデン
使用言語：ドイツ語
　ロマンシュ語
　イタリア語
地図位置：P.305-A2

アクセス サン・モリッツからイタリアとの国境に近い村、ソーリオまでは距離にして約33km。鉄道が通じていないこの谷の公共交通手段はバスになる。運行本数は多いが村によっては素通りしてしまうものもあるので、事前にスケジュールを確認しておきたい。
オーバーエンガディンの小さな村を訪ね歩くには、サン・モリッツでレンタカーを借りてドライブするのもいい。道幅はそれほど広くないが、谷に沿って走っている一本道なので迷う心配はない。

サン・モリッツからのバス
エンガディン・バスとポストバスがマローヤまで、ポストバスがマローヤ以遠まで運行している。マローヤを出るとすぐに、200mの高度差を下るためのヘアピンカーブが続く。エンガディン・バスが提供する時刻表にポストバスの運行時刻も掲載されているので、入手しておくと便利。2022年は紙の時刻表を車内でピックアップできた。

ヘアピンカーブが続く絶景が楽しめる

広い谷の底を流れるイン川に沿って素朴な風景が広がる

サン・モリッツから南西方向にイン川の源流部を訪ねてみよう。この地域はオーバーエンガディン（エンガディンの上流部）と呼ばれる。ここにある町や村は、訪れる人もそれほど多くなく、あたたかなスイス人のホスピタリティに触れるには絶好の場所だ。村の周囲でのんびりハイキングを楽しんだり、さまざまなアクティビティを楽しんだり、素朴な村を散策して人々の暮らしを眺めるのもいい。

シルス・マリアの村の教会

Walking　歩き方

スイス国内でイン川が流れる谷の長さはおよそ104km。南西の端がマローヤ付近で、北東の端がオーストリアの国境だ（オーストリア国内でさらに200km続く）。ツェルネッツを境に西側がオーバーエンガディン、東側がウンターエンガディンと呼ばれている。その違いははっきりしていて、オーバーのほうはもともと氷河のあった幅の広い谷をいくつもの湖を経由してゆったり流れているのに対し、ウンターのほうはイン川が浸食した深い谷が続いており、その流れも急だ。

オーバーエンガディンでは、風景が穏やかなだけでなく、そこに点在する村にも、ゆったりとした時間が流れている。ここでは平坦な湖沿いの道や、村の奥に続く道をのんびり歩くのが楽しい。本数は多くないが、バスも1日中運行しているので、スケジュールを確認しながら、いろいろな村を訪ねて歩こう。

シルヴァプラーナ
Silvaplana

地図位置：P.305-A2
標高：1815m
郵便番号：CH-7513
エリアコード：081
（市内通話の場合でも初めにエリアコードをプッシュする）

湖畔に建つ古城

サン・モリッツからローカルバスで約10分、途中の小さな集落チャンプフェーChampfèrを過ぎると、左側には青く輝くシルヴァプラーナ湖と白い雪をまとったベルニナアルプスの山々が広がる。シルヴァプラーナは、このすばらしいロケーションに恵まれた湖畔の明るい村だ。人口1100人ほどの小さな村だが、有名な展望台コルヴァッチ（→P.310）への玄関口（ロープウエイ乗り場は湖を挟んだ反対側にある村スールレイSurlej）であるとともに、各種スポーツやアクティビティも盛んなことから、訪れる観光客は多い。

特に盛んなのはウインドサーフィンやヨット、水上スキーなどの水上スポーツ。天気のいい夏の午後、マローヤ方面から吹いてくる風（マローヤウインドと呼ばれる）はこれらの水上スポーツに最適で、ここでは毎年ウインドサーフィンの世界選手権も行われている。アルプスの谷あいに位置するアルペンリゾートにして、夏には水上スポーツが楽しめる場所はほかにない。湖が全面的に氷結する冬期は絶好のクロスカントリースキー場になり、犬ゾリのコースも造られる。

もちろん山に囲まれた谷あいの村だけに、ハイキングやマウンテンバイク、ロッククライミングなどのスポーツも盛ん。村はマローヤ峠へ向かう道とユリア峠へ向かう道の分岐点に位置するため、周辺には無数のトレイルが延びている。

湖畔に広がるシルヴァプラーナの村

ⓘSilvaplana Tourist Information
住 Via dal Farrèr 2
☎(081)8387090
URL www.engadin.ch/silvaplana
開 月〜土曜　8:00〜12:00
14:00〜18:00
日曜　8:00〜12:00
（7/13〜8/23のみ）
冬期（11月下旬〜4月下旬）
月〜土曜　9:00〜12:00
14:00〜18:00
日曜　14:00〜18:00
休 上記以外の日曜、祝日

ハイキングのすすめ
スールレイ〜シルヴァプラーナ〜チャンプフェー〜サン・モリッツとハイキングしてみるのはどうだろう。約2時間の行程で、道も車道から外れているので歩きやすい。エンガディン地方のスグラフィットや石畳、昔は家畜小屋に利用されていたという民家や牧場などがあり、変化に富んだハイキングが楽しめる。

シルヴァプラーナのホテル
ホテルは15軒ほどあり、3つ星以上が多い。2つ星以下の安いホテルの料金の目安はバス、朝食付きでⓈCHF108〜、ⓌCHF160〜。

地図位置：P.305-A2
標高：1809m
郵便番号：CH-7514
エリアコード：081
（市内通話の場合でも初めにエリアコードをプッシュする）

シルス・マリア
Sils-Maria

シルヴァプラーナ湖と水路でつながっている次の大きな湖はシルス湖。この湖の手前にある村シルスは、街道沿いのバゼーリア地区Baselgiaと山側のマリア地区Mariaに分かれている。村内は住民以外の車を締め出しているので、村へはバスで行くか、車で行く場合は村の入口にある駐車場に車を置いて行かなければならない。観光には、村内を走る馬車を利用するのもいい。

ニーチェ記念館

アルプスの裾野に位置するマリア地区は、哲学者ニーチェが1881年から88年まで夏を過ごした場所。バス停のある郵便局前から道なりに100mほど進んだ曲がり角の手前には、**ニーチェ記念館Nietzsche-Haus**があるので立ち寄ってみよう。

シルス・マリアにはテニスコートやゴルフコースなどのスポーツ施設が整っていて、ホテルも5つ星から星なしまで25軒ほどある。また村の外れのロープウエイ乗り場から**フルチェラスFurtschellas（2312m）**へ上ると、湖とアルプスの眺めが楽しめる。ここから西のフェックス谷へはハイキングコースが延びていて、アルプスの眺めと美しい高山植物も楽しめる。お花畑の中を馬車に揺られながら走る、まさに夢のような風景。

一方のシルス・バゼーリア側にも美しいハイキングコースがあり、マローヤ方向に延びている。このコースは『アルプスの少女ハイジ』（1965年）の映画が撮影された所。谷を挟んで反対側に位置しているので、コルヴァッチなどの山々とその裾野にある湖の眺めが一度に楽しめる。シルスからマローヤに向かうシルス湖沿いには、魚料理が名物のレストランがある。

イン川とバーゼリア地区の教会

❶Sils Tourist Information
住Via da Marias 38
☎(081)8385050
URL www.engadin.ch/sils
開夏期（6月上旬～10月下旬）、冬期（1月上旬～4月中旬）
月～金曜 9:00～12:00 13:00～18:00
土曜 9:00～12:00 14:00～18:00
日曜 15:00～18:00
春期（4月中旬～6月上旬）、秋期（10月下旬～12月上旬）
月～金曜 9:00～12:00 14:00～18:00
休春・秋期の土・日曜、キリスト昇天祭、聖霊降臨祭の土・日・月曜

ニーチェ記念館
住Via da Marias 67
☎(081)8265369
URL nietzschehaus.ch
開6月中旬～10月下旬、12月中旬～4月中旬
火～日曜 15:00～18:00
休月曜、上記以外の時期
料CHF10
毎週水曜の11:00～13:15には、ガイドツアーを催行。入場料込みでCHF15（ドイツ語）。詳細要確認。

フルチェラスへのロープウエイ
'23年夏期の運行は6/24～10/20。シルス発（上り）8:30～17:05（延長あり）
URL www.corvatsch.ch
料往復CHF39。スイストラベルパスで50%割引。
URL www.corvatsch-diavolezza.ch

ハイキング情報 P.332

シルス・マリアのホテル
マリア地区にあり、3つ星以上が多い。

Post ★★★★
住Via Runchet 4
☎(081)8384444
URL www.hotelpostsils.ch
料（または）
ⓈCHF160～ ⓌCHF340～

マローヤ
Maloja

地図位置：P.305-A2
標高：1810m
郵便番号：CH-7516
エリアコード：081
（市内通話の場合でも初めにエリアコードをプッシュする）

シルス湖の西端、オーバーエンガディンの奥に位置するマローヤへは、サン・モリッツからバスで35〜40分。道はこのまま進むとマローヤ峠Malojapassを越え、ブレガリア谷Val Bregagliaへと続いている。この村は、アルプスの画家セガンティーニが晩年を過ごした場所として知られている。

セガンティーニの家

バスが着く郵便局の少し先から右側に延びる小道があり、この道を入ってすぐの所にある円筒形の木造の建物は**セガンティーニのアトリエAtelier Segantini**で、隣接するのは彼が実際に住んでいた家。夏期の午後にはアトリエ内部を見学することができる。この小道をさらに20分ほど進むと、古い石造りの**ベルヴェデーレ塔Turm Belvedere**にたどり着く。緑の森の中にひっそりと建つ城のようなこの塔は、セガンティーニが生前住みたがっていたというだけあって、塔の上からはエンガディンの谷や湖、マローヤ峠、ブレガリア谷までのすばらしい眺望が広がる。

塔へ向かう道を途中で右に折れ15分くらい行くと、氷河に削られてできた岩穴が全部で7つある。あたりは7月上旬にはアルペンローゼの花で真っ赤に染まり、ハイキングに最適だ。

セガンティーニのアトリエから街道を300mほど進み、駐車場の手前の道を左に進むと、セガンティーニと彼の家族が眠る墓地がある。観光案内所ⓘはこの駐車場の奥。

マローヤは峠の村。ちょっと大きめのホテルが何軒かある

ⓘMaloja Tourist Information
住Strada cantonale 367
☎(081)8221555
URL www.bregaglia.ch
開夏期（6月上旬〜10月下旬）、冬期（12月上旬〜4月下旬）
月〜土曜　9:00〜12:00
　　　　　14:00〜18:00
日曜・祝日　14:00〜18:00
春期（4月中旬〜6月中旬）、秋期（10月下旬〜12月上旬）
月〜金曜　9:00〜12:00
休日曜、春期・秋期の土曜、祝日

セガンティーニのアトリエ
☎(081)8243354
開夏期は7月〜10月中旬
土・日曜　16:00〜18:00
URL www.segantini.org
E-mail info@segantini.org
料CHF10

ベルヴェデーレ塔
開6月中旬〜10月中旬
10:00〜19:00

マローヤのホテル
ホテルは10軒もない。
Schweizerhaus ★★★★
住Strada cantonale 360
☎(081)8382828
URL www.schweizerhaus.swiss
料（または）
ⓈCHF110〜
ⓌCHF200〜
Room 22室
Wi-Fi 無料
カード AMV
休4月中旬〜6月中旬、10月下旬〜12月中旬

ソーリオ
Soglio

地図位置：P.305-A2
標高：1091m
郵便番号：CH-7610
エリアコード：081
（市内通話の場合でも初めにエリアコードをプッシュする）

ポストバスがマローヤを越えたあたりから景色は一変し、つつましい静かな村々がいくつも現れる。プロモントーニョPromontognoでバスを乗り換え、山道を15分くらい上がると、終点のソーリオに到着する。

美しい石畳の路地

教会付近にある観光案内所

18世紀の姿をそのままとどめているソーリオは、かつて新田次郎が感動し、またセガンティーニの代表的3部作のひとつ『生』のモデルになったといわれる村だ。マローヤの冬の寒さを避けるためにセガンティーニは冬をソーリオのホテルで過ごしたという。石葺きの屋根の家々が寄り添う山上の村で、迷路のような石畳の細い路地はくまなく歩いても30分ほどですべて見て回れるほどの大きさ。

村の上方は丘になっており、ここから村全体を眺めることができる。派手な装飾はなく、何世紀にもわたって使われてきた穀物小屋や水場、石造りの建物とその窓辺を飾る花々。まるで絵のようなこの村の姿を見るだけでも、時間をかけてここに来る価値がある。村には観光案内所ⓘがあり、簡単な地図がもらえる。

スイスの秘境というべき村。谷の先を少し行けばイタリアとの国境

ソーリオへのアクセス
プロモントーニョで乗り換える。サン・モリッツ駅発7:20、8時台～19時台は1時間に1本。平日は6:47発もある。夏期増便あり。所要1時間20～30分。

ポストバスはマローヤを過ぎると谷底に下る峠道を通るのですが、この峠道が超急勾配。次々と現れるヘアピンカーブが迫力です。峠を過ぎて小さな村を抜ける道は、バスが壁ギリギリを通り、こちらもスリル満点。ソーリオでは村内や近隣の山々で栽培された花やハーブを原料にしたオーガニックコスメのショップSOGLIO Produkteがおすすめです。石鹸やアロマオイルなどパッケージもかわいいのでおみやげにも喜ばれます。
（世田谷区　うんじゅ）
SOGLIO Produkte
URL www.soglio-produkte.com ['23]

サメーダン
Samedan

地図位置：P.305-A2
標高：1705m
郵便番号：CH-7503
エリアコード：081
（市内通話の場合でも初めにエリアコードをプッシュする）

旧市街の中心に建つ改革派教会

エンガディンを横切る路線と、アルプスを縦断する路線が交わるレーティッシュ鉄道の乗り換え駅であり、この地方唯一の空港がある交通の要衝。とはいえ町の規模は小さく、旧市街の石畳の路地は、中世の雰囲気をそのまま現在に伝えている。

駅前のHotel Terminusを右上に少し上ると道はふた手に分かれるが、右に行こう。Hotel Berninaの下を抜けるとメインストリートに出て、そこから左に行くとすぐ観光案内所ⓘがある。ここまで駅から5、6分。この通りに沿ってホテルやみやげ物屋があり、役場前を経て中心部の広場に出る。

町の中心部は鉄道よりやや高い街道沿いにあり、石畳の道路に沿ってこの地方特有の石造りの家々が軒を連ねている。300～400年近くも前に建てられた家屋の1階部分は、もともと牛などの家畜を飼う場所で、住居の入口は2階に造られていた。牧畜をしなくなった現在は玄関に改装したり広い空間を利用して車庫になっていたりする。今は残された半円の大きな扉に当時の面影を見ることができる。

18世紀に建設されたバロック様式の塔をもつ**改革派教会Reformierte Kirche**や、かつての土地の生活を知ることができる博物館のある**プランタハウスPlantahaus**などが、この町のおもな見どころ。

静かな早朝の旧市街の広場

ⓘSamedan Tourist Information
住Plazzet 3
☎(081)8510060
URLwww.engadin.ch/samedan
開夏期（6月中旬～10月上旬）、
月～金曜 9:00～12:00
15:00～18:00
土曜 15:00～18:00
春期（4月中旬～6月上旬）、秋期（10月中旬～12月中旬）
月～金曜 9:00～11:00
14:00～17:00
冬期（12月中旬～4月中旬）
月～土曜 8:30～11:00
14:00～17:00
休日曜、祝日、春期と秋期の土曜

サメーダンのホテル
約10軒のホテルがあり、夏期はハイシーズンだが、オーバーエンガディンのほかのリゾートに比べればやや安め。4つ星の高級リゾートホテルⒽAlpenhotel Quadrat-scha、レストランが有名なⒽDonatz、400年以上の歴史を誇るⒽPalazzo Mÿsanusなど、一度泊まってみたい魅力的なホテルがある。

ハイキングのあとは温泉でゆっくり
地下50mからくみ上げた温泉に加え、スチームバスやジャクージ、露天風呂など充実の施設で、ハイキング後の疲れた体にうれしい。水着着用ですが、レンタルもあり。
（世田谷区　うんじゅ）
Mineralbad & Spa
住San Bastiaun 3
☎(081)8511919
URLhttps://www.aqua-spa-resorts.ch/de/mineralbad-spa-samedan
開6～11月 13:00～20:30
（土・日曜は10:00～）
12～4月 10:00～20:30
（月曜は13:00～）
入浴は閉館30分前まで。
休無休、'23年4/17～5/25は休館
料一般利用CHF39（タオル、お茶など含まれる）。水着レンタルCHF6、バスローブCHF10 ['23]

ツェルネッツ
Zernez

地図位置：P.305-B1
標高：1472m
郵便番号：CH-7530
エリアコード：081
（市内通話の場合でも初めにエリアコードをプッシュする）

ℹGäste-Information Zernez
住Via d'Urtatsch 2
☎(081)8561300
URLwww.engadin.com
開夏期（6月上旬〜10月下旬）
毎日8:30〜18:00
冬期（12月下旬〜3月中旬）
月〜金曜　10:00〜12:00
14:30〜16:30
※祝日は変動あり。
休春・秋期の土・日曜、冬期の日曜、1/1、イースターの金〜月曜、12/25

国立公園のビジターセンターは町の観光案内所も兼ねている

ツェルネッツのホテル
ホテルは全部で12軒。

A la Staziun
☎（081）8561126
URLwww.hotelstaziun.ch
料🅢CHF65〜
Room10室
Wi-Fi無料
カードMV
ツェルネッツ駅前にあるホテル。バス・トイレは共同。

交通の要衝となる町

マローヤから流れを発したイン川は、エンガディンの広い谷底をゆったりと北東に流れていく。この流れに沿って走るレーティッシュ鉄道に乗って、川の流れをたどってみる。のどかに流れていた川は、**ツォーツZuoz**を過ぎるとみるみる表情を変え、イン川の南側に線路が渡る頃には、いつの間にか深い渓谷になっている。そしてオーバーエンガディンの東端ツェルネッツで、南から流れるシュペル川が合流し、さらに水量を増して北へ流れを変えていく。

ここはまた、アルブラ峠、フリュエラ峠、オッフェン峠を越えてくる街道が交わる所でもあり、古い宿場町としての歴史がある。このエリア特有の装飾であるスグラフィット（→P.335欄外）で飾られた家がたくさんあるのも特徴のひとつだ。かつてはスイスの秘境ともいえる場所だったが、1999年に開通したフェライナ・トンネルのおかげでアクセスが劇的に改善。チューリヒから約5時間かかっていた列車でのアクセス時間が、半分の2時間半に縮まった。

そして現在、この町はスイス唯一の国立公園（→P.339）の入口であり、国立公園のビジターセンターがある町でもある。実際に国立公園に行かない人でも、リアルなジオラマや、鳥になって空から公園が眺められる装置などを備えたビジターセンターはぜひとも訪れたいスポットだ。

オッフェン峠への道

その他のエンガディンの村
Engadiner kleine Dörfer

ツォーツ村の広場に建つホテルCrusch Alva

前述したように、フェライナ・トンネルが開通するまで、サメーダンより東のオーバーエンガディンは、アクセスがよくないため訪れる人は多くなかった。そのため、東に向かうレーティッシュ鉄道の沿線は、ローカル線の風情を漂わせていた。トンネルが開通したあとも、沿線の普通列車しか停まらない駅、あるいは普通列車も停まらない駅（リクエストストップの駅）は、今でもその雰囲気は変わらず、静かなエンガディンの風景を楽しむことができる。

ベーヴァBeverはサメーダンの次の駅。レーティッシュ鉄道のアルブラ線は、ここで90度向きを変えて北に向かっていく。このアルブラ線に沿って延びるハイキングルートはおすすめだ。次の**ラ・プントLa Punt**は、アルブラ峠に向かう道との分岐。

中世そのままの家並みを見たければ**ツォーツZuoz**で下車してみよう。村の中心に向かって坂を上っていくと、伝統的な装飾であるスグラフィットが施された家が並び、その先には天に突き刺さるような尖塔をもつゴシック様式の教会が見えてくる。この教会はエンガディンを代表する建物のひとつ。村の広場に面して建つのは、築500年以上のホテルだ。

これらの村は鉄道だけでなく、エンガディン・バスでのアクセスも可能。またそれぞれの村を結ぶハイキングルートもある。高低差が少ないため、サイクリングをしながら村を巡るのも楽しい。

ベーヴァから延びるハイキング道

ベーヴァ
地図位置：P.305-A2
標高：1707m
郵便番号：CH-7502

アクセス サン・モリッツから列車で13分、または学校広場からバスで30分。

Bever Tourist Information
住 Via Maistra 21
☎ (081)8524945
URL www.engadin.ch/bever

ラ・プント
地図位置：P.305-A2
標高：1686m
郵便番号：CH-7522

アクセス サン・モリッツから列車で20分。Samedan乗り換え、La Punt-Chamues-ch下車。

La Punt Tourist Information
住 Via Cumünela 43
☎ (081)8542477
URL www.engadin.ch/lapunt

スグラフィットの施されたラ・プントのレストラン

ツォーツ
地図位置：P.305-B2
標高：1692m
郵便番号：CH-7524

アクセス サン・モリッツから直通またはSamedan乗り換えの列車で22〜24分。

Zuoz Tourist Information
住 Via Stazium 28
☎ (081)8541510
URL www.engadin.ch/zuoz

BERNINA EXPRESS
ベルニナ・エクスプレス

グラウビュンデン州の州都クールとサン・モリッツ、イタリアのティラーノを結ぶパノラマ列車。トゥージスからティラーノ間は世界遺産に登録されている。車窓から氷河を見ることができ、サン・モリッツ～ティラーノ間は2時間ちょっとの乗車時間の間に1800mもの標高差を下るため、景色の変化も大きい。夏は普通列車だけでも10便以上往復しているので、途中下車してハイキングを楽しむことも容易だ。車窓からの景色を楽しむなら景色を順光で見ることができる午前中の乗車がおすすめ。パノラマ車両に乗車すればおみやげがつき、グレッシャー・エクスプレス同様にスマホやタブレットで沿線情報を得ることができる。

モルテラッチ駅を出て間もなく通過する踏切カーブ

天井近くまで視界が確保されたパノラマ車両

ルート案内

クールから ポントレジーナ
CHUR ⇨ PONTRESINA

クール発着のベルニナ・エクスプレスは、サン・モリッツ駅は経由せずにティラーノに向かう。この区間ではフィリズール以降のルートに絶景が続く。フィリズール到着直前のラントヴァッサーを渡り、ベルギューン駅を過ぎたら一気に高度を上げるために何度もループを通過するので、同じ景色が右に左に現れる。グレッシャー・エクスプレスも同じルートを走る。ポイントの詳細は→P.285〜286。

サン・モリッツから アルプ・グリュム
ST. MORITZ ⇨ ALP GRÜM

サン・モリッツを出発した列車は約10分で**ポントレジーナPontresina**駅に到着。ここでサメーダン方面からのルートと合流し、いよいよベルニナの谷へと向かう。**モルテラッチMorteratsch**駅を過ぎると列車は勾配を上り始める。と同時に進行方向右側後方にはモルテラッチ氷河が見える。すぐに踏切を通過。この付近では歓声が上がるほど右側の窓いっぱいにモルテラッチ氷河の風景が飛び込んでくる。右に左にカーブしながら標高を上げていく。ディアヴォレッツァ展望台へのロープウエイの乗り換え駅**ベルニナ・ディアヴォレッツァBernina Diavolezza**駅へ10分ほどで到着。ここから線路沿いにモルテラッチまでハイキングコースが延びている。1時間ほどの歩きやすいコースなので、帰りに時間があればひと駅ぶん歩くのも悪くない。黒い湖といわれる**レイ・ネイルLej Nair**を過ぎるといよいよこのルートのハイライト、**ラーゴ・ビアンコLago Bianco**の堤防が見えてくる。

ラーゴ・ビアンコ(イタリア語で白い湖の意)は、文字どおり水の色の白さが目を引く。氷河が周囲の岩石を削り、さまざまな成分を含んだ水が直接湖に流れ込むためにこのような色になっているのだ。列車はラーゴ・ビアンコの湖畔に沿ってカーブを繰り返しながら走る。やがてベルニナ線で最も標高の高い駅、標高

氷河が湖越しに見られるラーゴ・ビアンコ

2253mの**オスピツィオ・ベルニナOspizio Bernina**駅に到着。湖を挟んで対岸に見えるピッツ・カンブレナの峰々とそこから流れ出す幾筋もの氷河は圧巻だ。ベルニナ峠（標高2307m）は鉄道駅からは見えないが進行方向左側にある。

峠は気候の境だけでなく、文化、言葉の境でもある。峠の北側（サン・モリッツ方向）はスイス第4の公用語ロマンシュ語地域であり、南側（ティラーノ方向）はイタリア語圏だ。

ラーゴ・ビアンコの湖畔をしばらく走ったあと、列車はイタリア方面に向かって坂道を下り始める。雪囲いのトンネルを過ぎるとやがて**アルプ・グリュムAlp Grüm**駅に到着。ここには行きか帰りにはぜひ途中下車をしてみたい。標高2091mの断崖絶壁の上にあり、ピッツ・バルナとピッツ・パリュの間から流れるパリュ氷河の大迫力の眺めが楽しめる。そしてこれから下っていくポスキアーヴォ湖をはじめ、ティラーノ方面が遠望できるすばらしい展望ポイントだ。テラスレストランもあり、ひと息入れるのには絶好の場所。

また、オスピツィオ・ベルニナ駅から次のアルプ・グリュム駅までは湖畔のハイキング道がある。ブラブラ歩いて1時間30分ほどで、アルプスと氷河と白い湖、そして赤い電車は絶好の被写体になる。誰でも楽しめる楽々ハイキングコースだ（→P.330）。

絶景度ナンバーワンのアルプ・グリュム駅

アルプ・グリュムからティラーノ

ALP GRÜM ⇨ TIRANO

アルプ・グリュムを出発すると、列車は右に左にカーブしながらどんどん標高を下げていく。氷河を眺められるのもつかの間、列車は森林地帯へと入り小さな**カヴァーリア Cavaglia**駅を通過。ここは馬車で峠を越えていた頃の馬の付け替え場所だった。やがて3つの塔が見えてくると少し大きめの町、**ポスキアーヴォPoschiavo**駅に到着。イタリア語圏に入り、町の雰囲気もずいぶん変わってくる。広くなった谷をしばらく下っていくと、やがて左側にはヨットやボートの浮かぶポスキアーヴォ湖が広がる。湖の南端**ミララーゴMiralago**駅を過ぎ、豊かな緑の中を7、8分走ると**ブルージオBrusio**駅に到着。そしてこの先にベルニナ線のもうひとつの名物、オープンループ橋が現れる。進行方向右側を注目しているとその構造がよくわかる。高低差を克服するために、円弧を描く陸橋によって列車は360度回転する。

ミララーゴまで来ると気温がぐんと上がる

カンポコローニョCampocologno駅はスイス領内最後の駅。イタリア領に入ると沿線路の上と駅舎までの間だけがスイス領となる。今はティラーノのスイス領駅を出る際のパスポートコントロールもないが、パスポートは持参しておくことをおすすめする。右手の窓いっぱいに町の中心部の聖マリア大聖堂が見えたら、もうすぐ終点のティラーノ駅だ。

橋を渡る直前に右手車窓にその全貌が見える

路線ハイライトのひとつ、オープンループ橋

スケジュール

↑↓は通過、－は経由しないことを示す。'23年5/13～10/22の夏時刻。冬は1減便。

971	951	973	955	975		発着駅		950	972	974	952	976
	8:28		13:34		発	クール	着	12:22			18:22	
	8:59		14:11		発	トゥージス	発				↑	
	9:18		14:28		発	ティーフェンカステル	発	11:32			17:32	
	9:33		↓		発	フィリズール	発	11:17			17:17	
	9:47		14:57		発	ベルギューン	発	11:01			17:04	
9:17	－	13:17	－	16:14	発	サン・モリッツ	発	－	12:35	15:45	－	18:25
9:28	10:25	13:28	15:41	16:23	発	ポントレジーナ	発	10:25	12:25	15:34	16:22	18:15
↓	10:42	↓	16:06	16:39	発	ベルニナ・ディアヴォレッツァ	発	↑	12:00	↑	↑	↑
↓	↓	↓	16:19	16:52	発	オスピツィオ・ベルニナ	発	9:58	↑	↑	↑	↑
10:06	11:01	14:07	16:28	17:00	発	アルプ・グリュム	発	9:48	11:42	14:59	15:45	17:42
10:54	12:01	14:53	17:15	18:00	発	ポスキアーヴォ	発	8:47	10:50	13:57	15:10	16:48
11:03	12:21	15:02	17:32	↓	発	レ・プレーゼ	発	8:35	10:41	13:44	14:55	16:40
11:32	12:49	15:31	17:59	18:39	着	ティラーノ	発	8:06	10:06	13:17	14:24	16:06

バス5951		発着駅		バス5950
14:20	発	ティラーノ	着	13:00
17:30	着	ルガーノFSS	発	10:00

'23年3/30～10/22は毎日運行。冬は木～日曜の運行。

料金 クール～ティラーノ間片道CHF63(1等はCHF111)。サン・モリッツ～ティラーノ間片道CHF32(1等はCHF56)。予約料は6～9月CHF26。バスはティラーノ～ルガーノ間CHF34、6～9月予約料CHF16。両方ともスイス・トラベル・パスは有効だが予約料必要。

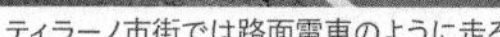
ティラーノ市街では路面電車のように走る

箱根登山鉄道の姉妹鉄道。ティラーノ駅構内には日本語のプレートも

●ティラーノ

ティラーノの町の中心は駅から徒歩10分ほど。スイスと異なる空気を感じてみよう。ルガーノに向かう人は駅を出て右手に建つイタリア側の鉄道駅へ。建物右側に地下道への入口があるので、そこから駅の裏側に回り、ルガーノ行きバス乗り場に行こう。地下に下りる階段の上にバス停案内の表示がある。

ティラーノ駅前には飲食店が並び、スイスフラン現金の利用も可能だ。駅近くでさっと飲食を済ませることもできるが、町の散策も楽しんでみてはどうだろうか。駅前を真っすぐ進み最初の大通りを左に進めば徒歩15分ほどで、車窓から見えた聖マリア大聖堂Santuario della Madonna di Tiranoへ、右に数分進めば旧市街にたどりつく。あてがなければ、駅の東側の旧市街にあるパラッツォ・サリスPalazzo Salisを目指そう。町の一番の見どころだ。

Tirano Tourist Office
住Piazza delle Stazioni 18　☎(+39)0342-706066　URL www.visitatirano.it

ティラーノ在住の日本人が町の情報を発信している。参考にしてみよう。
URL tiranovaltellina.ciao.jp

ベルニナ・エクスプレスを楽しむためのヒント

- ●パノラマ車両とルガーノまでのバスは予約必須。夏は混雑するので早めの予約をおすすめする。ネット予約可能。URL www.rhb.ch
- ●車窓の景色はクール方面から乗車する場合、全体に進行方向右側がおすすめだ。時間帯も列車からの観光ならば順光で景色を見ることができる午前中がおすすめ。午後は逆光になってしまう。夏期の好天の日は無蓋車が連結される。有効な切符があれば追加料金などは不要。標高の高い場所では風が吹き込み寒いので防風性の高い上着を準備しておくとよい。

無蓋車は黄色の車体

- ●パノラマ車の窓は開かないが、デッキの窓は開閉が可能。パノラマ車に滞在していてクリアな写真を撮影するならデッキの窓を利用しよう。
- ●ベルニナ・エクスプレスの先頭車両は機関車を兼ねた客車だが、ここなら予約不要で乗車できる。窓が開く席もあるので、写真撮影を考えるならパノラマ車両よりもこちらがおすすめ。
- ●2022年からパノラマ車利用客には車両を模した缶に入ったチョコ菓子と紅茶のパックがみやげとして配られている。チョコは購入することも可能。車内販売は注文を取りにくるので、その際にリクエストを。

ベルニナ山群から流れ出るロゼック氷河を眺めながら谷を下る

峠の山小屋から眺める
ベルニナアルプスの展望が前半のハイライト。
後半はのどかな谷を歩く
楽しいハイキングコース。

ムルテール→ポントレジーナ

Murtel→Pontresina

フォルクラ・スールレイの山上湖

アクセス→サン・モリッツからバスでスールレイへ。スールレイからロープウエイ
スタート地点標高→ 2698m
ゴール地点標高→ 1774m
最高到達地点→ 2754 m
高低差→ 980 m
総延長→ 13.7km
所要時間→ 5：00
公式地図番号→ 1257 ／ 1277
難易度→技術 3 ／体力 4

スールレイの村は、ベルニナアルプスを代表する展望台コルヴァッチに上るロープウエイの出発点。サン・モリッツやポントレジーナからエンガディン・バスが出ている（サン・モリッツ駅からはNo.1で約20分）。ここからまず、ロープウエイで終点のコルヴァッチまで上ろう。主峰ピッツ・ベルニナをはじめとするベルニナ山群の迫力ある景観が望め、夏スキーを楽しむ人も多く見られる。景色を堪能したら下りのロープウエイに乗って、中間駅ムルテールへ。ここがハイキングのスタート地点だ。

コースは初め少し下るが、すぐに右に分かれ、幅の広い緩やかな上り坂となる。真夏にはさまざまな花が咲いていて楽しいエリアだ。最初の目的地、フォルクラ・スールレイ（スールレイ峠）の山小屋までは30分ほど。この峠は、イン川の谷とロゼックの谷を仕切る尾根の上に位置していて、右側にはコルヴァッチから続く白い峰々とチエルヴァ氷河のすばらしいパノラマが広がっている。山小屋の食事がおいしいので、ここでランチにするのがおすすめ。技術と体力に自信がない人はここからムルテールへ引き返し

ホテル・ロゼックグレッチャー

途中から馬車にも乗れる

白く濁った氷河の融水が流れる

てもいい。

峠から次の目的地のホテルまでは、高低差756mを一気に下る急坂が続いている。ロゼックの谷へ向かうこの道沿いにも花が多く、ベルニナ山群の贅沢な眺めが楽しめる。しかし、急な斜面や大きな段差を下るので、足元には十分な注意が必要だ。

ホテル・ロゼックグレッチャーからは、雄大に流れるロゼック氷河を目の当たりにすることができる。レストランもあるので、ひと休みして下り坂で疲れた足をよく休めよう。ホテルから先は、ロゼックの谷の中のよく整備された道をポントレジーナまで下っていく。カラマツ林と足元に咲くたくさんの花々が美しいのどかな道で、多くのハイカーでにぎわう。

もしも足が疲れてしまったら、ホテルから出ている馬車を利用するという手もある。馬車に揺られながら谷の風景を楽しむのも情緒があっていいものだ。ただし、馬車はシーズン中は混み合うので、前日までに予約を入れておいたほうが安心（Hotel Roseg Gletscher ☎(081)8426445／馬車業者Stalla Engiadina ☎(081)8426057。

さらに緩い下りを真っすぐ進み、ベルニナ線の赤い列車が見えてきたら、ゴールのポントレジーナはもうすぐ。

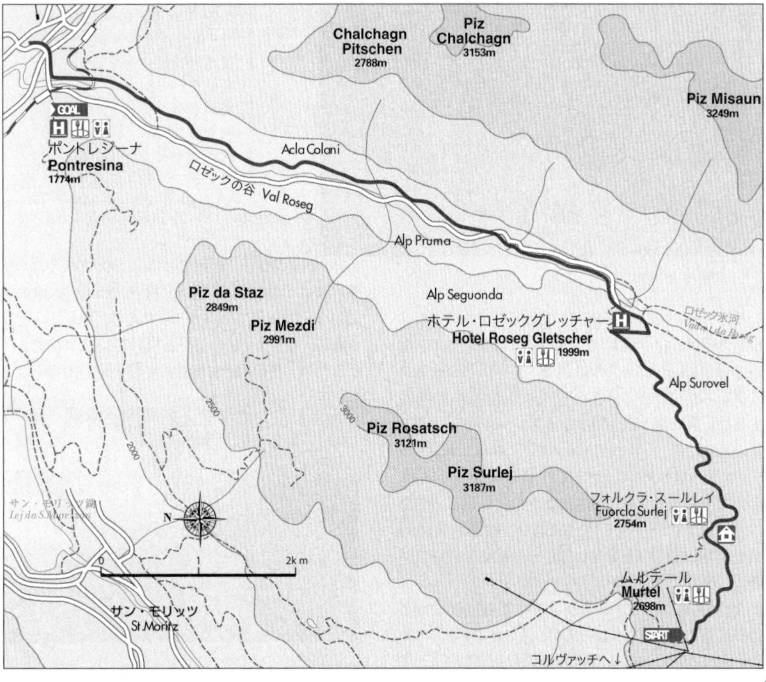

ベルニナ線の赤い列車を眺めながら線路沿いを歩く

オスピツィオ・ベルニナ→アルプ・グリュム
Ospizio Bernina → Alp Grüm

アクセス→サン・モリッツからベルニナ線でオスピツィオ・ベルニナ駅へ
スタート地点標高→ 2253m
ゴール地点標高→ 2091m
最高到達地点→ 2355 m
高低差→ 264 m
総延長→ 5.8km
所要時間→ 3：00
公式地図番号→ 1278
難易度→技術 1 ／体力 2

スタートはここから

サン・モリッツからイタリアのティラーノへ抜けるベルニナ線は、世界遺産に登録されている、スイス屈指の景勝路線。スイスの鉄道で、グレッシャー・エクスプレスと人気を二分するルートだ。全行程を走破すると所要時間が8時間かかるグレッシャー・エクスプレスと比べ、ベルニナ・エクスプレスは、サン・モリッツからならティラーノまで片道2時間30分ほど。全行程を往復しても、日帰りで十分楽しめる。往路は一気にティラーノまで行ってしまい、復路は普通列車を利用して途中下車をしながら沿線のハイキングを楽しむのはどうだろう。

たくさんのルートがあるが、誰にでも気軽に楽しめる人気のハイキングコースが、オスピツィオ・ベルニナ駅とアルプ・グリュム駅の1区間を歩くコース。

スタート地点のオスピツィオ・ベルニナ駅はベルニナ線の最高地点（標高2253m）。目の前にはラーゴ・ビアンコ（イタリア語で「白い湖」という意味）が広がっている。鉱物の多い土砂を含んでいるため、名前のとおり湖水が白く濁っている。この

ほぼ森林限界の上を歩くので見晴らしがいい

アルプ・グリュムからはパリュ氷河が眺められる

湖は、ピッツ・カンブレナから流れ出しているカンブレナ氷河の溶けた水がたまってできたもの。実質的には氷河湖だが、実は人造湖。実際、湖の南側（アルプ・グリュム方向）には、この湖水を利用した水力発電所がある。

時間に余裕があるなら、オスピツィオ・ベルニナ駅の石造りの簡素な駅舎の裏にある坂を上ってみよう。坂を上ると昔からの街道である自動車道路がある。駅を背にこの道路を右に数分歩いた所がベルニナ峠。この峠を越えるとアルプスの南側だ。

出発地点の周囲は、森林限界の上であり、かつて氷河に覆われ、痩せた土地であるため、真夏でも緑が少ない。ハイキングの途中、列車の音が聞こえたらシャッターチャンスだ。このあたりでは線路を見下ろすようにハイキングルートがつけられており、荒涼とした風景のなか、じゃまするものがないので、4000m級の山、氷河、白い湖、そして真っ赤な鉄道という、願ってもない構図の写真が撮れる。

湖が終わる所で、線路沿いのルートと線路から離れるルートとに分かれる。ここでは右に少し登ってレストランのあるサッサル・マソンSassal Masonへ向かおう。1kmほど上りが続くが、高低差はあまりない。このあたりからは、ピッツ・パリュから流れるパリュ氷河がよく見える。こちらのコースを歩いても、分岐を線路沿いに進んでもゴールはアルプ・グリュム駅。崖の上にある駅なので眺望がよく、レストランもあるので、ひと休みしてからサン・モリッツ行きの列車に乗り込むといい。なお、アルプ・グリュムで下車して、オスピツィオ・ベルニナに向かうこともできる。基本的にずっと上りが続くことになるが、高低差は200m以下（サッサル・マソンを経由しない場合）だ。

ゴールにはレストランがあるのでひと息つこう

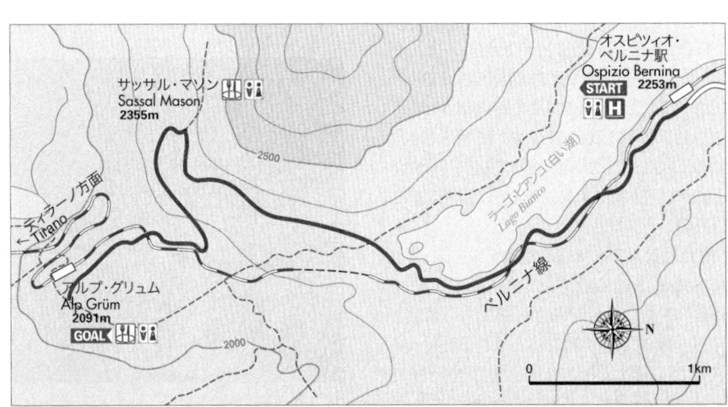

エンガディンらしい穏やかな風景のなかを歩く

シルス・マリア→フェックス谷（クルティンス）

Sils-Maria→Val Fex（Curtins）

往復のどちらか馬車を使うこともできる

アクセス→サン・モリッツからバスで 20 分
スタート地点標高→ 1809m
ゴール地点標高→ 1973m
最高到達地点→ 1973 m
高低差→ 164 m
総延長→約 12km（往復）
所要時間→ 4：00
公式地図番号→ 1277
難易度→技術 1 ／体力 2

シルス・マリアからベルニナアルプスに向かって南に延びるエンガディンの支谷、フェックス谷を歩く。谷奥にある趣ある山岳ホテルが目的地。同じ道を往復することもできるが、往路は馬車を使い、復路を歩くのもいいし、シルス・マリアから展望台（フルチェラス）に上り、そこからフェックスの谷に向かって下っていくこともできる。フェックス谷は、許可をもった住人以外は車の立ち入りが制限されており、穏やかな風景と相まって、静かにエンガディンの自然と向き合うには最高のコースだ。

スタート地点はシルス・マリアのホテル・シュヴァイツァーホフSchweizerhofの隣のゲート。川に沿って歩き始める。右側に川を見ながら細いコースを上っていく。やや傾斜があり、ぬかるんでいると滑りやすいので注意が必要だが、このあたりが全行程で唯一苦労しそうな部分だ。それでも距離にすれば数百mといったところで、川床が眼下に離れていき見えなくなると、きつい上りはおしまい。森を抜け、アルプに出るとあとはずっと歩きやすい道が続く。

コースの最初は森の中を歩く

どこまでものどかな風景が広がるフェックス谷

往路を馬車（1日3〜5往復）で行き、復路をハイキングしてくるならさらに楽だ。馬車が通るのはずっと舗装された道なので、揺れることもない。森を抜け、広々としたアルプの中に造られた道路を進み、1時間ほどでホテル・フェックスに到着する。

フルチェラスの展望台から歩くなら、まず南へマルモレMarmoreに向かって下っていく。マルモレの分岐をクルティンスCurtins方向へ。しばらく歩くとフェックス谷の全景が目の前に。広々としたアルプの中、なだらかな下りを谷底に向かって歩けばいいので、道に迷うこともないだろう。

小さな集落プラッタPlattaを抜け、川を渡るとその先に道路が見えてくる。馬車が通る道で、ここまで来たら、あとはこの舗装道路を歩いていくだけ。道に出たらすぐにある集落クラスタCrastaには、ロマネスク様式の小さな教会がある。この教会には16世紀初頭に描かれた貴重なフレスコ画がある。宗教改革時に漆喰で白く塗りつぶされてしまったが、20世紀になって発見されたものだ。隣にあるホテル・ゾンネの受付で教会の鍵を借りて、内部を見学することができる。

川に沿って上流に向かって40分ほど歩くと、やがて点在する建物群のなかにホテル・フェックスが見えてくる。部屋数は全部で15室。人里離れたホテルとしては、けっこう大きな規模のホテルで、レストランも備えている。

ここまで馬車で来て体力の余っている人、またはまだ歩き足りない人は、さらに谷の奥まで続くコースを歩いてみよう。谷奥の源流部まで、往復で約2時間。引き続き谷底を歩いていくので、高低差は100mほど。ここから見える山の南側はイタリアだ。

クラスタにある小さな教会

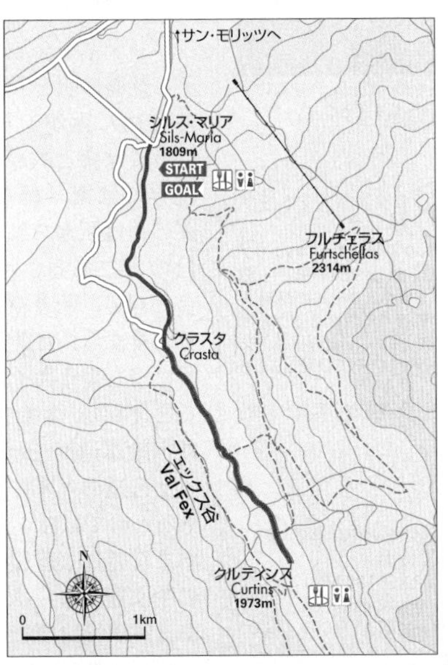

グアルダ
Guarda

州：グラウビュンデン
使用言語：ドイツ語
　　　　　ロマンシュ語
地図位置：P.305-B1
標高：1654m
郵便番号：CH-7545
エリアコード：081
（市内通話の場合でも初めにエリアコードをプッシュする）

絵本作家も愛したスグラフィットのある丘の上の村

アロイス・カリジェの童話絵本『ウルスリのすず』の舞台になったグアルダは、“スイスの美しい村”に指定され、その名（ロマンシュ語のGuardaは英語でLookの意）のとおり、ウンターエンガディンのハイライト。全体が歴史博物館のようなこの村は、半日もあれば散策できる広さだから、建物一つひとつをじっくり見学してみたい。門前でワイングラスを片手に談笑している人々が、笑顔で異国の旅人を迎えてくれるだろう。

Walking　歩き方

レーティッシュ鉄道のエンガディン線の駅を降りると、駅舎の背後に丘が迫り、線路の向こうには森と牧草地と山並み。視界には家一軒ない。グアルダの村は駅から200mほど上の丘の上にある。列車の到着に合わせて、駅と村を結ぶポストバスが駅で待機しているので、そのままバスに乗り込めば村に行くことができる（切符を買わずに済むようスイストラベルパスなど、交通パスを所持していると便利）。徒歩で村に行くこともちろんできる。舗装された自動車道路を歩いていくなら、所要時間は約40分で、ちょっと近道のハイキング道を使えば約30分。それほど標高差があるわけではなく、気持ちのいい景色のなかを歩いていくので、あまり疲れは感じない。もしレンタカーで村を訪れるなら、村の中は進入禁止になっているので、集落の手前約250mの所にある駐車場に車を停めて歩いていこう。

駅前で待機するポストバス

日当たりのいい広々とした放牧地に、肩を寄せ合うようにひ

アクセス サン・モリッツから列車でサメーダン乗り換えで約1時間10分（朝と夜はSagliainsでも乗り継ぎの場合あり）。1時間に1本。クールからランドクアルトLandquart乗り換えで1時間24～30分。グアルダはリクエストストップの駅なので、早めにドアの横、または車両の前後のボタンを押さないと停車しない。

隣駅を発ったら車両ドア脇のボタンを忘れず押そう

リクエストストップの駅では
グアルダ駅はリクエストストップの駅です。グアルダ駅から乗車する場合、ホームの時刻表の横にある緑色のボタンを押します。押さないと列車は停まってくれないので注意しましょう。
（横須賀市　尾崎）['23]

❶Gäste- Information Guarda
☎ (081)8618827
URL www.engadin.com
開 月～金曜　9:00～11:00
　　　　　　16:00～18:00
休 土・日曜、祝日

っそりとある村は、バス停のある広場を中心に200mほどの長さで、10分ほどで歩ける大きさだが、その美しさには目を引かれる。18世紀後半から19世紀に建てられたこれらの建物のほとんどがスグラフィットで美しく、そして素朴に装飾されている。1985年にはスイスの文化財保護地域に指定され、同協議会が村の環境と保存状態を厳しく見守っている。

村の中心に建つ教会

村には看板は出ていないが、陶器や木工製品、手織りのテーブルクロスなど地元の工芸品を売る工房や自家製チーズやカリジェの絵はがきを売っている店があり、一つひとつ訪ねていくのも楽しみ。

この村を一躍有名にしたのはこのエンガディン地方の絵本作家、アロイス・カリジェの『ウルスリのすず』という作品。この地方出身のゼリーナ・ヘンツという女流作家の物語に挿絵を入れて絵本にしたもので、大きな鈴を持った子供たちが村中を練り歩く祭りが題材だ。この祭りチャランダマルツChalandamarzは現在も毎年3月に行われている。

絵画のような風景が続く

スグラフィット
壁の表面を金属で引っかくようにして、塗り込めた下地を見せて模様を描く、エンガディン地方の伝統的な装飾画。

緻密な線がつむぐ模様

ハイキング
グアルダとその周辺地域を結ぶハイキングコースが整備されており、時間と体力に応じて散策できる。手頃な35分コースから9時間コースまで、バラエティに富んでいる。

周囲の見晴らしもいい

ホテル

マイサー・ロッジ Meisser Lodge ★★★

村の奥にある明るい雰囲気のホテル&レストラン。郷土料理のコースがおすすめ。全館禁煙。ほとんどの部屋にバルコニーがあり、美しい山々や村の景色が望める。レストランDaletで郷土料理が食べられる。サウナもあり。Guarda駅から851番のバスに乗り、Cumünで下車、徒歩4分。

住Chantun Sura 21
☎(081)8622132
URL www.hotel-meisser.ch
料(または)
ⓈCHF152 ⓌCHF229～
Room 20室 Wi-Fi 無料
カード MV 休4月上旬～5月下旬、10月下旬～12月中旬

マイサー・フラッツ Meisser Flats

農家を改装した棟に宿泊し快適に過ごせた。併設レストランは南向きで、夕暮れ時の山並みが美しい。この地方の伝統料理「カプンズCapuns」も美味。(札幌市　アルペンローゼ)
建物は1645年築。1893年から続く家族経営のホテル［'23］

住Dorfstrasse 42
☎(081)8622132
URL www.hotel-meisser.ch
料(または)
ⓈCHF152～ⓌCHF239～
Room 18室
Wi-Fi 無料 カード AMV
休4月、11月下旬～12月中旬

日本からグアルダへの電話のかけ方
[国際電話会社の番号*]+010+[国番号41]+[81(エリアコードの最初の0は不要)]+[電話番号]
*マイラインの国際通話区分に登録している場合は不要

シュクオール
Scuol

州：グラウビュンデン
使用言語：ドイツ語
　　　　　ロマンシュ語
地図位置：P.305-B1
標高：1286m
郵便番号：CH-7550
エリアコード：081
（市内通話の場合でも初めにエリアコードをプッシュする）

スイスの東端、峠を越えたらオーストリア

サン・モリッツから1時間30分。イン川のV字谷が大きく開け、右側にリスティヤーナの3000m級のアルプスが見えてくると列車は終点のシュクオールに到着する。ここはウンターエンガディンを巡る旅人の終着点。ローマ時代から湧き出る温泉を利用した温泉療養と、高原療養の町として有名だ。町なかにはスグラフィットが描かれたかわいらしい家が並ぶ。冬はスキーリゾートとしても知られ、コースの全長は80kmにも及ぶ。

Walking 歩き方

駅から町の中心まではポストバスで5分。列車の到着に接続しているがそれ以外にも1時間に3本程度、駅と市内を循環するバスが運行されている。徒歩でも15分程度だ。

駅からバスに乗って5分ほどで、バスは町のメインストリートのストラダン通りStradunを通過する。観光案内所ℹも この通り沿いにある。見どころはエンガディン地方独特の建物の温泉センター。

スグラフィットの装飾の美しい旧市街はストラダン通りを挟んで町の上下にあり、特に1本山側のヴィ通りVi周辺は美しい。この広場をはじめ、町のあちこちに飲料用の鉱水が出ている水飲み場があるので試してみるのもよい。鉱水にはそれとわかるように金色の銘板が付けてある。**ウンターエンガディン博物館Museum d'Engiadina Bassa**はストラダン通りから谷側へ下り、美しい壁画の家並みを通り過ぎたイン川に架かる古い橋のそば。カサ・グロンダという2段重ねの歩廊のある建物が目印だ。

アクセス　サン・モリッツから列車で、サメーダン乗り換えで約1時間21分。1時間に1本。クールから直通もしくはランドクアルトLandquart乗り換えで約2時間弱。Scuol-Tarasp下車。

ℹGäste- Information Scuol
住Stradun 403A
☎（081）8618800
URL www.engadin.com
開月～金曜　8:00～18:00
　土曜　9:00～12:00
　　　　13:30～17:00
　日曜　9:00～12:00
※時期により変動あり。

Bergbahnen Motta Naluns
URL www.bergbahnen-scuol.ch
駅近くのロープウエイ（片道CHF16、往復CHF26）。頂上駅のMotta Nalunsから、多くのハイキングコースがある。スイストラベルパスは50%割引。

スグラフィットもそこかしこに見られる

泉が点在するヴィ通り

シュクオール
Chasa Sofia
Quellenhof
Traube
ロープウエイ乗り場
Bellaval
ヴィ通り Vi
シュクオール-タラスプ駅
Scuol-Tarasp Staziun
Altana
ストラダン通り
Stradun
Belvedere
Belvair
Coop
温泉センター
Bogn Engiadina Scuol
Engiadina
N
200m
イン川 En
ウンターエンガディン博物館
Museum d'Engiadina Bassa

ウンターエンガディン博物館
URL www.museumscuol.ch
開 6月中旬～10月中旬
火～金、日曜 16:00～18:00
休 月・土曜、11月～6月中旬
料 CHF7。スイストラベルパス有効。

伝統の生活様式をたどる

広々とした温泉センター

この町いちばんの見どころ、**温泉センター Bogn Engiadina Scuol**は町の中心にある。ここではプログラムが決まっており（基本的には温泉療養センターなので）、それに従ってサウナやスチームバスに順番に入るようになっている。といっても、地元の子供たちは野外温泉プールで歓声を上げて遊んでいる。館内には休憩所、レストランなども完備しており、大人たちはゆっくりとくつろいでいる。スイスの旅の1日、のんびり温泉療養もいいだろう。

温泉センター
住 Vian dals Bogns 323
☎ (081)8612600
URL www.bognengiadina.ch
開 8:00～21:45（コースにより多少異なる）
料 Bäder+Sauna（バーデ+サウナ、温水プールとサウナのコース）CHF34（3時間まで）。日帰り利用CHF48、19:30以降の利用CHF24。

ホテル

ベルヴェデーレ Belvedere

MAP P.337 ★★★★

駅からストラダン通りを東へ徒歩8分。アール・デコとモダンの融合したハイセンスなホテル。宿泊客はホテル近くにある温泉センターのスパやジムを利用できるほか、夏期はScuol-Motta Nalunsの間のロープウエイ、冬期はスキーリフトやスポーツ施設を回るバスが無料。

住 Stradun 330
☎ (081)8610606
URL www.belvedere-hotelfamilie.ch
料 S CHF150～ W CHF290～
食事追加 CHF59
Room 81室 Wi-Fi 無料
カード M V

チェサ・ソフィア Chasa Sofia

MAP P.337 ★★★

旧市街の中ほどにあるメルヘンチックな外観のホテル。朝食にはホームメイドのジャムやパン、ヨーグルト、搾りたてのオレンジジュースがテーブルに並ぶ。木材をふんだんに使用した館内はあたたかみがある。温泉センターやロープウエイ、スキーパス利用可能。

住 Crastuoglia 301
☎ (081)8648707
URL www.chasa-sofia.ch
料（または）S CHF135～ W CHF230
Room 5室 Wi-Fi 無料
カード M V
休 10月下旬～5月下旬

日本からシュクオールへの電話のかけ方
［国際電話会社の番号*］+010+［国番号41］+［81（エリアコードの最初の0は不要）］+［電話番号］
*マイラインの国際通話区分に登録している場合は不要

州：グラウビュンデン
使用言語：ロマンシュ語
イタリア語
ドイツ語
地図位置：P.305-B1
標高：1247m
郵便番号：CH-7537
エリアコード：081
（市内通話の場合でも初めにエリアコードをプッシュする）

ミュスタイア
Müstair

聖ヨハネ修道院

イタリアとの国境にほど近い人口1500人余りの小さな村、ミュスタイア。鉄道はなく、スイスでいちばんの秘境といっても過言ではないこの村は、世界的に注目されている。それは村外れに1983年に世界遺産に登録されたベネディクト派の修道院、聖ヨハネ修道院があるからだ。

サン・モリッツから列車とバスを乗り継いで、スイスに残る最も古い建物のひとつといわれる修道院を訪ねてみたい。

Walking 歩き方

ツェルネッツZernezからのバスは、スイスで唯一の国立公園の中を走り抜ける。標高2149mの**フォルン峠Pass dal Fuorn**を通り、歴史のある宿場町**サンタ・マリアSanta Maria**を過ぎると、やがてミュスタイアに到着する。

8世紀に描かれた壁画

“ミュスタイア”という名前は、もともとは“修道院”という意味なので、修道院そのものが村の名前になったといえる。その**聖ヨハネ修道院Kloster St. Johann Müstair**は村の外れにあり、ツェルネッツから行くとミュスタイア・ポストの次にバスが停まる。このほかに大きな建物はないので、すぐにわかるはずだ。

780年、フランク王国のカール大帝の命により造られたと伝

アクセス サン・モリッツから直通またはサメーダン乗り換えでツェルネッツまで列車で42〜45分、1時間に1〜2本。ツェルネッツ駅からポストバスで1時間強。

ℹGäste-Information Val Müstair
住Monastery store / 7537 Müstair
☎ (081)8618840
URL www.val-muestair.ch
開5月〜10月
月〜土曜　9:00〜18:00
日曜、祝日　13:30〜18:00
11〜4月
月〜金　10:00〜12:00、13:30〜16:30
土・日曜　13:30〜16:30
休12/25
※時期により変動あり。

歩いてイタリアへ行けます
聖ヨハネ修道院から、大通りを北東へ約10分歩くとイタリアとの国境で、入国もできます。国境手前のスーパー「Denner」ではスイスフランとユーロの両方が利用可。また、国境の向こうにある家庭的なイタリアン「Avinga」では本場のパスタやピザを手軽に楽しめます。
（周南市　御手洗美矢子）
パスポートを要携行。　['23]

ミュスタイアのホテル
Münsterhof ★★★
住Via Maistra 40
☎ (081)8585541
URL www.muensterhof.ch
料 S CHF110.50〜
W CHF170〜
現在6代目が経営する家族経営の宿。2018年にアパートメントやシャレーも造られた。

えられているこの修道院を世界的に有名にしたのは、内部に描かれていたフレスコ画だ。

1100年以上も前のもので、旧約・新約聖書の物語から82の場面が描かれている。これらはその後描かれた新しいフレスコ画に覆われていたために、1950年代に入りようやくその存在が確認された。ロマネスク様式以前のカロリング様式のオリジナルの建物が良好な状態に保たれていること、さらに偶然とはいえ、中世初期の貴重なフレスコ壁画が保存されていることが評価されて、1983年に世界文化遺産に登録されている。

修道院では現在でもベネディクト派の修道女たちが昔ながらの生活を送っている。また併設されている**修道院博物館Klostermuseum**には修道院内のフレスコ画の一部が展示されている。院内ではそれほど近くでは見ることができない壁画だが、ここでは繊細なフレスコ画の細部をすぐ近くでじっくり鑑賞できる。ぜひ立ち寄っておこう。

ミュスタイアにはもうひとつ聖セバスチャン教会という小さな教会があり、こちらも約800年の歴史がある。

静かな村の散策をしてみよう

聖セバスチャン教会

修道院博物館
☎(081)8586189
URL www.muestair.ch
開5～10月
月～土曜　9:00～17:00
日曜、祝日　13:30～17:00
11～4月　10:00～12:00
13:30～16:30
休11～4月の日曜午後12:30～、祝日の午前と12/25
料CHF12。スイストラベルパス有効。

COLUMN スイス唯一の国立公園Schweizerischer Nationalpark

標高1474mのツェルネッツを出発したポストバスが、イン川支流のシュペル川Spölに沿って上っていくと間もなく、国立公園の標識が見えてくる。国土はすべて国立公園のようなスイスだが、正式に国立公園に指定されているのはここ1ヵ所だけ。1909年に自然保護団体の提唱により設定された。広さは170.3㎢。

国立公園の標識を通り過ぎると景色はしだいに変わってくる。今まで見てきたスイスの自然が農家の人々によって造られ、守られてきた自然だとすると、ここから先は人の手をまったく加えない手つかずの自然。川は氾濫して流れが変わってもそのままにされ、放置された倒木や枯れ木は自然の荒々しさを感じさせる。周囲にはうっそうとした森が茂り、その中でシカやマーモット、カモシカなどの動植物が保護されている。

自動車が通行できるのは、ポストバスが通る国道28号線のみ。ハイキングの道も規制され、歩行者はそのルートから外れることも、キャンプ、たき火などをすることもすべて禁止されている。

まずはツェルネッツ（→P.322）にある博物館も兼ねた❶、ビジターセンターに立ち寄ろう。

❶Nationalparkzentrum
住Urtatsch 2, Zernez
☎(081)8514141
URL www.nationalpark.ch
開'23年は6/3～10/29
毎日8:30～18:00
10月下旬～5月中旬
月～金曜　8:00～12:00、13:30～16:30
冬期は時期によって開館時間が異なるので要確認。土曜に開館することもある。
休1/1、イースターの金～月曜、キリスト昇天祭、12/25
料入館料CHF9、スイストラベルパス有効。

スイス唯一の国立公園

ダヴォス
Davos

州：グラウビュンデン
使用言語：ドイツ語
地図位置：P.305-A1
標高：1560m
郵便番号：CH-7270
（中心部）
エリアコード：081
（市内通話の場合でも初めにエリアコードをプッシュする）

ダヴォス会議が行われる国際会議場

標高1500mを超える高原のリゾートとして知られるダヴォス。町を歩き出すとほかのアルプスリゾートとは、ちょっと雰囲気が違うことを感じるだろう。山小屋風のシャレーはあまりなく、あるのは都会で見られるようなアパート風のビル。というのもここはもともとリゾートとして発展してきた町ではなく、結核などの呼吸器系疾患のサナトリウム（療養施設）として造られた町だからだ。

サナトリウムは今も残っているが、現在のダヴォスはスイス東部で最大のリゾート。特にウインタースポーツに関しては、スイスで最も充実しているといってもいい。町歩きはそこそこに、ここでは思いっきり体を動かそう。

アクセス クールからダヴォス・プラッツはランドクアルトLandquartまたはフィリズールFilisur乗り換えで約1時間30分。チューリヒからはランドクアルト乗り換えで約2時間20～30分。サン・モリッツからはフィリズール乗り換えで約1時間27分。早朝・夜間の便はサメーダン、クロスタースまたはSagliains経由で2時間前後。

ⓘDavos Tourismus（プラッツ）
住Talstrasse 41
☎（081）4152121
URL www.davos.ch
開月～金曜 8:30～18:00
土曜 9:00～12:00
13:30～17:00
日曜 9:00～13:00
※時期により変動あり。

Walking 歩き方

ラントヴァッサー川が造り上げた谷に、北東から南西に約5kmにわたって広がる細長い町。ダヴォス・プラッツとダヴォス・ドルフのふたつのエリアがあり、それぞれに駅がある。特急などが停まるのはダヴォス・プラッツ。プラッツ駅からドルフ駅まで約3kmで、この間を結ぶプロムナードPromenadeが町のメインストリートだ。ドルフからプラッツに向かっての一方通行となっている。

プラッツ駅を出るとすぐ右側に鋭い尖塔をもつ聖ヨハネ教会St. Johannが見える。その教会を右側に見ながら坂を上ると小さな広場ポストプラッツPostplatzがある。ここを横切っているのがプロムナード。広場を出て右に向かって歩いてみよう。ドルフまでの沿道のほとんどにさまざまなショップ

町なかは近代的であまり風情はない

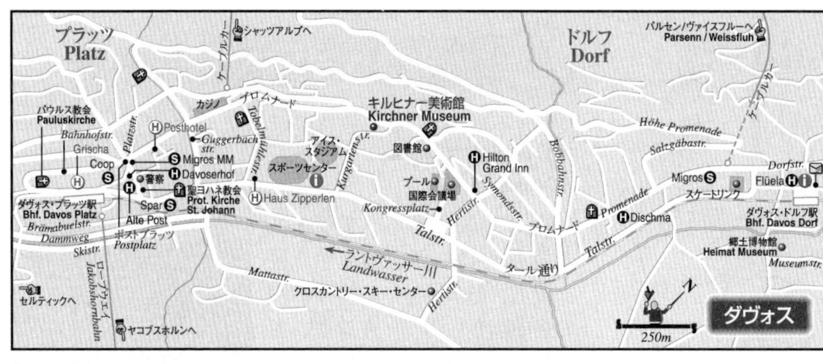

やレストラン、ホテルなどが建ち並びたいへんに華やか。

広場から5分ほど歩いた左側に**シャッツアルプSchatzalp**展望台へのケーブルカー乗り場、そこからさらに2～3分の所、豪華な5つ星ホテルBelvedereの向かいには、ドイツ表現主義の代表的画家**キルヒナー美術館Kirchner Museum**がある。

1400点以上を収蔵するキルヒナー美術館

プラッツとドルフのほぼ中間にある一見体育館のような建物が国際会議場。アクティビティ基地として知られているダヴォスは、国際会議などが頻繁に開かれるコンベンションシティとしての顔ももっている。この国際会議場は、毎年1月の終わりに開かれる**世界経済フォーラムWorld Economic Forum（ダヴォス会議）**のメイン会場。世界各国政府の首脳のみならず、世界的な大企業のトップも参加するこの会議は、近年特に注目されている。国際会議場からドルフ駅までの沿道は、またショップやレストランが連なっている。左側の**ヴァイスフルーWeissfluh**へ上るケーブルカーParsennbahnの駅が見えたら、ドルフ駅まではもうすぐだ。

ゲストカード

夏期ダヴォスでの宿泊客にはダヴォス・クロスタース・プレミアム・カードが発行される。これがあればダヴォスが運営する町内バスとポストバスの料金が無料（ポストバスの90.231は除く）になる。また、町内のおもなアトラクション施設の入場料金が割引きになる。※内容は異なるが、冬期にもおトクなゲストカードが発行される。

URL www.davos.ch

キルヒナー美術館

住 Promenade 82
☎ (081)4106300
URL www.kirchnermuseum.ch
開 火～日曜　11:00～18:00
休 月曜、1月～2月上旬
料 CHF12。スイストラベルパス有効。

COLUMN

優雅なスキーリゾート、クロスタース

ダヴォスのスキー場から続いているクロスタースKlostersのスキー場は、英国王室のチャールズ皇太子（当時）が息子たちを連れてスキーに訪れた所として有名。オーストリア側のジルブレッタ氷河が眺められ、夏期もすばらしい景色を望みながらのハイキングが楽しめる。高級リゾートだけにホテルなどの施設は充実している。

ⓘKlosters Tourismus
住 Alte Bahnhofstrasse 6　☎(081)4102020
URL www.klosters.ch　オープン時間はダヴォスのⓘと同じ。

高級リゾートのクロスタース

Scenic Overlook 展望台

ダヴォスのアクティビティの拠点となる　MAP P.305-A1

ヴァイスフルー Weissfluh 2843m

頂上への中間駅から町を見下ろす

町の北側にある、ダヴォスで最も標高の高い展望台。夏は頂上、あるいはケーブルカーの途中駅からのハイキング、冬は山頂から豪快に滑り降りるスキー場として人気がある。ドルフ駅近くの乗り場から赤いケーブルカーで**ヴァイスフルーヨッホWeissfluhjoch**（2686m）へ。ここからさらにロープウエイに乗りついで標高2843mの**ヴァイスフルーギプフェルWeissfluhgipfel**へ。徒歩で登る場合は約1時間15分。

南側を望めば、足元のダヴォスの町は見えないがベルニナアルプスが一望のもとに見渡せる。北側を見れば、地平線いっぱいにアルプスのパノラマ。空気の透明度が高い冬の晴れた日には、（肉眼で認識するのはほとんど不可能だが）マッターホルンも見えるという。

アクセス
ダヴォス
↓ 4分
ヘーエンヴェーク
↓ 7分
ヴァイスフルーヨッホ

◆ケーブルカー
運行：'23年夏期の運行は6/23～10/8。第3セクションは7/1～10/8のみ。
開第1セクション
Davos～Höhenweg（中間駅）
8:15～16:15
第2セクション
Höhenweg～Weissfluhjoch
8:25～16:25
第3セクション
Weissfluhjoch～Weissfluhgipfel
8:45～16:30
各30分ごとの運行
URL www.davos.ch
料Davos～Weissfluhjoch間片道CHF31。

さまざまなハイキングが楽しめる　MAP P.305-A1

ヤコブスホルン Jakobshorn 2590m

町の南側にある展望台はヤコブスホルン。プラッツ駅のすぐ裏からロープウエイが出ており、山頂まで約10分。時間に余裕がある人は中間駅の**イシュアルプIschalp**で降りて、ハイキングを楽しみながら40分ほどのクラヴァデーラーアルプClavadeler Alpに行こう。ここのチーズ小屋では6月中旬から9月中旬の10:30からチーズ製造を見物できる（所要75分）。

ヤコブスホルン山頂からはダヴォスの町並みが美しい。山頂からはいくつものハイキングコースが延びており、ダヴォスの町に下りてくるだけでなく、西側のセルティックSertig（→P.343）の谷に下りることもできる。

アクセス
ダヴォス
↓ 4分
イシュアルプ
↓ 6分
ヤコブスホルン

◆ロープウエイ
運行：'23年夏期の運行は
開第1セクション6/17～10/22
8:15～16:15
第2セクション6/24～10/22
8:22～16:22
URL www.davos.ch
料Davos～Jakobshorn間 片道CHF31、往復CHF42

山頂からスタートするハイキングコース

山頂展望台のテラスでは食事も取れる

中心部から手軽に行ける展望台 MAP P.341域外

シャッツアルプ Schatzalp 1861m

町から一番近い展望台。カジノの横を曲がった所にケーブルカー乗り場がある。所要4分。ケーブルカーを降りるとすぐにレストランがあり、町を見下ろす気持ちいいテラスで食事や飲み物を楽しめる。ここには**アルペン植物園Botanischer Alpengarten**がある。約800種類の高山植物やハーブが植えられており、散策をしながらさまざまな植物を見ることができる。

散策が気持ちいいアルペン植物園

また、ここからチェアリフトに乗り継いで**シュトゥレーラパスStrelapass**（2346m）まで行くことができる。たくさんのハイキングコースの起点になっている所で、健脚のハイカーのなかにはここからアローザまで歩く人もいるという。

Excursion 近郊の見どころ

のどかな牧畜の村を訪ねてみよう MAP P.341域外

セルティック Sertig

プラッツからバスで約25分、ヤコブスホルンとリネルホルンRinerhornの山あいを流れる小川に沿ってセルティックまで行ってみよう。小川に沿った道は、夏はハイカーやマウンテンバイクにまたがった人が通り過ぎ、冬にはクロスカントリースキーのコースが造られる。また1年を通してダヴォスから馬車（冬は馬ゾリ）が出ている。

終点の**セルティック・デルフリSertig Dörfli**は周辺へのハイキングコースの起点になっている。ここは近代的なリゾートであるダヴォスとはまったく異なったのどかな田舎の村。広々とした緑地に小さな教会、そしてその後方にそびえる勇ましい山々。何ともいえない風情を醸し出している。

Activity アクティビティ

夏のアクティビティ

マウンテンバイク走行可能なコースは周辺で700kmにも及ぶ。自転車は町のスポーツ店でレンタル可能。シャッツアルプにはそり（トボガン）を使うすべり台もある。

冬のアクティビティ

アルペンスキー、クロスカントリースキー、スノーボード、スケート、ソリ、さらにアイスホッケーの試合観戦も楽しめる。

アクセス ダヴォス ↓ 4分 シャッツアルプ

◆ケーブルカー
運行：'23年夏期の運行は5/6～10/29。8:00～19:00（6/12～10/17は～24:00）。15～30分間隔。
URL www.schatzalp.ch
料 片道CHF10、往復CHF20
※季節により変更あり。冬期運行もあり。

シャッツアルプ行きのケーブルカー

アルペン植物園
問い合わせ：
Alpinum Schatzalp
☎（081)4155151
URL www.schatzalp.ch
開 5月中旬～10月
9:00～18:00
料 CHF5。ダヴォス・クロスタース・プレミアム・カード有効。
水曜の15:00にはガイドツアーを催行（CHF10）。

セルティックのホテル
Walserhuus Sertig
住 Sertigerstrasse 34
☎（081)4106030
URL www.walserhuus.ch
料 D CHF60～
S CHF130～
W CHF180～

美しい谷を歩いてセルティックへ

広々としたスキー場

シャッツアルプのすべり台 Schlittelbahn/Sledge Run
営6月上旬～10月下旬
金～日曜10:00～12:00、13:00～17:00(月～木曜は午後のみ)。好天日のみ
URL www.schatzalp.ch
料1回CHF4、5回CHF18

スキーのリフト券
料パルセンとヤコブスホルン1日券CHF80、2日券CHF149。('22～'23年冬期価格)

●スキー

ダヴォスは、標高が高くて雪質がよく、さらに周辺にある7つのスキー場へのアクセスもいい人気のスキーリゾート。

★パルセン・エリア

ヴァイスフルーを中心に3つのスキー場を連ねるダヴォスのメインゲレンデ。とにかく広く、距離が長い。ケーブルカーに乗ってヴァイスフルーヨッホまで上がれば、あとは好きな所を好きなように滑るだけ。

★ヤコブスホルン

パルセンの斜め向かいで、斜面の多くが北西向きなので雪質は常にいい。スイスのナショナルチームのホームゲレンデで、中・上級の斜面が多い。またスノーボーダー用のハーフパイプ、モーグラー用のこぶ斜面など、多彩な斜面がある。

●クロスカントリースキー

夏、ゴルフコースになっているラントヴァッサー川に沿った平地は、代表的なクロスカントリースキーのコース。またセルティックなどダヴォスから延びる谷あいにもたくさんのコースがある。

ホテル

ポストホテル Morosani Posthotel

MAP P.341 ★★★★

ダヴォスの中心部にあり、観光に便利な立地。スグラフィットの施された かわいらしい外観が印象的なホテル。室内は木をふんだんに使ったあたたかい雰囲気。館内にはプールやサウナがあり、マッサージのメニューもある。3つのレストランとバーを併設。プラッツ駅からおよそ300m、徒歩5分。

住 Promenade 42, Davos Platz
☎ (081)4154500
URL www.morosani.ch
料 Ⓢ CHF152～
Ⓦ CHF257～
Room 86室 Wi-Fi 公共エリアのみ、無料 カード ADMV

グリシャ Grischa

MAP P.341 ★★★★

プラッツ駅の目の前にあるホテル。ヤコブスホルンのロープウエイ駅にも近い。夏、冬ともアクティビティの拠点にするには絶好のロケーション。客室はアルプスをイメージしたシックな内装。中国料理レストランなど5つのレストランが入っているほか、シガーラウンジもある。マッサージの施設もあり。

住 Talstrasse 3, Davos Platz
☎ (081)4149797
URL www.hotelgrischa.ch
料 (または)
Ⓢ CHF114～
Ⓦ CHF209～
Room 93室 Wi-Fi 無料
カード AMV

ハウス・ツィッペレン Haus Zipperlen

MAP P.341

プラッツ駅から徒歩8分の所にあるこぢんまりしたB&B。バスの場合は3番のバスに乗りTobelmühlestrasseで下車、徒歩1分。部屋はきれいで快適に過ごせる。全室バルコニー付き。キッチン付きの2ベッドルームStudioは、シャワー・トイレ付きでひとりCHF75～。

住 Talstrasse 39, Davos Platz
☎ (081)4135205
URL www.haus-zipperlen.ch
料 (または)
Ⓢ CHF45～
Ⓦ CHF80～
Room 4室
Wi-Fi 無料

日本からダヴォスへの電話のかけ方
[国際電話会社の番号*]+010+[国番号41]+[81(エリアコードの最初の0は不要)]+[電話番号]
*マイラインの国際通話区分に登録している場合は不要

クール
Chur

州：グラウビュンデン
使用言語：ドイツ語
ロマンシュ語
地図位置：P.305-A1
標高：585m
郵便番号：CH-7000
エリアコード：081
（市内通話の場合でも初めにエリアコードをプッシュする）

ライン川の谷に広がるスイス最古の町

5000年の歴史をもつスイス最古の町、クール。ライン川の谷に開けたこの町は、サン・モリッツやダヴォスなどのグラウビュンデン州の町への表玄関だ。

先住民がこの地に暮らし始めたのが、紀元前3000年頃とされており、紀元前15年にはローマ人が支配し、"クール"という名の語源になっている"クリア・レートリウム"と名づけた。この地が古代から栄えたのはアルプスを南北に結ぶ交通の要所であったため。現在は、アルプス越えのメインルートが変わったために、クールは中世の香りを残す静かな町となった。

Walking 歩き方

町のおもな見どころはすべて歩いていける範囲内にある。旧市街への車の乗り入れは規制されているので、ゆったりと散歩を楽しむことができる。まずはクール駅の地下にある観光案内所❶で情報収集してから散策に出かけよう。アローザ行きの鉄道駅はクール駅に隣接しているが、アルカス広場の近くにも停留所がある。街歩きのあとにアローザを訪問するのも簡単だ。

旧市街へは、まず**バーンホフ通りBahnhofstrasse**を進んでいく。通りの両側には百貨店やスーパー、ブティック、カフェなどが並び、いつもにぎやかだ。右側に噴水が見えたら、その交差点が町のヘソにあたる**ポストプラッツPostplatz**。その手前左側には**州立美術館Bündner Kunstmuseum**。ここからバーンホフ通りはポスト通りPoststrasseに変わり、旧市街へと続く。旧市街の見どころは、このポスト通りの東側と西側に分かれている。

12〜13世紀建立の大聖堂内部

アクセス チューリヒからICで約1時間15分、REで約1時間30分、それぞれ1時間に1〜2本。サン・モリッツから約2時間、1時間に1〜2本。ツェルマットからはグレッシャー・エクスプレスで5時間30分〜6時間。フィスプVispやチューリヒなどで乗り継いで5時間前後。

❶Chur Tourismus
住Bahnhofplatz 3
☎（081）2521818
URL www.chur.graubuenden.ch
開月〜金曜 8:30〜12:30
13:30〜17:30
土・日曜 9:00〜13:30
休8/1、11月〜4月の日曜・祝日

ポストプラッツの噴水

旧市街ガイドツアー
催4〜10月
水曜 14:30〜15:30
土曜 10:00〜12:00
※土曜は、月1回最終土曜の催行。
料CHF20
所要2時間のガイドツアー（ドイツ語）。クール鉄道駅南東のバーンホフ広場Bahnhofplatzのエスカレーター前集合。問い合わせは❶へ。

アルカス広場

毎年8月の3日間行われるChurer Festは町の大イベント。深夜もライブの音や若者の声がやまず、宿泊先の経営者にたびたび謝られたほど。騒音が気になる人は夏の間クールで宿泊を考える際に、考慮に入れたほうがよさそうです。
（神戸市　ケケ）
'23年は8/11〜13に開催。['23]

大聖堂の裏にある教会

見どころの多い旧市街の東側

ポストプラッツからポスト通りを進もう。しばらく行くと左側に、クリーム色のどっしりとした市庁舎Rathausが現れる。1464年に建てられたこの建物は、500年以上たった現在も現役だ。市庁舎の下をくぐり抜けて、時計塔をもつ**聖マルティン教会Kirche St. Martin**へ。この教会のあるザンクト・マルティン広場St. Martinsplatzには、18世紀に造られた噴水が残っている。

教会横の**キルヒ通りKirchgasse**の坂道を上る。キルヒ通りの右側はベーレンロッホといわれる地域で、出窓や15世紀の紋章や装飾の美しい洋服屋のギルドハウスなど古い建物が並んでいる。**大聖堂Kathedrale**への階段から、一度旧市街を振り返ってみよう。聖マルティン教会の塔と旧市街の家並みがアルプスをバックにきれいに見える。大聖堂を出たら、司教館Bischöfliches Schlossの裏側を通り、**レーティッシュ博物館Rätisches Museum**にも立ち寄ろう。一見普通の住宅のような建物なので、通り過ぎないように注意したい。

レーティッシュ博物館

コルン広場のカリジェの壁画

旧市街西側をゆっくり散策

西側を歩くなら、ポスト通りの市庁舎を通り過ぎた所で右に曲がり、カリジェの壁画のある**コルン広場Kornplatz**へ。広場を左に曲がって**オーバー通りObere Gasse**を目指す。このオーバー通り付近は町で一番古い地域。この通りを聖マルティン教会に向かって行くが、その手前を右へ入って**アルカス広場Arcas**に出る。この広場は旧市街で最もロマンティックな雰囲気漂う広場。このあたりの小道はどこに入っても魅力的なので、時間を取って散策してみよう。まるで中世の町に入り込んだような錯覚に陥る。

アルカス広場から橋を渡って対岸からこの旧市街の様子を眺め、オーバー門の下をくぐって**ウンター通りUntere Gasse**へ。そして広い道、**グラーベン通りGrabenstrasse**に出たらポストプラッツへ戻ることができる。

おもな見どころ

ロマネスク様式とゴシック様式が混在 MAP P.346

大聖堂
Kathedrale

12世紀から13世紀にかけて建立されたもの。さまざまな様式によって建てられていることをみても、クールが文化の交流地であったことがよくわかる。キルヒ通りから大聖堂への石段の上にある「ホーフケレライHofkellerei」というレストランも有名で、1380年の文献にもすでに現れているほど歴史は古い。この大聖堂の建つ小高い丘は先史時代から人が居住していた地域で、ローマ軍が砦として利用していた場所でもある。

大聖堂入口

とがった塔が目を引く MAP P.346

聖マルティン教会
Kirche St. Martin

現在の建物は、火災によって破壊された8世紀のカロリング時代の教会の跡に、1491年に建てられたもの。1526年からプロテスタント教会として使われている。入って右側の3枚のステンドグラスは、オーギュスト・ジャコメッティの作品。

ポストプラッツに面して建つ MAP P.346

州立美術館（ビュンドナー美術館）
Bündner Kunstmuseum

豪商ジャック・フォン・プランタの屋敷を改造し、1919年にオープンした州立美術館。16世紀から現代までの絵画、彫刻などを集めている。セガンティーニ、ジャコメッティ、カリジェなどのこの地方ゆかりの作家の作品が中心。

歴史・民俗の興味深いコレクション MAP P.346

レーティッシュ博物館
Rätisches Museum

1675年に建築されたパウル男爵の古い館を改装して造られた博物館で、1876年以降歴史博物館になっている。エンガディン地方の考古学的、文化的遺産を一堂に集めている。聖マルティン教会から大聖堂へ向かう途中にある。

大聖堂
住Hof 14
☎ (081)2522076
URL www.kathkgchur.ch
開7:00～19:00（火曜8:00～、土曜～15:45）
※礼拝時を除く

聖マルティン教会
住St. Martisplatz 10
☎ (081)2522292
URL www.chur-reformiert.ch
開8:00～18:00
※礼拝時を除く

州立美術館
住Bahnhofstrasse 35
☎(081)2572870
URL www.buendner-kunstmuseum.ch
開火～日曜　10:00～17:00（木曜～20:00）
休月曜
料CHF15。スイストラベルパス有効。

レーティッシュ博物館
住Hofstr.1
☎(081)2574840
URL www.raetischesmuseum.gr.ch
開火～日曜　10:00～17:00
休月曜
料CHF6。スイストラベルパス有効。

いくつもの部屋にたくさんの展示物がある

COLUMN

ロマンシュ語が話される土地

グラウビュンデン州の使用言語は1番目がドイツ語、2番目はイタリア語だが、ときどきまったく聞いたことのない言葉が聞こえてくる。それはこの地方独特のロマンシュ語。ラテン語に起源をもち、古代ローマ時代の言語に一番近いといわれる、この地域の約5万人しか使わない言葉だ。1938年の法律によってスイス第4の国語に定められており、紙幣にもちゃんとロマンシュ語の表記がある。

アクセス クールからRhBアローザ線で約1時間1分、ほぼ1時間に1本。

ℹArosa Tourismus
住Sports-und Kongresszentrum
☎(081)3787020
URL www.arosalenzerheide.swiss
開6/13〜10/25、スキーシーズン
　月〜金曜　8:00〜18:00
　土・日曜　9:00〜12:30
　　　　　　13:30〜17:00
　春、秋は時間短縮
休春秋の土・日曜

ロープウエイ
所要：約30分
運行：'23年夏期は6/10〜10/22
ヴァイスホルン行き
第1セクション9:00〜16:20（下り最終17:00）
第2セクション9:10〜16:30（下り最終16:50）
ヘルンリ行きゴンドラ（Hörnli Express）
運行：'23年夏期は7/1〜10/22　8:40〜16:30（下り最終16:45）
URL www.arosalenzerheide.swiss

Excursion 近郊の見どころ

清浄な空気に包まれた歴史あるリゾート地　MAP P.305-A1

アローザ
Arosa

湖の周囲は平坦で歩きやすい

サン・モリッツを小型にしたようなこぢんまりとしたリゾート。駅前に小さな湖が広がり、右側に延びるポスト通り沿いにホテルやレストランが集まっている。夏は**ヴァイスホルンWeisshorn**や**ヘルンリHörnli**へ登るハイカーと、きれいな空気を求めての高地療養で訪れる年配の客が多く、冬には周囲のスキー場への若者でにぎわう。

ここを訪れたら、駅の裏側にそびえるヴァイスホルンに上ってみたい。ロープウエイからはアローザの町や湖、周辺の山々が美しい。頂上まで行くと360度の大パノラマが広がる。クールの町やベルニナ山群はもちろん、はるかイタリアやオーストリアの山々まで見渡せる。鉄道駅にはコインロッカーがあるので、気軽に立ち寄れる（CHF5）。

ホテル

シュテルン Stern
MAP P.346 ★★★★

300年以上の歴史をもつホテル。全室の内装にスイスパインが使用され、あたたかみのある雰囲気が感じられる。カリジェが生前泊まったホテルでもあり、各部屋に異なるカリジェの絵が飾られている。スタッフの応対もよい。併設のスイス料理レストランもおいしいと評判。

住Reichsgasse 11
☎(081)2585757
URL www.stern-chur.ch
料（または）
　ⓈCHF122〜ⓌCHF235〜
Room 60室
Wi-Fi 無料
カード ADJMV

フライエック Freieck
MAP P.346 ★★★

駅から徒歩10分。夫婦が経営するホテルで、町の中心部から少し外れた静かな場所にある。部屋はやや小さいが、木目調で統一された家具や柄が揃えられたシーツなど、かわいらしい空間。レストランはないが、カジュアルなバーを併設。朝食にはパンのほか、温かい卵料理やベーコンも並ぶ。

住Reichsgasse 44
☎(081)2551515
URL www.freieck.ch
料（または）
　ⓈCHF120〜
　ⓌCHF175〜
Room 41室　Wi-Fi 無料
カード ADJMV

ドライ・ケーニゲ Drei Könige
MAP P.346 ★★

散策に便利な旧市街にあり、駅からは徒歩10分ほど。客室はシンプルながらも、ドライヤーやTV、ミニバー、テーブルや電話などが揃う。スタッフの対応もとてもよい。朝食は種類が多めでおいしい。1階にレストランがあり、伝統的なスイス料理が食べられる。

住Reichsgasse 18
☎(081)3549090
URL www.dreikoenige.ch
料（または）
　ⓈCHF75〜ⓌCHF125〜
Room 36室　Wi-Fi 無料
カード ADJMV

日本からクールへの電話のかけ方
[国際電話会社の番号*]+010+[国番号41]+[81(エリアコードの最初の0は不要)]+[電話番号]
*マイラインの国際通話区分に登録している場合は不要

トゥルン
Trun

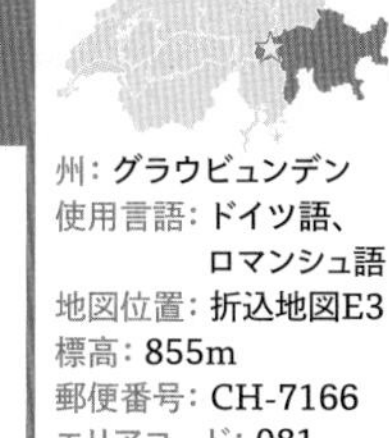

州：グラウビュンデン
使用言語：ドイツ語、ロマンシュ語
地図位置：折込地図E3
標高：855m
郵便番号：CH-7166
エリアコード：081
（市内通話の場合でも初めにエリアコードをプッシュする）

画家、グラフィックデザイナー、絵本作家、舞台装飾家とさまざまな顔をもつアロイス・カリジェAlois Carigietの生誕地。この村にはあちらこちらにカリジェの壁画があり、村全体が小さなギャラリーのようだ。村はカリジェの心あたたまる絵のように素朴でこぢんまりしている。カリジェ好き、絵本好きならぜひ訪れてみたい場所だ。

Walking 歩き方

駅前の通りを左に100mほど歩くと右側に小学校があり、校舎の入口付近の壁にカリジェの代表作のひとつ『3人の賢者』が描かれている。また、その向かいを少し行った所のチーズ店フルリーナFlurinaの壁には、『フルリーナと山の鳥』に出てくる主人公のフルリーナが描かれており、学校の真向かいの写真屋の壁にもカリジェの作品がある。

『3人の賢者』の壁画。意外に大きい

レストランや雑貨屋の並ぶ商店街をさらに数分歩くと左側に大きな教会があり、教会に向かって右隣にある白とピンクのかわいらしい家がカリジェの生家。また生家の向かいにある建物の壁も壁画が観られる（生家の見学には事前予約が必要。詳細は❶へ確認）。カリジェの生家の斜め向かいにあり、見どころである**スルシルバン美術館Museum Sursilvan Cuort Ligia Grischa**には、カリジェの絵や、カリジェがデザインした村の泉のほか、この地方の昔の生活道具の展示などが観られる。

カリジェはロマンシュ語を母国語として育った。この地域ではロマンシュ語で生活している人がいるので、町角でほかでは聞きなれない彼らの言葉を聞くことがあるかもしれない。

アクセス　クールから約58分。グレッシャー・エクスプレス路線上だが、各駅停車しか停まらない。ほぼ1時間に1本。

❶Info Trun
住Via Dulezi 1
☎（081）9202040
URL www.trun.ch
開月～金曜　9:30～11:30
15:30～17:30
❶は村役場が兼ねている。

スルシルバン美術館
住Via Principala 90
☎（081）9432583
URL www.museum-trun.ch
開'23年は4/8～10/31
月・水・土曜、第2・4日曜
14:00～17:00
料CHF8。スイストラベルパス有効。

左／右の建物がカリジェの生家
右／フルリーナの壁画

マイエンフェルト Maienfeld

州：グラウビュンデン
使用言語：ドイツ語
地図位置：P.305-A1
標高：504m
郵便番号：CH-7304
エリアコード：081
（市内通話の場合でも初めにエリアコードをプッシュする）

アクセス チューリヒから1時間5〜6分。直通列車はほとんどなく、おもにサルガンス、ランドクアルトでの乗り換えとなる。

ℹHeidiland Tourismus AG Infostelle Bad Ragaz
住Am platz 1
☎(081)3004020
URL heidiland.com
開月〜金曜 8:30〜12:00
13:00〜17:00
土曜 9:00〜13:00
休日曜
※バート・ラガッツ地区にある

マイエンフェルトの隣駅、ランドクアルト駅のすぐ横に大きなアウトレットがあります。乗り換えの時間やハイジの道の帰りに寄るのはどうでしょうか。私はLindtのお店でチョコレートを買いました。スーパーよりも安かったですよ。
（府中市　府中のハナチャン　'17）
Landquart Fashion Outlet
160以上のデザイナーズブランドが揃う。
開10:00〜19:00
URL landquartfashionoutlet.ch　['20]

こぢんまりしたマイエンフェルトの駅舎

マイエンフェルトにはコインロッカーはない。最寄り駅ではランドクアルト駅かサルガンス駅、クール駅にある。コインしか使えないロッカーもあるので、現金を準備しておくこと。

ハイジヴェーグの途中の風景。歩きやすい道が続く

ヨハンナ・シュピリの名著『ハイジ』は、1880年にスイスで生まれた。発表から1世紀以上たった今も世界中の子供たちに愛されており、累計発行部数は5000万部以上といわれる。この驚異的なベストセラーの故郷が、スイスの東の端にある小さな村、マイエンフェルトだ。

のんびりと草を食む牛の群れ、風に揺れるモミの木のざわめき、はるかに広がるブドウ畑。シュピリは、この風景のなかを散策していて物語の着想を得たといわれる。「デルフリ村」のモデルになった集落や「アルムおんじの家」は、世界中からやってきたハイジファンでいっぱいだ。

Walking 歩き方

マイエンフェルト一帯の村々には“ハイジ”とつく名が多くてややこしいが、マイエンフェルト駅に着いた旅行者は、それらの名前はあまり気にせず、駅を出たら**ハイジヴェーグ Heidiweg（ハイジの道）**と書かれた赤い標識に従って歩けばいい。

駅前にある標識。一番下の赤いサインに従って歩く

観光のいちばんのポイントがこのハイジヴェーグで、素朴な村をのんびり散策して、ハイジの物語の世界に触れるのがここを訪れる目的だ。見どころである**ハイジドルフ Heididorf（ハイジの村）**は、このハイジヴェーグの途中にあるので、まずはそこを目指そう。ハイジドルフには、物語でハイジがおじいさんと暮らした**アルプの山小屋Heidis Alphütte**や

最初に造られた**ハイジの家Heidihaus**、そしてショップの2階に**ヨハンナ・シュピリの小さな博物館Johanna Spyris Heidiwelt**がある。このハイジドルフから500mほど北に行った所にHeidihofという名前がついたホテル＆レストランがある。車でアクセスが可能で、駐車場もあるので、団体旅行者はここまでバスに乗ってきて、ここから歩き始める。

ハイジドルフからは、さらに山の上に延びる道がある。オリジナルのアルプの山小屋にいたる**ハイジ体験の道Heidi Erlebnisweg**と呼ばれるハイキングコースだ。それなりの健脚向けのコースだが、より深くハイジの世界に触れる体験ができるだろう。

ハイジドルフ
☎(081)3301912
URL www.heididorf.ch
開3/17～11/12
10:00～17:00
料アルプの山小屋、ハイジの家、博物館の3館共通チケットCHF13.90。
古い農家を利用して、物語の時代の生活様式を再現してある。ワラのベッドをお見逃しなく。チケットは隣のショップで購入する。

ハイジショップ
各国語の翻訳本や手描きのTシャツなど、ハイジグッズであふれんばかり。オリジナルスタンプを押してくれる郵便サービスもある。

ハイジの消印
マイエンフェルト村内で手紙を出すと、ハイジの図柄の消印を押してくれる。

おもな見どころ

村をぐるっと取り囲むハイキングコース MAP P.353

ハイジヴェーグ（ハイジの道）
Heidiweg

素朴なマイエンフェルトの村から周囲に広がるブドウ畑の間の小道を歩き、ハイジの村を通ってから、森を抜けて、ハイジの泉を経由して駅に戻る1時間半～2時間のハイキングコース。

ハイジの家の内部

まず駅前の通りを山に向かって歩き、最初の交差点の右側手前に観光案内所があるので、ここでパンフレット（日本語あり）を入手しよう。ふたつ目の交差点を過ぎて左へカーブする坂道を道なりに進み、三差路を左へ。次の交差点（右角に公衆トイレあり）を右折する。「Heidiweg」の赤い標識に従って歩けばいいのだが、小さくて目立たなかったり、肝心のところになかったりして少々不親切。そんなときは**"Heididorf"**または**"Rofels"**の標識に従って歩いていこう。

ブドウ畑の中の道をのんびり歩きたい

歩き始めて10分もしないうちに村を出て、あとはブドウ畑が広がる丘陵地帯の中、家が点在する道を上っていく。道は歩きやすく、標高が上がってくるにつれ視界も広がり、気持ちのいいハイキングが楽しめる。

物語に登場する「デルフリ村」のモデルになったローフェルスの集落を通り過ぎ、歩き始めて40分くらいでハイジドルフに到着。前述したアルプの山小屋やハイジの家、ヨハンナ・シュピリの小さな博物館を見学する場合は、ショップでチケットを購入する。

ハイジドルフから、ホテル＆レストランがあるハイジホフまでは約10分。スイス料理のレストランがあるので、ここでラン

中世の雰囲気を残した建物の間を歩く

ハイジドルフにあるアルプの山小屋

ハイジの泉は広い公園の一角にある

チを取るのもいい。ハイジホフを出たらしばらくは舗装道路を歩く。道幅は狭いが、大型の観光バスなども通行するので注意しよう。15分ほど歩くと、道路脇に駐車場とらせん階段の展望タワーがある地点にやってくる。ここからは森の中を歩く道。標識に従って歩いていくと、やがて森を抜け**ハイジの泉Heidibrunnen**に到着する。

標識はたくさんあるがちょっとわかりにくい

ハイジの泉からは来た道を戻り、草原の中の分岐を右に。フェンスの横を通り抜け、ブドウ畑の中の道を村に戻る。

ハイジの物語をたどるタフなコース MAP P.353

ハイジ体験の道
Heidi Erlebnisweg

コースのスタート地点近くからハイジドルフを望む

「アルムおんじの家」を彷彿とさせるハイジヒュッテまで登るコース。高低差が約600mあるので、しっかりとした靴と帽子、上着、雨具などを用意して出かけよう。登りは1時間半から2時間、下りは1時間、ヒュッテでの滞在時間を考えると4時間はとっておこう。

出発点はハイジドルフ。アルプの山小屋の入口がある狭い登山道を登っていく。勾配のきつい上りが10分ほど続くが、❷の看板を過ぎて車道へ出たら、あとは緩い上り坂となる。森の中の単調な景色が続くが、途中12ヵ所にハイジの物語などについての説明板とモニュメントが設置されているので、休み休み登ろう。❼からはクール方面の眺望がいい。次の❽は、道をそれた所にベンチがある。

ちょっとおもしろいのが❾。ペーターがクララの車椅子を壊してしまった場所だという。アニメと違って、原作ではクララの存在を快く思わないペーターが車椅子を壊してしまうのだ。木で作られた車椅子が置かれている。

おもなモニュメントなど
❺ワシのモニュメント
❻ハイジ、ペーター、おんじの木像
❼ピクニックテーブル
❽ベンチ
❾クララの車椅子
❿ペーターの木の楽器
⓫ツリーハウス
⓬ハイジアルプ
※水場は❸と❾にある
上記の番号はP.353の地図に対応している。Heididorfでもらう地図とは番号が違うので注意。

左／物語の登場人物が木彫りの像で登場！ 右／⑨にはクララの車椅子が

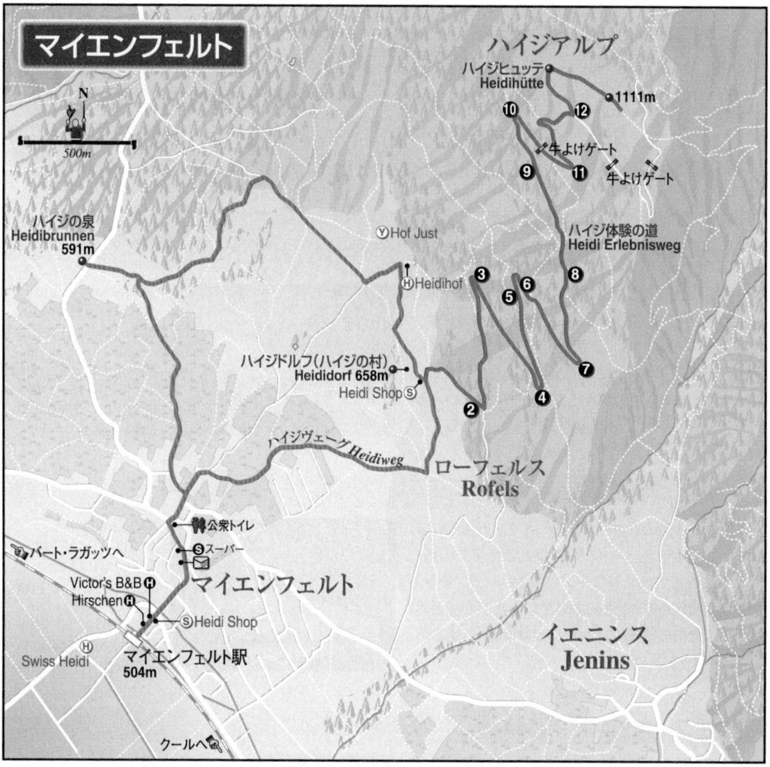

マイエンフェルト
ハイジアルプ
ハイジヒュッテ Heidihütte
1111m
牛よけゲート
牛よけゲート
ハイジ体験の道 Heidi Erlebnisweg
Hof Just
Heidihof
ハイジの泉 Heidibrunnen 591m
ハイジドルフ(ハイジの村) Heididorf 658m
Heidi Shop
ハイジヴェーグ Heidiweg
ローフェルス Rofels
公衆トイレ
スーパー
バート・ラガッツへ
Victor's B&B
Hirschen
Heidi Shop
マイエンフェルト
Swiss Heidi
マイエンフェルト駅 504m
イエニンス Jenins
クールへ
500m

❿のペーターの木の楽器で遊び、5分ほど歩くと牛よけゲートに到着。通ったあとは必ず閉めよう。やがてツリーハウスが見えてくると、ようやく森を抜けて牧草地に飛び出す。カーブをもうひとつ曲がればハイジアルプHeidialpに到着だ。ここで車道をそれて草原の中を3分ほど歩くと、おじいさんのいる山小屋**ハイジヒュッテHeidihütte**がある。ハイジが過ごした「アルムの家」のイメージにぴったりの場所で、ヒュッテの裏には小さな木が3本。いずれ成長すれば、ハイジお気に入りの3本のモミの木になるのだろう。ヨーゼフがいないのはちょっぴり残念だが、もともと原作に犬は登場しないのだから仕方がない。

小屋の裏側、草原の中に標識があるので、ここを10分ほど登ってみよう。カルトボーデンKaltbodenと呼ばれる標高1111mの山頂付近には、さまざまな植物がいっせいに花を咲かせて見事だ。

本当はここで「山が燃えているわ！」とハイジが叫んだアルプスの夕焼けを楽しみたいのだが、人通りの少ないさびしい道なので早めに下ることをおすすめする。

ゴール地点のハイジヒュッテ。簡単な食事もできる

マイエンフェルトのホテルは数が少なく、質素な宿が町なかや山の麓に数軒あるだけ。なかには農家の屋根裏部屋でワラのベッドで眠れるというおもしろい体験ができるホテルもあるので機会があったら泊まってみるのもいい。宿が見つからなかったら隣町のバート・ラガッツやサルガンス、クールで探してみよう。

スイス・ハイジ Swiss Heidi

MAP P.353 ★★★

駅を南側に出て徒歩2分の所に建つホテル。1階レストランのテラス席から正面に見えるハイジアルプの眺めがすばらしい。全室テレビとヘアドライヤーが完備され、アメニティも充実。ビュッフェ形式の朝食では、搾りたてのフルーツジュースが味わえる。レストランではスイスの伝統料理を食べられる。

住Werkhofstrasse1
☎(081)3038888
URL www.swissheidihotel.ch
料 (または) ⓈⓌ1人利用CHF146～、ⓌCHF180～
Room 85室　Wi-Fi 無料
カード JMV

ハイジホフ Heidihof

MAP P.353

ハイジヴェーグの途中、村を一望できる高台にあるモダンなホテル。ハイジドルフまで徒歩約10分。ホテルに併設されたレストランにはガーデンテラスがあり、すばらしい景色を眺めながら食事ができる。駅からは離れているのでタクシーの利用がおすすめ。インターネットコーナーあり。

住Bovelweg16
☎(081)3004747
URL heidihof.ch
料 (または) ⓈCHF85、ⓌCHF165
2食追加CHF29 ～
Room 15室　Wi-Fi 無料
カード MV

ホフ・ユースト Hof Just

MAP P.353

オーナーは酪農家。ドミトリールームとして開放している屋根裏部屋で、ハイジの世界そのままのワラのベッドに寝ることができる。朝食には奥さん手作りのパンやチーズが食べられる。ハイジホフ前の交差点に「Schlafen im Stroh（藁のベッド）」の看板がある。駅から徒歩約40分。

住Bovelgasse 26
☎(081)3023841
URL www.hofjust.ch
料 ⒹCHF32
ⓌCHF60
Room 18ベッド
カード 不可
休11 ～ 4月

COLUMN スイス有数の温泉保養地、バート・ラガッツ

マイエンフェルトの隣町バート・ラガッツは、13世紀中頃、近くの洞窟の中に温泉が発見されたのが起源の町。19世紀中頃になって現在の場所まで温泉を引くパイプが完成して、長期滞在者の療養地としてホテルの建設が始まった。タミナテルメTamina Thermeと呼ばれる公共温泉センターがあり、室内と屋外に分かれた広い温泉プールが利用できる。『ハイジ』では、足の悪いクララが療養をするために滞在するという設定になっていた。温泉保養地だけに高級なホテルが多いが、周辺にはホテルが何軒かあるので、マイエンフェルトで宿が見つからなかったら、こちらで探してみるのもいいだろう。

Tamina Therme
住Hans Albrecht Strasse
☎(081)3032740
URL www.taminatherme.ch
営8:00～22:00(金曜は～23:00)
料2時間までの利用CHF33(週末はCHF40)、デイパスCHF47(週末はCHF54)、8:00～11:00利用ならばCHF23(週末はCHF30)。1時間超過ごとにCHF4の追加料金が必要。
※以上のデータは温泉エリア利用の場合。サウナワールドもある(営業時間、料金は異なる)。
カード ADJMV

秋のラヴォー地区のブドウ畑

7 レマン湖周辺とスイス西部

Lac Léman et Suisse Occidentale

収穫直前の熟れたブドウ

introduction レマン湖周辺とスイス西部 イントロダクション

三日月の形をしたレマン湖の、弧の外側に位置する地域。スイス側の人たちが、湖の対岸、フランス領の町々を眺めながら、「こちら側でよかった」と口にするのをしばしば耳にする。南向きのスイス領は、北向き斜面のフランス領より日当たりがいい。日光とレマン湖面に反射する光の両方に照らされるなだらかな斜面が、ヴィルヌーヴVilleneuveの町からジュネーヴまで約100kmも続く。そのうえ対岸のフランス領の町々の後方には、モン・ブランを最高峰とするフランスのサヴォワ・アルプスが、雄大なパノラマを見せてくれる。フランス側湖畔の町からは、残念ながらこの極めつきのアルプスの風景は見えない。日光浴をしながら、フランスからスイスへと続く白い山脈が見られるのは、スイス側だけなのだ。

この豊富な日光の恩恵は、上質な白ワインとなるブドウを育んでくれる。スイス側レマン湖畔をジュネーヴから電車で旅すると、整然と並んだ背の低いブドウの木の列が、湖畔からジュラ山脈の山麓までの斜面を模様づけているのが、何十kmにもわたって車窓から眺められる。その間に散らばる数十戸の小さな集落には、古いブドウ農家や、その地のワインを飲ませてくれるローカルのレストランなどがある。ワインは、それを産出する市町村の名前がそのまま銘柄となる。特に有名なのが、シャルドンヌChardonne、デザレーDezaley、サン・サフォランSt-Saphorinなど。この小さな町々は、世界的に有名な都市のすぐそばにありながらも、昔からの村のたたずまいをそのまま残している。

ヴヴェイの高台からフランスを望む

旅の交通

レマン湖畔の町を訪れるには、鉄道を利用する。ICの停車駅であるジュネーヴやローザンヌなどで乗り換えれば、ほかのエリアからのアクセスも比較的スムーズだ。時間に余裕があるなら、レマン湖を船で行くのもいい。フランス領にあるシャモニ・モン・ブランへは、鉄道を乗り継いで行くこともできるが、ジュネーヴからの直通のバスが便利。

旅の宿

ジュネーヴやローザンヌなどの大都市にはかなりの数のホテルがあるが、夏の観光シーズンはもちろん、定期的に大規模な国際会議などが行われるため、タイミングが悪いとまったく部屋が空いていないことがある。必ず予約しておこう。レマン湖周辺はアクセスがよいので、部屋代の高いジュネーヴに無理に泊まることはない。近郊の町に泊まっても、さほど不便さは感じないだろう。むしろ部屋代も安く、部屋も取りやすい。

ジュネーヴの気候データ

	1月	2月	3月	4月	5月	6月	7月	8月	9月	10月	11月	12月
平均最高気温(℃)	4.5	6.3	11.2	14.9	19.7	23.5	26.5	25.8	20.9	15.4	8.8	5.3
平均最低気温(℃)	-1.3	-1	1.6	4.8	9.1	12.3	14.4	14	10.8	7.4	2.4	0.1
平均降水量(mm)	76	68	70	72	84	92	79	82	101	105	89	90
平均降水日	10	10	10	10	11	10	8	9	8	8	10	10

プランニングのポイント

ジュネーヴ、ローザンヌ、モントルーを中心とするレマン湖の湖畔地域と、フランスのシャモニ・モン・ブランを中心とするアルプス地区に分かれる。レマン湖の湖畔には、大都市以外にもヴヴェイやモルジュなど小さくてかわいらしい町々が並んでおり、鉄道や湖船の便もいいので簡単にアクセスできる。また、ヨーロッパアルプスの最高峰、モン・ブランの観光地として有名なシャモニ・モン・ブランには多くの展望台があり、迫力ある風景を堪能できる。ハイキング派なら、こちらに数日滞在することをおすすめする。

ローザンヌの市庁舎近くの旧市街

エリアハイライト

スイスとフランスの間にあるレマン湖は、ボーデン湖に次ぎスイスで2番目に大きな湖。湖畔の町から見る、この美しい湖の風景はエリアーのハイライト。大都市のジュネーヴとローザンヌは歴史的、文化的な見どころが豊富。それ以外は小さな町なので、のんびり町歩きを楽しみたい。

レマン湖畔の町

細長いクロワッサンのような湖はスイスとフランスの国境。北側がスイスで南側がフランス。西の端のジュネーヴ、真ん中のローザンヌ以外はどこも小さな町だ。

ローザンヌ

湖畔の大きな町だが、ローザンヌ大聖堂を中心とする旧市街は湖から離れた丘の上にあり、比較的新しい町並みの湖畔の地区とはケーブルカーで結ばれている。この町のハイライトである旧市街の大寺院、湖畔の地区にあるオリンピック博物館にはぜひ足を運びたい。

ジュネーヴ

スイス第2の国際都市。博物館やキリスト教に関係する豊富な見どころは旧市街の周辺に集まっているので、移動も簡単だ。国際機関が多く設置されているので、各国の本格料理が食べられる。

ニヨン

ジュネーヴとローザンヌの真ん中にある静かな町。紀元前のローマ時代に、かのカエサルが拓いた植民地が起源で、町なかには神殿や円形闘技場の遺跡も発掘されている。

モルジュ

13世紀に築かれた古城と町並みが今も残る古い町。春から秋にかけては、町のいたるところにさまざまな花が咲き、城下町の風景に彩りを添えている。

ヴヴェイ

世界の喜劇王チャールズ・チャップリンが晩年を過ごした町。隣町のモントルーとともに、湖畔リゾートとして知られる。世界的な食品会社ネスレの本社博物館はぜひ訪れたい。

モントルー

夏に開催される音楽イベント、モントルー・ジャズフェスティバルで知られる。18世紀後半から、スイスが観光地として認知されるきっかけとなった高級リゾート。

シャモニ・モン・ブラン

ヨーロッパ最高峰の麓にある、フランスの代表的な山岳リゾート。ジュネーヴから簡単にアクセスができる。町の周辺には標高4808mのモン・ブランを眺めながら歩く、たくさんのハイキングコースがある。まずは展望台に上って絶景を楽しんでから歩き始めよう。

グリュイエール

この村の名前がついたチーズはスイスを代表する銘柄。丘の上にある城とそこにつながる石畳の道の沿道が見どころ。周辺に広がる牧草地ではのんびり草を食む牛の姿が見られる。

おもなイベント

- チューリップ・フェスティバル（モルジュ）……4/1～5/14（2023）
- モントルー・ジャズ・フェスティバル（モントルー）……6/30～7/15（2023）
- ダリヤ・フェスティバル（モルジュ）……7～10月
- エスカラード（ジュネーヴ）……12/8～12/10（2023）

チューリップフェスティバル

料理と名産品

スイス料理と聞いて誰もがイメージする「チーズフォンデュ」。フォンデュとは「鍋料理」のことで、フランス語圏山岳部の郷土料理。チーズだけでなく、「オイルフォンデュ」や「スープフォンデュ」などもある。レマン湖エリアでは淡水魚のカワスズキを使った料理「フィレ・ドゥ・ペルシュ」が名物。魚をフライやムニエルにしたシンプルな料理だ。レマン湖周辺はスイス有数のワイン生産地。世界遺産に登録されているラヴォー地区産のワインを味わってみたい。

ラヴォー地区のワイン
チーズフォンデュ
フィレ・ドゥ・ペルシュ

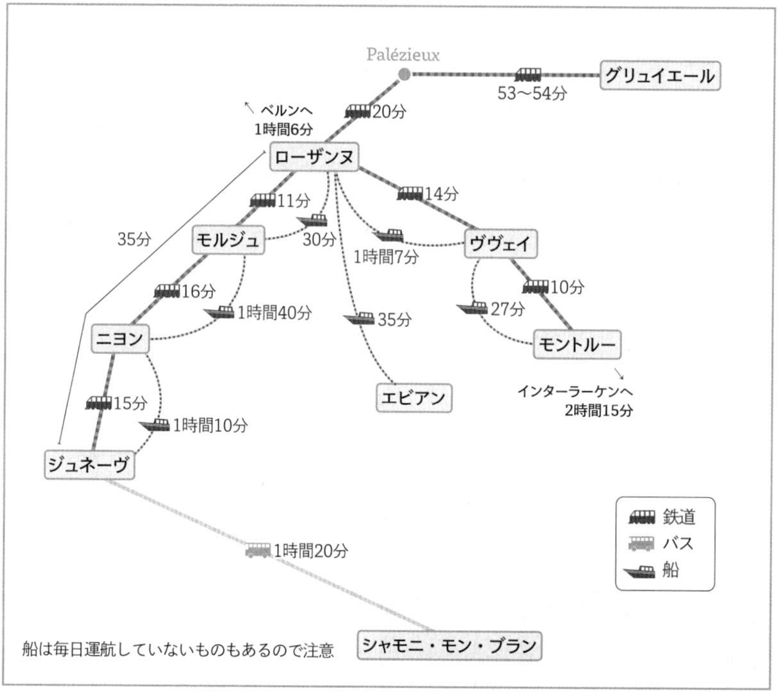

Palézieux
グリュイエール
53～54分
20分
↖ ベルンへ 1時間6分
ローザンヌ
11分
14分
35分
モルジュ
30分
ヴヴェイ
1時間7分
16分
1時間40分
35分
10分
27分
ニヨン
モントルー
エビアン
↘ インターラーケンへ 2時間15分
15分
1時間10分
ジュネーヴ
1時間20分
鉄道
バス
船
船は毎日運航していないものもあるので注意
シャモニ・モン・ブラン

ジュネーヴ
Genève

★

州：ジュネーヴ
使用言語：フランス語
地図位置：P.357-A2
標高：383m
郵便番号：CH-1200
(地区によって下2ケタが変わる)
エリアコード：022
(市内通話の場合でも初めにエリアコードをプッシュする)

大噴水はジュネーヴを代表する景色

「ジュネーヴはスイスではない」と極言されるほどのコスモポリタン都市、ジュネーヴ。

いちばんの理由は、ここに多くの国際機関が集中しているからだ。第1次世界大戦終了後に設立された国際連盟の本部がおかれてから、「世界都市」としてのジュネーヴの歴史は始まった。第2次世界大戦後は国際連合欧州本部や国際労働機関、赤十字国際委員会など、20近い重要な国際機関の本部や事務局がおかれている。世界中から集まるそれら国際機関に勤めるスタッフとその家族、労働力不足を補うためのおもに地中海沿岸諸国からの出稼ぎ労働者、そしてこの地を訪れる旅行者も、もちろん国際都市の"国際度"を高めている。

もうひとつ、歴史的原因として挙げられるのは、ここがカルヴァンの宗教改革以来、旧体制に反逆する人たちの避難場所的存在だった、という事実である。保守的な国王が支配する専制国家に囲まれたこの地にあって、革新的思想に対して非常に寛大であったジュネーヴ人のなかから、ジャン・ジャック・ルソーが生まれた。そのジュネーヴの人々のなかにヴォルテールが、バイロンが、そしてレーニンが、やすらぎの場所を求めて入ってきた。コスモポリタン都市は、500年の歴史のなかで育まれてきたといえる。

19世紀後半から、スイスでのバケーションは、当時の超大国イギリスの貴族たちのファッションとなった。従者を従え、ひと財産になるほどの大荷物を持って、貴族たちはまずジュネーヴにやってきた。観光立国としてのスイスの幕開けである。

すでにヨーロッパで有名になってい

アクセス パリParis Gare de Lyon駅からTGV(フランス新幹線)で3時間15分。イタリアのミラノ中央駅からは直行便のECで4時間強。スイス各地からはチューリヒから2時間43分～2時間46分。ベルンから1時間44分～2時間弱。

ⓘGenève Tourisme
住Quai du Mont-Blanc 2
☎ (022)9097000
URL www.geneve.com
開9:15～17:45（木曜10:00～、日曜、祝日10:00～16:00）
休1/1、12/25

船着場にある観光案内所

無料チケットは廃止に
'22年1/1以降、ジュネーヴ国際空港から市内に無料でアクセスできるチケットの提供は廃止された。

国際連合欧州本部

た時計を扱う商店や、宝石・貴金属商が栄え、ジュネーヴの商業都市としての地位が築かれていったのもこの頃である。

ジュネーヴは、周囲をぐるりとフランスに囲まれ、スイスから突き出ている。くびれの所は幅が4kmしかない。だからいろいろな所で、土地をフランスと共有している。ジュネーヴ国際空港も、敷地の半分はフランス領。国境を毎日歩いて渡り、市電でジュネーヴに働きに来るフランス人労働者も多い。5万もの人々が、あちこちの国境を通って毎日ジュネーヴに通勤している。

「ジュネーヴはスイスではない」という他州のスイス人たちの言葉は、コスモポリタン都市という意味のほかに、フランス文化の影響を受けたジュネーヴに対する一種の皮肉ともいえる。

市内の見どころを巡るミニトレイン

空港から市内へ **ジュネーヴ国際空港Aéroport International de Genève**は鉄道駅とつながっているので、ジュネーヴ市街はもちろん、スイス各地へそのまま向かうことができる。

1階の到着フロアから“Gare CFF”の表示に従って連絡通路を200mほど進むと国鉄駅のメインホールがあり、エスカレーターで地下へ下りるとそこがもうプラットホーム。ジュネーヴ(コルナヴァン）駅までは所要7分。十数分おきに出ている。スイス各地への直通列車が出ているが、ジュネーヴ駅までならどの列車に乗ってもいい。

タクシーは市内までCHF35～50、所要約20分。市バスなら5・10番で所要約30分。それぞれ1時間に4～7本（5:00～24:00台)。

市内交通 市内を歩くのに一番便利で安いのは、**市バス**と**市電（トラム）**を使うこと。ほとんどのバスはコルナヴァン駅を中心に走っている。駅正面に停まるバスは、6・8・9・25番などが旧市街へ行く。バスの1日券CHF8 (9:00～)、24時間券CHF10もあり、駅の観光案内所ⓘの隣の窓口で買える。路線図も一緒にもらっておこう。スイストラベルパスも有効。

ジュネーヴ市街を走るトラム

1回分のチケットは乗車前に停留所にある自動券売機で買っておくこと。3ストップ以内はCHF2、1時間券はCHF3。

モン・ブラン通りに面して立つ移民の銅像

おトクなジュネーヴ・トランスポート・カード
ジュネーヴ市内に宿泊する人に与えられるカードで、滞在中は無料で市内の公共交通機関が利用できるなど、特典多数。到着の3日前に、宿泊する施設からカードを取得できるリンクが電子メールで送信される。
URL https://www.geneve.com/en/already-here/geneva-transport-card-for-guests

バス、トラムのチケットの買い方
最初に券種を選択し、金額が表示されたところでお金を投入する。紙幣は使用不可、コインでもおつりが出ないので、あらかじめ小額のコインを用意しておこう。

市内定期観光バス（シティ・ツアー）
バスとミニトレインに乗って市内観光を楽しむ（ミニトレインは天候によって運休あり)。6・7月は毎日10:00、14:15発。8～9月は毎日14:15、土・日曜は加えて10:00発。10～5月は14:15発のみ。所要2時間15分。
Key Tours
☎ (022)7314140
URL www.keytours.ch
料 CHF58
日帰りでモン・ブランに行くツアーもある。1日コース8:30出発、18:30帰着、半日コース8:30出発、14:15帰着、10:30出発、18:30帰着。往復料金CHF 85～。登山電車、ランチ付きなどのオプションあり。パスポート持参のこと。

市バス
URL www.tpg.ch

ジュネーヴの渡し船
レマン湖を黄色いボートが航行している。M1からM4までのルートがあり、だいたい7:30〜21:00（シーズンオフは〜18:00頃のルートあり。土・日曜は10:00〜）の間10〜30分おきに運航。
M1　Pâquis〜Molard
M2　Pâquis〜Eaux-Vives
M3　Genève-Plage/Port Noir〜Pâquis
M4　Genève-Plage/Port Noir〜de-Châteaubriand
URL www.mouettesgenevoises.ch
料1回券CHF2、1時間券CHF3。スイストラベルパス、ジュネーヴ・トランスポート・カード（→P.361）有効。

ジュネーヴの市
プランパレ公園
Plaine de Plainpalais
古着や時計、本のフリーマーケット。日曜は出店数が増える。
催水・土・第1日曜　6:00〜18:00
フルーツ、野菜などのマーケット
催火・金曜　6:00〜15:00
日曜　8:00〜19:00
フュストリ広場
Pl. de la Fusterie
野菜などのマーケット
催水・土曜　6:00〜20:00
クラフト製品のマーケット
催木曜　9:00〜20:00
マドレーヌ広場
Pl. de la Madeleine
衣類や本などのマーケット
催火〜土曜　9:00〜19:00

カルージュの市（郊外）
マルシェ
Pl. du Marché
花やフルーツなどのマーケット
催水・土曜　6:00〜14:00
3〜10月の木曜　14:00〜21:00
※時間は天気などにより変更あり。

名物の花時計は毎年デザインが変わる

Walking 歩き方

中央駅のコンコース

ジュネーヴの中央駅（通称コルナヴァン駅）は南口が正面。観光案内所❶は駅の正面玄関から延びるモン・ブラン通りとイル島にある。

ジュネーヴの町は、旧城壁（今では残っていない）内の中世以来の**旧市街**、旧市街と駅までの間の**商店街**、湖畔の**公園と邸宅地域**、国際機関の集まる**ONU地区**とに分けられる。

まず駅前からバス5番（Thônex-Vallard行き）に乗って橋を渡り、ベレール広場Pl. Bel-Airを経由してヌーヴ広場Pl. Neuveへ。ここは**旧市街La Cité** の端に当たり、目の前がバスティオン公園Promenade des Bastions。ここにカルヴァンの**宗教改革記念碑Monument de la Réformation**がある。記念碑の後方の小高い丘の上に広がる旧市街に上っていこう。

旧市街のあちこちに、小さな美術館やギャラリーなどがある。**サン・ピエール大聖堂Cathédrale St. Pierre**近くの14世紀の建物は**タヴェル館Maison Tavel**。ローマ時代の遺跡や発掘品、絵画などの展示から、この町がどのように発展してきたかを知ることができる。また、この付近には**国際宗教改革博物館Musée International de la Réforme**や、ルソーの生家を博物館にした**ルソーと文学の家Maison Rousseau et Littérature**、カルヴァンの住んでいた家などがある。

旧市街の迷路のような階段をサン・ピエール大寺院脇から湖側に下りると、商店がにぎやかに並ぶローヌ通りRue du Rhôneに出る。Place Longemalleを抜けると、花時計のあるイギリス公園Jardin Anglaisに出る。そこから、高さ140mの**大噴水Jet d'Eau**が、1360馬力で吹き上げられるのを左に見ながら、ラグランジュ公園Parc La Grangeと、その隣のオーヴィヴ公園Parc des Eaux-Vivesまで歩こう。

100m以上の水柱を眺めながら湖畔の散策

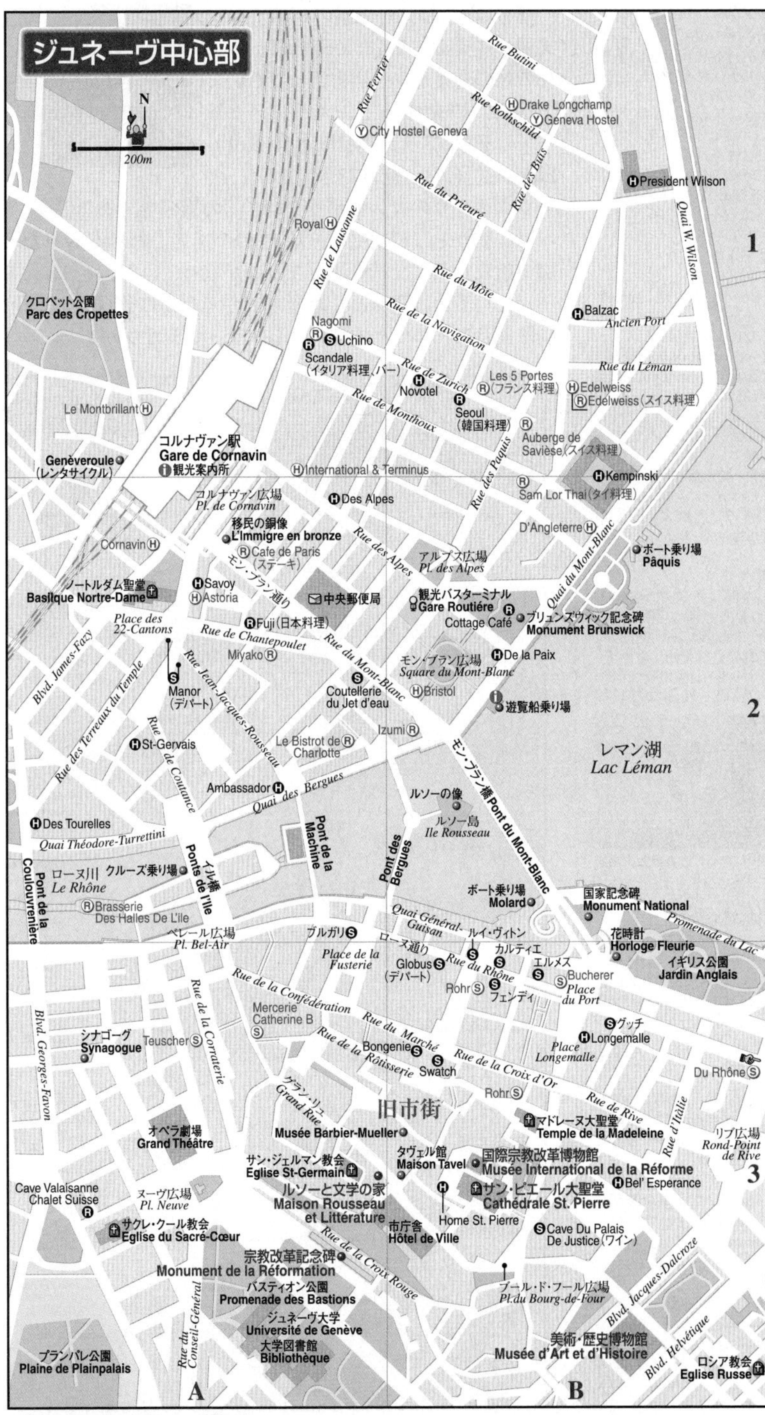

※ⓈⒽⓎⓇは本書で紹介している物件です。

帰りは公園前から2番のバスでローヌ通りに戻る。ここまで来れば、ルソーの像のあるルソー島に寄っても駅まで10分。橋を渡って、メインストリートの**モン・ブラン通りRue du Mont-Blanc**を行けば、駅は突き当たり。

ルソー島

ジュネーヴのコスモポリタニズムの集結地であるONU地区へは、駅から5・8番かF・V・Zのバスで。バスを降りた所に脚の折れた巨大な椅子のオブジェが立っている。そこから左に歩いていくと、広々とした緑が広がるなかに**アリアナ美術館**、国際連合ヨーロッパ本部の**パレ・デ・ナシオン**がある。

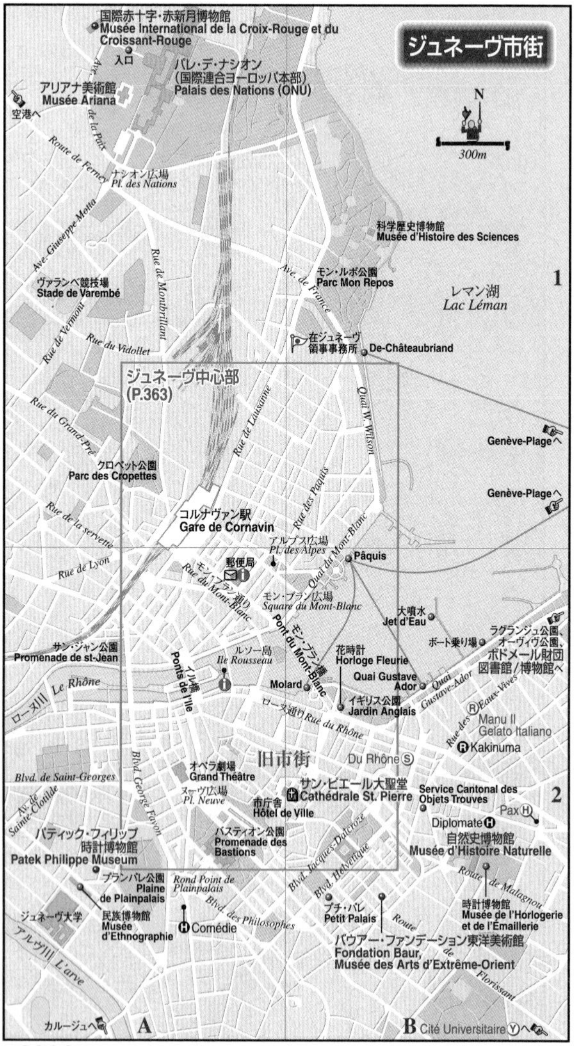

ジュネーヴ市街

国際赤十字・赤新月博物館
Musée International de la Croix-Rouge et du Croissant-Rouge
入口
パレ・デ・ナシオン（国際連合ヨーロッパ本部）
Palais des Nations (ONU)
アリアナ美術館
Musée Ariana
空港へ
Ave. de la Paix
Route de Ferney
ナシオン広場
Pl. des Nations
Ave. Giuseppe Motta
Rue de Montbrillant
科学歴史博物館
Musée d'Histoire des Sciences
モン・ルポ公園
Parc Mon Repos
Ave. de France
ヴァランベ競技場
Stade de Varembé
Rue de Vermont
Rue du Vidollet
レマン湖
Lac Léman
在ジュネーヴ領事事務所
De-Châteaubriand
ジュネーヴ中心部 (P.363)
Rue du Grand-Pré
Rue de Lausanne
Quai W. Wilson
Genève-Plageへ
クロペット公園
Parc des Cropettes
Rue des Pâquis
Genève-Plageへ
Rue de la Servette
コルナヴァン駅
Gare de Cornavin
アルプス広場
Pl. des Alpes
Pâquis
Rue de Lyon
郵便局
モン・ブラン通り
Rue du Mont-Blanc
Quai du Mont-Blanc
モン・ブラン広場
Square du Mont-Blanc
大噴水
Jet d'Eau
ラグランジュ公園、オーヴィヴ公園、ボドメール財団図書館／博物館へ
ボート乗り場
サン・ジャン公園
Promenade de st-Jean
イル橋
Ponts de l'Ile
ルソー島
Ile Rousseau
モン・ブラン橋
Pont du Mont-Blanc
花時計
Horloge Fleurie
Quai Gustave Ador
Quai Gustave-Ador
Molard
ローヌ川 Le Rhône
ローヌ通り Rue du Rhône
イギリス公園
Jardin Anglais
Rue des Eaux-Vives
Manu Il Gelato Italiano
Kakinuma
旧市街
Du Rhône
Blvd. de Saint-Georges
Blvd. Georges Favon
オペラ劇場
Grand Théâtre
ヌーヴ広場
Pl. Neuve
サン・ピエール大聖堂
Cathédrale St. Pierre
Service Cantonal des Objets Trouves
Pax
Av. de Sainte-Clotilde
市庁舎
Hôtel de Ville
Diplomate
パティック・フィリップ時計博物館
Patek Philippe Museum
バスティオン公園
Promenade des Bastions
Blvd. Jacques-Dalcroze
Blvd. Helvétique
自然史博物館
Musée d'Histoire Naturelle
Route de Malagnou
プランパレ公園
Plaine de Plainpalais
Rond Point de Plainpalais
ジュネーヴ大学
民族博物館
Musée d'Ethnographie
Comédie
Blvd. des Philosophes
プチ・パレ
Petit Palais
時計博物館
Musée de l'Horlogerie et de l'Émaillerie
バウアー・ファンデーション東洋美術館
Fondation Baur, Musée des Arts d'Extrême-Orient
Route de Florissant
アルヴ川 L'arve
カルージュへ
Cité Universitaireへ

※ⓈⒽⓎⓇは本書で紹介している物件です。

レンタサイクル
Genèveroule
住Place Montbrillant 17（コルナヴァン駅裏）
☎(022)7401343
URL www.geneveroule.ch
レンタル時に要ID提示。ウェブサイトでも予約可。
営8:00〜18:30
料半日CHF12〜、1日CHF17〜 デポジットCHF20〜

タヴェル館
MAP P.363-B3
住Rue du Puits-Saint-Pierre 6
☎(022)4183700
URL institutions.ville-geneve.ch/fr/mah/preparer-sa-visite/lieux/maison-tavel
開11:00〜18:00
休月曜
料無料（特別展は有料）
スマートフォンにダウンロードできる無料オーディオガイド(英語、URL izi.travel)あり。

大噴水
噴出時間は要確認。冬期は16:00まで。秋期の点検期間(3週間)と強風の日、気温が2℃未満の日は中止。夏と春・秋の金・土・日曜の夜はライトアップされる(22:30まで)。

旧市街にある高台からも大噴水の先端が見える

営業時間の目安
商店
月〜土曜 8:30〜18:30
（週1回、木曜など21:00頃まで延長している店もある。土曜は〜17:00）
銀行
月〜金曜 8:30〜16:30
郵便局
月〜金曜 8:00〜18:00
局によって時間が異なるので確認を。土曜午前中に開いていることもある。

在ジュネーヴ領事事務所
Consulat du Japon à Genève
住Rue de Lausanne 82
MAP P.364-B1
☎(022)7169900
URL www.geneve.ch.emb-japan.go.jp/itprtop_ja
開月〜金曜 9:00〜12:00 14:00〜17:00

Attraction おもな見どころ

旧市街の象徴 MAP P.363-B3

サン・ピエール大聖堂
Cathédrale St. Pierre

重厚感のある外観

旧市街の真ん中、とがった塔が目を引くこの大聖堂は、12～13世紀に建立された。その後、幾度となく改築・増築されたため、さまざまな様式が混在している。

フランス語圏における宗教改革の中心人物となったカルヴァンは、1536年から約25年間、この殿堂でプロテスタンティズムの説教を行った。カルヴァンの活躍によって、ジュネーヴが「プロテスタントのローマ」といわれる、その土台となった場所である。殿堂内には、カルヴァンが使用した椅子、円陣の彫刻が施された聖職者席などがある。また、地下にはヨーロッパ最大級の考古学発掘展示施設があり、サン・ピエール大聖堂建築以前にあった宗教建造物の基盤を見学できる。CHF5を払うと北と南にあるふたつの塔へ上ることができ、狭くて急な157段のらせん階段を上りきると、レマン湖とジュネーヴ市街のすばらしいパノラマが360度見渡せる。

大寺院内

サン・ピエール大寺院内にあるマッカビー礼拝堂

サン・ピエール大聖堂
住Place du Bourg-de-Four 24
☎(022)3102929
URL www.cathedrale-geneve.ch
開6～9月
月～金曜 9:30～18:30
土曜 9:30～16:30
日曜 12:00～18:30
10～5月
月～土曜 10:00～17:30
日曜 12:00～17:30
塔
開6～9月
月～土曜 9:30～18:00
日曜 12:00～18:00
10～5月
月～土曜 10:00～17:00
日曜 12:00～17:00
料CHF7（塔）
バス5番か市電3番でヌーヴ広場下車後、旧市街へ坂を上っていくか、バス2・7・10・12番でMolard下車、またはバス36番でCathédrale下車。

COLUMN 旧市街のガイドツアー

迷路のような旧市街をガイドと一緒に歩き、一歩踏み込んだジュネーヴを知りたい人におすすめなのが、旧市街の徒歩ツアー。見どころを回りながらウンチクを聞ける。言語はフランス語と英語。土曜14:00に船着場にある❶から出発。約2時間。オンラインで予約が可能。料CHF25

さらにジュネーヴの魅力に触れたいという人にはテーマ性の高いツアーもあり、テイスティングも楽しめるチョコレートショップを巡りツアーChocolate flavours tour(所要3時間、CHF99)や、国際都市ジュネーヴをガイドするツアー、赤十字などの活動を知るツアー、緑豊かでサステナブルなジュネーヴを紹介するツアーなどがある(これら3本はいずれも所要2時間、料CHF25。集合場所はそれぞれ確認を)。主催会社が異なるツアーもあるが情報確認と予約は観光局サイトから可能。
URL www.geneve.com
☎(022) 9097000

国際宗教改革博物館
住Rue du Cloître 4
☎(022)3102431
URLwww.musee-reforme.ch
開火〜日曜　10:00〜17:00
休月曜（ただし復活祭の月曜、五旬祭の月曜、断食祭（9月第3日曜）の翌日の月曜はオープン）、一部祝日
料CHF13。スイストラベルパス有効。サン・ピエール大寺院とその地下室に入れる共通チケットCHF18。

宗教改革についてわかりやすく説明
MAP P.363-B3

国際宗教改革博物館
Musée International de la Réforme

サン・ピエール大寺院の隣にある博物館。カルヴァン・ライブラリー、ジュネーヴ大学図書館、ジュネーヴ・プロテスタント教会などの協力を得て、宗教改革の起源から現在にいたるまでを、最新のオーディオビジュアル技術を駆使し、わかりやすく説明している。また世界各地のさまざまな宗派の賛美歌を聴ける部屋もある。

歴史好きにおすすめ

肖像画や資料まで幅広く展示

宗教改革の指導者が並ぶ
MAP P.363-A3

宗教改革記念碑
Monument de la Réformation

宗教改革の中心人物たちを記念して造られた長さ約100mの大きな壁像。中央に並ぶ4人の像は、左からファレル、カルヴァン、ベーズ、ノックス。その両脇には宗教改革運動の普及に貢献した人々の名と、普及にまつわるエピソードを書いたレリーフがある。ジュネーヴを本拠地として活動したカルヴァンの生誕400年に当たる、1909年から1917年にかけて造られた。ジュネーヴ大学の敷地内にあり、周囲は緑が多く気持ちいい。

4人の偉人と対峙する

記念碑後方の丘の上は見晴らしのいい公園になっている

ルソーと文学の家
住Grand Rue 40
☎(022)3101028
URLm-r-l.ch
開火〜日曜　11:00〜18:00（入場は〜17:30）
休月曜
料CHF7。スイストラベルパス有効。
バス36番でHôtel de Ville、バス3・5・20番、トラム18番でPlace de Neuve下車。
日本語のオーディオガイドあり。
URLm-r-l.ch

パネルや動画がわかりやすい

25分であなたもルソー通！
MAP P.363-A3

ルソーと文学の家
Maison Rousseau et Littérature

博物館としてリニューアルしたジャン・ジャック・ルソーの生家。さまざまな分野の専門家がルソーについてアプローチしたものを、音と音声ガイダンスを使ってたった25分で観ることができる、モダンで画期的な博物館だ。ルソーの子供時代、社会体制批判、教育論、自然感情を探求した小説、有罪宣言と栄光、ルソーに対する世界の著名人のコメントなどのパートに分かれており、体系的に学べるようになっている。

入口はわかりづらいので注意

スイス人アーティストの重要作品を集めた

MAP P.363-B3

美術・歴史博物館

Musée d'Art et d'Histoire

宮殿のような重厚な外観

旧市街の外れにある、ジュネーヴでまず最初に訪れたい博物館。1階は考古学コーナーで、2階が美術館になっている。15世紀から20世紀までのスイスの画家による重要なコレクションがあり、ホドラーのレマン湖の風景画、ティンゲリーやジャコメッティなどの作品を多数展示している。ほかに、エジプト・ギリシア文明の美術品も多い。サン・ピエール大寺院の美術品の多くも、ここに保管展示されている。絵画では、聖書の一節をモチーフにしたコンラート・ウィッツの『奇跡の魚釣り』が見逃せない貴重な作品。

美術・歴史博物館
住Rue Charles-Galland 2
☎ (022)4182600
URL institutions.ville-geneve.ch/fr/mah
開火・水・金・土曜 11:00〜18:00
木曜 12:00〜21:00
休月曜
料無料。特別展は有料。スイストラベルパス有効。
大きい荷物はロッカーに預ける。コルナヴァン駅前からバス5番でAthénée下車。またはバス6番でRive下車。

リアルな剥製が大迫力

MAP P.364-B2

自然史博物館
Musée d'Histoire Naturelle

生物に関するコレクションのほか、地質学、鉱物学、地球学など自然に関するあらゆるものが展示されている。自然史博物館としてはヨーロッパ最大級の規模を誇る。動物の剥製の展示が見もの。

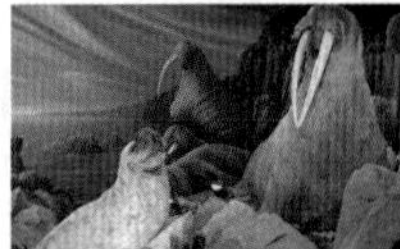

大人も子供も楽しめる展示内容

自然史博物館
住Route de Malagnou 1
☎ (022)4186300
URL institutions.ville-geneve.ch/fr/mhn
開火〜日曜 10:00〜17:00
休月曜、1/1、12/25
料無料
バス1・8番でTranchées & Muséum、バス5・25番でMuséumまたは市電12番でVillereuse下車。

高級時計の老舗による時計博物館

MAP P.364-A2

パティック・フィリップ時計博物館
Patek Philippe Museum

高級時計の老舗ブランド、パティック・フィリップの時計博物館。ヨーロッパの貴重な時計コレクションがある館内は、4つの展示フロアに分かれている。まずはグランドフロアにて過去の機械・工具コレクションと博物館に関する紹介映画を鑑賞。

それから最上階（3階）のパティック・フィリップ資料館へ移動し、2階では約500点にも及ぶ16〜19世紀のオールドコレクション、そして1階にある1839年から今日までのパティック・フィリップ・コレクションを見学するようになっている。

館内にはゴージャスな時計がたくさん

パティック・フィリップ時計博物館
住Rue des Vieux-Grenadiers 7
☎ (022)7073010
URL www.patekmuseum.com
開火〜金曜 14:00〜18:00
土曜 10:00〜18:00
休日・月曜、祝日
料CHF10。スイストラベルパス有効。
バス1番でEcole-de-Médecine下車、または市電12・15番でPlainpalais下車。

江戸時代の刀もある！

MAP P.364-B2

バウアー・ファンデーション東洋美術館
Fondation Baur, Musée des Arts d'Extrême-Orient

美術・歴史博物館から徒歩7〜8分の住宅街にある。チューリヒに生まれ、後にジュネーヴで暮らした実業家アルフレッド・バウアーが収集したコレクションを展示。8〜18世紀の日本と中国の陶器や版画、そのほか多くの東アジアの芸術品が観られる。

バウアー・ファンデーション東洋美術館
住Rue Munier-Romilly 8
☎ (022)7043282
URL fondation-baur.ch
開14:00〜18:00（特別展のある水曜〜20:00）
休月曜
料CHF10
バス1・5番でFlorissant、または36番でÉglise Russe下車。

パレ・デ・ナシオン
(L'Office des Nations Unies À Genève)
住Avenue de la Paix 14
☎(022)9174896
URLwww.ungeneva.org

国連ガイドツアー
所要1時間。入口でパスポートの提示が必要。
催月～金曜　10:00～12:00
　　　　　　14:00～16:00
ツアー出発は10:30、12:00、14:30、16:00。45分前集合。
休土・日曜、不定休あり
料CHF15
重要会議、要人滞在中などは見学できなくなる。
コルナヴァン駅前から出る11番のバスか15番の市電でNations下車。バスよりも市電のほうが本数が多い。
'23年5月現在の情報として、個人の見学枠がきわめて少なく(各回15名)、予約を入れるのは難しい。必ず事前にサイトで情報を確認し予約してから訪れること。

国際連合ヨーロッパ本部　MAP P.364-A1

パレ・デ・ナシオン
Palais des Nations (ONU)

ウェブでも見学の予約可能

数あるジュネーヴの国際機関の代表がここ、国際連合ヨーロッパ本部。国連本部はニューヨークだが、永世中立国にあるここでも重要な会議、会談が行われており、たびたびニュースにも登場する。会議などが行われていないときには、見学ツアーに参加して内部を見ることができる。レマン湖に近い敷地内は緑にあふれ、館内には国連加盟国から送られたたくさんの寄贈品が展示されている。

アリアナ美術館
住Ave. de la Paix 10
☎(022)4185450
URLmusee-ariana.ch
開火～日曜　10:00～18:00
休月曜、1/1、12/31
料CHF14～。スイストラベルパス有効。
バス8・20番、市電15番でNations下車。

ゴージャスな雰囲気の陶磁器ガラス美術館　MAP P.364-A1

アリアナ美術館
Musée Ariana

国連ヨーロッパ本部のすぐ裏側にあるので、あわせて見学するといい。館内には、歴史的にも貴重な陶磁器やガラスなどが、中世から現代のものまでおよそ2万7000点も並んでいる。コレクション数からいえばヨーロッパ最大。年代、特徴別の展示なので、わかりやすい。19世紀後半に建てられたという建物自体もすばらしい。

建物は市の文化遺産

国際赤十字・赤新月博物館
住Avenue de la Paix 17
☎(022)7489511
URLwww.redcrossmuseum.ch
開火～日曜 10:00～18:00
(11～3月は～17:00)
休月曜、1/1、12/24・25・31
料CHF15
コルナヴァン駅前から出る8・20番かFのバスでAppia下車。

多くの人に訪れてほしい　MAP P.364-A1

国際赤十字・赤新月博物館
Musée International de la Croix-Rouge et du Croissant-Rouge

近代から現在にいたる世界の歴史で、国境を越え、国籍に関係なく紛争や自然災害などにより被害を受けた多くの人々に医療活動を続けてきた組織、国際赤十字（イスラム圏の国々では赤新月）の活動を紹介している博物館。マルチメディアを多用して、世界中で繰り広げられる人道支援の実態をわかりやすく解説している。

©MICR photo Alain Germond

Excursion 近郊の見どころ

希少な書物を観られる博物館を併設

MAP P.364-B2域外

ボドメール財団図書館／博物館
Fondation Martin Bodmer Bibliothèque et Musée

世界屈指の書物コレクターとして知られるマルタン・ボドメールMartin Bodmer（1899～1971）が残した15万点以上もの蔵書を収蔵する図書館が、ジュネーヴ市郊外のコロニーColognyにある。世界的にも希少な『グーテンベルクの42行聖書』やルターの聖書をはじめ、ニュートンの『数学的原理』のオリジナル原稿、ホメロス、シェイクスピア、モリエールなどの手稿や草稿、モーツァルトの自筆楽譜など貴重な文化遺産を間近で観られる。エジプトのパピルスやメソポタミアの石碑など、古代文明の遺物もある。世界的に活躍するスイス人建築家マリオ・ボッタがデザインした建物にも注目。

レマン湖畔に建つモダンな建物

展示もなかなか充実

ボドメール財団図書館／博物館
住Route Martin Bodmer 19-21, 1223 Cologny
☎（022)7074436
URL fondationbodmer.ch
開火～日曜　14:00～18:00（第1水曜～21:00）
休月曜、クリスマス、年末年始
料CHF15。スイストラベルパス有効。

アクセス ジュネーヴ旧市街から北東に約3km。リブ広場Rive（→MAP P.363-B3）より33番のバスでCroisée de Cologny下車後徒歩5分。またはAのバスでCologny-Temple下車。Cologny-Templeが博物館に最も近いバス停で、来た道を少し戻るようにして歩くと、右側にある。エントランスは階段を下りた地下。バスはAは1時間に2本程度、33番も1時間に2本。

湖と町が一望のもと

MAP P.357-A2

サレーヴ山
Mont Salève

市街から南東に約7kmの場所で、ジュネーヴの風景に欠かせない白いしま模様の岩肌を見せるサレーヴ山。標高1379m、「ジュネーヴのバルコニー」と呼ばれるこの山には、すばらしい眺望が楽しめる展望台がある。フランス領にあるが、国境を越えて簡単に行くことが可能だ。昔からジュネーヴ観光の重要スポットで、1892年に世界最初の電化されたラックレール式登山列車が走った所。現在はロープウエイが運行されており、山頂まで約4分で運んでくれる。頂上の展望レストランからは、レマン湖と大噴水、モン・ブラン・アルプス、それにジュネーヴ全州が一望できる。山頂にはなぜかチベット仏教のお寺がある。

足元にジュネーヴの市街地が広がる

アクセス コルナヴァン駅から市バス8番のVeyrier-Douane行き(Veyrier-Tournettes行きではないので注意）に乗り約25分、国境のヴェリエVeyrier Douane（終点）で下車。歩いて国境を越え、ロープウエイ乗り場までさらに10分ほど歩く。

ロープウエイ
所要：約4分
2021年から大規模な施設改修工事が行われていたが、'23年8月に再オープンの予定。
☎+33(0)450398686
URL www.telepherique-du-saleve.com
'23年5月現在、再オープン後の情報は発表されていない。訪問の前にはサイトで情報の確認を。

ジュネーヴのショッピングエリアは旧市街のローヌ通りRue du Rhôneとマルシェ通りRue du Marchéがメイン。有名ブランドや高級時計店をはじめ、デパートやブティック、みやげ品店などが軒を連ねる。そのほかコルナヴァン駅から湖へと延びるモン・ブラン通りRue du Mont-Blancやその周辺に時計店などの個人経営の店が点在する。

ブッヘラー Bucherer

MAP P.363-B3

1888年にルツェルンで創業した時計中心の高級宝飾店。スイス各地に支店がある。1階はジュエリーで、2階が時計売り場。メインに販売しているのはロレックスだが、ピアジェやグッチなどの高級時計のほか、ブッヘラーのオリジナルジュエリーや時計も販売。モン・ブラン通りにも店舗がある。

住Rue du Rhône 45
☎(022)3196266
URL www.bucherer.com
営10:00～18:30(土曜～18:00、祝前日は1時間早くクローズ)
休日曜
カード A M V

メリスリー・カトリーヌ・ベー Mercerie Catherine B

MAP P.363-A3

旧市街にある小さな手芸店。美しいスイスの田園風景や伝統的な絵柄をモチーフにした刺繍を施したバッグや小物入れ、エプロンなどハンドメイドの雑貨が揃う。スイス国旗やエーデルワイスのアップリケ、ボタン、チロリアンテープの取り扱いもあり。店の奥は工房になっており、刺繍の教室も開かれる。

住Rue de la Cité 17
☎(022)3107779
URL www.merceriecatherineb.com
営10:00～18:00(月曜14:00～、土曜～17:00)
休日曜
カード J M V

デュ・ローヌ Du Rhône

MAP P.364-B2

1875年ジュネーヴで創業した歴史ある高級チョコレート店。いろいろな形のチョコレートが陳列されたウインドーが楽しい。量り売り以外にもバスケットや箱に詰められたセットなどもある。店の奥にはカフェスペースがあり、コーヒーとチョコレートを楽しめる。スイス国内の実店舗はここツェルマットだけ。

住Rue de Rhône 118
☎(022)3115614
URL durhonechocolatier.ch
営月～土曜 9:00～18:00
休日曜
カード M V

ロー Rohr

MAP P.363-B3

1936年創業のチョコレートの店で、色とりどりのパッケージに包まれた種類豊富なチョコレートに出合える。ジュネーヴの名所の絵が入ったものもありおみやげにいい。ジュネーヴ中心部に2店舗あり、Rue d'Enferの店舗の営業時間も同じ。そのほかアルヴ川以南のRue Vautier 7などに支店あり。

住Place du Molard 3
☎(022)3116303
URL www.rohr.ch
営9:00～19:00(土曜～18:00)
休日曜
カード M V

トイシャー Teuscher

MAP P.363-A3

ドン・ペリニヨンを練り込んで作ったシャンパン・トリュフが有名なチョコレート店。スイス発祥の店で、80年以上の歴史をもつ。日本にも店舗があるが、スイスではより安く買うことができる。シャンパン・トリュフは2粒CHF7.50。チューリヒに本店があるほか、ベルリンやミュンヘンにも支店がある。

住Rue de Corraterie 16
☎(022)3108778
URL www.teuscher.com
営10:00～18:00(土曜～17:30)
休日曜
カード A D M V

日本からジュネーヴへの電話のかけ方
[国際電話会社の番号*]+010+[国番号41]+[22(エリアコードの最初の0は不要)]+[電話番号]
*マイラインの国際通話区分に登録している場合は不要

ハイシーズンになると、ジュネーヴではホテル探しに苦労する。特に3・4月のイースター、8月1日の建国記念日前後、3月の国際自動車ショーの前後は、ピンからキリまでほぼ満室に近い混雑ぶりだ。そんなときは、近くの町に宿を求めるのが得策。市内のホテルは、駅周辺は便利だが高め。バスや市電を利用して中心から離れるほど安くなる。

アングルテール D'Angleterre

MAP P.363-B2 ★★★★★

ジュネーヴを代表する豪華なホテルのひとつ。ほかの5つ星ホテルに比べると部屋数が少なく、アットホームなもてなしが人気。米国旅行誌主催の賞でスイス1位のホテルに選ばれるなど、数々の受賞歴がある。レマン湖からすぐの立地で、客室からのレマン湖とフレンチアルプスの眺めが美しい。

住Quai du Mont-Blanc 17
☎(022)9065555
URL www.dangleterrehotel.com
料ⓈⓌCHF496～
Room 45室 Wi-Fi 無料
カード A D J M V

ブリストル Bristol

MAP P.363-B2 ★★★★

4つ星のなかでもグレードはかなり上。モン・ブラン広場に面し、湖や駅からほど近い。落ち着いた雰囲気とホスピタリティのよさで人気がある。ゆったりして開放的な客室は、全室ネスプレッソマシーン付き。サウナやジャクージ、フィットネスルームがあるスパは宿泊客なら誰でも無料で利用できる。

住Rue du Mont-Blanc 10
☎(022)7165700
URL www.bristol.ch
料ⓈCHF360～
ⓌCHF390～
Room 110室 Wi-Fi 無料
カード A D J M V

コルナヴァン Cornavin

MAP P.363-A2 ★★★★

駅に隣接し、交通の利便性が高い近代的なホテル。最寄りの出口はホテルの目の前なので、荷物が多いときや雨の日も安心。朝食を取る8階のレストランからの眺めがすがすがしいと評判。部屋はシンプルだが、明るく清潔。サウナやフィットネスルームもある。ウエルカムドリンク付き。

住Boulevard James-Fazy 23
☎(022)7161212
URL fassbindhotels.ch
料(または)
ⓈCHF176～
ⓌCHF225～
Room 164室 Wi-Fi 無料
カード M V

ル・モンブリアン Le Montbrillant

MAP P.363-A1 ★★★★

駅の裏側、徒歩1分の所にあって便利。部屋はスイス風にあつらえられ、石の壁や梁出し天井が特徴的。ミニバーや薄型テレビがあり、機能的で快適。キチネット付きの部屋もある。テラスがある開放的なレストランとバーカウンターがあるブラッスリーを併設。マッサージルームあり。ルームサービスも充実。

住Rue de Montbrillant 2
☎(022)7337784
URL www.montbrillant.ch
料(または)
ⓈCHF164～
ⓌCHF194～
Room 82室 Wi-Fi 無料
カード A D J M V

ロイヤル Royal

MAP P.363-A1 ★★★★

駅から北東に徒歩5分と、便利な場所にある。日本人のグループもよく利用する。サウナやフィットネスセンター、セミナールームの利用が無料。レストランとビストロのほか、翌1時までオープンのバーを併設している。部屋は少し古いが、清潔感がある。全室コーヒーメーカー付き。

住Rue de Lausanne 41-43
☎(022)9061414
URL www.hotelroyalgeneva.com
料(または)ⓈⓌCHF187～
Room 202室 Wi-Fi 無料
カード A D J M V

日本からジュネーヴへの電話のかけ方

[国際電話会社の番号*]+010+[国番号41]+[22(エリアコードの最初の0は不要)]+[電話番号]

*マイラインの国際通話区分に登録している場合は不要

アストリア Astoria

MAP P.363-A2 ★★★

駅から徒歩3分の場所にあるベストウエスタン系列のホテル。スタンダードクラスのビジネスホテルで、部屋は機能的にできている。6階のバルコニー付きの部屋からはジュラ山脈が望める。併設のパブで提供されるビュッフェスタイルの朝食付きプラン(+CHF15) もある。

住Place de Cornavin 6
☎ (022)5445252
URL www.astoria-geneve.ch
料 (または) Ⓢ CHF110 ~ Ⓦ CHF130 ~
Room 63室 Wi-Fi 無料
カード A D J M V

ドレイク・ロンシャン Drake Longchamp

MAP P.363-B1 ★★★

駅から北東に徒歩15分と少し距離があるため、タクシーの利用が便利。全室キチネット付きなので自炊派や長期滞在におすすめ。少し古びているが、部屋はシンプルにまとめられていて快適。ビュッフェスタイルの朝食には日替わりメニューもあり、おいしいと好評。トリプルルームもある。

住Rue Butini 7
☎ (022)7164848
URL hdlge.ch
料 (または) Ⓢ Ⓦ CHF256 ~
Room 156室
Wi-Fi 無料
カード A D J M V

エーデルワイス Edelweiss

MAP P.363-B1 ★★★

シャレースタイルの内装がロマンティックなホテル。駅から徒歩約15分、レマン湖近くの静かなエリアにある。ビュッフェの朝食は種類豊富でおいしい。料金は変わらないので、予約時にはバスタブ付きの部屋をリクエストするといい。ショーが行われるレストランを併設している (→P.373)。

住Place de la Navigation 2
☎ (022)5445151
URL www.hoteledelweiss geneva.com
料 (または) Ⓢ CHF261 ~ Ⓦ CHF276 ~
Room 42室 Wi-Fi 無料
カード A D J M V

インターナショナル・アンド・テルミナス International & Terminus

MAP P.363-A1 ★★★

コルナヴァン駅から徒歩3分と近く、移動に便利。ホテル自体は古いが改装されており、部屋は清潔。室内にエアコンはなくファンのみだが、ミニバーや衛星テレビは付いており、そのほかの設備は十分。併設のレストランではイタリア料理やスイス料理が食べられ、宿泊者以外で食事に来る人も多い。

住Rue des Alpes 20
☎ (022)9069777
URL www.international-terminus.ch
料 (または) Ⓢ CHF130~ Ⓦ CHF181~
Room 63室 Wi-Fi 無料
カード A D J M V

パックス Pax

★★

MAP P.364-B2

駅前から9番のバスに乗り約15分の場所にある。部屋は少し狭いが、おしゃれな内装と機能的な設備で快適。

住Rue du 31-Décembre 68 ☎ (022)7875070
URL www.hotel-pax-geneva.ch
料 (または) Ⓢ CHF148 ~ Ⓦ CHF196 ~
Room 34室 Wi-Fi 無料 カード A M V

ジニーヴァ・ホステル Geneva Hostel

MAP P.363-B1

駅から北東へ徒歩15分。25番のバスで6分。宿泊者はジュネーヴ・トランスポート・カードをもらえる。

住Rue Rothschild 28-30 ☎ (022)7326260
URL genevahostel.ch
料 Ⓓ CHF41 Ⓦ CHF169 ~
Room 336ベッド Wi-Fi 無料 カード A D J M V

シテ・ユニバーシテール Cité Universitaire

MAP P.364-B2域外

キャンパス内のレジデンス。ドミトリーは7~9月上旬のみオープンで3泊以上の滞在が必要。カフェテリアあり。

住Ave. de Miremont 46 ☎ (022)8392222
URL cite-uni.unige.ch
料 Ⓢ CHF62 Ⓦ CHF110
Room 570ベッド カード A M V

シティ・ホステル・ジニーヴァ City Hostel Geneva

MAP P.363-A1

駅から徒歩5分の便利な立地。各フロアにシャワーとキッチン、館内にランドリーとロッカーを完備。

住Rue Ferrier 2 ☎ (022)9011500
URL www.cityhostel.ch
料 Ⓓ CHF33 ~ Ⓢ CHF65 ~ Ⓦ CHF89 ~
Room 54室 Wi-Fi 無料 カード M V

日本からジュネーヴへの電話のかけ方

[国際電話会社の番号*]+010+[国番号41]+[22(エリアコードの最初の0は不要)]+[電話番号]
*マイラインの国際通話区分に登録している場合は不要

上はミシュランの星付きの店から、ファストフードや屋台の軽食まで、レストランの選択肢は非常に豊富。またスイス一の国際都市だけあって、各国の料理の充実度もスイス随一だ。日本食もかなり本格的なものが食べられる。ただ物価が高いスイスにあって、ジュネーヴは特に高いところとして知られている。せっかく高いお金を出すのだから、事前に店をしっかりチェックしてから出かけたい。

R オーベルジュ・デ・サヴィエース Auberge de Savièse

MAP P.363-B1

木を基調にした山小屋風の店内で、気軽に入れる店。ラクレットポーションCHF7.50、チーズフォンデュCHF25～など定番のスイス料理のほか、パスタCHF19～もおいしい。ひとりでの利用はもちろん、家族連れ、同僚との食事など幅広く利用されており、地元客にも人気。夜はにぎわうため、予約が望ましい。

住Rue des Pâquis 20
☎(022)7328330
URL www.aubergedesaviese.com
営12:00～23:00
休無休
カード A D J M V

R カフェ・ド・パリ Cafe de Paris

MAP P.363-A2

モン・ブラン通りにあり、駅からも近い。ビーフステーキに特製ソースをかけたEntrecote Cafe de Parisはサラダ、フライドポテト、パン、ソースのお代わり付きでCHF42.50。地元の人にも人気があり、お昼時には大勢の客でにぎわう。クロワッサンやコーヒーなどの朝食セットCHF8.60もあり。

住Rue du Mont-Blanc 26
☎(022)7328450
URL chezboubier.com
営11:00～23:00（レストラン営業）
休無休
カード A M V

R エーデルワイス Edelweiss

MAP P.363-B1

ホテル・エーデルワイス内にある。山小屋風の内装で、スイス音楽の生演奏とヨーデルを楽しみながらスイス料理を楽しめる。ツアー客も利用するため、予約が望ましい。チーズフォンデュCHF30～、ラクレットCHF9。また、チーズフォンデュの料理教室も催行（17:30頃～、CHF50～、要問い合わせ）。

住Place de la Navigation 2
☎(022)5445151
URL www.hoteledelweissgeneva.com/restaurant
営18:00～23:00
休日・月曜、1/1～15
カード A M V

R ナゴミ（和） Nagomi

MAP P.363-A1

日本食材店ウチノ（→MAP P.363-A1）の隣にある、駅から徒歩5分の日本料理店。オーナーである板前によるおいしい和食が食べられ、地元の人にも人気。おすすめは寿司盛り合わせ、サバの塩焼き、揚げ出し豆腐、茶わん蒸しなど。天ぷらの専門店を併設している。

住Rue de Zürich 47
☎(022)7323828
営12:00～14:00、19:00～22:00
休日・月曜
カード D M V

R レ・サンク・ポルテ Les 5 Portes

MAP P.363-B1

フランス料理とタパス（おつまみ）の店。日本人のシェフがおり、魚料理がおいしいことで評判。マグロのカルパッチョCHF34やタラのステーキCHF36のほか、フォアグラの照り焼きのリゾットCHF34など日本風のメニューもある。デザートも5種以上。雰囲気は落ち着いていて居心地がよい。

住Rue de Zürich 8
☎(022)7318438
URL les5portes.ch
営10:30～14:30、17:00～翌0:30（土曜17:00～翌1:00、日曜11:00～17:00）
休無休
カード M V

日本からジュネーヴへの電話のかけ方
［国際電話会社の番号*］+010+［国番号41］+［22（エリアコードの最初の0は不要）］+［電話番号］
*マイラインの国際通話区分に登録している場合は不要

R ミヤコ(都) Miyako

MAP P.363-A2

駅から徒歩5分の場所にある日本料理店。寿司カウンターや座敷のほか鉄板焼きテーブルがあり、シェフが目の前で焼いてくれるパフォーマンスが人気。5種以上あるランチはお手頃感あり。味は現地の人向けにアレンジされている。人気があるので予約をしたほうがよい。

住Rue de Chantepoulet 11
☎(022)7380120
URL www.miyako.ch
営12:00 ～ 14:00、19:00 ～ 22:15
休日曜
カード A J M V

R サム・ロー・タイ Sam Lor Thai

MAP P.363-B2

華やかなテーブルクロスや仏像など、タイらしいインテリアが楽しいタイ料理店。シェフは全員タイ人で本格的な味が楽しめる。一番人気はタイカレー。ほかにはサテ（焼き鳥）、小エビのヌードルなど。スタッフはフレンドリーで応対もよい。隣に同経営の焼き鳥店があり、そちらも人気。

住Rue de Monthoux 15-17
☎(022)7388055
営月～木曜12:00～14:00、19:00 ～ 22:30、金曜19:30～23:00、土曜19:00～23:00、日曜19:00 ～ 22:00
カード A M V

R ル・ビストロ・デ・シャルロット Le Bistrot de Charlotte

MAP P.363-A2

フレンチのビストロとして地元の人に絶大な人気を誇る。牛サーロイン280gCHF49やビーフ・タルタルCHF36などがおすすめ。前菜とメイン、デザートがセットになったディナーコースCHF55も人気。フレンチワインの種類も多く、グラスで頼めるのも魅力だ。おしゃれなデザートも豊富。

住Place des Bergues 3
☎(022)7318181
URL lebistrotdecharlotte.ch
営月 ～ 金曜11:45 ～ 14:00、土曜19:00 ～ 21:30
休日曜
カード A M V

R ブラッセリー・デ・アール・ド・リル Brasserie Des Halles De L'ile

MAP P.363-A2

スタイリッシュで雰囲気のよいブラッセリー。イル島の西端に位置し、窓からはローヌ川を眺められる。おすすめはチーズフォンデュやチーズバーガーなど。スイスをはじめ各国ワインも豊富でボトルもグラスも手頃な値段。音楽イベント開催時はナイトクラブとなる。

住Place de L'ile 1
☎(022)3110888
URL www.brasseriedeshallesdelile.ch
営11:30 ～ 24:00（月曜12:00 ～ 22:00、火・水曜～ 23:00、日曜～ 22:00）
カード A M V

R イズミ Izumi

MAP P.363-B2

ホテルフォーシーズンズの最上階にある、日本人シェフによる和食ダイニング。レマン湖の小魚やスイスチーズなどの地元産素材を使った創作和食が絶品。モン・ブラン橋のたもとにあり、ジュネーヴの町やレマン湖、アルプスを一望できる。景色を堪能できるテラスでの食事がおすすめ。予約が望ましい。

住Quai des Bergues 33
☎(022)9087525
URL www.fourseasons.com/geneva
営12:00 ～ 14:00、19:00 ～ または21:30 ～（ディナーは二部制）
休無休　カード A D M V

R マニュ・イル・ジェラート・イタリアーノ Manu Il Gelato Italiano

MAP P.364-B2

本格イタリアンジェラートが楽しめる店。保存料や着色料などを一切使わず、旬の素材を厳選して作られるアイスクリームやソルベは必食。スイスミルク&クリーム、チョコレート、チーズなど、フレーバーも多い。遅くまで営業しているので、ディナーのあとのデザートにもピッタリ。

住Rue des Eaux-vives 21
☎(022)7772121
URL www.manugelato.ch
営5 ～ 9月11:00 ～ 24:00、3・4・10月12:00 ～ 19:00
休11 ～ 2月
カード M V

日本からジュネーヴへの電話のかけ方
[国際電話会社の番号*]+010+[国番号41]+[22(エリアコードの最初の0は不要)]+[電話番号]
*マイラインの国際通話区分に登録している場合は不要

ローザンヌ
Lausanne

州：ヴォー
使用言語：フランス語
地図位置：P.357-A/B1
標高：447m
郵便番号：CH-1000
（地区によって下2ケタが変わる）
エリアコード：021
（市内通話の場合でも初めにエリアコードをプッシュする）

リポンヌ広場に面して建つリュミーヌ宮

ヴォー州の州都であり、スイス的な落ち着きと静けさの残る古都。スイス連邦最高裁判所、ローザンヌ大学、ホテル学校、インターナショナルスクール、各種カレッジと、知的色彩が濃い。それにおなじみのIOC（国際オリンピック委員会）本部もここローザンヌにある。

町を取り巻くブドウ畑からもわかるように、ここもほかのレマン湖沿いの町と同様やはりワインの産地。このローザンヌを境に、ジュネーヴまでがラ・コート地区、そして反対側のエーグルまでが、ラヴォー地区と呼ばれる。ワインは断然ラヴォーのほうが質が上だ。ジュネーヴから続いたなだらかな斜面が、ローザンヌを過ぎると、湖に切り込む急斜面になる。この地形の変化が、景観に荘厳さを、ブドウに豊潤さを与えている。

アクセス ジュネーヴから35～48分、ベルンから約1時間10分。パリからTGVで約3時間40分。

ℹLausanne Tourisme
住Place de la Gare 9
（中央駅構内）
☎（021）6137373
URL www.lausanne-tourisme.ch
開9:00～18:00
休1/1、12/25

Walking 歩き方

○旧市街の入り組んだ坂道を歩く

ローザンヌの町は坂道が多く、道も入り組んでいてわかりにくい。まず地図を手に入れてから歩き始めよう。観光案内所ℹが中央駅構内にあり、ここでひととおりの情報は入手できる。

中央駅を出ると、正面にメトロ（m2）の駅がある。これはレマン湖畔のウーシーと呼ばれる地域と、中心部を結ぶ地下鉄。

メトロに乗って旧市街のフロン地区へ行ってみよう。**サン・フランソワ教会Eglise St. François**から商店街の坂道を上っていくと、にぎやかな**パリュ広場Pl. de la Palud**に着く。疲れたら、正義の女神の噴水に腰かけてひと休みしよう。1階にアーケード、屋根に鐘楼をもつどっしりとした建物は**市庁舎Hôtel de Ville**。15世紀創建という歴史のある建物だ。

市庁舎正面を背に右側前方へ延びる中世そのままの屋根付き階段は、小高い丘に建つ**ローザンヌ大聖堂Cathédrale de Lausanne**のテラスへ通じている。

おトクなローザンヌ・トランスポート・カード
ローザンヌ市内に宿泊する人に配布されるカードで、滞在中（最大15日間）は無料で公共交通機関（2等車）が利用できるほか、15以上の博物館入場料が割引になるなどの特典がある。

サン・メール城（州庁舎）

大寺院から細い通りをたどって、四隅に塔を設けた**サン・メール城Château St. Maire**（現在は州庁舎）を見たら、坂を下りて西側の**リュミーヌ宮Palais de la Rumine**へも足を延ばそう。以前はローザンヌ大学の校舎だったが、現在はふたつの博物館と図書館が入っている（州立美術館は移転）。

リュミーヌ宮前のリポンヌ広場Pl. de la Riponneから、教会の下のヌーヴ通りRue Neuveを通ってショドロン広場Pl. Chauderonへ行くと、町の様子が変わる。ショドロン橋を渡って左へ入り込むと、市民が憩う**モンブノン公園Promenade de Montbenon**。ここからはレマン湖の眺めがすばらしい。公園を抜けると、町歩きの出発点フロン駅に戻ってくる。

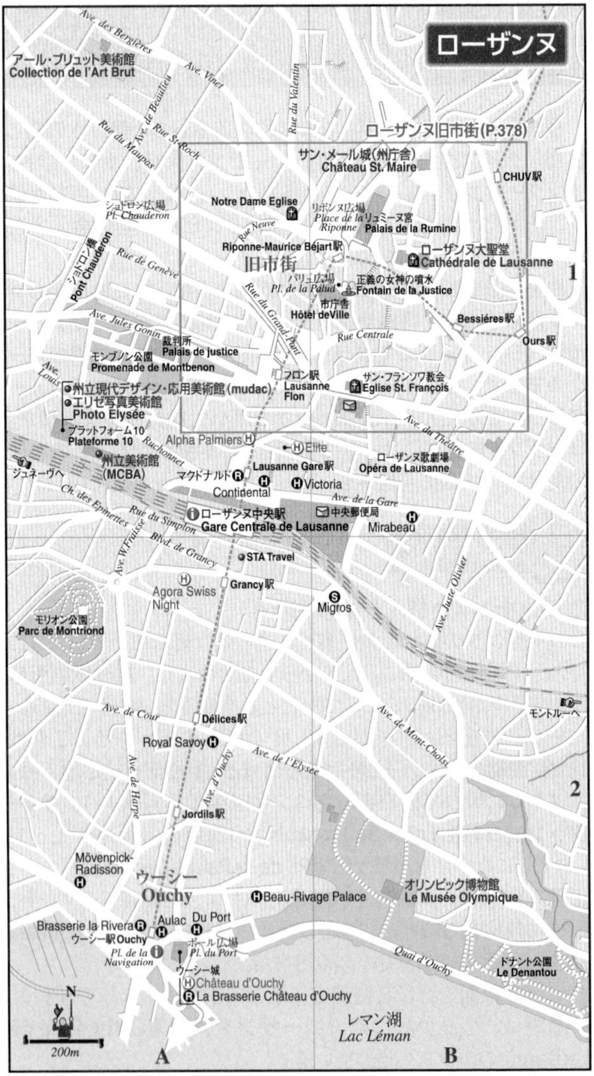

ローザンヌ

アール・ブリュット美術館
Collection de l'Art Brut
Ave. des Bergières
Ave. Vinet
Ave. de Beaulieu
Rue St-Roch
Rue du Maupas
Rue du Valentin
ローザンヌ旧市街(P.378)
サン・メール城(州庁舎)
Château St. Maire
CHUV駅
Notre Dame Eglise
ショドロン広場
Pl. Chauderon
リポンヌ広場
Place de la Riponne
リュミーヌ宮
Palais de la Rumine
Rue Neuve
Riponne-Maurice Béjart駅
ショドロン橋
Pont Chauderon
Rue de Genève
旧市街
ローザンヌ大聖堂
Cathédrale de Lausanne
パリュ広場
Pl. de la Palud
正義の女神の噴水
Fontain de la Justice
Rue du Grand-Pont
市庁舎
Hôtel deVille
Bessiéres駅
Ave. Jules Gonin
裁判所
Palais de justice
Rue Centrale
Ours駅
モンブノン公園
Promenade de Montbenon
Ave. Louis
州立現代デザイン・応用美術館(mudac)
エリゼ写真美術館
Photo Elysée
フロン駅
Lausanne Flon
サン・フランソワ教会
Eglise St. François
Ave. du Théâtre
プラットフォーム10
Plateforme 10
Alpha Palmiers
Elite
州立美術館
(MCBA)
Ruchonnet
ジュネーヴへ
マクドナルド
Lausanne Gare駅
ローザンヌ歌劇場
Opéra de Lausanne
Continental
Victoria
Ch. des Epinettes
Ave. de la Gare
Rue du Simplon
ローザンヌ中央駅
Gare Centrale de Lausanne
中央郵便局
Mirabeau
Blvd. de Grancy
Ave. W. Fraisse
STA Travel
Grancy駅
Agora Swiss Night
Migros
Ave. Juste Olivier
モリオン公園
Parc de Montriond
モントルーへ
Ave. de Cour
Délices駅
Ave. de Mont-Choisi
Royal Savoy
Ave. de l'Elysée
Ave. de Harpe
Ave. d'Ouchy
Jordils駅
Mövenpick-Radisson
ウーシー
Ouchy
Beau-Rivage Palace
オリンピック博物館
Le Musée Olympique
Brasserie la Rivera
Aulac
Du Port
ウーシー駅Ouchy
ポール広場
Pl. du Port
Pl. de la Navigation
ウーシー城
Château d'Ouchy
La Brasserie Château d'Ouchy
Quai d'Ouchy
ドナント公園
Le Denantou
レマン湖
Lac Léman
N
200m
A
B
1
2

市内観光ツアー
シティ・ウオーキングツアー
市内を徒歩で回るもので、1時間30分～2時間で回れる。料金はCHF15～
☎ (021)3201262
URL www.lausanne-a-pied.ch

ローザンヌのレストラン
スタイリッシュでおいしいスイス料理が楽しめる。一番人気はチーズフォンデュCHF26.50～。
Pinte Besson
住 Rue de l'ale 4
☎ (021)3125969
URL www.pinte-besson.com
営 月～土曜　9:30～24:00
休 日曜、祝日
(Ganesha and Hanuman)['23]

テラス席もあるピンテ・ベッソン

ローザンヌの市
Ouchy Sunday Market
船着場付近に、4～9月の毎週日曜8:00～20:00に食料品の市が立つ。
City Centre Market
リポンヌ広場で、水・土曜の8:00～13:00に食料品および日用品の市が立つ。
Flea Market（のみの市）
ショドロン広場で、火・木曜の9:00～19:00に開催。アンティーク、中古品などが並ぶ。

ウーシー地区のメトロ駅（左）とウーシー地区とは対照的でモダンなフロン駅周辺（右）

明るくにぎやかなレマン湖岸へ

メトロで、湖岸の**ウーシーOuchy**へ下りてみよう。ウーシーはローザンヌの港町。湖岸の広場Pl. de la Navigationには古本、骨董品などの露店が出ていて、散歩する人も多くにぎやか。メトロを降りて左側前方にあるのが**ウーシー城La Château d'Ouchy**。12世紀に建てられたこの城は、1923年に、トルコ、ギリシアと連合国との平和条約が結ばれた史実も残る、由緒ある建物だ。

湖畔にはレストランとホテルが並ぶ

ここから湖沿いに**ドナント公園Le Denantou**まで歩いてみよう。途中には、この町でいちばんの見どころ、**オリンピック博物館Le Musée Olympique**もある。

Attraction おもな見どころ

ローザンヌの"顔" MAP P.378

ローザンヌ大聖堂
Cathédrale de Lausanne

圧倒的な存在感を放つ大寺院

"スイスにおける最も美しい教会"とうたわれるこの大聖堂は、12世紀から13世紀にかけて建てられた、ゴシック様式の巨大な建築物。旧市街の中心で、しかも高台にあるため、町の主のように堂々とそびえ立っている。教会内部で見逃せないのは、「バラ窓」と呼ばれる南壁のステンドグラス。13世紀に造られたもので、鮮やかな色の調和が見事だ。

鐘楼への階段は232段。上からはアルプスとレマン湖、ローザンヌの町並みが一望のもと。鐘楼から時を告げる合図は鐘の音でなくて、なんと肉声。つまり、上から「いま何時だぞ」と大声を張り上げて時を知らせる習慣が、いまだに続けられているのだ。ただしこれは、22:00から翌2:00の間のみ。

ローザンヌ大聖堂
住 Place de la Cathédrale
☎ (021)3167161
URL www.cathedrale-lausanne.ch/accueil
開 4～9月 9:00～19:00
10～3月 9:00～17:30
塔
4～9月
月～土曜 9:30～12:30
13:30～18:30
日曜 13:00～17:30
10～3月
月～土曜 9:30～12:30
13:30～17:00
日曜 14:00～17:00
休 1/1、12/25
料 CHF5（鐘楼への入場）
バス16番でPierre Viret、1・2番でRue Neuve下車。メトロM2でRiponne-Maurice BéjartまたはBessiéres下車。

荘厳な空気に満ちた内部

3つの美術館が集まる複合施設

MAP P.376-A1

プラットフォーム10
Plateforme10

建物も美術作品

ローザンヌ中央駅のすぐ西、機関車の修理工場があった場所に、3つの美術館を集めた芸術地区が2021年に完成した。美術館はふたつの建物に入っており、広い遊歩道と広場、レストランやカフェなども敷地内にある。入口に近い建物には州立美術館Musée Cantonal des Beaux-Arts（MCBA）が入り、遊歩道正面奥のスリットが入った建物には、州立現代デザイン・応用美術館Musée Cantonal de design et d'arts appliqués contemporains（mudac）とエリゼ写真美術館Photo Elyséeが入る。

州立美術館は常設展をもち、18世紀から20世紀のスイスのフランス語圏の画家の作品1万点を集めている。建物は3階建てで、正面にはプラットフォーム10のために制作された木製の彫刻『The Crocodile』が展示されている。ワニという愛称で親しまれている機関車をかたどったものだ。

エリゼ写真美術館には常設展はなく、報道写真から芸術写真まで幅広いジャンルにおいて、国内外の有名写真家の作品の展示を行っている。mudacと同じ建物の地階に入っている。

プラットフォーム10
住Place de la Gare 16-17
☎(021) 3184400
URLplateforme10.ch
開10:00～18:00（木曜～20:00）
休MCBA 月曜
mudac、エリゼ写真美術館 火曜
料1館のみCHF15、3館ともCHF25。

MCBAの建物からは線路とレマン湖が見渡せる

エリゼ写真美術館は地階にある。1階はカフェとショップ

mudacはさまざまな素材の美術品やグラフィックアートを集めており、2階に位置している。

3つの美術館が1ヵ所に集まったことで、同じテーマをそれぞれの美術館の切り口で展示する、横断型の展覧会も開かれている。2022年夏は3館とも鉄道をテーマとする展示を行った。カフェやショップも充実しているので、時間に余裕をもって訪れるといい。

mudacとエリゼ写真美術館が入る建物

作品からあふれるパワーに圧倒される MAP P.376-A1

アール・ブリュット美術館
Collection de l'Art Brut

ジャン・デュビュッフェによって集められたコレクションは、すべてが異常な迫力に満ちている。精神病患者が隔離された病室の中で描いた絵、殺人犯が独房の壁に彫った彫刻など、すべてがその名のとおりArt Brut――粗芸術なのだ。視覚をとおして心の中に嫌でも侵入してくるような不思議な訴えが、どの作品からもあふれてくる。一般社会から拒絶された人間の創るアートのエネルギーが、この美術館に凝縮されているのを感じるだろう。

アール・ブリュット美術館
住Ave. des Bergières 11
☎(021) 3152570
URL www.artbrut.ch
開11:00〜18:00
休月曜（祝日、7・8月は開館）1/1、12/25
料CHF12（第1土曜は無料）。スイストラベルパス有効。
サン・フランソワ広場前から2番のバス、または駅前から3・21番のバスでBeaulieu-Jomini下車。

前衛的な作品が充実

ローザンヌが世界に誇る博物館 MAP P.376-B2

オリンピック博物館
Le Musée Olympique

国際オリンピック委員会（IOC）は1915年以来ローザンヌに本部をおいており、ローザンヌは「オリンピック・キャピタル」を名乗っている。古代ギリシアから近代オリンピックにいたるオリンピック競技の歴史はもちろん、オリンピックで活躍した選手の競技用具や映像なども展示している。3000㎡のスペースに展示された品は1500点以上。さまざまな大会のオリンピックのメダルなど、それぞれの展示にディスプレイが設置されていて、その展示品に関わる情報がわかりやすく伝わるよう工夫がされている。体験型のアトラクションも充実。ミュージアムショップや併設のカフェもあり、1日中楽しめる博物館。直近のオリンピックが展示に反映され、次のオリンピックのグッズも入手できる。

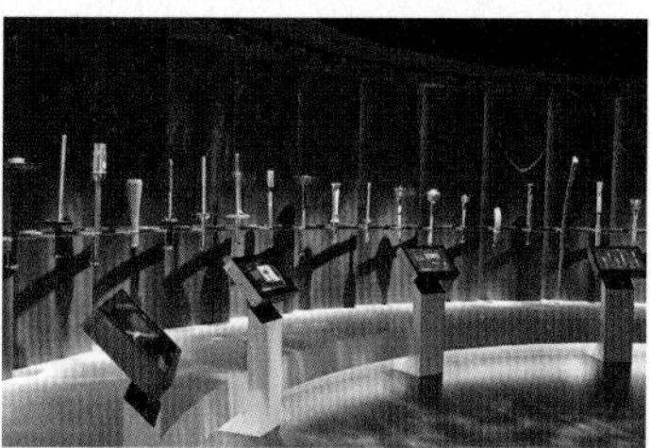
さまざまな聖火のトーチが並ぶ

オリンピック博物館
住Quai d'Ouchy 1
☎(021)6216511
URL www.olympic.org/musee
開火〜日曜　9:00〜18:00
休月曜（祝日は開館）、1/1、12/24・25・31
料CHF20。スイストラベルパス有効。オーディオガイド無料（日本語あり）。

併設のカフェからレマン湖が一望できる

これまでのイメージキャラクターも集合

メダルをすぐ近くで観られる

近郊の見どころ

突然現れる中世の町並みは感動的 **MAP** 巻頭折込A3

ロマンモティエ
Romainmôtier

「スイスで最も美しい村」のひとつで、徒歩で散策できる。ジュラ山中のロマンモティエ修道院教会は、スイスの教会のなかで最も古いもののひとつで、この村の見どころだ。起源は5世紀に遡るが、現在の建物は11世紀のものが12～15世紀に増改築されたもので、ロマネスク様式とゴシック様式が交じっている。内陣のフレスコ画は13世紀のもの。

アクセス ローザンヌからヴァロルブVallorbe方面行きのS3でCroy-Romainmôtierまで約30分。1～2時間に1本運行。そこからバスで3分。徒歩だと約20分。

ロマンモティエの**i**
住Rue du Bourg 9
☎（024）4533828
URLwww.yverdonlesbains region.ch
開10:00～12:00
14:00～18:00（10～5月は～17:00）
休日曜と月曜の午前

世界遺産のブドウ畑 **MAP** P.382～383

ラヴォー地区
Lavaux

ローザンヌとモントルーの間に広がる丘陵地帯のラヴォー地区では、1000年以上も昔からブドウが栽培されてきた。レマン湖からの照り返しや地域の気候条件により、質の高いワインが作られることで名高い。レマン湖を望む美しい景観と、ワイン作りの歴史が評価され、2007年に世界遺産に登録された。ヴィレットVillette、キュリーCully、リュトリーLutry、リエRiex、リヴァRivaz、シェーブルChexbres、サン・サフォラン St-Saphorinなどの村が点在し、それらを結ぶハイキングコースが整備されている（→P.382～383）。

丘陵にブドウ畑が続く

アクセス リュトリー、ヴィレット、キュリー、エペス、リヴァ、サン・サフォランへは、ローザンヌまたはヴヴェイからS2やS3で所要3～15分。シェーブルへはヴヴェイからS7で11分。

COLUMN

ブドウ畑をミニトレインで

ラヴォー地区のブドウ畑を効率よく回れる、観光客向けのミニトレインが巡回している。

ラヴォー・エクスプレス
URLwww.lavauxexpress.ch

●リュトリーの波止場～アラン～グランヴォー～リュトリーの波止場（6/4、9/20・22・24はキュリー発着）
運行：'23年4/1～11/5の水・日曜（6/11～9/30は金曜も運行）※日曜は運休もあるので要確認
料CHF16 1日3～4便、所要約1時間。

●キュリーの波止場～リエ～エペス～デザレー～キュリーの波止場
運行：'23年4/1～11/5の土曜(6/11～9/30は火・木曜も運行) 料CHF16
1日3～4便、所要約1時間15分。

ラヴォー・パノラミック
URLwww.lavaux-panoramic.ch

1時間未満のコースからワインテイスティングを含むコースまで複数のルート設定がある。'23年は一部のコースを除き4/6～11/19の運行。週末の運行本数が多いので、乗車をするなら土・日曜を予定しておくとよい。午後便の運行がほとんど。

●シェーブル駅～サン・サフォラン
運行：5/16～10/22の火・木曜14:00と土曜の10:35。ワインテイスティングあり。
料CHF16。所要1時間～1時間30分。

●シェーブル駅～シャルドンヌ
運行：土曜の14:00。ワインテイスティングあり。
料CHF19。所要1時間45分。

●各地を結ぶ単純乗車
ヴヴェイ、コルソー、シャルドンヌ、シェーブルのルートを走り、一部区間のみの運行もあり。水・金・土・日曜に1日2便の割合で運行。料CHF11。所要25分～55分。

シェーブル駅前から出るラヴォー・パノラミック

駅の周辺を含め、丘の上のフロン地区とレマン湖畔のウシー地区では、ホテルの相場がかなり違う。当然湖畔のほうが高い。ローザンヌを拠点にあちこち見て回ろうという人は便利な駅の周辺に、ちょっと贅沢したいという人は湖畔のホテルを探してみよう。世界のセレブが宿泊する5つ星の老舗高級ホテルもあるが、★3つくらいでも湖が眺められるリーズナブルなホテルもある(それでもフロン地区よりは高いが)。

アゴラ・スイス・ナイト Agora Swiss Night

MAP P.376-A2 ★★★★

メトロのGrancy駅から徒歩1分、中央駅から徒歩5分とアクセスに便利な立地。周辺は住宅地となっており静かで過ごしやすい。スイス国旗と切り絵(デコパージュ)をモチーフにした、スイスらしい雰囲気が魅力のホテル。最上階にある朝食ルームでは、レマン湖やジュラ山脈の眺望を満喫できる。

住 Av. Du Rond-Point 9
☎ (021)5555955
URL byfassbind.com/hotel/agora-swiss-night
料 Ⓢ CHF123～ Ⓦ CHF131～ 食事追加 CHF22
Room 147室
Wi-Fi 無料 カード A M V

アルファ・パルミエ Alpha Palmiers

MAP P.376-A1 ★★★★

中央駅から北側に延びる坂を上って徒歩3分。南国風の大庭園に囲まれた6階建てのホテル。各客室には開閉自由の大きな窓や広いバスタブ、液晶テレビなど完備。防音設備も万全なので、都市中心部にいながらゆったり滞在できる。シェフが腕を振るう豪華な朝食もぜひ楽しみたい。

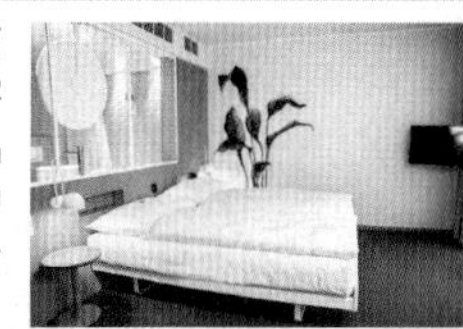

住 Rue du Petit-Chêne 34
☎ (021)5555999
URL byfassbind.com/hotel/alpha-palmiers
料 ⓈⓌ CHF157～ 食事追加 CHF22
Room 215室 Wi-Fi 無料
カード A M V

シャトー・ド・ウーシー Château d' Ouchy

MAP P.376-A2 ★★★★

湖畔に建つロマンティックな古城ホテル。メトロ駅に近く、観光にも便利。湖のすばらしい眺めが望める。外観は古城だが、設備は新しくモダンな雰囲気。客室はシックな色使いで洗練されている。アメニティも充実。併設レストランは広々としたテラス付き。屋外プールやサウナもある。

住 Place du Port
☎ (021)3313232
URL www.chateaudouchy.ch
料 (または) ⓈⓌ CHF319～ 食事追加 CHF39～
Room 50室 Wi-Fi 無料
カード A D J M V

エリート Elite

MAP P.376-A1 ★★★

パステルオレンジの外壁が目印。中央駅のある通りの1本北側の立地で、ウーシー地区にも旧市街にもアクセスしやすく便利。追加料金(CHF30)を払えばレマン湖側の部屋を予約可。また、朝食を部屋に持ってきてくれるサービスがある。宿泊客はバスやメトロM1・M2などの市内交通を無料利用可。

住 Ave. Sainte-Luce 1
☎ (021)3202361
URL www.elite-lausanne.ch
料 (または) Ⓢ CHF175～ Ⓦ CHF249～
Room 33室
Wi-Fi 無料
カード A D J M V

スイス・チョコレート・バイ・ファスマインド Swiss Chocolate by Fassbind

MAP P.378 ★★★

旧市街の中心のにぎやかな一角にあり、ローザンヌ大寺院は目と鼻の先。地下鉄の駅にも近く、SBBのローザンヌ中央駅も地下鉄を使えば15分以内にアクセス可能。部屋は広くないが、清潔で機能的。スタッフもフレンドリーでサービスもいい。ランドリー施設も整っている。

住 Rue Marterey 15
☎ (021)6018000
URL byfassbind.com/hotel/lausanne
料 Ⓢ CHF230～ Ⓦ CHF250～
Room 54室 Wi-Fi 無料
カード A M V

日本からローザンヌへの電話のかけ方
[国際電話会社の番号*]+010+[国番号41]+[21(エリアコードの最初の0は不要)]+[電話番号]
*マイラインの国際通話区分に登録している場合は不要

世界遺産のブドウ畑でハイキング

11:14

ローザンヌとモントルーの間にある丘陵状のラヴォー地区では、ブドウ農家の村を結ぶハイキングコースが整備されており、湖とブドウ畑が織りなす絶景を存分に満喫できる。村のカヴォー（ワインセラー）に立ち寄りつつ、のんびりと歩いてみよう。

ヴヴェイからS7でシェーブルへ

11:30

シェーブル

シェーブル駅はピンク色のメルヘンチックな駅舎。線路の高架をくぐってレマン湖のほうへ下り始める。緩やかな下り坂が続くなか、「レマン湖にかかるバルコニー」と呼ばれるすばらしいブドウ畑の景色が見渡せる。

上／ラヴォー・パノラミック（→P.380）はシェーブル駅から出発する　下／天気がよければ非常に気持ちのいいハイキング

12:30

サン・サフォラン

コース上にはブドウ畑に関するいくつもの説明板がある

シェーブルから1時間ほどで、レマン湖のほとりにたたずむかわいい村サン・サフォランに到着。湖に沿った通り沿いにカフェレストランがあるので、ここでランチを取ろう。教会の横を通り、左の坂を上がって出発。

石造りの教会が印象的なサン・サフォランの村

岬のように突き出した形のデザレー地区。見上げるとこんな文字が

14:30

リヴァ

丘の中腹のリヴァを通る。小さいながらもワイナリーやワインバーがある村だ。村を通り抜けて小川を渡ると、そこはデザレー地区。ここで取れるブドウで作られたワインは、ラヴォーでも最高の品質とされる。

ブドウ畑に囲まれたリヴァの村

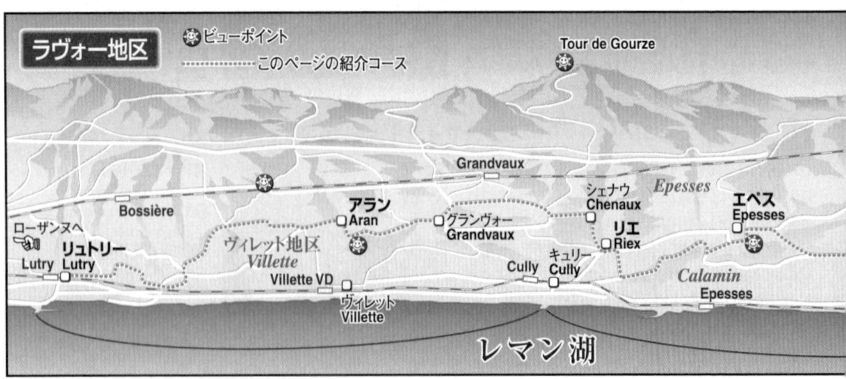

左／坂を上った所にあるリエの町
右／古い建物が美しい

16:45

アラン

グランヴォーから15分ほどでアランに到着。このあたりはヴィレットと呼ばれる地区で、ふくよかでフルーティな味のワインができる。斜面が一面ブドウ畑で、湖畔にヴィレットのかわいい集落が見下ろせる美しい場所だ。

ヴィレットの村を見下ろす

15:45

リエ

急坂を上るとリエの中心部に出る。町外れにブドウの葉のモニュメントがあるロータリーがあり、道が3つに分かれているが、一番右の細い坂道を上ろう。標識がないので注意。シェナウChenauxを経てグランヴォーへ。

17:15

リュトリー

アランを出ると道がふた手に分かれるので、上り坂になっている右へ行こう。振り返ればヴィレットのすばらしい眺め。いったん線路脇を歩くがそこから少し上りになり、ブドウ畑の中の道を通ってリュトリーの駅に到着。

中世に建てられたTour Bertholodの近くを通る

だいぶ下って線路が近づいてきた。ゴールはもうすぐ

15:30

エペス

湖上に突き出す岬にあるキュリーの町が近づいてくると、エペスに入る。古くからワイン作りをしてきた村の細い路地を散策しよう。この地域のワインには強い個性があり、フルーティかつスパイシーな味わいだ。

遠くに見えるのがキュリーの町

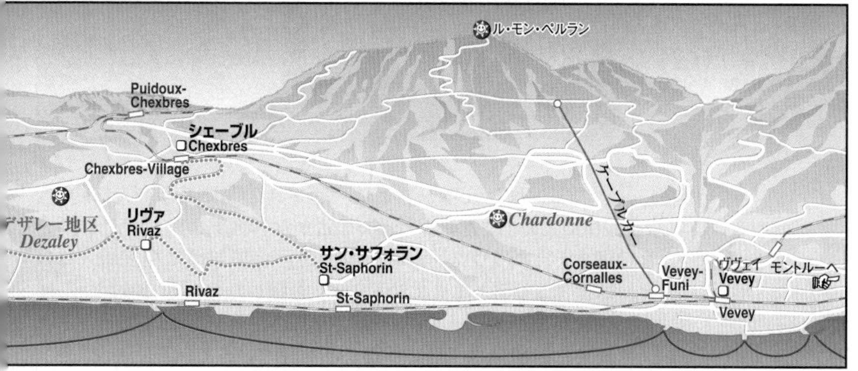

レマン湖畔の町
Lac Léman

湖船の旅
このエリアの移動は鉄道が最も効率がいいが、レマン湖を航行するフェリーで移動することも可能。レマン湖の湖畔にあるスイスとフランスの42の港を結んでいるCGNが、定期船を運航している。詳しくは下記URLを参照のこと。スイストラベルパス所持者は無料で利用できる。
URL www.cgn.ch

モルジュの城と船着場

スイスにはたくさんの美しい湖畔の町があるが、レマン湖沿いの町は、観光地としての歴史はスイス随一。19世紀後半からリゾートとして開発され、現在も世界的な高級保養地だ。今は世界のセレブがこぞって別荘を建てる風光明媚な土地でもある。訪れてみればこのエリアのすばらしさを実感するだろう。

ニヨン
Nyon

州：ヴォー
使用言語：フランス語
地図位置：P.357-A1
標高：400m
郵便番号：CH-1260
エリアコード：022
（市内通話の場合でも初めにエリアコードをプッシュする）

アクセス ジュネーヴからIRで14分、REで約15分。ローザンヌからIRで26分、REで33分。

ニヨンに残るローマ遺跡

ニヨンはジュネーヴとローザンヌの間にある、人口約2万2000人の小さな町。明るくのどかな雰囲気の町だがその歴史は古く、ユリウス・カエサルが紀元前45年頃に植民地「コロニア・ユリア・エクエストリス」を開いたのが始まりだ。工事をするたびに古代ローマ時代の遺跡が発見されており、これまでに神殿跡や円形闘技場などが見つかっている。

ニヨンはまた、繊細な小花柄が特徴のニヨン焼の故郷としても知られている。18～19世紀にヨーロッパで名をはせたこの磁器のコレクションは、1979年に惜しまれながら窯を閉じ現在はもう商品としての生産は行われていないが、町の中心にあるニヨン城で貴重なコレクションを観ることができる。

Walking 歩き方

駅を出たら、湖に向かって下れば自然に旧市街に出る。小さな町なので迷うことはまずない。

観光局ⓘは駅の左斜め前から延びる通りの右側にある。ⓘの前の道路を下って突き当たりを右に50mほど行くと、**ニヨン城Château de Nyon**に出る。湖を見下ろす白亜のこの城は13世紀に建てられたもので、内部は**歴史と陶磁器の博物館Musée Histori-que et des Porcelaines**になっており、ニヨン焼のコレクションや中世の家具、装飾品などの展示が充実している。

城からレマン湖を望む

城の近くにある**ローマ博物館Musée Romain**では、ニヨンで出土したローマ時代のモザイクや、カエサルの像などが観られる。

博物館から少し南西に進むと、ローマ時代の円柱が立っている広場に出る。ローマ人が支配した頃のレマン湖に思いをはせながら、湖沿いにヨットハーバーに向かうと、右側に**レマン湖博物館Musée du Lac Léman**がある。レマン湖にすむ魚類や釣り船、釣り具などのほか、各種の船の模型が陳列されている。

レマン湖博物館

なお上記3つの博物館を含むニヨン周辺にある8つの博物館に入館できるパス（CHF12）が観光案内所で購入できる。ふたつ以上行くなら断然お得。

ⓘNyon Région Tourisme
住Avenue Viollier 8
☎（022）3656600
URL www.lacote-tourisme.ch
開5/18～9/6
月～木曜 9:00～12:30
14:00～17:30
（金曜は～17:00）
9/7～5/17
月～金曜 9:00～12:30
13:00～17:00
休土・日曜、祝日

船着場近くのⓘ
住Pavillon de Rive Place du Molard
☎（077）2694415
開7/1～9/5 9:30～13:30
14:15～18:00

旧市街の町並み

ニヨン城の博物館
住Place du Château
☎（022）3164270
URL www.chateaudenyon.ch
開4～10月 10:00～17:00
11～3月 14:00～17:00
休月曜（祝日以外）
料CHF8

ローマ博物館
住Rue Maupertuis 9
☎（022）3164280
URL www.mrn.ch
開4～10月 10:00～17:00
11～3月 14:00～17:00
休月曜（祝日以外）
料CHF8

レマン湖博物館
住Quai Louis Bonnard 8
☎（022）3164250
URL www.museeduleman.ch
開4～10月 10:00～17:00
11～3月 14:00～17:00
休月曜（祝日以外）
料CHF8（第1日曜は無料）
上記の3つはスイストラベルパス有効。

モルジュ
Morges

州：ヴォー
使用言語：フランス語
地図位置：P.357-A1
標高：376m
郵便番号：CH-1110
エリアコード：021
（市内通話の場合でも初めにエリアコードをプッシュする）

季節の花が1年中見られるため"レマン湖の花"と呼ばれる町

小さな町だがオードリー・ヘプバーンゆかりの花の町として人気が高い。春はチューリップ祭りが開催され、夏は湖畔のプロムナードにダリアが咲き誇る。隣村のトロシェナに住んでいたオードリーはたびたびモルジュを訪れていたという。この町には彼女がよく訪れていた店が今もある。スイス西部の町から日帰りできる距離にある町だが、あえてここに滞在してゆったりと湖畔の景色を楽しむのもいい。春のチューリップ祭りは1ヵ月半にわたって開催されるので、この時期にレマン湖畔を訪れていたらモルジュに寄ってみよう。モルジュ城の隣の公園がメイン会場だ。

アクセス ジュネーヴからIRで26～31分。ローザンヌから11分。

ⒾMorges Région Tourisme
住Rue du Château 2
☎(021)8013233
URL www.morges-tourisme.ch
開4/1～10/29
月～金曜 9:00～17:30
土・日曜 9:30～14:30
10/30～3/31
月曜 13:00～17:00
火～金曜 9:00～12:30
13:00～17:00
（金曜～17:00）
休土・日曜、1/1・2、12/25・26

Walking 歩き方

駅を出たら駅前広場の左側から湖に向かう通りRue Centraleを進み、旧市街のメインストリートGrand rueに向かう。この通りに出て左を向けば突き当たりに教会が見える。町の散歩は教会とは反対方向、まずは城を目指して歩き始めよう。オードリーが挙式した市庁舎まで来たら左に曲がり、車の交通量が多いRue Louis-de-Savoieまで出よう。道路を渡って右に進めば、徒歩2～3分でオードリーにまつわる展示が行われる**ボル博物館Bolle Museum**がある。建物は18世紀に建てられた邸宅。モルジュと近

カフェが連なるGrand rue

ボル博物館
住Rue Louis de Savoie 73-75
☎(079)3492291
URL www.fondationbolle.ch
開水～日曜 14:00～17:00
休月・火曜
料CHF6

モルジュ市庁舎

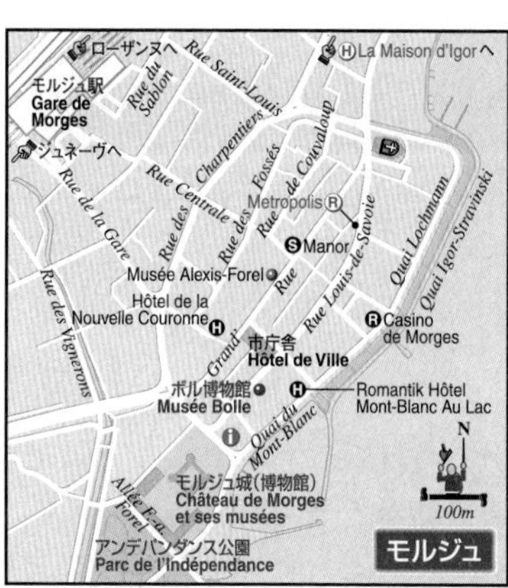

チューリップ祭りは1ヵ月以上続く

郊の自然や文化についての展示が行われており、夏期（7～9月）にオードリーをテーマとした展示を見ることができる。この通りをそのまま南西の方角に進めば、すぐに**博物館**が入る**モルジュ城Château de Morges**の姿が目に入ってくる。観光案内所ⓘは城の向かい側の建物だ。

城周辺の観光が終わったら湖畔のプロムナードを散策しよう。夏期は花壇に植えられた、たくさんのダリアを道の両側に見ることができる。道が左に大きくカーブするあたりまで来たら、そこは旧市街の北東の端。Grand rueから見た教会のすぐ近くにいることに気づくだろう。ここから駅までは10分弱。さらに湖畔を数分進み、左に曲がれば作曲家ストラヴィンスキーが住んでいた、現在はホテルとして営業している館ラ・メゾン・ディゴールLa Maison d'Igorに行くことができる。

ラ・メゾン・ディゴールは併設レストランのみの利用も可

花にあふれるモルジュらしい見どころをもうひとつ。モルジュ駅からバスで北へ15分ほど行った所にある「花庭園」**ヴュイユラン城 Jardins du Château de Vullierens**だ。さまざまな花が育てられており、特にアイリスの栽培が有名。この場所に現在の城の元になった建物が建てられたのは14世紀の初め。それ以来この地を治める領主の居城となっていた。30haの美しく手入れされた庭園には、72のオブジェが展示されている。

春先が一番の見頃

モルジュ城の博物館
住Rue du Château 1
☎(021)3160990
URL chateau-morges.ch/le-chateau
開火～日曜　10:00～17:00（7・8月の火～日曜は10:00～18:00）
休月曜
料CHF10
スイストラベルパス有効。

城内部の展示室

チューリップ祭り Fête de la Tulipe
モルジュ城の隣に広がるアンデパンダンス公園Parc de L'indépendanceで開催。'23年は4/1～5/14。

ヴュイユラン城
住Les Jardins du Château de Vullierens
☎ (079)2747964
URL chateauvullierens.ch
開'23年は4/1～4/30
土・日曜　10:00～18:00
5/11～6/18
毎日　10:00～18:00
6/21～8/20
火～日曜　12:00～18:00
8/26～10/28
土・日曜　12:00～18:00
休上記開館以外
料CHF15
モルジュ駅からCossonay-Ville行き730番のバスでVullierens下車。所要約13分。バスの便数がかぎられているので事前に確認のこと。

ヴヴェイ
Vevey

州：ヴォー
使用言語：フランス語
地図位置：P.357-B1
標高：383m
郵便番号：CH-1800
エリアコード：021
（市内通話の場合でも初めにエリアコードをプッシュする）

フェリーターミナルの広場で週末にマルシェが

ローザンヌからモントルーにかけて、レマン湖を見下ろす高台にブドウ畑が延々と続く“ラヴォー地区”が広がる。その中間にあるヴヴェイは、ワインの生産地として古くから栄えてきた。

湖やアルプスの眺望に恵まれるヴヴェイは、19世紀に各国の貴族や芸術家のリゾート地としても発展。郊外で晩年を過ごした映画俳優、チャールズ・チャップリンもこの地に魅せられたひとりである。湖岸にある“喜劇王”の像は町のシンボルだ。

アクセス ローザンヌからIRで15～20分、ジュネーヴから約1時間。

ヴヴェイの❶
住Grande-Place 29
☎（0848）868484
URL www.montreuxriviera.com
開5～9月
月～金曜　9:00～17:30
土曜　10:00～15:00
休日曜、1/1・2、12/25・26
ローザンヌ通りを湖の方向に行った所にあるマルシェ広場に面している。

Walking 歩き方

駅を出たらレマン湖がある南側に向かって歩き始めよう。Rue de Lausanneを進めば約5分で、週末は市場になる広場Grande Placeに着く。時計がある建物が❶で、スイス・カメラ博物館**Musée suisse de l'appareil photographique**も広場に面して建っている。

天気に恵まれたら湖畔沿いを散策しよう。右折すれば船着場があるが、見どころの多いのは広場東側。東へ延びるQuai Perdonnetを4分ほど進むと、レマン湖に巨大なフォークのモニュメントがある。これは大手食品メーカーNestléによるもので、向かいには**チャップリ**

ル・モン・ペルラン展望台
ヴヴェイ近郊のブドウ畑やレマン湖の眺望を楽しみたいときはケーブルカーに乗ってル・モン・ペルランLe Mont-Pèlerinへ。駅からバス201または212番で約2分、徒歩なら約15分のVevey, funiculaireケーブルカー駅から11分で頂上駅に到着。

湖畔に立つチャップリン像

ンの銅像、さらに車道を挟んで建つのが食の博物館**アリマンタリウムAlimentarium**。また東側の1～2区画先にLe Musée historique de Veveyや船着場があり❶からここまでが旧市街。20～30分あれば歩いて1周できる。

レマン湖に刺さるフォーク

Attraction おもな見どころ

最新技術を駆使したユニークな食の博物館 MAP P.388

アリマンタリウム Alimentarium

ヴヴェイに本社がある食品メーカー「ネスレ Nestlé」による食の総合博物館。「料理する」「食べる」「消化する」などに分類された展示では"The Food（食べ物）" "The Body（身体）" "The Society（社会）"などと食との関係性を、動画やタッチパネルで多角的に学べる。

2016年に開館した"喜劇王"のスポット MAP P.388

チャップリン・ワールド Chaplin's World

チャールズ・チャップリンの業績や生涯をたどれるミュージアム。展示館は25年間家族で暮らし終の住みかとなった「マノワール・ド・バン」と新館「スタジオ」に分かれている。約500m²ある「マノワール・ド・バン」は書斎やリビングルームなどを展示室として開放。ファミリームービーの上映もあり、名俳優のプライベートな一面がのぞける。一方「スタジオ」には作品の名場面を忠実に再現したセットがあり、映画の一部も上映しているため、作品を知らなくても楽しめる。チャップリンの世界をよりリアルに演出する、随所に置かれた30体以上のろう人形にも注目。

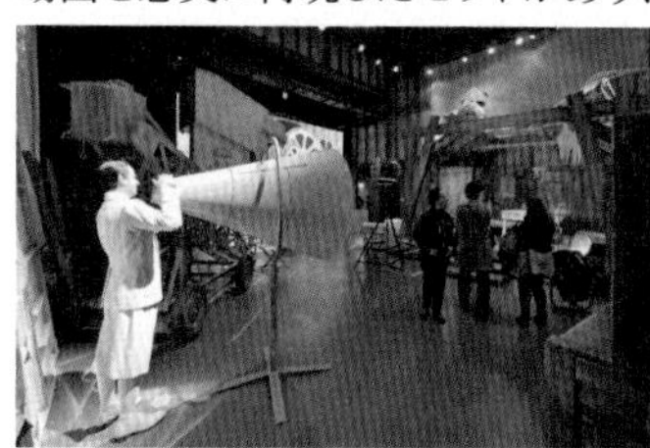
撮影スタジオがそっくり再現されている

小さいけれど内容は充実 MAP P.388

スイス・カメラ博物館 Musée suisse de l'appareil photographique

写真技法と機材の歴史を展示している博物館。建物は大きくないが、展示内容はかなり濃い。写真機誕生の頃から今日のデジタル時代にいたるカメラ機材の変遷やカメラファンなら思わずニヤリとしてしまう往年の名機やちょっと変わり種のカメラの展示は常設。カメラの仕組み、撮影のテクニックについての変化などもなかなか興味深い。ミュージアムショップもある。特別展についてはウェブサイトを参照のこと。

アリマンタリウム
住Quai Perdonnet 25
☎（021）9244111
URL www.alimentarium.org
開4～9月 10:00～18:00
10～3月 10:00～17:00
休月曜（祝日の場合は開館）、1/1、12/25
料CHF13。スイストラベルパス有効。

建物はネスレの旧本社

チャップリン・ワールド
住Route de Fenil 2
☎（0842）422422
URL www.chaplinsworld.com
開'23年は4/7～10/29（年末年始も） 10:00～18:00
10/30～12/22 10:00～17:00
（7～8月は～19:00）
入場は閉館1時間前まで
休1/1
料CHF29
鉄道駅近くの郵便局の前からバス212番で約10分、Chaplin下車。

撮影可の館内にはシャッターチャンスがたくさん

スイス・カメラ博物館
住Grande Place 99
☎(021)9253480
URL www.cameramuseum.ch
開11:00～17:30
休月曜（祝日の場合は開館）
料CHF9。スイストラベルパス有効。

モントルー
Montreux

州：ヴォー
使用言語：フランス語
地図位置：P.357-B1
標高：400m
郵便番号：CH-1820
エリアコード：021
（市内通話の場合でも初めにエリアコードをプッシュする）

アクセス ジュネーヴから列車で約1時間5分。ローザンヌから20〜30分。インターラーケンからは、景色のいいゴールデンパス・ラインを通って、2時間10〜30分。ヴヴェイへは列車で5〜10分。バスの便でも結ばれている。

モントルーの❶
Montreux-Vevey Tourisme
住Grand-Rue45
（CGN船着場前）
☎（0848)868484
URL www.montreux.ch
開夏期（5月上旬〜9月下旬）
月〜金曜 9:00〜18:00
土・日曜 9:00〜17:00
冬期（9月下旬〜5月上旬）
月〜金曜 9:00〜18:00
土・日曜 10:00〜15:00

湖畔のプロムナード

湖畔にはフレディ・マーキュリーの銅像が立っている

スイスが観光国として世界的にデビューするに当たって、モントルーが果たした役割は大きい。18世紀後半から19世紀の英国貴族の間で流行となったスイス旅行は、ジュネーヴに入ってからモントルーに、というコースが一般的だった。レマン湖畔で最も気候と景色のいいモントルーへと、貴族たちは馬車で平地を走り、山道になるとロバの背に乗って1日がかりでやってきた。スイスで最初にホテル（民宿）ができたのも、ここモントルーだ。

現在のモントルーは、世界に名高い高級リゾート。7月のモントルー・ジャズ・フェスティバルは、避暑地の夏を華やかに彩るイベントとしてよく知られている。

Walking 歩き方

駅を背に駅前通りを左へ行くと右側に階段が見えてくる。この階段を下りると、レマン湖沿いのメインストリート、**グラン通りGrand Rue**に出る。湖岸の遊歩道を南に200mほど行くと観光局❶、そしてその先にイギリスのロックバンド「クイーン」と縁のある**カジノCasino**がある。

ジャズ・フェスティバル会場のコンベンション・センター

カジノ内には「クイーン」をはじめ、世界的アーティストが収録したレコーディングスタジオを体感型記念館に改修した**クイーン・スタジオ・エクスペリエンスQueen The Studio**

Experienceがある。1979年から1995年まで「クイーン」がオーナーとして所有していたこのスタジオは、フレディ・マーキュリーが死の直前まで制作した最後のアルバム『メイド・イン・ヘブンMade in Heaven』を含む計7枚のアルバムの収録地。ほかにもザ・ローリングストーンズなど名だたるミュージシャンたちがレコーディングに利用した。館内では「クイーン」が実際に作業したミキシング用音響機器を再現した部屋や直筆の楽譜、舞台衣装などを数々のミュージックビデオを視聴しながら鑑賞でき、ファンはもちろん「クイーン」をあまり知らない人も楽しめる。

Attraction おもな見どころ

バイロンの叙事詩『シヨン城の囚人』で有名な MAP P.357-B1

シヨン城
Château de Chillon

湖に突き出しているシヨン城

いちばんの見どころであるシヨン城Château de Chillonは町の南の外れにある。レマン湖沿いの道を直進し徒歩約40分。花や緑があふれる沿道は散歩のコースに最適なので、片道だけでも歩いてみるのがおすすめだ。

シヨン城は、イタリアからアルプスを越えてやってくる東方商人たちに、通行税、物品税をかけるための関所として9世紀に造られ、13世紀までの間に現在の形になった。湖に突き出た岩場の上に建てられていて、遠くからだとまるで湖に浮かんでいるように見える。カトリック信者であったフランスのサヴォワ公が、今のスイス・フランス語圏を支配していたとき、ジュネーヴの宗教改革者フランソワーズ・ボニヴァルが、ここに幽閉されていた。彼がバイロンの詩にうたわれた『シヨン城の囚人』だ。

内部の展示も必見

クイーン・スタジオ・エクスペリエンス（カジノ内）
住Rue du Théâtre 9
URL www.casinosbarriere.com/fr/montreux.html
営9:00～21:00
休無休
料無料

クイーン・スタジオ・エクスペリエンス

モントルー近郊を結ぶバスVMCV
URL www.vmcv.ch

おトクなモントルー・リヴィエラ・カード
モントルー地区への宿泊者に配布される。地元バスの無料使用のほか、登山鉄道や湖船などの2割引、博物館が半額など特典多数。特典の詳細はⓘのサイトで。

モントルー・ジャズ・フェスティバル
'23年は6/30～7/15に開催。期間中はたいへん混み合い、ホテルも満室になるので予約は早めに。
URL www.montreuxjazz.com

シヨン城
住Ave. de Chillon 21
☎ (021)9668910
URL www.chillon.ch
開4～10月　9:00～18:00
　11～3月　10:00～17:00
　入場は閉館1時間前まで
休1/1、12/25
料CHF13.50（宿泊者カード提示でCHF6.75）。スイストラベルパス有効。
列車ならVeytaux-Chillon下車、バスなら湖畔のⓘ前から201番に乗って約10分、Chillon下車。夏期はフェリーの便もある。

ボニヴァルの牢獄。詩人バイロンが刻んだ名前が残されている

ホテル＆レストラン

モントルーやヴヴェイなど、世界的なリゾート地には世界のセレブが定宿にする5つ星ホテルが並んでいるが、もっと規模が小さく、かつリーズナブルな料金で泊まれるホテルも少なくない。数は少ないがニヨンやモルジュなど、小さな町のほうが探しやすい。レマン湖畔はスイスのワイン生産の中心地。いいワインがあるところには、おいしいものがあるのは世界の常識。

ニヨンのホテル

H レアル Real Nyon

MAP P.385 ★★★★

レマン湖のすぐ近くにある白壁のホテル。ニヨン駅からは徒歩約10分。地中海をイメージした客室はシンプルで洗練されている。湖側の部屋からはアルプスとモン・ブランを望める。テラス付きのイタリア料理レストランとバーを併設。朝食を部屋で取ることも可能。

住Place de Savoie 1
☎(022)3658585
URL www.hotelrealnyon.ch
料 (または) Ⓢ CHF220～ Ⓦ CHF260～
Room 30室
Wi-Fi 無料
カード AMV

モルジュのホテル

H ラ・メゾン・ディゴール La Maison d'Igor

MAP P.387域外

作曲家・ストラヴィンスキーの旧家を改築。有名な楽曲や恋人へ贈った香水など、8種のテーマから設計された客室は瀟洒なデザイン。バルコニー付きの部屋もある。敷地内には4000m²の庭園が広がり、彫刻や噴水があるほか、南側にはレマン湖を望める。天気がよい日は庭のテラスで朝食を取れる。

住Rue St Domingue 2
☎(021)8030606
URL www.maison-igor.ch
料 ⓈⓌ CHF196～
Room 8室
Wi-Fi 無料
カード AMV

モントルーのホテル

H ヴィクトリア グリオン Hotel Victoria Glion

MAP P.391域外 ★★★★

1869年に建てられた歴史あるホテル。館内にはオーナーがコレクションした500もの美術品が飾られ、エレガントに内装された客室も快適。ミシュランの星を獲得したレストランや、ジャクージ、サウナなどを備えた充実のフィットネスエリアもある。モントルーの中心部から車で5分の高台に建ち、景色も抜群。

住Rte de Caux 16
☎(021)9628282
URL victoria-glion.ch
料 (または) Ⓢ CHF330～ Ⓦ CHF390～
Room 53室
Wi-Fi 無料
カード ADMV

モントルーのホテル

H ヘルヴェティ Helvetie

MAP P.391 ★★★

1865年創業のホテル。改装を重ねているが、外観や部屋の造りは創業時と大きく変わっていない。駅から少し離れているが、駅からのバス停留所のすぐ近く。広々とした清潔な部屋にクラシックな内装が歴史を感じさせる。カジノまで200m。レマン湖畔もすぐ。周辺にはレストランやショップも多い。

住Avenue du Casino 32
☎(021)9667777
URL www.helvetie.ch
料 (または) Ⓢ CHF256～ Ⓦ CHF298～
Room 62室
Wi-Fi 無料
カード ADMV

モントルーのユースホテル

Y ユーゲントヘアベルゲ Jugendherberge Montreux

MAP P.391域外

モントルー中心部から徒歩約30分。またはグラン通りから201番のバスに乗ってTerritet下車し、計12分。レマン湖からすぐの場所にある。有料のタオルの貸し出しやランドリーサービス、自転車のレンタルあり。レセプションは22:00まで営業。夏に行われるジャズ・フェスティバル期間は値上がりする。

住Passage de l'Auberge 8
☎(021)9634934
URL www.youthhostel.ch
料 Ⓓ CHF75～ Ⓦ CHF232～
非会員は1泊CHF7プラス 食事追加 CHF19.50(弁当CHF10)
Room 88ベッド Wi-Fi 無料
カード MV 休11月中旬～2月下旬

日本からレマン湖畔の町への電話のかけ方

[国際電話会社の番号*]+010+[国番号41]+[21or22(エリアコードの最初の0は不要)]+[電話番号]
*マイラインの国際通話区分に登録している場合は不要

ニヨンのレストラン

R ラ・クロワ・ヴェルト La Croix-Verte

MAP P.385

庶民的な雰囲気で、値段も手頃なイタリア料理店。駅から徒歩5分の場所にある。ピザがおいしいことで知られる。スイスワインやイタリアワインが豊富で、グラスで注文できるのがうれしい。店内はいくつもの小さな部屋に分かれており、それぞれ雰囲気が異なる。木陰のテラス席もある。

住Rue Perdtemps 7
☎(022)3611539
URL www.croixverte.ch
営11:00～14:30、18:00～22:00（土・日曜の昼間の営業は～15:00）
休月曜、日曜の夜
カード A M V

モルジュのレストラン

R メトロポリス Metropolis

MAP P.387

駅から徒歩8分。教会から湖畔に並行して延びる大通りに面したカジュアルなダイニング。新鮮な魚介や肉のメインをはじめ、パスタやラザニアなど、どれも本格的でリーズナブルと地元の人の間でも評判。地元産ワインも充実。テラス席あり。朝早くから開いていてコーヒーやデザートもおいしい。

住Rue Louis de Savoie 20-22
☎(021)8032333
営8:00 ～翌1:00（金・土曜～翌2:00、日曜9:00 ～ 24:00）
休無休
カード A M V

ヴヴェイのレストラン

R オーベルジュ・ド・リヴァ Auberge de Rivaz

MAP P.388域外

ヴヴェイから列車で西へ2駅目のリヴァRivaz駅すぐ近くのイタリアンレストラン。湖を見渡せるブドウ棚のテラス席があり、眺望は抜群ですばらしい雰囲気。ラヴォー地区のハイキングの途中に寄るのもいい。メニューは豊富で、肉や魚料理のほかにピザやパスタなど、軽めのものもある。

住Route de Sallaz 6
☎(021)9461055
URL www.aubergederivaz.ch
営11:30～14:30
18:30～22:30
休10 ～ 3月の日曜の夜、月・火曜
カード M V

COLUMN

レマン湖周辺のおすすめ展望台

沿線もナルシスで埋めつくされる ©MOB-GoldenPass

レマン湖エリアではゆったりとクルーズやホテルステイを楽しみたいが、このエリアにも個性的な展望台が点在している。

レ・プレイヤード Les Plèiades

近年は、展望台というよりもナルシスの花に出合う丘として有名かもしれない。5月から6月初旬にかけては、「5月の雪」と呼ばれるほどにナルシスの花が咲き誇る。ヴヴェイからMOBの登山鉄道に乗って、約40分でアクセスできるので、この季節に滞在しているならぜひ訪れたい。

URL www.lespleiades.ch

グレッシャー3000 Glacier3000

レマン湖エリアにありながら、夏スキーも楽しめる2965mの展望台。モントルー方面から行く場合は、Aigleで電車を乗り換えて小悪魔の伝説が残る地レ・ディアブルレLes Diableretsへ移動。またはシュピーツ方面への電車に乗ってグシュタードGstaadへ。そこからピヨン峠Col du Pillonまではバスを利用（レ・ディアブルレから約15分、グシュタードから約30分）。展望台へはここからロープウエイで上る。モントルーから所要約2時間。展望台の建物はマリオ・ボッタによるデザインだ。

URL www.glacier3000.com

ロッシェ・ド・ネ Rochers de Naye

アプト式の登山電車に乗り、モントルーから所要48分。乗り換えなしで行ける標高2042mの展望台。途中下車してレマン湖の展望を楽しむのもいい。山頂にはアルプスをはじめとする各地の高山植物が約1000種類ある植物園と、マーモットの生態を観察できるマーモット・パラダイスなどがある。レマン湖の絶景を楽しめる展望レストランへは、駅からの直通トンネルで。またレストランは駅舎の上階にある。

URL journy.mob.ch
URL www.montreuxriviera.com

COLUMN

スイスのワイン

全土で生産されるスイスワイン

「スイスワイン」といわれてもあまりピンとこないのは仕方がない。隣国のフランスやイタリアに比べれば生産量がずっと少なく、なかなか輸出に回らないので、日本でお目にかかる機会がどうしても少ないからだ。とはいえ品質では決して、他国のワインに引けをとるわけではない。せっかくのスイスの旅、全国で生産されている貴重なスイスワインを各地で飲み比べてみよう。

おもな生産地

スイス全土で作られているワインだが、産地は大きく5つに分けられる。

■レマン湖周辺（ヴォー州、ジュネーヴ州）

3つの光（太陽光、湖の反射光、ブドウ畑に造られている壁の反射光）があるといわれるレマン湖畔は、世界遺産登録されたワイン生産地、「ラヴォー地区」があることで知られている。このエリアは1000年以上もの間ワインを生産してきた、由緒ある地区。ブドウ畑の中に点在する小さな村をつなぐワイン街道が巡っている。スイス有数の高級ワインを生産するエリアだ。おもにシャスラ品種のブドウを使った白ワインが生産量の約7割を占める。そのほか白は、ピノ・グリ、シャルドネの栽培もしており、赤はガメイ、ピノ・ノワールがメイン。

レマン湖の西端に位置するジュネーヴ州もワインの名産地。国際都市ジュネーヴを一歩離れると、郊外にはブドウ畑が広がっている。ここもメインはシャスラを使った白ワインだが、ほかのブドウを使ったものも増えており、赤ワインはピノ・ノワール、メルローを使ったものが主流。

■ヴァレー（ヴァリス）州

ヴォー州の東から、ローヌ川に沿って隣接するワインの産地で、ヴォー州とヴァレー州のふたつの州でスイスワイン全体の6割以上を生産している。ヴァレー州のワイン生産の中心はローヌ谷で、特に日当たりのいい北側の斜面にブドウ畑が広がっている。生産量の多さだけでなく、ブドウの品種も多く、白はシャスラ、ヨハニスベルク、ピノ・グリ、シャルドネなど、赤はピノ・ノワール、ガメイ、シラーなど50以上の品種が栽培されている。フィスプ近くにあるフィスパーテルミネンは標高1000mを超えるヨーロッパ最高所のブドウ畑だ。

■ヌーシャテル湖周辺

ヌーシャテル湖、ムルテン湖、ビール湖の3つの湖周辺の日当たりのよい場所にブドウ畑が広がっている。レマン湖同様、それぞれの湖の北側により多くの畑がある。白はシャスラ、赤はピノ・ノワール種から作られているものがほとんど。またこのピノ・ノワール種のブドウから作られるウイユ・ド・ペルドリというロゼワインがこのエリアでは有名。もとはフランス、ブルゴーニュ地方の王侯貴族に愛されていた由緒ある名前のワインだ。

■ティチーノ州

アルプスの南側にあるため、ほかのエリアとはまったく気候が異なっており、白ワインの生産が多い地区がほとんどのスイスにあって、ここでは80%以上がメルロー種のブドウで作る赤ワイン。メルローからは白やロゼワインも作られ、ほかにもカベルネ・ソーヴィニヨンを使った重厚な赤ワイン、おなじみのシャスラやシャルドネを使った白ワインも生産されている。

■スイス東部
（チューリヒ周辺、シャフハウゼン州、ライン川沿い）

チューリヒの北側からシャフハウゼン周辺にかけて広範囲にブドウ畑が点在しており、ブラウブルグンダーと呼ばれるピノ・ノワール種のブドウを使った赤ワインの生産が全体の7割を占める。白はミューラー・トルガウという品種のブドウを使っており、同じライン川沿いにあるドイツのワイン生産地でおもに使われるリースリング種のブドウはあまり栽培されていない。ライン川上流部に当たるザンクト・ガレンやアッペンツェル、さらに上流に遡ってグラウビュンデン州のクール周辺でもワインの生産が行われている。

●スイスワイン情報サイト

URL swisswine.ch（仏、独、伊、英）
URL fineswisswine.ch（英）
URL www.myswitzerland.com/ja/experiences/summer-autumn/wine-tourism/swiss-wine

©Tobias Ryser/MOB-Golden Pass

GOLDEN PASS LINE

ゴールデンパス・ライン

スイスの中央を横断するモントルーからルツェルンへいたるルートは、ゴールデンパス・ラインとして知られている。グレッシャー・エクスプレスやベルニナ・エクスプレスのような急峻なアルプスを走り抜ける山岳鉄道ではないが、花畑や牧草地、放牧されている牛や羊たち、雪をかぶった白いアルプスなど、スイスのイメージどおりの風景を見せてくれる路線だ。

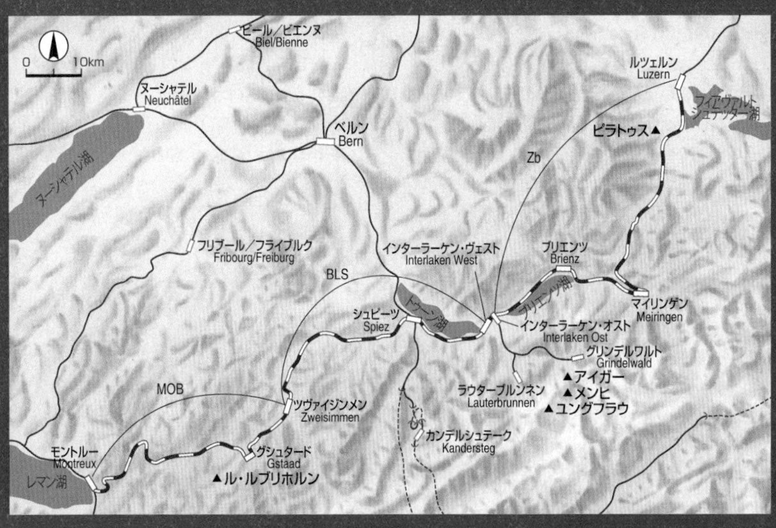

ルート案内

異なる線路幅に対応する新型車両が導入された ©MOB-Goldenpass

ゴールデンパス・ラインはモントルー～ツヴァイジンメン（MOB鉄道）、ツヴァイジンメン～インタラーケン（BLS鉄道）、インタラーケン～ルツェルン（Zbスイス中央鉄道）の3つの私鉄の路線を通過する絶景路線。3つの峠を越え、美しい8つの湖のすぐそばを通るスイス屈指のシーニックルートだ。

全行程の座席予約が可能で、国際空港があるジュネーヴ、チューリヒとも接続できるので移動手段としても便利。旅行者にも利用しやすい。

線路幅が異なるため、従来はツヴァイジンメンで列車を乗り換える必要があったが、車輪の幅を可変することができる車台を備えた機材が導入され、2021年12月からはモントルー～インタラーケン・オスト間を直行で結ぶ列車「ゴールデンパス・エクスプレス」が運行を開始している。

モントルーを出発すると高度を上げ、ゆっくりとしたスピードで住宅街の庭先やブドウ畑の中の斜面を上っていく。5～6月は沿線に咲くナルシスの花畑が見られるかも。レマン湖の姿が見えなくなると列車は森の中へ。標高を上げて峠のトンネルを抜けると景色が一変、谷あいの牧草地を下るのどかな風景が続く。

列車は牛やシャレー風の山小屋、アルプスの山々が望める**グリュイエール地方**、ベルン地方独特のうろこの家が多く見られる**シャトーデーChateau-d'Oex**、高級リゾート地**グシュタードGstaad**を通り抜ける。花の咲き乱れる牧草地をしばらく走ると、やがて**ツヴァイジンメンZweisimmen**が眼下に見えてくる。

ゴールデンパス・エクスプレスとゴールデンパス・ベルエポックはツヴァイジンメンからBLS鉄道に乗り換え。渓谷に沿って高度を下げながら、約40分でシュピーツに到着。ここからは車窓に美しい湖が続いていく。

進行方向左側に広がる湖は**トゥーン湖**。ここからBLS鉄道の終点であるインタラーケン・オストへは20分ほど。ベルナーオーバーラントの山岳リゾートの拠点となる町だが、駅は意外に小さい。インタラーケン・オストからルツェルンはスイス中央鉄道Zentralbahn（Zb）の路線。駅を出てしばらくすると、今度は進行方向右側に青い絵の具を溶かしたような**ブリエンツ湖**が現れる。ブリエンツの次の駅マイリンゲンで列車は進行方向を変え、再び高度を上げ始める。マイリンゲンから峠に向かう区間は、登山列車と同じラックレール式で急勾配をぐいぐい上がっていく。

列車が下り始めると左側に見えてくるのは**ルンゲルン湖**。この湖の北端のカイザーシュトゥールで人気韓国ドラマの撮影が行われた。次に現れる湖の湖畔の駅に停車したら終点のルツェルンはもうすぐ。最後に右側に**フィアヴァルトシュテッター湖**の姿を見たら、変化のある列車の旅の終点だ。

4～5月は沿線でナルシスの群生が見られることも

山あいの町と湖の景色が美しいルンゲルン湖

パノラマ列車案内

ゴールデンパス・エクスプレス GoldenPass Express

可変式車台を使い、モントルー～インタラーケン・オスト間を直行する最新型列車。1等、2等座席に加え、豪華なプレステージ席もある。座席での食事も可能でオンライン予約時にリクエストできる。

プレステージ席もある
©MOB-Goldenpass

ゴールデンパス・パノラミック GoldenPass Panoramic

以前から運行しているモントルー～ツヴァイジンメン間を運行するパノラマ列車。低床式車両も導入されている。

従来型の車両も眺めはすばらしい

ゴールデンパス・ベルエポック GoldenPass Belle Epoque

100年近く前のオリエント急行時代の車両そっくりの車内で雰囲気満点。2等車にはワイン樽を模した席もある。運行区間はモントルー～ツヴァイジンメン間。

19世紀の豪華列車の内装を再現

ゴールデンパス・ラインを楽しむヒント

ゴールデンパス・エクスプレスの予約料金は1等、2等がCHF20、プレステージCHF35。パノラミックとベルエポックは予約必須ではないが、ハイシーズンは事前予約したほうがよい。1等、2等ともにCHF9。ウェブから予約可能で座席予約のみも可能。スイストラベルパスを持っている場合、1等、2等の区別にも注意すること。なおルツェルン～インタラーケン・オスト間を走るZbの直行便もパノラマ車両が連結されている。

URL journey.mob.ch

ゴールデンパス・エクスプレスのスケジュール（2023年6/11～12/9）

7:35	9:35	12:35	14:35	発	モントルー	着	12:20	14:20	17:20	19:20
9:29	11:29	14:29	16:29	着	ツヴァイジンメン	発	10:30	12:30	15:30	17:30
9:39	11:39	14:39	16:39	発		着	10:20	12:20	15:20	17:20
10:21	12:21	15:21	17:21	着	シュピーツ	発	9:38	11:38	14:38	16:38
10:23	12:23	15:23	17:23	発		着	9:32	11:32	14:32	16:32
10:50	12:50	15:50	17:50	着	インタラーケン・オスト	発	9:08	11:08	14:08	16:08
↓	↓	↓	↓				↑	↑	↑	↑
11:04	13:04	16:04	18:04	発		着	8:55	10:55	13:55	15:55
12:55	14:55	17:55	19:55	着	ルツェルン	発	7:06	9:06	12:06	14:06

ゴールデンパス・パノラミック※

7～17時の毎時50分（9:50、14:50を除く）	発	モントルー	着	10～18時の毎時11分
↓ 所要2時間7分	↓		↑	↑ 所要2時間9分
9～19時の毎時57分（11:57、16:57を除く）	着	ツヴァイジンメン	発	8～16時の毎時2分(12:02を除く)

※時期により、上記スケジュール以外の運行もあり。

ゴールデンパス・ベルエポック

9:50　14:50	発	モントルー	着	14:11　19:11
↓ 所要2時間7分	↓		↑	↑ 所要2時間9分
11:57　16:57	着	ツヴァイジンメン	発	12:02　17:02

MOB鉄道以外の区間について、ツヴァイジンメン～インタラーケン・オストはBLS鉄道、インタラーケン～ルツェルンはZbスイス中央鉄道へ、それぞれ乗り継ぎができるようなスケジュールが組まれている。

グリュイエール
Gruyères

州：フリブール
使用言語：フランス語
地図位置：P.357-B1
標高：910m
郵便番号：CH-1663
エリアコード：026
（市内通話の場合でも初めにエリアコードをプッシュする）

目の前にタイムスリップしたような世界が広がる

アクセス ベルンからはフリブールとビュールBulleで乗り換えて約1時間25分（ビュール間はバス便の場合もあり）。ローザンヌからはパレジューPleziéux乗り換えで1時間14～16分。モントルーからはモンボヴォンMontbovon乗り換えで1時間8分。

市内を走るバス
本数は多くないが、グリュイエール駅～市街をつなぐ路線が走っている。
URL www.tpf.ch

ⓘOffice du Tourisme de Gruyères
住 Rue du Bourg 1
☎ (026) 9198500
URL www.fribourgregion.ch/en/la-gruyere
開 10:30～12:00
13:00～16:30
（5～10月は9:30～、4～10月は～17:30）
休 1・2月の月～金曜午前

グリュイエール城
☎ (026)9212102
URL www.chateau-gruyeres.ch
開 4～10月 9:00～18:00
11～3月 10:00～17:00
料 CHF12。スイストラベルパス有効。周辺の博物館などとのコンビ券もある。

スイスのチーズを代表するグリュイエールチーズは、この村の周辺で作られている。

村は、200mほどの石畳のメインストリート1本と中世の城からなる。時が止まったかのように静かで、かわいらしい村だ。古い家々のほとんどはチーズ専門店、みやげ物店、レストランなど。本場のフォンデュやラクレットを味わっていこう。

店の看板やみやげ物にツルの姿が多く描かれているのは、グリュイエールの"グリュGrue"がフランス語でツルを意味しているからで、この村のシンボルとなっている。

Walking 歩き方

駅から村までは、小高い丘を登ること約15分。スイスの名だたる古城のひとつに数えられる**グリュイエール城Château de Gruyères**は、11世紀から16世紀にかけて19人の伯爵が住まいとした歴史ある城だ。1938年以降はフリブール州が管理・維持をしている。内部は博物館になっており、代々伝わる家具や調度、絵画などの美術品が展示されている。

村の中心にある泉

また、城へ行く途中には映画『エイリアン』の生みの親であるギーガーH.R.Gigerの**ギーガー博物館Musée HR Giger**がある。グロテスクでありながら、アート性を併せもつ独特の世界を展開するギーガーの、膨大な作品とシュール

グリュイエール
グリュイエール城
Château de Gruyères
Route de Gruyères
Impasse de la Condémine
Giger Bar
チベット博物館
Tibet Museum
Auberge de la Halle
St. Georges
ギーガー博物館
Musée HR Giger
Route de la Cité
ベルアール門
Le Belluard
グリュイエール駅
Gare de Gruyères
La Fleur de Lys
サン・テオデュール教会
Eglise St. Théodule
チーズ実演製造所
La Maison du Gruyère
Rue du Bourgo
Route de la Cité
Hôtel de Gruyères
N
200m
モレゾン村、
La Pierre à Catillonへ

ベルアール門

レアリズムのアートを中心とした彼の個人的なコレクションを展示。いかにものどかなこの村にギーガーの世界があること自体、まさにシュール。

チーズの里だけに、グリュイエールチーズ作りが見学できるところもある。駅前の**チーズ実演製造所 La Maison du Gruyère**は近代的な製法で、見学者はガラス越しに見て回る。入場者は試食用のチーズをもらえたり、日本語のオーディオガイドがあるのがうれしい。

また、グリュイエールからバスで15分ほどの**モレゾン村 Molèson**には、17世紀から伝わる手法でグリュイエールチーズを作っているチーズ小屋**アルプス高原チーズ製造所Fromagerie d'Alpage**があり、牛乳を入れた大鍋を薪の火にかけるという、昔ながらの製法でチーズを作っている。こちらの実演のほうが見て楽しい。モレゾン村からはケーブルカーとロープウエイで、**モレゾン山Le Molèson**(2002m)に上ることもできる。

チーズ実演製造所

グリュイエール駅からモレゾンへのバスは便数が少なく、チーズ製造の実演見学にちょうどいい便があるとはかぎらないので、十分な時間の余裕が必要。時間のない人は、ジュネーヴなどからグリュイエールとベルンをセットにした1日ツアーに参加するのも一案だ。

丘の周囲にはのどかな風景が広がる

ギーガー博物館
住Châeau St. Germain
☎ (026)9212200
URL www.hrgigermuseum.com
開'23年は4/1～10/29
月～金曜 10:00～18:00
土・日曜 10:00～18:30
11～3月
火～金曜 13:00～17:00
土・日曜 10:00～18:00
休'23年は10/30～'24年3/31の月曜(クリスマス～新年の時期は開館。時間は要確認)
料CHF12.50。スイストラベルパス有効。

チーズ実演製造所
住Place de La Gare 3
☎ (026)9218400
URL www.lamaisondugruyere.ch
開9:00～18:00(6～9月は～18:30)入場は閉館30分前まで
※チーズ製造の実演見学は9:00～12:30、1日に2～4回(季節により異なる)。
料CHF7。スイストラベルパス有効。

モレゾン村のi
住Route du Moléson228
☎ (026)9218500
URL www.moleson.ch
開8:30～12:00
13:30～17:00
休日曜

アルプス高原チーズ製造所
住Place de l'Aigle 12
☎ (026)9211044
URL www.moleson.ch/fabrication/
開5～9月
'23年は5/13～10/1
※チーズ作りの実演は9:45～。5～7月は10:45にも実演あり。
料CHF5
乳製品の販売もしている。

モレゾン山へのケーブルカーとロープウエイ
冬期(12月下旬～3月)と夏期(5月中旬～10月)の、毎日9:00～18:00に20分おきに運行(6～10月の金・土曜は～23:00)。18:00～は30分おきに運行。
☎ (026)9218080
URL www.moleson.ch/horaires
休4月～5月中旬、11月～12月中旬の月～金曜
料ケーブルカー往復CHF22、ケーブルカー+ロープウエイ往復CHF35

ホテル

サン・ジョルジュ St. Georges

MAP P.399

グリュイエール村の中心に位置する。駅からは徒歩15分、またはバスで5分。中世のスタイルを模した伝統的なインテリアの客室があり、雰囲気がいい。併設のレストランには薪式のピザ窯があり、料理とともにフリブールの山々のすばらしい眺めを楽しめる。

住Rue du Bourg 22
☎(026)9218300
URL www.lesaintgeorges.ch
料(または)ⓈⓌCHF160〜 食事追加CHF20
Room 14室 Wi-Fi 無料
カード DJMV

ラ・ピエール・ア・カティヨン La Pierre à Catillon

MAP P.399域外

モレゾン村のハイキングトレイルの右側にあるバックパッカー向けホステル。グリュイエール駅からバスで約10分。木材をふんだんに使用した館内はあたたかみがある。無料で利用できるキッチンあり。コインランドリーは50m離れた所にある。併設のレストランには子供向けのプレイルームもある。

住Route de Moléson 228
☎(026)9211041
URL www.moleson.ch/pac/
料ⒹⓌCHF80〜
食事追加CHF6
Room 7室 Wi-Fi 無料
カード MV

COLUMN チョコレート列車でチーズの里とチョコレート工場を訪問

優雅なプルマンカーに乗車し、チーズの里グリュイエールとチョコレート工場を訪れるモントルー発のエクスカーション。

モントルーを出発すると、最初の目的地グリュイエールへは1時間30分で到着。鉄道駅の前のチーズ実演製造所を見学し、さらに丘の上のグリュイエール村へ向かう。村では城の見学と昼食を兼ねた休憩がたっぷり2時間ある。ゆっくりと城を見て、名物料理のチーズを味わおう。グリュイエール訪問のあとは、いよいよチョコレート工場の見学へ。グリュイエールのすぐ近くのブロBrocにあるCailler-Nestle（カイエ・ネスレ）社の工場メゾン・カイエを訪問する。まるで遊園地のアトラクションを体験するように、カイエのチョコレート製造の歴史をたどることができる。最後は、袋詰めのチョコレートが実際に作られる様子を見学し、多くの種類の製品が並ぶ試食ルームへ。

'23年の運行は5/2〜9/28の月・水・木曜。7・8月は金・日曜も運行。9:50モントルー発、17:15帰着。モンボヴォンに到着したらあとは専用バスで移動。
料1人1等CHF99、2等CHF89（1等のスイストラベルパスでCHF59、2等CHF59）。予約必須。モントルー駅や旅行会社、インターネットからも予約ができる。

メゾン・カイエでは歴史と製造方法を見学できる

URL journey.mob.ch
☎(021) 9898190（スイス国内から）

工場見学だけでもOK

ツアーに参加しなくても、個人的に工場を見学することもできます。駅に降りると、もうチョコレートの香りがしてチョコ好きにはたまりません。見学ルートではチョコやナッツをかじる音が音楽とともに流れていて、まるで映画『チャーリーとチョコレート工場』の世界です。（ポーランド在住 S&S）

☎(026)9215960 URL www.cailler.ch
開毎日10:00〜17:00(11〜3月は〜16:00)。入場は1時間前まで。見学の所要時間は1時間〜1時間30分。7・8月は待ち時間が3時間以上になることもある。
休1/1、12/25
料CHF15 ['23]

左／10号車のプルマンカー車内　右／ツアー専用バス ©MOB-GoldenPass

シャモニ・モン・ブラン
Chamonix Mont-Blanc

国名：フランス
使用言語：フランス語
地図位置：折込地図B4
標高：1037m
郵便番号：F-74400（フランス）
市外局番：なし
（スイスからかける場合はフランスの国番号33が必要）
通貨：ユーロ（€）
€1≒146円（'23年3月現在）。補助単位はサンチーム（¢）で、€1=100¢

シャモニ・モン・ブランの町なかからモン・ブランを見上げる

山登りに縁のない人でも、アルプスの名峰モン・ブランの名を一度は耳にしたことがあるだろう。標高4808mのモン・ブランは、フランスとイタリアの国境にそびえるヨーロッパ大陸の最高峰。シャモニ・モン・ブラン（通称シャモニ）は、その北側の麓にあるフランス領の町だ。

4000m級の山々の懐深くに抱かれ、秘境と呼ばれるにふさわしいこの町が、リゾートとして、またアルピニストの登山基地としてにぎわい始めたのは、1786年のこと。この年の8月、長い間"魔の山"と人々から恐れられていたモン・ブランが、シャモニの猟師ジャック・バルマと医師ミシェル・パカールによって征服されたのだ。

この大冒険はヨーロッパ中の注目を浴び、アルプスの寒村にすぎなかったシャモニの名も一躍有名になった。以来、大勢の観光客や登山家たちがこの地を訪れるようになり、そのなかにはゲーテやバイロン、ジョルジュ・サンドなどの姿も見られた。200年ほど前まで、ジュネーヴからロバの背に揺られ10時間もかかった道のりは、今では車で1時間余り。町はしゃれた店が並ぶ洗練されたリゾートとなり、ロープウエイに乗ってモン・ブランの山のすぐそばまで気軽に行くこともできる。だが今でもアルプスの山々は、昔の人が驚嘆したであろうすばらしい景観を変わらずに見せてくれる。

Walking 歩き方

ジュネーヴからの定期路線バスは駅前に到着する。駅前には何もないので、散策しながら観光案内所❶の近くにあるシャモニ・バスのターミナルGare Routiéreを目指そう。

駅前のミシェル・クロ通りAv. Michel Crozを進んでいくと、交差点の手前右側に**山岳博物館Musée Alpin**が見える。シャモニの歴史と登山史が詳しくわかる博物館だ。このあたりからは

アクセス ジュネーヴから直通バスが1日1～5往復。ダイヤは日によって異なるので要確認。途中で乗り継ぎの場合もあり。直通バスで所要1時間15～30分。片道CHF30、往復CHF60。乗り場はモン・ブラン通り裏側にある観光バスターミナルGare Routiére（MAP P.363-B2）。

バスターミナルの発着案内
URL helvecie.ch/gare-routiere

モンブラン・エクスプレス
マルティニMartignyからフランスのヴァロルシヌVallorcineで乗り換えて約1時間。1時間おきに運行。モン・ブラン山群を満喫できる鉄道ルート。乗り換え駅手前のスイス内の駅、ル・シャトラール・フロンティエールLe Châtelard-Frontièreまでスイストラベルパス有効。

モン・ブランのイタリア側へ日帰り旅行
シャモニ・モン・ブランに滞在中、バスを使ってイタリアのクールマイユールCourmayeurへ日帰りで行ってきました。クールマイユールのバス停から徒歩10分の所にロープウエイがあり、その頂上のモン・チェティフに登れば、南側から見るモン・ブランの最高の眺めが楽しめます。前の日にシャモニ駅前の切符売り場で往復のバスの切符を購入しておきました。当日は朝8:30発で9:15にはクールマイユールに到着します。帰りのバスはクールマイユール発が14:00、16:15、17:30。
（八王子市　原野直木）
料 往復€30
URL aosta.arriva.it/　['23]

アルヴ川とモン・ブラン

ℹOffice du Tourisme
住85, Pl. du Triangle de l'Amitié
☎0450530024
URL www.chamonix.com
開8:30〜19:00（6月中旬〜9月中旬は9:00〜、4月中旬〜6月中旬と9月中旬〜クリスマスは9:00〜12:30、14:00〜18:00）
休10・11月の日曜

日本人が運営する旅行会社
アルプ・プランニング・ジャポン
住52, Chemin du Lai
☎0450534619
URL www.apjapon.biz
開9:00〜12:30、14:30〜18:00
休日曜、祝日
E-mail apjapon@wanadoo.fr
ハイキングガイドの手配など、日本語で問い合わせができるので安心。

Carte d'Hôte
ホテル宿泊者がもらえるゲストカード。シャモニ・バスが無料になるなど数多くの特典がある。

シャモニ・バス
地域内を走る循環バスで、"Carte d'Hôte"があれば、無料で利用できる。
URL www.chamonix.net

町の中心部を走る無料バス
"Le Mulet"（ラバの意）と名づけられたミニバスが町なかを走行。主要な場所に停留所があって便利。

エギーユ・デュ・ミディへのロープウエイ

道の両側にみやげ物屋などが並び、人も増えてにぎやかになってくる。川の手前を左に入ると**ソシュール広場Pl. de Saussure**に出る。モン・ブランの初登頂を果たしたバルマと、賞金を設けて登頂成功に情熱を傾けたジュネーヴの科学者ソシュールを記念する、バルマとソシュールの像が立っている。バルマの指さす方向には、白き頂がまぶしいモン・ブラン、その手前には青白い**ボソン氷河Glacier des Bossons**が見える。そのまま歩いてきた方向に目をやると、駅の裏側の針葉樹が、圧倒的な高さで町を見下ろしている。

川を越えてすぐ左には郵便局、メインストリートの**パカール通りR. du Dr. Paccard**の両側には両替所が何軒か並んでいる。パカール通りはレストランやみやげ物屋が並び、華やかな雰囲気。夜遅くまで営業している店が多く、必要なものはほとんど揃えられる。さすがにスポーツ用品店が多い。パカール通りの1本奥のマジェスティック通りに観光案内所ℹがある。ℹの奥に見えるのはステンドグラスが美しいサン・ミシェル教会Eglise St-Michel。シャモニ・バスのターミナルはℹから南西に200mほどの所にある。シャモニの町は小さいので歩いて回れるが、少し遠く（グラン・モンテへのロープウエイ乗り場など）へ行くときには、ここからシャモニ・バスを利用するといい。

バルマとソシュール

Scenic Overlook 展望台

ここだけは行っておきたい

MAP P.404

エギーユ・デュ・ミディ
Aiguille du Midi

3842m

こんなところに展望台を造ったことに感動する

モン・ブラン山群の大パノラマが広がる、ヨーロッパアルプス有数の展望台。町の南にそびえるミディ針峰の頂上までロープウエイが通じている。乗り場は町外れにあり、ソシュール広場から歩いて15分ほど。夏は大混雑するので、できるだけ早朝に乗ろう。朝食を食べずに出かけても、展望台にカフェテリアがある。

展望台は3ヵ所あるが、まずはエレベーターで最上階へ昇って360度のパノラマを満喫しよう。サングラスがないとまぶしいほどだ。手の届きそうな近さにそびえるモン・ブランの稜線には、早朝から多くの登山者が列をなしているのが見えるだろう。反対側には、ひときわとがった**ドリュAig. du Dru**（3754m）、3大北壁のひとつとして知られる**グランド・ジョラスGrandes Jorasses**（4208m）など、雪も残さない鋭い針峰が連なる。遠くにマッターホルンも見えている。

時間があったら、4人乗り×3連のロープウエイで氷河を渡ってイタリア領**エルブロンネHelbronner**を訪れるといい。乗客が乗り降りするたびにすべてのロープウエイが停止するため、30分の乗車中に5回、氷河の真上で数分間の静寂が味わえる。

モン・ブランの北東に連なる針峰群と登山者たち

アクセス
シャモニ・モン・ブラン
↓ 🚡 20分
エギーユ・デュ・ミディ

◆ロープウエイ
運行：8:10～16:30。ハイシーズンは始発時間の繰り上げおよび延長あり。
料往復€75

高度に注意
エギーユ・デュ・ミディは富士山頂より高い。真夏でもセーターやヤッケが必要。激しい気圧の変化も注意。心配な人は途中駅ですぐに乗り継がないで、2、3本ロープウエイを見送ろう。

モンブラン・マルチパス
夏期のみ使用可。エギーユ・デュ・ミディ（エルブロンネを除く）、モンタンヴェール、ブレヴァンなど8ヵ所の乗り物に有効。1日券€80、2日連続券€95、7日間以内で好きな日を選べる2日券€110、3日券€125などがある。3日前までにネット購入すると割引あり。さまざまな場所での無料または割引利用特典もある。
URL www.montblancnaturalresort.com/en/montblanc-multipass

エルブロンネへのゴンドラ
Panoramic Mont-Blanc Gondola
運行：6～9月の9:00～15:30。時期により変動あり。
料往復€112

時間を無駄にしないために
エギーユ・デュ・ミディ見学時間の目安は通常2時間、混雑時3～4時間。夏の観光シーズンとスキーシーズン中は、ロープウエイは大混雑。ジュネーヴからの路線バスで午前中にシャモニに着いても、ロープウエイに乗るまでにかなりの時間がかかるので、ジュネーヴに日帰り予定の人は、観光バスを利用したほうがいい。

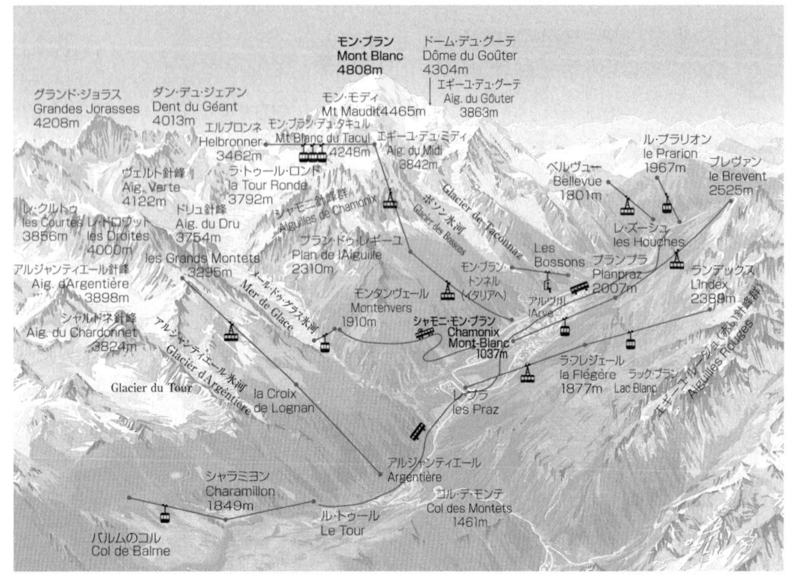

ドリュ針峰と氷河の眺めは大迫力！

MAP P.404

モンタンヴェール
Montenvers

1910m

アクセス
シャモニ・モン・ブラン
↓ 🚃 20分
モンタンヴェール

◆登山列車
運行：8:30〜16:30（季節により変動あり。5〜10月は8:30から運行）
料 登山列車の往復と氷河へ下りるロープウエイ、アイス・グロッテに有効なチケット€38。

ハイキング情報 P.406

下りの混雑に注意
夏期の夕方、モンタンヴェール駅はシャモニへ戻る人で行列に。1時間以上待つこともあるのを念頭におこう。

赤い電車に乗ればシャモニまですぐ

モン・ブラン山群の谷間に横たわる**メール・ドゥ・グラス氷河Mer de Glace**と、その源に当たるグランド・ジョラスの雄大な景色を望める場所。シャモニから赤い登山列車に乗って出かけよう。

駅を出ると氷河を見下ろす展望台がある

登山列車は、シャモニ国鉄駅の裏から出ている。駅に向かって左側の鉄橋を渡ると正面が登山列車の駅。シャモニの町を左下に見ながらモミの林をくぐって、約20分で終点のモンタンヴェールへ。駅のテラスから眺めるメール・ドゥ・グラス氷河は、"氷の海"の名前のとおり、神秘的な青白さと雄大さをもち圧倒される。正面には、アルプス3大北壁のひとつグランド・ジョラス北壁が屏風のように立ちふさがっているのが見える。

せっかくここまで来たのだから、"氷の海"へも下りてみたい。歩いても下りられるが、ロープウエイを利用すると簡単。氷河トンネル"アイス・グロッテ"や、宝石の原石が飾られたクリスタル・ギャラリーがある。

ホテル＆レストラン

フランス随一の山岳リゾートだけあって、ホテルもレストランも選択肢が豊富。山登りにお金をかけるために、下界では極力節約をしたい登山者などもいるので、お金持ちに特化したスイスの高級リゾートなどと異なり、エコノミー旅行者も楽しめる。長めに滞在したい人はキッチン付きのホテルがおすすめ。レストランは基本フランス料理だが、ホテル同様に高級なところから、ファストフードまでいろいろ選べる。

H アルピナ Alpina

MAP P.402 ★★★★

駅から徒歩5分。館内はモダンなデザインで、おしゃれ。約半数の部屋からモン・ブランが見えるほか、7階のレストランからは180度のパノラマビューでモン・ブランが一望できる。スキー用具のレンタルが可能。サウナやジャクージのあるスパを併設。日本人旅行客も多い。向かいにスーパーあり。

住79 Ave. du Mont-Blanc
☎0450534777
URL www.alpinachamonix.com
料（または）SW€248～ 食事追加€22
Room 138室
Wi-Fi 無料
カード AJMV

H ポワン・イザベル Pointe Isabelle

MAP P.402 ★★★

駅から徒歩2分と近く、便利な場所にある。館内は改装されていて設備も新しい。部屋は落ち着いた雰囲気で、モン・ブランの見える部屋からの眺めがすばらしい。併設のバー・ビストロで提供される朝食はビュッフェ式のアメリカンブレックファスト。道を挟んでスーパーがあり便利。

住165 Ave. Michel Croz
☎0450531287
URL pointeisabelle.com
料（または）S€134～ W€185～ 食事追加€6.50～ Room 45室
Wi-Fi 無料 カード JMV
休10月下旬～2月中旬

Y オーベルジュ・ド・ジュネス Auberge de Jeunesse Chamonix Mont-Blanc

MAP P.402域外

シャモニー・モン・ブラン駅からLes Bossons行き（2番）のバスに乗ってAuberge De Jeunesseで下車後、約50m歩いた場所にある。駅から離れているが、ボソン氷河の麓にあり山々の景観が美しい。バーやTVルームなどの設備あり。パッケージプランにはリフトパスと地元の交通機関が無料になる特典もある。

住127 Montée Jacques Balmat
☎0450531452
URL www.hihostels.com
料（または）D€28～ 非会員は1泊€2.90プラス
Room 122ベッド Wi-Fi 無料
休4月下旬～5月中旬、10月上旬～12月上旬

R アトモスフィアー Atmosphère

MAP P.402

アルヴ川に面した屋根付きのテラスが目印。雰囲気がよいわりに値段は手頃で、チーズフォンデュ€19～、メイン€20～。平日のランチには前菜とメイン、デザートで€30のコースもある。チーズフォンデュ、ラクレットも楽しめる。ワインの種類も豊富。秋にはジビエも提供する。予約がおすすめ。

住123 Place Balmat
☎0450559797
URL www.restaurant-atmosphere.com
営12:00～14:00、19:00～21:30
休火・水曜
カード MV

R ル・モンチュ Le Monchu

MAP P.402

1972年オープン、南ヨーロッパのサッヴァ地区の伝統料理をはじめ、チーズフォンデュやラクレットなどを食べられるレストラン。店内は山小屋風の内装で、木のあたたかみがある。薪を使って料理ができる暖炉があり、昔ながらの方法で調理してくれる。窓からはモン・ブランの眺めが楽しめる。

住1 rue du Lyret
☎0450530480
URL www.lemonchu-chamonix.fr
営11:30～23:00（4月下旬～6月中旬、9月中旬～12月1日は11:30～14:30、18:00～23:00）※時期により変動あり
休無休 カード AMV

日本からシャモニー・モン・ブランへの電話のかけ方
[国際電話会社の番号*]+010+[国番号33]+[電話番号（最初の0を除いた9桁）]
*マイラインの国際通話区分に登録している場合は不要

シャモニの谷を眼下に眺めながら歩く

プラン・ドゥ・レギーユ→モンタンヴェール
Plan de l'Aiguille→le Montenvers

アクセス→シャモニ・モン・ブランからロープウエイ
スタート地点標高→2310m
ゴール地点標高→1910m
最高到達地点→2310m
高低差→400m
総延長→5.9km
所要時間→2：30
公式地図番号→3630
難易度→技術2／体力2

エギーユ・デュ・ミディへのロープウエイの下からスタート

シャモニに来たら誰もが訪れるのがエギーユ・デュ・ミディの展望台。モン・ブランを間近に眺め、グランド・ジョラスをはじめとするシャモニ針峰群や、遠くにはスイスのヴァリス山群までの大パノラマが広がる、ヨーロッパアルプス屈指の展望台だ。まずはここからの景観を存分に楽しもう。何しろ人気があるので、シャモニからのロープウエイも、展望台へ上がるエレベーターも1日中混雑する。前日のうちに運行スケジュールを確認しておいて、ぜひ朝一番のロープウエイで上りたい。

ハイキングは、帰りのロープウエイの中間駅、プラン・ドゥ・レギーユからスタートする。エギーユ・デュ・ミディには劣るが、ここの駅前の売店付近からの眺めもなかなかのもの。シャモニ針峰群の山々が剣山のように目の前にそびえ立ち、右側にはボソン氷河の雄大な流れが見えている。ここからロープウエイのルートに沿って、シャモニ・モン・ブラン側に下り始めよう。

コースの途中に多く咲くアルペンローズ

氷河に沿ってさらに奥まで歩くことができる

少し行くと展望のいい山小屋レストランがある。ここで右に曲がり、シャモニ針峰群の山腹をトラバースするように延びるルートを進もう。左側にはシャモニ・モン・ブランの町を見下ろし、右側にはグレポン、M字形をしたエム針峰などの山々がそびえ立つ。ほぼ平坦で快適な道が真っすぐに続いている。

山腹を行く道は、途中左に下る道を過ぎ、やがて道がふた手に分かれる分岐点に突き当たる。真っすぐ進む平坦な道は森の中の歩きやすいコースだが、右側の上りの道のほうが眺望がよいのでおすすめだ。

ジグザグ道を登り、登りきった所から横にトラバースするように歩いていくと、シャモニ針峰から続く尾根を越える展望ポイントに着く。眼下に広がるのは、その美しい青さとスケールの大きさから"氷の海"と呼ばれるメール・ドゥ・グラス氷河の雄大な流れ。氷河の奥にはアルプス3大北壁のひとつとして知られるグランド・ジョラス北壁がそびえ、正面にはドリュ針峰が天を突き刺すようにそそり立つ、勇壮な景観だ。

ここからモンタンヴェールまでは、氷河に向かって一気に下る道。急な所もあるので、足元に注意してゆっくり下ろう。モンタンヴェールは、目の前を流れる氷河と山々の迫力ある眺めが楽しめる展望台。短いロープウエイで氷河の上に下り立つこともできるし、氷河の内部をのぞくトンネルなどのアトラクションもある。ここからシャモニへは赤い登山鉄道で20分ほどだが、夏の夕方には大混雑となり、1時間も列に並ばなければ乗れないこともある。その日のうちにジュネーヴなどへ戻る人は早めに行動しよう。

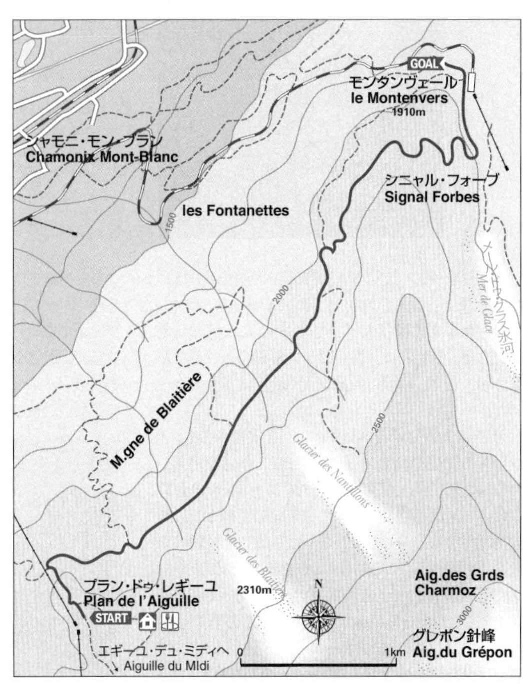

シャモニの町から
直接アクセスできるコース。
女王モン・ブランと迫力の
ボソン氷河を眺めながら、
花の咲き乱れるアルプを歩こう。

ブレヴァンの展望台から眺めるモン・ブラン

ブレヴァン ➡ ラ･フレジェール

le Brevent ➡ la Flégère

ブレヴァンへはふたつのロープウエイを乗り継ぐ

- アクセス➡シャモニからロープウエイ
- スタート地点標高➡ 2525m
- ゴール地点標高➡ 1877m
- 最高到達地点➡ 2525 m
- 高低差➡ 648 m
- 総延長➡ 8.2km
- 所要時間➡ 3：00
- 公式地図番号➡ 3630
- 難易度➡技術 2 ／体力 2

シャモニ・モン・ブランの観光案内所から5分ほど歩いた所からロープウエイに乗り、エギーユ・ルージュの中腹にある展望台ブレヴァンへ。ここが出発地点となる。全行程でモン・ブラン山群のパノラマが広がり、岩場、雪渓、草原を歩く変化に富んだコースだ。

歩き出す前にぜひブレヴァンの展望台からモン・ブランの絶景を眺めてみよう。しばし景色を堪能したら、北側に回り込む切り開かれたコースを歩き出す。このコースは冬場はスキーコースなので幅が広く斜度も緩やかだ。5分も歩かないうちに大きな岩の切り通しが現れる。この岩はロッククライミングの絶好の練習場所なので、老若男女のクライマーの姿を目にすることができるだろう。トレイルはこの岩の手前で分かれる。そのままスキーコースを歩けば、モン・ブラン山群を眺めながらのコース。のんびり歩くならこちらがおすすめ。左に分かれるコースは岩の北側を巻くコースで、こちらがトゥール・デュ・モン・ブランの正式なコースだが、岩の裏側となるため、モン・ブラン山群の絶景とはしばしお別れ。また、途中に鉄の梯子もある急な下りのあるコースなので慎重に歩きたい。特に雨や雪が降ったあとは滑りやすくなる。

地元の人は軽装だがしっかりした装備で歩こう

急な夕立で雷が鳴っても避難するような小屋はないので、天候のチェックは忘れずに。

プランプラからはほとんど高低差のない平坦なコース。山腹に広がるアルプはのんびりとした花畑。対岸に見える豪快なボソン氷河とのコントラストが楽しい。駅を出たら、まずはチェアリフトの右側の道を上がっていこう。このあたりはパラグライダーの離陸地点として有名で、フワリと飛び立つグライダーの姿をよく見かける。

「プランプラ2000」というレストランの先から、右側に斜面を見ながら、バルコニー状になった見晴らしのいいコースを東に進む。途中、カール状の花畑があるシャルラノンでは、草原にゆったりと腰を下ろして贅沢なアルプスの眺めを堪能しよう。シャモニの谷を挟んで、前方にはヴェルト針峰（4122m）とドリュ針峰（3754m）の印象的な山容が目に入る。

右側にシャモニ針峰群を見ながら進んでいくとメール・ドゥ・グラス氷河が姿を見せ始める。道が3つに分かれているので真ん中を行くと、崩れた崖や木の階段があり、やがてラ・フレジェールの駅が見えてくる。ゴールのラ・フレジェールは、氷河の奥に立ちはだかるグランド・ジョラスの北壁が見える絶景ポイントだ。

コースの途中にはこんなガレ場もある

ゴールから見るグランド・ジョラス

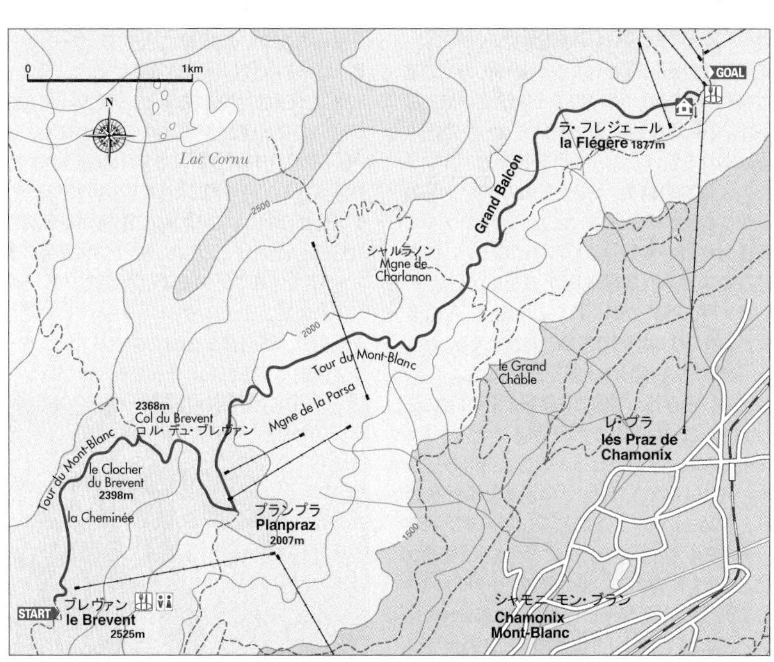

スイスの歴史

先史時代のスイス

ヨーロッパアルプスの北部、現在のスイスに当たる地域に人が住んでいた痕跡は紀元前約3000年くらいにまで遡ることができる。これは現在のグラウビュンデン州の首都クール付近で、旧石器時代が終わり新石器時代にさしかかる頃の遺跡が発見されたことから証明されている。

時代は下がってローマ時代。このあたりはヘルベティアといわれており、人々が生活していた跡は各地に残されている。現在ヨーロッパで一般的にスイスの略号として使用されている[CH]（Confédération Helvétique）（コンフェデレーション・ヘルベティア）という言葉はローマ時代のこの呼び名からきている。

アルプスの峠とスイスの歴史

紀元前1世紀に行われたシーザーのガリア遠征以後約400年間、現在のスイス領土のほとんどがローマ帝国の支配下にあった。ローマ帝国の支配に別れを告げたのが4世紀後半。ゲルマン民族の大移動の結果、さまざまなゲルマン系の民族がこの地に移住してきたことによる。ゲルマン民族大移動の影響は200年ほど続き、この間に現在のスイスの言語地図ができあがったが、高い峰と深い谷に分断されたこの地は、その後も長きにわたり、歴史の表舞台に出てくることはなく、神聖ローマ帝国の一部とされていた。

スイスが他の国との間に境界線を引くことになるきっかけは、1097年の帝国会議での「マインツの和」の取り決めがきっかけだ。当時の皇帝ハインリッヒ4世の「カノッサの屈辱」事件後の混乱を収めるためで、その結果、ボーデン湖畔から東の支配者としてツェーリンゲン公が任命された。12世紀になると、後の皇帝フリードリッヒ1世により、西のジュネーヴ湖畔までもツェーリンゲン公の管轄下になり、現在のスイスの東西の国境の原型ができあがった。

その頃のヨーロッパ各国では農業革命が始まり、収穫力が飛躍的に向上しており、各地で商業取引も盛んになっていた。こうして北の「北海・バルト海商業圏」と南の「地中海商業圏」の間で流通が始まり、アルプス越えルートが重要な交易ラインとなっていった。

12世紀までのアルプス越えルートは、レマン湖からローヌ川を遡り、マルティニからサンベルナール峠を越えるルートと、ライン川を遡ってクールから南に抜け、サンベルナルディーノ峠を越えるルートがあった。ところが当時の峠道は荒れ放題。悪路を通るために時間がかかり、その結果途中で宿に泊まる必要も出てくる。さらに通行税など、何かと理由をつけてお金が取られることも少なくなかった。そんな状況下でも商人は耐えて、ひたすら物資を運んでいた。

そんななか、13世紀に入って、ウーリ地方のサンゴッタルド峠ルートが開削された。商業ルートとして使用が可能になると、何といっても距離が短いので、道が整備されていなくても、通行時間がかなり短縮され、そのため輸送のコストも節減された。時を同じくして1218年にツェーリンゲン公が断絶し、この峠の支配権が地元の住民のものとなった。こうして、アルプス交易の動脈をおさえた、この地の重要性が高まっていった。

それまでツェーリンゲン公のもっていた地域の支配権は、最後の公の妹の嫁ぎ先だったキーブルグ侯爵に移された。さらにその娘が嫁いで産

サンゴッタルド峠の峠道に架けられた悪魔の橋

んだ、ツェーリンゲン公の血を継ぐ初めての男子に支配権は移された。この男子がルドルフ・ハプスブルク。後の神聖ローマ帝国皇帝ルドルフ1世である。現在のスイスの支配権がこのようにハプスブルグ家へと移っていく半世紀の間に、各地のコミュニティは都市化し、独立性を強くしていった。その結果、ハプスブルク家の支配権を認めない「スイス盟約者団」が誕生することになる。

「スイス盟約者団」の誕生

ウィリアム・テルの像

ルドルフ1世は、当初、現在のスイス中央部の諸都市とは友好的な支配関係を築いていた。しかし1291年7月に彼が亡くなると、状況は変わる。ハプスブルク家の強権下におかれることを警戒した、サンゴッタルド峠のウーリ、峠と北ヨーロッパを結ぶルートの要所であるシュヴィーツ、そしてウンターヴァルデンの3つのコミュニティは、翌8月、相互に援助することを約束した盟約を結ぶ。自治権獲得などを目指したこの盟約が「リュトリの誓い」といわれるもので、これで結ばれた同士が「スイス盟約者団」である。そして最初の3つの盟約者は「原初3州」と呼ばれている。スイスの建国記念日は8月1日だが、これはこの盟約の成立にちなんでいる。

ウィリアム・テルが自分の子供の頭の上に置いたリンゴを射抜き、悪代官ゲスラーを退治してスイス建国の英雄になったという話は、この頃を舞台にした物語。史実ではないが、現在でも切手やコインにその姿が残されている。

スイス誕生と発展の歴史は、この「盟約者団」の拡大の歴史だ。1332年にルツェルンが加盟。農村を主体とする州に、進んだ都市を擁する州が加わった。その後チューリヒ、グラールス、ツーク、そして1353年のベルンの参加で「8州同盟」となり、明確にハプスブルク家の支配から逃れ、住民による自治を確固なものとしていく。16世紀には、フリブール、ソロトゥルン、バーゼル、シャフハウゼン、アッペンツェルが加わり「13州同盟」となり、この体制で18世紀末まで続いていく。このときはひとつの国としてまとまっていたわけではなく、各州で独自の法律をもちながら、相互援助しあう同盟関係だった。この時代の各州の独自性は、スイス連邦となった現在も、各地方の政治に息づいている。サヴォイ家の支配下にあった西のレマン湖地方でも独立の動きが活発化し、17世紀にツェーリンゲン公の都市ベルンが、サヴォイ家をレマン湖畔から完逐し、ヴォー地方を支配下においた。

フランス革命とナポレオンの登場

1789年、隣国フランスでフランス革命が始まり、末期に台頭してきたナポレオンが周辺地域を支配するようになると、隣国のスイスも影響を受けるようになる。1796年にはナポレオン軍がイタリア北部を支配するにいたり、1798年にスイスにはナポレオンの息のかかった「ヘルベティア共和国」が軍事力を背景に一方的に形成されることになった。しかしもともと各州の自治勢力が強かった国内は混乱を極め、この体制は約２年で事実上崩壊。以降さまざまな勢力が台頭したが、いずれも長続きしなかった。

結局、スイスが国家として確立されたのは、中央集権化とスイスの伝統的な地方自治を巧みに組み合わせた憲法が制定された1848年のこと。これによって初めてスイスにいわゆる「連邦体制」が確立されることとなった。この後、1874年に憲法は大きく改定されるが今日の国家の基本はこのときに確立されたといっていいだろう。

傭兵の歴史と永世中立

スイスの傭兵の起源は明らかではないが、中世よりスイスは国土の狭さに加え人口過剰に慢性的に苦しんでいた。しかも15世紀以降には牧畜業が発展したことにより、ますます耕地が減ることになり、この頃からシステム的に海外へ傭兵として働きに出るようになったといわれている。すなわち血を輸出することで食糧を確保したわけだ。堅実で我慢強く、働き者のスイス人傭兵はどこへ行っても引っ張りだこで、周辺各国との盟約のなかでスイ

傭兵の悲しい歴史を物語る「瀕死のライオン像」

ス人同士が外国で戦うことも珍しくなくなっていた。その悲劇を批判したのは16世紀にスイスの宗教改革をすすめたツヴィングリであり、さまざまな国の利害がからむ国際政治のなかでスイスが生き残るには、傭兵を戦争に参加させるのではなく中立しかないという彼の意見は非常に斬新だったが、それが受け入れられるにはもう少し時間を必要とした。

そして1674年にスイス同盟は初めて外交政策として「武装中立」を宣言し、一般的にこれがスイスの永世中立の始まりとされる。しかしまだ中立と傭兵は別問題として考えられており、1792年フランス革命においてルイ16世を守るためにスイス人傭兵が最後まで戦ったことは有名で、ルツェルンの「瀕死のライオン像」はその悲劇と苦悩を表している。

スイスの産業革命と近代化

ナポレオン革命で大揺れに揺れたヨーロッパ世界に秩序を取り戻すために1815年に開かれたウィーン会議以後、国際的にも「永世中立」を認められたスイスは、以後国内産業の育成に力を入れ始める。産業革命はほかのヨーロッパ諸国と同様に繊維産業から始まった。

当時から農業と牧畜をおもな産業としていたスイスにとって、冬の労働力はあり余るほどあり、その豊かな労働力を利用して特にライン川沿いの地域（チューリヒ、ザンクト・ガレン周辺）を中心に繊維産業が発達してきた。また時期を前後して、現在でもスイス経済の基盤となるような精密機械産業など、さまざまな近代産業も始まっている。

世界大戦とスイス

ヨーロッパを襲ったふたつの世界大戦ではスイスは薄氷を踏むような外交政策を続けた。第1次世界大戦ではドイツの戦略により比較的安全だったスイスも、第2次世界大戦においてはドイツ、イタリアというふたつの同盟国に挟まれ中立は事実上風前の灯であった。ドイツの侵攻が続きフランスが占領されると、とうとうスイスは四方を同盟国に囲まれ、いつ侵攻されても不思議ではない状況に陥った。

そんななか1940年7月25日、当時将軍として選ばれたアンリ・ギザンはスイス建国の地、リュトリーの草原へ全部隊長を集め「レデュイ・プラン」を発表。それは交戦状態に入った場合には国境線の平地の都市部をあきらめ、すべての部隊をアルプス山中に立てこもらせ徹底抗戦を行うというプランであった。またベルリン・ローマ枢軸が一番確保したかったアルプス越えのルートを断ち切るために、スイス人民の血と汗の結晶、サンゴッタルド・トンネル、シンプロン・トンネルおよびそれに付随するルート上の鉄橋、トンネルを自ら爆破することを宣言したのである。その強い意志がドイツの侵攻を遅らせ、スイスを交戦状態に持ち込むことなく終戦を迎えさせた。まさしく奇跡といえるようなことだった。

その後驚異的な経済発展を経て、スイスは世界で最も裕福な国のひとつになっていく。

永世中立から国際社会へ

1957年、スイスは欧州経済共同体（EEC）への参加を拒否した。1986年、国連に参加するかの問いにノーと答えた。1992年、欧州経済地域への参加も拒否した。しかし時代は確実に変わっている。

これまで何度かEUへの参加の是非が国民投票にかけられ、いずれも否決はされているものの毎回その差は縮まっている。特に2002年からユーロ新通貨の流通が始まり、ますます強固になりつつある欧州経済圏のなかで、孤立することへの不安が国民のなかに広がっていることは想像に難くない。しかもこの傾向は若い世代ほど顕著になっているので、スイスのEU参加は時間の問題なのかもしれない。さらに2002年3月には、長年にわたって国是としてきた「永世中立」を見直すことになる歴史的な国民投票が行われた。国際連合への加盟の是非を問う国民投票が行われ、僅差で加盟賛成が反対を上回ったのだ。この結果を受け、連邦政府は国際連合への加盟申請を行い、2002年9月の国連総会を経て、正式に190番目の加盟国となった。2008年からはシェンゲン協定加盟国になっている。国際化の波のなかでは、独自の歩みを続けていくことが難しいとスイス国民が判断したわけだ。

連邦政府は、あくまでも「中立国」として国際連合へ加盟していると強調するが、今後は国連の場で行われる経済や軍事政策の議論に、加盟国として参加しなければならない。2023年からは初めて国連安全保障理事会の非常任理事国（10ヵ国）のひとつとして、多くの国際問題に取り組むことになる。永世中立国スイスの行動に世界が注目している。

同じスイスでもアルプスの南側のロカルノは町の雰囲気がまったく異なる

8 ティチーノ地方

Ticino

ベリンツォーナのモンテベッロ城

introduction

ティチーノ地方 イントロダクション

ティチーノ地方を旅していると、ここは本当にスイスだろうかと、ふと考えてしまう。

温暖な気候、平たい石を積み上げた素朴な家や白壁のイタリア風の家々、庭先のオレンジやアカシア、そして陽気で気さくな人々……。イタリア語が公用語として話されるこの地方は、まさに「スイスの中のイタリア」だ。

この地方の観光の中心は、イタリアとの国境にまたがるふたつの大きな湖、マッジョーレ湖とルガーノ湖だ。標高がぐっと低くなるため、湖の周辺には柑橘系の木々や色鮮やかな亜熱帯の花々が見られ、南国の雰囲気が漂う。日本人にはあまりなじみのないスポットだが、スイス人はもちろん、北ヨーロッパの人々には昔から人気のあるリゾートだ。日照時間の長いこの地方へ、明るい太陽を求めてやってくるのだろう。

観光の基地となるのは、州都のベリンツォーナ、州最大の都市でルガーノ湖畔にあるルガーノ、マッジョーレ湖畔のロカルノ。どこも歴史のある町で、見どころは多い。ルガーノから足を延ばして、眺めのよいモンテ・ブレや、メリーデのスイス・ミニアチュール（スイス各地の建物の模型を集めた公園）へ、ロカルノからは西側に点在するチェントヴァッリ（百の谷）の古い村々へ出かけてみよう。

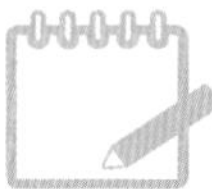

プランニングのポイント

ルガーノ、ロカルノのふたつの町が観光の起点となる。どちらも湖畔にある美しい町なので、滞在中に湖を眺めながらのんびりする時間を作りたい。アルプス山脈の南側ということもあり標高の高い山はないが、展望台は何ヵ所かにあり、氷河に削られた緩やかな稜線の山々と湖の風景が眺められる。町の中心からそのままアクセスできるところもあるが、多くがちょっと郊外にあるので、バスやフェリーのスケジュールを確認しておきたい。スイスのほかの地域ではあまり見られない、立派な城（城塞）があるのもティチーノ。特に知られているのは世界文化遺産に登録されており、ベリンツォーナにある。

ルガーノのリフォルマ広場

ルガーノの気候データ

	1月	2月	3月	4月	5月	6月	7月	8月	9月	10月	11月	12月
平均最高気温(℃)	6.6	8.5	13	15.8	20.2	24.2	26.9	26.1	21.7	16.7	11.3	7.4
平均最低気温(℃)	0.8	1.6	4.9	7.9	12.1	15.4	17.8	17.4	13.9	10	5.1	1.7
平均降水量(㎜)	66	52	80	156	196	164	153	159	185	142	127	80
平均降水日	6	7	8	10	13	11	9	10	8	8	8	6

エリアハイライト

スイス国内には美しい水辺の景色がたくさんあるが、ここティチーノのハイライトも、ルガーノ湖とマッジョーレ湖の湖畔の景色。ほかの地域と異なるのは、湖を囲む山々が穏やかであることだ。この地域は古代よりアルプス越えの入口だったところ。歴史的な見どころも多い。

旅の交通

ゴッタルドベーストンネルが開通したこともあり、アルプスを縦断するチューリヒとミラノを結ぶ鉄道の重要度がさらに増している。このエリアはその幹線上にあり、ルガーノからイタリアのミラノへは特急列車で1時間ちょっととアクセスもよい。ショッピングや食事に十分日帰りで往復することができる。その反面、エリアをカバーする細かな鉄道路線が少ない。小さな町や村はバスでアクセスをすることになる。また湖畔の町や村が多いため湖船の交通が発達しているので、これがなかなか便利。便数も意外に多く、同時に湖上からこの地方独特の景色も楽しめるのでおすすめだ。断崖の迷路のような細い道をたどっていくと、有名なレストランがあるガンドリアやモルコーテといった、スイス人にもあまり知られていない湖畔の小さな村々とも出合える。

ここでは湖船での移動が便利

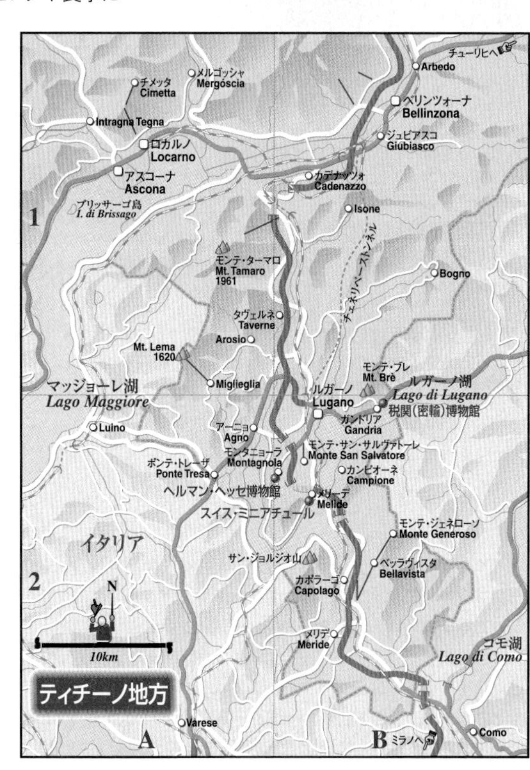

ルガーノで世界的建築家マリオ・ボッタの作品に出合う

おもなイベント

- ストリートアーティストフェスティバル（アスコナ）……2023/5/26～28
- ムーン&スター［野外音楽祭］（ロカルノ）……2023/7/13～23
- ロカルノ国際映画祭（ロカルノ）……2023/8/2～12
- フェスタ・デッレ・カスターニュ［栗祭り］（アスコーナ）……2023/10/14

香ばしい香りが町に漂う栗祭り

ロカルノ

湖畔に並ぶヤシの木が温暖な気候を物語る、スイスで最も標高が低いところ。スイスを代表する映画祭や音楽祭が行われる町で、町から直接アクセスできる展望台がある。

ベリンツォーナ

13～15世紀に建設された世界文化遺産である中世の3つの城塞には、それぞれ足を運びたい。ローマ時代よりゴッタルド峠を越える街道の要所だった町は、アルプスの北側にある町とはちょっと雰囲気が異なる町並みが広がる。

アスコーナ

カラフルなカフェやレストランが湖に面した通りに並ぶ、かわいらしいリゾート。湖を離れて小さな旧市街に迷い込むと、美しい教会や時計塔が建ち並ぶ中世の町が現れる。

ルガーノ

ティチーノ地方最大の町。湖に面した丘陵に町が広がっているため、駅と町の中心部がケーブルカーで結ばれている。見どころも多く、展望台からのハイキングやルガーノ湖のクルーズも楽しい。

料理と名産品

イタリア語圏なので、郷土の味は当然イタリア料理。トウモロコシで作る穀物粥である**ポレンタ**や北イタリア、ロンバルディア地方の名物料理でもある、仔牛の骨付きすね肉とトマトなどの野菜を赤ワインで煮込んだ**オッソブッコ**などが知られる。スイスワインは白のイメージが強いが、このエリアは赤ワインがメイン。ぜひ煮込み料理と一緒に味わいたい。湖で取れるマスなどの新鮮な**淡水魚の料理**もこの土地の名物だ。

ポレンタ

オッソブッコ

魚料理

ルガーノ
Lugano

州：ティチーノ
使用言語：イタリア語
地図位置：P.415-B2
標高：335m
郵便番号：CH-6900
エリアコード：091
（市内通話の場合でも初めにエリアコードをプッシュする）

市民公園から見るルガーノの町並み

複雑に入り組んだ形のルガーノ湖の、入江のようになった部分に開けたルガーノは、ティチーノ州で一番大きな都市。湖の向こうにラクダのこぶのようなモンテ・サン・サルヴァトーレ、反対側にモンテ・ブレを望み、アルプスの南側にあるため1年中温暖な気候のこの町は、ティチーノを代表するリゾートとなっている。

町には聖ロレンツォ教会をはじめ歴史的な建物が数多く残り、1日中散歩しても飽きることはない。歩き疲れたら、ルガーノ湖沿いに続く気持ちのよいプロムナードのベンチでひと休み。湖を渡る風が心地よい。

Walking 歩き方

坂の多い町なので、高台にある駅から湖畔沿いの中心部へは、早朝から深夜まで頻繁に往復しているケーブルカーが便利。乗り場は駅ホームに直結している。

荷物がなければ、歩いて湖畔まで行ってみよう。高台にある駅から急坂を下りてしばらくすると、右側に**聖ロレンツォ教会San Lorenzo**が現れる。9世紀の創建だが、その後何度も手が加えられ、さまざまな様式が組み合わされた。正面に施されたルネッサンスの彫刻がすばらしい。ケーブルカーの線路の上を通って右側の細い道を下ると小さな広場に出る。ここから湖へ向かってどのように歩いても、古い町の路地歩きの楽しさが味わえる。

町なかは坂が多い

アクセス　チューリヒからECまたはIRで約2時間。途中のアンデルマットからルガーノへ行く場合はゲッシネンGöschenenで乗り換えて（場合によってはさらにベリンツォーナBellinzonaで乗り換え）約2時間。ブリークからイタリアのミラノで乗り換えて3時間15分～4時間15分。

ℹEnte Turistico del Luganese
住Palazzo Civico, Piazza Riforma
☎（058）2206506
URL www.luganoregion.com
開9:00～12:00、13:00～17:30（土曜10:00～12:00、13:00～17:00、日曜、祝日10:00～12:00、13:00～16:00）
※冬期は短縮あり
休10月下旬～3月の日曜、祝日

ℹ中央駅構内
☎（058）2206504
開月～金曜　9:00～13:00
14:00～18:00
土曜、祝日　9:00～13:00
休日曜、10月下旬～3月下旬の祝日

カラフルなリフォルマ広場

市民公園にも立ち寄りたい

ルガーノ美術館
Museo d'arte della Svizzera italiana, Lugano
住Piazza Bernardino Luini 6
☎ (058)8664240
URL www.masilugano.ch
開火～金曜　11:00～18:00
（木曜～20:00、土曜10:00～）
休月曜（イースターの月曜、聖霊降臨祭の月曜を除く）、12/24・25
料CHF20。スイストラベルパス有効。

別館（旧州立美術館）
Seda Palazzo Reali
住Via Canova 10
☎ (091)8157973

チョコレートなら
ルガーノ近郊のカスラーノCaslanoに、スイスの代表的チョコレートのひとつ、アルプローゼAlprose社の工場がある。併設ミュージアム「ショコランドSchoko Land」では、紀元前からのチョコレートの歴史を紹介。直営店では特価で商品を購入できる。
住Via Rompada 36, Caslano
☎ (091)6118856
URL www.alprose.ch
開毎日　9:00～17:00
（12/24・31は～13:00）
（ショップは9:00～17:30）
休1/1、12/25・26
料CHF5
ルガーノ駅から私鉄FLPで26分、Caslano下車。駅から徒歩3分。

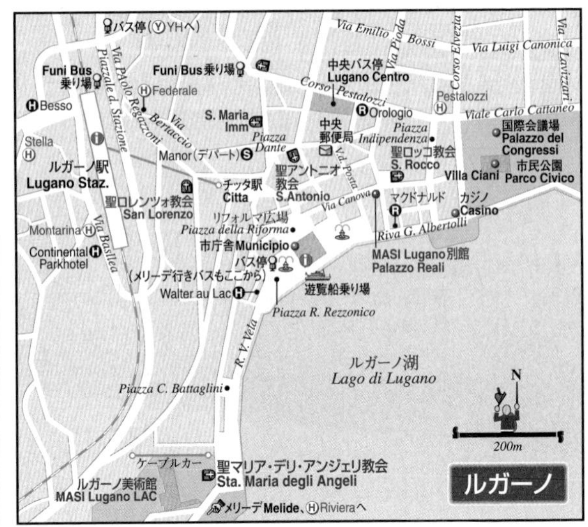

湖に近い**リフォルマ広場Piazza della Riforma**は町の中心。真ん中に**市庁舎Municipio**が建ち、湖側に観光案内所ⓘのメインオフィスがある。その横を抜けて湖岸に出ると、ルガーノ湖を巡る遊覧船乗り場がある。湖畔のプロムナードを歩いて**市民公園Parco Civico**へも行ってみよう。

また、リフォルマ広場から湖沿いに南へ進んでいくと**ルガーノ美術館MASI Lugano LAC**があり、19～20世紀の画家の作品など、多くの美術品が展示されている。

Scenic Overlook　展望台

ティチーノ地方を一望のもとにする　MAP P.415-B1

モンテ・ブレ　Monte Brè　935m

ルガーノ湖と市街が望めるケーブルカーでアクセス。頂上のテラスレストランからの眺めもいい。

レストランの脇から小道を少し上ると小さな教会があり、そこから森の中を15分ほど下ると**ブレ・パイゼBrè Paese**の村に到着。伝統的なティチーノ地方の村で、そこからハイキングコースがいくつも延びていて、ガンドリアまで歩いていって、そこから船でルガーノに戻ってくるのもいい。

美しい景色を眺めながらカフェでのんびり

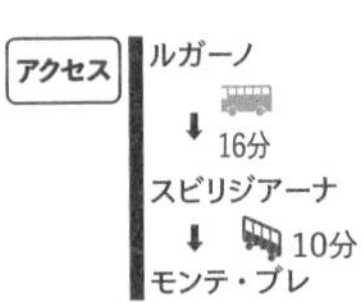

◆ケーブルカー
☎ (091)9713171
URL www.montebre.ch
営6～10月
上り 9:00～19:00
下り 9:00～19:00
（7・8月の金・土曜は上り・下りとも最終23:00）
11・12、3～5月
上り 9:00～17:30
下り 9:00～17:30
30分～1時間に1本の割合であるが、時期により変動あり。
休1・2月
料片道CHF17、往復CHF26
スイストラベルパス50%割引

ルガーノ近郊の気軽な展望台

MAP P.415-B2

モンテ・サン・サルヴァトーレ Monte San Salvatore 912m

市街地の南にある展望台で、市内観光と組み合わせるのに好適の場所。普通列車で隣のルガーノ・パラディーソまで行く。駅のホームの階段を下りて坂を下り、学校の先を左折するとケーブルカー乗り場がある。中間の乗り換え地点**パッツァッロPazzallo**の手前で、右側にどっしりとしたモンテ・ローザが現れてくる。

山頂からはアルプスのパノラマが眺められるが、距離が遠いので印象はちょっと弱い。むしろルガーノ湖と市街が織りなす箱庭的な景観のほうが印象的だ。

ルガーノの市街地を望む

アクセス ルガーノ
↓ 🚃3分
ルガーノ・パラディーソ
↓ 🚡12分
モンテ・サン・サルヴァトーレ

◆ケーブルカー
☎(091)9852828
URL www.montesansalvatore.ch
営'23年の運行は3/11〜11/5。9:00〜17:00の間、30分おきに運行。7月中旬〜8月中旬は23：00まで運行。詳細はウェブサイトで確認のこと。
料片道CHF25、往復CHF32 スイストラベルパス50%割引

Excursion 近郊の見どころ

ボッタ建築も楽しめる

MAP P.415-A1

モンテ・ターマロ Monte Tamaro 1961m

ルガーノ、ベリンツォーナ、ロカルノの間にある山。ルガーノから電車でRivera-Bironicoへ行き、そこからケーブルカーで展望台のあるAlpe Foppa(1420m)へ。ここには、ルガーノを拠点に世界で活躍するスイス人建築家マリオ・ボッタが手がけたシリンダー形のサンタ・マリア・デリ・アンジェリ教会がある。市内ルガーノ美術館の近くにも同名の教会がある。16世紀に建設されたロマネスク様式の名建築と21世紀の巨匠の作品を比べてみるのもおもしろい。またAlpe Foppaからはいくつものハイキングコースが延びている。時間に余裕があれば、360度のパノラマを楽しめるMonte Tamaro〜Monte Lemaを歩き(所要約4時間30分)、ケーブルカーでMiglegliaへ降り、ポストバスでルガーノに戻るコースもよいだろう。

サンタ・マリア・デリ・アンジェリ教会

外観同様内部も不思議な空間が広がる

アクセス ルガーノからSバーンで15分のRivera-Bironico下車、ケーブルカー乗り場まで徒歩約10分。そこからケーブルカーでAlpe Foppaまで約15分。モンテ・ターマロの頂上へはAlpe Foppaから徒歩で約1時間半かかる。

モンテ・ターマロへのケーブルカー
☎(091)9462303
URL www.montetamaro.ch
営'23年の運行は4/1〜11/上旬。8:30からの運行で、上り最終16:30、下り最終17:00。7・8月は上り最終17:30、下り最終18:00。
料片道CHF22、往復CHF31

巨大アウトレットモール FOX TOWN
ルガーノから電車で約20分のMendrisioに巨大アウトレット・ショッピング・モールFOX TOWNがある。GUCCI、PRADA、ROMEO GIGLI、JIL SANDER、BALLYなどヨーロッパブランドを数多く揃え、30〜70%の値段で購入可能。日本人スタッフもいる。また敷地内には、レストランやバー、カジノまであり、男女問わず楽しめる。日曜は混雑するため平日がおすすめ。
住Via A. Maspoli 18
☎0848-828888(有料)
URL www.foxtown.com
営毎日11:00〜19:00(休前日は短縮営業の場合あり)
休1/1、イースター、8/1、12/25・26
Mendrisio S.Martino駅下車、徒歩2分。

密輸に賭けた人々の歴史を知る

MAP P.415-B2

税関（密輸）博物館
Museo delle Dogane Svizzere

ガンドリアGandriaは人口200人超の小さな村で、ルガーノ市街の東にある小山モンテ・ブレの裾にしがみつくように、湖畔ぎりぎりの急傾斜地に建物が密集。狭い路地を歩いてみやげ物店で陶器などを探してみたり、水際に建つレストランで魚料理を味わうのがいい。このあたりは湖の幅が1km少々。深い緑の斜面が続く村の対岸の水辺に、税関（密輸）博物館が建つ。かつて使われた税関の建物をそのまま生かしたもので、イタリア側との密輸に使われた潜水艇が2階外側に展示されている。

静かな湖畔の村ガンドリア

アクセス ガンドリアまではルガーノから船で所要30分前後、全11便（夏期）。そのうち税関博物館に停まるのは1日1便ほど。またガンドリアまでならバスの便もある。

税関（密輸）博物館
住Cantine di Gandria
☎(058) 4634922
URL www.museodogane.ch
開'23年は4/2～10/22の間 12:00～17:00
休月曜、10月下旬～3月下旬
料無料

ルガーノ湖の定期船
Gandria、Caprino、Cantine di Gandriaといった小さな町を巡るコースなどがある。湖からルガーノの町を眺められる。
Società Navigazione Del Lago Di Lugano
住Viale Castagnola 12
☎(091)2221111
URL www.lakelugano.ch

ヘッセファン必見！

MAP P.415-A2/B2

ヘルマン・ヘッセ博物館
Museo Hermann Hesse

モンタニョーラMontagnolaは、詩人であり小説家、画家としても知られるヘルマン・ヘッセが晩年を過ごしたルガーノ近郊の小さな町。博物館には、彼の作品、家具、筆記具などが展示されているほか、ヘッセにまつわる展覧会やイベントを行う。また、リクエストすればウオーキングツアー(所要約2時間30分、CHF80～140、要予約）も開催。

ヘッセが住んだ家

アクセス ルガーノ駅裏側のバス停(linea 436）から1時間に1～2便（日曜、祝日は減便）程度出発するAgra行きのバスで約15分、Montagnola, Bellevue下車。

ヘルマン・ヘッセ博物館
住Ra Cürta 2, 6926 Montagnola
☎(091)9933770
URL www.hessemontagnola.ch
開3～10月
毎日 10:30～17:30
11～2月
土・日曜 10:30～17:30
料CHF10。ウオーキングツアーについては事前に問い合わせを。オーディオガイドあり（ドイツ語とイタリア語のみ）。

COLUMN 世界遺産サン・ジョルジオ山 Monte San Giorgio

ルガーノ湖の南にそびえるサン・ジョルジオ山(1096m）が、2003年に世界自然遺産に登録された。この一帯では2億4500万～2億3000万年前の三畳紀の化石（脊椎動物、魚類、海生爬虫類）が1万点以上も発掘され、注目を集めている。なかには恐竜の祖先といわれるティキノスクスなど貴重な恐竜の化石も含まれる。

山頂へ行く交通手段はなく徒歩で登るしかないが、発掘された化石はメリデMerideにある化石博物館Museo dei Fossili di Meride（住Via Bernard Peyer 9 ☎(091)6400080 開火～日曜9:00～17:00 休月曜（イースターの月曜および聖霊降臨祭翌日は開館)、1/1、12/24・25 料CHF12（スイストラベルパス有効） URL www.montesangiorgio.org）やチューリヒ大学の古代生物博物館Paleontologisches Museum（→P.44欄外）で観られる。

<メリデへの行き方>

スイス・ミニアチュールのあるメリーデMelideとは別の町なので注意したい。ルガーノからChiasso方面行き列車でMendrisio下車、所要約20分。Mendrisio駅前からバスでMeride Paese下車、所要約20分、バス停から化石博物館は徒歩約5分。

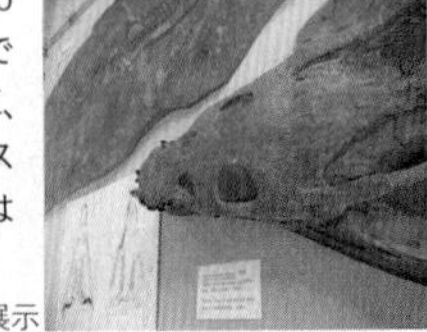
三畳紀の化石の展示

スイスを1時間でひと巡り

MAP P.415-B2

スイス・ミニアチュール
Swissminiatur

ルガーノから南へ、湖岸の景色を眺めながら列車で約6分行ったメリーデMelideにあるテーマパーク。1万4000㎡の敷地内では、町や村、モニュメント、交通機関など、スイスの各州のおもな見どころが120点以上、すべて実物の25分の1サイズで展示され、短時間でスイス1周ができる仕組みだ。また、全長3650mのレールを走る18種もの鉄道模型や、1500種の植物や1万5000本以上の花が彩る庭園も見もの。スイスの列車を模したミニチュアの鉄道には、大人も乗車できる。

屋外展示なので天気のいい日に訪れたい

アクセス 列車でルガーノから6分、Melide下車。30分に1本程度。ほかに湖船（ルガーノからMelide Swissminiatur下船、約35分）もある。

スイス・ミニアチュール
住6815, Melide
☎（091）6401060
URL www.swissminiatur.ch
開'23年は3/18〜11/5の間9:00〜18:00
休11月上旬〜3月中旬
料CHF21

スイスの中のイタリア領

MAP P.415-B2

カンピオーネ
Campione

273m

モンテ・サン・サルヴァトーレの対岸にあるイタリア領の飛び地。周りをスイス領に囲まれているため、ユーロではなくスイスフランが堂々と通用する。ここが有名なのはカジノがあるため。

ルガーノ中心部より湖船会社の直通バスが出ている。バスはメリーデMelideを通るので、スイス・ミニアチュールと組み合わせるといいだろう。夏には湖船の便もある。

マリオ・ボッタがデザインしたカジノ

アクセス ルガーノ駅付近のバス停から湖船会社のバス（439番）で約26分。1時間に1本程度。CHF3.50。夏期は湖船で20分弱、ただし便数は少ない。CHF16。
URL www.lakelugano.ch

湖畔にイタリア国旗が立つ

Casinò di Campione
URL www.casinocampioneditalia.it
入場にはパスポートが必要。
開日〜木曜　12:00〜翌4:00
　金・土曜　12:00〜翌4:30

COLUMN 足を延ばしてチェントヴァッリ（百の谷）へ

通称「チェントヴァッリ鉄道」の名で親しまれている「ティチーノ地方鉄道」。マッジョーレ湖畔のリゾート地ロカルノとイタリアのドモドッソラを結ぶ全長約52kmの国際鉄道だ。所要約2時間、南アルプスの美しい渓谷をいくつも抜け、47の橋を渡る魅力的な車窓風景が楽しめる。最大の見どころは、スイス側の国境駅カーメドCamedoの手前にある高さ102mの鉄橋。またイタリア側では、高級避暑地として名高いサンタ・マリア・マッジョーレも通る。

スイストラベルパス有効、スイス半額カードは全線適用。便数は1日10便程度。

URL www.vigezzinacentovalli.com

ロカルノ発の列車は進行方向左側に座ろう

スイス有数のレイクリゾートであり、ホテルの数も種類も多い。★が5つ付く高級ホテルは当然湖沿いにあるが、中心地からちょっと離れれば、湖沿いでもリーズナブルな宿も見つかる。駅の近くにもコスパのいいホテルがいくつかある。駅が高台にあるので、湖から離れていても景色がいい。★が2~3でも朝食用には眺めのいい部屋が用意されているので贅沢な気分になれる。

フェデラーレ Federale

MAP P.418 ★★★

ルガーノ駅から徒歩3分、町の中心や湖に近い便利な場所にある。部屋は明るくシンプルできれい。4・5人部屋もある。最上階の部屋からは湖を見渡せる。スイス・イタリア料理が味わえるレストランを併設。オーナーの奥さんは日本人で、町歩きに便利な日本語の地図やガイドブックがもらえる。

住 Via Paolo Regazzoni 8
☎ (091)9100808
URL www.hotel-federale.ch
料 （または）
Ⓢ CHF194～
Ⓦ CHF252～
Room 48室　Wi-Fi 無料
カード ADJMV

ペスタロッチ Pestalozzi

MAP P.418 ★★

駅から少し離れているが、周囲にはレストランやバーもあり、中央バス停にも近いので何かと便利。駅からは2番のバスに乗りPalazzo Congressiで下車。湖を望めるバルコニー付きの部屋あり。併設のレストランでは、地元のティチーノ料理やイタリア料理のほか、ベジタリアン料理も提供。

住 Piazza Indipendenza 9
☎ (091)9214646
URL www.pestalozzi-lugano.ch
料 （または）
Ⓢ CHF79～
Ⓦ CHF130～
Room 55室　Wi-Fi 無料
カード ADJMV

リヴィエラ Riviera

MAP P.418域外 ★★★

メリーデ駅から徒歩10分。湖畔に建つかわいいオレンジ色のホテル。併設のレストランでは、ぜひテラス席でルガーノ湖の魚料理とホテル特製のワインを。湖に面したプールがあり、パラソル付きの椅子が並ぶ。全室、山や湖が望めるバルコニー付き。Ⓢはマウンテンビューのみ。

住 Lungolago Giuseppe Motta 7
☎ (091)6401500
URL www.hotel-riviera.ch
料 （または） Ⓢ CHF100～ Ⓦ CHF200～　食事追加 CHF28　Room 27室
Wi-Fi 無料　カード ADMV
休 10月下旬～3月下旬

ステラ Stella

MAP P.418 ★★★

駅から徒歩3分のアットホームでこぢんまりとしたホテル。ピンク色の外観、よく手入れされたプール付きの庭がかわいらしい。4階建てだが、エレベーターはない。オーナーはフレンドリーな夫婦で、サービスも気持ちがいい。朝食はビュッフェ形式で、焼きたてのパンやヨーグルト、チーズなどが並ぶ。

住 Via F. Borromini 5
☎ (091)9663370
URL hotelstellalugano.ch
料
Ⓢ CHF137 Ⓦ CHF154～
Room 14室　Wi-Fi 無料
カード ADJMV

モンタリーナ Hotel & Hostel Montarina

★★

MAP P.418

駅から200m、緑に囲まれた気持ちのいいホテル。夏期は併設の庭で朝食を楽しめる。

住 Via Montarina 1　☎ (091)9667272
URL www.montarina.ch
料 Ⓓ CHF30 ⓈⓌ CHF128～　ⓈⓌ CHF133～
Room 35室　Wi-Fi 無料　カード AMV

ユース・ホステル・ルガーノ・サボサ Youth Hostel Lugano Savosa

MAP P.418域外

ルガーノ駅からバス+徒歩で10分。オーガニック食品のみを使用した朝食を出すなどエコ志向なホステル。

住 Via Cantonale 13, Savosa　☎ (091)9662728
URL www.luganoyouthhostel.ch　料 Ⓓ CHF35～ Ⓦ CHF135
Ⓦ CHF149～　食事追加 CHF12　非会員は1泊CHF7プラス
Room 132ベッド　Wi-Fi 無料　カード AMV　休 12月中旬～2月中旬

日本からルガーノへの電話のかけ方
[国際電話会社の番号*]+010+[国番号41]+[91(エリアコードの最初の0は不要)]+[電話番号]
*マイラインの国際通話区分に登録している場合は不要

ロカルノ
Locarno

州：ティチーノ
使用言語：イタリア語
地図位置：P.415-A1
標高：205m
郵便番号：CH-6600
（中心部）
エリアコード：091
（市内通話の場合でも初めにエリアコードをプッシュする）

マドンナ・デル・サッソの聖所とマッジョーレ湖

イタリアとの国境に細長くまたがるマッジョーレ湖。その北側の入江に、白壁にオレンジ色の屋根で南欧風の家並みをのぞかせるロカルノは、温暖な気候と明るい日差しに恵まれた陽気なリゾートだ。

バカンス客でにぎわう8月には、毎年恒例のロカルノ国際映画祭が開催される。町の中心グランデ広場に縦14m横26mもの巨大スクリーンが登場し、世界各国から訪れる人々でカラフルな町がさらにパワーアップする。

アクセス ブリークから列車でイタリアのドモドッソラDomodossolaへ行き、列車を乗り換えてチェントヴァッリを越えて約2時間40分。またベリンツォーナから列車で約15分。

ⓘAscona-Locarno Turismo
住Piazza Stazione/SBB Railway Station 6600 Locarno-Muralto
☎ (084)8091091
URL www.ascona-locarno.com
開月～金曜 09:00~18:00
土曜・祝日 10:00~18:00
日曜 10:00~13:30、14:30~17:00
7～8月は10:00~17:00
祝日は変更可能性あり

Walking 歩き方

夏は避暑地、冬は避寒地として知られるだけあって、華やかな南国の雰囲気が漂う町。駅前のメインストリートを西へ。10分も歩けばロカルノ映画祭の会場にもなるグランデ広場Piazza Grandeに着く。カフェやブティックやみやげ物屋が並ぶにぎやかな広場だ。さらにフランチェスコ・ルスカFrancesco Rusca通りを進むと、**ヴィスコンティ城Castello Visconteo**があり、考古学博物館として公開されているので、ぜひ訪ねてみたい。

また、駅からグランデ広場へ向かう途中には、マリア信仰の中心として信者を集める**マドンナ・デル・サッソの聖所Santuario della Madonna del Sasso**へのケーブルカー乗り場がある。この先、ロープウエイを乗り継げば、カルダーダCardada、**チメッタCimetta**などの展望台へ行くことができる。

映画祭で使用される屋外のスクリーン

ロカルノ国際映画祭
長い歴史を誇る映画祭で、毎年8月に開催されている。日本ではカンヌやヴェネツィアほどの知名度はないが、若手監督の作品などを取り上げ、世界的に高い評価を受けている。現在では、約16万人の観客が集まり、普段は静かなロカルノの町もたいへんなにぎわいをみせる。毎年約500本の映画やショートフィルムを上映。グランデ広場にはヨーロッパ最大級の特設スクリーンが設置される。第76回目となる'23年は8/2〜12に開催。出展作品やスケジュールなど詳細はホームページでチェック。
☎ (091)7562121
URL www.locarnofestival.ch

アクセス
ロカルノ
↓ 6分
マドンナ・デル・サッソの聖所
↓ 3分
オルセリーナ
↓ 6分
カルダーダ

◆オルセリーナ〜カルダーダ間のロープウエイ
営 6〜8月　毎日7:45〜19:45の30分ごと。
9〜11月の月〜金曜は9:15〜19:15の30分ごと。
12〜5月の月〜金曜は9:15〜18:15の30分ごと。土・日曜、祝日は8:15〜19:15の30分ごと。
休 11月中旬〜12月中旬
料 オルセリーナ〜カルダーダ往復CHF28。スイストラベルパスは50%割引。

◆カルダーダ(Colmanicchio)〜チメッタ間のチェアリフト
営 夏期　毎日9:30〜12:15、13:15〜16:45 (6〜8月は9:00〜12:15、13:15〜17:10)
冬期　金〜日曜、祝日9:30〜12:15、13:15〜16:45
休 冬期の月〜木曜
料 オルセリーナ〜チメッタ往復(カルダーダ経由) CHF36。スイストラベルパスは50%割引。

Cardada Impianti Turistici SA
☎ (091)7353030
URL www.cardada.ch

ロカルノ
N
200m
カルダーダ、チメッタへ
Via C. Mezzano
Orselina
オルセリーナ・ロープウエイ駅
Orselina Staz. Funiv
ケーブルカー駅
Staz. Funic
Santuario
(下りはここから乗車可)
マドンナ・デル・サッソの聖所
Santuario della Madonna del Sasso
Via del Sole
Belvedere
Garni Muralt
Via Sempione
Garni Montaldi
Via Collegiata
チェントヴァッリ方面への駅(地下)
Staz. Farz
1・2・7・311番バス停
(ロカルノ、ベリンツォーナ行きなど)
旧市街
Via ai Monti d. Trinità
Pza Stazione
ロカルノ駅
Staz. FFS
Geranio au Lac
V. Cappuccini
V. delle Monache
マクドナルド
ケーブルカー駅
Staz. Funic
サン・アントニオ教会
Via Borghese
Cittadella
Via Cittadella
V. Torretta
V. a. Ramogna
V. le
Du Lac
1・2・7・311番バス停
(ロカルノ、ベリンツォーナ行きなど)
America
キエーザ・ノーヴァ教会
Manora
グランデ広場
Pza Grande
Largo Zorzi
Casinò Locarno
Jugendherberge Locarno へ
Coop
中央郵便局
F. Balli
船乗り場(アスコーナ・ブリッサーゴ島行きなど)
サン・フランシス教会
Dell'Angelo
Via Trevani
Via Antonio Ciseri
Via Giuseppe Cattori
Via della Pace
マッジョーレ湖
Lago Maggiore
ヴィスコンティ城
(考古学博物館)
Castello Visconteo
Via Bernardino Luini

Scenic Overlook 展望台

アルプスも望める町の展望台　MAP P.415-A1

チメッタ Cimetta　1671m

ロカルノ市の背後にある展望台で、アルプスやマッジョーレ湖を望める。市内からまずケーブルカーでマドンナ・デル・サッソの聖所Santuario della Madonna del Sassoまで行き、近くのオルセリーナOrselinaからロープウエイで**カルダーダCardada**(1332m)まで上ると見晴らしがいい。ハイキングをするなら、さらにチェアリフトでチメッタまで上がり、ここから草地の中をカルダーダへ下るのがおすすめだ。カルダーダには、モンテ・ターマロにある教会(→P.419)を設計したマリオ・ボッタの展望台があるのでチメッタに訪問する際に寄ってみよう。

チメッタ頂上にある展望台

おもな見どころ

貴族の館が博物館に

MAP P.424

ヴィスコンティ城
Castello Visconteo

歴史を感じさせる城

12世紀創建の由緒ある石造りの堅牢な古城で、現在見られる姿は、創建当時の5分の1ほどの規模といわれる。14世紀頃からはマッジョーレ湖周辺までを支配していたミラノの名門貴族ヴィスコンティ家によって所有された。19世紀にはティチーノ州の所有となり、1925年のロカルノ会議はここで開催された。現在は考古学博物館Museo Civico e archeologicoとしてオープンしており、古代ローマ時代のガラス製品やロカルノ条約締結にいたったロカルノ会議に関する資料の展示は見逃せない。

町を見下ろす

MAP P.424

マドンナ・デル・サッソの聖所
Santuario della Madonna del Sasso

湖を見下ろす丘の上にある教会

山吹色の壁とオレンジ色の屋根が印象的な教会。マッジョーレ湖を一望できる山の斜面に建てられており、眺望がすばらしい。

1480年、現在聖所が建つこの場所で、フランチェスコ派の修道僧の前に聖母が現れるという奇跡が起こった。7年後の1487年に、その奇跡を記念して小さな教会が建てられ、その1世紀後の1596年にこの建物が建設された。現在も多くの巡礼者が訪れる聖堂は、眺望だけでなく内部の豪華な装飾がすばらしい。特に天井画は一点ずつていねいに見ていきたいほどだ。建物内には小さな博物館もあるので、こちらも見学してみたい。

美しい装飾に息をのむ

ヴィスコンティ城（考古学博物館）
住Stabile Casorella e Castello Visconteo Via B. Rusca 5
☎ (091)7563180
URL castellolocarno.ch
開4～10月
火～金曜　10:00～12:00
14:00～17:00
土・日曜、祝日
10:00～17:00
休11～3月、月曜
料CHF15。スイストラベルパス有効。

マドンナ・デル・サッソの聖所
住Via Santuario 2, Orselina
☎ (091)7436265
URL www.madonnadelsasso.org
開7:30～18:00

マドンナ・デル・サッソの聖所へのケーブルカー
☎ (091)7511123
URL funicolarelocarno.ch
営1～3月
8:05～30分おき
4・10月
8:05～15分おき、18:35～21:05は30分おき
5・6・9月
8:05～15分おき、20:05～22:05は30分おき
7・8月
8:05～15分おき、20:05～翌0:35は30分おき
11・12月
8:05～15分おき、18:35～19:35は30分おき
料往復CHF7.20

マドンナ・デル・サッソの聖所へのケーブルカー

ホテル＆レストラン

同じ湖畔のリゾートだが、5つ星ホテルが建ち並ぶルガーノと比べるとぐっと庶民的な感じがする。ただしロカルノ映画祭などの大きなイベントがあるときは、普段は庶民的な料金のホテルでも5つ星並みの料金になる。観光地だけにレストランの数も種類も多彩。

H ガルニ・ムラルト Garni Muralto

MAP P.424 ★★★

駅から坂を上る必要があるが、数分で着く便利なロケーション。テラスからは湖が見える。外観も内層もシンプルだが、必要な設備やアメニティはすべて揃っているし、清潔で機能的。朝食も3つ星なら十分に満足ができるレベルだ。部屋のタイプはいろいろあり、少人数のグループにも対応。

住Via Sempione 10
☎(091)7353060
URL www.hotelmuralto.ch
料 Ⓢ CHF121～ Ⓦ CHF161～
Room 34室
Wi-Fi 無料
カード A M V

H 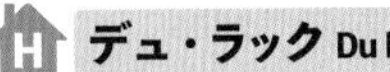 デュ・ラック Du Lac

MAP P.424 ★★★

駅から行くと旧市街の入口にあり、カジノがある広場に面している。湖もすぐ近く。ショップもレストランも周辺にたくさんある。静かな環境を望む人には向かないが、観光にはとても便利。部屋はやや狭いが設備や機能には問題なし。ホテルスタッフの感じもよく、気持ちよく滞在できる。

住Via Ramogna 3
☎(091)7512921
URL du-lac-locarno.ch
料 Ⓢ CHF109～ Ⓦ CHF170～
Room 31室
Wi-Fi 無料
カード A M V

H ガルニ・モンタルディ Garni Montaldi

MAP P.424 ★★

ホテルは明るい雰囲気で上階のバルコニーからは、湖と対岸の山並みの美しい眺望が楽しめる。夏の天気がいい日にはテラス席で朝食を取ることができる。ロカルノ駅のすぐ近くで、湖や町の中心地にも近いので何かと便利。スタッフの応対も親切。部屋はやや狭いが、清潔で居心地はいい。

住Piazza Stazione
☎(091)7430222
URL www.hotelmontaldi.ch
料 ⓈⓌ CHF298 ～
Room 49室
Wi-Fi 無料
カード A D J M V

Y ユーゲントヘアベルゲ(YH) Jugendherberge Locarno

MAP P.424域外

ロカルノ駅から徒歩で20分、またはバス1・7番で約10分のCinque Vie下車。受付は8:00～22:00（11～3月は8:00～10:00、17:00～22:30）オープン。コインランドリーのほか、100人を収容できるセミナールームや卓球台などがあり、館内設備が充実している。自転車のレンタルも行っている。

住Palagiovani Via B.Varenna 18
☎(091)7561500
URL www.youthhostel.ch
料 Ⓓ CHF60 Ⓦ CHF128
食事追加 CHF19.50　非会員は1泊CHF7プラス　Room 198ベッド
Wi-Fi 無料　カード M V　休11～2月の平日。不定期で休みあり

R マノーラ Manora

MAP P.424

デパートManor系列のセルフサービスレストラン。本格的なレストランに入るのは気後れするけど、ファストフードじゃ味気ないという人におすすめ。サラダや前菜からメインの肉・魚料理、パスタなどメニューが豊富。ドリンクやデザートも充実しており、ちょっとお茶をするにも便利。

住Via Stazione 1
☎(091)7437676
URL www.manor.ch
営月～土曜7:30 ～ 22:00（日曜は8:00 ～、11 ～ 3月～21:00）
カード A D M V

日本からロカルノへの電話のかけ方

［国際電話会社の番号*］+010+［国番号41］+［91（エリアコードの最初の0は不要）］+［電話番号］
*マイラインの国際通話区分に登録している場合は不要

アスコーナ
Ascona

州：ティチーノ
使用言語：イタリア語
地図位置：P.415-A1
標高：205m
郵便番号：CH-6600
（中心部）
エリアコード：091
（市内通話の場合でも初めにエリアコードをプッシュする）

マッジョーレ湖畔のカラフルなリゾート地

その昔、ヨーロッパ各地から多くの芸術家や自然愛好家が集まったところ。今はスイスの清潔さとイタリアの気楽さが両方味わえる人気のリゾート。ロカルノからさほど離れていないが、鉄道駅がないからか、なんとなく静かで落ち着いた雰囲気が漂っている。明るい太陽とカラフルな家並みが、世界遺産に登録されている南イタリアのアマルフィ海岸に似ていることから、ここを「スイスの地中海」と呼ぶ人もいるという。

アクセス ロカルノ市街地から、316番のバスで約15分。

ℹAscona-Locarno Turismo Infodesk Ascona（ロカルノ観光局のアスコーナ支局）
住Viale Papio 5
☎ (084)8091091
URL www.ascona-locarno.com
開3月中旬～10月下旬
月～金曜 9:00～18:00
土曜、祝日 10:00～18:00
日曜 10:00～14:00
10月下旬～3月中旬
月～金曜 9:30～12:00
13:30～17:00
土曜 10:00～14:00
休10月下旬～3月中旬の日曜・祝日

Walking 歩き方

南国ムード満点で、その美しさから"マッジョーレ湖の真珠"とたたえられるのがアスコーナの町だ。湖沿いのプロムナードにはカラフルなホテルやレストランが建ち並ぶ。

1920～1930年代には各国から画家たちが集まり『大熊（グローセン・ベーレン）』というグループをつくって活動していた。そのメンバーの作品はクレー、ユトリロなどの作品とともに、**アスコーナ現代美術館Museo Comunale d'Arte Moderna**（住Via Borgo 34、☎ (091)7598140、URL www.museoascona.ch）で鑑賞できる（4月上旬～1月上旬の開館）。

町は建物の色やベランダの装飾、看板のデザインなどおしゃれ。小さいながらもすてきな店が点在する路地裏を散策するのも楽しい。

南洋植物に興味があるなら、マッジョーレ湖に浮かぶ**ブリッサーゴ島Isole di Brissago**へ足を延ばして（URL www.isolebrissago.ch）。島全体が植物園になっており、開園は3月下旬～11月上旬。春期～夏期は湖船が運航（URL www.navigazionelaghi.it）。直航便なら所要約15分。

今も芸術家が多い土地

ベリンツォーナ
Bellinzona

州：ティチーノ
使用言語：イタリア語
地図位置：P.415-B1
標高：240m
郵便番号：CH-6500
（地区によって下2ケタが変わる）
エリアコード：091
（市内通話の場合でも初めにエリアコードをプッシュする）

アクセス　チューリヒから列車で約1時間40分、ルガーノからは15〜20分、ロカルノからは約20分。

中世の雰囲気を今に伝えるカステルグランデ

人口1万8000人余りと、ルガーノよりずっと規模が小さいものの、ティチーノ州の州都になっている町。サンゴッタルド街道とサン・ベルナルディーノ街道の分岐点に近いため、ローマ時代から戦略上重要であったこの地には、2000年に世界遺産に登録された3つの城と城壁が残っている。

❶Bellinzona Turismo
住Piazza Collegiata 12
☎（091）8252131
URL www.bellinzonaevalli.ch
開月〜金曜　9:00〜18:00
　土曜　9:00〜16:00
　日曜、祝日　10:00〜16:00
ホテルの予約は無料。町の見どころを解説したパンフレット（英語・無料）もあるので、利用したい。

Walking 歩き方

町の中心の参事会教会

駅前の**スタツィオーネ通りViale Stazione**を左側に進むと近代的な郵便局があり、さらに行くと左側に**参事会教会La Collegiata**が見えてくる。このあたりからが市街地の中心部で、やがて右側には小さな広場Piazza Nosettoに面してルネッサンス様式の**市庁舎Municipio**（Palazzo Civico）が見えてくる。中庭に面したアーチ式の回廊はいかにもイタリア的。観光案内所❶はこの建物内。ここまでは駅から約700m。

再びスタツィオーネ通りへ戻りSaita San Micheleを登って町で一番大きな城**カステルグランデCastelgrande**（大城）まで上がってみよう。通りからは10分ほどで到着する。また、Piazzetta Della Valleからはエレベーターを使うこともできる（無料）。貴重な展示が揃う博物館もあり、塔からは町が一望できる。再び町へ下りると参事会教会の向かって右側に**モンテベッロ城Castello di Montebello**への細い道が続いている。モンテベッロ城は小高い丘の上にあり、城塞の一部はメインストリートの脇まで迫っている。ここから町を見下ろすと、カス

スタツィオーネ通り

テルグランデを中心としてベリンツォーナの町が広がっているのがよくわかる。ここからさらに徒歩で登ると、第3の城**サッソ・コルバロ城Castello di Sasso Corbaro**がある。

カステルグランデとモンテベッロ城をつなぐ防壁（ムラータ）、少し離れた南東の山中にあるサッソ・コルバロ城を合わせて、アルプスの戦略的拠点を守る中世後期の城塞モデルとして高い評価を受け、これらは2000年に世界遺産に登録された。

回廊が美しい市庁舎

ベリンツォーナのホテル

Internazionale ★★★
MAP P.429
住 Viale Stazione35
☎ (091)8254333
URL www.hotel-internazionale.ch
料（または）
SCHF141～
WCHF164～
Wi-Fi 無料
カード A M V
駅前にあり便利。部屋もゆったりしてきれい。

おもな見どころ

最も大きな城　MAP P.429

カステルグランデ
Castelgrande

町の中心に位置する丘の上にある13世紀に建てられた要塞。15世紀の後半に拡張され、17世紀と19世紀に改修され今の姿になっている。ふたつの塔をもち、そのうちのひとつには上ることができる。敷地内には芝生の広場があり、観光客や地元市民がのんびりと過ごしている。レストランもあり、天気のいい日にはテラス席が設けられるので、ここでひと休みするのもいい。城の一部は考古学・歴史博物館になっており、かつてこの場所で行われた発掘作業で発見された新石器時代の集落跡から出土した遺物から現代のものまで、約6500年にわたる人類の歴史遺産が展示されている。スイス建国3原州で作られた16世紀の貴重なコインのコレクションも見逃せない。

カステルグランデ
☎ (091)8258145
（博物館）
開4～10月　10:00～18:00
11～3月　10:30～16:00
料CHF5。スイストラベルパス有効。
Piazza NosettoからVic.al Sassoの石畳を上り、突き当たりを右折。またPiazzetta Della Valleに城へのLIFT（エレベーター）があるので、一気に上まで上がることも可能。

町の真ん中にある城

カステルグランデの向かいにある MAP P.429

モンテベッロ城
Castello di Montebello

15世紀に建てられた歴史ある要塞で、「カステルピッコロ（小城）」の別名をもつ。城壁内は不規則な形をしており、ひとつの塔とふたつの中庭、そして住居群を含んでいる。現在かつての居城と塔の部分が建築家マリオ・カンピによって改修され、1974年に市立博物館として公開されている。ベリンツォーナの町で発見された紀元前の貴重な発掘品を中心に展示している。

城壁の西の端にある見張り塔

堅固な造り

モンテベッロ城
☎（091）8251342
開博物館
4月～11月上旬
10:00～18:00
料CHF5。スイストラベルパス有効。
参事会教会横の小道（Salita Alla Motta）を入り、坂を標識に沿って歩いていく。

迷子になりそうな複雑な城

見晴らしバツグン MAP P.429

サッソ・コルバロ城
Castello di Sasso Corbaro

モンテベッロ城の南にある小山の中腹にある15世紀に建てられた城。伝承ではわずか半年で建てられたといわれている。急坂を上っていくのはたいへんだが、眼下に小さく見えるベリンツォーナの町並みやカステルグランデ、モンテベッロ城の景色は、なかなか見応えがある。城内には博物館があり、常設の17世紀の貴族の暮らしを再現した部屋は、代々ティチーノに暮らすその貴族の子孫から遺品を購入して、そのまま移築展示されたものだ。そのほか随時企画展も行われている。

最も高い場所に位置するサッソ・コルバロ城

サッソ・コルバロ城
☎（091）8255906
開4月～11月上旬
10:00～18:00
料CHF5。スイストラベルパス有効。
モンテベッロ城からブドウ畑の中の山道を歩いていく。

山道がきつい人はタクシーで行き、帰路にモンテベッロ城に立ち寄るようにすれば、下り坂なので楽に回れる。

3城共通のチケットはCHF28。3城のいずれでも購入可能。

ベルン駅前を行き交う人々と市電

9 スイスを旅する準備と技術

Preparation & Information

出発前の準備

旅のシステムがよく整い治安も悪くないスイスへの旅は、ほかの国に比べれば事前準備も少なくて済むが、それでも最低限の準備は必要だ。出発前に備えるべきことを紹介する。

旅の必需品

旅券（パスポート）

言うまでもない海外旅行に必ず必要な身分証明書。旅券を持っているならスイス出国時に必要な残存有効期間が残っているか必ず確認しよう。旅券が切れていたり、有効期限切れになりそうで取得の必要があるなら時間に余裕をもって手続きを行おう。手続きは住民登録のある都道府県の旅券申請窓口で。更新手続き以外は戸籍謄本の提出も必要だ。受け取りも本人が窓口に行かなければならない。更新の場合はオンライン申請も受け付けているが、更新以外は戸籍謄本の提出が必須なので窓口で申請する必要がある。

国際民間航空機関（ICAO）の決定により、機械読取式でない旅券は原則使用不可となっている。日本ではすでにすべての旅券が機械読取式に置き換えられたが、機械読取式でも2014年3月19日以前に旅券の身分事項に変更のあった人は、ICチップに反映されていない。渡航先によっては国際標準外と判断される可能性もあるので注意が必要。

ビザと残存有効期間

観光目的でスイスに入国する場合、スイスを含むシェンゲン協定加盟国での滞在日数の合計が、半年（180日）間以内で合計90日までならビザは不要。なおパスポートの残存有効期間はスイスを含むシェンゲン協定加盟国を出国する予定日から3ヵ月以上必要。

海外旅行傷害保険

クレジットカードに海外旅行も補償する保険が付帯されていることがあるが、カバーされていない補償内容もあるので、必ず事前に確認し必要十分な補償内容が得られるか確かめよう。保険に加入する場合は旅行会社やネットからも申し込みできる。

そのほかの証明書

レンタカーを利用する予定があるなら国際（国内）運転免許証（→P.460）、ユースホステルに滞在するなら会員証（→P.467）を作っておこう。学生なら国際学生証（ISIC）があれば、現地の美術館や博物館の入場時に割引が受けられる。

ISIC URL isicjapan.jp

受領は本人のみ
旅券受領は本人のみで代理人は不可。通常、申請後7～10日で受け取れる。申請時に渡された受領証、発給手数料額の印紙・証紙（5年用1万1000円、10年用1万6000円、12歳未満6000円。申請窓口近くで販売している）が必要。

左が5年用、右が10年用のパスポート

旅券申請に必要な書類
- 一般旅券発給申請書（10年用と5年用とに分かれている）
- 戸籍謄本　1通
- 写真（縦45㎜×横35㎜）1葉
- 申請者本人を確認できる書類（マイナンバーカードや運転免許証なら1点。これら以外の書類は2点の提示が必要）

※住民基本台帳ネットワークシステムを利用しない場合は住民票の写し1通も必要。

旅券の紛失
日本国内であっても警察署が発行した紛失届出の書類、または消防署等の発行した罹災証明書などが必要だ。現地で盗難・紛失に遭った場合も警察に届け、紛失証明書を取得すること。

2024年にETIAS導入予定
日本国民がビザなしでシェンゲン協定加盟国（スイスと周辺諸国を含む26ヵ国）に入国する際、ETIAS（エティアス）電子認証システムへの申請が必須となる予定。

「地球の歩き方」ホームページで海外旅行保険について知ろう
保険は自宅を出る時点からカバーされるので、出発前に手続きを行っておこう。「地球の歩き方」ホームページでは海外旅行保険情報を紹介している。保険のタイプや加入方法の参考にしたい。同サイトからは直接保険の申し込みもできる。
URL www.arukikata.co.jp/web/article/item/3000681/

旅の持ち物

服装について

町だけの滞在・観光であれば特別な準備は不要。秋から春にかけては日本の東北地方くらいの気候で、寒さを感じることが多いので十分な防寒着を準備していこう。

山岳リゾートに滞在したりハイキングを楽しんだりする場合は、トレッキングシューズや防水・防風性の高いアウター、日焼け止め、サングラスなどを持っていくといい（→P.440）。どの程度の防寒対策を行うかは悩ましい問題だが、真夏の訪問でもユングフラウヨッホのような3000mを超える展望台を訪問するなら、氷点下でも快適な服装を準備しておきたい。

6月初旬のクライネシャイデック（2061m）

山岳リゾートであれば、高級ホテルのレストランでもハイキングの服装のままでも許されるが、都市のレストランではNG。男性ならジャケットとスラックス、女性ならワンピースを用意しておけば、気兼ねなく食事が楽しめる。靴も忘れずに。

持っていくと便利なもの

紫外線が強く乾燥しているので、自分の肌に合う日焼け止めや保湿剤を持っていこう。ささくれもできやすい。また水道水が硬水なので石鹸の泡立ちが悪く髪が傷みやすい。宿泊場所によっては宿備えつけの石鹸やシャンプーの使用を求められることもあるが、お気に入りのリンスなどがあるなら準備しておこう。山に行くなら紫外線よけのサングラスと帽子も忘れずに。日傘をさしている人は少ないし、山の上で風が出ていたら傘の利用は危険だ。

スマートフォン（スマホ）は必携に近いアイテム

スマホがないと損をする、というシーンこそないが、スマホがあれば交通機関利用の際に便利で、アプリのクーポンを使うことで、お得に旅することもできる。現地でネット接続できることが前提なので、SIMフリーのスマホか海外で使用可能なWi-Fiルーターを準備しておくといい（→P.475）。スマホから自身で予約・手続きすることで、現地での待ち時間を短縮できるし、人気の高い観光列車の席も押さえることができる。

パスポート同様旅の必需品になりつつあるスマートフォン

「たびレジ」に登録しよう
渡航先で最新の安全情報を確認できる外務省の提供する「たびレジ」に登録すれば、渡航先の安全情報メールや緊急連絡を無料で受け取ることができる。出発前にぜひ登録しよう。
URL www.ezairyu.mofa.go.jp

服装について
近年の気候変動の影響で、気温の上限変動が大きく、ある年は猛暑だったかと思えば、翌年は寒波に襲われるということも起きている。春から初夏、秋に現地を訪問する場合は山岳リゾートでは最低気温が氷点下、都市部では最高気温が30度近いということも起こりうるので、真夏に着る半袖から真冬に着る服装まで準備する必要がある。とはいえ季節に応じた服装をすべて揃えておくことは不可能なので、服装は重ね着を基本にしたい。着たり脱いだりすることで、気温や気候に対応することができる。重ね着（レイヤード）については、P.441のハイキングの服装を参照のこと。もちろん天気に対応して現地で服を購入することも可能だが、日本に比べて高額につく。

これは持っていきたい
たいていのものはスイスで手に入るが、日本のようにコンビがそこら中にあるわけではないので、薬など、必要なときにすぐ手元に欲しいものは、できるだけ日本から持っていったほうがいい。

薬は持参しよう
町なかで見かける「Apotheke」が薬局。日本と同じく処方箋がなくても頭痛薬などを購入することは可能だ。症状を説明するのも、説明書を読むのもすべて外国語。不安のある人は、飲み慣れた薬を日本から持参しよう。

旅の情報収集

観光国のスイスは現地の情報発信も積極的で、ネットからも最新情報を得ることができる。さまざまなサービス分野でデジタル化が進んでいるので、スマホを持っていると便利だ。

情報入手先

○スイス政府観光局ウェブサイト

日本語の情報を得るならまずはスイス政府観光局のウェブサイトを利用しよう。詳細情報へのリンクも豊富なので、深い情報にも簡単にたどりつくことができる。見どころや観光地だけでなく、交通機関や旅行者向けサービスの情報も充実している。送料を負担する必要があるが、日本国内への発送限定で紙の資料を請求することも可能だ。PDF形式でダウンロードすることもできるので、タブレットを持っていくなら事前にダウンロードしておくといい。URL**www.myswitzerland.com/ja**

○現地観光局サイト

日本語の情報はぐんと少なくなるが、現地観光局が発信しているウェブサイトならさらに豊富な情報を得ることができる。目的の見どころやイベントがあるなら、現地観光局のサイトを訪ねてみよう。現地に観光案内所をおいている観光局が多いので、所在地を確認しておき現地訪問の際に真っ先に訪れるといい。

○現地での情報収集

観光地の情報は各地の観光案内所を利用しよう。駅の近くや町の中心部などアクセスのいい場所にカウンターを開いていることが多い。交通情報を得たいときは、30ヵ所のSBB駅のトラベルセンターを利用しよう。切符の選び方や旅程の作り方について相談できる。SBBのウェブサイトから相談予約も可能だ。URL**sbb.ch/en ➡ Station and services ➡ At the station➡ Services at the station** とメニューをたどり、**SBB Travel Centre**を開けば相談窓口のある駅を確認できる。

SBBの駅には相談専用カウンターがある

○スイスのネット情報は信頼できる

オペレーターや店自身が作っているサイトでも情報が古いことがあるが、スイスの多くのサイトはしっかりと更新が行われていて情報は信頼できる。ただし二次情報については更新が遅れていたり、データが異なっていたりすることもあるので、必ずもともとのサービス提供者のサイトで情報を確認したほうがよい。

海外旅行の最旬情報はここで！
「地球の歩き方」公式サイト。ガイドブックの更新情報や、海外在住特派員の現地最新ネタ、ホテル予約など旅の準備に役立つコンテンツ満載。
URL www.arukikata.co.jp

お役立ちウェブサイト

●一般情報
スイス連邦政府が発信するスイスの情報。政治、経済、文化、地理、歴史から最新のニューストピックまで、広範囲にわたる情報が得られる。画像も豊富。

URL www.eda.admin.ch

スイス放送協会の一部門で、スイス国内のニュースを各国語に翻訳して発信している。10ヵ国語に対応しており、日本語もある。スイス国内で話題になっているニュースを、良質な日本語翻訳で読むことができる。
URL www.swissinfo.ch/jpn

●スイスの天気
スイスの気象庁が発信する。日本語はないが、英語があり、地図上に天気が示されているのでとてもわかりやすい。
URL www.meteoswiss.admin.ch

●グリンデルワルト日本語観光案内所
日本人が現地から発信する最新の情報。旅行者が知りたい情報が満載されている。
URL www.jibswiss.com

旅の計画作りとモデルルート

スイスは旅行システムが整っているので、個人旅行もそれほど心配なく実行可能だ。旅程作りの際に注意したい点と、テーマをもってスイスを周遊するためのモデルプランを紹介する。

旅の組み立て方

まずは行きたい場所、やりたいこと、見たいものをピックアップしよう。「マッターホルンを見ながらハイキング」、「グレッシャー・エクスプレス全線走破」、「レマン湖畔でのんびり」など、できるだけ具体的に書くといい。そのなかで優先順位をつけよう。次に日程の決定。あとは、限られた日程のなかに、希望の訪問先をどう並べるかだ。スイスは交通網がよく発達しているので、2都市を同じ日に観光するのもそれほど難しいことではない。よほど離れているのでなければ、滞在する場所は絞り込み、そこを起点に観光することを考えたほうがいい。例えばインタラーケンに滞在していれば、ユングフラウ地方の山々は無理なく回ることができる。ベルンに滞在していれば、スイス国内の大きな都市の訪問はほぼ日帰りで可能で、ツェルマットを日帰り訪問することもできる。

ひと筆書きでルーティング

スイスの交通網を利用し、周遊旅の際はルートのダブりが少

ゲートウェイを考える
スイスに行くからといって、必ずしもチューリヒやジュネーブから入らなければいけない訳ではない。周辺諸国からのアクセスを考えてみてもいい。例えばパリからはジュネーブ、ベルン、チューリヒなど、主要都市に高速鉄道TGV1本で行くことができる。ジュネーブまでの所要時間は約3時間半だ。空港から駅までの移動時間はかかるが、航空便の選択肢が増えたり、ゲートウェイの国で観光ができたりと、旅行の幅が広がる。そのほか、イタリアやドイツ、オーストリアなど、近隣の国の都市をゲートウェイにできる。シェンゲン協定に加盟している国なら、入国手続きをゲートウェイの国で行い、スイス入国時に国境検査は不要。

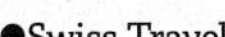

COLUMN 計画作りと現地での行動に便利なアプリ

コロナ禍の3年で現地のデジタル化は急速に進んだ。以前駅で入手できた紙の列車時刻表が現在はほとんどなく、チケットもデジタル化されており、切符の購入や座席予約もスマホから手続きできるようになっている。以下は旅行に役立つアプリ。出発前にスマホやタブレットにダウンロードしておきたい。

●Swiss Travel
訪問予定先を入力でき、鉄道関連情報（時刻検索、鉄道駅）にも簡単にアクセスできる。クーポンもあり割引や無料入場、アップグレード特典などを得ることができる。

●MeteoSwiss
天気予報アプリ。細かい情報を得られるが、山の天気は変わりやすく、予報どおりにならないこともあるのでそのつもりで。天候の急変が予想される警報・注意報には注目を。

●Swisstopo
等高線が書かれた詳細な地図を見ることがでる。地名やポイントの検索も可能。ハイキングルートの確認もこの地図で。

●SwitzerlandMobility
ハイキングルートだけでなく、サイクリングルート、市内交通の情報も手に入る。ルート上の施設も確認できる。スキーのルートも。

●Google Maps
日本でも使い慣れているなら町歩きにおおいに役立つはず。

●Google翻訳
カメラ入力で料理メニューを翻訳することも可能。街角の看板や博物館の説明を読むのにも便利に使える。

なくなるように移動するといい。違う景色を見られるし、結果的に効率のいいルーティングができる可能性が高いからだ。またスイストラベルパスを持っているならティラーノからルガーノまでのポストバスにも乗車できる。この区間をイタリア経由で横断すればスイス南部の移動時間は大幅に短縮できる。

1 山岳鉄道と展望台から楽しむ アルプスの3大名峰

チューリヒ着 ジュネーヴ発 6泊7日

スイス観光で外せない3大名峰を訪ねる欲張りなコース。展望台からの眺望と、ハイキングを楽しみたい。ベルナーオーバーラントは、ハイキングコースへのアクセスのよさが際立っており、初心者が楽しめるコースがたくさんある。ツェルマット周辺は、マッターホルンをはじめ4000m級の山々が連なる。ヨーロッパ最高峰のモン・ブランがそびえるシャモニ・モン・ブランも訪れたい。

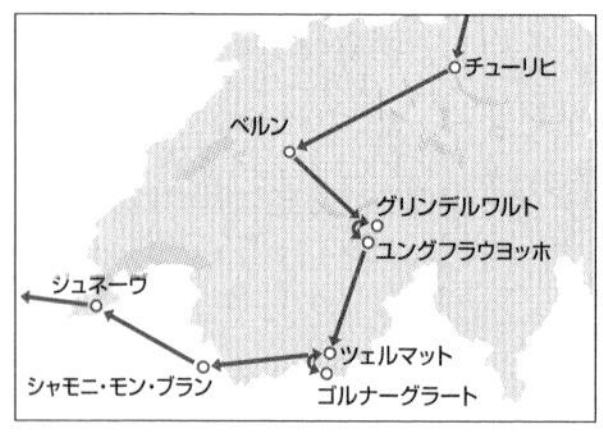

1日目	チューリヒ➡ベルン➡インタラーケン経由➡グリンデルワルトへ グリンデルワルト泊
2日目	グリンデルワルト➡ユングフラウ鉄道でユングフラウヨッホへ ユングフラウヨッホ 午後 周辺ハイキング➡グリンデルワルト グリンデルワルト泊
3日目	グリンデルワルト➡ツェルマット ツェルマット周辺のハイキング ツェルマット泊
4日目	午前 ゴルナーグラート展望台 午後 ツェルマット周辺のハイキング ツェルマット泊
5日目	ツェルマット➡シャモニ モンタンヴェール訪問 シャモニ泊
6日目	エギーユ・デュ・ミディの展望台、終日ハイキング シャモニ泊
7日目	シャモニ➡ジュネーヴ

2 6日間でこれだけ回れる！ 7つの世界遺産を巡る

チューリヒ発着 5泊6日

スイスにある13ヵ所の世界遺産のうち、6つの文化遺産とひとつの自然遺産を訪れる、世界遺産好きにはたまらないコース。文化遺産は、町並み、ブドウ畑、鉄道など、内容がバラエティに富んでおり、スイスの魅力をさまざまな角度から堪能できる。連泊するためさほど忙しいスケジュールではないので、ほかの観光やショッピングも楽しめる。4日目はドア・トゥ・ドアの配送サービス（→P.453）を利用するとよい。

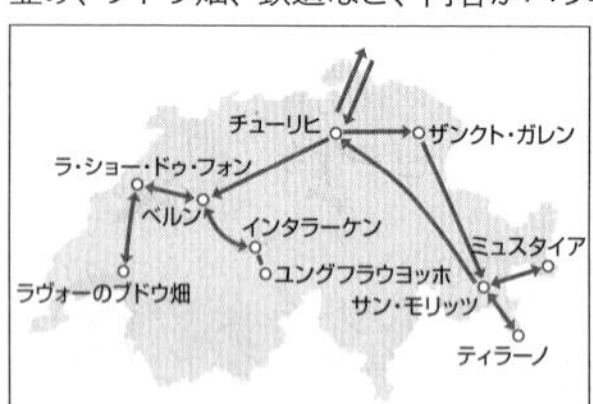

1日目	チューリヒ➡ベルン　ベルン市内観光（世界遺産1） ベルン泊
2日目	ベルン➡インタラーケン➡ユングフラウヨッホ（世界遺産2） ベルン泊
3日目	ベルン➡ラ・ショー・ドゥ・フォン（世界遺産3） ➡ラヴォーのブドウ畑（世界遺産4）➡ベルン ベルン泊
4日目	ベルン➡チューリヒ経由➡ザンクト・ガレン（世界遺産5） ➡クール経由➡サン・モリッツ サン・モリッツ泊
5日目	ベルニナ線乗車（世界遺産6） サン・モリッツ泊
6日目	サン・モリッツ➡ミュスタイア（修道院）（世界遺産7） ➡チューリヒ

3 ハイジの舞台とおとぎの国を歩く

スイス東部ののどかな風景を楽しむ

チューリヒ発着 4泊5日

スイスは2度目という方におすすめしたい、知られざるスイスの魅力に触れるルート。まずはドイツと国境を接するボーデン湖周辺の個性的な町を訪ねる。マイエンフェルトはヨハンナ・シュピリ著『ハイジ』の舞台となった場所。見どころを巡るふたつのハイキングルートがある。サン・モリッツ周辺の素朴な村は、スイスの魅力が急峻な山々だけでないことを教えてくれる。

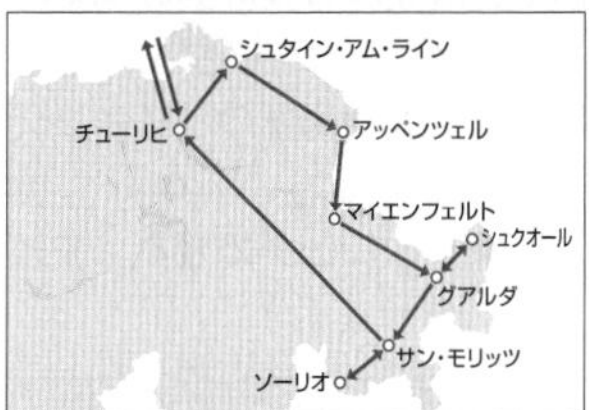

1日目	チューリヒ➡シュタイン・アム・ライン➡アッペンツェル➡マイエンフェルト　マイエンフェルト泊
2日目	ハイジの道ハイキング　マイエンフェルト泊
3日目	マイエンフェルト➡クロスタース経由➡グアルダ／シュクオール➡サン・モリッツ　ウンター・エンガディンの村巡り　サン・モリッツ泊
4日目	サン・モリッツ➡シルス・マリア➡ソーリオ　オーバー・エンガディンの村巡り　ソーリオ泊
5日目	ソーリオ➡サン・モリッツ➡チューリヒ

4 鉄道で楽しむシーニックビュー

鉄道王国スイスならではのコース

チューリヒ発着 5泊6日

世界有数の景勝ルート、グレッシャー・エクスプレス、世界遺産に登録されたベルニナ・エクスプレス、列車を乗り継ぎながら山を登るユングフラウ鉄道など、人気の高い7つの路線を楽しむコース。スイスの鉄道は時間に正確なので、ストレスのない旅ができる。このままでは毎日移動ばかりになってしまうので、各地で延泊するとハイキングを楽しんだり、休息に充てたりできる。

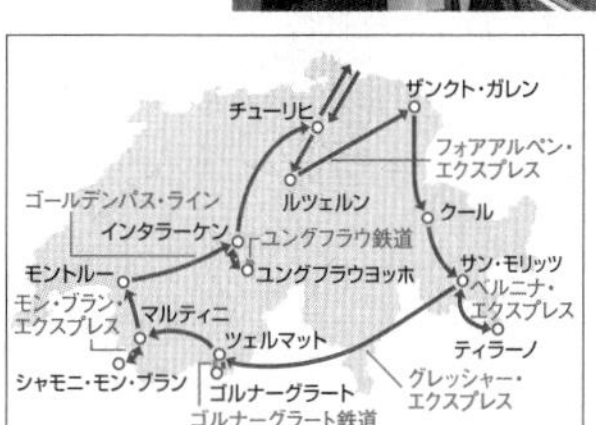

1日目	チューリヒ➡ルツェルン　フォアアルペン・エクスプレス乗車➡ザンクト・ガレン➡サルガンス経由➡クール　クール泊
2日目	ベルニナ・エクスプレス乗車（クール～ティラーノ～サン・モリッツ）➡サン・モリッツ　サン・モリッツ泊
3日目	グレッシャー・エクスプレス乗車➡ツェルマット　ツェルマット泊
4日目	ゴルナーグラート鉄道乗車　ツェルマット➡マルティニ　モン・ブラン・エクスプレス乗車➡シャモニ・モン・ブラン　シャモニ・モン・ブラン泊
5日目	モン・ブラン・エクスプレス乗車➡モントルー　ゴールデンパス・ライン乗車➡インターラーケン　インターラーケン泊
6日目	ユングフラウ鉄道乗車➡ユングフラウヨッホ➡チューリヒ

旅のシーズン

スイスの旅行を扱う会社
●フェロートラベル
☎ (03)5489-9541(東京)
(06)6335-9126(大阪)
FAX (03)5489-6300(東京)
URL www.fellow-travel.co.jp

日本同様はっきりとした四季があるスイスは、季節ごとにさまざまな顔を見せてくれる。標高差が大きいので同じ時期でも滞在先によって気温は大きく異なり、1回の旅行で真夏から冬の気候を体験することもできる。

スイスの四季

春は平地でタンポポや果樹の花が一斉に咲き誇り、牧草地の景色は華やかに変化する。モルジュでは4月からチューリップ祭りが始まる。しかしまだスキーを楽しめる山岳リゾートもあり、春と真冬の景色を同時に楽しむことができる。

初夏はハイキングで花畑の風景に出合える

5月になるとレマン湖エリアでナルシスが咲き始める。下旬からはアルプの雪解けも始まり、花畑のハイキングを楽しむことができる。新緑のまぶしい季節で、観光客も少ないおすすめのシーズンだ。しかし山岳リゾートではまだロープウエイが運休している場所があり、標高2000mを超える場所のハイキングルートは雪が残っていることも。

7月からは夏のアルプスを存分に楽しむことができる。イメ

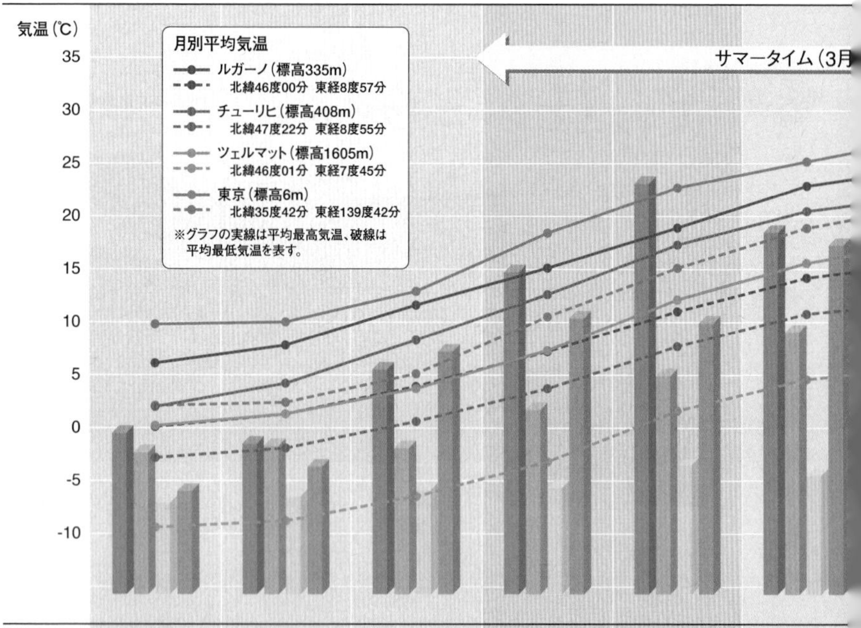

気温(℃)

月別平均気温
ルガーノ(標高335m) 北緯46度00分 東経8度57分
チューリヒ(標高408m) 北緯47度22分 東経8度55分
ツェルマット(標高1605m) 北緯46度01分 東経7度45分
東京(標高6m) 北緯35度42分 東経139度42分
※グラフの実線は平均最高気温、破線は平均最低気温を表す。

サマータイム(3月

	1月	2月	3月	4月	5月	6月
日の出	8:09	7:32	6:39	6:38	5:49	5:28
日の入	17:02	17:49	18:30	20:14	20:55	21:24

※日の出/日の入はチューリヒの各月15日の時刻

ージどおりのスイスを楽しめるベストシーズンだ。高山植物が咲き標高の高いエリアのハイキングも可能になる。

9月に入ると急速に秋の気配が濃くなる。花々は枯れ高山植物も見られなくなるが、空気が澄んでくるので山々の景色がすばらしい。10月に入ると黄葉が見られるエリアも増え、ジビエ(野生動物の肉)料理も味わえる。ホテル代や山岳交通の料金が下がる時期なので、節約派にもうれしいシーズンだ。

秋の訪れとともに降雪も始まるが、ウインタースポーツのシーズンは12月からスタートする。11月は冬のピークシーズンに備えて休業するホテルや、運行を停止する山岳交通が多い。一方で町ではさまざまなマーケットが開かれる時期。11月後半からはクリスマスマーケットも登場する。日の入りは早いがそのぶんイルミネーションを楽しむことができるにぎやかな季節だ。年が明けるとウインタースポーツのシーズンが本格的にスタートする。平地では曇り空でも山の上は雲が切れていることがあるので、山上で日光浴やハイキングを楽しむことができる。2月に入ると春の訪れを祝うお祭りファスナハト(謝肉祭)があちこちで行われる。

冬でも日光浴が楽しめる

スイスはカラマツの黄葉がきれいだ

スイスも夏は暑い!

現地に住んでいる人の話によると、ここ数年アルプスの温暖化を顕著に感じるとのこと。チューリヒやジュネーヴはもとより、600m近い標高のインタラーケンでも、35°Cを超えるような猛暑日になることが珍しくない。そんな日は山の上でも30°C近くになる。「アルプスは涼しい」という思い込みから、暑い日の服装を準備していない人が少なくない。もちろん天候が崩れると、夏でも寒くなるので防寒対策は必要だが、一緒に涼のとれる服装も準備しておくようにしたい。

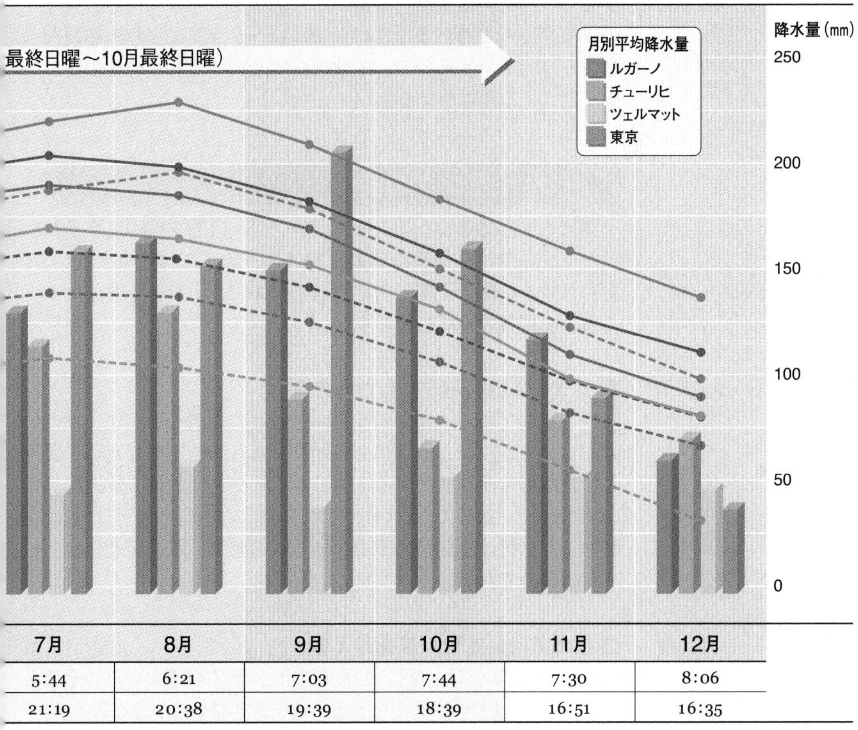

最終日曜～10月最終日曜)

月別平均降水量
ルガーノ
チューリヒ
ツェルマット
東京

降水量(mm)
250
200
150
100
50
0

7月	8月	9月	10月	11月	12月
5:44	6:21	7:03	7:44	7:30	8:06
21:19	20:38	19:39	18:39	16:51	16:35

ハイキングの準備

老若男女、体力のあるなしにかかわらず、誰でも山歩きが楽しめる国スイス。すばらしい風景はもちろんのこと、登山電車やロープウエイなど発達した山岳交通機関、整備されたコースと親切な標識、さらに疲れたハイカーをあたたかく迎える山岳ホテルやレストランなど、世界のどの国よりもハイキングを楽しむ環境が整っている。

プランニング

訪れる場所と時期、ハイキングに使える時間、体力などの条件を並べて、地図とガイドブックなどを使って机上でシミュレーションしてみる。その際、登山鉄道やロープウエイなどのスケジュール、展望台の営業時間などをできるだけ細かくチェックすることが肝心だ。入念な計画は時間を有効に使うには欠かせない作業。机上旅行であれこれ想像を膨らますほど、実際の旅は楽しくなる。またこのシミュレーションにより、必要な装備がはっきりするので、無駄な荷物を持ったり、現地で買い足したりする必要がなくなる。

標識がしっかり整備されているので安心

ハイキングの装備

誰でも楽しめるようなコースが多いが、自然を相手にするハイキング。やはり普通の運動靴やスニーカーでは心もとない。変わりやすい山の天気に対応できるウエア、山歩きを快適にする各種の道具も用意しておきたい。

シューズはしっかりしたものを

サンダルで歩く人がいるくらい整備された道もあるが、他の装備はともかくシューズはしっかりしたものを用意したい。買うときはしっかりアドバイスができるスタッフがいる登山用品の専門店で。新しくきれいな靴でアルプスを歩きたい気持ちはわかるが、靴は出発前に十分に履き慣らして、問題がないかどうか確かめておきたい。

ウエアはレイヤードを考える

登山鉄道などで一気に標高3000mクラスまで上がり、そこから1000m以上の高低差を下るハイキングコースがあるスイス。

ハイキングのシーズン
山にはその季節ならではの楽しみがある。スイスの山は基本的にはいつ訪れてもそれなりの楽しみを見つけることができる。冬期でも雪の上に整備されたハイキングコースが造られるが、やはり5～10月がハイキングに適した時期。ベストシーズンとなると、やはり7・8月になるだろう。

スイス公式地図の入手
現地の書店や山岳リゾートのおみやげ物を扱う店などで入手できる。アプリとネットからもハイキング道が示された地図を見ることができるが、端末の故障の可能性も考えて、紙の地図も準備しておくと安心だ。
URL map.geo.admin.ch
アプリはSwisstopoは→P.435

無理のないコース設定を
スイスの場合、上りは列車やロープウエイを使い、下りをずっと歩くコースが多い。下りだから楽そうに思えるが、下りは上り以上に足に負担をかける。最初から長時間歩くと、筋肉痛などでその後の日程に支障をきたすかもしれないので、最初は無理のない時間と距離のコースにして、何日か歩いて慣れてから長距離のコースにチャレンジする計画を立てたい。

必ず試し履きを
片足だけでなく、両足とも履いてみて、ひもをしっかり結んだ状態でしばらく歩いてみる。靴の中で足が動いたり、一部分だけが当たったりするようではダメ。サイズはつま先に合わせてからかかとに人差し指1 本が入るくらい、若干余裕のあるものを。

古い靴に注意
新しい靴を買って旅行にいく人がいる一方で、昔の登山靴を持っていく人もいる。長い間履いていない靴は、靴底（アウトソール）などが思った以上に劣化していることがあり、歩いている途中に取れてしまったり、壊れてしまったりすることがあり得る（実際、コースの途中で取れた靴底を見かけることがある)。古い靴も試し履きをしておこう。

標高差はそのまま気温差になるし、天候による温度変化も激しい。ハイキング中の温度変化に対応するためには、レイヤード（重ね着）するウエアが必要だ。

秋は山々が遠くまで見渡せる

レイヤードと素材

ウエアは、肌に直接着る**アンダーウエア**、その上に着る**ミッドウエア**、一番外側に着る**アウターウエア**の3つからなる。

アンダーウエアの素材は、汗をかいたときを想定して吸湿・速乾性の高いものを。汗でぬれたままで長時間過ごすと、体温の低下を招き体力を消耗する。寒い時期はそれに加えて保温性も要求されるので、ポリプロピレンなど品質の高い化学繊維の素材がいい。ミッドウエアは化繊のシャツからウールのセーターまで素材も種類も好みと状況に応じて多種多様。天気予報を見てその日に必要になりそうなものを用意する。保温性と速乾性に優れたフリース素材のウエアは、ぜひ1枚揃えておきたい。アウターウエアには耐久性があり、かつ体の動きを妨げない大きさのものを。短時間のハイキングならウインドブレーカーのようなものでもいいが、急な天候の変化に備え雨具を兼ねたものを用意しよう。ゴアテックスなどの防水透湿性に優れた素材のものが理想。快適さが違う。

ハイキング中の食事
コースの途中にレストランがあったら積極的に利用しよう。すばらしい景色に囲まれて取る食事は、旅のいい思い出にもなる。途中に食べるところがない場合、休憩時間や歩きながらでも簡単に口に入れられ、しかも即エネルギーとなる高カロリーの食品を用意しておきたい。チョコレートやナッツ類はエネルギー補給に、塩分補給には、チーズやソーセージがいい。

そのほかの装備について

■帽子

山の上の日差しは強いので帽子は必需品。小降りなら雨よけにもなる。また寒さ対策にも威力を発揮する。頭部からの放熱は大きく、ウールやフリース素材の帽子はTシャツ1枚分以上の保温効果が期待できる。

■バックパック（リュックサック）

日帰りのハイキングなら20～30ℓくらいの比較的軽量なタイプがおすすめ。フィット感を高める調節可能なストラップがあちこちに付いているので、購入の際は体に合わせて調節して実際に背負ってみることが大切だ。

■トレッキングポール（ストック）

ポールは歩くときのバランスをサポートする頼もしい道具になる。快適なトレッキングのために用意しておきたい。

■水筒

快適なハイキングのためには水分補給が不可欠。夏の3時間くらいのハイキングでは、一般的な男性で2ℓほどの水分が呼吸や発汗などで失われる。失った水分と同量の水を補給するのが理想だ。

そのほかに用意しておいたほうがいいもの
・軍手などのグローブ
　転倒した際、手をすりむいたりするのを防ぐ。
・サングラスと日焼け止め
　山の上の紫外線は強い。天気がいいときは、万年雪を被った山々の照り返しもきついので、サングラスがあるといい。

ファーストエイド・キット
体調の急変、けがに備えて用意しておきたい。グループなら誰かひとりが持てばいい。キズテープや胃腸薬、風邪薬など簡単に扱えるものだけでいい。薬はピルケースなどに移しておくとかさばらない。薬名がわかるように、説明書きを貼っておこう。疲労をやわらげる湿布薬や筋肉消炎剤も、余裕があれば入れておきたい。

旅の予算とお金の準備

スイスは人件費が高いこともあり、総じて物価が高い。現地滞在時にどのくらいの予算をみればいいのか、宿泊費や食費、交通費、ツアー代金などの相場をみてみよう。

スイスの物価はどれぐらい？

宿泊費と食費

旅行費用のなかで大きな割合を占める宿泊費だが、物価の高いスイスにあって、日本とさほど大きな差を感じないのが宿泊費だ。ホテルの料金は日々変動しているので、具体的な金額は示しにくいが、最安値の目安は大都市のシングル（以下S）CHF150～、ダブル（以下W）CHF200～。山岳リゾートではSがCHF100～、WがCHF150～だ。これらは2つ星から3つ星で部屋にシャワー&トイレがある部屋の料金。4つ星、5つ星となれば、当然料金は高くなるが、日本の高級ホテルと比べスイスがうんと高い、ということはない。中小都市や大都市でも中心部から離れた場所にあるホテルなら割安になる。またビジネス需要が多い都市部では平日より週末が、逆にリゾートでは週末や休日と比べ平日のほうが料金は安くなる傾向がある。目的地やシーズンにもよるが、宿泊料金については、日本で宿泊することを考えて、それに多少プラスするくらいで、ある程度の目途は立つ。

チューリヒの3つ星ホテルのシングルルーム

宿泊費とは対照的に、食費はスイスの物価の高さを痛感する。都市部でも地方でも昼食がCHF20～30、夕食はメイン料理ひと皿がCHF30～40以上の予算が必要。ファストフード店でも1回の食事でCHF10以下は難しい。ただし昼食は前菜とメイン＋ドリンクのような定食メニューをこの値段で提供していることがある。夕食の前菜はサラダでCHF10前後、軽い料理でCHF15～といったところだ。お酒は案外高くなく330mlのビールでCHF5、100mlのワインでCHF8といったところ。ソフトドリンクはビールとほぼ同額だ。夕食に前菜とメイン、お酒を1杯注文した場合の予算はCHF50以上をみるといい。

チューリヒの老舗レストランの名物料理ゲシュネッツェルテスはCHF38

交通費やツアー代金

市内交通の場合、中心部エリアの1回券（30分有効）でCHF2.5、1日券がCHF10程度。広域切符はこの倍くらいだ。営

食事代を抑えるには
食材費が高いのは仕方がないので、人件費のかからないスーパーの総菜などを買えば比較的安く食費を抑えることができる。家族旅行などの場合、キッチン付きの部屋に泊まって自炊をすれば、外食に比べるとかなり節約が可能だ。

時間と食事代の節約のため、移動中に簡単なランチを

1CHF=150円※で計算した場合の日本円換算
1CHF=150円
3CHF=450円
5CHF=750円
7CHF=1050円
10CHF=1500円
15CHF=2250円
20CHF=3000円
※2023年4月のレートで設定

宿泊料金を安くするなら
他人と相部屋でもかまわなければ、ドミトリーの4人または6人部屋の利用でCHF40～60といったところ。都市部で少しでも部屋代を抑えるなら、ユースホステルの1～2人用個室を狙うといい。1部屋CHF100以上にはなるが、ホテル代よりは割安だ。ただし部屋数が少なく、競争率も高いので早めの予約が必須。

おトクな各地域の交通パス
各地域で発行している交通パスは、その地域（町、市、州）の交通が無料で乗り放題になりおトク。パスを発行している地域では、ホテルやホステルで宿泊客全員に配布しているので、チェックイン時に入手しよう。

業距離のわりに高額なのは山岳交通で、人気の登山列車は片道30分程度の麓駅から頂上駅までの往復でCHF100～200。ロープウエイは往復CHF30からが相場だ。パノラマ列車も、全区間を乗車するなら登山鉄道と同じくらいの予算をみておくといい。

ツアー代金はCHF15が相場。ガイド付きの市内散策やミニトレインなどの乗車代金などだ。博物館や美術館の入場料はCHF10～20。体験型のアクティビティはCHF30以上。

メリハリをつけたお金の使い方を

現地で支払う費用としては食費を削るのがてっとり早いが、せっかく旅行に来ているのに、地元の名物料理を味わってみないのはもったいない。昼食であればひとりCHF20程度の予算で温かい料理を食べることができるので、昼食をしっかりと食べ夜は軽めにすませるような、メリハリのある予算の使い方をすることをおすすめする。スーパーでは昼食によさそうなサンドイッチも売られているが、CHF4～5ほどで決して安くはない。

お金の準備と現地での支払い方法

現金は最低限に

使い勝手のよさと安全対策を考えるならクレジットカードやデビットカードの利用がおすすめ。クレジットカードは通用度が高く、CHF2程度の駅売店（KIOSK）での買い物でも支払いが可能だ。屋外のマーケットではクレジットカードのみ支払い可という場所もある。ただし、カード支払い端末の故障や、バスや現地発着ツアーの支払い、コインロッカー利用などで現金が必要となることもあるので、CHF70～80くらい準備しておこう。現金の両替は現地でも可能だが、日本の両替所で済ませておくのが安心。スイスでも置き引きやスリの被害は報告されているので、多額の現金は持ち歩かないほうがよい。

海外でのお金持ち方については下記記事を参考に。

URL www.arukikata.co.jp/web/article/item/3000231

クレジットカード支払い時の注意

必ず金額を確かめてからサインまたは暗証番号を入力すること。端末にカードを差し入れて支払う場合、日本円とスイスフランのどちらで決済するかを尋ねる画面が出てくる場合があるが、迷わずスイスフラン建てで決済すること。日本円建ての決済には手数料が含まれているので、最終的な支払い金額はスイスフラン建てよりも高くなるからだ。またセルフレジで決済する場合は、暗証番号を見られないように注意し、かつ自身の荷物管理もしっかりと。端末操作に気がいってしまい、スリに狙われていても気づかない危険性があるからだ。

市内交通の券売機はカードとコインのみ使用可

ベルギューンの鉄道博物館のカフェランチ。サラダと肉料理、デザートとコーヒー込みでCHF19.50。量もちょうどよく大満足

ICカード
ICカード（ICチップ付きのクレジットカード）で支払う際は、サインではなくPIN（暗証番号）が必要だ。覚えていなかったら使えないので、出発前にカード発行金融機関に確認しておくこと。

デビットカード
使用方法はクレジットカードと同じだが支払いは後払いではなく、発行金融機関の預金口座から即時引き落としが原則となる。口座残高以上に使えないので予算管理をしやすい。加えて、現地ATMから現地通貨を引き出すこともできる。

海外専用プリペイドカード
海外専用プリペイドカードは、外貨両替の手間や不安を解消してくれる便利なカードのひとつだ。多くの通貨で日本国内での外貨両替よりレートがよく、カード作成時に審査がない。出発前にコンビニATMなどで円をチャージ（入金）し、入金した残高の範囲内で渡航先のATMで現地通貨の引き出しやショッピングができる。各種手数料が別途かかるが、使い過ぎや多額の現金を持ち歩く不安もない。下記のようなカードが発行されている。

●アプラス発行
GAICA ガイカ
URL www.gaica.jp/
MoneyT Global
マネーティーグローバル
URL www.aplus.co.jp/prepaidcard/moneytg/
●トラベレックスジャパン発行
Multi Currency Cash Passport
マルチカレンシーキャッシュパスポート
URL www.travelex.co.jp/product-services/multi-currency-cash-passport

スイスをおトクに旅するには？

スイス旅を楽しむためには出費を覚悟する必要があるが、一方で宿泊者に対して無料の交通チケットを提供する町や、特定曜日の入館料が無料になる博物館もある。割引サービスを見落とさずに旅するだけで、昼食代が浮くくらいの節約が可能だ。

工夫次第で節約ができるスイスの旅

無料の交通パス、ゲストカードを活用

ベルンやバーゼル、グリンデルワルト、ローザンヌ、ジュネーヴ、モントルー、サン・モリッツ周辺の町など、宿泊者に対して無料の交通パスや割引特典があるゲストカードを提供する町がある。町によっては、予約確認票があれば、ターミナル駅から宿泊施設までの交通機関利用も可能なことがあるので、滞在予定の町にそういったパスがあるかどうか確認しておこう。一定エリア内の公共交通機関に乗車できるほか、博物館や美術館へ割引入場、市内徒歩ツアーの割引や無料参加などの特典を付与していることもある。2泊以上の滞在で提携ホテルへの宿泊が条件となるが、サン・モリッツ・エリアの宿で貸与されるÖVインクルーシヴ（→P.309）は乗車可能なエリアが広く、ロープウエイやケーブルカーにも適用される。2泊3日程度の滞在なら交通費無料で多くの場所を訪問できるほど利用価値が高い。

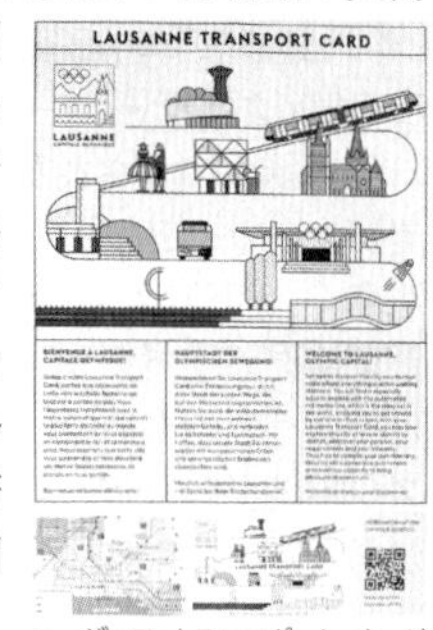

ローザンヌ・トランスポート・カードの現物

市内観光用パスを購入する

無料の交通パスを提供している町でも、入場料無料や提携先の代金が割引になる市内観光用のパス（カード）を販売していることがある。ローザンヌは割引特典がついた無料の交通パスを提供しているが、1日パス（CHF35）を購入すれば、プラットフォーム10（→P.378）やオリンピック博物館（→P.379）に入場でき、この2施設の訪問だけで元を取ることができる。交通パスが提供されていないチューリヒにも乗り放題チケットを兼ねたパスがある（→P.42）。

無料入場日を狙う

特定の日や時間帯（夕方）に入館料が無料になる美術館や博物館もある。訪問予定が決まったら、念のために訪問先の施設の情報を探してみよう。例えばチューリヒのチューリヒ美術館（→P.47）は水曜の常設展への入場が無料になる。入館料無料という博物館は少なくない。

各地域パスの名称と掲載ページ

●チューリヒ
チューリヒ・カード→P.42
ZVV-9オクロック・デイ・パス→P.42

●ボーデン湖周辺
ボーデン湖カード・プラス→P.72

●ルツェルン
ビジター・カード→P.94

●ベルン
ベルン・チケット→P.196

●バーゼル
バーゼルカード→P.230

●ベルナーオーバーラント
ユングフラウ・トラベルパス→P.152

●ツェルマットとヴァリス
ピークパス→P.250
サースタールカード→P.269

●エンガディン地方
ÖVインクルーシブ→P.309

●レマン湖周辺
ジュネーヴ・トランスポート・カード→P.361
ローザンヌ・トランスポート・カード→P.375
モントルー・リヴィエラ・カード→P.391

都市への滞在は週末に

チューリヒやベルン、ジュネーヴ、ローザンヌなどはビジネスシティなので、日本のビジネスホテル同様に月～金曜の宿泊費が高く、土・日曜が安くなる。3割近くの料金差が生じることもあるので、少しでも宿泊費を抑えるなら大都市滞在は週末にするのがいい。日曜は多くの店が閉まってしまうのでショッピングは楽しめないが、美術館や博物館はオープンしている。週末に観光し月曜にショッピングをしてから次の目的地に移動するという旅程を組むといい。

ピークを外す

観光客が集まるシーズンは混雑するし、ロープウエイや山岳交通の値段が最も高くなる。春や秋のシーズンには混雑も避けられ、ピークシーズンに比べ安い運賃で利用できる場合もある。日程の調整が可能であれば、ハイシーズンを避けて旅をするのも手だ。

同じものなら安く買う

ずばり、スーパー利用がてっとり早い。都市のターミナル駅には便利な場所に売店KIOSKがあるが、日本のコンビニで品物を購入するようなもので単価は安くない。しかし少し歩いた場所にあるスーパーに行けば、まったく同じ商品を半額以下で購入することができる。ドリンク類ならKIOSKの3分の1くらいの価格になるので、スーパーを利用しよう。

あと数は少ないがブランド品のアウトレットショップもある。チョコレートメーカーのリンツはチューリヒの工場敷地内にアウトレットショップをもっており、商品によっては3割引から半額以下というものも。工場見学が可能な場合、近くにアウトレットショップが存在していることがある。

KIOSKは便利な立地にあるが安くない

スーパー活用はどの程度お得？

4人以上のグループで自炊が可能な宿に滞在しているなら、スーパーで食材や総菜を買って自炊すると食費を安く抑えることができる。コールドミール中心ならキッチン設備がない宿でも食べることができるので、器と箸を準備しておけばいい。写真はふたり分を想定して揃えた夕食。食材と地酒（ワインとビール）ひと揃えでCHF21。加熱できる調理器具があれば、冷凍ピザ（2枚入り）がCHF4～5と安い。おなかを満たすには十分だ。

駅ビルに入るスーパーもある

スーパーで食材を購入して自炊すれば、それなりに充実した食事が安く済む

**ふたりでも
ひとり分料金になる
スイスクーポンパス
Swiss Coupon Pass**

主要11都市で利用できる「スイスクーポンパス」を使えば、ひとり分の料金でふたり分のサービスが受けられる。食事や市内観光、クルーズなどで使える100枚のクーポンがつづられた冊子。スマホユーザーなら、クーポンのアプリをダウンロードして使うことも可能。訪問予定の都市のぶんだけ購入することができる。利用可能都市の観光案内所で入手できる。

URL www.swisscouponpass.ch
料 CHF49、アプリはCHF9～

スイスへのアクセス

ヨーロッパの中央部に位置するスイスへは、各国を経由してもアクセスできる。フライトは北極回りと南回りとがあるが、どんなルートを使えばいいのだろうか。

日本〜スイスのフライト
スイスへの直行便
便名：LX161（月・火・木・土・日）
成田発 10:45
チューリヒ着 18:10
便名：LX160（月・水・金・土・日）
チューリヒ発 13:00
成田着（翌日）08:45
※2023年夏のスケジュール
URL www.swiss.com

チューリヒ空港駅

国際観光旅客税
2019年1月7日より日本を出国するすべての人に、出国1回につき1000円の国際観光旅客税がかかる。支払いは原則として、航空券代に上乗せされる。

旅の第一歩をどこにするか？
チューリヒとジュネーヴには国際線が多く発着する空港があり、スイス国鉄の駅と直結しているので移動も簡単。どこに向かうのにもとても便利だ。日本からの直行便はチューリヒ空港に到着するが、途中乗り継いでスイスに向かう場合も、どちらかの空港を選んだほうがいい。国内には、ベルン、ルガーノ、バーゼルなどに空港があるが、いずれも小さな空港で発着便数も少ないので、あまり利用することはないだろう。

同日の山岳リゾートへの移動は難しい
以前の直行便の到着時間ならインタラーケンやツェルマットまで無理なく行くことができたが、現在は到着が夕方となるので、山岳リゾートへの当日の移動が難しくなった。遅延がなければ当日の最終便ぎりぎりで到着できるが、何らかの理由でタイムロスが生じた場合、最終列車に乗れなくなってしまう危険性がある。スイス到着後に移動を考えるなら2時間以内に行ける都市を考えたほうが無難だ。

日本からスイスへのフライト

スイスへの直行便

スイスへの直行便を就航しているのはスイス インターナショナル エアラインズ。通称Swiss（2レターコードはLX）。成田〜チューリヒ間を結んでいる。コードシェア便としてANA（NH）もフライトをもっている。所要時間は往路が14時間25分、復路が12時間45分だ（2023年夏スケジュール）。

経由便のフライト

ヨーロッパへは複数の航空会社が就航しているが、航空運賃が安めなのは南回りの中東系のエアライン。ターキッシュ エアラインズ（TK）やエミレーツ航空（EK）、エティハド航空（EY）などがある。2023年4月現在、ロシア上空を飛べないヨーロッパ系の航空会社も北極回りか南回りなので、中東系航空会社との所要時間の差は縮まっている。ヨーロッパ系の航空会社としては、ルフトハンザ・ドイツ航空（LH）、オーストリア航空（OS）、フィンエアー（AY）、ブリティッシュ・エアウェイズ（BA）、エールフランス航空（AF）、KLMオランダ航空（KL）らがスイスへの乗り継ぎ便をもっている。アジア系の航空会社はシンガポール航空（SQ）やキャセイ・パシフィック航空（CX）、大韓航空（KE）のフライトがある。

経由便の所要時間

乗り継ぎ時間がどれだけ長いかで所要時間は異なるが、最短で往路が17〜22時間、復路は乗り継ぎ時間が長いことが多く20〜30時間といったところ。

航空券の選び方

予算重視か効率重視かで大きく分かれる。予算重視であれば希望の日程で最も安い航空会社を選ぶしかないが、復路の所要時間が30時間を超えることもある。効率重視であれば直行便を選ぶのがベストだ。経由便で、日本の出発空港を東京（TYO）で選んだ場合、航空会社や便名により、発着地が成田（NRT）か羽田（HND）のどちらかになる。特に出発便で空港を間違えると乗り遅れる危険性が高いのできちんと確認を。

近隣諸国からのアクセス

ドイツとオーストリア、イタリア、フランスの4ヵ国に囲まれるスイスは、ヨーロッパ各地からのアクセスの便もいい。鉄道や道路網もよく発達しており、シェンゲン協定に加盟しているため、入出国もスムーズだ。

シェンゲン協定とは
現在ヨーロッパ27ヵ国の間で結ばれている、国境検査なしで国境を越えることを許可する協定。西ヨーロッパと北欧のほとんどの国が協定を結んでいる。スイスはEUには加盟していないが、この協定の締結国のひとつ。

国境の越え方

国際列車を利用

各国の高速列車や特急列車がスイス各地に乗り入れている。長距離を結ぶ路線ではドイツ北部の都市ハンブルクからインタラーケン・オストまでの直行列車もある(所要9時間34分)。スイス南部を訪問するならイタリア側からアクセスするほうが便利だ。夜行列車もヨーロッパ各地へ発着しているので、宿泊と移動を兼ねたヨーロッパ旅行プランも立てられる。

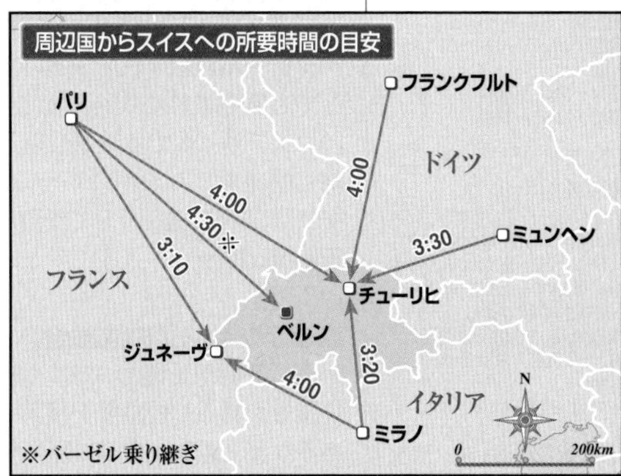

車で国境越え

バスやレンタカーでスイスに入出国することもできる。シェンゲン協定に加盟しているので、国境での特別な手続きは不要だ。スイス以外の国で借りたレンタカーで高速道路を通行する場合は通行料が必要となる（レンタカーについては→P.460）。

徒歩や船で国境越え

レマン湖地方や北部のバーゼル、東部のシャフハウゼン周辺では徒歩で国境越えができるポイントが複数ある。特にバーゼルはフランス、ドイツと国境を接しているので徒歩で3ヵ国巡りを楽しむことも可能だ。またレマン湖なら対岸のフランスから、ボーデン湖なら対岸のドイツから船で国境を越えることも。

スイスへの入国

空路の場合、シェンゲン加盟国を経由していなければパスポートコントロールがある。旅行日数や目的を聞かれることがあるので、英語で答えられるよう心の準備を。陸路の場合は特別な手続きはないが、列車では検札が来る。国境越えの場合は常にパスポートを携帯したほうがよい。

スイスに免税で持ち込めるもの
- 携行品（旅行者の私物でそのまま日本に持ち帰るもの）
- 食料品（1日に消費するとみなされる量）
- たばこ（紙巻きたばこ200本または葉巻50本または刻みたばこ250g。17歳未満の持ち込みは不可）
- 酒類（アルコール分15%以上は1ℓ、15%未満は2ℓ。17歳未満の持ち込みは不可）
- 上記以外の品物はCHF300まで

国内移動① 鉄道

国土面積は九州と同じ程度で7割が山岳地帯というスイスだが、鉄道網がよく整い、その距離は4800㎞に及ぶ。運行時刻も正確でバスや湖船、山岳交通との連絡もよく使いやすい。景勝ルートやパノラマ列車もあり移動そのものを楽しむことができる。

旅の計画

時刻表どおりに旅ができる

スイスでは停車時間に余裕をもたせるなど無理のない運行スケジュールが組まれているので、時刻表どおりにプランニングしても実際に旅を実行することができる。SBB（スイス国鉄）のウェブサイトでは乗車日時と出発・目的地を入力すれば、最終目的地までのスケジュールがひと目でわかる。経由地を入力すれば、あえて遠回りして景勝ルートを通る区間の検索も可能だ。

URL sbb.ch/en

プランニングの注意点

運行時間が正確といっても機材や線路のトラブルで遅延する可能性もある。長距離を移動する場合や国外に乗り継ぐ必要があるなど、遅れが生じた際にダメージが大きい移動の場合は乗り継ぎ時間に余裕をもったスケジュールを組んだほうがよい。またホームの造りの関係で水平移動では乗り替えできず、いったん階段やスロープを使って違うホームに移動する構造の駅も多いので、乗り替えには10分近くの余裕をもつと安心だ。

運行時刻の確認

駅には経由地を含めた行き先が掲載された黄色の出発時刻表があるので、そちらで乗るべき列車を探すことができる。以前は多くのターミナル駅でそのエリアを走る列車の運行時刻表を入手できたが、今はほぼ廃止されてしまった。そのため乗り継ぎ地から先の列車の時刻は、到着した駅で再び探す必要がある。現在はモバイル環境でオンライン時刻検索を行うのが普通になっているので、スイスでもネット接続が可能なスマホかタブレットを準備しておいたほうがいい。

理解しやすい運行スケジュール

ICやIRの急行列車もREやSバーンなどの列車も、行き先が同じ列車はきっちり30分または1時間おきに運行するパターンが多い。乗り継ぎ地で途中下車して町歩きを楽しんだ場合、次の目的地への列車の出発時刻が容易に推測できる。ただし早朝や夜間はこのパターンが崩れることもある。急な変更の可能性は常にあるので、重要な移動の際は、まめに運行状況を確認すること。

ヨーロッパやスイスの鉄道パスとチケットの購入
ヨーロッパ鉄道手配経験の豊富なスタッフが対応。スイストラベルパスおよび人気観光列車などのスイスの鉄道チケットを取り扱う。スイスのホテルや空港送迎、専用車も手配可能。
EURO RAIL by WORLD COMPASS
㈱ワールドコンパス
URL eurorail-wcc.com
E-mail info@eurorail-wcc.com
営月～金曜 10:00～17:00
休土・日曜、祝日

車内検札について
列車が走り出すと特急/急行列車の場合には車掌が車内検札にやってくる。車掌はその後も駅に停車するたびに車内を回って検札を繰り返していくが、乗車時に一度切符を提示しておけば2回目からは見せる必要はない。
どの列車を利用するときも、必ず切符を買ってから乗車すること。列車内では制服または私服の検札官がけっこう頻繁に抜き打ちで回ってくる。そのときに切符を持っていないことが見つかれば、理由の有無にかかわらずCHF100以上の罰金と乗車料金の一部または全額（列車の種類により異なる）を払わなければならない。

スイス国内を走る列車
●IC=Intercity（インターシティ）
ジュネーヴ～チューリヒ間、インタラーケン～ザンクト・ガレン間など、おもに大都市間を結ぶ特急列車。特急料金は不要。
●ICN（インターシティ・ナイゲツーク）
都市間を結ぶ振り子式特急列車。ICの扱いになる。
●IR=Interregional（インターレギオナル）
地方都市を結ぶ急行列車。IC同様、停車駅は少ない。原則として予約はできない。
●Regio Express（レギオエクスプレス）
快速列車。かなりこまめに停車する。予約はできない。
●Regionalzug（レギオナールツーク）
普通列車。
●S-Bahn（Sバーン）
大都市近郊の通勤路線をネットワークで結ぶ普通列車。

切符の買い方

駅の自動券売機と切符売り場で購入できる。切符売り場は縮小傾向にあり、問い合わせと販売を分けてあることもあるので注意。受付番号札を取り、呼び出しがあるまで待つ仕組み。支払いには現金とクレジットカードが使える。割引になるカード類があれば、必ず購入時に窓口で提示するか説明すること。

券売機の場合は最初にタッチ画面を操作して購入する切符を選択し、最後に支払いを行う。町なかの市電やバス停の券売機で近郊列車の切符を購入できる場合もあるが、紙幣が使えないことが多い。切符の有効期限は、115kmまでは片道・往復とも当日のみ。116kmからは片道は当日のみ、往復は10日間有効。途中下車は自由にできる。

列車の座席指定について

座席指定が必要な列車

■ グレッシャー・エクスプレス/ベルニナ・エクスプレス/ゴールデンパス・ラインなど観光用の特別列車

グレッシャー・エクスプレスとベルニナ・エクスプレスは全席指定制の列車のため、事前に座席指定することが原則。あらかじめ指定券を買っておくほうがいい。ゴールデンパス・ライン（→P.395）で運行しているゴールデンパス・エクスプレスやゴールデンパス・ベルエポック、Luzern-Interlaken Expressは任意予約制の列車のため、座席指定をしなくても利用できる。しかし夏季などのハイシーズンは混雑するので、座席指定券を事前に購入していたほうが無難だ。

■ 国際列車でスイス国外まで乗車する場合

フランス方面のTGV-Lyria、イタリア方面のECでスイス国外に移動する場合は全席指定制の列車となるので、事前に座席指定をしなければ利用できない。また、ドイツ方面のICEやECE、オーストリア方面のRJは、任意予約制の列車のため座席指定をしなくても利用できるが、混雑していることが多いので事前に席を確保しておいたほうがよい。

■ スイス国内の列車の場合

先述の一部の観光列車を除き、原則として座席指定をしなくても乗車券や鉄道パスのみで利用できる。全席指定制のTGV-Lyriaやイタリア方面のECもスイス国内区間のみの移動であれば、座席指定をしなくても利用できる。IC、ICNは座席指定が可能な列車。急行にあたるIRやREの座席予約は原則的にできないが、一部のパノラマ車やサロンカーなどが編成されている場合は、座席予約ができる。ICやICN利用で、1時間以上の移動や大きな荷物を持っている場合や、繁忙期の時間帯などで利用する場合は、あらかじめ座席の予約をするのもよいだろう。

切符購入の際に伝えるべきこと

まずは切符の購入なのか、座席予約をしたいのかを伝える。
① 乗車区間（どこからどこまで）
② 乗車月日
③ 乗車列車（列車名または、○○時発）
④ 乗車人数
⑤ 1等か2等か
⑥ 往復か片道か
⑦ 半額カードやスイストラベルパスなどがあれば提示する
⑧ 座席予約（→P.450欄外）が必要なら伝える

一度は乗りたい人気列車

巻頭特集で景勝路線とそこを走るパノラマ列車、登山列車を特集している。→P.24
●グレッシャー・エクスプレス →P.284
●ベルニナ・エクスプレス →P.324
●ゴールデンパス・エクスプレス →P.395

手配可能な日本の旅行会社
EURO RAIL by WORLD COMPASS
URL eurorail-wcc.com

おもなSBBの乗車券

普通乗車券
Streckenbillett (Regular)
乗車区間で利用できる乗車券。有効期間は利用日の始発から翌日の午前5時までとなる。

割引乗車券
Streckenbillett Hinfahrt (Supersaver Tickets)
乗車する列車を指定することで割引となる乗車券。購入時に利用する列車を指定する。乗車区間が同じでも他の列車や他の日には利用できない。購入後の変更や払い戻しはできない。

1日券　Spartageskarte (Saver Day Pass)
SBBを含めた鉄道路線、ポストバス、市内交通など公共交通機関で利用できる1日券。有効期間は利用日の始発から翌日の午前5時までとなる。利用日や購入するタイミングによって料金が異なる。購入後の変更や払い戻しはできない。
※これらの乗車券には、座席指定券は含まれていない。

スイスに乗り入れている国際列車

EC（ユーロシティ）
ECE（ユーロシティエクスプレス）
ICE（インターシティエクスプレス）
RJ（レイルジェット）

座席予約の際の必要事項
① 乗車区間(どこからどこまで)
② 乗車月日
③ 乗車列車(列車名または、○○時発)
④ 乗車人数
⑤ 1等か2等か
⑥ 往復か片道か
⑦ 指定席だけなのか、乗車券も必要なのかを窓口で告げ、
⑧ すでにパスや乗車券を持っていれば、それらを一緒に提示する。
必要であれば追加の乗車券も一緒に作ってくれるし、必要なければ指定券だけを発行してくれる。

●座席の予約方法

列車の座席予約をする方法としては、駅、鉄道会社のWEBサイト、鉄道会社アプリ、旅行会社などがある。グレッシャー・エクスプレスやベルニナ・エクスプレスなどの全席指定制の観光列車などは、事前に予約をしたほうがよい。鉄道会社の公式サイトでの購入や英語サイトの購入に不安がある場合は、ヨーロッパの鉄道を扱っている日本の旅行会社に依頼する方法もある。スイス国鉄(SBB)のICやICNなどの座席予約を現地で手続きしたい場合は、SBBのチケット窓口のある駅で行うのが早い。小さな駅の窓口でもコンピューターのオンラインシステムが行き渡っているので、切符を買うのと同じように申し込むことができる。またSBBの列車の座席予約であれば、SBBのアプリ経由で購入することもできる。

駅の施設について

●駅は何でも揃う年中無休の施設

駅の表示板には経由駅も併記

ピクトグラムの施設表示がわかりやすい(ジュネーヴ駅)

駅の施設はピクトグラムで表示されているので、言葉がわからなくても大丈夫。トイレやコインロッカー、キオスクなどはもちろん、大きな駅なら、両替所、郵便局、観光案内所などが駅舎に入っている。スイス最大級のチューリヒ中央駅には航空会社の窓口やシャワー室などのほか、30を超えるレストランがあり、さらに町なかの店が閉まっている土曜の午後でもスーパーが営業しているので、旅行者には非常に便利だ。ジュネーヴの中央駅も同様。地方の駅でもレストランとキオスクは週末も開いていることが多い。

時刻表。白が到着、黄色が出発

駅の有料トイレ

駅のコインロッカーはスーツケースが入る大型のものもある。料金は大きさによって1日CHF3~5ほど。指定のコインしか使えない場合も多いので、小銭を準備しておく必要がある。

コインロッカー

●わかりやすい行き先表示

主要駅のコンコースや待合室には日本と同様に出発案内の表示がある。出発時刻の早いものから順番に出発時刻、列車の種別、おもな停車駅と目的地、出発番線が表示されている。またプラットホームにもそれぞれ出発案内があって非常にわかりやすい。そして最後に、列車の出入口の横に取りつけてある行き先表示板を確認すれば、ほぼ間違いなく目的の列車に乗れる。地方の駅で行き先案内板のない場合には、構内に貼ってある時刻表を見る。黄色は出発案内、白色は到着案内。出発時刻が1~3時間ごとに区切ってあり、各列車の出発時刻と番線、行き先、おもな停車駅が書いてある。

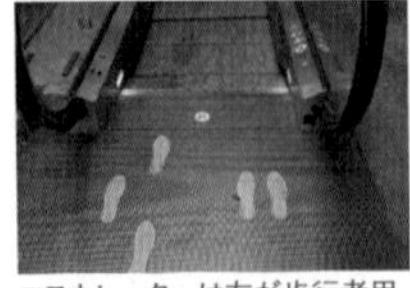
エスカレーターは左が歩行者用

さあ、列車に乗ろう

車両の様子

列車のドアは、自動のものと手動で開くものがある。自動ドアでもドアの横にあるボタンを押さないと開かない。手動の場合には、開けるときだけドアの取っ手を引っ張って開け、列車が動き始めると自動で閉まる。

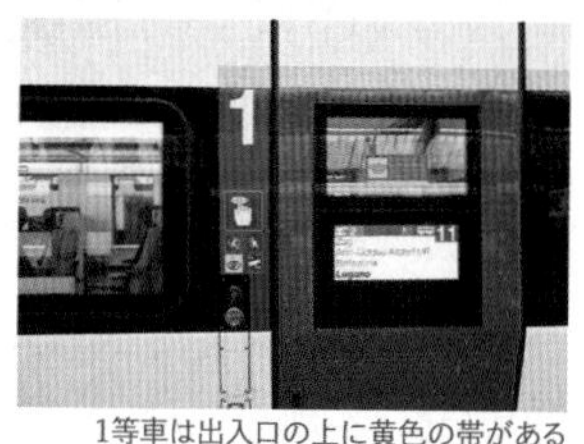
1等車は出入口の上に黄色の帯がある

車両は1等車と2等車に分かれる。2等車も十分快適だが、1等車は3列シートでさらに快適。しかもスイスでは最近さまざまな新しい車両が開発されており、1等車にすればパノラマ型車両やサロンタイプの車両などに乗れる機会が多い。また、スイス国内の列車内はすべて禁煙。

1等車には乗降口に"1"のマークが、2等車には"2"のマークがそれぞれ入っているのですぐにわかる。車両ごとに分かれていることが多いが、少ない編成の列車の車両だと前半分が1等、後ろ半分が2等になっていることもある。

座席指定している場合は

車両番号は各出入口の所に、座席番号は窓の上に書かれているのでそれぞれ確認する。予約済みの場合には、座席番号の横に指定区間を記入した紙のスリップが入っているので、自分の番号を確認してから着席する。つまり、紙のスリップの入っている席は誰かが指定している座席ということになる。自分が指定券を持っていないのであればスリップの入っている席には座ってはいけないのだが、そのスリップに書かれている区間以外では、空いていればその席に座ることができる。

またスイスでは、予約スリップが入っていても実際には乗ってこないことがよくあるため、予約席でもほかの人が座っていることがある。もし誰かが自分の席に座っていたら、自分の指定券を提示すればすぐに席を立って替わってくれるはずだ。

車内と座席回りの設備

出入口近くにはリクエスト・ストップを知らせるためのボタンが設置されていることがある。「Halt auf Verlangen」「Arrêt sur demande」と表示されている駅で下車したいときに押すボタンだ。座席にはたいていテーブルとゴミ箱がある。現在はほとんどの車両の座席にコンセントが設置されている。テーブルの下や椅子の下に備えられていることもあるので、使いたいときは座席回りを見てみよう。1等車は椅子がリクライニングできることが多い。操作レバーやボタンは座席下か肘掛けにある。

列車の種類
日本の鉄道同様に普通、急行、特急などさまざまな列車が国内を縦横無尽に走っているが、最も大きな違いは、ほとんどに1等、2等のクラスがあり、特急/急行列車でも原則として追加料金が不要なことだ。一部例外はあるものの、どの種類の列車にも切符やパスだけで自由に乗れる。

子供用車両
いくつかの特急列車の2等車両のなかには、家族旅行の子供たちが退屈しないよう、すべり台やブロックなどの遊び場を設けたファミリーカーがあり、ICを中心に連結されている。全部の列車ではないが、大きなイラストが描かれているのですぐにわかる。対象は2～12歳の子供。

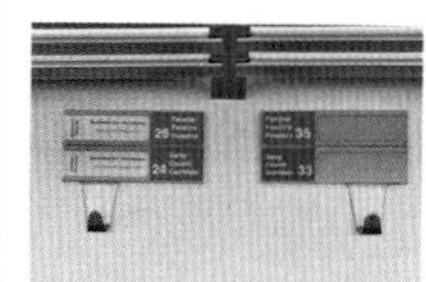
紙の予約スリップ

液晶画面の予約表示もある

食堂車など車内の施設とサービス
スイス国内を走る特急列車には食堂車が連結されていることが多く、6:30～21:00の間営業している。これらのうちのほとんどの列車は、チケット購入時に駅で食堂車の座席予約が可能。予約料としてCHF5がかかるが、車内での食事代金から同額が差し引かれる。また、飲み物と軽食を出すビストロ車両もある。購入したものは自分の座席に持ち帰ることも可能。食堂車・ビストロ車ともに、時刻表にナイフとフォークを組み合わせた表示があれば連結されている。

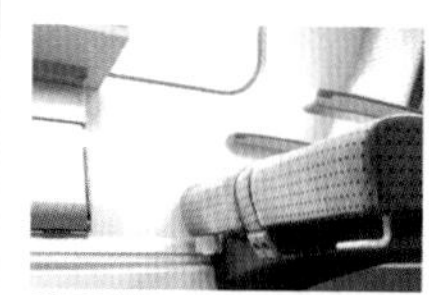
電源が備えられているシートもある

登山鉄道について

登山鉄道は今でも出発時刻を手動の時計で示す駅がある

アルプス観光には不可欠な登山列車

スイス各地にある登山列車やケーブルカー、ロープウエイなどは、単なる移動手段ではなく、それ自体が見どころになっているものが少なくない。展望台に上って雄大な景色を眺めるのも、ハイキングのスタート地点に向かうのも、登山列車がなければアルプスの観光は始まらない。

これらの登山列車やケーブルカーは観光目的が大半だが、運行スケジュールがちゃんと公式時刻表に記載されているのがスイスのすごいところ。さらに路線によっては鉄道や船との接続もされている。また、多くの路線で、チケットがスイストラベルパスやスイス半額カードを提示すると割引になるのもうれしい。

利用するときの注意点

ユングフラウ鉄道はスイスを代表する登山鉄道

利用の際に注意したいのが、運転日について。年中無休で運転しているユングフラウ鉄道のような路線もあるが、オフシーズンになる春と秋には点検・工事を兼ねて運休する路線も多い。運転状況を観光局やホテルなどであらかじめ確認しておくこと。自然のなかを走るこれらの乗り物は強風、雪崩の危険性、荒天などによって突然運休する場合がある。気象条件も気に留めておこう。

夏は最終の出発時刻を確認するのも忘れずに。夏のヨーロッパは日が長く、21:00や22:00頃まで明るい。しかし、登山鉄道やロープウエイの最終は16:00や17:00頃であることが多いので、遅くまで遊んでいると乗り遅れることにもなりかねない。その日の最終列車やロープウエイの出発時刻は駅に書いてあるので、必ず確認しておくこと。特に登山やハイキングの場合には注意しよう。

人気ハイキングルートには最終便時刻を示す看板があった

昼休みがある！
スキーシーズンがメインのリフトやロープウエイも、夏にハイキング客のために運転しているものがあるが、12:00から14:00頃まで昼休みで運行されない場合もある。

高山病にはくれぐれも注意
登山鉄道では比較的時間をかけて上るため影響は少ないが、ロープウエイなどで標高3000m以上の所へいきなり上がると、フラフラしたり頭痛がしたりすることがある。そんな場合には無理をせず、症状が改善するまで休むことが大切。症状がなくとも3000m以上の高地で走ったり、大声を出したり、アルコールを多量に摂取するのは厳禁。
しばらく休んでも症状が改善しない場合には、すぐに下山すること。軽い高山病は高度の低い所に戻れば治る。またロープウエイや登山鉄道の駅には救急施設があるので、必要な場合には申し出ること。

登山列車の席の確保は？

人気パノラマ観光列車のような座席指定はできないが、ユングフラウ鉄道は座席を指定しない予約が可能だ（→P.152）。またゴルナーグラート鉄道は、先に列車に乗ることができるプライオリティボーディングのサービスを提供している。CHF7の追加で優先乗車が可能だ。この路線は進行方向右側にずっとマッターホルンを見ることができるので、早めに乗車して右側の席を押さえることができるのはうれしい。

スイスの荷物別送システム

スイス国鉄は荷物の別送サービスLuggageを提供している。駅から駅への配送の場合、受け取りは発送日の翌々日だが、スーツケースなら日本と同じくらいの料金で送ることができる。これを使えば、途中下車しながら身軽に観光を楽しむことができ、乗り換えが多い旅でも荷物なしで楽に移動できる。

別送サービスの種類

大きく分け、個人用、団体用とフライトの前後に利用できる3つのサービスがある。

■ステーション・トゥ・ステーション Luggage station to station

以前からある駅から駅へ荷物を送るサービス。ポストバスが運行している小さな村の郵便局や観光局への配送も可能だ。荷物の到着予定日から4日間まで無料で保管してくれ、5日目以降は1日当たりCHF5が加算される。荷物を預ける際は送り先の駅まで有効な切符かパスの提示が必要だ。

■ドア・トゥ・ドア Luggage door to door

ホテルや個人宅へ直接荷物を送ることができるサービス。受け取りは集荷日の翌々日だが、当日の受け取りが可能なエクスプレスのサービスも提供されている。利用可能な町は限定されており、2023年4月現在24の町がサービス対象だ。1回の集荷につきCHF43の基本料金がかかるので、多くの荷物を送るグループ旅行に向いている。このサービスを利用する場合も送り先の町まで有効な切符かパスが必要だ。

■フライトラゲージ Flight luggage

チューリヒまたはジュネーヴの空港を発着するフライトを利用するときに使えるサービス。駅から空港駅まで送るのが最も安価だが、ホテルや自宅からフライト先の空港まで送ることもできる。ただし、目的地の空港まで送ることができるのはスイス インターナショナル エアラインズかエーデルワイス航空の便に搭乗する場合のみだ。

詳しい情報は以下のスイス国鉄のサイト（英語）で。
SBB（www.sbb.ch/en）
⇩
Station&service
⇩
Luggage and flight luggage
⇩
Luggage
⇩
Luggage door to door
⇩
Sales outlets→オンラインでの申し込み。
なお、ドア・トゥ・ドアのサービスは、駅での申し込みも可能。

サン・モリッツの手荷物カウンター

こんなときに利用を
マイエンフェルトに移動中に立ち寄るときは、荷物を送っておくと便利。マイエンフェルト駅にはコインロッカーがないからだ。また山小屋に泊まるときも必要以外の荷物を次の目的地に送っておけば、身軽だし預けた荷物をピックアップするための時間ロスもない。

前日に発送すれば移動日の翌日受け取りが可能
移動日の前日の19:00までに荷物を発送しておけば、立ち寄った場所で1泊すればもう次の日には荷物の受け取りが可能だ。荷物は午前中に預けても夕方に預けても目的地への到着時間に変わりはない（すべて夜以降に発送される）。

■別送サービスの料金例

サービス名	ステーション・トゥ・ステーション	ドア・トゥ・ドア	フライトラゲージ（駅→チューリヒ空港の場合）
申し込み・集荷締切	当日19:00までに持ち込み	集荷日の前々日の20:00までに申し込み、8:00～20:00に集荷。エクスプレスは6:00～9:00に集荷	前日まで。一部の駅は当日集荷可能
1個当たり料金	CHF12	CHF12	CHF24
重量制限	25kg	25kg	32kg
集荷料金		CHF43。集荷時刻帯指定CHF15	
エクスプレス	なし	CHF30	CHF30
受け取り日	集荷日の翌々日の9:00以降。	集荷日の翌々日で午前、午後、夜のいずれかの時間に配達。エクスプレスは当日18:30～22:00	翌日の6:30～21:00。チューリヒ空港のSBB手荷物カウンターで出発時刻の1時間前までに受け取り
その他		カーフリーリゾートからの集荷はCHF30	エクスプレスは当日15:15以降に受け取り可能

スイストラベルパスのみでアクセスできる展望台
2023年4月現在、多くの山岳鉄道やロープウエイなど、スイストラベルパスで割引になる場合が多いが、シュタンザーホルン（→P.108）のロープウエイ、ケーブルカー、リギ（→P.109）の登山鉄道とロープウェイは、スイストラベルパスの適用範囲なので無料で利用できる。

スイストラベルパス

区分	通用期間	1等	2等
大人	3日間	369	232
	4日間	447	281
	6日間	570	359
	8日間	617	389
	15日間	675	429
ユース	3日間	260	164
	4日間	315	199
	6日間	402	254
	8日間	436	274
	15日間	479	307

単位：スイスフラン（CHF）

スイストラベルパス フレックス

区分	利用日数	1等	2等
大人	3日分	424	267
	4日分	514	323
	6日分	610	384
	8日分	649	409
	15日分	706	449
ユース	3日分	299	189
	4日分	362	229
	6日分	430	272
	8日分	459	290
	15日分	501	321

単位：スイスフラン（CHF）
※ユース料金は、利用開始時点で16～24歳の人が対象
（2023年3月現在）

さまざまなパス、割引カード

スイスの物価の高さは有名だが、これは交通機関にもいえる。毎回移動のために切符を買っていたら不経済。パスや割引カードを上手に利用しよう。またパスにはホテルや美術館の割引特典も付いているので、観光局やSBBのホームページで調べてみるのもいいだろう。

URL www.swisstravelsystem.com

スイストラベルパスSwiss Travel Pass

決められた期間内、スイス全土の国鉄、ポストバス、ほとんどの私鉄と湖船が乗り放題になる。通用期間内は定期券のように使え、いちいち切符を買う手間が省ける。このパスを持っていると、登山鉄道、ロープウエイ、リフトなどでも50%引きになることがほとんどなので、必ず購入時にパスを提示して割引可能かどうか聞いてみよう。このパスは国内500ヵ所以上のミュージアムが無料となる「ミュージアム・パス」としても利用できる。またおもな都市の市電や市バスなどでも通用する。パスは、使用開始日から連続した3日間、4日間、6日間、8日間、15日間が通用期間で、1等と2等がある。スイストラベルパスは、購入時に利用開始日を決めなければならない。

スイストラベルパス フレックス Swiss Travel Pass Flex

パスで湖船にも乗ることができる

スイストラベルパスとほぼ同様の内容だが、異なるのは1ヵ月の有効期間の間に使用する日を選べる点。当然、市内交通の無料対象、「ミュージアム・パス機能」および割引特典も、選択した利用日のみとなる。3日、4日、6日、8日、15日分の鉄道利用日が設定されている。

COLUMN スイストラベルパスはどのくらいお得？

多くの路線で乗り放題切符として使え、提携の美術館や博物館へも入場できるスイストラベルパス。とても便利だが、いろいろな町が発行する交通パスも増えたため、通常の旅行を考えた場合、スイストラベルパスよりも個別にチケットを購入したほうが安いと判断できる時期もあった。

しかしこの円安の現在、スイストラベルパスの存在価値は再び増しているといっていい。なぜなら2019年の価格に比べ、2023年の価格が安くなっているからだ。大人の3日間、4日間料金は同額だが、6日間料金が登場し、8日間、15日間料金は安くなっている。15日間料金は連続タイプで約17%オフ、フレックスなら約20%オフになっている。

ユースはもっと割引率が大きく15日間パスで連続タイプは約30%、フレックスは40%オフだ。数日の滞在では金額面のメリットはあまりないが、長期間の滞在ならコロナ前に比べて元を取るのは簡単で、金銭的メリットもあるといえる。

例えば大人料金で以下のルートを旅した場合の運賃だけの合計金額は2等CHF468、1等CHF825。チューリヒ→サン・モリッツ←→ティラーノ、サン・モリッツ→ツェルマット、ツェルマット→モントルー→インタラーケン・オスト→チューリヒ

この旅を実行するには最短でも10日間近く必要で6日間の乗車日がある。6日間のフレックスパスでも元を取ることができる計算だ。

スイス半額カードHalf Fare Card

このカードを持っていると、スイス国鉄全線、ほとんどの私鉄と登山列車、ポストバス、湖船の切符が半額で購入できる。料金はCHF120で有効期間は1ヵ月。スイス国内の主要駅でパスポートを提示して購入する。それほど頻繁に移動しない旅行であればスイストラベルパスよりもお得。

ワンデイトラベルパス 1-day Travelpass.

スイス半額カード所持者のみ購入できる。列車、バス、湖船、市内交通なんでも利用可能の1日乗り放題のパス。1等CHF127、2等CHF75。CHF150以上の交通費がかかる場合は、このパスを買ったほうがお得になる。また早い申し込みで割引となるセーバーデイパスSaver Day Pass（→P.449欄外）がある。これはスイス半額カード所持者以外でも、購入することができる。

スイスにおけるユーレイルグローバルパス

ヨーロッパ33ヵ国で利用できる「ユーレイルグローバルパス」は、スイス国内のスイス国鉄をはじめとして鉄道路線で利用できるが、スイストラベルパスと比べて、適用範囲が狭い。市内交通、ポストバスは利用できず、湖船（→P.458）の適用範囲もトゥーン湖とブリエンツ湖のみで、それ以外の湖船は割引料金で利用する形となる。ユングフラウエリアに関しては、パスのみで利用できる範囲はない。スイス国内で山岳鉄道、ポストバス、湖船、市内交通を多く使う旅をするのであれば、ユーレイルグローバルパスよりもスイストラベルパスのほうがお得だ。

スイスファミリーカード Swiss Family Card
6〜15歳の子供が、スイストラベルパス、スイストラベルパスフレックスのいずれかを持つ親と全行程同一の旅行をする場合に、あらかじめファミリーカード（無料）を取得しておけば人数にかかわらず運賃は無料。スイス国内ほとんどの鉄道駅で取得できる。ただし座席指定をする場合は指定料が必要。

E-Passとなった スイストラベルパス
スイストラベルパスは、PDF形式の「E-Pass」に変更された。A4サイズに印刷するかPDFデータをモバイルに入れて利用することになる。フレックスの場合は、専用サイトにて利用日を選択して、1日単位のパスを印刷もしくはモバイルに入れて利用することになる。ユーレイルグローバルパスなどのモバイルパスに比べると利用方法は難しくない。

専用アプリが必要
ユーレイルグローバルパスは専用のアプリを利用するモバイルパスとなるため、スマートフォンやタブレットなどが必要となる。

COLUMN

ロープウエイも重要な交通手段

スイス山岳交通で最も重要なパートを担っているといってもいいのがロープウエイ。頂上の展望台を目指すには欠かせない交通機関だ。登山列車との接続もよく、最近は床が透けるキャビンや屋上に出ることができるキャビンなど、移動手段だけでなく乗車の楽しみもある機材が投入されている。また3Sと呼ばれる安定性の高い3本のロープを使うロープウエイも導入されており、強風の際も運行が可能になってきている。

ロープウエイに乗車する際、ひとりずつ通る改札のことが多い。使い方は難しくはないが、鉄道と異なりICチップ入りの切符をゲートにかざす場合と、バーコードを読み取る場合とがある。前の乗客を見てまねをするといい。操作が難しい改札の場合は係員が常駐している。

バーの上の広告のあたりに読み取り部分がある

ロープウエイのゴンドラは動いているが、あせらず乗ろう。下りるときは忘れ物がないか、荷物や衣類が引っかかるような状態になっていないかを確認すると安心だ。数人乗りのゴンドラの場合、途中駅でドアが開くことがあるので、慌てて下り支度をしないよう注意を。

眺めがよく乗車体験も楽しめるロープウエイはアイガー・エクスプレス（→P.139）やマッターホルン・グレッシャー・パラダイス行き（→P.254）。屋上に出ることができるのはシュタンザーホルン行き（→P.108）やヴェンゲンからメンリッヒェンに上るロイヤルライド（→P.155）。乗車時間が20分近くありゆっくりと景色を楽しめるのはフィルスト行き（→P.142）やグリンデルワルト・ターミナルからメンリッヒェン行き（→P.145）。

ピークシーズンは乗り切れないこともあるので、時間的余裕がない場合は早めに乗車すると安心だ。

旅の技術

国内移動② バス

山あいの小さな村の小さな家に郵便物を届ける郵便配達人のように、ポストバスは人々の最も近くにある交通機関。もちろん旅行者でも利用することができ、鉄道のネットワークとリンクされているために、SBBのウェブサイトでスケジュールを検索することも可能。

サン・モリッツ駅前から発着するルガーノ行きバス

山岳地方の小さな町や村を結んでいるスイスのバス路線網。鉄道大国スイスで、鉄道以上に細かな路線が全国に張り巡らされている。路線は非常にわかりやすいうえに正確に表示されているので、鉄道と同じ感覚で利用することができる。鉄道の線路が敷かれていない標高2000m以上のアルプスの峠や、秘境と呼ばれる地方を訪ねることもできて、行動範囲が広がることは間違いない。

なかでもポストバスは、連邦政府の郵政省が管理し、郵便物と一緒に乗客を運んでいるもの。もともとは郵便馬車から発達したもので、郵便物が届く所ならどんな小さな町へもバスを走らせている。地方の村々をバスの車窓から眺めてみると、馬車の時代から変わらない風景がまだまだ残っていることに気づくだろう。

ポストバス以外にも、各地域では民営バスが運営されており、スイスの町や村をくまなく結んでいる。地元の人たちと肩を並べてバスの揺れに身を任せれば、観光地ではお目にかかれない生活感あるスイスに出合える。

ポストバス

直訳すれば「郵便バス」。現在でも郵便物を運んでいるが、メインは旅客の輸送になっている。スイス全土でかつてPTTとして親しまれていた組織は、1997年から電信・電話部門がSWISSCOMとして分離。郵便業務とポストバスの運行は、そのまま郵政省の管轄として残った。ポストバスは、ドイツ語ではPostauto、フランス語でCar postal、イタリア語でAutopostaleと表記される。

URL www.postauto.ch

大きな荷物も積むことができる

バスの乗り方と利用法

●切符
乗車時に運転手から購入するのが原則。運転手に目的地を告げて発券してもらう。鉄道と通しの切符などをすでに持っている場合やパス類を持っているときには、運転手に提示するだけでよい。バスの発着する大きな停留所や郵便局には、切符売り場が別に設けられていることもある。

●車内アナウンス
停留所名は運転手が車内放送するが、現地語なので聞き取るのはたいへん。運転手に降りる場所が来たら教えてくれるように頼んでおけば確実だ。

●停留所
時刻表に載っているバス停は代表的な所だけで、実際はもっとこまめに停車していく。降り損ねないようにバス停の表示をよく確認しよう。降りるときには車内のボタンを押すと次の停留所で停まる。下車時はドアのそばのボタンを押さないと、ドアは開かない。

大きな荷物はトランクに
車内に持ち込めないような大きな荷物やスーツケースは車体横腹のトランクに入れてもらう。スキー板などはバスの後ろに付いているラックに立てかけて固定するときもある。

峠道を走るバスは山間部の強力な交通手段

○スケジュールの立て方

鉄道同様、バスもスイストラベルシステムの一部となっているので、運行時間を調べるなら鉄道同様、SBBのウェブサイトでチェックできる。現地では❶や駅でも簡単に調べられる。鉄道と同様に黄色の出発時刻表が掲示されている。また、ポストバスのおもな路線の時刻はオンラインでチェック可能。例えばチューリヒ駅でウンター・エンガディン地方のバス路線の時刻、鉄道との接続状況なども教えてもらえる。バスのスケジュールを鉄道駅の窓口で尋ねることができるわけだ。

全体的にバスの運行予定は季節や曜日によって変わることが多い。そのほか、通常の路線バスのほかに期間限定の特別運転コースも設定されている。人気の高いコースなら夏期は毎日運行し、普段はバスが走行していない所や不便な場所へも日帰りが可能になる。詳しくは地元の❶などで確認してみよう。

○予約は必要？

時刻表を見ると、一部の路線にRマークが入っているが、これは、「予約をすすめる」という意味。実際予約がないと乗るのが難しいのは、ベルニナ・エクスプレスに接続するルガーノからイタリアのティラーノに向かう路線とその逆の路線くらい。それ以外は少し早めに行って待っていれば、たいてい乗れる。それでもシーズン中で乗れるかどうか心配な人は、大きめの郵便局の窓口や駅で予約してもらうことは可能だ。また5名以上のグループで動いている場合には、予約しておいたほうがいいだろう。

スイストラベルパスとポストバス
スイストラベルパス（→P.454）は、ポストバスにも利用できる。予約が必要なルートの場合は、予約と指定料金は必要になるが、それ以外のポストバスであれば、スイストラベルパスのみで利用できる。

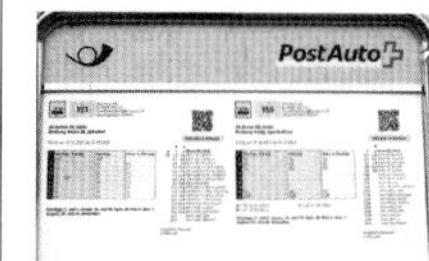

ブリエンツ湖畔のバス時刻表。ルートによっては朝夕しか運行しないことも

バス停には時刻だけでなく路線も示されているのでありがたい

COLUMN スイスのバス事情

夏の週末など乗客が多くて乗りきれない場合、日本ならすぐあとから2台目、3台目のバスが来る。運行の頻度を増して、普段は1時間おきのところを30分おきに走らせるなどの措置を取るからだ。だが、スイスではスケジュール自体を変更することは少ない。どんなに混んでいるときでも、バスは時刻表どおりに走るのだ。

感心なのはアイドリングストップが徹底していること。バスストップでたったひとりが乗降するだけでも、必ずエンジンを止めている。

国内移動③ 湖船

山ばかりの国と思われているスイスだが、国内には大きな湖がたくさんある。湖上を行く船も交通ネットワークに組み入れられている。旅行中の移動が、優雅な船の旅になるのは、なかなか愉快な体験だ。

鉄道とバスが主役のスイスの旅だが、ちょっと違った旅の味つけに「船」を入れると、楽しみはさらに広がる。

山ばかりというイメージのスイスではピンとこないが、国内にはたくさんの湖があり、そこで運航されている船は大切な生活の足になっていたり、観光船として多くの人を楽しませたりしている。大型の船も運航されており、船内に売店やレストランを完備しているものもある。夏のシーズンには、夕刻に出発して湖上でアルプスの夕焼けを眺め、食事を楽しみ、町の夜景を見ながら帰ってくるものまでさまざまだ。

スケジュールと切符について

定期船、観光船ともシーズンによってスケジュールが変わる。当然ながら観光船は夏の便数が一番多く、冬には運航されないか運航されても日曜だけ、といった状況になる。詳しいスケジュールは公式時刻表か、現地の観光案内所ⓘで確認できる。また生活路線の一部として運航されている船は、冬期でも便数を減らして運航されている。

切符は窓口で買ってから乗船するが、切符売り場のない場合は船内で購入する。スイストラベルパスは大半のルートは適用範囲なので、無料で利用できる。ユーレイルグローバルパスは、トゥーン湖とブリエンツ湖は無料、それ以外は割引料金で利用できる。

おすすめの湖船観光

●トゥーン湖

スイスでいちばんのクルーズルートを挙げるとしたらこれ。トゥーン湖はスイスで最も美しい湖といわれ、観光客にも人気がある。静かな湖面に映えるアルプスの山々（ユングフラウなど）、そしてニーセンとシュトックホルンの峰々。これぞまさにスイスのクルーズといった感じ。トゥーンもインタラーケンも港は駅のすぐそばで（インタラーケンはヴェスト駅）、列車からの乗り換えにも便利だ。5月中旬～10月下旬のシーズン時には1日6便ずつ出ており、レストランまたはバー付き。

船も交通ネットワークのひとつ
船が発着する港は、鉄道駅から近かったり列車と接続していたりして、非常に便利。スイストラベルパスやスイストラベルパス フレックスは鉄道と同じように船にも使用できる。

船で国境を越える
レマン湖を渡ってフランスへ、ルガーノ湖を渡ってイタリアへ、ボーデン湖を渡ってドイツへなど、船で国境を越えることもできる。

韓国ドラマ『愛の不時着』のロケ地イゼルトヴァルト
ブリエンツ湖の人口400人ちょっとの村、イゼルトヴァルトIseltwaldがアジア人観光客でにぎわっている。日本でもブームになったドラマの重要なシーンに船着場の桟橋が登場したからだ。アクセスは簡単でインタラーケン・オストから船を使った場合の所要時間は44分だ。毎回のオープニングシーンに登場した湖畔のプロムナードは、船着場から徒歩10分ほどの場所にある。そのままギースバッハまで歩くこともできるので、ハイキングを兼ねて訪問するのもいいだろう。

桟橋の記念撮影にはCHF5の入場料が必要となった

トゥーン湖
春期は1日3便、冬期には1日1往復運航される。トゥーン～インタラーケン間は所要2時間10分。
URL www.bls.ch

シュピーツの船着場に近づくトゥーン湖のフェリー

ブリエンツ湖

トゥーン湖のすぐ隣の湖で、インタラーケン（オスト駅）から出発する。トゥーン湖に負けず景色がいい。ブリエンツは傾いた蒸気機関車で有名なブリエンツ・ロートホルン鉄道の出発地点。そのほかにも、バレンベルク野外博物館などもあり、インタラーケンからの往復にも時間があればぜひ片道は船を利用したい。

フィアヴァルトシュテッター湖（ルツェルン湖）

3つの湖がつながった大きな湖には、湖船のルートが網の目のように張り巡らされており、観光客にも人気の路線だ。もともとこの付近は、ウィリアム・テル伝説の伝わるスイスの国発祥の地。湖の周囲に広がる小さな町や山々は、スイスのイメージにぴったりの牧歌的な風景を造り出している。

レマン湖

明るい陽光に恵まれたこの大きな湖は、ブドウ畑と湖畔の小さな町がアクセント。気に入った町でふらっと下船してみると、新しい発見があっておもしろい。湖を全部回って1周するには約12時間もかかるので、あまりおすすめはできないが、各区間を結ぶ船はけっこう頻繁に出ているので、乗船地とする町までは列車で出かけて、そこから乗りたい区間だけ船を利用するようにしよう。ジュネーヴからは遊覧船が出ていて時間のない人にはおすすめ。対岸のフランスの町エヴィアンまで行く船は、ローザンヌからが近くて便利。

チューリヒ湖

スイスへのゲートウエイ、チューリヒで1日でも余裕があれば、市内観光と合わせて乗ってみたい。湖畔のお屋敷にはクルーザーやヨットが停泊しており、天気のいい休日には湖に船を出して楽しんでいる。湖船の終点ラッパースヴィールは古城のある落ち着いた町だ。

ルガーノ湖

湖畔のガンドリア、モルコーテなどの小さな町がすばらしい。ぜひ途中下船して散策を楽しもう。またこれらの町ではイタリア料理や新鮮な淡水魚の料理が味わえるレストランもある。

ボーデン湖とライン川

スイス北東部の湖。対岸はドイツで、両国の町を結ぶ定期船が多数運航している。おすすめはボーデン湖から流れ出るライン川に沿ったクルーズ。スイスでは珍しい河川を航行するボートがあり、クロイツリンゲンKreuzlingenからシャフハウゼンまで約3時間45分。途中にはシュタイン・アム・ラインといった魅力的な町もある。

ブリエンツ湖
夏期のシーズン時には1日5往復運航。レストラン付き。冬期は運休。インタラーケン〜ブリエンツ間は所要1時間13分。
URL www.bls.ch

ブリエンツ湖のクルーズ船

ルツェルン湖

ルツェルン湖のクルーズ船

レマン湖
URL www.cgn.ch

ジュネーヴの船着場

チューリヒ湖
夏期は1日7往復。冬期は1往復。ラッパースヴィールまで所要約2時間。
URL www.zsg.ch

チューリヒ湖のクルーズ

ルガーノ湖
夏期はルガーノ〜ガンドリア間で1日10往復、所要約30分。ルガーノ〜モルコーテ間1日6往復。所要約1時間〜1時間10分。冬期は運休。
URL www.lakelugano.ch

ボーデン湖とライン川

ルガーノ湖のクルーズ

ライン川クルーズは4月上旬〜中旬の土・日曜、祝日と4月中旬〜10月上旬のみ1日3〜4往復運航。URL www.urh.ch

国内移動④ レンタカー

海外の運転はちょっと……、という人でも、道路はよく整備され、人々は交通ルールをしっかり守り、しかもいたるところに絶景ポイントがあるスイスなら、きっと楽しくドライブができるはずだ。充実したネットワークを誇る鉄道やバスでも、まだ行けない所がある。そういった場所には車が唯一のアクセス手段となる。

自由気ままに移動するならドライブがおすすめ

スイスのレンタカーは、整備がよく行き届いていて車内も清潔。信頼性の高いドイツ車からフランス車、イタリア車、日本車、アメリカ車まで車種も多く、好みに応じていろいろ選べる。ヨーロッパではマニュアル車が多いが、オートマチック車もあるので予約する際にリクエストしておくとよい。

レンタカーを借りる

国際（国外）運転免許証を取ろう

海外で車を運転するのに、まず必要なのが国際運転免許証だ。これは、自分の所持する免許証を発行した都道府県の免許センターで申請する。国内の運転免許証の残存期間が短い、国内で免停中、違反の罰金を払っていない、などの場合には国際免許証が発給されない場合もあるが、通常は申請すればその場で発給してくれる。

申請に必要なもの
国内の運転免許証、パスポート、顔写真1葉（6ヵ月以内に撮影したもの。縦5cm×横4cm）、発給手数料2350円。一部の県では印鑑も必要。

そのほか現地で必要なもの
レンタカーを借りる際には、国際運転免許証のほかに以下のものが必要。
- クレジットカード
- 日本国内の運転免許証
- 日本で予約した際の予約確認書

スイスの道路事情

おもな都市は高速道路で結ばれており、所要時間も非常に短くて済むので便利。これらの高速道路は隣接するドイツ、イタリア、フランス、オーストリアの国々ともつながっている。

スイスは右側通行。すぐに慣れるが、周りの車の流れをいつも意識して走るように心がけたい。運転マナーもヨーロッパのなかでは群を抜いていい。その代わり他者に対しても厳しく、交通規則を守る意識が徹底している。

高速道路について

最高速度は時速120キロ。ドイツのアウトバーンと違って最高速度規制がある。通常2車線あり、走行車線と追い越し車線に分かれている。追い越し車線は追い越しのときのみに使用し、追い越しが終わったら必ず走行車線に戻ること。追い越し車線の継続的な走行は違反対象となる。また日本同様に速度監視カメラの設置をはじめ、覆面パトカーの

分離帯のない高速道路

走行、飲酒運転の検問などもよく行われている。

また、高速道路を走行するには“ヴィニェットVignette”というシールを車に張らなければならない。CHF40で1年間有効（高速道路料金のようなもの）。スイスで借りたレンタカーには通常張ってあるが、外国で借りた場合には張られていないことがある。その場合には国境での検問で購入を要求される。

日本ではなかなか運転できない車種に乗れる

一般道路の走行方法

都心を除いて交通渋滞も少なく、非常に走りやすい。運転のマナーもよい。最高速度は通常時速80キロ。市街地は50キロまたは40キロ。こちらにもカムフラージュされた速度監視カメラが多く、注意が必要。

またおもな交差点には信号違反監視カメラが設置されている。黄色信号での交差点への進入、青信号に変わる一瞬前の見切り発進が違反対象になる。スイスでは、信号が黄色に変わると急停車になる場合でもたいてい停車する。日本での運転感覚でいると危険なので、最初は十分に注意したほうがいい。

都市では駐車場確保が問題になる。側道のパーキングメーターを利用するか、公園や広場の地下駐車場を利用する。駐車違反に関しては、係官が非常によく巡回していて、5分でも放置するとすぐに罰金シールを張られる。

都心を離れると多いのが、交差点にあるロータリー。最初はとまどうが、2、3度通過すればすぐ慣れる。スイスの場合必ず左回りで、自分の左から来る車に優先権がある。つまり、左側からの車が途切れたところでロータリーに進入できる。

レンタカーで巡るスイス
スケジュールに縛られず旅ができるのがドライブのいいところ。気ままに走るのはいいが、事前にしっかり確認をしておかないと、せっかくの見どころを見逃してしまう可能性がある。そこでおすすめしたいのが。スイス観光局が設定した「**スイス・グランドツアー**」。総延長は約1600kmのドライブルートで、ルート上には11の世界遺産、22の湖、そのほかたくさんの絶景が見られるスポットが設定されていて、効率よくドライブ旅行ができるようになっている。詳しくは「Grand Tour of Switzerland」で検索。

ベルニナ峠を越える

峠越えの道を走るには

アルプスのドライブで注意したいのは、まず峠の道路が開通しているかどうか。通年の通行を保証している峠道以外は通常6月中旬から10月上旬頃までが通行可で、それ以外の季節は積雪により閉鎖されている。また標高2000mを超えるルートでは夏でも季節外れの積雪によって一時的に閉鎖されることもある。先にレンタカー会社や各地の観光案内所で確認しておいたほうがいい。

おすすめドライブコース

鉄道やバスでアクセスがしづらく、かつ絶景が楽しめる峠越えのドライブがおすすめだ。P.120で紹介しているフルカ峠やグリムゼル峠、ゴッタルド峠などはバスで通過するので車窓の景色は楽しめるが、絶景ポイントで停まって記念写真を、なんてことは車がないと難しい。峠道でも片側2車線か1車線でも道幅は広いので、初心者でもマイペースで走ることができる。峠道の多くは冬の間は閉鎖されてしまうが、標高が低いブリューニック峠などは通年通行が可能。

ルンゲルン湖からブリューニック峠へ向かう

国内移動⑤ 都市交通

市街や村では市電（トラム）やバスが運行されている。鉄道同様に使いやすく、観光客でも無理なく利用することができる。基本のシステムは一緒なので、慣れればほかの町でも活用することができる。

市内交通の停留所には券売機と時刻表がある

1日券もお得
その町に終日滞在して3回以上市電や市バスを利用するのであれば、1日券を買ったほうが得な場合が多い。1日券は発売時刻からの24時間が有効なので、翌日の同時刻まで使える。自動券売機で買える場合と、事務所に行かないと買えない場合があるので、まず観光案内所❶で聞いてみるのもひとつの方法だ。

切符は正しく買っておこう
今まで何気なく前に座っていた私服の係員がいきなり、身分証明書を出して「チケット」と言ったらそれは車内検札。切符不所持の罰金はCHF100～。検札が始まったとたんに財布からお金を出してあきらめ顔で待っている人もたまには見かけるが、よほどの事情がないかぎり地元の人はほとんど定期券やパス、回数券を持っている。

市電（トラム）とバス

都市では市電が活躍

道路上の軌道（線路）を走る市電は鉄道に次いで使いやすい交通網だ。路線番号と行き先を把握すれば、乗りこなすことができる。バスもスイスでは市電同様に路線がわかりやすく、時刻検索も可能なので使いやすい。町によっては宿泊者に対して市電やバスが乗り放題になる交通パスを提供しているので、これを活用しない手はない。

切符の購入方法

都市部では停留所に設置してある自動券売機から購入する。町によって券種は多少異なるが、操作画面はほぼ共通なので、1回券や1日券の購入方法をマスターすれば、ほかの町でも自動券売機を使うことができるだろう。料金は切符の有効時間（30分、60分、24時間など）と、有効ゾーン（乗車可能なエリア）によって変わり、さらに大人と子供、半額カード所持者向けの割引などによって異なる。

自動券売機の使い方

チューリヒの券売機を例に説明しよう。まずは操作画面の言語を選択する。英語メニューを開いたらまずは乗車ゾーン、次に券種を選ぼう。特定の目的地への単純往復ならその目的地が含まれるゾーンを選択して1回券を、その日は市内を周遊するなら24時間券を選択するといい。列車を利用する場合は1等か2等かも選ぼう。

券売機ではさまざまな切符を購入できる。1ヵ月有効の切符やスイス中を巡れる1日券まである。支払いは最後のステップなので、メニュー選択を誤っても取り消しすればいい。自動券売機を使う人がいなければ、実際に操作して練習するのもいいだろう。支払いはコインまたはカードのみ。紙幣を使うことはできない。

❶ゾーンの示された地図
❷タッチスクリーン
❸マルチデイパスを使う場合の刻印機
❹コインの投入口
❺クレジットカードの挿入口
❻発券されたチケットの取り出し口

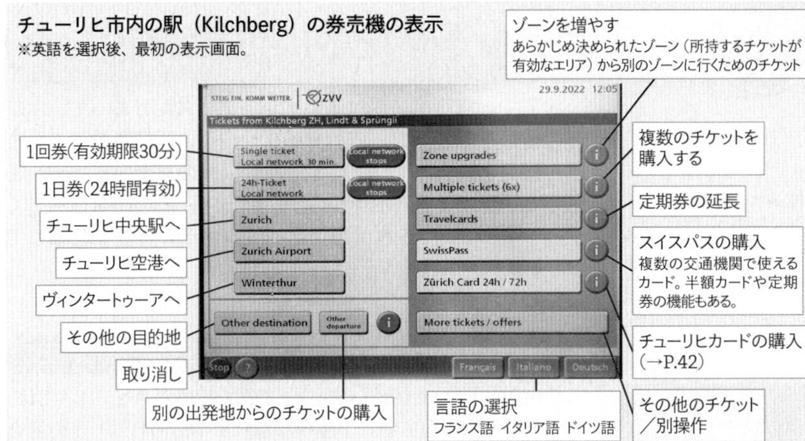

◎市電やバスの乗り方・降り方

停留所によっては間もなく到着する便の路線番号や待ち時間が表示される。近くに時刻表や路線図の看板があったら、乗車すべき路線番号と行き先を再確認しておこう。乗車時に降りてくる人がいない場合は、ドアの開閉ボタンを押してドアを開けること。最近は多くの車内にこの先停まる予定の停留所名が表示されるディスプレイがあるので、モニターを見られる場所にいると安心だ。降りる駅が近づいたら停車ボタンを押して降車の意志を伝える。降りるときもドア近くのボタンを押してドアを開けよう。

ボタンを押して降車の意志を伝える

車内のモニターで停留所を確認

ベルンのバス内のモニター

そのほかの交通機関

◎タクシーの利用

安くはないが、便利で安心して利用できる。タクシー乗り場に行くか、利用した店に頼んで呼んでもらおう。料金体系は日本同様で初乗り運賃があり、あとは距離に応じて加算されていく。町によって基本料金は異なり、乗車人数が増えると割増になることもある。多くのタクシーでクレジットカードの利用も可能だ。日本以外のタクシーに共通する注意点だが、ドアは自動ではないので、自分で開け降りたら閉めることをお忘れなく。シートベルト着用義務もある。

スイスの配車サービス
スマホのアプリを使った配車サービスを世界中で展開しているウーバーUber。スイスでは、チューリヒ、バーゼル、ジュネーヴ、ローザンヌの4都市でサービスを提供している。専用のアプリをダウンロードすれば、この4都市で利用することができる。

◎景色も楽しめるフェリー

時間に余裕があるなら、あえて湖上を移動するのもいい。移動と観光とを同時に楽しむこともできる。お昼時であれば船上で昼食を楽しんでもいい。詳しくは→P.458湖船を。

旅の技術 ホテル予約と利用のヒント

世界中の旅行者を受け入れているスイスだけあって、ホテルの種類も千差万別。旅のタイプや期間、同行者の数、もちろん懐具合によって、たくさんの選択肢のなかからホテルを選ぶことができる。ホテルのよい悪いで、旅の印象は大きく変わってくる。できれば思い出に残るホテル滞在を経験してみたい。

独立系ホテル
SHAに加盟していないホテルもある。特に加盟ホテルと違いがあるわけではなく、実際、町の観光局にあるホテルリストを見ると、加盟、非加盟にかかわりなくリストアップされていることも多い。

日本人にも人気のクルムホテル・ゴルナーグラート

5つ星ホテルはフルサービス。ターンダウンも行われる

ターンダウンとは
宿泊者が食事などで部屋にいない間に就寝の準備をするサービス。4つ星以上の高級ホテルで行われ、ベッドカバーを外して、ゲストがすぐに就寝できるようにするのが基本で、BGMを流したり、チョコレートを置いたり、ホテルによりサービスは異なる。このサービスが不要ならば、前もってフロントなどに伝えておけばいい。

4つ星ホテルもバスローブにスリッパが揃う充実ぶり

2つ星ホテルにはティッシュペーパーや冷蔵庫を備えていないところが多い

ホテルの種類

都市から3000mを超える高所まで宿泊施設があるスイスでは、ホテルの種類も幅広い。小規模な隠れ家宿もあれば、その地を代表するような歴史ある高級ホテルもある。またモダンなデザインホテルがあれば、城や駅の中にあるユニークな宿まで揃う。ホテルの多くはスイスホテル協会 Swiss Hotel Association (SHA) に加盟しており、5つ星から星なしまで6段階に分けられ、このカテゴリーに属さないホテルもある。

星の数でどう違う？

スイスでは眺めのいい宿に泊まりたい

4つ星や5つ星クラスのホテルは館内施設も充実しており、スパなどのウエルネス施設を備えているところも多い。室内のアメニティも整っており、スリッパやバスローブが揃い、ターンダウンサービスが行われるホテルも。バスタブが付いている部屋も多く、一般的に高級ホテルといわれるホテルはこのクラス。

3つ星クラスのホテルはアメニティやホテルの施設は簡素になるものの、ホスピタリティ豊かで眺めのいい宿もある。部屋の設備としてはバスタブが備わる部屋数が少なくなり、冷蔵庫がないことも多い。予算は抑えたいが、ある程度のレベルの部屋を確保したいならまずは3つ星クラスをあたってみよう。

2つ星以下はエコノミーな宿で、トイレやシャワーが共同となることもある。スイスという国柄、部屋は清潔なのでホテルは寝るだけというならこのクラスでも十分かもしれない。ただ部屋にシャワーが付いていてもシャンプーは小分け袋の試供品サイズのものだったり、ティッシュペーパーが備えられていなかったりすることが普通なので、このクラスに宿泊予定があるならアメニティ類は日本から持参したほうがよい。

ホテルの探し方

ネット検索が手軽で便利

スイスのホテルもさまざまなホテル予約サイトで日本語の情報を見ることができ、そのまま予約に進むこともできる。特別なビューを求めるとか、記念のサービスを期待するなどの希望がなければ、宿泊予定日で検索し、好みに合う宿を見つけるといい。過去の利用者の声や写真も参考になる。

旅行会社に依頼する

泊まりたい部屋がある、特別なサービスを頼みたいなど、ネット予約では確約できないようなリクエストがあるときは、旅行会社に相談するのがいいだろう。ただし、窓口のスタッフによっては対応力が弱く、希望どおりの手配ができない可能性もある。時間に余裕をもって旅行相談と手配を行いたい。

口コミサイトで確認

Tripadviserのような口コミサイトでは、ホテルの人気度がランキングされており、生の宿泊者の声も掲載されている。注意したいのは、そのホテルが自分に合っているかどうかだ。高評価のホテルでも素泊まりに近いような滞在ならもっと安いホテルでもよかったとか、逆に評価は高くないが泊まってみたら非常にいい宿だったとかいうことだってある。順位に惑わされず、ロケーションや設備、コストパフォーマンスを判断して決めよう。

現地で探す

個人旅行が増えていた1990年代は予約をせずに現地飛び込みで宿を探したり、観光案内所で宿を取ってもらったりということも一般的だったが、ネット予約が普及した現在では現地到着後のホテル探しのメリットはあまりない。現地で宿探しを行う場合は、イベントと重なっていないかを事前に確認したうえで、午前中にはその地を訪れて探すことをおすすめする。ピークシーズンを外していても、料金が安い時期にツアーを組む旅行会社もあり、意外と混んでいることがあるからだ。

ホテル予約時の注意

支払い条件、特にキャンセル料がどのタイミングで発生するかは必ず確認すること。予約サイトやホテルによって時刻が異なり、現地時間が基準になっていることもあるので、日本時間のいつがデッドラインかを把握しておくこと。また予約サイトによっては税金を含まない金額がまず示され、支払い手続きの段階で税金が加わり支払い代金が上がることもある。最終支払い金額を確認して予約の確定を。

ホテル以外の宿泊施設

長期滞在用アパート（ホリデイフラット）

ほぼホテル形式に近いものもあれば、オーナーが同じ家に居住していて部屋の鍵だけを借りる場合など、さまざまな種類がある。地元の❶にはリストが必ずあるので、そこで情報を得るのが手っ取り早い。
ほとんどのところにキッチンが備えつけられ、食器類や鍋などすべて揃っているので、食材さえ買ってくればすぐに生活ができるのが特徴。おもに夏のバカンスや冬のスキーシーズンに利用される。

ホームシェアリング

ここ数年､個人旅行者を中心に､旅の宿泊先として人気があるのがホームシェアリングHome Sharing。ホテルなどの宿泊施設ではなく、一般の住宅の空き部屋を旅行者に提供するもの。インターネット上で部屋を提供したい人と泊まりたい人を簡単にマッチングさせるシステムを構築したairbnb（エアビーアンドビー）の登場で、宿泊場所が急速に拡大した（空き部屋の旅行者への貸し出しは昔からあったがairbnbが簡単にした）。スイス全土で利用できるようになっている。宿泊のオプションは増えたが、夏や冬の山岳リゾートなどでは、ホテル以上に高い料金のところもあり、「安宿」を探すためのサービスではないので注意したい。

代表的なホテル予約サイト

ブッキングドットコム
URL www.booking.com
エクスペディア
URL www.expedia.co.jp
Agoda
URL www.agoda.com/ja-jp
楽天トラベル
URL travel.rakuten.co.jp
Hotels.com
URL jp.hotels.com
地球の歩き方
URL hotels.arukikata.com

食事付きプランもある

スイスでは夕食や昼食まで含む食事付きの宿泊プランがある。朝・夕食付きはハーフ・ボード(ハーフ・ペンション)、3食付きはフル・ボード（フル・ペンション）と呼ばれる。食事内容は日替わりメニューのコース料理で、時間も決まっている。アラカルトで食べるよりもお得な内容になっているので、山のホテルへの宿泊で夕食の予定がないときなどは、夕食付きプランで予約するのもいい。

ホテルに到着したら

チェックイン時の確認

氏名を伝えるだけでチェックイン手続きができることがほとんどだが、予約確認書を提示すればなお安心だ。何らかのトラブルでホテル側が予約を確認できないという状況が発生するかもしれないので、予約を確認できる記録はチェックイン時に手もとにおいておこう。ホテルによってはクレジットカードの提示を求められるかもしれないが、通常の手続きなので求められたら提示を。ゲストカードへの記入が必要なこともある。

チェックインの時刻
通常、チェックインの時刻は14:00～15:00頃からだが、日本ほど厳密ではなく、部屋が空いていればその前でも部屋に入れてもらえることもある。

部屋に入ったら

まずは水回りを確認しよう。水やお湯が出るかだけでも確認しておきたい。あとで不具合に気づいても満室だったら部屋の変更がきかないかもしれない。

ルームキーの管理について

カードキーの場合はフロントに預けず持ち歩いてかまわないが、部屋番号がわかる書類やホルダーとは別の場所に収めておこう。鍵で開け閉めする場合は、立派なキーホルダーが付いていることが多いが、こちらはフロントに預けて外出しよう。フロントに人がいなければ、鍵を入れる箱のようなものがないかを確認。地方の小規模の宿だと、入口に鍵がぶら下がっており、自身でピックアップするような宿もある。

滞在客自身が鍵をピックアップし戻すタイプ

連泊時の注意点

交換を希望するタオルはバスタブや床に置いておくというルールのホテルもあるので、浴室内の注意書きを確認しておこう。スイスの治安はほかの国に比べれば良好だが、日本ではないので、思わぬトラブルに遭遇する可能性もある。貴重品は放置せず、きちんと管理しよう。

チェックアウト時の確認

ミニバーやランドリーの利用、館内施設を部屋付けで利用している場合は請算が必要となる。金額を確認して請算しよう。身に覚えのない請求があったら必ずその場で確認を。

館内施設の利用について

レストランやバーは宿泊者だけでなくビジターも利用する。置き引きにあう可能性もあるので、貴重品は油断せずに管理すること。利用予定があるなら、早めに予約を入れておくと席を確保しやすい。ウエルネス施設は宿泊客が無料で利用できても予約が必要な場合がある。夕食付きのハーフ・ボード（またはハーフ・ペンション）の宿泊プランで予約しているときは、スタートの時間と会場を確認しておこう。

ホテルの設備
バスルーム
エコノミーホテルではバスルームに石鹸とタオルしか置いていないところが多い。3つ星、4つ星ホテルではそれにシャンプー、リンスが付く。バスローブやスリッパは5つ星ホテルでないと期待できない。ドライヤーは3つ星以上のホテルではほぼ部屋にあるが、山のホテルなどでは部屋に備えつけていないところもある。
ミニバー／冷蔵庫
4つ星以上のホテルには小さな冷蔵庫にアルコール類やジュース、つまみが入ったミニバーが備えつけられていることがある。
電話
中級以上のホテルには電話が備えられていることがほとんど。ダイヤル直通で国際電話がかけられることが多いが、通話手数料がかなり高いので、部屋の電話は公衆電話の倍以上するつもりでかけたほうがいい。

◎山岳ホテルに滞在するなら

山上で見る星空は感動ものの光景だ

バス・トイレ共同で、部屋も相部屋という施設が多いが、食事が自慢でサービスが行き届いた宿もある。小規模な宿はネット予約ではなく、直接連絡を入れて予約する必要があるが、早朝からのハイキングやアルプスの朝焼けの風景を見るなら山岳ホテルの滞在をおすすめする。施設によっては水道水が飲料ではないこともある。宿がペットボトルの飲料水を販売しているが、最低限の水は持参しておいたほうがいい。天候が悪化すると宿にたどりつくだけで冒険になってしまうので、天気予報に注意して行動しよう。標高2500mを超える場所にある宿に泊まる場合は高山病にかかる危険があるので、特に飲酒には気をつけたい。

◎管理人不在の宿に泊まるなら

住宅地にあるアパートの1室を宿泊施設として貸し出している宿も増えている。管理人は不在、入口で暗証コードを入力して開錠したりキーを受け取ったりして部屋に入ることもある。ホテルに比べ宿泊料金が安く、キッチンを使える物件もあるので、利用シーンによってはお得で便利な宿泊施設だが、管理人がいないことで深刻なトラブルになる可能性もあるので注意したい。まず宿へのアクセスだが、ホテルのような看板がないことが普通なので、見つけにくい。必ず事前に場所を確認しておくこと。特に夜間の到着の際は注意が必要だ。また暗証番号の設定ミスで、開錠できなかったり鍵の受け取りができなかったりする可能性もゼロではないので、いざというときに電話で交渉するだけの語学力も必要だ。キッチンがあっても、オーブンや食洗機の説明書きがドイツ語やフランス語しかないこともあるので、スマホで読み取り翻訳ができるアプリを入れておくことをおすすめする。

右のボックスに暗証番号を入力して鍵を受け取る

ユースホステル（YH）の利用

バックパッカー御用達の格安宿というイメージだが、スイスのユースホステルはスパ併設の施設が充実した宿（→P.275）もあり、清潔で使いやすい。レストランや個室もあり、宿泊費が高い都市部に滞在する際は経済的にも使い勝手がいい。鉄道駅から離れた場所に立地していることが多いが、市内交通でアクセスできる。年齢制限はなく会員証があると割引料金で宿泊することができる。自社サイトのほか、さまざまなホテル予約サイトからの予約も可能だ。

山岳ホテルの施設

登山列車やロープウエイが通っている場所にあるホテルは施設も充実している。4つ星、5つ星レベルの施設とサービスを有する物件もあるほどだ。ここでは30分以上ハイキングしてアクセスするようなホテルについて紹介したい。まず水回りだが共同であることが多く、シャワー利用に分単位でお金が必要な場所もある。水道水は飲用ではないことも普通だ。しかし、部屋はしっかりしており、暖房施設も整っている。食事も場所の不便さを感じさせない、おいしく見た目も美しい料理を提供する宿が多い。

洗面所の隣にコイン式シャワーがある

その他のホテルの設備

●フィットネス施設

スイミングプールやフィットネスマシンが、宿泊者は無料で利用できる。時差ボケ調整のために体を動かしたり、部屋にシャワーしかない場合、風呂の代わりにプールのジャクージを利用したりできる。この種のホテルに泊まる予定の人は水着を用意しておこう。

●ビジネスセンター

PCを持たずに旅行しているとき、ネットにアクセスする必要が生じたとき、ネットにはアクセスできるがプリントアウトをしたいときなどに利用できる。ただ日本語仕様にはなっていないことがほとんどなので注意。

●スパ施設

高級ホテルの多くで、スパ施設の導入、あるいは施設を拡充させる傾向がある。宿泊者はビジターと比べると料金的にかなり優遇される。

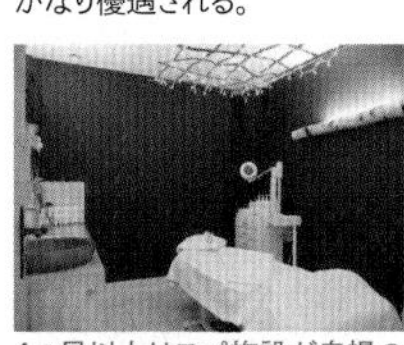
4つ星以上はスパ施設が自慢のホテルが多い

ユースホステル

URL www.youthhostel.ch
2023年4月現在、スイスには48軒の登録がある。
会員証などの問い合わせ
（財）日本ユースホステル協会
住 〒151-0052　国立オリンピック記念青少年総合センター内
URL www.jyh.or.jp

スイス料理を楽しむ

多言語国家スイスでの食の楽しみは、さまざまなジャンルの料理が味わえること。ドイツ、フランス、イタリア料理に加え、郷土料理も豊富だ。また各地に展望台に併設されたレストランがあるので、アルプスの絶景を見ながら食事が楽しめる。

郷土料理を食べるなら
その土地ならではの料理を食べたいというときは観光案内所やホテルで尋ねるのがベスト。予算も伝えておすすめ店を教えてもらおう。

老舗レストランの料理もお試しを

レストランの営業時間
ランチタイムはだいたい11:30〜14:30、ディナーは18:00〜22:00。ただし曜日、季節、場所によってこの営業時間は異なる。またランチとディナーの間に店を閉じず、通しで営業するところもある。

セルフサービスのレストランでは料理を見て注文ができる

ルツェルンの名物料理ルツェルナー・クーゲルパステーテ

レストランの種類

●町のレストラン

スイスのレストランのレベルは高い。人口あたりのミシュランの星の数でみると、世界のトップ10に2都市（チューリヒとジュネーヴ）が入っている国はスイスとフランスだけだ（2023年現在）。もちろん星付きの高級レストランだけでなく、庶民的なレストランまで幅広い選択肢があり、前述したようにさまざまなジャンルの料理が味わえるので、おおいにスイスの食を楽しんでみたい。レストランでは店頭にメニューが掲示されていて、料理の種類や値段が入店前にわかるので安心。一般的に値段は安くないが、高級レストランでもランチ時にはCHF30以下で提供しているところもあるのでチェックしてみよう。

●セルフサービスレストラン

駅にある店や展望台併設のレストランに多い。ドリンクやサラダ、デザートなどは自分でトレイに載せ、オープンキッチンのカウンターでメイン料理を注文して、最後にキャッシャーで精算してお金を払う。列車の出発前や展望台の観光の後など気軽に利用できて、町なかのレストランよりも安く食事ができる。

●フードコート

GlobusやManorといったデパート、MigrosやCoopなどのスーパーマーケットにはフードコートが併設されているところがある。デパートのフードコートはややお高めだがメニューは豊富。スーパーのものは軽食が中心でメニューの種類は少ないが、レストランと比べるとかなり安く食事ができる。皿の大きさで値段が決まっているビュッフェスタイルの店もある。

●山岳ホテルのレストラン

標高2000mを超える場所にある山岳ホテルでもしっかりした料理を提供しているところは多い。基本は宿泊者向けの施設だが、サン・モリッツ近くにあるムオタス・ムライユ（→P.315）の

ムオタス・ムライユのテラス席。屋内のダイニングルームでは町なかの高級レストラン並みの料理とサービスが楽しめる

ように、町の高級レストランと変わらない料理が誰でも楽しめるところもある。上質な料理と美しい山の景色が一緒に楽しめるのはスイスならでは体験だ。

レストランでのマナー

入店の際は必ずスタッフに声をかけ、席に案内されるまで待つこと。都市部の高級レストランでは服装に注意したいが、山岳リゾートのレストランなら5つ星ホテルのメインダイニングでも厳しいドレスコードはなく、ハイキング時の服装で食事を楽しむ人の姿もある。展望台のオープンエアの席は予約席でなければ空いているところに座ってもいい。注文のために席を離れるときは盗まれて困るものは置いたままにしないこと。

食事が終わったらほとんどの店では会計を自分のテーブルで行う。会計をお願いします、と声をかけてスタッフを待とう。支払いは現金でもクレジットカードでも可能な店がほとんど。チップは義務ではないので、端数を切り上げて支払うとか、つりを残すなどすればいい。

食事をもっと楽しむために

展望台でのピクニックもいいけれど

眺めのいい場所を探して持参したピクニックランチを楽しむのもいい経験だが、少し冷え込むような山の上にいるときは、展望台のレストランで温かい食事を楽しむことをおすすめする。急な天候の変化で雨模様になった場合でも、あせって行動する必要もない。落ち着いて、景色のいい場所でごちそうを食べるのはスイスならではの楽しみ方だ。

ランチをしっかり食べよう

ランチは2～3品がセットになった定食を提供する店が多く、割安に食べることができるし量もちょうどいい。食費が高いスイスではスーパーのサンドイッチなどで済ませたくなるが、昼食はお得に食べられるチャンスなので、しっかりと食べることをおすすめしたい。

チーズ料理と合わせる飲み物

スイスに来たらチーズ料理を味わいたいという人は多いだろう。注意点をひとつ。チーズを食べるときはビールなどの冷たい飲み物は避けたい。これはチーズの消化を妨げ胃もたれの原因となるからだ。お酒ならワイン、アルコール以外は温かい紅茶を合わせるのがよい。

チーズ料理の代表ラクレット

サービスしてくれる人の顔を覚えよう

高級レストランはもちろん、大衆的な店でも、ウエートレスやウエーターたちの受け持ち席が決まっているから、勝手に座らずに彼らが席に案内してくれるのを待とう。受け持ちの人の顔を覚えておくと、勘定のときに便利だ。

各国語で言う「お勘定お願いします」

英語：チェック・プリーズ
Check Please
ドイツ語：ツァーレン・ビッテ
Zahlen Bitte
フランス語：ラディスィオン・スィル・ヴ・プレ
L'addition s'il vous plaît
イタリア語：イル・コント・ペルファボーレ
Il conto, per favore

シルトホルン展望台併設のレストラン

メニュー選びに迷ったらサラダとスープがお手頃

レストランで役立つ単語集

日本語	英語	ドイツ語	フランス語
肉	**meat**	**fleisch**	**viande**
牛肉	beef	rindfleisch	boeuf
仔牛肉	veal	kalbfleisch	veau
豚肉	pork	schweinefleisch	porc
仔羊肉	lamb	lamm	agneau
鶏肉	chicken	huhn	poulet
鹿肉	venison	hirsch, reh	chevreuil
猪肉	wild boar meat	wildschwein	sanglier
ウサギ	hare meat	hase	lapin
牛ロース肉	sirloin	lende	faux-filet
フィレ肉	fillet	filet	filet
（骨付き）あばら肉	rib	rücken	côte
（鶏の）胸肉	breast	brust	suprême
ハム	ham	schinken	jambon
ソーセージ	sausage	wurst	saucisse
魚介	**seafood**	**meeresfruchte**	**poisson & fruits de mer**
マス	trout	forelle	truite
サケ	salmon	lachs	saumon
シタビラメ	sole	seezunge	sole
イワシ	sardine	sardine	sardine
ツナ（マグロ）	tuna	thunfisch	thon
貝類	clam	muscheln	coquillages
イカ	cuttlefish	calamari, tintenfisch	seiche
ウナギ	eel	aal	anguille
小エビ	shrimp	krabben	crevettes
野菜	**vegetables**	**gemüse**	**légumes**
キャベツ	cabbage	kohl	chou
レタス	lettuce	lattich	laitue
カリフラワー	cauliflower	blumenkohl	chou-fleur
インゲン	haricot, kidney beans	fisolen	haricots
ナス	eggplant	eierpflanze	aubergine
キュウリ	cucumber	gurke	concombre
ピーマン	sweet pepper	paprika	poivron
ニンジン	carrot	karotte	carotte
セロリ	celery	sellerie	céleri
アスパラガス	asparagus	spargel	asperge
トマト	tomato	tomate	tomate
タマネギ	onion	zwiebel	oignon
ジャガイモ	potato	kartoffeln	pomme（de terre）
キノコ	mushroom	pilze	champignon
レンズ豆	lentils	linsen	lentilles

日本語	英語	ドイツ語	フランス語
米	rice	reis	riz
そのほか			
卵	egg	ei	oeuf
牛乳	milk	milch	lait
チーズ	cheese	käse	fromage
バター	butter	butter	beurre
塩	salt	salz	sel
コショウ	pepper	pfeffer	poivre
砂糖	sugar	zucker	sucre
酢	vinegar	essig	vinaigre
マスタード	mustard	senf	moutarde
ニンニク	garlic	knoblauch	ail
朝食	breakfast	frühsütck	petit-déjeuner
昼食	lunch	mittagessen	déjeuner
夕食	dinner, supper	abendessen	dîner
飲み物	beverage	getränke	boisson
白（赤／ロゼ）ワイン	white(red/rosé) wine	weiss(rot/rose) wein	vin blanc (rouge/rosé)
甘口／辛口	sweet/dry	süss/trocken	doux/sec
ミネラルウオーター	mineral water	mineralwasser	eau minérale
ジュース	juice	saft	jus
コーヒー	coffee	kaffee	café
紅茶	tea	tee	thé
調理法			
あぶり焼きの	broiled	gebraten	rôti(e)
オーブン焼きの	roasted	gebraten	rôti(e)
網焼きの	grilled	gegrillt	grillé(e)
レア	rare	halbroh	saignant
ミディアム	medium	mitteldurchgebraten	à point
ウエルダン	well-done	gutdurchgebraten	bien cuit
煮た（ゆでた）	boiled	gekocht	poché(e), ragoû(名)
蒸した	steamed	gedämpft	à la vapeure
炒めた	fried(sauté)	gebraten	sauté(e)
揚げた、フライの	deep-fried	gebraten	frit(e), beignet(名)
くん製の	smoked	geräuchert	fumé(e)
グラタンにした	au gratin	überbacken	gratiné(e)
マリネにした	marinated	mariniert	mariné(e)
詰め物をした	stuffed	gefüllt	farci(e)
自家製の	homemade	hausgemacht	à la maison
混ぜた（ミックスの）	mixed, blended	gemischt	mêlé(e), mélangé(e)
串焼き	spit-roasted（形）	spiess	brochette

ショッピングの楽しみ

「Swiss Made」といえば高品質の代名詞。チョコレートから工業製品まで、多少値が張っても「スイス製」なら間違いない！という人は多い。旅の思い出に、喜ばれるおみやげに、スイスならではのものを探してみたい。

店の営業時間
一般の店は、平日8:30～9:00に開店し、夕方の18:30～19:00に閉店。途中昼休みを1～2時間取るところや、週に1度、木曜や金曜など、閉店の時間を2時間くらい遅らせるところもある。

スイス各地にあるデパートのMANORは食料品も充実

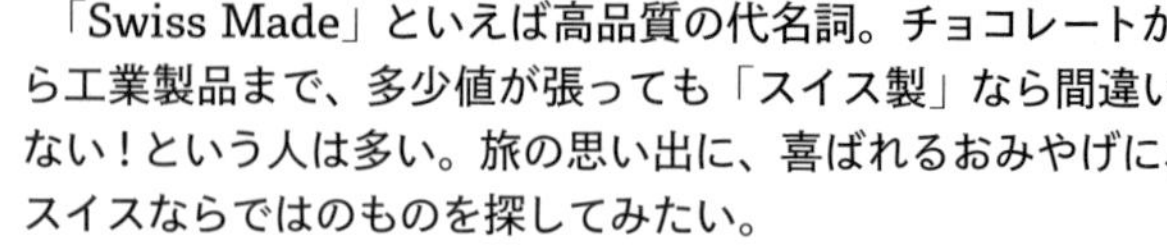

店の種類

百貨店やショッピングセンター

さまざまなブランド品を扱う百貨店やショッピングセンターがスイスにもある。ショッピングセンターは鉄道駅にもあり、一般の商店が休む土・日曜でも、早朝から夜遅くまで通年営業を行っていて便利だ。

スーパーマーケット

MIGROやCoop、Dennerが3大スーパーチェーン。店舗によっては食品や生活用品のほか、衣類や電化製品まで扱う店もある。特売品もあり、閉店間際には総菜などの食品が割引販売されていることもある。

専門店

チェーン店だったり、地元の店だったりとさまざまだが、チョコレートやお菓子、アウトドア用品、刃物、チーズやパンなど、おみやげ選びにもいい専門ショップも各地にある。

バーゼルの名物菓子レッカリーも専門店がある

みやげ物店

観光地や展望台にはみやげ物店もある。アーミーナイフやカジュアルな時計、刺繍製品、スイス国旗のモチーフが入ったみやげものなどが定番商品で、高級時計やオルゴール、鳩時計、木工製品を扱う店もある。観光列車の車内販売や、山岳鉄道の主要駅でもおみやげにいいグッズを販売している。

展望台のみやげ物売り場は品揃えがバラエティ豊か

どこで買う？

高級なチョコレートやブランド品の時計、刃物、工芸品、アウトドアグッズなどは、専門店で相談しながら購入するといい。スイス製品はデザインも優れているが、セレクトショップとしてはシュヴァイツァー・ハイマートヴェルク（→P.49）がおすすめ。山岳リゾートのみやげ物店もスイスデザインの優れた製品を扱うことが多いのでのぞいてみるといい。

身の回りの物を購入するならスーパーを訪れよう。衣類や旅に必要なスキンケア用品、グッズなども揃う。土・日曜に買い物をするなら鉄道のターミナル駅へ行こう。

服や靴のサイズ
スイス国内では、フランスやイタリア、ドイツの製品がよく販売されているが、それぞれサイズの設定が異なっているので、注意が必要だ。実際に履かずにサイズだけで靴を購入する人は少ないと思うが、服も必ず試着してから購入するようにしたい。

スーパーマーケットを活用しよう

日本同様、スイスでもスーパーマーケットは安い価格でさまざまな商品を提供している。プライベートブランドの商品開発も盛んだ。スーパーで購入できる商品はどのくらいお得なのだろうか。スーパーで扱う商品類をご紹介。

スーパーマーケットで購入できるもの

本格的なアウトドア用品やスマホやカメラなどは入手できないが、旅行に必要な身の回り品はほとんど揃えることができる。特に食品の利用価値は高い。駅のKIOSKではCHF4以上のドリンク類がCHF1.5程度で購入できるし、サンドイッチや小さなパックのサラダも売られている。

おみやげにいいチョコレートも場合によっては安く購入できる。プライベートブランドのおいしいお菓子も多い。

価格の相場は以下のとおり。円安ということもあり、日本のスーパーの価格と比べると高い商品が多い。日本並みの価格なのはアルコール類くらいだ。

スーパーマーケットの商品価格例

サンドイッチ　CHF3～5
サラダ・パック　CHF2～6
袋入りサラダ菜　CHF2～4
総菜のグリル・チキン160g　CHF6前後
ハム100g　CHF3～5
パン1個（80～90g）　CHF1前後
ヨーグルト1食分パック　CHF0.50前後～1
冷凍ピザ2枚入り　CHF4～5
レンジ調理の食事パック　CHF10
卵6個　CHF4～7
水500mℓ　CHF0.65～1
コカ・コーラ500mℓ　CHF1.35
缶ビール500mℓ　CHF2弱
特売板チョコ3枚入り　CHF3～4
スイス産フルボトルワイン　CHF10～15
ワイン500mℓ　CHF4～6

野菜は自分で重量を量って値札を出力する

サラダ系の総菜の品揃えは豊富だ

レンジで温めるパックには主食も入る

すべてが安いわけではない

スーパーはさまざまな商品が安価に入手できる店だが、それでも日本に比べれば高いものが多い。ティッシュペーパーは100組入りボックスがCHF2.50、単三電池4本がCHF5～9という値段だ。現地での買い物は探す楽しみもあり、あえて現地でいろいろと買い揃えるというのもいい経験なのだが、節約旅なら現地調達を減らし、必要なものは日本から持っていったほうがいいというのが現状だ。

スーパーは大きな駅の地下街には必ずある

1CHF=150円※で計算した場合の日本円換算
1CHF=150円
3CHF=450円
4CHF=600円
5CHF=750円
7CHF=1050円
10CHF=1500円
15CHF=2250円
※2023年4月のレートで設定

スーパーで買うおみやげ
チョコレートは複数パックで割引販売されていることがある。イベントあとは、ブランド品の季節商品が割引されていることもあるので狙い目。スイスワインは日本にはあまり入ってこないし、価格も安めなのでおみやげにもいい。デザインも機能も優れているキッチン用品もおすすめだ。

安売りチョコでも種類が豊富だ

スイス産ワインを選ぼう

スイスの通信環境

スイスの通信環境は非常によく、モバイル通信も快適だ。スマホやタブレットがあると旅行客も便利に行動できる。

ネット接続とモバイル通信

宿泊先でのネット接続

多くの宿泊施設が無料でWi-Fi接続を提供している。パスワードが必要な場合とパスワードなしの場合があるので、チェックイン時に確認を。高級ホテルによっては、滞在中のアカウントを提供してくれるが3台までの接続などと、台数制限があることも。無料でアカウント追加が可能なホテルもあるので、必要であればリクエストするとよい。

外出先でのネット接続

3000m級の展望台でもWi-Fi接続サービスがある（ツェルマットのロートホルン山頂）

無料のWi-Fi接続を提供している駅もある。SBBの国内約80ヵ所の駅では、セキュリティが保護されたネット接続を60分間利用できる。2時間空ければまた60分の利用が可能だ。ポストバスでも通信速度は遅いがWi-Fi接続ができる。アクセスする場合、最初にSMSによる認証が必要なことが一般的。接続画面の指示に従い操作しよう。入力した電話番号宛に認証コードが送られるので、その番号を入力して接続開始するパターンが多い。

乗り物でのネット接続

観光列車の一部では、車内Wi-Fiに接続して沿線の情報を得ることができるが、ネット接続が提供されていない場合もある。SBB（スイス国鉄）ではスイスの特定のキャリアのSIMを使用するユーザーに対して、アプリを介してネット接続できるサービスを提供している。

国際電話のかけ方について

日本からスイスの（012)345-6789へかける場合

NTTコミュニケーションズ　0033 ※1
ソフトバンク　0061 ※1

＋

010

＋

スイスの国番号 41

＋

0を取ったエリアコード 12

＋

相手先の電話番号 3456789

スイスから日本の（03)1234-5678へかける場合

国際電話識別番号 00

＋

日本の国番号 81

＋

0を取った市外局番 3

＋

相手先の電話番号 12345678

※1 事業者識別番号は携帯電話の場合は不要
※ 携帯電話の場合は010のかわりに「0」を長押しして「+」を表示させると、国番号からかけられる
※ NTTドコモ（携帯電話）は事前にWORLD CALLの登録が必要

携帯電話使用について

日本同様に複数のキャリアが存在し、ネットワークはよく整っている。4000m近い展望台でも通話やネット接続が可能。日本の携帯各社が現地キャリアとローミング契約しているので、日本の携帯電話を持ち込んでも海外での利用登録が済んでいれば、そのまま使用できる。

プリペイドSIMの利用について

SIMフリーの携帯端末を持っていることが前提だが、現地キャリアのプリペイドSIMを使えば現地での通話とネット接続を安く抑えることができる。ネット接続は使用容量が決まっているプランと、1日あたりの使用料金が決まっているプランがあるが、ネット接続やLINEなどを使ったコミュニケーションを行うのであれば、日額計算のプランを使用するといい。

Swisscomの場合、7日間使い放題でCHF20の定額プランもある。チューリヒの空港内に複数の会社の店があるので比較してみよう。キャリアにより購入価格は異なるが、CHF20～25でCHF20相当のクレジットが付与されているプランが多い。データ通信定額料は1日CHF2前後。

プリペイドSIMの購入

SIMカードの購入は町や駅に入るキャリアのショップか郵便局で。登録の際にパスポートが必要で、滞在先の登録もする必要があるので、宿泊先の情報を伝えればいい。回線開通にはタイムラグが生じる場合がある。郵便局で扱うキャリアは限定されているので、Swisscomのような大手キャリアのSIMを購入したいなら、町のキャリアショップを訪問しよう。プリペイドSIMは登録が必要なため、夜遅い時間は購入できない。できるだけ早いタイミングでショップを訪れて手続きしておきたい。

ベルン駅構内にあるキャリアのショップ

郵便局の利用について

スイスの郵便事情はよく、郵便局もさまざまなものを販売しているので使い勝手がいい。電話のSIMカードも扱っている。日本への郵便は所要3～6日間の扱いで20gまでCHF2.30、50gまでCHF4.10。厚さ5mm以内のはがきや封書、B5サイズまでの書類をこの料金で送ることができる。

INFORMATION

スイスでスマホ、ネットを使うには

スマホ利用やインターネットアクセスをするための方法はいろいろあるが、一番手軽なのはホテルなどのネットサービス（有料または無料）、Wi-Fiスポット（インターネットアクセスポイント。無料）を活用することだろう。主要ホテルや町なかにWi-Fiスポットがあるので、宿泊ホテルでの利用可否やどこにWi-Fiスポットがあるかなどの情報を事前にネットなどで調べておくとよい。ただしWi-Fiスポットでは、通信速度が不安定だったり、繋がらない場合があったり、利用できる場所が限定されたりするというデメリットもある。そのほか契約している携帯電話会社の「パケット定額」を利用したり、現地キャリアに対応したSIMカードを使用したりと選択肢は豊富だが、ストレスなく安心してスマホやネットを使うなら、以下の方法も検討したい。

☆海外用モバイルWi-Fi ルーターをレンタル

スイスで利用できる「Wi-Fiルーター」をレンタルする方法がある。定額料金で利用できるもので、「グローバルWiFi（【URL】https://townwifi.com/）」など各社が提供している。Wi-Fiルーターとは、現地でもスマホやタブレット、PCなどでネットを利用するための機器のことをいい、事前に予約しておいて、空港などで受け取る。利用料金が安く、ルーター1台で複数の機器と接続できる（同行者とシェアできる）ほか、いつでもどこでも、移動しながらでも快適にネットを利用できるとして、利用者が増えている。

▼グローバルWiFi

海外旅行先のスマホ接続、ネット利用の詳しい情報は「地球の歩き方」ホームページで確認してほしい。
【URL】http://www.arukikata.co.jp/net/

旅のトラブルと安全対策

スイスの治安はヨーロッパの国としては良好だが、観光客を狙う犯罪は発生している。また標高の高い山の観光の際は無理せずに行動することも必要だ。以下スイス旅行の注意点。

スイスの犯罪例と対策

○スリ、置き引き、カード詐欺に注意

犯罪発生件数は人口比では日本よりも率が高く、窃盗犯罪が多い。仲間が気を引き、その隙に貴重品を抜き取ったり置き引きしたりする被害も数多く報告されている。人を疑うのは心苦しいが、時間や道を尋ねてきたり目の前で派手に落とし物をしたりするのも、仲間がいる窃盗犯の典型的な手口だ。貴重品が入った荷物は手元から離さず、視線も外さないようにしよう。飲食店のテーブルにスマホや財布、ホテルのカードキーを置くのも危険だ。

コロナ禍直前は空港でクレジットカードをすり替える被害も多発していた。クレジットカードを貸してほしいというリクエストはきっぱりと断ること。日本のお金を見たい、という話にも乗らないこと。

外務省 海外安全ホームページ・(スイス) 危険情報
URL www.anzen.mofa.go.jp/info/pcinfectionspothazardinfo_159.html#ad-image-0

旅券(パスポート)をなくしたら

万一旅券をなくしたら、まず現地の警察署へ行き、紛失・盗難届出証明書を発行してもらう。次に日本大使館・領事館で旅券の失効手続きをし、新規旅券の発給(改正旅券法の施行により、紛失した旅券の「再発給」制度は廃止された)または、帰国のための渡航書の発給を申請する。「旅券申請手続きに必要な書類」の詳細や「IC旅券作成機が設置されていない在外公館」は、外務省のウェブサイトで確認を。

URL www.mofa.go.jp/mofaj/toko/passport/pass_5.html

スイスで注意したい健康管理

○高山病に注意

体質やその日のコンディションによって症状の現れ方が異なるが、2000mを超えたあたりから体調が悪くなる人もいる。走ったり飲酒したりすると急激に体調悪化を招くので、標高の高い場所への訪問経験が少なければ、ゆっくり歩いたりアルコール摂取を控えたりと、気をつけたほうがいい。血中酸素濃度の低下が原因なので、標高の低い場所に下りればたちまち回復する。

カードすり替え詐欺
2019年に取材者が経験した事案。「困っている日本の友人のために電話を使いたいのだが、自分のクレジットカードが使えないので、あなたのカードを貸してほしい、代金は支払うから」とCHF20紙幣を見せる手口だった。クレジットカードを渡すとすり替えられ、自分のカードで多額の買い物が行われるという被害が生じる。

盗難・紛失に備えて
海外旅行傷害保険に加入するほか、紛失に備えパスポートのコピーを取って、貴重品とは別に保管しておく。クレジットカードの緊急連絡先なども控えておきたい。

旅券申請の手続き書類
■失効手続き
・紛失一般旅券等届出書
・共通:写真(縦45mm×横35mm) 1葉 ※6ヵ月以内撮影
■発給手続き
・新規旅券:一般旅券発給申請書、手数料(10年用旅券1万6000円、5年用旅券1万1000円)※現地通貨現金で支払い
・帰国のための渡航書:渡航書発給申請書、手数料(2500円)※現地通貨現金で支払い
・共通:現地警察署の発行した紛失・盗難届出証明書
・共通:写真(縦45mm×横35mm) 1葉 ※6ヵ月以内撮影
・共通:戸籍謄本 1通 ※発行から6ヵ月以内
・帰国のための渡航書:旅行日程が確認できる書類(旅行会社にもらった日程表または帰りの航空券)

緊急連絡先
在スイス日本国大使館領事部(ベルン)
Japanische Botschaft
住 Engestrasse 53
3012 Bern
☎ (031)3002222
在ジュネーヴ領事事務所
Consulat du Japon à Genéve
住 82, rue de Lausanne
1202 Genéve
☎ (022)7169990

日本帰国時の手続き

旅の技術

コロナ感染に対する各国の規制はだいぶ緩和されたが、コロナ前にはなかった手続きが行われることもある。必ず出発前に帰国時に必要な手続きについて最新情報を確認しておこう。

日本帰国時に必要な手続き

2023年4月29日以降、入国時のワクチン接種記録やPCR検査の陰性証明書提出は不要となった。帰国時の健康状態により、任意検査の「感染症ゲノムサーベイランス」が適用される。Visit Japan Webで事前登録しておくと入国時の手続きがスムーズに行える。

Visit Japan Web URL vjw-lp.digital.go.jp/ja

入国時の手続き

検疫と入国審査、税関申告書の提出が必要。飛行機を降りたらまずは検疫。体調不良があればここで申告しておこう。入国審査を通過したら預け入れ荷物を受け取って税関申告へ。申告する品物がない場合でも申告書を提出しなければならない。機内で配られるので事前に記入を済ませておくといい。

(A面)
携帯品・別送品申告書
航空機（船）名 LX 159 出発地 チューリヒ
入国日 2023年07月20日
フリガナ チキュウ アユム
氏名 地球 歩
現住所 東京都品川区西五反田2－11－8
電話 03 (1234) 5678
職業 会社員
生年月日 1990年05月12日
旅券番号 XX 0 1 2 3 4 5 6 7
1．下記に掲げるものを持っていますか？ はい いいえ
2．100万円相当額を超える現金、有価証券又は1kgを超える貴金属などを持っていますか？ はい いいえ
3．別送品 入国の際に携帯せず、郵送などの方法により別に送った荷物（引越荷物を含む。）がありますか？ はい（ 個） いいえ
《注意事項》
この申告書に記載したとおりである旨申告します。
署名 地球 歩

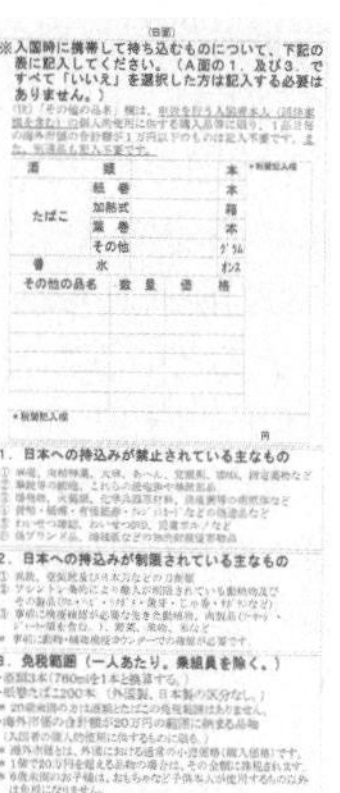
(B面)
※入国時に携帯して持ち込むものについて、下記の表に記入してください。（A面の1．及び3．ですべて「いいえ」を選択した方は記入する必要はありません。）

酒類		本
たばこ	紙巻	本
	加熱式	箱
	葉巻	本
	その他	グラム
香水		オンス
その他の品名	数量	価格

1．日本への持込みが禁止されている主なもの
2．日本への持込みが制限されている主なもの
3．免税範囲（一人あたり。乗組員を除く。）
・酒類3本（760mlを1本と換算する。）
・紙巻たばこ200本（外国製、日本製の区分なし。）
携帯品・別送品申告書の記載に御協力頂きありがとうございました。日本に入国（帰国）されるすべての方は、法令に基づき、この申告書を税関に提出していただく必要があります。引き続き税関検査への御協力をよろしくお願いします。

日本帰国時における免税範囲（ひとり当たり）

酒類 3本（1本760mlのもの）
紙巻きたばこのみの場合 200本
加熱たばこのみの場合 個装等10個（1箱あたりの数量は、紙巻たばこ20本に相当する量）
葉巻たばこのみの場合 50本
その他のたばこの場合 250g
香水 2オンス（1オンスは約28ml）
その他のもの 20万円。合計額が20万円を超える場合には、20万円以内におさまる品物が免税になり、その残りの品物に課税される。1個で20万円を超える品物、例えば、25万円のバッグは25万円の全額について課税。

新型コロナウイルス感染症について
「2023（令和）5年5月8日以降、新型コロナ患者は、法律に基づく外出自粛は求められません。外出を控えるかどうかは、個人の判断に委ねられます」（厚生労働省ホームページより）。各国の状況は日々変化しているので、渡航先の状況は「外務省海外安全ホームページ」を確認したい。在スイス日本国大使館のウェブサイトでは、最新の安全情報などが見られるので、目を通しておきたい。
在スイス日本国大使館
URL https://www.ch.emb-japan.go.jp/

コピー商品の購入は厳禁！
旅行先では、有名ブランドのロゴやデザイン、キャラクターなどを模倣した偽ブランド品や、ゲーム、音楽ソフトを違法に複製した「コピー商品」を、絶対に購入しないように。これらの品物を持って帰国すると、空港の税関で没収されるだけでなく、場合によっては損害賠償請求を受けることも。「知らなかった」では済まされないのだ。

2021年10月1日から、たばこの免税範囲が変更されているので注意すること。
URL www.customs.go.jp/kaigairyoko/cigarette_leaflet_j.pdf

香水にオーデコロン、オードトワレは含まれない。

1品目ごとの海外市価の合計額が1万円以下のものは、原則として免税（例えば1個1000円のチョコレート9個や1本5000円のネクタイ2本は免税扱い）。

スイスの言葉

スイスにはドイツ語、フランス語、イタリア語、そしてロマンシュ語の4つの国語がある。公用語として国の機関などで用いられているのはドイツ語、フランス語、イタリア語の3言語で、学校でもこのうち少なくともふたつは必修科目として教えられている。

4つの言葉

スイスにはドイツ語やフランス語に加えて、英語など数ヵ国語を使いこなす人は少なくない。観光立国であることもそうだが、国際的に活動している企業が多いこともその理由だろう。

このうちドイツ語を日常語とする人が人口の約64%と最も多く、スイス東部と北西部、フリブール州とヴァリス州の一部に分布している。次いで西部のジュネーヴ州やヌーシャテル州で使われているフランス語（23%）、ティチーノ州とグラウビュンデン州の一部で使われているイタリア語（8%）となっている。

ロマンシュ語はグラウビュンデン州の一部で使われており、グラウビュンデン州では公用語として認められている。日常語としている人がスイスの全人口の1%にも満たないという少数言語だが、その存続のために政府によって第4の国語として認定され、教育などの普及にも力が入れられている。

スイスが多言語国家であるということを一番感じるのは、列車で旅をしているとき。車内アナウンスでメインに使われる言語がフランス語からドイツ語、ドイツ語からイタリア語へと変わっていくからだ。同様に検札に来る車掌の第一声も変わってくる。注意して聞いていると、自分が何語圏に入ったのかがわかっておもしろい。

旅の言葉

旅行するだけなら、どこへ行っても英語だけで十分だ。観光局やホテルの人はもちろん、鉄道の職員や一般の人もわかりやすい英語を話す。さすがに世界でも有数の観光国だけあって、こちらの英語がつたなくても一生懸命聞いてくれるし、言いたいことを察するのがうまい。また、観光地のレストランなら英語はもちろん、日本語のメニューを用意していることもある。

ドイツ語ができればさらによいが、スイスのドイツ語は標準ドイツ語とはかなり異なっていて、まったく別の言葉のように聞こえる。標準ドイツ語をHochdeutsch（ホッホドイチュ）というのに対し、スイスドイツ語はSchwyzerdütsch（シュヴィーツァーデュッチュ）といって単語や文法が異なっているうえ、地方によってもさまざまな方言がある。

ロマンシュ語について
ロマンシュ語は、ラテン語に起源をもつれっきとした独立言語。3～5世紀のゲルマン民族大移動の際にもスイスで唯一ゲルマン人の侵入を許さなかった、誇り高きレト・ローマン人の言語だ。現在ロマンシュ語を日常語として使っているのは、グラウビュンデン州の一部の人たちで、その数は5万人にも満たない。
そんな少数言語であるにもかかわらず、ロマンシュ語には5つの方言がある。それは、豊かな言語表現を生み出す一方、言語としての統一性を欠くことで、ロマンシュ語の立場を弱くしている原因のひとつでもある。さらに、隣接する地域で使われているドイツ語、イタリア語などの主要言語に押されて、ロマンシュ語を話す人の数は年々減少している。

Google翻訳アプリが便利
レストランのメニューにかざすと画面上で翻訳してくれる。多少の飾り文字があっても問題ない。車内ディスプレイの翻訳も可能だ。日本語で話しかけると現地語の音声で返してくれる機能もある。

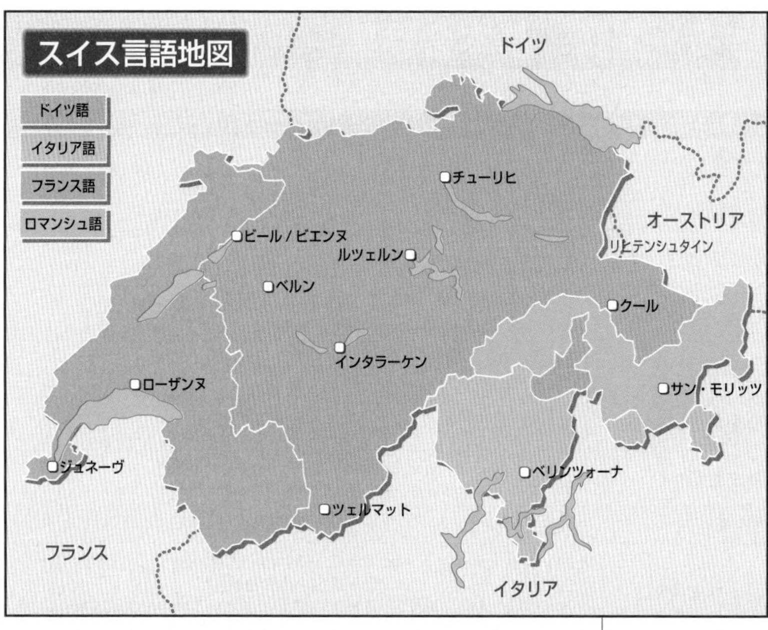

日本語	スイスドイツ語（チューリヒ）	標準ドイツ語
こんにちは	Grüezi（グリュエッツィ）	Guten Tag（グーテン ターク）
こんにちは（若者や親しい友人）	Sali/Salü/Hoi（サリ/サリュ/ホイ）	
こんばんは	Gueten Abig（グーテン アービック）	Guten Abend（グーテン アーベント）
お元気ですか？	Wie gahts?（ヴィー ガーツ？）	Wie geht es Ihnen?（ヴィー ゲート エス イーネン?）
さようなら	Uf Wiederlüge（ウフ ヴィダリュエゲ）	Auf Wiedersehen（アウフ ヴィーダーゼーエン）
さようなら（若者や親しい友人）	Ade/Adieu（アデ/アデュ）	Tschüss（チュス）
ありがとう	Danke/Merci（ダンケ/メルシ）	Danke schön（ダンケ シェーン）
よい1日を	En schöne Tag（エン ショーネ ターク）	Einen schönen Tag（アイネン ショーネン ターク）

しかも、同じスイスでもイタリア語圏やフランス語圏の学校で教えているのは標準ドイツ語だというのだから、話はややこしい。つまり、イタリア語圏、フランス語圏では標準ドイツ語が通じるが、ドイツ語圏では通じない、ということが起こりうるのだ。

そうはいっても、標準ドイツ語が話せれば、スイスを旅するのにほとんど問題はないだろう。それでも、せめてあいさつくらいはその土地の言葉で交わしたいという人のために、上記に少しだけスイスドイツ語（チューリヒ方言）を紹介しよう。たったひと言のあいさつでも同じ言葉を話せるのはうれしいもの。土地の人も喜んで親近感をもってくれるし、旅がより楽しくなるはずだ。

列車の中での楽しいパフォーマンス

5ヵ国語　基本会話集

日本語	英語	ドイツ語
▶基本会話		
こんにちは	Hello.　／　Hi. ハロウ　／　ハーイ	Tag.　／　Hallo. ターク　／　ハロー
ありがとう(ございます)	Thank you (very much). サンキュー（ヴェリーマッチ）	Danke (schön). ダンケ（シェーン）
すみません(人に呼びかける)	Excuse me. エクスキューズミー	Entschuldigen Sie, bitte. エントシュルディゲン ズィービッテ
はい　／　いいえ	Yes. ／ No. イエス　／　ノウ	Ja. ／ Nein. ヤー／ナイン
○○○をお願いします	○○○, please. ○○○　プリーズ	○○○, bitte. ○○○　ビッテ
わかりません	I don't understand. アイ　ドント　アンダスタンド	Ich verstehe nicht. イッヒ　フェアシュテーエ　ニヒト
▶ホテルで		
今夜泊まれますか？	Do you have a room for tonight? ドゥ　ユー　ハバ　ルーム　フォー　トゥナイト	Haben Sie ein Zimmer für heute nacht? ハーベン　ズィー　アイン　ツィンマー　フューア　ホイテ　ナハト
1泊いくらですか？	How much for a night? ハウマッチ　フォー　ア　ナイト	Was kostet das Zimmer pro Nacht? ヴァス　コステット　ダス　ツィンマー　プロー　ナハト
部屋を見せてください	May I see the room? メイ　アイ　シー　ザ　ルーム	Darf ich das Zimmer sehen? ダルフ　イッヒ　ダス　ツィンマー　ゼーエン
朝食代は 含まれていますか？	Is breakfast included? イズ　ブレックファースト　インクルーディッド	Inklusive Frühstück? インクルズィーヴェ　フリューシュトック
▶レストランで		
今夜7時半に4名の予約をお願いします	We'd like a tabel for four at seven thirty tonight. ウィドゥ　ライク　ア　テーブル　フォフォー　アット　セブンサーティ　トゥナイト	Ich möchte einen Tisch für 4 Personen um halb acht reservieren. イッヒ　メヒテ　アイネ　ティッシュ　フューア　フィーア　ペルゾーネン　ウム　ハルプ　アハト　レゼルヴィーレン
注文お願いします	Will you take our order? ウィル　ユー　テイク　アワ　オーダー	Ich möchte jetzt bestellen. イッヒ　メヒテ　イエッツト　ベシュテレン
すみません、水をください	Excuse me, can I have some water? エクスキューズミー　キャナイ　ハブ　サム　ウォーター	Entschuldigung, Wasser, bitte. エントシュルディング　ヴァッサー　ビッテ
お勘定をお願いします	May I have the check, please? メイ　アイ　ハブ　ザ　チェック　プリーズ	Zahlen, bitte! ツァーレン　ビッテ
▶ショッピング		
いくらですか	How much is it? ハウマッチ　イズィット	Was kostet das? ヴァス　コステット　ダス
(指さしながら) これをください	I'll take this. アイル　テイク　ディス	Ich nehme das. イッヒ　ネーメ　ダス
大きすぎ (小さすぎ)ます	This is too large (small). ディス　イズ　トゥー　ラージ（スモール）	Das ist zu gross (klein). ダス　イスト　ツー　グロース（クライン）

フランス語	イタリア語
Bonjour. ／ Salut. ボンジュール ／ サリュ	Buon giorno. ／ Ciao. ブオン ジョールノ ／チャオ
Merci (beaucoup). メルスィ (ボークー)	Grazie. (Grazie mille.) グラッツィエ (グラッツィエ ミッレ)
Pardon. パルドン	Scusi. スクーズィ
Oui. ／ Non. ウイ／ノン	Sì. ／ No. スィ ／ノ
○○○, s'il vous plaît. ○○○ スィル ヴ プレ	○○○, per favore. ○○○ ペル ファヴォーレ
Je ne comprends pas. ジュ ヌ コンプラン パ	Non capisco. ノン カピスコ
Avez-vous une chambre libre ce soir? アヴェ ヴ ユヌ シャンブル リーブル ス スワール	C'è una camera libera per stasera? チェ ウナ カーメラ リーベラ ペル スタセーラ
Combien est-ce la nuit? コンビヤン エ ス ラ ニュイ	Quanto costa per una notte? クアント コスタ ペル ウナ ノッテ
Pouvez-vous me montrer la chambre? プヴェ ヴ ム モントレ ラ シャンブル	Posso vedere la camera? ポッソ ヴェデーレ ラ カーメラ
Le petit déjeuner est compris? ル プティ デジュネ エ コンプリ	La prima colazione è inclusa nel prez. ラ プリーマコラツィオーネエインクルーザ ネル プレッ
Je voudrais réserver une table pour 4 à 7 heures et demie. ジュヴードレ レゼルヴェ ユヌ ターブル プール カトル ア セッ トゥール エ ドゥミ	Vorrei prenotare una tavola per quattro personi alle 7:30. ヴォレイ プレノターレ ウナ タヴォラ ペル クアトゥロ ペルソーニ アッレ セテメッヅァ
On peut commander des maintenant? オン プ コマンデ デ マントゥナン	P osso ordinare? ポッソ オルディナーレ
S'il vous plaît, apportez-moi un carafe d'eau. スィルヴ プレ アポルテ モワ アン カラフ ドー	Scusi, l'acqua, per favore. スクーズィ ラックア ペル ファヴォーレ
L'addition, s'il vous plaît. ラディスィオン スィル ヴ プレ	Il conto, per favore. イル コント ペル ファヴォーレ
C'est combien? セ コンビヤン	Quanto costa? クアント コスタ
Je le prends. ジュ ル プラン	Prendo questo. プレンド クエスト
C'est un peu trop grand (petit). セ タン プー トロ グラン (プティ)	È un po' grande(piccolo). エ ウン ポ グランデ (ピッコロ)

日本語	英語	ドイツ語
ほかの型はありますか？	Do you have any other models? ドゥ　ユー　ハブ エニ　アザ　モデルズ	Haben Sie auch andere Modelle? ハーベン　ズィー　アオホ アンデレ　モデッレ
このカードが使えますか？	Can I use this credit card? キャン　アイ　ユーズ ディス　クレディットカード	Kann ich mit diese Kreditkarte bezahlen? カン　イッヒ　ミッテ　ディーズ　クレディットカルテン　ベツァーレン？
▶移動		
○○までのチケットを1枚ください	A Ticket to ○○, please. ア　ティケット　トゥ ○○ プリーズ	Einmal nach ○○, bitte. アインマル　ナーハ　○○　ビッテ
○○行きの列車の予約がしたい	I want to reserve a seat to ○○. アイ　ウォント　トゥ　リザーブ ア　スィート　トゥ　○○	Ich möchte einen Platz nach ○○ reservieren. イッヒ　メヒテ　アイネン　プラッツ　ナーハ ○○　レゼルヴィーレン
スイストラベルパスで乗れますか？	Is Swiss Travel Pass valid for this train? イズ　スイストラベルパス ヴァリッド　フォー　ディス トレイン	Kann Ich den Swiss Travel Pass benutzen? カン　イッヒ　デン　スイストラベルパス　ベヌッツェン
これは○○行きですか？	Does this go to ○○? ダズ　ディス　ゴウ　トゥ ○○	Fährt es nach ○○? フェーアト　エス　ナーハ　○○
○○までいくらですか？	How much is it to ○○? ハウ　マッチ　イズ　イット　トゥ○○	Was kostet nach ○○? ヴァス　コステット　ナーハ　○○
（タクシーに乗って）○○○へ行ってください	To ○○○, please. トゥ ○○○ プリーズ	○○○, bitte. ○○○　ビッテ
▶観光地で		
町の地図をください	Can I have a city map? キャナイ　ハヴ　ア　シティ　マップ	Einen Stadtplan, bitte. アイネン　シュタットプラン　ビッテ
スイストラベルパスで割引はありますか？	Is there any discount for Swiss Travel Pass? イズ　ゼア　エニー　ディスカウント フォー　スイストラベルパス	Kann Ich eine Ermässigung mit dem Swiss Travel Pass bekommen? カン　イッヒ　アイネ　エアメースィグング ミット　デム　スイストラベルパス　ベコメン
ここで写真を撮ってもいいですか？	May I take pictures here? メイ　アイ　テイク　ピクチャーズ ヒア	Darf man hier fotografieren? ダルフ　マン　ヒーア　フォトグラフィーレン
一番近いトイレはどこですか	Where is the nearest rest room? ウェア　イズ　ザ　ニアリスト レストルーム	Wo ist hier die nächste Toilette? ヴォー　イスト　ヒーア　ディ　ネヒステ ドアレッテ
▶トラブル		
助けて	Help! ヘルプ	Hilfe! ヒルフェ
私の荷物が見つかりません	I can't find my luggage. アイ　キャント　ファインド マイ　ラッゲージ	Ich kann mein Gepäck nicht finden. イッヒ　カン　マイン　ゲペック ニヒト　フィンデン
パスポートをなくしました	I lost my passport. アイ　ロスト　マイ　パスポート	Ich habe meinen Pass verloren. イッヒ　ハーベ　マイネン　パス　ファーローレン
気分が悪いです	I feel sick. アイ　フィール　スィック	Ich fühle mich nicht wohl. イッヒ　フューレ　ミッヒ　ニヒト　ヴォール

フランス語	イタリア語
Montrez-moi d'autres modèles, s'il vous plaît. モントレ　モワ　ドートル　モデール　スィル　ヴ　プレ	Ne avete un'altro tipo? ネ　アヴェーテ　ウナルトゥロ　ティーポ
Est-ce que vous acceptez cette carte de drédit? エスク　ヴ　ザクセプテ　セット　カルトゥ　ドゥ　クレディ	Accettate quest carta di credito? アチェッターテ　クエスタ　カルタ　ディ　クレーディト
Pour ○○, s'il vous plaît. プール　○○　スィルヴプレ	Un biglietto per ○○, per favore. ウン　ビリエット　ペル　○○　ペル　ファヴォーレ
Je voudres réserver une place pour ○○. ジュ　ヴドレ　レゼルヴェ　ユヌ　プラス　プール　○○	Vorrei prenotare un post per ○○. ヴォッレイ　プレノターレ　ウン　ポスト　ペル　○○
Est-ce que vous acceptez Swiss Travel Pass? エ　ス　ク　ヴ　ザクセプテ　スイストラベルパス	Si puo usare Swiss Travel Pass? スィ　プオ　ウザーレ　スイストラベルパス
Est-ce qu'il va à　○○? エ　ス　キル　ヴァ　ア　○○	Quseto treno va a ○○? クエスト　トレーノ　ヴァ　ア　○○
Combien ect-ce pour ○○? コンビヤン　エ　ス　プール　○○	Quanto costa per ○○? クワント　コスタ　ペル　○○
○○○, s'il vous plaît. ○○○　スィル　ヴ　プレ	○○○, per favore. ○○○　ペル　ファヴォーレ
Un plan de la ville, s'il vous plaît. アン　プラン　ドゥ　ラ　ヴィル　スィル　ヴ　プレ	Una pianta della città. ウナ　ピアンタ　デッラ　チッタ
Y a-t-il une réduction avec Swiss Travel Pass? イアティル　ユヌ　レデュクシオン　アヴェック　スイストラベルパス	C'é lo sconto con Swiss Travel Pass? チェ　ロ　スコント　コン　スイストラベルパス
Est-ce qu'on qeut prendre des photos ici? エ　ス　コン　プ　プランドル　デ　フォト　イスィ？	Posso fotografare qui? ポッソ　フォトグラファーレ　クイ
Où sont les toilettes les plus proches? ウ　ソン　レ　トワレットゥ　レ　プリュ　プロッシュ	Dov'è il toilette più vicino? ドヴェ　イル　トワレットゥ　ピウ　ヴィチーノ
Au secours! オ　スクール	Aiuto! アイウート
Je ne trouve pas mes bagages. ジュ　ヌ　トルーヴ　パ　メ　バガージュ	Non riesco a trovare il mio bagaglio. ノン　リエスコ　ア　トロヴァーレ　イル　ミオ　バガーリオ
J'ai perdu mon passeport. ジェ　ペルデュ　モン　パスポール	Ho perso il mio passaporto. オ　ペルゾ　イル　ミオ　パッサポルト
Je me sens mal. ジュ　ム　サン　マル	Mi sento male. ミ　セント　マーレ

●町・地域

●見どころ

●人名・用語

●ユースフルアドレス

地球の歩き方 シリーズ一覧

2023年6月現在

＊地球の歩き方ガイドブックは、改訂時に価格が変わることがあります。＊表示価格は定価（税込）です。＊最新情報は、ホームページをご覧ください。www.arukikata.co.jp/guidebook/

地球の歩き方 ガイドブック

A ヨーロッパ

A01	ヨーロッパ	¥1870
A02	イギリス	¥1870
A03	ロンドン	¥1980
A04	湖水地方&スコットランド	¥1870
A05	アイルランド	¥1980
A06	フランス	¥1870
A07	パリ&近郊の町	¥1980
A08	南仏プロヴァンス コート・ダジュール&モナコ	¥1760
A09	イタリア	¥1870
A10	ローマ	¥1760
A11	ミラノ ヴェネツィアと湖水地方	¥1870
A12	フィレンツェとトスカーナ	¥1870
A13	南イタリアとシチリア	¥1870
A14	ドイツ	¥1980
A15	南ドイツ フランクフルト ミュンヘン ロマンチック街道 古城街道	¥1760
A16	ベルリンと北ドイツ ハンブルク ドレスデン ライプツィヒ	¥1870
A17	ウィーンとオーストリア	¥2090
A18	スイス	¥2200
A19	オランダ ベルギー ルクセンブルク	¥1870
A20	スペイン	¥1870
A21	マドリードとアンダルシア	¥1760
A22	バルセロナ&近郊の町 イビサ島／マヨルカ島	¥1760
A23	ポルトガル	¥1815
A24	ギリシアとエーゲ海の島々&キプロス	¥1870
A25	中欧	¥1980
A26	チェコ ポーランド スロヴァキア	¥1870
A27	ハンガリー	¥1870
A28	ブルガリア ルーマニア	¥1980
A29	北欧 デンマーク ノルウェー スウェーデン フィンランド	¥1870
A30	バルトの国々 エストニア ラトヴィア リトアニア	¥1870
A31	ロシア ベラルーシ ウクライナ モルドヴァ コーカサスの国々	¥2090
A32	極東ロシア シベリア サハリン	¥1980
A34	クロアチア スロヴェニア	¥1760

B 南北アメリカ

B01	アメリカ	¥2090
B02	アメリカ西海岸	¥1870
B03	ロスアンゼルス	¥2090
B04	サンフランシスコとシリコンバレー	¥1870
B05	シアトル ポートランド	¥1870
B06	ニューヨーク マンハッタン&ブルックリン	¥1980
B07	ボストン	¥1980
B08	ワシントンDC	¥2420
B09	ラスベガス セドナ& グランドキャニオンと大西部	¥2090
B10	フロリダ	¥1870
B11	シカゴ	¥1870
B12	アメリカ南部	¥1980
B13	アメリカの国立公園	¥2090
B14	ダラス ヒューストン デンバー グランドサークル フェニックス サンタフェ	¥1980
B15	アラスカ	¥1980
B16	カナダ	¥1870
B17	カナダ西部 カナディアン・ロッキーとバンクーバー	¥2090
B18	カナダ東部 ナイアガラ・フォールズ メープル街道 プリンス・エドワード島 トロント オタワ モントリオール ケベック・シティ	¥2090
B19	メキシコ	¥1980
B20	中米	¥2090
B21	ブラジル ベネズエラ	¥2200
B22	アルゼンチン チリ パラグアイ ウルグアイ	¥2200
B23	ペルー ボリビア エクアドル コロンビア	¥2200
B24	キューバ バハマ ジャマイカ カリブの島々	¥2035
B25	アメリカ・ドライブ	¥1980

C 太平洋／インド洋島々

C01	ハワイ1 オアフ島&ホノルル	¥1980
C02	ハワイ島	¥2200
C03	サイパン ロタ&テニアン	¥1540
C04	グアム	¥1980
C05	タヒチ イースター島	¥1870
C06	フィジー	¥1650
C07	ニューカレドニア	¥1650
C08	モルディブ	¥1870
C10	ニュージーランド	¥2200
C11	オーストラリア	¥2200
C12	ゴールドコースト&ケアンズ	¥1870
C13	シドニー&メルボルン	¥1760

D アジア

D01	中国	¥2090
D02	上海 杭州 蘇州	¥1870
D03	北京	¥1760
D04	大連 瀋陽 ハルビン 中国東北部の自然と文化	¥1980
D05	広州 アモイ 桂林 珠江デルタと華南地方	¥1980
D06	成都 重慶 九寨溝 麗江 四川 雲南	¥1980
D07	西安 敦煌 ウルムチ シルクロードと中国北西部	¥1980
D08	チベット	¥2090
D09	香港 マカオ 深セン	¥1870
D10	台湾	¥2090
D11	台北	¥165
D13	台南 高雄 屏東&南台湾の町	¥165
D14	モンゴル	¥209
D15	中央アジア サマルカンドとシルクロードの国々	¥209
D16	東南アジア	¥187
D17	タイ	¥220
D18	バンコク	¥187
D19	マレーシア ブルネイ	¥209
D20	シンガポール	¥198
D21	ベトナム	¥20
D22	アンコール・ワットとカンボジア	¥187
D23	ラオス	¥209
D24	ミャンマー（ビルマ）	¥209
D25	インドネシア	¥18
D26	バリ島	¥18
D27	フィリピン マニラ セブ ボラカイ ボホール エルニド	¥18
D28	インド	¥20
D29	ネパールとヒマラヤトレッキング	¥22
D30	スリランカ	¥18
D31	ブータン	¥19
D33	マカオ	¥17
D34	釜山 慶州	¥15
D35	バングラデシュ	¥20
D37	韓国	¥20
D38	ソウル	¥18

E 中近東 アフリカ

E01	ドバイとアラビア半島の国々	¥20
E02	エジプト	¥19
E03	イスタンブールとトルコの大地	¥20
E04	ペトラ遺跡とヨルダン レバノン	¥20
E05	イスラエル	¥20
E06	イラン ペルシアの旅	¥22
E07	モロッコ	¥19
E08	チュニジア	¥20
E09	東アフリカ ウガンダ エチオピア ケニア タンザニア ルワンダ	¥2
E10	南アフリカ	¥22
E11	リビア	¥22
E12	マダガスカル	¥1

J 国内版

J00	日本	¥3
J01	東京	¥2
J02	東京 多摩地域	¥2
J03	京都	¥2
J04	沖縄	¥2
J05	北海道	¥2
J07	埼玉	¥2
J08	千葉	¥2

地球の歩き方 aruco

●海外

1	パリ	¥1320
2	ソウル	¥1650
3	台北	¥1320
4	トルコ	¥1430
5	インド	¥1540
6	ロンドン	¥1650
7	香港	¥1320
9	ニューヨーク	¥1320
10	ホーチミン ダナン ホイアン	¥1430
11	ホノルル	¥1320
12	バリ島	¥1320
13	上海	¥1320
14	モロッコ	¥1540
15	チェコ	¥1320
16	ベルギー	¥1430
17	ウィーン ブダペスト	¥1320
18	イタリア	¥1320
19	スリランカ	¥1540
20	クロアチア スロヴェニア	¥1430
21	スペイン	¥1320
22	シンガポール	¥1650
23	バンコク	¥1430
24	グアム	¥1320
25	オーストラリア	¥1430
26	フィンランド エストニア	¥1430
27	アンコール・ワット	¥1430
28	ドイツ	¥1430
29	ハノイ	¥1430
30	台湾	¥1320
31	カナダ	¥1320
33	サイパン テニアン ロタ	¥1320
34	セブ ボホール エルニド	¥1320
35	ロスアンゼルス	¥1320
36	フランス	¥1430
37	ポルトガル	¥1650
38	ダナン ホイアン フエ	¥1430

●国内

東京	¥1540
東京で楽しむフランス	¥1430
東京で楽しむ韓国	¥1430
東京で楽しむ台湾	¥1430
東京の手みやげ	¥1430
東京おやつさんぽ	¥1430
東京のパン屋さん	¥1430
東京で楽しむ北欧	¥1430
東京のカフェめぐり	¥1480
東京で楽しむハワイ	¥1480
nyaruco 東京ねこさんぽ	¥1480
東京で楽しむイタリア&スペイン	¥1480
東京で楽しむアジアの国々	¥1480
東京ひとりさんぽ	¥1480
東京パワースポットさんぽ	¥1599
東京で楽しむ英国	¥1599

地球の歩き方 Plat

1	パリ	¥1320
2	ニューヨーク	¥1320
3	台北	¥1100
4	ロンドン	¥1320
6	ドイツ	¥1320
7	ホーチミン／ハノイ／ダナン／ホイアン	¥1320
8	スペイン	¥1320
10	シンガポール	¥1100
11	アイスランド	¥1540
14	マルタ	¥1540
15	フィンランド	¥1320
16	クアラルンプール／マラッカ	¥1100
17	ウラジオストク／ハバロフスク	¥1430
18	サンクトペテルブルク／モスクワ	¥1540
19	エジプト	¥1320
20	香港	¥1100
22	ブルネイ	¥1430
23	ウズベキスタン サマルカンド ブハラ ヒヴァ タシケント	¥16
24	ドバイ	¥1
25	サンフランシスコ	¥1
26	パース／西オーストラリア	¥1
27	ジョージア	¥1
28	台南	¥1

地球の歩き方 リゾートスタイ

R02	ハワイ島	¥1
R03	マウイ島	¥1
R04	カウアイ島	¥1
R05	こどもと行くハワイ	¥1
R06	ハワイ ドライブ・マップ	¥1
R07	ハワイ バスの旅	¥1
R08	グアム	¥1
R09	こどもと行くグアム	¥1
R10	パラオ	¥1
R12	プーケット サムイ島 ピピ島	¥1
R13	ペナン ランカウイ クアラルンプール	¥1
R14	バリ島	¥1
R15	セブ&ボラカイ ボホール シキホール	¥1
R16	テーマパーク in オーランド	¥1
R17	カンクン コスメル イスラ・ムヘーレス	¥1
R20	ダナン ホイアン ホーチミン ハノイ	¥1

地球の歩き方 御朱印

1	御朱印でめぐる鎌倉のお寺 三十三観音完全掲載 三訂版	¥1650
2	御朱印でめぐる京都のお寺 改訂版	¥1650
3	御朱印でめぐる奈良の古寺 改訂版	¥1650
4	御朱印でめぐる東京のお寺	¥1650
5	日本全国この御朱印が凄い！ 第壱集 増補改訂版	¥1650
6	日本全国この御朱印が凄い！ 第弐集 都道府県網羅版	¥1650
7	御朱印でめぐる全国の神社 開運さんぽ	¥1430
8	御朱印でめぐる高野山 改訂版	¥1650
9	御朱印でめぐる関東の神社 週末開運さんぽ	¥1430
10	御朱印でめぐる秩父の寺社 三十四観音完全掲載 改訂版	¥1650
11	御朱印でめぐる関東の百寺 坂東三十三観音と古寺	¥1650
12	御朱印でめぐる関西の神社 週末開運さんぽ	¥1430
13	御朱印でめぐる関西の百寺 西国三十三所と古寺	¥1650
14	御朱印でめぐる東京の神社週末開運さんぽ 改訂版	¥1540
15	御朱印でめぐる神奈川の神社 週末開運さんぽ 改訂版	¥1540
16	御朱印でめぐる埼玉の神社 週末開運さんぽ	¥1430
17	御朱印でめぐる北海道の神社 週末開運さんぽ	¥1430
18	御朱印でめぐる九州の神社 週末開運さんぽ 改訂版	¥1540
19	御朱印でめぐる千葉の神社 週末開運さんぽ 改訂版	¥1540
20	御朱印でめぐる東海の神社 週末開運さんぽ	¥1430
21	御朱印でめぐる京都の神社 週末開運さんぽ 改訂版	¥1540
22	御朱印でめぐる神奈川のお寺	¥1650
23	御朱印でめぐる大阪 兵庫の神社 週末開運さんぽ	¥1430
24	御朱印でめぐる愛知の神社 週末開運さんぽ 改訂版	¥1540
25	御朱印でめぐる栃木 日光の神社 週末開運さんぽ	¥1430
26	御朱印でめぐる福岡の神社 週末開運さんぽ 改訂版	¥1540
27	御朱印でめぐる広島 岡山の神社 週末開運さんぽ	¥1430
28	御朱印でめぐる山陰 山陽の神社 週末開運さんぽ	¥1430
29	御朱印でめぐる埼玉のお寺	¥1650
30	御朱印でめぐる千葉のお寺	¥1650
	御朱印でめぐる東京の七福神	¥1540
	御朱印でめぐる東北の神社 週末開運さんぽ 改訂版	¥1540
	御朱印でめぐる全国の稲荷神社 週末開運さんぽ	¥1430
	御朱印でめぐる新潟 佐渡の神社 週末開運さんぽ	¥1430
	御朱印でめぐる静岡 富士 伊豆の神社 週末開運さんぽ	¥1430
	御朱印でめぐる四国の神社 週末開運さんぽ	¥1430
	御朱印でめぐる中央線沿線の寺社 週末開運さんぽ	¥1540
	御朱印でめぐる東急線沿線の寺社 週末開運さんぽ	¥1540
	御朱印でめぐる茨城の神社 週末開運さんぽ	¥1430
	御朱印でめぐる関東の聖地 週末開運さんぽ	¥1430
	御朱印でめぐる東海のお寺	¥1650
	日本全国ねこの御朱印&お守りめぐり 週末開運にゃんさんぽ	¥1760
	御朱印でめぐる信州 甲州の神社 週末開運さんぽ	¥1430
	御朱印でめぐる全国の聖地 週末開運さんぽ	¥1430
	御船印でめぐる全国の魅力的な船旅	¥1650
	御朱印でめぐる茨城のお寺	¥1650
	御朱印でめぐる全国のお寺 週末開運さんぽ	¥1540
	日本全国 日本酒でめぐる 酒蔵&ちょこっと御朱印〈東日本編〉	¥1760
	日本全国 日本酒でめぐる 酒蔵&ちょこっと御朱印〈西日本編〉	¥1760
	関東版ねこの御朱印&お守りめぐり 週末開運にゃんさんぽ	¥1760
52	一生に一度は参りたい！ 御朱印でめぐる全国の絶景寺社図鑑	¥2479
D51	鉄印帳でめぐる全国の魅力的な鉄道40	¥1650
	御朱印はじめました 関東の神社 週末開運さんぽ	¥1210

地球の歩き方 島旅

1	五島列島 3訂版	¥1650
2	奄美大島～奄美群島1～ 3訂版	¥1650
3	与論島 沖永良部島 徳之島（奄美群島②）改訂版	¥1650
4	利尻 礼文 4訂版	¥1650
5	天草 改訂版	¥1760
6	壱岐 4訂版	¥1650
7	種子島 3訂版	¥1650
8	小笠原 父島 母島 3訂版	¥1650
9	隠岐 3訂版	¥1870
10	佐渡 3訂版	¥1650
11	宮古島 伊良部島 下地島 来間島 池間島 多良間島 大神島 改訂版	¥1650
12	久米島 渡名喜島 改訂版	¥1650
13	小豆島～瀬戸内の島々1～ 改訂版	¥1650
14	直島 豊島 女木島 男木島 犬島～瀬戸内の島々2～	¥1650
15	伊豆大島 利島～伊豆諸島1～ 改訂版	¥1650
16	新島 式根島 神津島～伊豆諸島2～改訂版	¥1650
17	沖縄本島周辺15離島	¥1650
18	たけとみの島々 竹富島 西表島 波照間島 小浜島 黒島 鳩間島 新城島 由布島 加屋	¥1650
19	淡路島～瀬戸内の島々3～	¥1650
20	石垣島 竹富島 西表島 小浜島 由布島 新城島 波照間島	¥1650
21	対馬	¥1650
22	島旅ねこ にゃんこの島の歩き方	¥1344

地球の歩き方 旅の図鑑

W01	世界244の国と地域	¥1760
W02	世界の指導者図鑑	¥1650
W03	世界の魅力的な奇岩と巨石139選	¥1760
W04	世界246の首都と主要都市	¥1760
W05	世界のすごい島300	¥1760
W06	地球の歩き方的！ 世界なんでもランキング	¥1760
W07	世界のグルメ図鑑 116の国と地域の名物料理を食の雑学とともに解説	¥1760
W08	世界のすごい巨像	¥1760
W09	世界のすごい城と宮殿333	¥1760
W10	世界197ヵ国のふしぎな聖地&パワースポット	¥1870
W11	世界の祝祭	¥1760
W12	世界のカレー図鑑	¥1980
W13	世界遺産 絶景でめぐる自然遺産 完全版	¥1980
W15	地球の果ての歩き方	¥1980
W16	世界の中華料理図鑑	¥1980
W17	世界の地元メシ図鑑	¥1980
W18	世界遺産の歩き方 学んで旅する！ すごい世界遺産190選	¥1980
W19	世界の魅力的なビーチと湖	¥1980
W20	世界のすごい駅	¥1980
W21	世界のおみやげ図鑑	¥1980
W22	いつか旅してみたい世界の美しい古都	¥1980
W23	世界のすごいホテル	¥1980
W24	日本の凄い神木	¥2200
W25	世界のお菓子図鑑	¥1980
W26	世界の麺図鑑	¥1980
W27	世界のお酒図鑑	¥1980
W28	世界の魅力的な道	¥1980
W30	すごい地球！	¥2200
W31	世界のすごい墓	¥1980

地球の歩き方 旅の名言&絶景

ALOHAを感じるハワイのことばと絶景100	¥1650
自分らしく生きるフランスのことばと絶景100	¥1650
人生観が変わるインドのことばと絶景100	¥1650
生きる知恵を授かるアラブのことばと絶景100	¥1650
心に寄り添う台湾のことばと絶景100	¥1650
道しるべとなるドイツのことばと絶景100	¥1650
共感と勇気がわく韓国のことばと絶景100	¥1650
人生を楽しみ尽くすイタリアのことばと絶景100	¥1650
今すぐ旅に出たくなる！ 地球の歩き方のことばと絶景100	¥1650
悠久の教えをひもとく 中国のことばと絶景100	¥1650

地球の歩き方 旅と健康

地球のなぞり方 旅地図 アメリカ大陸編	¥1430
地球のなぞり方 旅地図 ヨーロッパ編	¥1430
地球のなぞり方 旅地図 アジア編	¥1430
地球のなぞり方 旅地図 日本編	¥1430
脳がどんどん強くなる！ すごい地球の歩き方	¥1650

地球の歩き方 GEMSTONE

とっておきのポーランド 増補改訂版	¥1760
ラダック ザンスカール スピティ 北インドのリトル・チベット 増補改訂版	¥1925

地球の歩き方 旅の読み物

今こそ学びたい日本のこと	¥1760
週末だけで70ヵ国159都市を旅したリーマントラベラーが教える自分の時間の作り方	¥1540

地球の歩き方 BOOKS

BRAND NEW HAWAII とびきりリアルな最新ハワイガイド	¥1650
FAMILY TAIWAN TRIP #子連れ台湾	¥1518
GIRL'S GETAWAY TO LOS ANGELES	¥1760
HAWAII RISA'S FAVORITES 大人女子はハワイで美味しく美しく	¥1650
LOVELY GREEN NEW ZEALAND 未来の国を旅するガイドブック	¥1760
MAKI'S DEAREST HAWAII	¥1540
MY TRAVEL, MY LIFE Maki's Family Travel Book	¥1760
WORLD FORTUNE TRIP イヴルルド遙華の世界開運★旅案内	¥1650
いろはに北欧	¥1760
ヴィクトリア朝が教えてくれる英国の魅力	¥1320
ダナン&ホイアン PHOTO TRAVEL GUIDE	¥1650
とっておきのフィンランド	¥1760
フィンランドでかなえる100の夢	¥1760
マレーシア 地元で愛される名物食堂	¥1430
やり直し英語革命	¥1100
気軽に始める！大人の男海外ひとり旅	¥1100
気軽に出かける！ 大人の男アジアひとり旅	¥1100
香港 地元で愛される名物食堂	¥1540
最高のハワイの過ごし方	¥1540
子連れで沖縄 旅のアドレス&テクニック117	¥1100
純情ヨーロッパ 呑んで、祈って、脱いでみて	¥1408
食事作りに手間暇かけないドイツ人、手料理神話にこだわり続ける日本人	¥1100
親の介護をはじめる人へ 伝えておきたい10のこと	¥1000
人情ヨーロッパ 人生、ゆるして、ゆるされて	¥1518
総予算33万円・9日間から行く！ 世界一周	¥1100
台北 メトロさんぽ MRTを使って、おいしいとかわいいを巡る旅	¥1518
鳥居りんこ 親の介護をはじめたらお金の話で泣き見てばかり	¥1320
鳥居りんこの親の介護は知らなきゃバカ見ることだらけ	¥1320
北欧が好き！ フィンランド・スウェーデン・デンマーク・ノルウェーの素敵な町めぐり	¥1210
北欧が好き！2 建築&デザインでめぐるフィンランド・スウェーデン・デンマーク・ノルウェー	¥1210
地球の歩き方JAPAN ダムの歩き方 全国版 初めてのダム旅入門ガイド	¥1712
日本全国 開運神社 このお守りがすごい！	¥1522

地球の歩き方 スペシャルコラボBOOK

地球の歩き方 ムー	¥2420
地球の歩き方 JOJO ジョジョの奇妙な冒険	¥2420

地球の歩き方 関連書籍のご案内

スイスとその周辺諸国をめぐるヨーロッパの旅を「地球の歩き方」が応援します！

地球の歩き方 ガイドブック

A01 ヨーロッパ ¥1,870
A02 イギリス ¥1,870
A03 ロンドン ¥1,980
A04 湖水地方＆スコットランド ¥1,870
A05 アイルランド ¥1,980
A06 フランス ¥1,870
A07 パリ＆近郊の町 ¥1,980
A08 南仏プロヴァンス コート・ダジュール＆モナコ ¥1,760
A09 イタリア ¥1,870
A14 ドイツ ¥1,980
A15 南ドイツ フランクフルト ミュンヘン ロマンティック街道 古城街道 ¥1,760
A16 ベルリンと北ドイツ ハンブルク ドレスデン ライプツィヒ ¥1,870
A17 ウィーンとオーストリア ¥2,090
A18 スイス ¥2,200
A19 オランダ ベルギー ルクセンブルク ¥1,870
A26 チェコ ポーランド スロヴァキア ¥1,870
A29 北欧 デンマーク ノルウェー スウェーデン フィンランド ¥1,870

地球の歩き方 aruco

01 aruco パリ ¥1,320
06 aruco ロンドン ¥1,320
15 aruco チェコ ¥1,320
16 aruco ベルギー ¥1,430
17 aruco ウィーン ブダペスト ¥1,320
26 aruco フィンランド エストニア ¥1,430
28 aruco ドイツ ¥1,430
36 aruco フランス ¥1,430

地球の歩き方 Plat

01 Plat パリ ¥1,320
04 Plat ロンドン ¥1,320
06 Plat ドイツ ¥1,320
15 Plat フィンランド ¥1,320

地球の歩き方 gemstone

スイス 歩いて楽しむアルプス絶景ルート
改訂新版 ¥1,760
ヨーロッパ鉄道の旅 はじめてでもよくわかる ¥1,650

地球の歩き方 旅と健康

地球のなぞり方 旅地図 ヨーロッパ編 ¥1,430

※表示価格は定価（税込）です。改訂時に価格が変更になる場合があります。

あなたの**旅の体験談**をお送りください

「地球の歩き方」は、たくさんの旅行者からご協力をいただいて、
改訂版や新刊を制作しています。
あなたの旅の体験や貴重な情報を、これから旅に出る人たちへ分けてあげてください。
なお、お送りいただいたご投稿がガイドブックに掲載された場合は、
初回掲載本を1冊プレゼントします！

ご投稿はインターネットから！

URL www.arukikata.co.jp/guidebook/toukou.html
画像も送れるカンタン「投稿フォーム」
※左記のQRコードをスマートフォンなどで読み取ってアクセス！

または「地球の歩き方　投稿」で検索してもすぐに見つかります

地球の歩き方　投稿

▶投稿にあたってのお願い

★ご投稿は、次のような《テーマ》に分けてお書きください。

《新発見》――ガイドブック未掲載のレストラン、ホテル、ショップなどの情報
《旅の提案》――未掲載の町や見どころ、新しいルートや楽しみ方などの情報
《アドバイス》――旅先で工夫したこと、注意したこと、トラブル体験など
《訂正・反論》――掲載されている記事・データの追加修正や更新、異論、反論など

※記入例「○○編20XX年度版△△ページ掲載の□□ホテルが移転していました……」

★データはできるだけ正確に。

ホテルやレストランなどの情報は、名称、住所、電話番号、アクセスなどを正確にお書きください。
ウェブサイトのURLや地図などは画像でご投稿いただくのもおすすめです。

★ご自身の体験をお寄せください。

雑誌やインターネット上の情報などの丸写しはせず、実際の体験に基づいた具体的な情報をお待ちしています。

▶ご確認ください

※採用されたご投稿は、必ずしも該当タイトルに掲載されるわけではありません。関連他タイトルへの掲載もありえます。
※例えば「新しい市内交通パスが発売されている」など、すでに編集部で取材・調査を終えているものと同内容のご投稿をいただいた場合は、ご投稿を採用したとはみなされず掲載本をプレゼントできないケースがあります。
※当社は個人情報を第三者へ提供いたしません。また、ご記入いただきましたご自身の情報については、ご投稿内容の確認や掲載本の送付などの用途以外には使用いたしません。
※ご投稿の採用の可否についてのお問い合わせはご遠慮ください。
※原稿は原文を尊重しますが、スペースなどの関係で編集部でリライトする場合があります。

地球の歩き方 旅の図鑑シリーズ

見て読んで海外のことを学ぶことができ、旅気分を楽しめる新シリーズ。
1979年の創刊以来、長年蓄積してきた世界各国の情報と取材経験を生かし、
従来の「地球の歩き方」には載せきれなかった、
旅にぐっと深みが増すような雑学や豆知識が盛り込まれています。

W01
世界244の国と地域
¥1760

W07
世界のグルメ図鑑
¥1760

W02
世界の指導者図鑑
¥1650

W03
世界の魅力的な奇岩と巨石139選
¥1760

W04
世界246の首都と主要都市
¥1760

W05
世界のすごい島300
¥1760

W06
世界なんでもランキング
¥1760

W08
世界のすごい巨像
¥1760

W09
世界のすごい城と宮殿333
¥1760

W11
世界の祝祭
¥1760

W10 世界197ヵ国のふしぎな聖地&パワースポット ¥1870
W13 世界遺産　絶景でめぐる自然遺産　完全版 ¥1980
W16 世界の中華料理図鑑 ¥1980
W18 世界遺産の歩き方 ¥1980
W20 世界のすごい駅 ¥1980
W22 いつか旅してみたい世界の美しい古都 ¥1980
W24 日本の凄い神木 ¥2200
W26 世界の麺図鑑 ¥1980
W28 世界の魅力的な道 178 選 ¥1980
W31 世界のすごい墓 ¥1980
W12 世界のカレー図鑑 ¥1980
W15 地球の果ての歩き方 ¥1980
W17 世界の地元メシ図鑑 ¥1980
W19 世界の魅力的なビーチと湖 ¥1980
W21 世界のおみやげ図鑑 ¥1980
W23 世界のすごいホテル ¥1980
W25 世界のお菓子図鑑 ¥1980
W27 世界のお酒図鑑 ¥1980
W30 すごい地球! ¥2200

※表示価格は定価（税込）です。改訂時に価格が変更になる場合があります。

おわりに

世界的なパンデミックの災禍により、世界では多くの観光地が疲弊し、数えきれないほどのショップやレストラン、ホテル、そしてツアー会社などが休業や廃業に追い込まれました。もちろんスイスの旅行業にも影響がありましたが、コロナ禍にあって国内外からの来訪者が見込めない時期にも、進行しているプロジェクトを止めることなく、新規路線の建設や新しい博物館や美術館をオープンさせました。まさに観光立国の底力を見た気がします。

3年ぶりの改訂作業のために訪れたスイスでしたが、なじみのレストランやショップ、ホテルなどの多くが、昔と変わらず元気に営業を続けているのを見て、安心したのと同時にスイス観光産業の底力を再認識しました。

本書はスイスを愛する多くの人たちによって作られています。執筆に関わっていただいた根本一哉さん、フリーライターのふじもとたかねさん、加藤文夫さん、ハイキングについての監修やアドバイスをいただいたのはアドベンチャーガイズの古谷聡紀さんです。ワールドコンパスの鹿野博規さん、現地在住の多田香緒里さん（MTTS）にもご協力をいただきました。沼尻修司さん、横田麻希さんには改訂作業のお手伝いをお願いしました。またスイス政府観光局、ユングフラウ鉄道、シルトホルンケーブルウェイ、（株）スペースタイムネット、グリンデルワルト観光局、ツェルマット観光局、スイス・トラベルシステムにも協力をいただきました。最後に旅の情報をお送りいただいた方々、地球の歩き方を支えていただいている読者の方々に心より感謝申し上げます。

Special thanks to: Switzerland Tourism, Jungfrau Railway, Schilthorn Cableway, Grindelwald Tourism, Zermatt Tourism, Swiss Travel System

制　作：池内宏昭	Producer: Hiroaki Ikeuchi
編　集：有限会社オフィス・ポストイット（永岡邦彦、金村朝実、五箇貴子）	Editor: Office Postit Inc. Kunihiko Nagaoka Asami Kanemura Takako Goka
編集・写真：小山田浩明	Editor: Hiroaki Oyamada
デザイン：エメ龍夢	Design: EMERYUMU
イラスト：鴨下速人	Illustration: Hayato Kamoshita
地　図：辻野良晃／株式会社ジェオ	Map: Yoshiaki Tsujino ／ Geo Co., Ltd.
校　正：槍楯社	Proofreading: Sojunsha
写真協力：Pixta, iStock, Adobe Stock	

本書の内容についてのご意見・ご感想はこちらまで
読者投稿　〒141-8425　東京都品川区西五反田 2-11-8
株式会社地球の歩き方
地球の歩き方サービスデスク「スイス編」投稿係
https://www.arukikata.co.jp/guidebook/toukou.html
地球の歩き方ホームページ（海外・国内旅行の総合情報）　https://www.arukikata.co.jp/
ガイドブック『地球の歩き方』公式サイト　https://www.arukikata.co.jp/guidebook/

地球の歩き方 A18
スイス 2024-2025年版
2023年7月11日　初版第1刷発行
2024年7月25日　初版第2刷発行

Published by Arukikata. Co., Ltd.
2-11-8 Nishigotanda, Shinagawa-ku, Tokyo, 141-8425, Japan

著作編集　地球の歩き方編集室
発行人　新井邦弘 ／ 編集人　由良暁世
発 行 所　株式会社地球の歩き方
〒141-8425　東京都品川区西五反田 2-11-8
発 売 元　株式会社Gakken
〒141-8416　東京都品川区西五反田 2-11-8
印刷　大日本印刷株式会社

※本書は基本的に 2023 年 2 ～ 4 月の調査データと 2022 年 9 ～ 10 月の現地取材をもとに作られています。
発行後に料金、営業時間、定休日などが変更になる場合がありますのでご了承ください。
更新・訂正情報：https://www.arukikata.co.jp/travel-support/

●この本に関する各種お問い合わせ先
・本の内容については、下記サイトのお問い合わせフォームよりお願いします。
URL ▶ https://www.arukikata.co.jp/guidebook/contact.html
・広告については、下記サイトのお問い合わせフォームよりお願いします。
URL ▶ https://www.arukikata.co.jp/ad_contact/
・在庫については　Tel 03-6431-1250（販売部）
・不良品（乱丁、落丁）については　Tel 0570-000577　学研業務センター　〒354-0045　埼玉県入間郡三芳町上富 279-1
・上記以外のお問い合わせは　Tel 0570-056-710（学研グループ総合案内）

※本書は株式会社ダイヤモンド・ビッグ社より 1988 年 8 月に初版発行したもの（2020 年 4 月に改訂第 29 版）の最新・改訂版です。
学研グループの書籍・雑誌についての新刊情報・詳細情報は、下記をご覧ください。
学研出版サイト　https://hon.gakken.jp/